AutoCAD와 BIM 입문

김재수 | 이동훈 공저

세진사

Preface

머리말

AutoCAD는 전 세계적으로 모든 분야에 거쳐 활용되고 있는 S/W중의 하나이다. 이러한 AutoCAD의 무한한 잠재력과 활용의 용이성, 자료수정의 용이함 등을 이유로 필자는 수년간 AutoCAD를 강의 및 연구에 활용하고 있으며, 새로운 버전이 출시될 때마다 보다 편리한 기능의 추가와 사용자 입장에서 어려웠던 부분을 보완하는 노력을 지속적으로 하고 있다. 또한 최근에는 AutoCAD와 더불어 BIM(Building Information Modeling)의 등장은 건축설계 및 건설현장의 새로운 패러다임을 변화시키면서, Revit에 대한 관심이 급속도로 증가하고 있다. 특히 정부 공공기관에서 BIM의 도입, 학계의 높은 관심과 기업에서 BIM의 활용은 더 이상 선택의 조건이 아닌 필수조건이라는 인식이 크게 각인되고 있다. 그러나 이러한 관심에도 불구하고 대학 교과과정에서는 BIM에 대한 교육 및 접근이 거의 이루어지지 않아 졸업 후 실무에서 많은 어려움을 겪고 있는 실정이다.

따라서 필자는 국내에서 BIM 도입단계에서부터 이에 대한 관심을 갖고 있었으며 AutoCAD에 대한 강의 및 각종 시뮬레이션 프로그램 운용시 BIM에 대한 강의 준비를 기획하게 되었다. 현재 국내의 경우 현재 온라인, 오프라인에서 다양한 BIM 교육 프로그램이 제공되고 있지만 단순히 BIM 기능 위주의 학습에 머무르고 있어, 처음 BIM을 접하는 학생들의 경우 많은 어려움을 겪고 있다. 따라서 필자는 이 책에서는 한글 AutoCAD 2014를 바탕으로 BIM을 처음 접하는 학생들이 쉽게 접근할 수 있고, 빠른 시간 내에 습득할 수 있는 교재를 저술하게 되었다. 이 책을 집필하는데 오자나 탈자 및 오류가 없도록 최선을 다하였으나 내용상 이상한 부분이나 미비한 점이 있을 수 있으므로 의견을 주면 기꺼이 받아들여 계속 수정·보완할 생각이다.

끝으로 이 책은 원광대학교 건축음향연구실의 졸업생 및 재학생들의 도움 없이는 불가능하였다. 이들의 노고에 감사드리며, 이렇게 정리된 결과를 흔쾌히 출간해 주신 도서출판 세진사 문형진 대표님과 직원 여러분에게 깊은 감사를 드린다.

저 자

Contents

차 례

제1편 AutoCAD의 기초

제2편 2차원 작업요소

제1편

AutoCAD의 기초

Chapter 1 AutoCAD란

AutoCAD란?

CAD란 Computer Aided Design의 약자로 AutoDesk사에서 만든 CAD의 소프트웨어로서 컴퓨터를 이용하여 각종 설계 도면을 작성하는 프로그램이 바로 AutoCAD이다.

1982년 미국 컴텍스 쇼에서 처음 선을 보인 초기 AutoCAD는 DOS운영체계에서 운용과 사용상의 불편한 점이 많아서 많은 디자이너들이 그 필요성을 실감하지 못하였다. 그러나 Windows 운영체계의 출현과 더불어 AutoDesk사에서 AutoCAD Release 14로 다시금 출현하면서부터 사용상의 편리함과 막강한 기능을 무기로 디자이너들에게 강한 어필을 하게 되었으며, 현재까지 Windows의 운영체계를 기본으로 프로그램을 발전시켜 AutoCAD 2014버전이 출시되었다.

CAD의 이용효과

CAD를 이용하여 얻을 수 있는 효과는 헤아릴 수 없을 만큼 많다. 그 중에서도 몇 가지를 들어보면 CAD를 이용하여 도면을 작성함으로써 도면의 표준화에 기여할 수 있고, 생산성 향상과 경쟁력 강화는 물론 원가절감의 효과를 거둘 수 있다. 또한 한번 작성된 도면을 다시 편집하거나 재생하여 사용함으로써 노동력을 절감하고 시간적·경제적인 이익을 얻을 수 있으며, 적절한 데이터베이스만 이루어진다면 자신만의 합리적이고 효과적인 DB 구축이 가능할 것이다.

CAD의 이용분야

CAD는 과거의 경우 기계설계나 제도, 건축 등에 한정되어 있었으나, AutoCAD의 대중화로 인해 현재는 기계설계나 제도, 건축, 토목, 환경, 전산, 군사·과학, 의류 디자인, 홈 인테리어 등 매우 광범위하게 사용되고 있으며, 이러한 추세는 앞으로 더욱 가속화될 전망이다.

1.1 시스템 권장사양

자신의 컴퓨터에서 AutoCAD 2014를 사용하기 위해서는 이에 적절한 시스템 환경이 갖추어져야 한다. 만약 이러한 요구사항을 충족하지 않을 경우 AutoCAD 및 운영체제 모두에서 문제가 발생할 수 있다.

AutoCAD 2014에서는 Windows 운영체제가 32bit 또는 64bit에 따라 그에 맞는 AutoCAD 버전을 설치하면 된다. 주의할 점은 Windows 64bit 시스템에서 AutoCAD 32bit버전을 설치할 수 없으며 반대의 경우에도 마찬가지로 설치할 수 없다.

AutoCAD 2014는 Windows 8을 지원한다. Windows 8에서 지원하는 화면터치입력 장치를 사용할 수 있다.

AutoCAD 2014 System Requirements 32bit

· Operating System		Microsoft Windows XP Professional or Home(SP3 이상) Microsoft Windows 7 (Home Premium, Professional, Ultimate, Enterprise) Microsoft Windows 8 (Pro, Enterprise)
· Browser		Microsoft Internet Explorer 7.0 이상
· Processor	Windows 7,8	Intel Pentium 4 이상 또는 AMD Athlon 듀얼 코어 3.0GHz 이상
	Windows xp	Intel Pentium 4 이상 또는 AMD Athlon 듀얼 코어 1.6GHz 이상
· RAM		2GB(4GB 권장)
· Video		1,024×768 VGA Ture Color(1,600×1,050 Ture Color 권장)
· Hard Disk		6.0GB의 여유 디스크 공간 (설치용)

AutoCAD 2014 System Requirements 64bit (3D 모델링을 위한 추가 사양)

· Operating System	Microsoft Windows XP Professional (SP2 이상) Microsoft Windows 7 (Home Premium, Professional, Ultimate, Enterprise) Microsoft Windows 8 (Pro, Enterprise)
· Browser	Microsoft Internet Explorer 7.0 이상
· Processor	Intel Pentium 4 이상 또는 AMD Athlon 3GHz 이상 Intel 또는 AMD Athlon 듀얼 코어 프로세서 2GHz 이상
· RAM	4GB 이상
· Video	1,280×1,024 VGA Ture Color (어댑터 128MB이상)
· Hard Disk	설치에 필요한 여유 공간 외 6GB 하드 디스크 공간

1.2 AutoCAD의 기본사양

1.2.1 AutoCAD 2014의 화면구성

AutoCAD 2014를 실행하면 아래의 그림과 같은 기본 화면이 나타난다. 모든 소프트웨어는 고유의 Format을 가지고 있는데, AutoCAD 2014의 경우 아래와 같은 창이 고유 Format이라고 할 수 있다. 그러면 각 항목에 대해 알아보기로 하자.

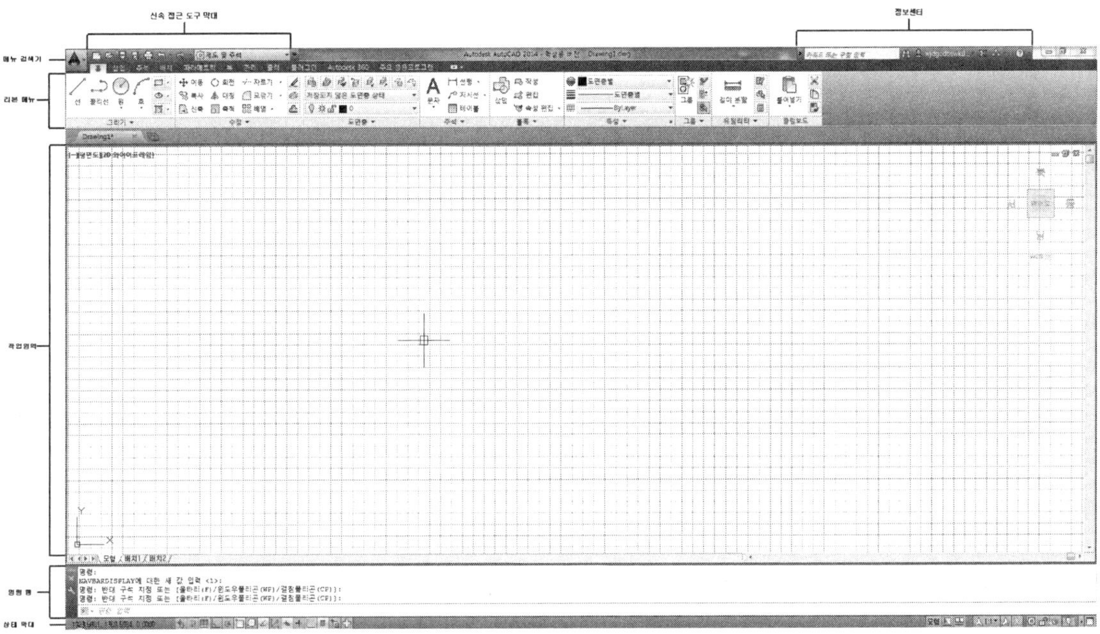

AutoCAD 2014의 기본 화면구성

(1) 메뉴 검색기(Menu Browser)

메뉴 검색기는 메뉴 및 메뉴 동작을 실시간으로 검색할 때 사용된다.

메뉴 검색기

	메뉴 검색기 : 사용할 메뉴를 찾을 때 사용한다.
	최근문서 : 최근에 작업한 도면을 표시한다.
	열린문서 : 현재 열린 도면을 표시한다.
새로 만들기	도면을 새로 만들 때 사용한다.
열기	기존 작성된 도면을 열 때 사용한다.
저장	현재 작업 중인 도면을 저장할 때 사용한다.
다른 이름으로 저장	현재 작업 중인 도면을 다른 이름으로 저장할 때 사용한다.
내보내기	작업 중인 도면을 다른 형식으로 바꿀 때 사용한다.
게시	도면을 시트 파일로 작성할 때 사용한다.
인쇄	도면을 인쇄한다.
도면 유틸리티	도면을 복구 및 유지 관리할 때 사용한다.
닫기	현재 작업중인 도면을 종료할 때 사용한다.

따라해보세요

① 화면 좌측 상단에 메뉴 검색기 아이콘( ) 클릭.

② 메뉴 검색에 찾을 단어를 검색한다. (본 책에서는 "circle"을 입력했다.)

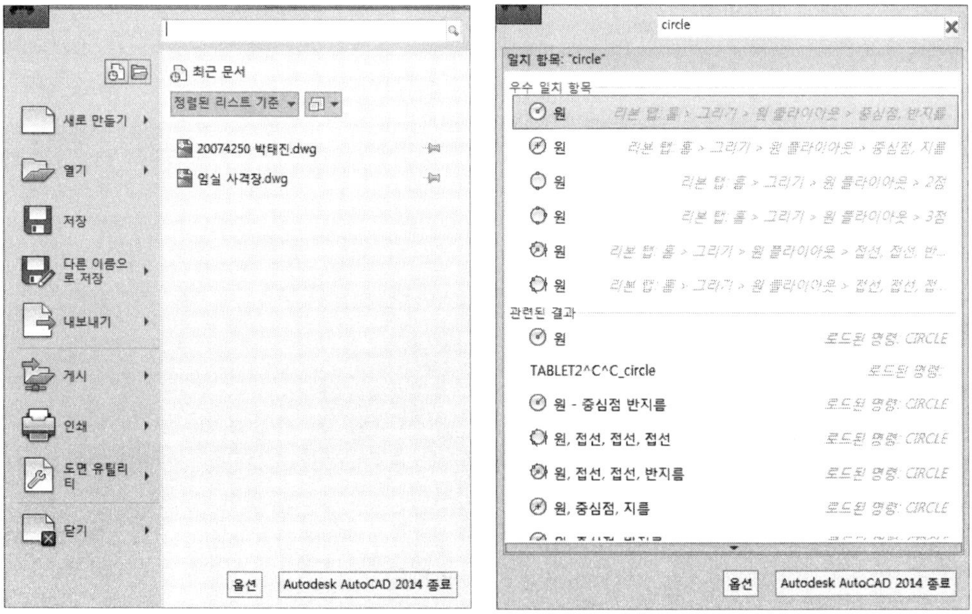

메뉴 검색기 이용방법

(2) 신속 접근 도구막대(Quick Access Toolbar)

신속 접근 도구막대는 자주 사용(접근)하는 명령이다. 신속 접근 도구막대의 기본 명령은 작업공간 전환, 새로 만들기( ), 열기( ), 저장( ), 명령취소( ), 명령복구( ), 플롯( )으로 구성되어진다. 또한 신속 접근 도구 막대의 사용자화( )에서 Toolbar 편집 및 메뉴 막대를 표시할 수 있다.

신속 접근 도구막대(QAT)

신속 접근 도구막대 아이콘

아이콘	기능	아이콘	기능
제도 및 주석	작업전환 창		명령 취소
	새로 만들기		명령 복구
	열기		플롯
	저장		사용자화(옵션)
	다른 이름으로 저장		

따라해보세요

① 신속 접근 도구막대의 사용자화 아이콘( )을 클릭 ▶ '메뉴 막대 표시'을 선택.

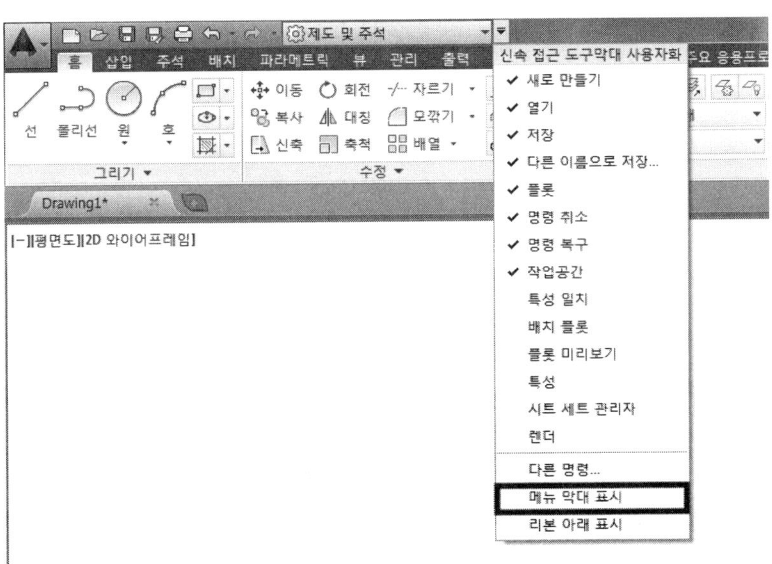

순서① 메뉴 막대 표시

② 신속 접근 도구막대 아래에 메뉴 막대가 나타난다.

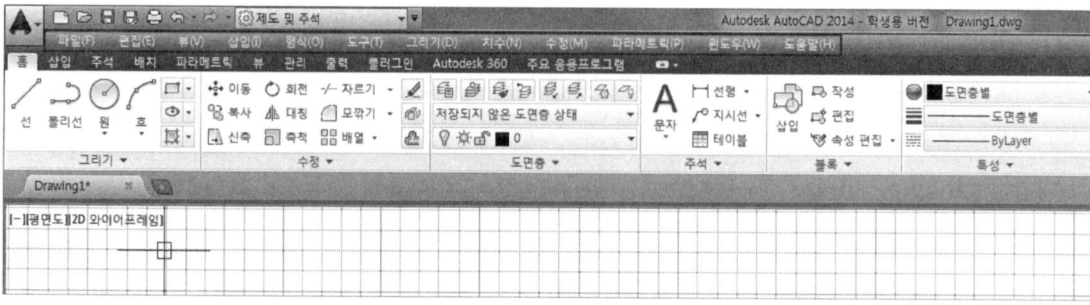

순서② 메뉴막대 표시완료

(3) 정보센터(Info Center)

정보센터는 도움말, 새로운 기능 워크샵, 웹 위치, 지정된 파일등을 한 번에 검색하거나 하나의 파일 또는 위치를 검색할 수 있다. 간단한 키워드를 입력해서 검색할 수 있다.

정보센터

정보센터 아이콘

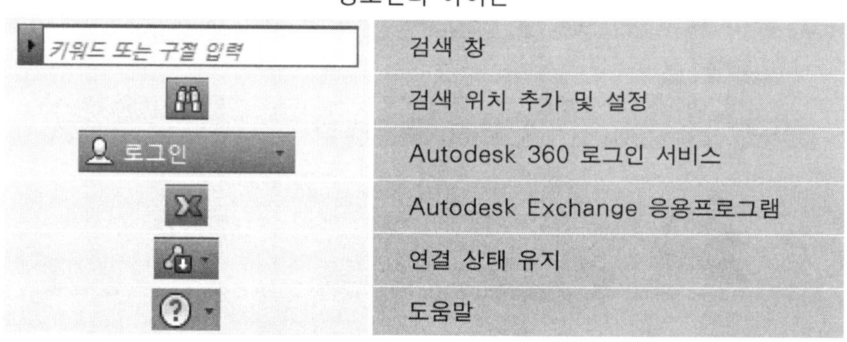

(4) 리본(RIBBON)

리본 인터페이스는 AutoCAD 2009부터 추가되었다. 그 후 AutoCAD 2014에 이르면서 기능이 향상되어 리본 메뉴를 사용하면 여러 개의 도구막대를 배치할 필요 없이 화면이 간결하게 정리된다. 리본은 탭(Tab)과 패널(Panel)로 구성되며, 리본 탭은 순서를 변경할 수도 있기 때문에 이동할 탭을 클릭하고 원하는 위치로 드래그 앤 드롭 후에 사용할 수도 있다. 또한 패널도 제목 부분을 클릭하여 드래그 앤 드롭으로 탭에서 끌어내어 사용할 수도 있다. 리본은 이러한 기능이 있어 사용자가 얼마든지 스스로 익숙하도록 작업구성을 변경하여 사용자화 할 수 있다.

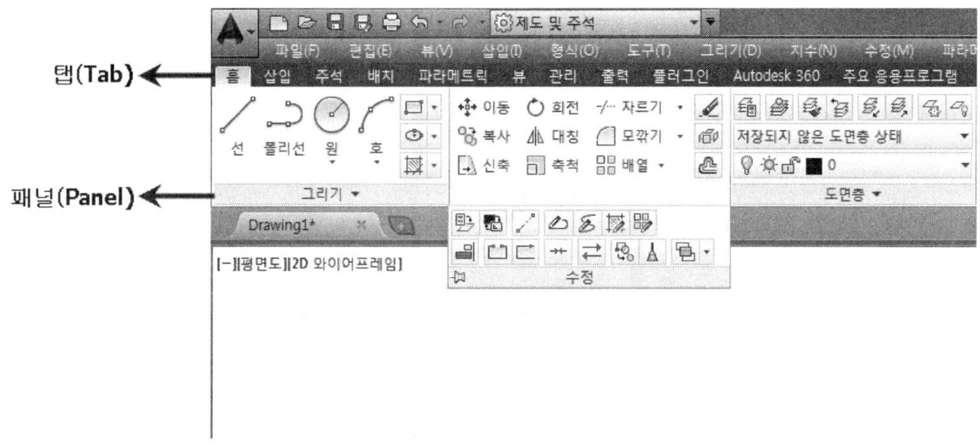

리본 구성

AutoCAD 2014에서 리본 순환 옵션이 가능하다. 리본 순환 탭을 이용하여 리본 메뉴의 보기를 조정할 수 있다. 기본으로 모두 순환을 선택되었기 때문에 리본 순환 탭을 누를 때마다 탭-패널 제목-패널 버튼 차례로 순환하여 보기를 조정할 수 있다.

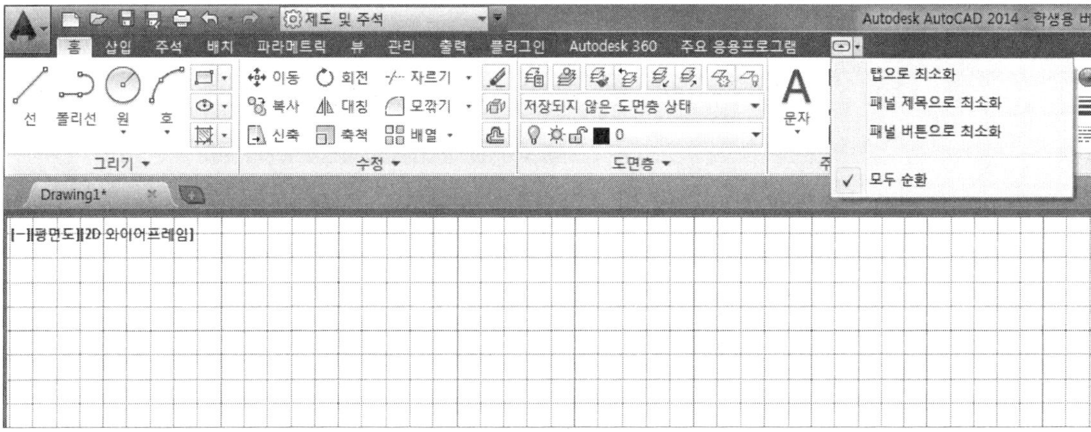

리본 탭 조정 옵션

리본 탭 옵션 아이콘

 리본 순환 탭

 리본 순환 옵션

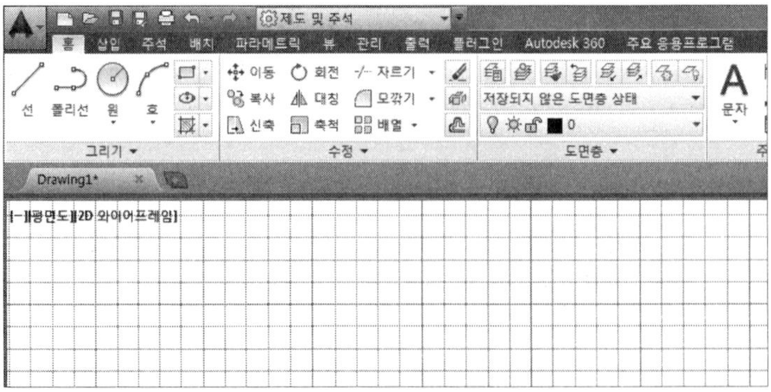

보기① 리본 기본

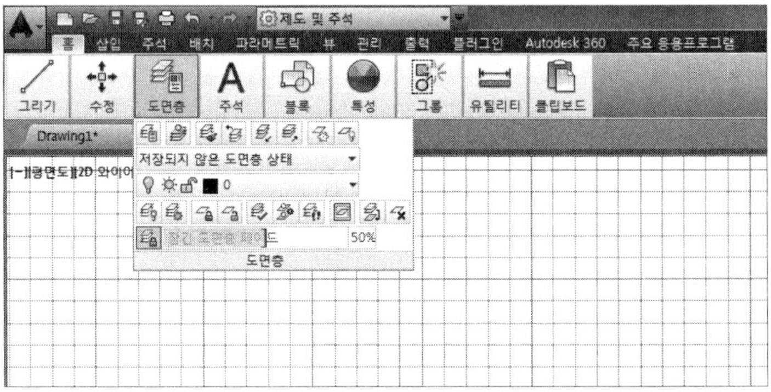

보기② 패널버튼으로 최소화

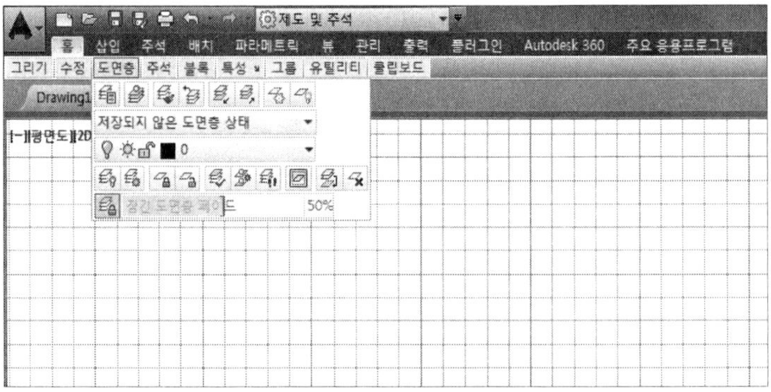

보기③ 패널 제목으로 최소화

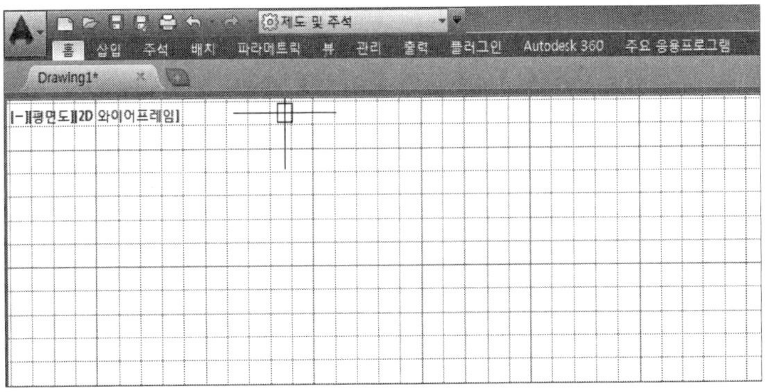

보기④ 패널 탭으로 최소화

따라해보세요

① 리본 순환 탭 아이콘() 클릭.

② 아이콘() 클릭마다 리본 탭이 순환되는 걸 알 수 있다.

(5) 작업공간(Drawing Window)

작업창(Drawing Window)은 말 그대로 AutoCAD의 실제 작업이 이루어지는 공간을 말한다. 사용자가 명령을 내려 드로잉 및 편집을 하게 되면 모든 명령들이 이 작업창에서 실행 된다. 작업공간은 AutoCAD 2006부터 생긴 개념으로써 사용자의 작업환경에 맞도록 메뉴 및 리본 컨트롤 패널을 그룹화하여 배치 구성한 것으로 현재 AutoCAD 2014에서는 4개의 정의된 작업공간을 지원하고 있다.

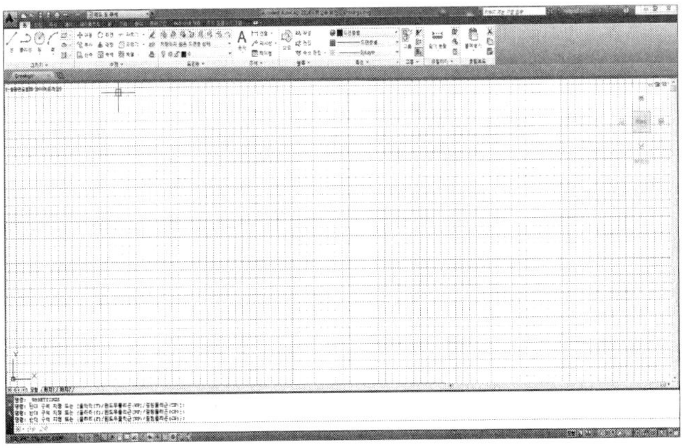

① 제도 및 주석

프로그램 설치 후 처음 실행하면 나오는 작업공간으로 AutoCAD 2009에서 리본 인터페이스로 새롭게 바뀌어 2D 작업이 가능한 도구들로 구성되어 있다.

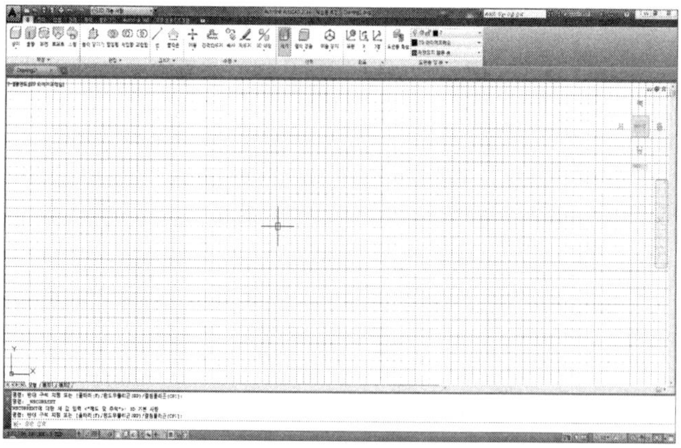

② 3D 기본 사항

AutoCAD 2011에서 새롭게 추가된 작업공간으로 3D 모델링에 비해서는 기본적인 메뉴들로 배치되어 3D작업을 위한 솔리드 기본체를 모델링하고 편집하는 메뉴들로 구성되어 있다.

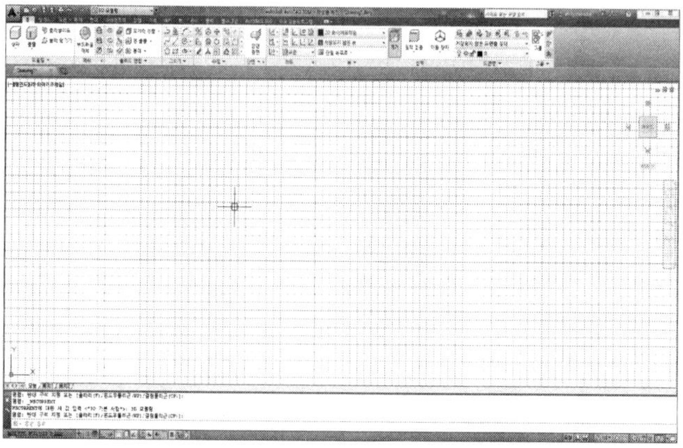

③ 3D 모델링

AutoCAD 2007부터 추가된 작업공간으로 3D 모델링 및 편집 명령의 도구 막대, 팔레트로 구성되어 있다.

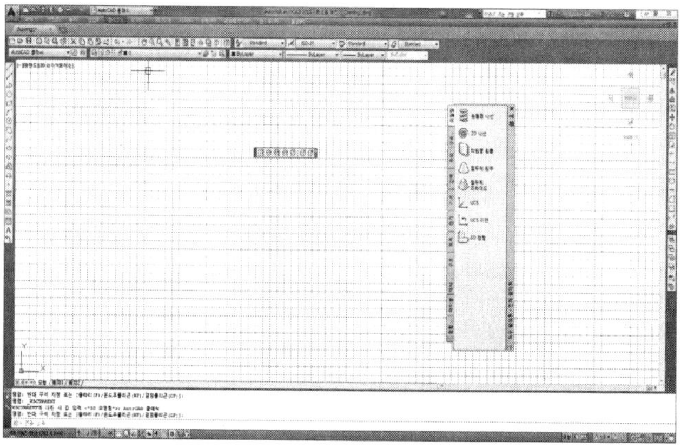

④ AutoCAD 클래식

AutoCAD 사용자들이 가장 익숙하게 사용할 수 작업공간이다. 여러 개의 도구막대를 꺼내 사용이 가능하다.

이러한 작업공간을 이루는 요소들은 절대적인 구성이 아니므로 사용자가 얼마든지 취향에 맞게 변경하여 작업공간을 구성할 수 있다.

따라해보세요

① 화면 좌측 상단에 있는 신속 접근 도구막대의 [작업공간 전환 창] 클릭 ▶ 작업공간 선택

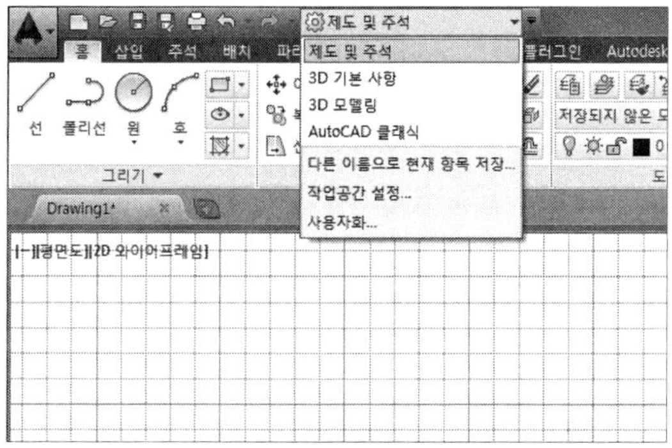

방법 ①

② 화면 하단에 있는 상태막대에서 작업전환 아이콘( ) 클릭 ▶ 작업공간 선택

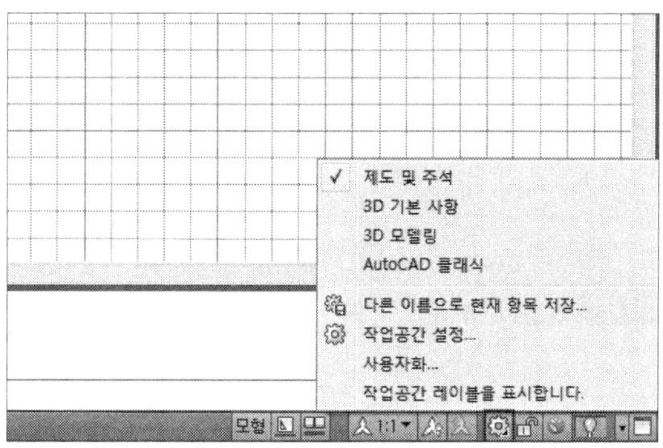

방법 ②

③ 메뉴 막대의 [도구] 선택 ▶ 작업공간 선택

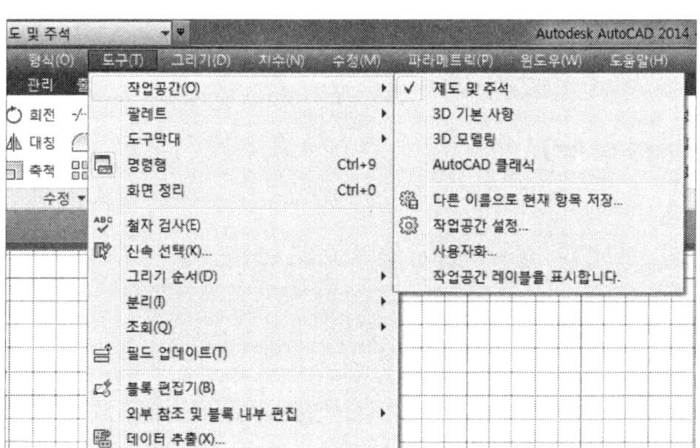

방법 ③

(6) 명령행(Command Line)

명령행은 사용자가 리본메뉴 및 아이콘을 사용하지 않고, 직접 명령어를 입력하여 작업을 수행하는 상태표시 줄이다. 단축키를 알고 있다면 리본메뉴나 아이콘을 사용하는 것보다 명령행에 단축명령어를 입력하여 사용하는 것이 훨씬 빠르고 편리하다. 그렇게 하기 위해서는 정확한 단축명령어에 익숙해져야 하고, AutoCAD 명령어에 대한 숙달이 필요하다.

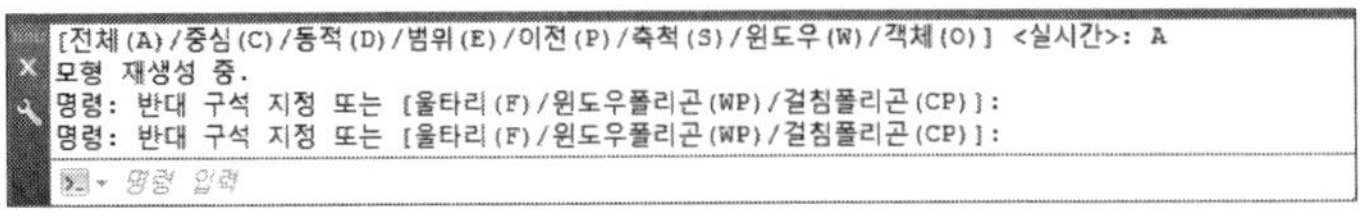

명령행

따라해보세요

① 명령행의 On/Off 방법의 경우, 메뉴 막대의 [도구]▶ 명령행을 누른다. (단축키 Ctrl+9)

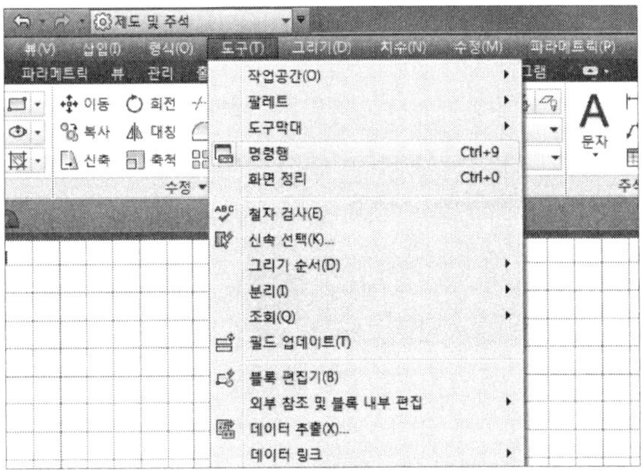

방법① 명령행의 On/Off

(7) 상태 막대(Status Bar)

현재 작업중인 CAD의 상태를 표시하는 영역으로 좌표 값, 그리기 도구, 빠른 보기도구, 주석 도구, 기타 도구로 구성되어 있다.

상태 막대

상태 막대 아이콘

그리기 도구

아이콘	기능
	구속조건 추론 (INFER)
	스냅모드 (SNAP)
	그리드 표시 (Grid)
	직교모드 (ORTHO)
	극좌표 추적 (POLAR)
	객체 스냅 (OSNAP)
	3D 객체 스냅 (3DOSNAP)
	객체 스냅 추적 (OTRACK)
	동적 UCS (DUCS)
	동적 입력 (DYN)
	선 가중치 (LWT)
	투명도 표시 (TPY)
	빠른 특성 (QP)
	선택순환 (SC)

빠른 보기도구

아이콘	기능
모형	모형공간 또는 도면공간
	빠른 배치보기
	빠른 도면보기

주석 도구

아이콘	기능
1:1	주석축척
	주석가시성
	주석객체에 축척추가

기타 도구

아이콘	기능
	작업공간 전환
	도구막대/윈도우위치 잠금해제
	하드웨어 가속 끄기
	객체 분리
	상태막대 메뉴(설정)
	화면정리

▌ 상태막대의 그리기 도구 표시 바꾸기

상태 막대에 있는 그리기 도구의 아이콘은 AutoCAD 2007과 같은 문자로 전환이 가능하다.

따라해보세요

① 상태 막대의 그리기 도구에서 오른쪽 마우스 클릭한다.

② '아이콘 사용(U)'의 체크 해제

아래의 그림처럼 아이콘 표시 방법에서 문자 표시 방법으로 전환되는 걸 확인할 수 있다.

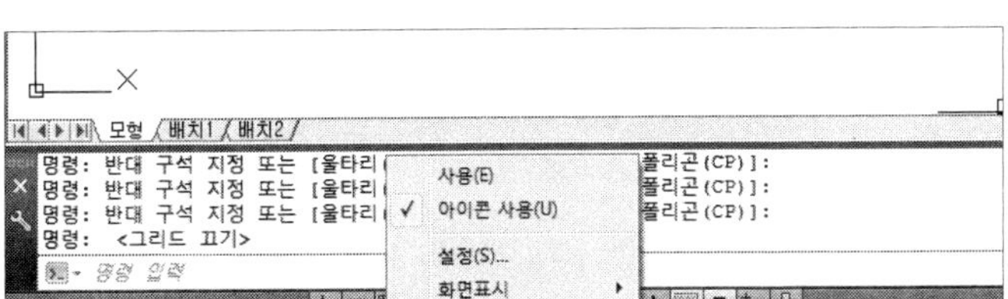

순서① 상태 막대

순서② 그리기 도구 표시방법 전환 후

1.2.2 AutoCAD 명령실행

AutoCAD의 명령어를 실행하는 방식에는 크게 6가지가 있다.

(1) 명령행을 이용하는 방법
(2) 리본 패널에서 선택하는 방법
(3) 바로가기 메뉴(마우스 오른쪽 클릭)에서 선택하는 방법
(4) 메뉴막대 (Full-Down Toolbar)에서 선택하는 방법
(4) 도구막대에서 명령 아이콘 선택하는 방법
(5) 메뉴 검색기에서 검색하는 방법
(6) 도구 패널에서 선택하는 방법

전항에서도 기술하였듯이 명령을 실행하는 방법은 사용자의 기호에 따라서 다를 수 있으므로 이후의 장에서 차차 다루어 보도록 하자.

Chapter 2

AutoCAD의 기본설정

2.1 도면단위(UNIT) 설정하기

도면의 단위에는 많은 것들이 있는데, 경우에 따라 사용자의 용도에 맞도록 단위를 설정해주어야 한다. 도면단위를 설정하기 위해서는 명령행에서 Units를 입력한 후 Enter↵를 치면 된다. 여기에서 사용자의 용도에 맞도록 설정을 해주면 된다. 그러나 기본 설정값으로 작업을 할 수 있기 때문에 고급사용자가 아니라면 특별히 이 부분을 설정해줄 필요는 없다.

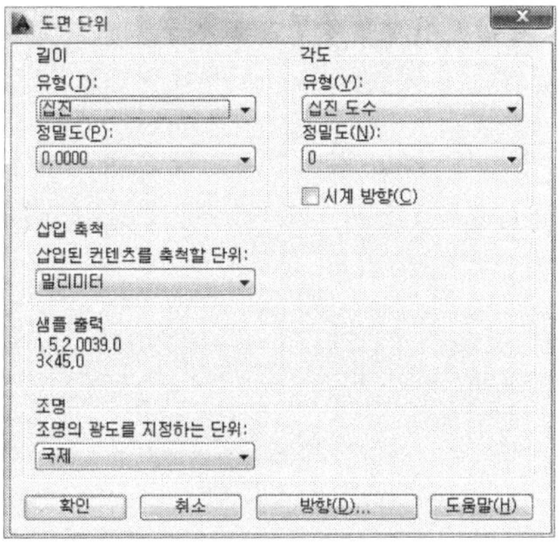

도면단위설정 대화상자

2.2 도면한계(LIMITS) 설정하기

전항에서도 기술하였듯이 AutoCAD는 무한대의 영역을 가지고 있다. 다시 말해 도면의 한계가 없으므로 사용자의 용도에 맞도록 한계(Limits)를 설정해주어야 한다. 명령행에서 Limits를 입력 후 Enter↵치면 된다.

따라해보세요

① 명령: LIMITS Enter↵

② 모형 공간 한계 재설정

왼쪽 아래 구석 지정 또는 [켜기(ON)/끄기(OFF)] <0.0000,0.0000>: Enter↵

오른쪽 위 구석 지정 <0.0000,0.0000>: 420,297

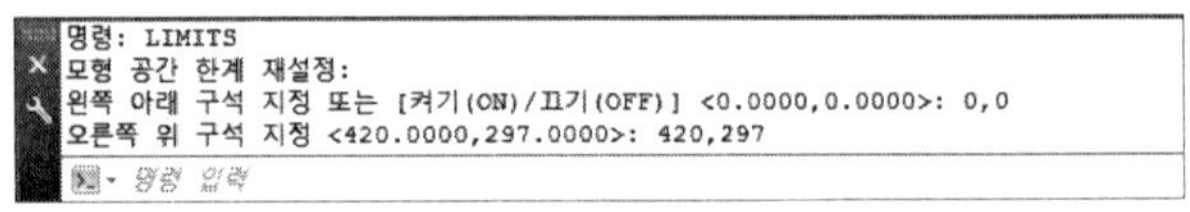

한계설정

오른쪽 위 구석의 좌표 값을 입력하라는 메시지가 나타난다. 이 경우 사용자의 선택에 따라서 좌표 값을 입력하면 된다. 그림에서와 같이 만약 A3 사이즈에 도면을 그리고 싶다면 좌표 값을 '420,297'이라고 입력해주면 된다. 이렇게 하면 가로가 420 mm이고 세로가 297mm인 A3 사이즈의 도면한계가 설정된 것이다.

도면한계를 설정하고 나서 반드시 Zoom-All을 실행해야 한다. 명령줄에 Zoom(단축키 Z)이라고 쓰고 Enter↵를 친 후, 다시 All(단축키 A)이라고 쓴 후 Enter↵를 치면 된다. 이제 작업창은 A3 사이즈의 상태로 된 것이다.

2.3 옵션(OPTION) 설정하기

AutoCAD는 매우 다양한 팁을 가지고 있으므로 사용자의 기호에 맞도록 옵션에서 환경설정을 할 수 있다. 명령행에 Options(단축키 OP)를 입력하면 다음과 같은 옵션 대화상자가 나타난다.

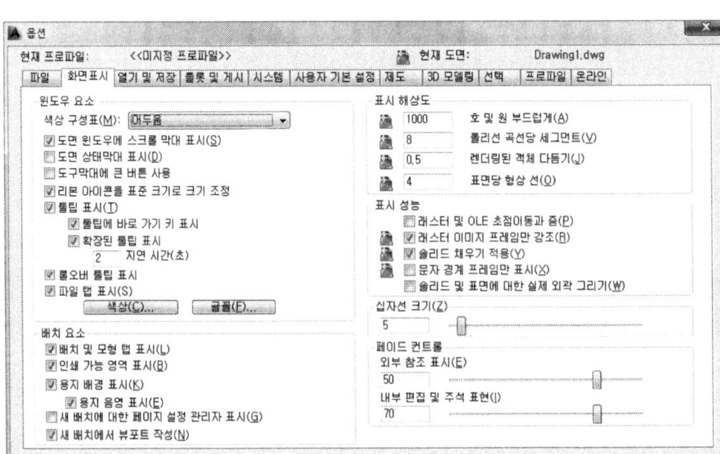

옵션 설정

2.3.1 파일(FILES)

[옵션]에서 [파일]은 AutoCAD에서 사용되는 지원 파일의 위치를 확인할 수 있으며, 그 위치를 수정할 수 있다.

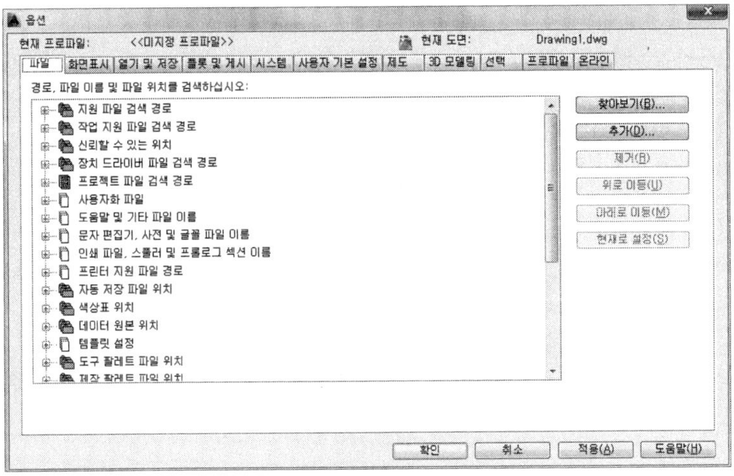

옵션의 파일

여기에서 AutoCAD가 비정상적인 종료를 대비하여 자동으로 저장되는 파일의 위치를 확인할 수 있다. 자동 저장 파일 위치를 확인하는 방법은 [옵션] - [파일] 탭에서 '자동 저장 파일 위치' 아이콘을 더블 클릭해보면 자동 저장된 파일 위치 경로를 확인할 수 있다.

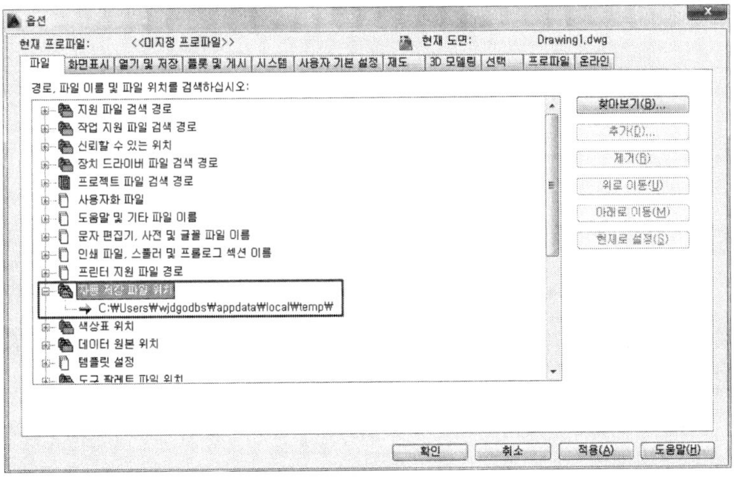

자동 저장 파일 위치

2.3.2 화면표시(Display)

대화상자의 [화면표시] 탭을 클릭해 보면 아래의 그림과 같은 여러 가지 옵션이 나타난다. 이 중에서 색상(C)... 은 작업창의 배경색을 바꿀 수 있는 기능이다.

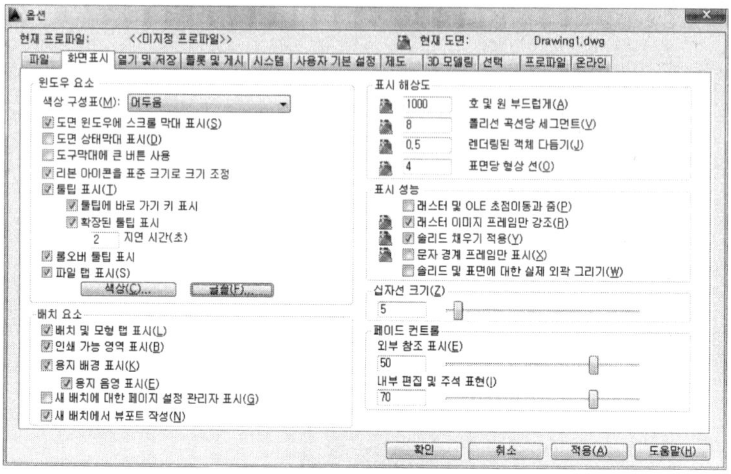

옵션의 화면표시

AutoCAD 2014를 처음 실행하면 작업영역의 배경색은 검은색으로 지정되어 있다. 작업영역의 색상을 바꾸기 위해서는 아래와 같은 방법으로 변경하면 된다. 이러한 배경색뿐만 아니라 다양한 인터페이스 요소의 색상 변경도 가능하다.

바로 색상(C)... 옆의 글꼴(F)... 부분은 사용자가 작업창에 문자를 기입할 때의 글꼴을 나타낸다. 이것도 역시 기호에 따라서 변경할 수 있다.

따라해보세요

① [옵션] 대화상자 열기 ▶ [화면표시]에서 [색상] 클릭

② [도면 위도우 색상] 대화상자에서 [컨텍스트]가 '2D 모형공간', [인터페이스 요소] '균일한 배경' 선택 ▶ 색상을 '검은색'에서 '흰색'으로 변경 ▶ [도면 위도우 색상] 대화상자 '적용 및 닫기' 클릭 ▶ [옵션] 확인 클릭

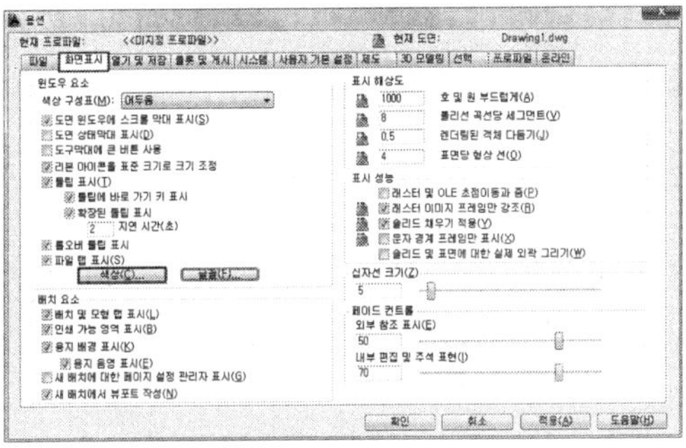

순서 ①

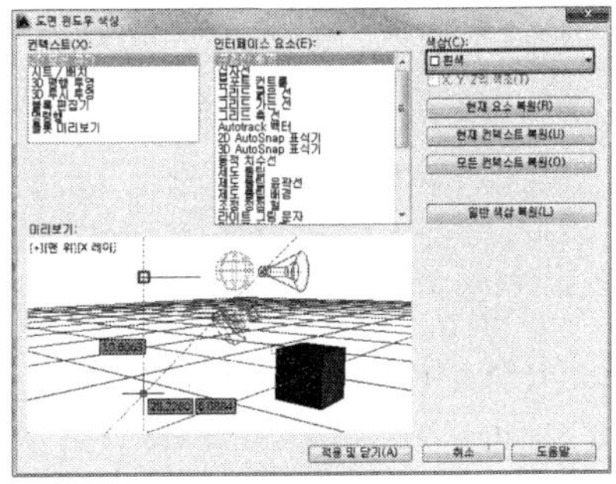

순서 ②

옵션의 화면표시에서 작업창 색상 변경하기

2.3.3 열기 및 저장(OPEN AND SAVE)

[열기 및 저장]은 저장되는 파일의 확장자 및 파일 열기의 개수 그리고 '자동 저장' 항목 등을 수정할 수 있다.

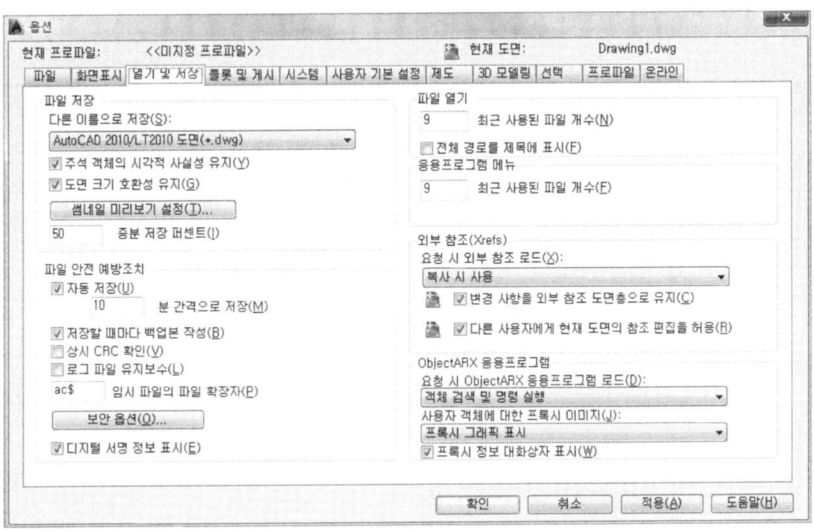

옵션의 열기 및 저장

자동저장이란, AutoCAD에서 제공하는 기능 중의 하나로 불의의 사고나 정전, 시스템의 다운 등의 갑작스런 프로그램 종료 및 그 밖의 예기치 못한 상황에 대비하여, 일정시간이 경과하면 자동으로 저장되는 기능이다. 위 그림에서 보이는 '자동 저장' 입력란에 시간 간격을 분단위로 입력하면 정해진 시간마다 작업 중인 도면이 자동 저장되며, 저장 위치를 확인할 수 있는 곳은 [옵션]-[파일]-[자동 저장 파일 위치]이다.

자동 저장된 파일을 사용하고 싶다면, 해당 폴더로 가서 가장 최근 저장된 파일을 선택하여 그림과 같이 확장자 'SV$(또는 AC$)'를 'dwg'로 바꾸어 주면 자동 저장 파일을 사용할 수 있다.

또한, 'dwg' 도면 파일을 저장하면 저장위치에 확장자가 'bak'인 파일하나가 더 생성되는데, 이건 저장 전의 백업파일이다. 이 파일을 사용하고 싶다면 백업파일의 확장자를 'dwg'로 바꾸어 주면 그림과 같이 파일이 살아난다.

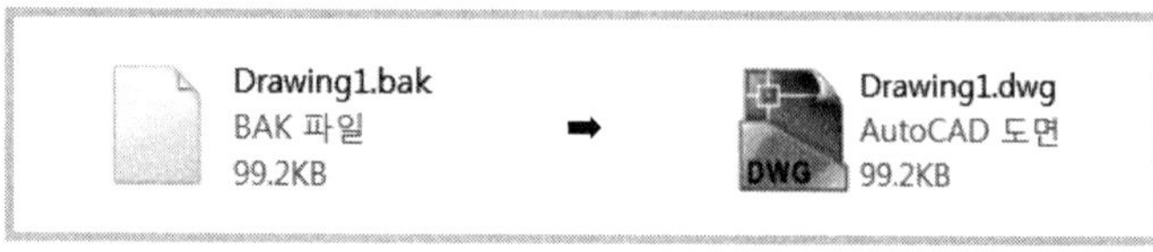

2.3.4 플롯 및 게시(PLOT AND PUBLISH)

대화상자의 [플롯 및 게시] 탭을 클릭하면 아래와 같이 여러 가지 옵션이 나타난다.

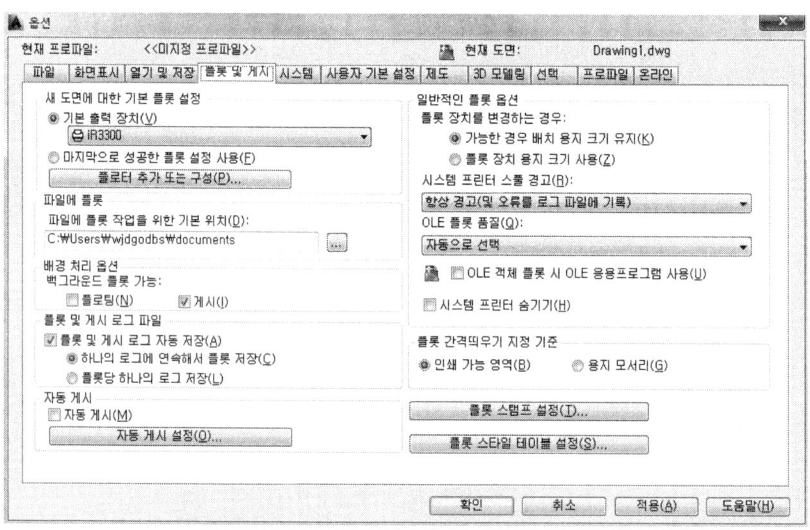

옵션의 플롯 및 게시

첫 번째 항목의 경우 나중에 작업을 끝내고 플로팅 할 때 유효하므로 지금 변경해도 되지만, 일반적으로 AutoCAD는 현재 사용하고 있는 컴퓨터의 기본 프린터를 Default로 사용하고 있으므로 자신의 컴퓨터에 있는 프린터로 출력을 원할 경우에는 특별히 변경할 필요가 없다. 플로팅에 관한 사항은 이후에 자세히 설명하도록 한다. 플롯의 기본 저장위치는 옵션에서도 변경이 가능하다.

2.3.5 사용자 기본설정

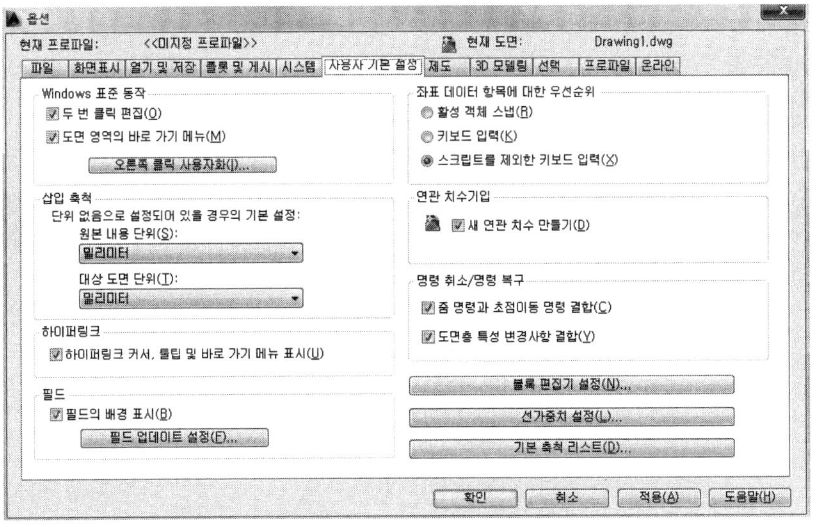

옵션의 사용자 기본설정

여기에서는 초보자의 경우 특별히 건드릴 것은 없으나, 나중에 도면을 그리다 보면 점점 더 숙달되어서 Space Bar 나 Enter↵ 만으로는 명령을 내리기에 답답할 수가 있다. 이러한 경우 대화상자의 [오른쪽 클릭 사용자화]를 클릭해 보자. 그러면 다음과 같은 항목이 나타난다.

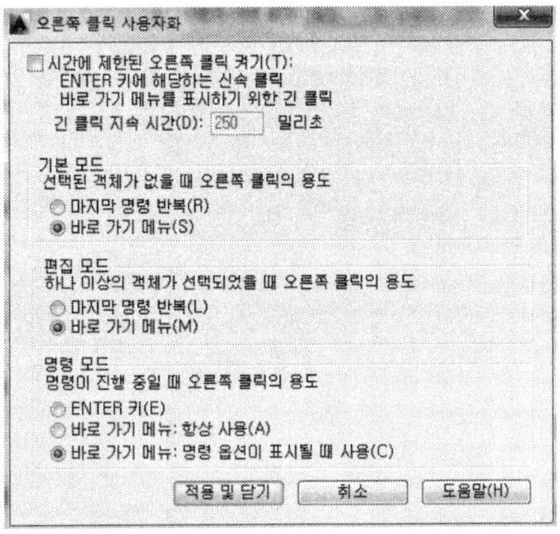

옵션의 사용자 기본설정에서 오른쪽 클릭 사용자화

맨 하단 항목 중에서 [ENTER 키(E)] 부분을 선택하면 마우스 오른쪽 버튼을 ENTER 키로 사용하겠다는 것이다. 또한 이 창에서는 마우스 오른쪽 버튼을 클릭할 경우 맨 마지막에 사용했던 명령어를 반복 실행할 것인지, 바로 가기 메뉴를 실행할 것인지 등의 설정이 가능하다. 참고로 이러한 기능은 사용자에 따라서 편리하게 느낄 수도 있고 아닐 수도 있으므로 자신에게 적절하게 사용하는 것이 중요하다.

2.3.6 십자선과 그립의 크기 및 색상 결정하기

십자선은 사용자의 취향에 맞게 크기를 조정할 수 있다. 먼저 십자선의 크기는 [옵션] - [화면표시]의 왼쪽 하단에서 그 크기를 조정할 수 있고 그립 크기 및 색상 또한 [옵션] - [선택사항] 탭에서 조절해주면 된다.

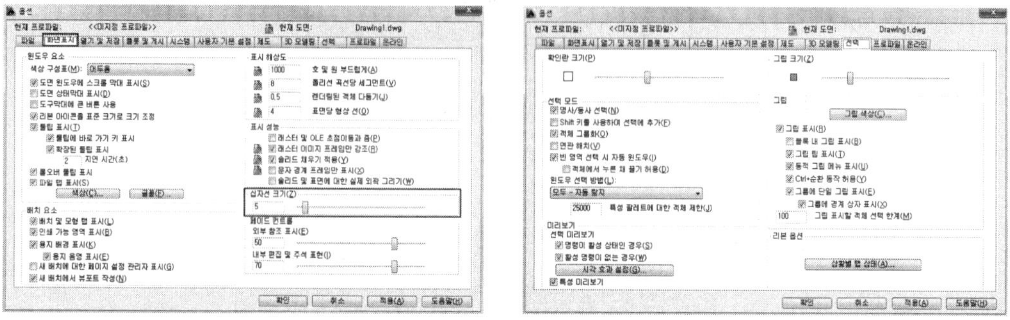

옵션 대화상자의 십자선 및 그립 크기, 색깔 정하기

2.4 유용한 각종 기능키(Function Key)

AutoCAD의 기능키(Function Key)는 상태 막대의 그리기 도구의 단축키라고도 할 수 있으며, 다양한 편의를 제공하고 있다. 이러한 기능키의 용도만 제대로 익혀 둔다면 훨씬 편리하게 AutoCAD을 사용할 수 있을 것이다.

F1	F2	F3	F4	F5	F6
도움말	텍스트 창	OSNAP	3DOSNAP	ISO PLANE	DUCS
HELP		CTRL+F			CTRL+D

① F1 키는 도움말을 실행하는 기능으로 명령어를 실행하거나 막히는 부분이 있을 때 F1 키를 누르면 사용자 안내서 및 명령 참조서 등에 대한 설명이 되어 있어 유용하게 사용할 수 있다.

② F2 키는 명령행에 대한 텍스트 창을 열고 닫는 기능을 한다.

③ F3 키는 객체 스냅(Object Snap)에 대한 명령을 On/Off하는 기능을 한다.

④ F4 키는 3D 객체 스냅(3D Object Snap)을 On/Off하는 기능을 한다.

⑤ F5 키는 ISO PLANE 의 전환하는 기능을 한다.

⑥ F6 키는 동적 UCS(DUCS)를 On/Off하는 기능으로 3D 작업 시 매우 유용하다. 이 기능을 사용하는 동안 UCS(사용자 좌표계)의 XY 평면과 솔리드 모형 평면을 임시로 자동 정렬할 수 있다.

F7	F8	F9	F10	F11	F12
GRID	ORTHO	SNAP	POLAR	OTRACK	DYN
CTRL+G	CTRL+L	CTRL+B			

⑦ F7 키는 격자 표시(Grid Display)을 On/Off하는 기능으로 화면에 격자를 표시하는 기능이다. 정밀한 작업이나 눈금을 필요로 하는 작업 시에 유용하다

⑧ F8 키는 직교모드(Ortho Mode)로 드로잉 할 때 십자선의 움직임을 수직과 수평으로만 고정시키거나 해제하는 기능을 한다. 수직 또는 수평의 선을 드로잉 할 때 유용하게 사용한다.

⑨ F9 키는 스냅모드(Snap Mode)로 스냅 간격 띄우기를 On/Off하는 기능을 한다.

⑩ F10 키는 극좌표(POLAR)를 POLAR On/Off하는 기능을 한다.

⑪ F11 키는 객체스냅 추적(Object Snap Tracking)을 On/Off하는 기능을 한다.

⑫ F12 키는 동적입력(Dynamic Input)을 On/Off하는 기능을 한다.

Chapter 3

AutoCAD의 기초

3.1 새로운 파일 만들기(NEW)

새로운 도면(템플릿)을 만들 때 사용하는 명령어이다.

· 명령어 : NEW
· 단축키 : Ctrl + N
· 메뉴검색기 : → 새로 만들기
· 신속접근도구막대 :

템플릿(.dwt)는 AutoCAD와 함께 설치되어 사용자가 자유롭게 쓸 수 있는 표준 스타일과 설정이 정의되어 있는 기본도면이다. 대부분의 기본도면 템플릿은 인치(inch)와 밀리미터(mm) 두 가지 단위 유형으로 제공되지만 우리나라에서는 보통 인치(inch)단위를 사용하지 않기 때문에 밀리미터(mm) 단위가 정의되어 있는 기본적으로 acadiso(.dwt)를 사용해야 한다.

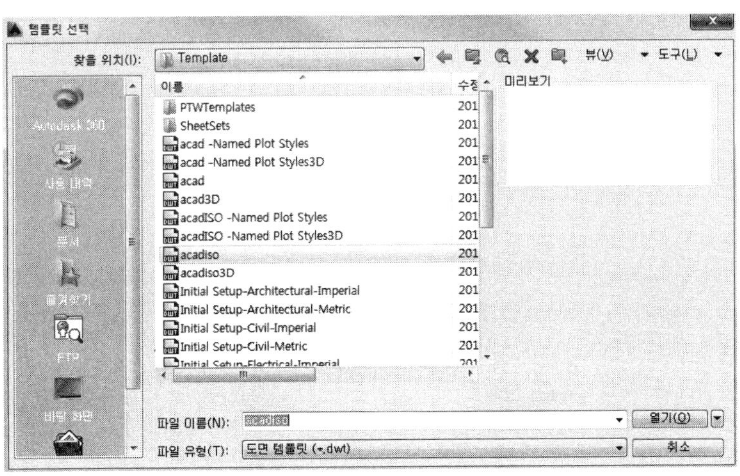

신규(N)

3.2 기존 파일 열기(OPEN)

기존에 작업했던 도면을 열 때 사용한다.

· 명령어 : OPEN
· 단축키 : Ctrl + O
· 메뉴검색기 : → 열기
· 신속접근도구막대 :

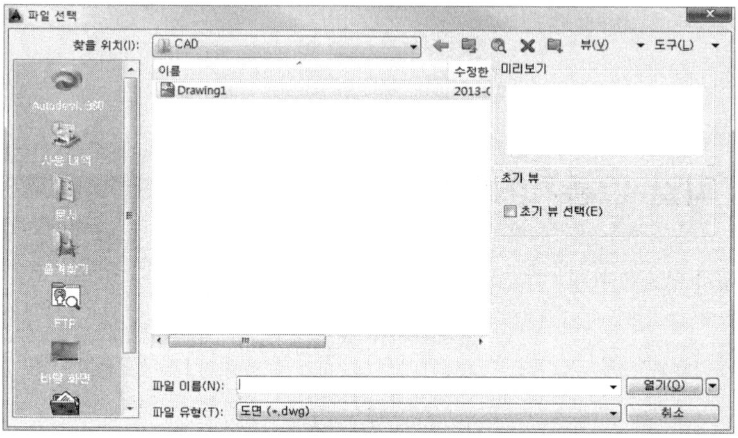

열기(O)

▌ 오류 도면 열기

AutoCAD에는 도면 파일이 오류가 생겨 명령 및 기능이 실행되지 않거나 도면이 열리지 않는 경우에 해결할 수 있는 기능으로 도면의 오류 감사 및 복구 기능이 있다. 이러한 기능은 도면 유틸리티에서 확인할 수 있으며, 도면 유틸리티는 메뉴 검색기와 메뉴막대의 파일에서 찾을 수 있다.

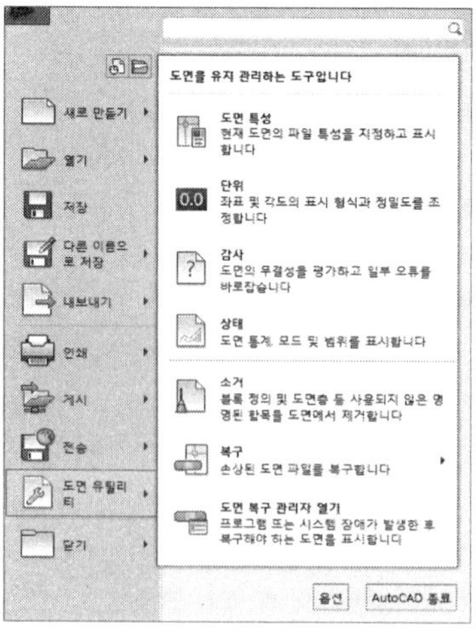

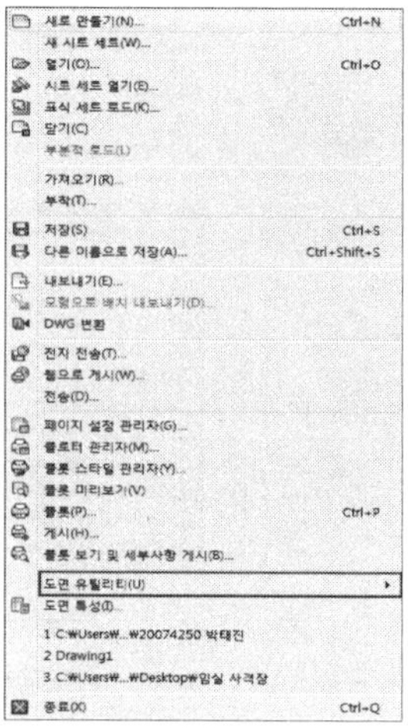

도면 유틸리티 위치

따라해보세요

① 오류가 생긴 도면을 복구 한다면 [도면 유틸리티]-[복구]를 선택 또는 명령어

: Recover Enter↵ 후에 오류가 생긴 도면을 열면 자동으로 복구가 진행된다.

② 현재 열린 도면에 대한 오류를 검사하고 싶다면 [도면 유틸리티]-[감사]를 클릭 또는 명령어

: Audit Enter↵ 실행 후 y Enter↵를 입력하면 도면에 대한 감사가 진행된다.

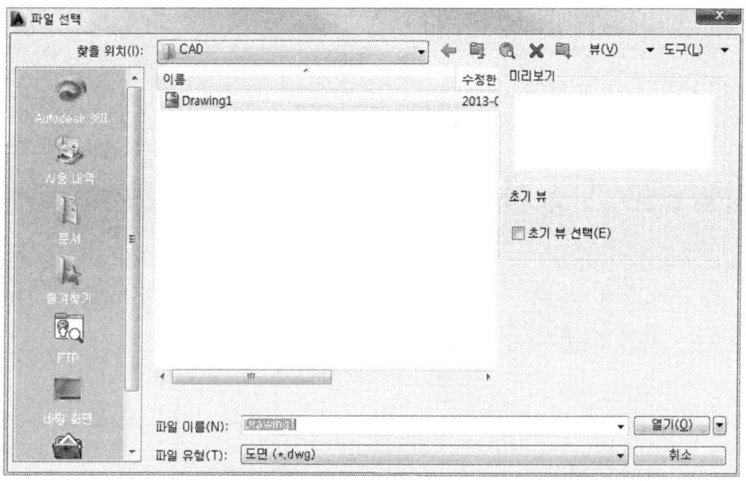

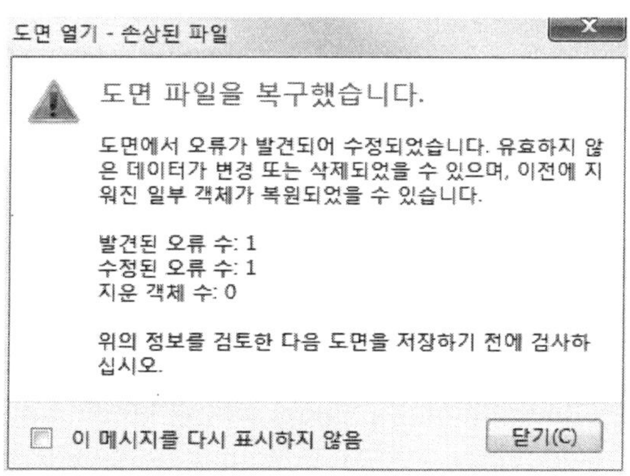

방식 ①

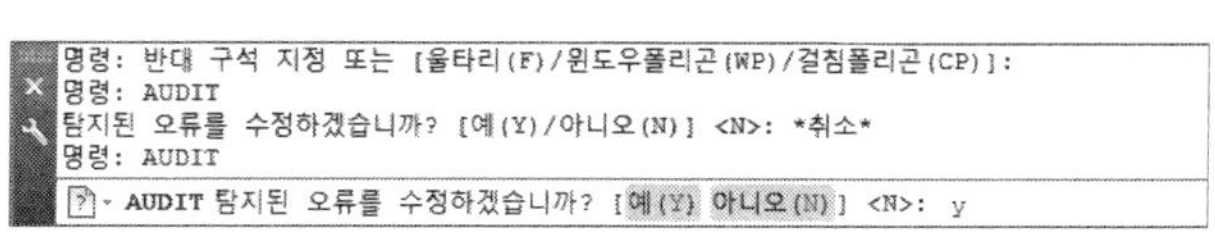

방식 ②

3.3 파일 저장하기(SAVE)

현재 작업하고 있는 파일을 저장하는 명령어이다. 기존에 있던 파일을 저장하는 경우 불러온 파일에 그대로 저장된다. AutoCAD의 파일 확장자는 기본적으로 *.dwg로 저장이 된다.

- 명령어 : Save
- 단축키 : Ctrl + S
- 메뉴검색기: → 저장
- 신속접근도구막대 :

3.4 다른 이름으로 저장하기(Save As...)

파일의 확장자를 *.dwg가 아닌 다른 확장자로 저장하고 싶거나, 기존에 있던 도면을 수정한 후 다른 이름으로 저장하고 싶을 때 사용하는 명령어이다.

- 단축키 : Ctrl + Shift + S
- 메뉴검색기: → 다른 이름으로 저장
- 신속접근도구막대 :

다른 이름으로 저장을 선택한 후 나타나는 대화상자의 '파일 형식'을 보면 다양한 확장자를 제공하고 있음을 알 수 있다. 사용자가 원하는 확장자를 선택한 다음 '저장(S)'을 누르면 된다.

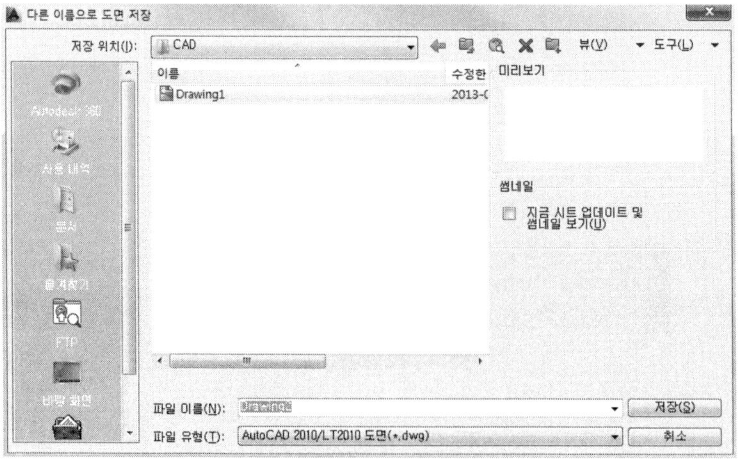

다른 이름으로 저장하기

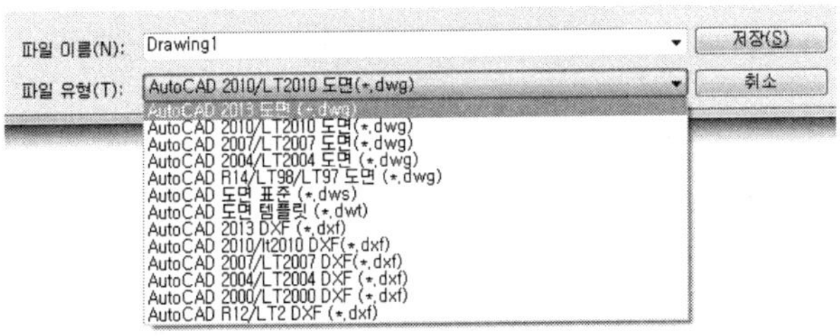

도면 확장자 변경하기

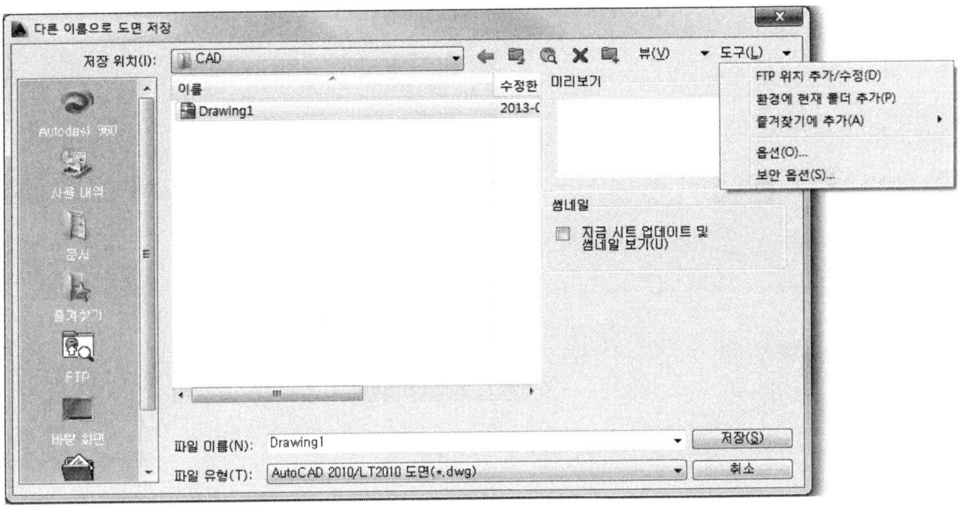

다른 이름으로 저장 시에는 도구를 이용하여 옵션 및 보안 옵션을 설정할 수 있다.

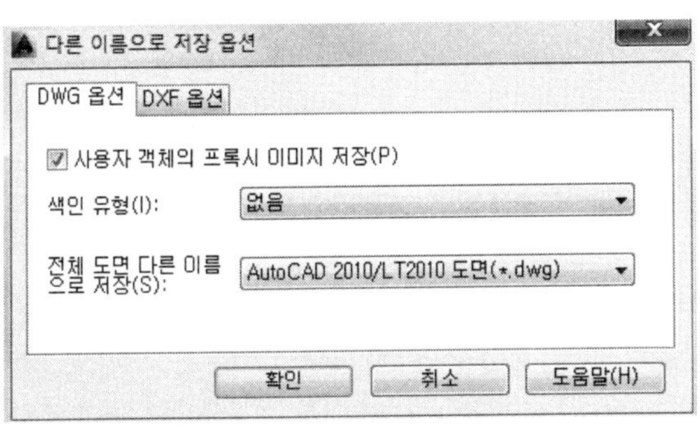

① DWG 옵션

도면을 저장할 기본 파일 형식을 지정하고, 도면 색인과 사용자 객체의 표시를 조정한다.

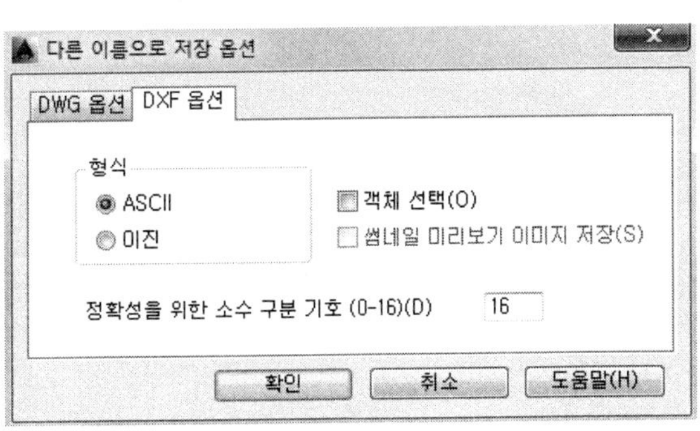

② DXF 옵션

도면 교환 파일 출력 옵션을 조정한다.

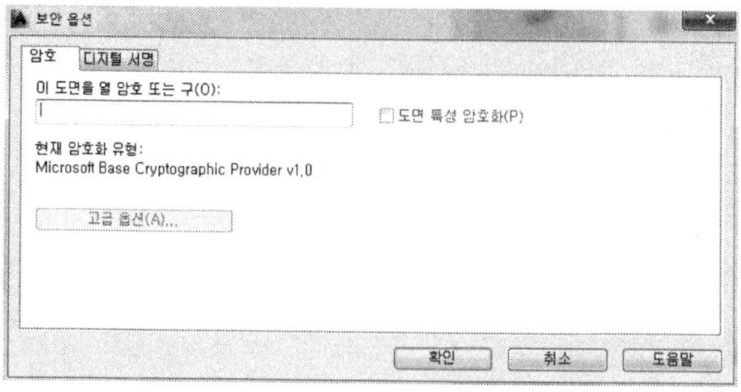

③ 보안 옵션

도면 저장 시 암호를 설정할 수 있다.

다른 이름으로 저장 옵션 및 보안 옵션

3.5 AutoCAD 끝내기

· 명령어 : QUIT
· 단축키 : Ctrl + Q
· 메뉴검색기: → Autodesk AutoCAD 2014 종료

AutoCAD를 끝내고 저장을 원한다면 [예(Y)]를 누르고, 저장할 필요가 없을 경우에는 [아니요(N)] 를 누르면 된다. 또는 AutoCAD 종료를 원치 않는 경우에는 [취소]를 누르면 된다.

3.6 ZOOM 명령

도면을 드로잉 할 때 도면이 모니터의 화면보다 작은 경우 세밀한 작업을 하기가 매우 어렵게 된다. 뿐만 아니라 어느 특정부분을 상세하게 작업해야 하거나, 세밀한 부분을 편집해야 할 필요가 있을 때에는 매우 난감하다. 이럴 때 사용자가 원하는 특정부위를 확대시킬 수 있는 명령이 바로 Zoom 명령이다.

· 명령어 : ZOOM
· 단축키 : Z
· 메뉴검색기 : → 뷰
· 리본 : [뷰] 탭 → [2D 탐색] 패널 → 범위

3.6.1 ZOOM-W

Zoom-W 명령은 위도우상의 작업영역에서 P1점과 P2점을 잡아 그 부분을 확대하여 보여준다. 이 명령은 AutoCAD 작업 시 자주 사용하는 명령어이다.

따라해보세요

아래의 그림을 확대해 보자.

① 명령 : Zoom [Enter↵] (단축키는 Z)

[전체(A)/중심(C)/동적(D)/범위(E)/이전(P)/축척(S)/윈도우(W)/객체(O)] <실시간> : W

또는 마우스 휠 버튼 업(UP)

② 첫 번째 구석 지정 : P1 클릭

두 번째 구석 지정 : P2 클릭

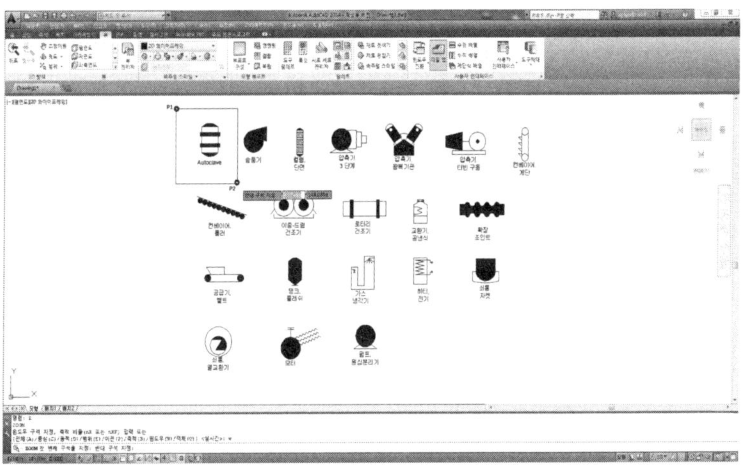

순서② Zoom-W 명령 전

③ 블록으로 설정한 부분이 확대되어 보임을 알 수 있다.

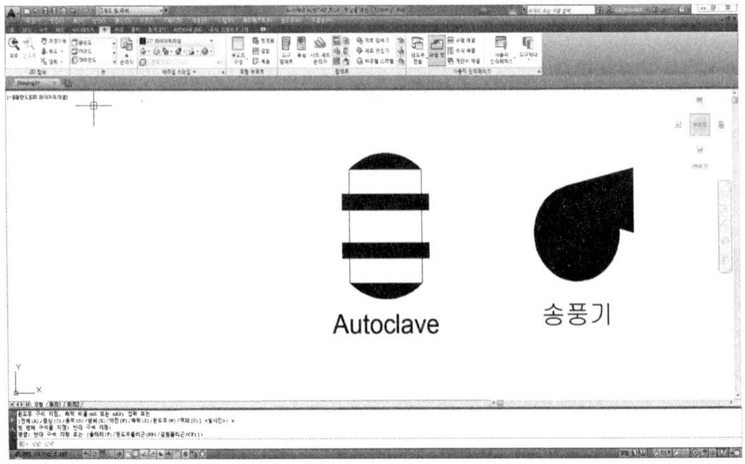

순서③ Zoom-W 명령 후

3.6.2 ZOOM-P

Zoom-P 명령은 Zoom에 관한 어떠한 명령을 실행 후 다시 이전의 Zoom 상태를 보고 싶을 때 사용하는 명령어이다.

이 명령어도 AutoCAD 작업 시 자주 사용하는 명령어이다.

따라해보세요

방금 윈도우 확대해본 객체를 원상태로 복구해 보자.

① 명령 : Zoom [Enter↵] (단축키는 Z)

[전체(A)/중심(C)/동적(D)/범위(E)/이전(P)/축척(S)/윈도우(W)/객체(O)] <실시간> : P

② 본래 상태로 되돌아감을 알 수 있다.

3.6.3 ZOOM-D

Zoom-D 명령은 동적 뷰로 도면이 복잡할 때 자주 사용하는 명령어이다.

따라해보세요

① 명령 : Zoom [Enter↵] (단축키는 Z)

[전체(A)/중심(C)/동적(D)/범위(E)/이전(P)/축척(S)/윈도우(W)/객체(O)] <실시간> : D

② 마우스의 왼쪽 버튼을 클릭하면 박스 크기를 조정할 수 있다.

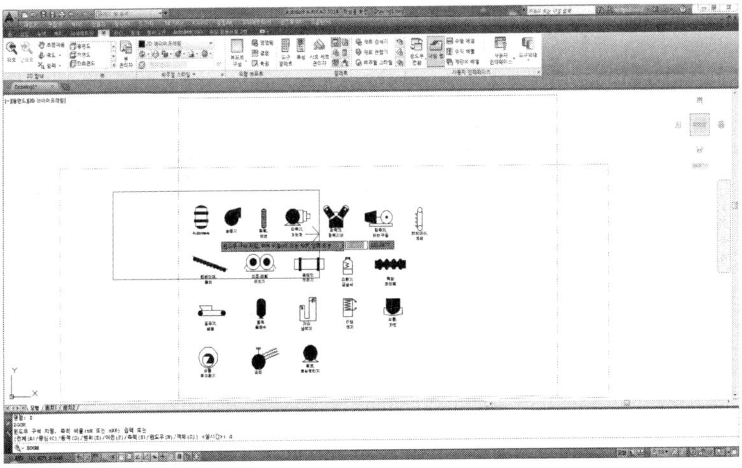

순서 ② 크기 조정

③ 마우스의 왼쪽 버튼을 한번 더 클릭하면 박스 크기가 고정된다.

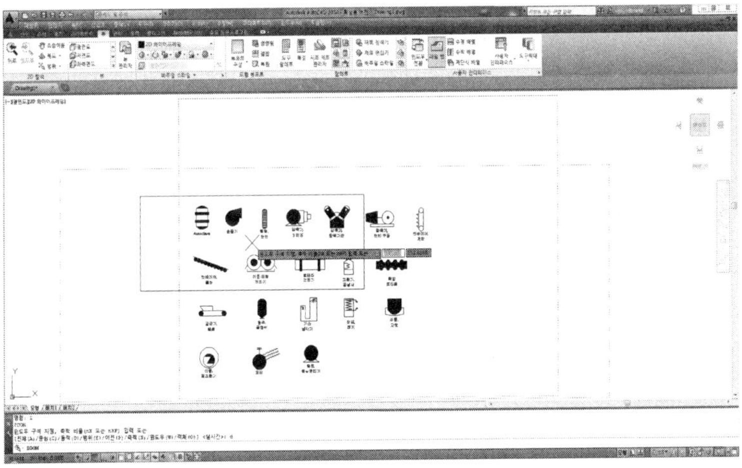

순서 ③ 크기 고정

④ 고정된 박스를 원하는 위치에 놓고 Enter↵를 치면 그 부분이 확대되어 보이게 된다.

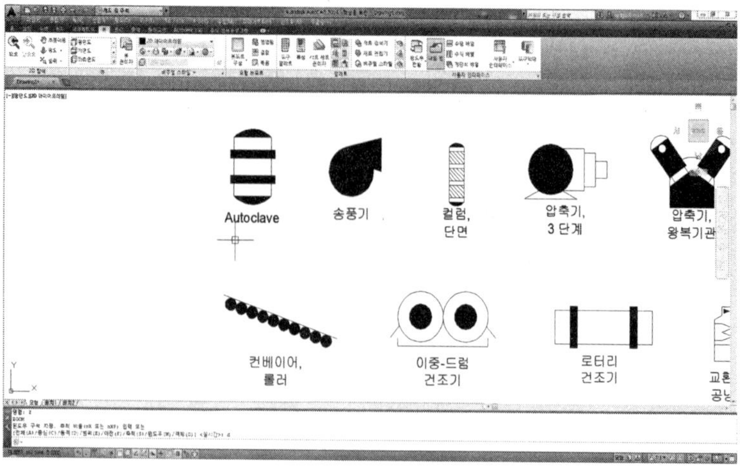

순서④ Zoom-D 명령 후

3.6.4 Zoom-E

Zoom-E 명령은 화면상에 있는 물체가 화면에 꽉 차보이도록 하는 명령어이다. 가장 큰 화면으로 볼 수가 있다.

따라해보세요

아래와 같이 그림을 확대해보자.

① 명령 : Zoom Enter↵ (단축키는 Z)

[전체(A)/중심(C)/동적(D)/범위(E)/이전(P)/축척(S)/윈도우(W)/객체(O)] <실시간> : E

또는 마우스 휠 버튼 더블 클릭

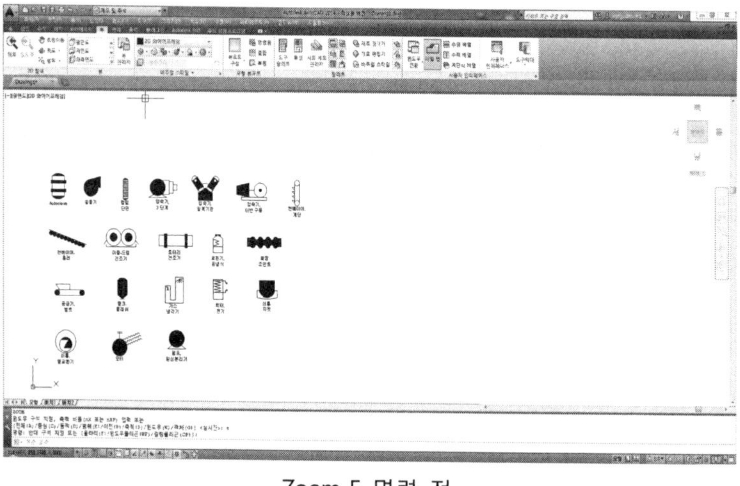

Zoom-E 명령 전

② 물체가 화면에 꽉 차보임을 알 수 있다.

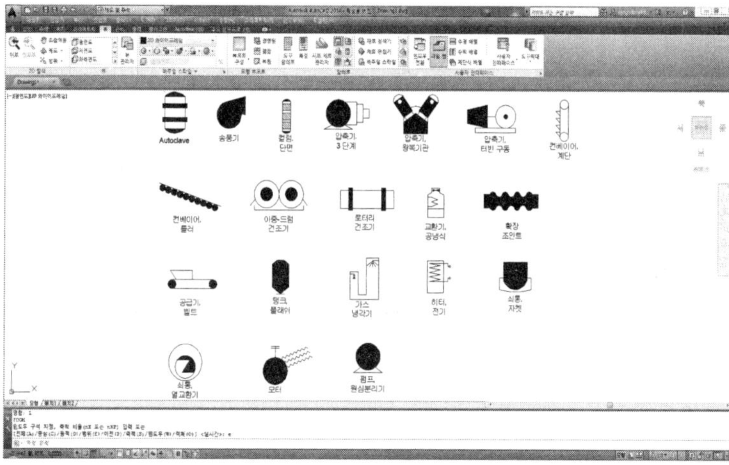

Zoom-E 명령 후

이외에도 많은 Zoom 옵션들이 있으나 위에 언급된 Zoom 옵션들이 가장 많이 사용하는 명령들이므로, 이 옵션만 제대로 알면 도면 작성 시 매우 유용하게 사용할 수 있을 것이다.

또한, 위에서 소개한 명령어를 이용한 방법 말고 간편하게 마우스의 휠을 이용하는 방법도 있다. 마우스의 휠을 업(Up)·다운(Down)에 따라서 작업영역 창이 확대 및 축소되는걸 알 수 있다. 사용방식은 여러 가지이므로 경우에 따라 적절한 방법을 사용해보길 바란다.

Zoom의 여러 가지 옵션들

Zoom 명령은 카메라의 줌 원리처럼 화면을 확대하거나 축소하는 것이지, 도면을 확대하거나 축소하는 것이 아니다.

Command : Zoom 명령상태에서

- 전체(A) : 도면 전체를 표시한다.
- 중심(C) : 지정한 점을 화면의 중심으로 해서 지정높이의 영역 내 도면요소만 표시한다.
- 동적(D) : Viewer 상자를 이용하여 도면영역의 특정부분을 자유롭게 선택하여 표시한다.
- 범위(E) : 도면크기에는 상관없이 실제 그려진 도면요소만 화면에 가득 차게 표시한다.
- 이전(P) : 이전상태의 화면으로 돌아간다.
- 축척(S) : 도면요소를 지정 배율만큼 확대 또는 축소하여 표시한다.
- 윈도우(W) : 블록으로 지정한 부분만 확대되어 나타난다. 일반적으로 이 명령은 생략하고 블록만 지정해도 된다.
- 객체(O) : 선택한 객체가 화면에 가득 차게 표시한다.

3.7 PAN 명령

PAN 명령은 도면의 크기를 변경하지 않고 화면을 이동시키는 명령어이다. 스크롤바와 비슷한 역할을 하지만 스크롤바를 사용하는 것보다는 Pan 명령어를 사용하는 것이 훨씬 편리하다.

· 명령어 : PAN	· 메뉴검색기 : [A] → 뷰 → 초점이동
· 단축키 : P	· 리본 : [뷰] 탭 → [탐색] 패널 → 초점이동

Pan 명령을 주게 되면 다음과 같이 십자선 표시(⌖)가 손바닥 모양(✋)으로 바뀌게 된다. 그 상태에서 자신이 원하는 곳으로 화면을 이동시키면 된다. Pan 명령을 종료하고 싶을 때에는 ESC 또는 엔터키를 눌러 종료하는 방법과 마우스의 오른쪽 버튼을 눌러서 "나가기"를 선택하여 종료하는 방법이 있다.

여러 가지 방법 중 가장 편하고 쉬운 방법은 마우스의 휠을 누른 상태에서 작업영역 위에서 드래그하는 것으로, 화면이 마우스의 움직임에 따라서 같이 움직인다.

따라해보세요

① 명령 : P Enter↵ (PAN) 또는 마우스 휠버튼

② 작업영역 창에서 마우스 왼쪽을 누른 상태에서 드래그 해보면 화면 이동이 되는걸 확인할 수 있다.

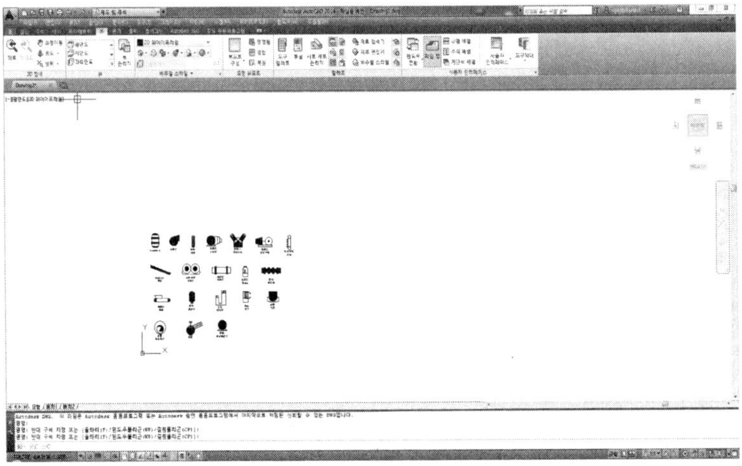

순서 ①

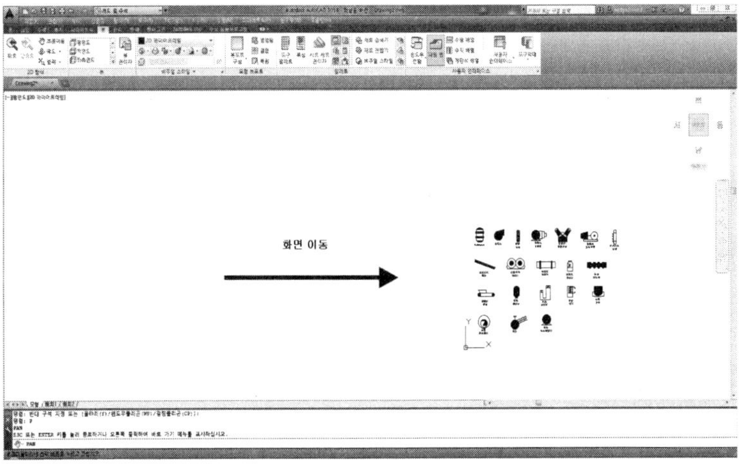

순서 ②

3.8 각종 정보 표시 명령어

AutoCAD에서는 화면상의 객체에 대하여 다양한 정보를 제공하고 있다.

3.8.1 STATUS 명령

STATUS 명령은 현재 도면의 각종 설정 및 시스템의 상태를 보여준다.

·명령어 : STATUS

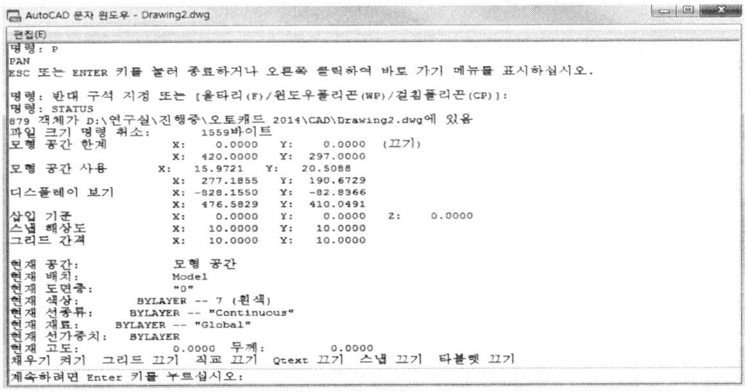

STATUS 명령

3.8.2 LIST 명령

List 명령은 선택된 객체들의 데이터 리스트를 보여준다.

·명령어 : LIST

따라해보세요

① 명령 : LIST [Space Bar]

② 객체 선택 : 객체 선택 후 [Space Bar]로 명령종료.

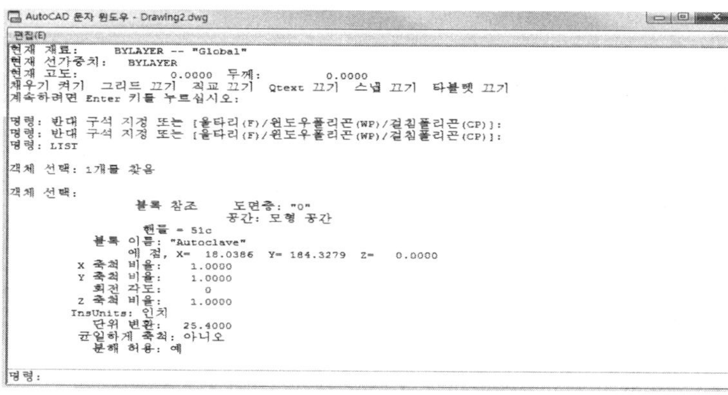

List 명령

3.8.3 AREA 명령

Area 명령은 면적을 계산하는 명령어로서 면적끼리의 연산도 가능하다는 장점을 가지고 있다.

·명령어 : AREA

따라해보세요

아래 그림과 같은 사각형(200*130)의 면적을 구해보자.

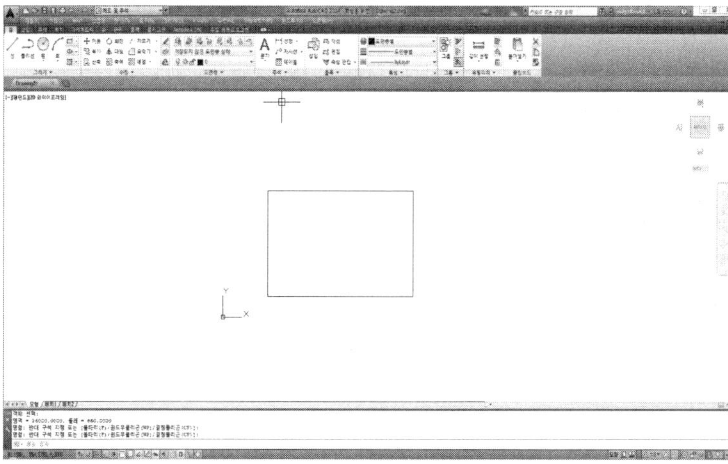

① 명령 : AREA [Space Bar]

② 첫 번째 구석점 지정 또는 [객체(O)/면적 추가(A)/면적 빼기(S)] : O [Space Bar]

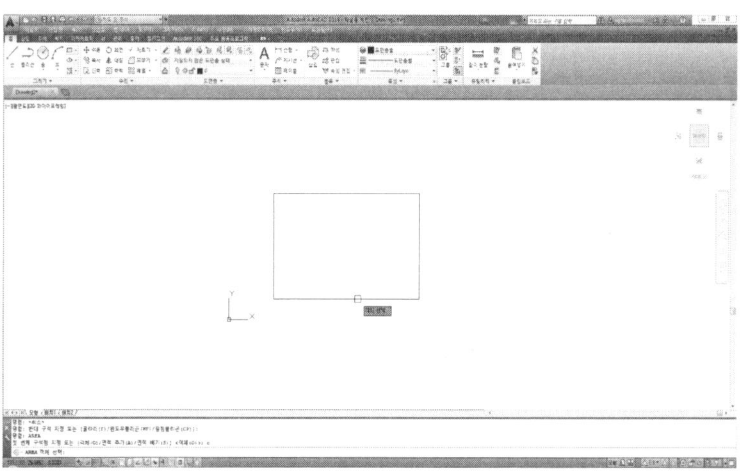

순서② 객체 선택

③ 객체 선택을 바로 명령창에 정보가 나온다.

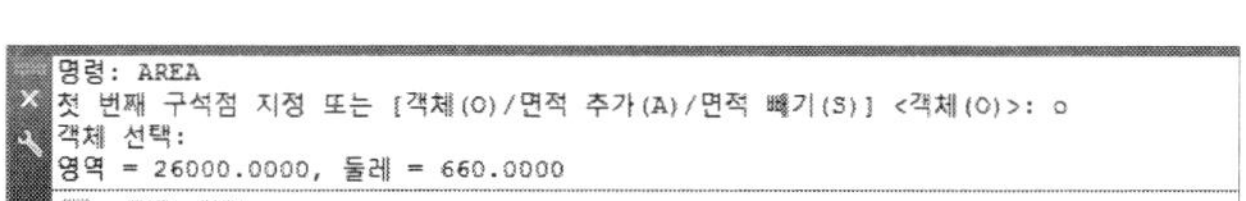

순서③ AREA 명령 실행완료

3.8.4 ID 명령

Id 명령은 좌표점의 정보를 알려주는 명령어이다.

· 명령어 : ID

따라해보세요

① 명령 : ID Space Bar

② 점 지정 : 좌표를 알고자 하는 점을 클릭한다.

3.8.5 DIST 명령

Dist 명령은 두 점 사이의 거리와 각도를 계산해주는 명령어이다.

· 명령어 : DIST · 단축키 : DI

따라해보세요

① 명령 : DI Space Bar (DIST)

② 대각선 길이를 알기 위해서 (P1→P2) 지점을 클릭한다.

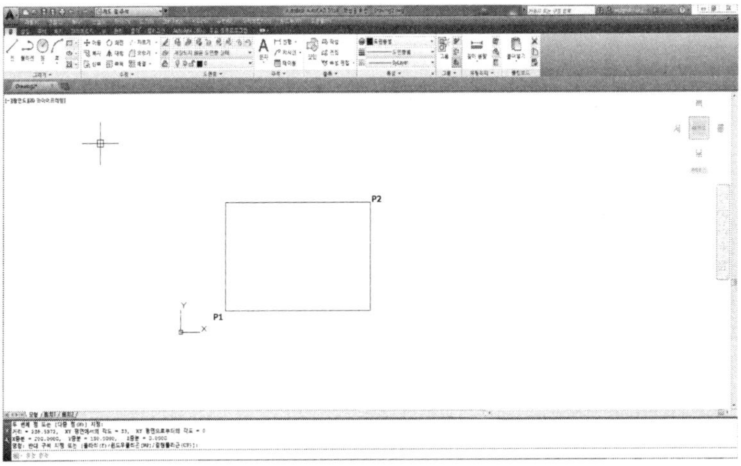

순서② 지점 선택

③ 두 지점의 클릭완료되면 즉시 명령창에 거리 및 각도의 정보가 표시된다.

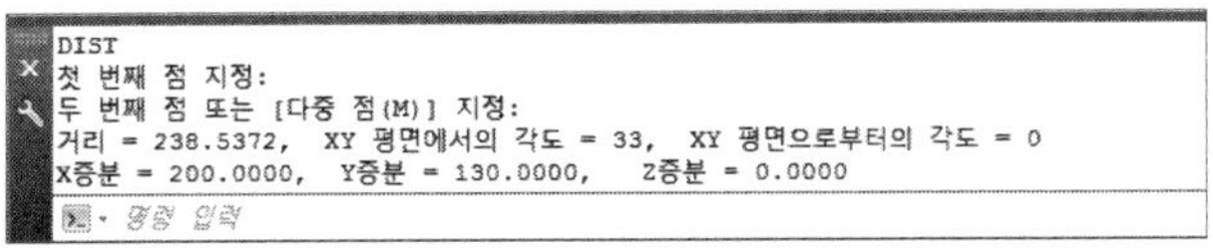

순서③ DIST 명령 완료

3.8.6 TIME 명령

Time 명령은 현재의 시간 및 현재 도면의 시간적인 데이터를 보여주는 명령어이다.

·명령어 : TIME

3.8.7 CAL 명령

Cal은 계산기의 기능을 가진 명령으로 기본적인 산술연산에서 복잡한 공학계산뿐 아니라 좌표점간의 연산도 가능하다.

· 명령어 : CAL　　· 리본 : 홈 탭 → 유틸리티 패널 → (계산기)

(1) 산술연산

• 산술기호

( )	: 구분괄호	* , /	: 곱하기, 나누기
^	: 자승표시	+, -	: :더하기, 빼기

(2) 공학용연산

• 표준 수학함수

sin(angle)	: 각도의 sin값
cos(angle)	: 각도의 cosine값
tang(angle)	: 각도의 tangent값
asin(real)	: 숫자의 arcsine값
acos(real)	: 숫자의 arccosine값
atan(real)	: 숫자의 arctangent값
In(real)	: 숫자의 자연 log값
log(real)	: 숫자의 Base-10 log값
exp(real)	: 숫자의 Nature exponent값
exp10(real)	: 숫자의 Base-10 exponent값
sqr(real)	: 숫자의 제곱
sqrt(real)	: 숫자의 제곱근
abs(real)	: 숫자의 절대값
round(real)	: 숫자의 가까운 정수값 round(2.7)=3
trunc(real)	: 숫자의 정수값 trunc(2.7)=2
r2d(angle)	: 라디안을 각도값으로 바꿈.
d2r(angle)	: 각도를 라이안으로 바꿈.
pi(angle)	: pi=3.14...=180°

(3) 좌표연산

좌표연산은 객체 스냅을 활용할 수 있으며 길이, 각도 등도 편리하게 구할 수 있다.

dist(P1, P2)	: 두 점 사이의 거리를 측정
dpl(P, P1, P2)	: 점 P와 선(P1, P2)의 수직거리를 측정
dpp(P, P1, P2, P3)	: 점 P와 면(P1, P2, P3)의 수직거리를 측정
rad	: 물체의 반지름을 측정

제2편

2차원 작업요소

Chapter 4

드로잉(Drawing)

4.1 선(LINE) 그리기

선(LINE)은 AutoCAD에서 가장 기본이 되는 명령어다. 초보자들은 선을 많이 연습함으로써 AutoCAD를 쉽게 접근할 수 있도록 하는 것이 중요하다.

· 명령어 : LINE
· 단축키 : L
· 리본 : 홈 탭 → 그리기 패널 → ╱ (선)
· 메뉴 : 그리기 → 선

4.1.1 좌표 무시하고 선 그리기

따라해보세요

① 명령 : L [Space Bar] (LINE)

② Line 첫 번째 점 지점 : 첫 번째 점(P1)을 클릭한다.

③ 다음 점 지정 또는 [명령취소(U)] : 두 번째 점(P2)을 클릭한다.

④ [Space Bar]를 눌러서 라인(Line) 명령어를 빠져 나온다.

AutoCAD에서 명령 실행 및 종료 단축키는 [Space Bar] 및 [Enter↵] 그리고 마우스의 오른쪽 버튼이다. 이 버튼은 모두 같은 기능이므로 사용자가 그때그때 편리한 방법으로 골라 사용하면 된다. (저자는 [Space Bar] 를 주로 사용한다.)

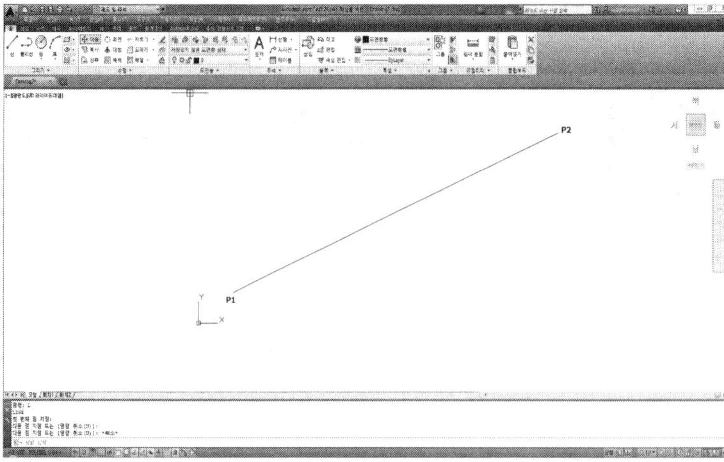

좌표 무시하고 선 그리기

4.1.2 좌표 입력 후 선 그리기

AutoCAD의 좌표 입력방식으로는 절대좌표, 상대좌표, 상대극좌표로 이 3개의 좌표가 사용된다. 그러나 AutoCAD 2007 이후로 상대좌표의 사용이 편리하게 되면서 절대좌표의 사용이 많이 줄어들었다.

절대 좌표	: (0,0)을 좌표계 기준으로 한 절대적인 점	ex> 10,10
상대 좌표	: 마지막 점에서 X,Y의 변위 입력	ex> @10,10
상대 극좌표	: 마지막 점에서 길이와 각도를 입력	ex> @10<45 ('<'표시는 각도각)

AutoCAD 2014에서는 동적 입력(DYN)의 기본 옵션이 상대 좌표로 설정되어 있기 때문에 좌표 입력 시 '@'를 붙이지 않고 DYN(단축키 : F12)을 활성화 시키면 상대 좌표로 입력되어진다. 만약 '@'를 이용해서만 상대좌표를 입력하고 싶다면 아래 그림과 같이 DYN 제도 설정의 '포인터 입력' 설정을 '상대좌표'에서 '절대좌표'로 바꾸어 주면 DYN이 활성화 된 상태에서도 '@'기호를 붙여 줄때만 상대 좌표로 인식한다.

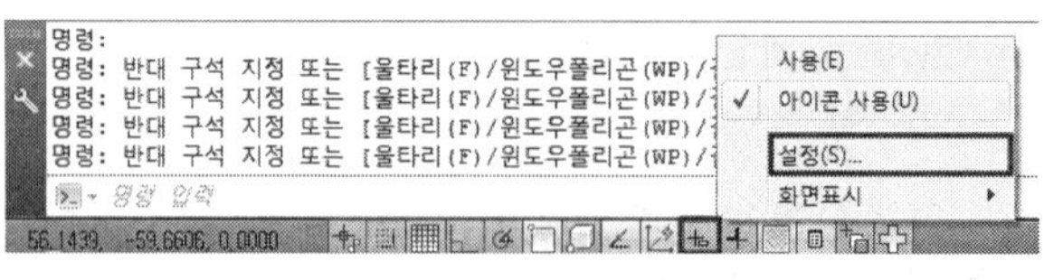

DYN의 설정 들어가기

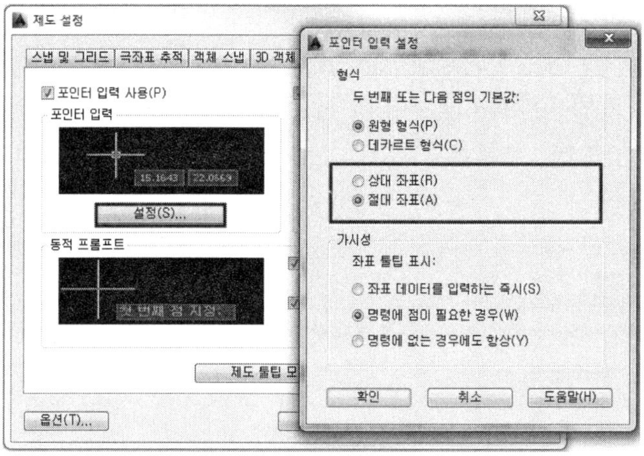

DYN의 포인트 입력 설정 들어가기

(1) 절대 좌표

좌표계의 기준(0,0)에서 시작하는 절대적인 좌표이다.

따라해보세요

① 명령 : L [Space Bar] (LINE)

② 첫 번째 점 지점 : 10,10 [Space Bar]
(0,0에서 X축으로 10, Y축으로 10에서 시작된다.)

③ 다음 점 지정 또는 [명령취소(U)] : 0,10 [Space Bar]
(②에서 X축으로 0, Y축으로 10까지 선 그리기)

④ 다음 점 지정 또는 [닫기(C)/명령취소(U)] : -10,0 [Space Bar]
(③에서 X축으로 -10, Y축으로 0까지 선 그리기)

⑤ 다음 점 지정 또는 [닫기(C)/명령취소(U)] : 0,-10 [Space Bar]
(④에서 X축으로 0, Y축으로 -10까지 선 그리기)

(완료 후 그림이 크기가 화면에 맞지 않을 경우에는 마우스 휠 버튼을 더블 클릭해보자!)

(2) 상대좌표

상대좌표는 바로 이전에 입력했던 좌표를 0,0으로 생각하고 상대값만으로 좌표값을 입력하며, AutoCAD 2014에서는 동적입력(DYN)의 기본 옵션이 상대 좌표로 설정되어 있기 때문에 동적입력(DYN)을 활성화가 된 상태에서 마우스를 처음 포인팅한 곳(P1)을 0,0으로 생각하면 된다.

따라해보세요

① 명령 : L [Space Bar] (LINE)

② 첫 번째 점 지점 : 화면 중앙에 어느 한 곳을 마우스의 왼쪽 버튼으로 클릭(P1)한다.

③ 다음 점 지정 또는 [명령취소(U)] : 10,0 [Space Bar]
(P1에서 X축으로 10, Y축으로 0까지 선 그리기)

④ 다음 점 지정 또는 [명령취소(U)] : 0,10 [Space Bar]
(③에서 X축으로 0, Y축으로 10까지 선 그리기)

⑤ 다음 점 지정 또는 [닫기(C)/명령취소(U)] : -10,0 [Space Bar]
(④에서 X축으로 -10, Y축으로 0까지 선 그리기)

⑥ 다음 점 지정 또는 [닫기(C)/명령취소(U)] : 0,-10 [Space Bar]
(⑤에서 X축으로 0, Y축으로 -10까지 선 그리기)

⑦ 아래 그림과 같이 직사각형 모양으로 그려진다.

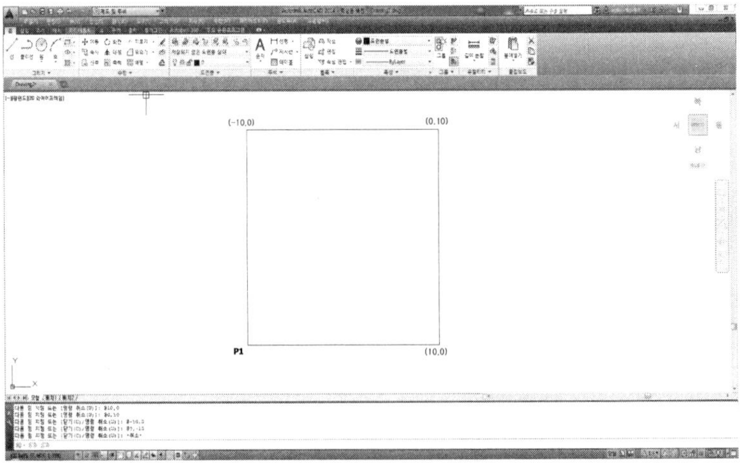

상대좌표를 이용한 선 그리기 완료

(3) 상대극좌표

상대극좌표는 마지막에 입력된 점을 원점으로 하여 거리와 각도를 이용한 좌표를 말한다.

따라해보세요

① 명령 : L `Space Bar` (LINE)

② 첫 번째 점 지점 : 화면에 임의의 점(P1) 을 클릭한다.

③ 다음 점 지정 또는 [명령취소(U)] : 10< 0 `Space Bar`
(P1에서 X축으로 0°로 10까지 선 그리기)

④ 다음 점 지정 또는 [명령취소(U)] : 10<90 `Space Bar`
(③에서 X축으로 90°로 10까지 선 그리기)

⑤ 다음 점 지정 또는 [닫기(C)/명령취소(U)] : 10<180 `Space Bar`
(④에서 X축으로 180°로 3까지 선 그리기)

⑥ 다음 점 지정 또는 [닫기(C)/명령취소(U)] : 10<270 `Space Bar`

⑦ 아래 그림과 같은 직사각형이 완성된다.

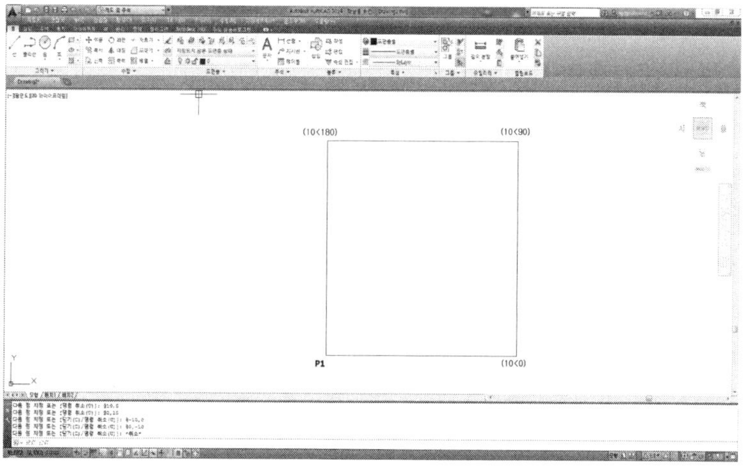

상대극좌표를 이용한 선 그리기 완료

▌각도에 대한 설명

상대극좌표는 좌표를 X와 Y로 나누지 않고 X좌표만을 이용하여서 원하는 각도로 선을 그릴 수 있다. X축의 좌표는 아래와 같다.

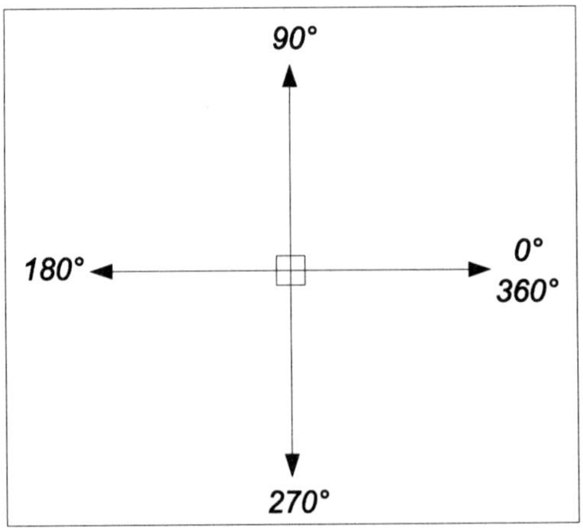

X축 좌표

ex> @10<90 : 길이가 10만큼 이동하되, 시작점을 중심으로 90° 각도로 이동한다는 뜻이다.
쉽게 말해서 시작점에서 X축으로 이동 없이 Y축으로 10만큼 이동한다는 말이다.

이 좌표의 개념은 매우 중요한 부분이며, 특히 3D 작업을 할 때 매우 유효하게 사용되므로 좌표의 개념을 확실히 이해하도록 해야 한다. 만약 좌표의 개념을 이해하지 못하면 2D는 물론, 3D 또한 매우 곤란함을 겪게 되므로 많은 연습을 통하여 완전히 숙달한 후 다음 단계로 넘어갈 수 있도록 해야 한다.

예제 그려보기

다음과 같은 도면을 직접 그려보자.

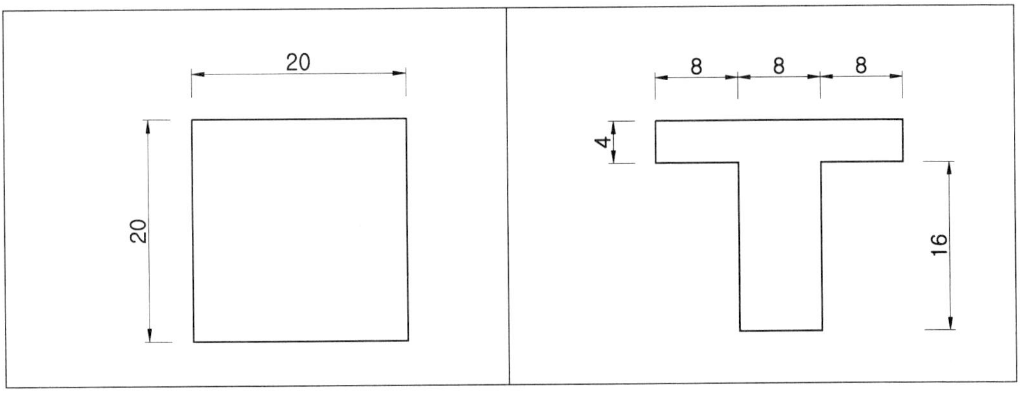

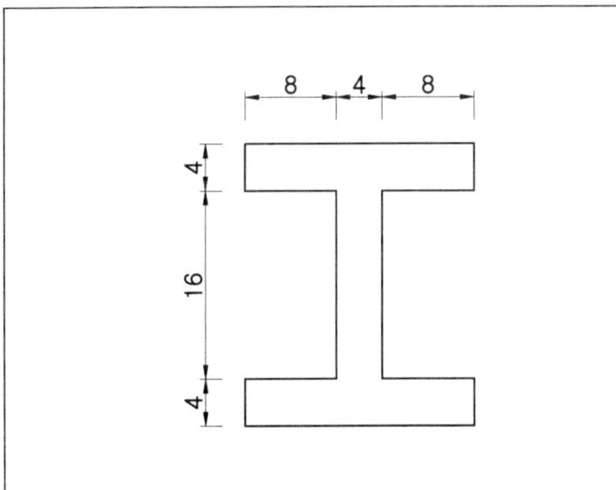
8
4
8
4
16
4

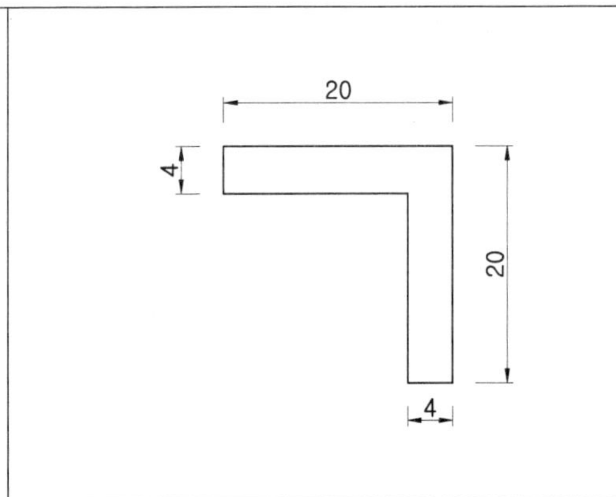
20
4
20
4

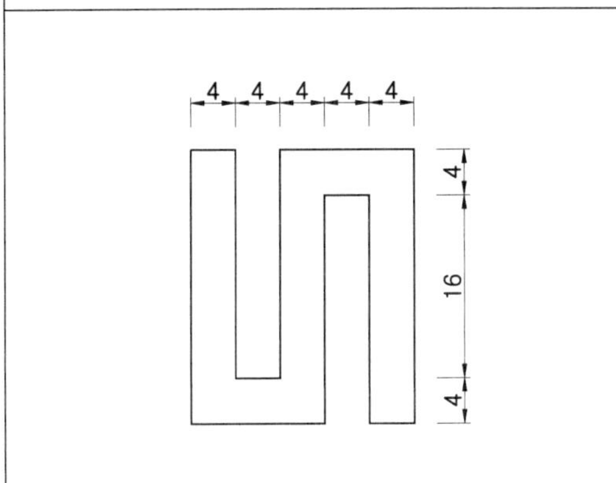
4
4
4
4
4
4
16
4

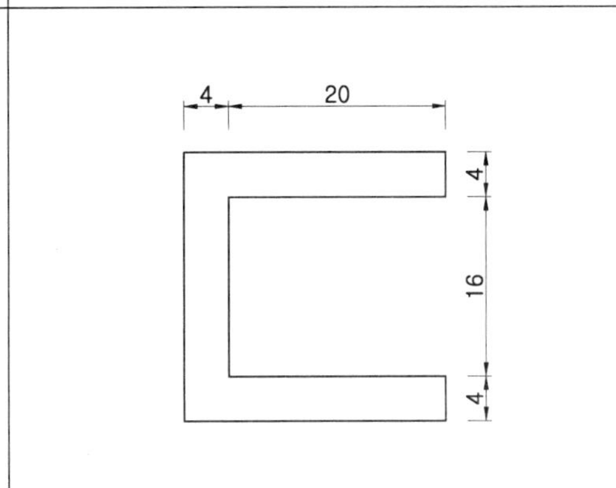
4
20
4
16
4

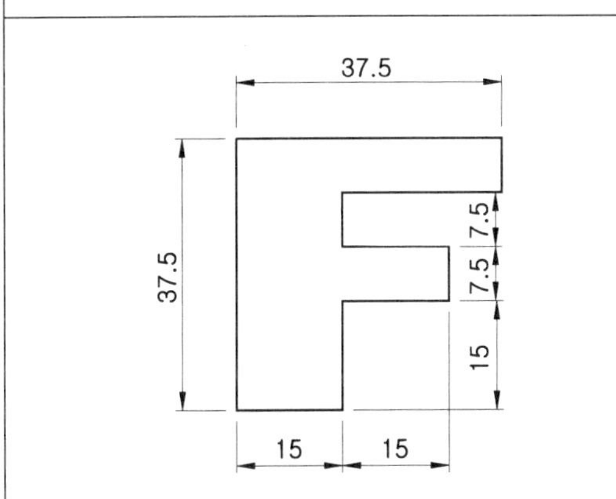
37.5
37.5
7.5
7.5
15
15
15

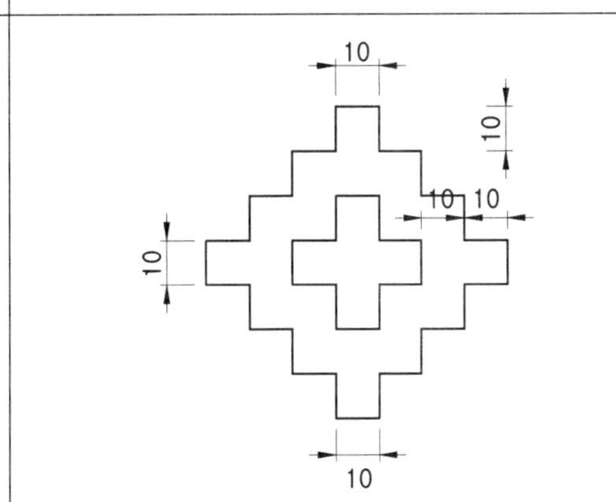
10
10
10
10
10
10

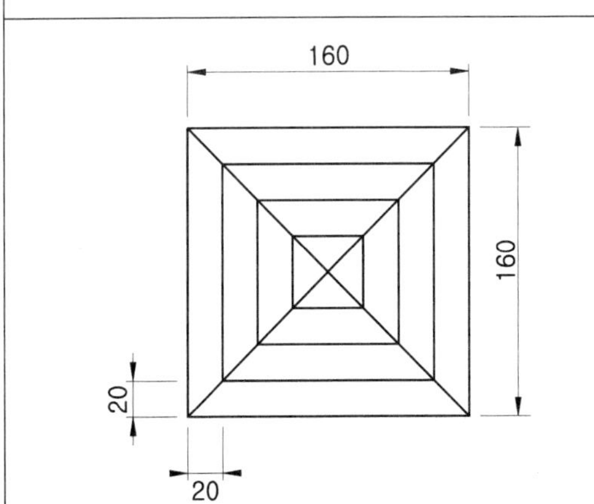
160
160
20
20

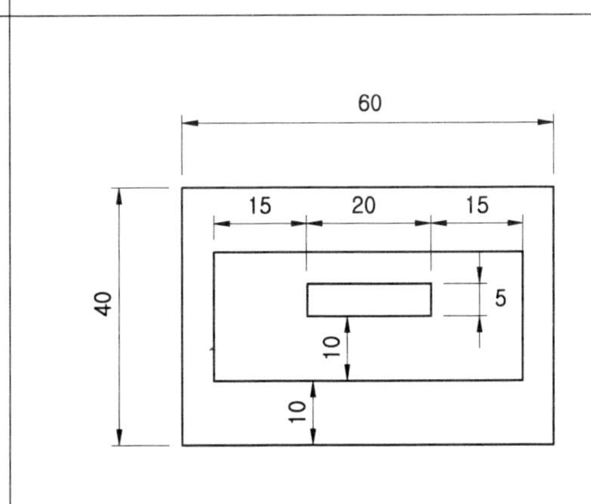
60
15
20
15
40
5
10
10

4.2 무한대의 선(XLINE, RAY) 그리기

4.2.1 XLINE

XLINE명령은 한 중심점에서 양 끝점이 없이 무한대로 발산하는 직선을 그리는 명령이다. (투시도형이나 도면 작도 시 기준선으로 활용한다.)

- 명령어 : XLINE
- 단축키 : XL
- 리본 : 홈 탭 → 그리기 → (구성선)
- 메뉴 : 그리기 → 구성선

따라해보세요

① 명령어 : XL [Space Bar] (Xline)

② XLINE 점을 지정 또는 [수평(H)/수직(V)/각도(A)/이등분(B)/간격띄우기(O)] : 임의의 점을 클릭한다.

③ 통과점 지정 : 임의의 점을 클릭한다.

④ 명령 종료 전까지 반복실행이 가능하다.

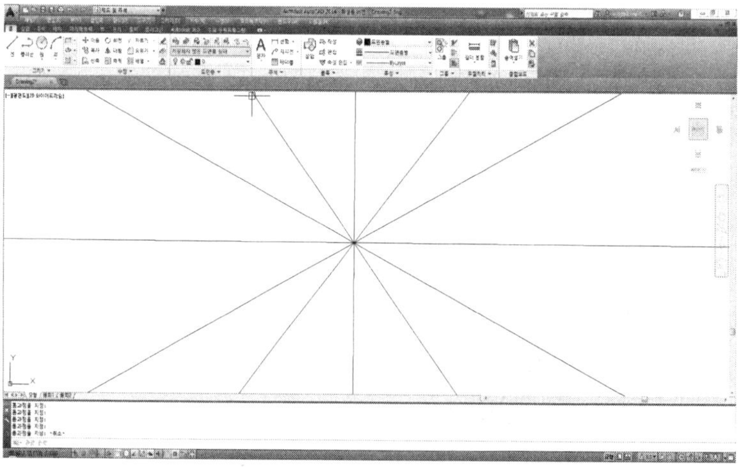

XLINE으로 선 그리기(반복)

XLINE의 여러 가지 옵션들

수평(H) : 수평 무한선
수직(V) : 수직 무한선
각도(A) : 지정한 각도의 사선
이등분(B) : 선의 중점에서 지정한 두 점이 이루는 각을 양분하는 선을 그린다.
간격띄우기(O) : 선택한 선과 평행한 선을 그린다.

XLINE의 옵션의 수평 무한선과 수직 무한선은 도면의 단면도를 그릴 때 유용하게 사용된다. 옵션을 사용할 때에는 임의의 점 대신에 단축명령어(H 또는 V)를 쓰고 필요한 지점에 대고 클릭해 주면 된다.

4.2.2 RAY

RAY는 시작은 있고 끝은 없는 무한선이다.

- 명령어 : RAY
- 리본 : 홈 탭 → 그리기 패널 → (광선)
- 메뉴 : 그리기 → 광선

따라해보세요

① 명령 : Ray [Space Bar]

② 시작점을 지정 : 임의의 시작점(P1) 클릭한다.

③ 통과점을 지정 : 다음 점(P2) 클릭한다.

④ 통과점을 지정 : 다음 점(P3) 클릭한다.

⑤ 작성 후 [Space Bar]로 명령 종료를 하면 된다.

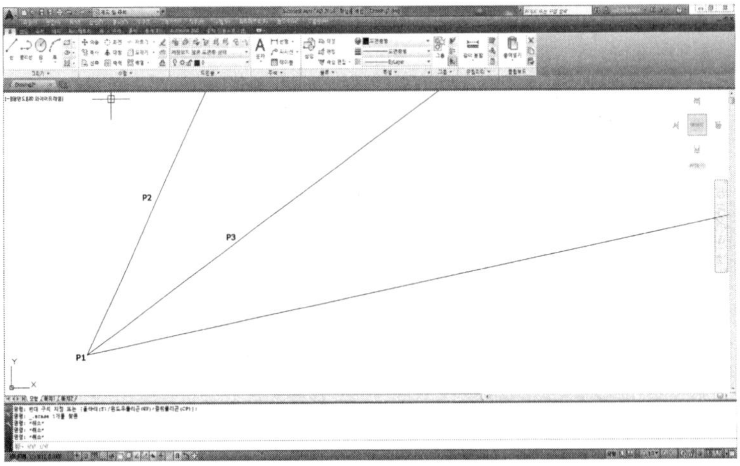

RAY로 선 그리기

4.3 원(CIRCLE) 그리기

CIRCLE은 원을 그리는 명령어로 LINE과 더불어 가장 기초적이고 많이 사용하는 명령어 중 하나이다.

- 명령어 : CIRCLE
- 단축키 : C
- 리본 : 홈 탭 → 그리기 패널 → 원 (원)
- 메뉴 : 그리기 → 원

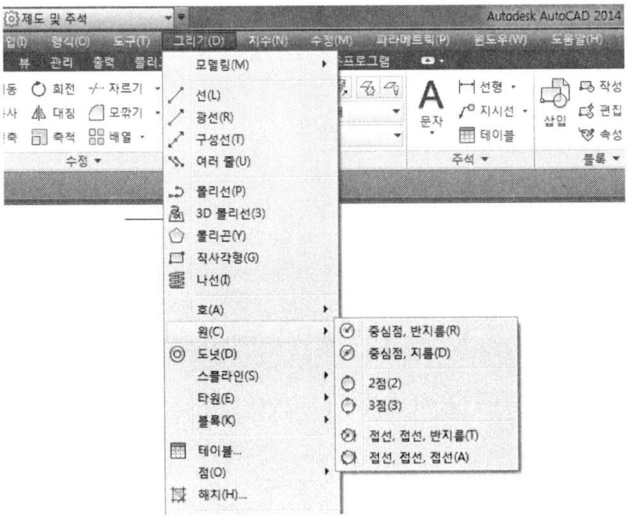

메뉴막대

리본 메뉴

4.3.1 치수선 무시하고 원 그리기

따라해보세요

① 명령 : C [Space Bar] (Circle)

② 원에 대한 중심점 지정 또는 [3점(3P)/2점(2P)/Ttr-접선 접선 반지름(T)] :
첫 번째 점(P1)을 클릭한다. (P1은 원의 중심이 된다.)

③ 원의 반지름 지정 또는 [지름(D)] : 원하는 곳에 두 번째 점(P2)을 클릭한다.

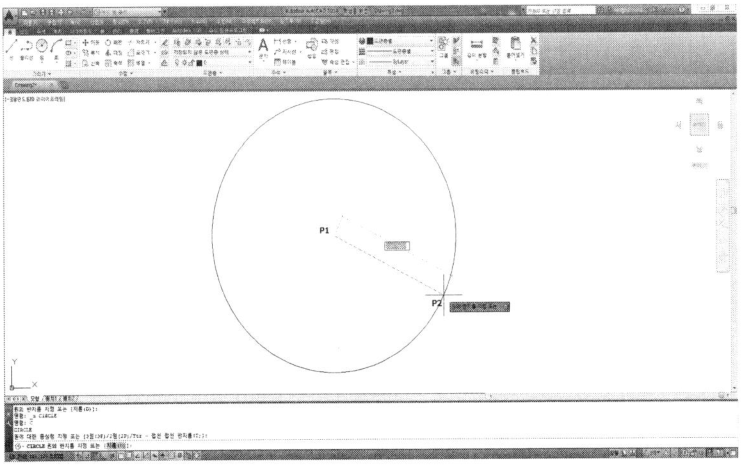

원(Circle) 그리기

4.3.2 중심과 반지름을 이용하여 원 그리기

따라해보세요

① 명령 : C [Space Bar] (Circle)

② 원에 대한 중심점 지정 또는 [3점(3P)/2점(2P)/Ttr-접선 접선 반지름(T)] :
첫 번째 점(P1)을 클릭한다. (P1은 원의 중심이 된다.)

③ 원의 반지름 지정 또는 [지름(D)] : 100 (반지름 입력)

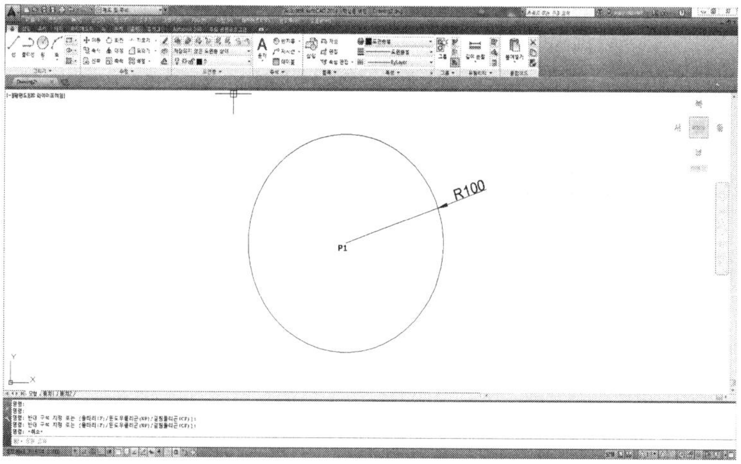

중심과 반지름을 이용하여 원 그리기

4.3.3 중심과 지름을 이용하여 원 그리기

따라해보세요

① 명령 : C [Space Bar] (Circle)

② 원에 대한 중심점 지정 또는 [3점(3P)/2점(2P)/Ttr-접선 접선 반지름(T)] :
첫 번째 점(P1)을 클릭한다. (P1은 원의 중심이 된다.)

③ 원의 반지름 지정 또는 [지름(D)] : D

④ 원의 지름을 지정함 : 100 (지름 입력)

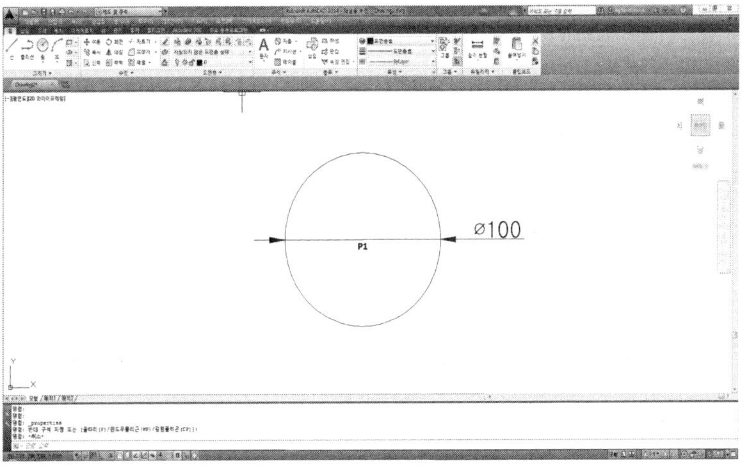

중심과 지름을 이용하여 원 그리기

4.3.4 두 점을 이용하여 원 그리기

따라해보세요

① 명령 : C [Space Bar] (Circle)

② 원에 대한 중심점 지정 또는 [3점(3P)/2점(2P)/Ttr-접선 접선 반지름(T)] : 2P

③ 원 지름의 첫 번째 끝점을 지정 : P1점을 클릭한다.

④ 원 지름의 두 번째 끝점을 지정 : P2점을 클릭한다.

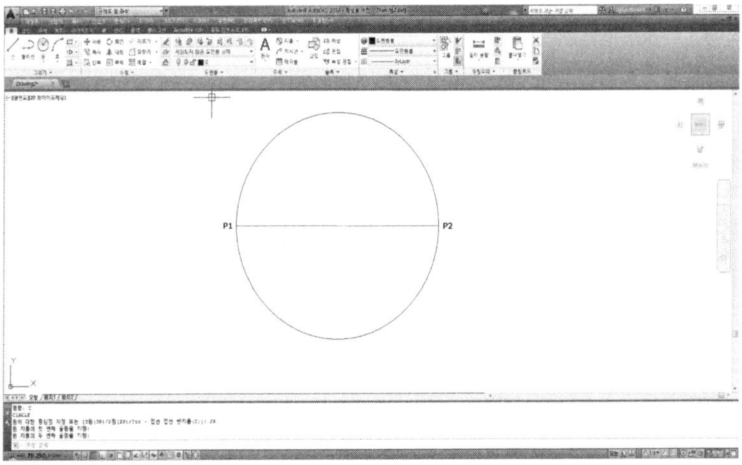

두 점을 이용하여 원 그리기

4.3.5 세 점을 이용하여 원 그리기

따라해보세요

① 명령 : C [Space Bar] (Circle)

② circle 원에 대한 중심점 지정 또는 [3점(3P)/2점(2P)/Ttr-접선 접선 반지름(T)] : 3P

③ 원 위의 첫 번째 점 지정 : P1점을 클릭한다.

④ 원 위의 두 번째 점 지정 : P2점을 클릭한다.

⑤ 원 위의 세 번째 점 지정 : P3점을 클릭한다.

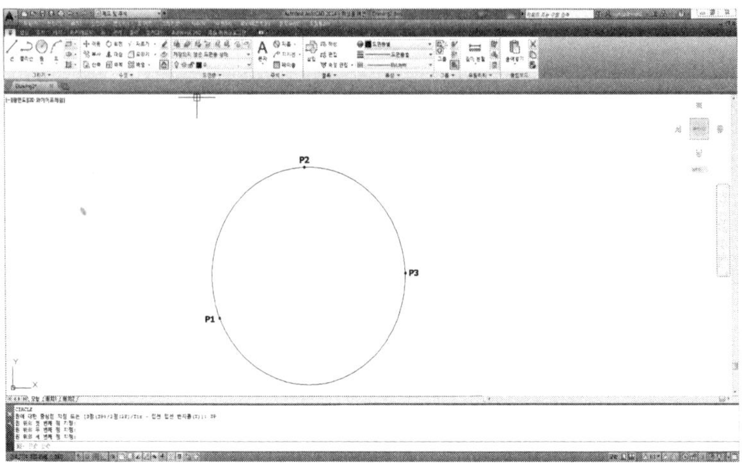

세 점을 이용하여 원 그리기

4.3.6 두 접선과 반지름을 이용하여 원 그리기

두 접선과 반지름(접선, 접선, 반지름)은 두 접선을 이용하여 사용자가 반지름을 입력하여 원하는 크기의 원을 그릴 수 있다.

따라해보세요

아래와 같은 객체에 원을 그려보자.

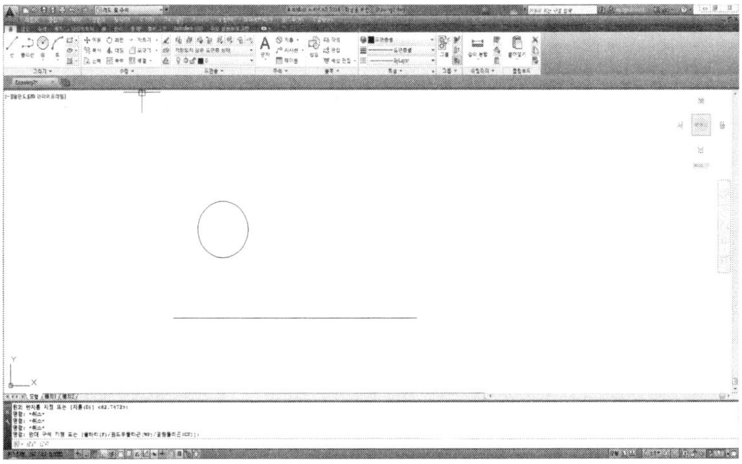

① 명령 : C [Space Bar] (Circle)

② circle 원에 대한 중심점 지정 또는 [3점(3P)/2점(2P)/Ttr-접선 접선 반지름(T)] : T

③ 원의 첫 번째 접선에 대한 객체 위의 점 지정 : P1점을 선택한다.

④ 원의 두 번째 접선에 대한 객체 위의 점 지정 : P2점을 클릭한다.

⑤ 원의 반지름 지정 : 70 (자신이 그리고자 하는 원의 반지름 입력)

이 옵션은 접점을 이용하여 그리는 방법이기 때문에 접하여 그릴 객체를 정확히 포인팅한다는 의미보다 선택의 의미가 가깝다.

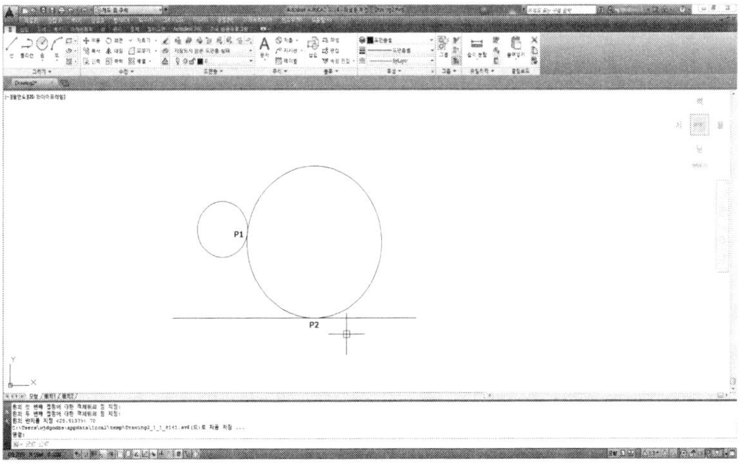

두 접선과 반지름을 이용하여 원 그리기

각각의 접선을 지정할 때는 정확한 위치를 지정하는 것이 아니라 반지름을 입력하여 원을 그릴 때 원이 접해야 할 대략의 근처부분을 지정하는 것이다.

4.3.7 세 접선을 이용하여 원 그리기

세 접점(접선, 접선, 접선)은 이용한 원 그리기는 원(Circle) 단축키에는 나오질 않는다. 그래서 리본메뉴 및 메뉴막대에서 실행해야 원 그리기가 가능하다.

따라해보세요

아래와 같은 3개의 선으로 이루어진 객체 안에 딱 맞는 원을 그려보자.

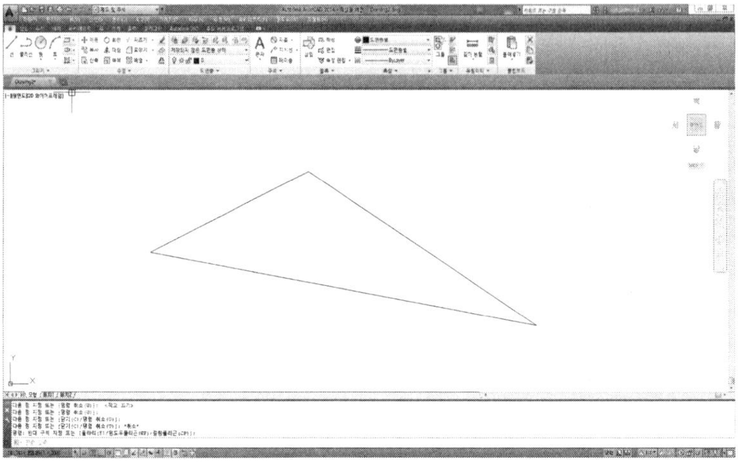

3개의 접선에 접하는 원을 그리기 위한 명령어는 따로 없기 때문에 리본 메뉴에서 직접 접선, 접선, 접선을 선택해 주어야 한다.

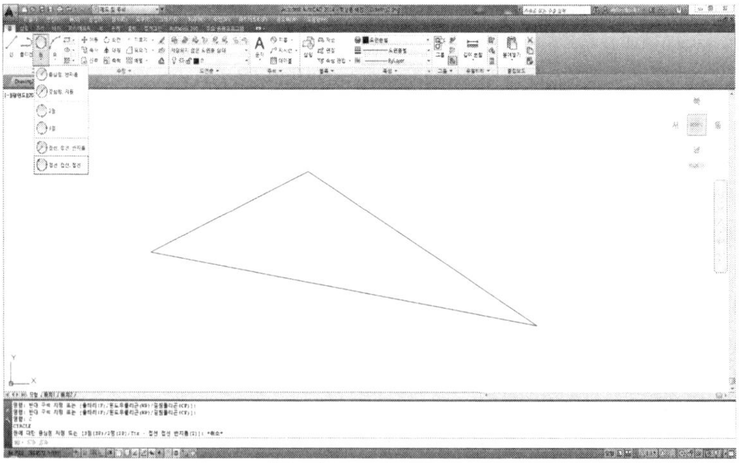

① 원 위의 첫 번째 지정 : P1 접선을 선택한다.

② 원 위의 두 번째 지정 : P2 접선을 클릭한다.

③ 원 위의 세 번째 지정 : P3 접선을 클릭한다.

세 접선 선택 순서는 바뀌어도 상관없다.

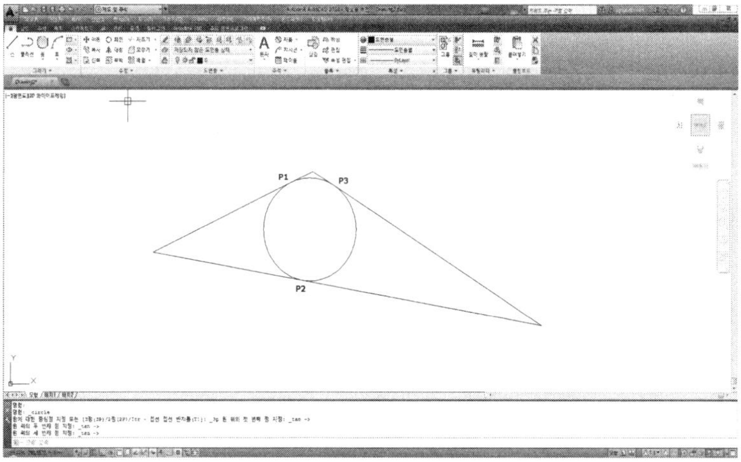

세 접선을 이용한 원 그리기

▌ 원의 여러 가지 옵션들

중심점, 반지름	: 중심점과 반지름으로 원을 그린다.
중심점, 지름	: 중심점과 지름으로 원을 그린다.
2점	: 지정한 두 점의 거리를 지름으로 하고, 두 점 위를 지나는 원을 그린다.
3점	: 지정한 세 점을 지나는 원을 그린다.
접선, 접선, 반지름	: 지정한 두 접선에 접하여 반지름을 지정하여 원을 그린다.
접선, 접선, 접선	: 지정한 세 접선에 접하는 원을 그린다.

4.4 호(ARC) 그리기

ARC는 원의 일부분인 호를 그리는 명령어로서 Line, Circle과 더불어 가장 기초적이고 중요한 명령어라고 할 수 있다. 호는 기본적으로 반시계 방향을 하고 있지만 AutoCAD 2014버전부터 ctrl을 누른 상태로 그리게 되면 시계방향으로 방향을 바꿔서 그릴 수 있게 되었다.

· 명령어 : ARC
· 단축키 : A

· 리본 : 홈 탭 → 그리기 패널 → 호
· 메뉴 : 그리기 → 호

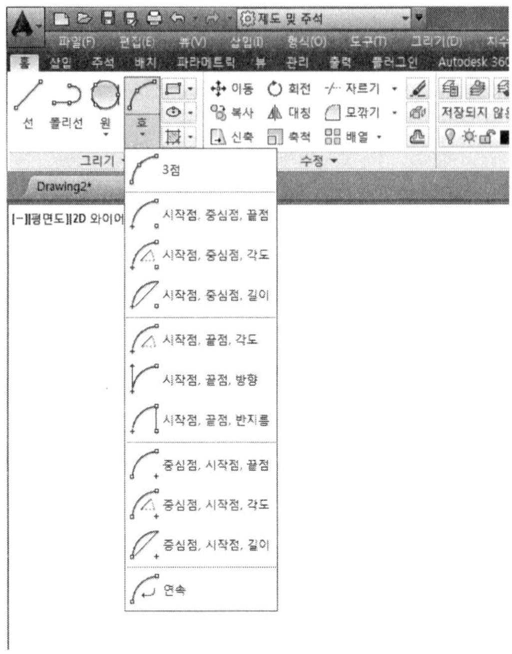

호(ARC)의 리본메뉴

4.4.1 세 점을 이용한 호 그리기

따 라 해 보 세 요

① 명령 : A [Space Bar] (Arc)

② 호의 시작점 또는 [중심(C)] 지정 : 첫 번째 점(P1)을 클릭한다.

③ 호의 두 번째 점 또는 [중심(C)/끝(E)] 지정 : 두 번째 점(P2)을 클릭한다.

④ 호의 끝점 지정 : 마지막 점(P3)을 클릭한다.

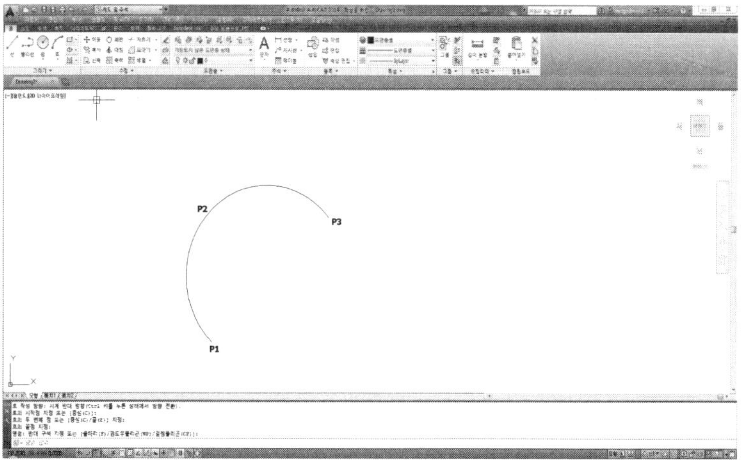

세 점을 이용한 호(Arc) 그리기

4.4.2 중심점으로부터 호 그리기

따라해보세요

① 명령 : A Space Bar (Arc)

② 호의 시작점 또는 [중심(C)] 지정 : C (대·소문자 구분 안한다.) Space Bar

③ 호의 중심점 지정 : 중심축(P1)을 잡는다.

④ 호의 시작점 지정 : 다른 점(P2)을 클릭한다.

⑤ 호의 끝점 지정 또는 [각도(A)/현의 길이(L)]
: 마우스를 돌리면 원이 생성될 것이다. 마지막 점(P3)을 클릭한다.

P2와 P3의 순서를 바꿔 점을 찍으면 호와 반대반향의 호가 그려진다.

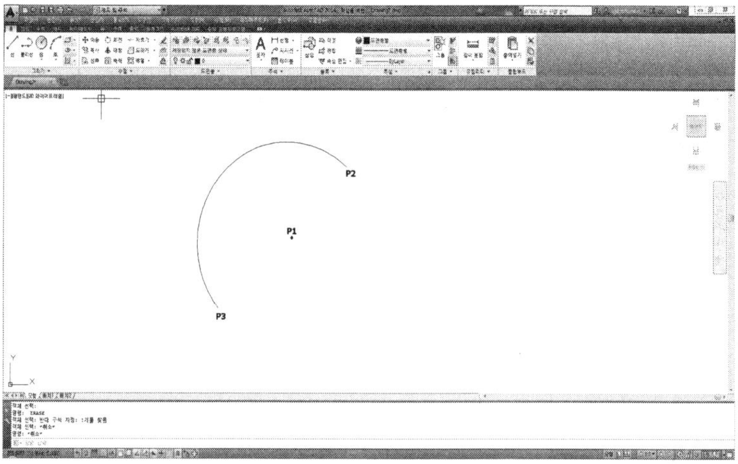

중심점으로부터 호 그리기

4.4.3 상대극좌표를 입력하여 호 그리기

따라해보세요

반지름 100인 1/4 원을 그려보자.

① 명령 : A [Space Bar] (Arc)

② ARC 호의 시작점 또는 [중심(C)] : 시작점 (마우스 왼쪽 클릭)

③ 호의 두 번째 또는 [중심(C)/끝(E)] 지정 : C [Space Bar]

④ 호의 중심점 지정 : @100 < 180 [Space Bar] (중심점)

⑤ 호의 끝점 지정 또는 [각도(A)/현의 길이(L)] : A [Space Bar]

⑥ 각도 지정 : 90 [Space Bar]

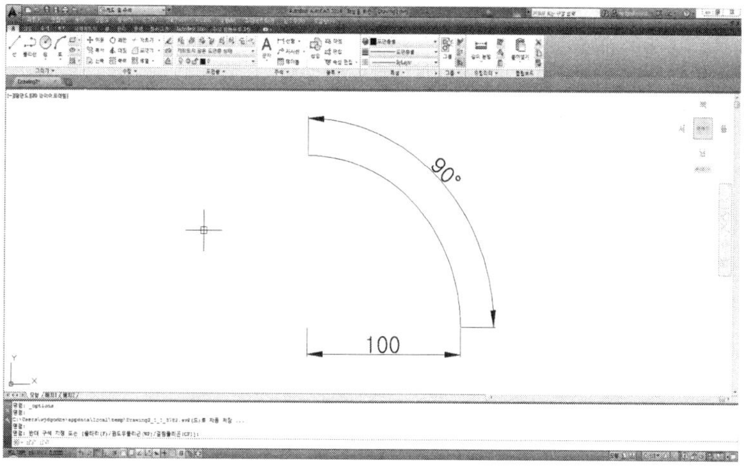

상대극좌표를 입력하여 호 그리기

예제 그려보기

다음과 같은 원과 호를 직접 그려보자.

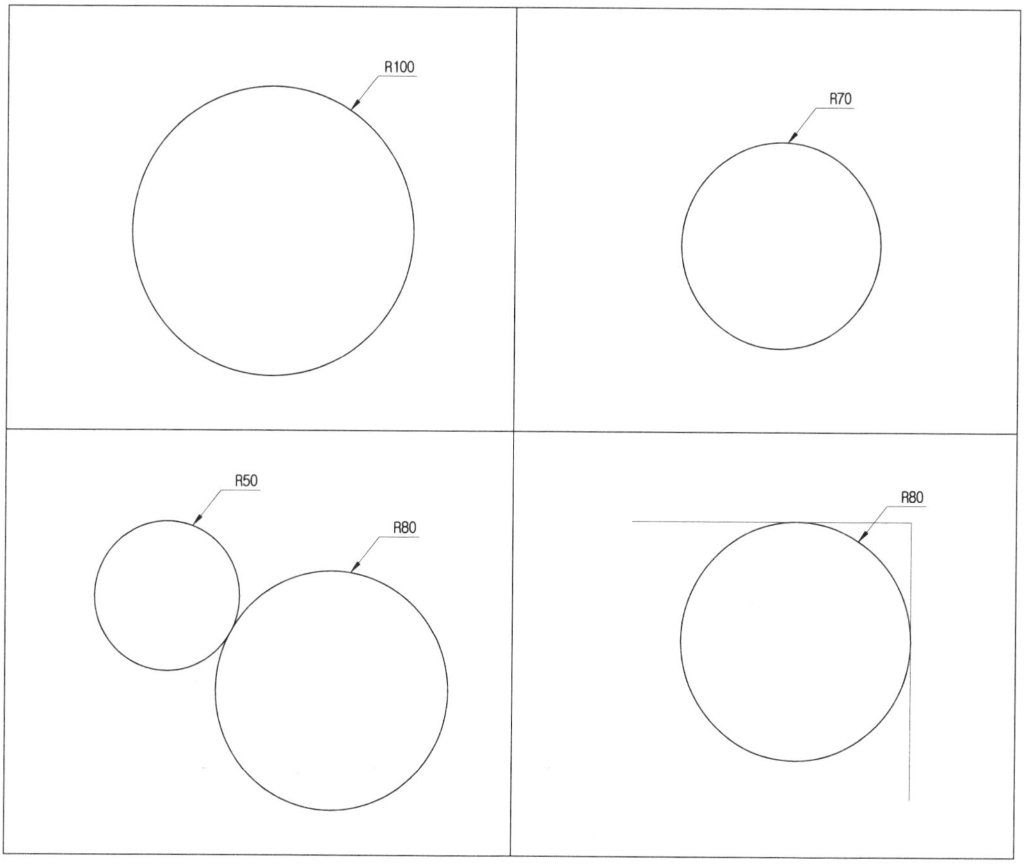

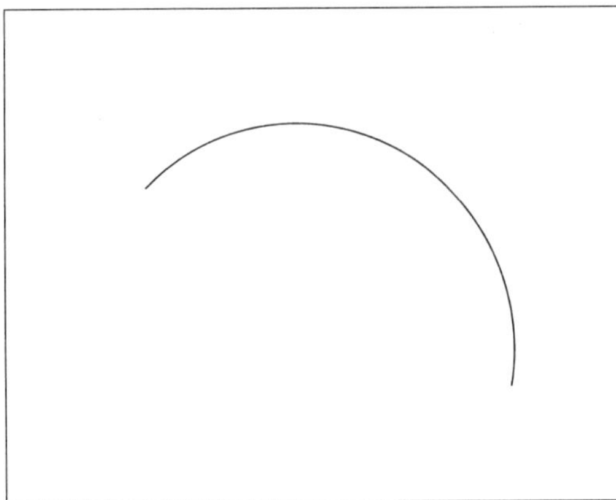

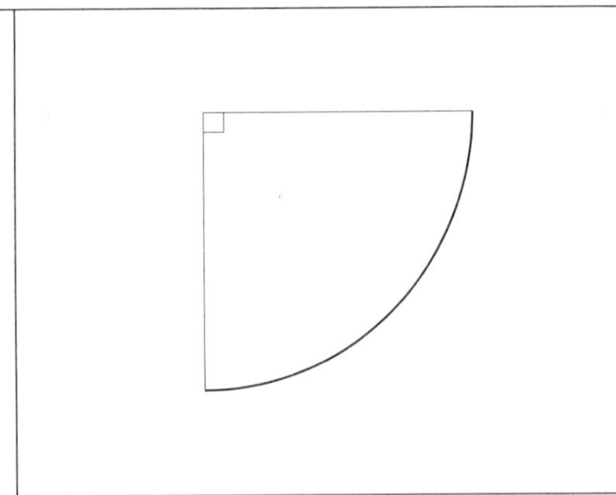

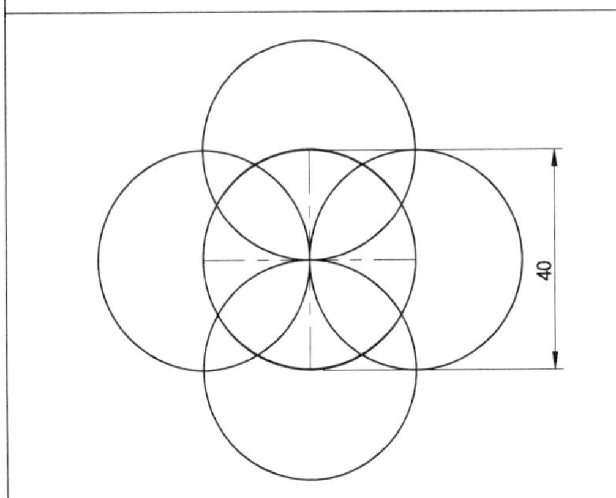
40

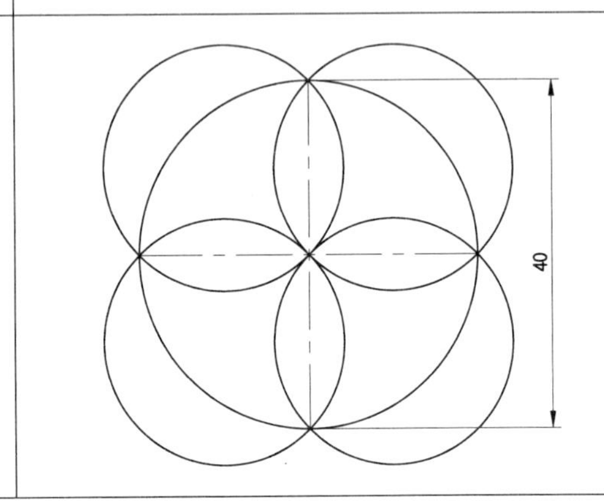
40

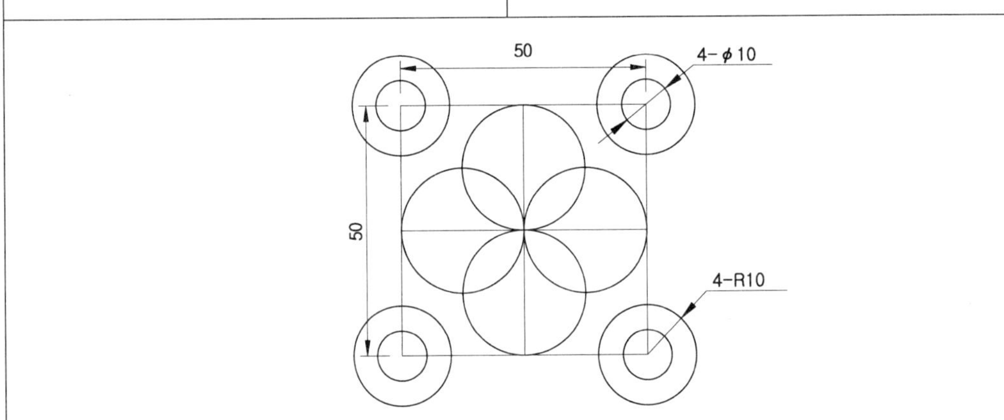
50
4-ϕ10
50
4-R10

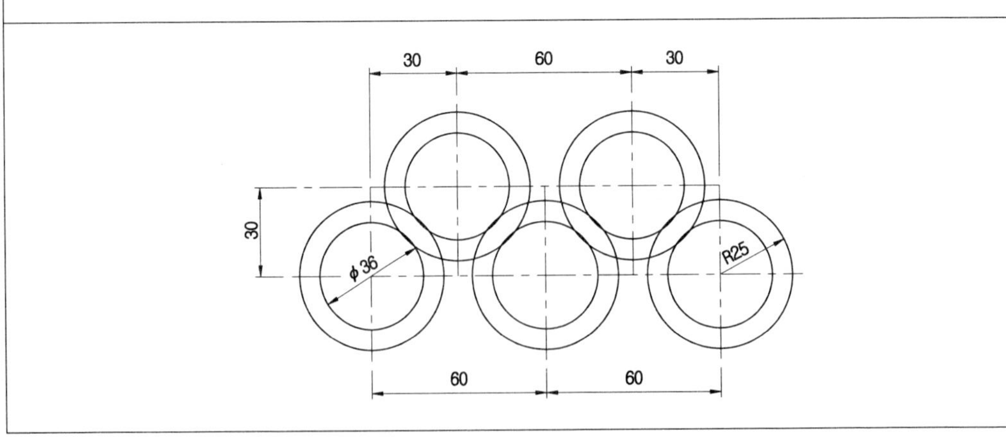
30
60
30
30
ϕ36
R25
60
60

4.5 사각형(RECTANGLE) 그리기

RECTANGLE은 하나의 도면 요소로 구성된 폴리라인이다.

- 명령어 : RECTANG
- 단축키 : REC
- 리본 : 홈 탭 → 그리기 패널 → (직사각형)
- 메뉴 : 그리기 → 직사각형

4.5.1 임의의 사각형 그리기

따라해보세요

① 명령 : REC Space Bar (RECTANG)

② 첫 번째 구석점 지정 또는 [모따기(C)/고도(E)/모깎기(F)/두께(T)/폭(W)] :
첫 번째 점(P1)을 클릭한다..

③ 다른 구석점 지정 또는 [영역(A)/치수(D)/회전(R)] : 두 번째 점(P2)을 클릭한다.
결국은 두 점을 이용하여 사각형을 그리는 것이다.

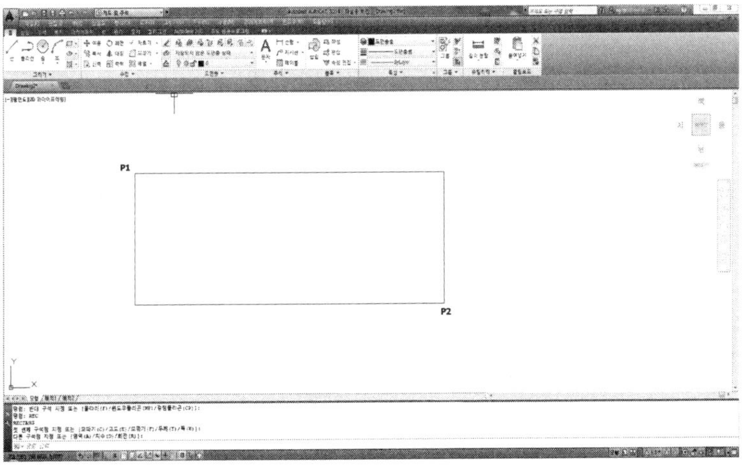

RECTANGLE을 이용해서 사각형 그리기

4.5.2 일정한 두께를 가진 사각형 그리기

따라해보세요

① 명령 : REC [Space Bar] (RECTANG)

② 첫 번째 구석점 지정 또는 [모따기(C)/고도(E)/모깎기(F)/두께(T)/폭(W)] : W

③ 직사각형의 선 폭 지정 <0.0000> : 3 (폭을 3으로 입력한다.)

④ 첫 번째 구석점 지정 또는 [모따기(C)/고도(E)/모깎기(F)/두께(T)/폭(W)] :
첫 번째 점(P1)을 클릭한다.

⑤ 다른 구석점 지정 또는 [영역(A)/치수(D)/회전(R)] : 두 번째 점(P2)을 클릭한다.

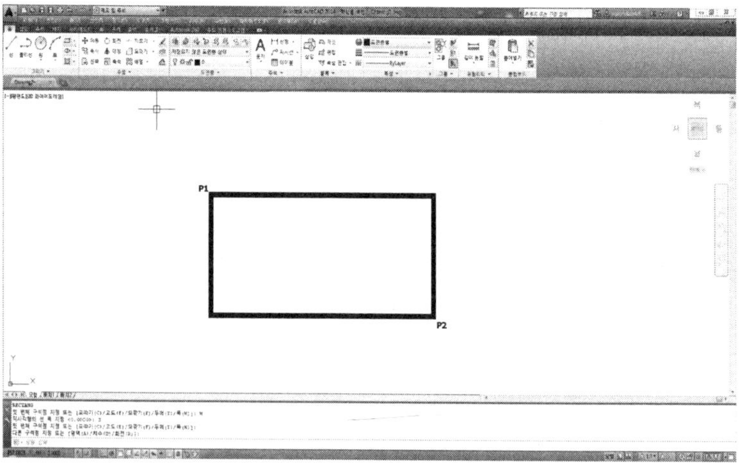

두께를 가진 사각형 그리기

사각형 명령어 내에서 계속해서 자신이 원하는 옵션을 사용하여 다양한 방법으로 사각형 그리기가 가능하다.

4.5.3 일정한 영역을 갖는 사각형 그리기

따라해보세요

① 명령 : REC [Space Bar] (Rectangle)

② 첫 번째 구석점 지정 또는 [모따기(C)/고도(E)/모깎기(F)/두께(T)/폭(W)] : 첫 번째 점(P1)을 클릭

③ 다른 구석점 지정 또는 [영역(A)/치수(D)/회전(R)] : A

④ 현재 단위에 직사각형 영역 입력 : 30000

⑤ [길이(L)/폭(W)] <길이(L)>를 기준으로 직사각형 치수계산 : L
(여기서 폭을 기준으로 그리고 싶다면 W를 입력한다.)

⑥ 직사각형 길이 입력 : 300

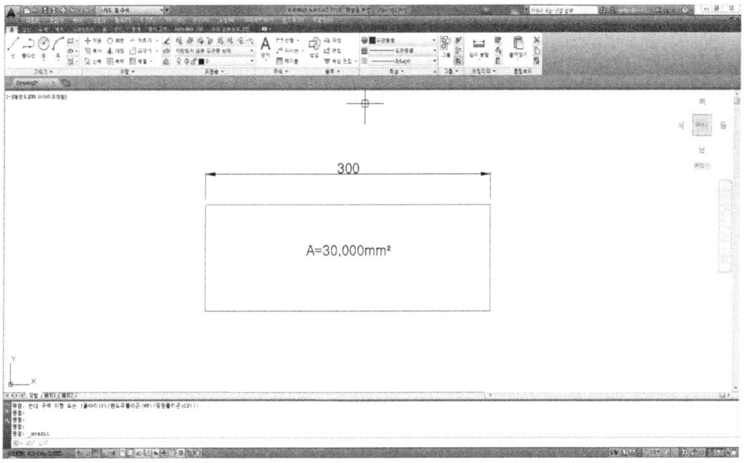

일정한 영역을 갖는 사각형 그리기

사각형의 여러 가지 옵션들

모따기(C)	: 모서리가 깍인 사각형을 그린다.
고도(E)	: Z축 높이를 설정한다.
모깍이(F)	: 라운딩이 된 사각형을 그린다.
두께(T)	: Z축 두께를 설정한다.
폭(W)	: 선의 두께를 설정한다.

위에서 예시한 것처럼 옵션을 한 번만 이용하여 그릴 수 있는 것이 아니라 계속해서 옆의 옵션을 사용하여 사각형 그리기가 가능하다.

4.6 도넛(DONUT) 그리기

DONUT 명령은 2개의 원으로 이루어진 도넛을 그리는 명령이다.

· 명령어 : DONUT
· 단축키 : DO
· 리본 : 홈 탭 → 그리기 패널 → (도넛)
· 메뉴 : 그리기 → 도넛

4.6.1 안쪽 지름을 갖는 도넛 그리기

따라해보세요

① 명령 : DO Space Bar (DONUT)

② 도넛의 내부 지름 입력 <0.5000> : 50 (안쪽 지름)

③ 도넛의 외부 지름 입력 <1.0000> : 70 (바깥쪽 지름)

④ 도넛의 중심 지정 또는 <나가기> : 도넛을 그리려는 지점에 클릭한다.

⑤ 명령을 종료하지 않는 이상 두께가 20인 도넛을 계속해서그릴 수 있다.

⑥ 그리기를 종료하고 싶다면 Space Bar를 클릭하여 종료한다.

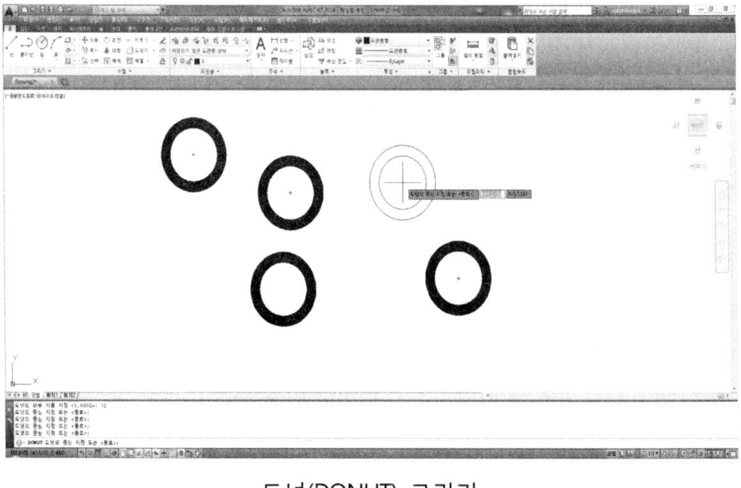

도넛(DONUT) 그리기

4.6.2 안쪽 지름이 없는 도넛 그리기

따라해보세요

① 명령 : DO [Space Bar] (DONUT)

② 도넛의 내부 지름 입력 <50.000> : 0 (안쪽 지름)

③ 도넛의 외부 지름 입력 <50.000> : 70 (바깥쪽 지름)

④ 도넛의 중심 지정 또는 <나가기> : 도넛을 그리려는 지점에 클릭한다.

⑤ 계속해서 클릭으로 도넛을 그릴 수 있다.

⑥ 그리기가 끝나면 [Space Bar]를 클릭하여 종료한다.

〈50.000〉과 같이 숫자가 써있는 것은 바로 전의 수치를 기억하고 있는 것이므로, 같은 수치를 그릴 경우에는 숫자를 또 써 줄 필요 없이 바로 [Space Bar]를 누르면 된다.

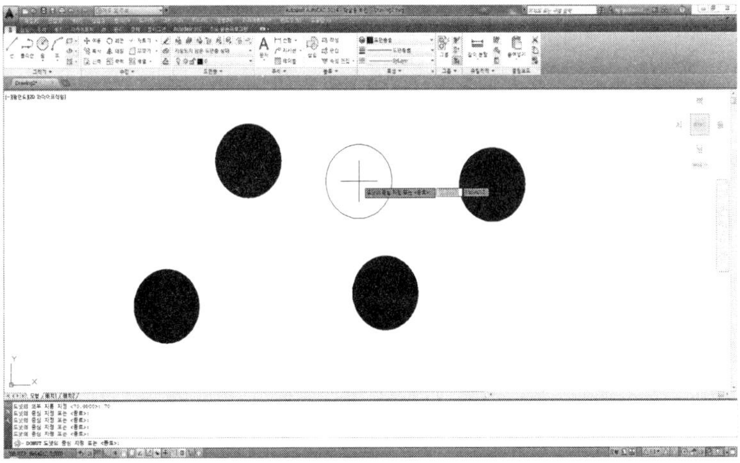

안쪽 지름 없는 도넛 그리기

4.6.3 FILL을 이용한 도넛 그리기

FILL은 Polyline, Donut, Solid, Trace의 내부를 채우거나, 채우지 않는 형태를 조정하는 기능이다. AutoCAD에서는 기본으로 ON으로 설정이 되어있으며, Fill 모드를 OFF로 설정해놓으면 현재 작성중인 도면을 종료하지 않는 이상 다음 사용 시에도 Fill모드가 꺼진 상태로 진행된다.

따라해보세요

① 명령 : FILL [Space Bar]

② FILL 모드 입력 [켜기(ON)/끄기(OFF)] : Off [Space Bar]

③ 다시 명령상태로 되돌아온다.

④ DO [Space Bar] (DONUT)

⑤ 도넛의 내부 지름 입력 <50.000> : 50 (안쪽 지름)

⑥ 도넛의 외부 지름 입력 <50.000> : 70 (바깥쪽 지름)

⑦ 도넛의 중심 지정 또는 <나가기> : 도넛을 그리려는 지점에 클릭한다.

⑧ 명령을 종료하기 전까지는 클릭시마다 두께 20인 도넛이 그려진다. 종료하고 싶다면 [Space Bar]를 클릭한다.

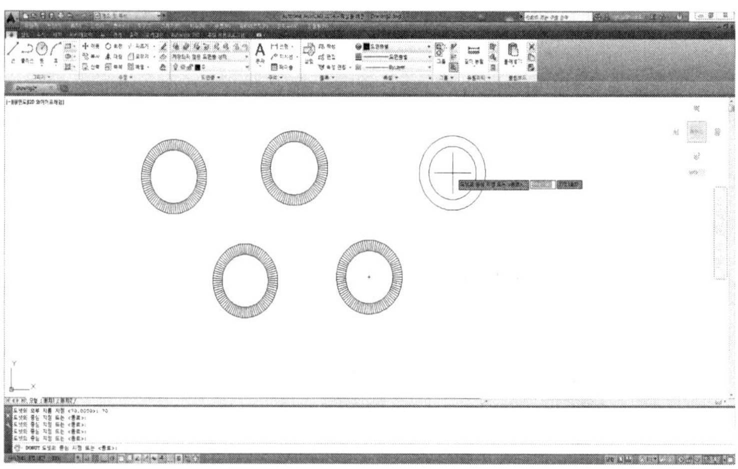

Fill을 이용한 도넛 그리기

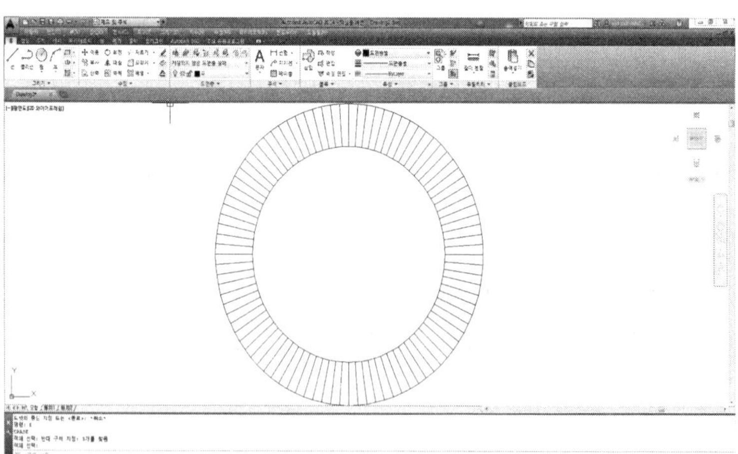

Fill을 이용한 도넛 그리기(확대한 모습)

4.7 타원(ELLIPSE) 그리기

ELLIPSE명령은 타원을 그리는 명령어이다.

· 명령어 : ELLIPSE
· 단축키 : EL
· 리본 : 홈 탭 → 그리기 패널 → (타원)
· 메뉴 : 그리기 → 타원

4.7.1 축, 끝점을 이용한 타원 그리기

따라해보세요

① 명령 : EL Space Bar (ELLIPSE)

② 타원의 축 끝점 지정 또는 [호(A)/중심(C)] : 임의의 점(P1)을 클릭한다.

③ 축의 다른 끝점 지정 : 다른 점(P2)을 클릭한다.

④ 다른 축으로 거리를 지정 또는 [회전(R)] : 마우스를 움직여서 원하는 타원형을 만든 후 왼쪽 버튼을 클릭(P3)한다.

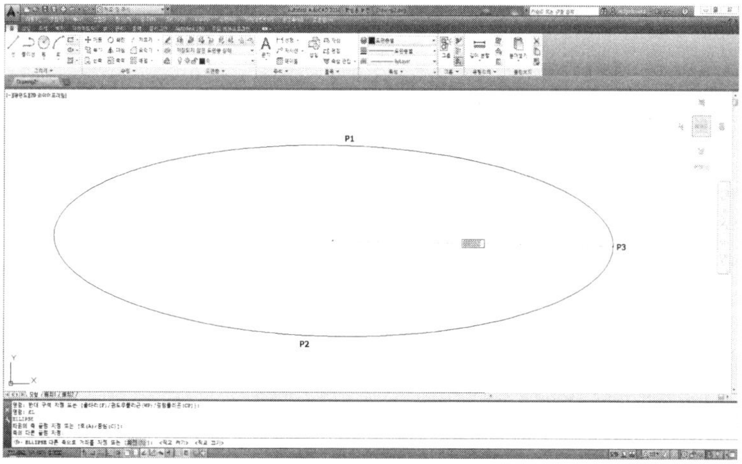

타원(Ellipse) 그리기

4.7.2 좌표와 거리를 이용한 타원 그리기

따라해보세요

① 명령 : EL [Space Bar] (ELLIPSE)

② 타원의 축 끝점 지정 또는 [호(A)/중심(C)] : 100,300 (P1, 첫 번째 좌표를 입력한다.)

③ 축의 다른 끝점 지정 : 700,500 (P2, 두 번째 좌표를 입력한다.)

④ 다른 축으로 거리를 지정 또는 [회전(R)] : 50 (거리를 입력한다.)

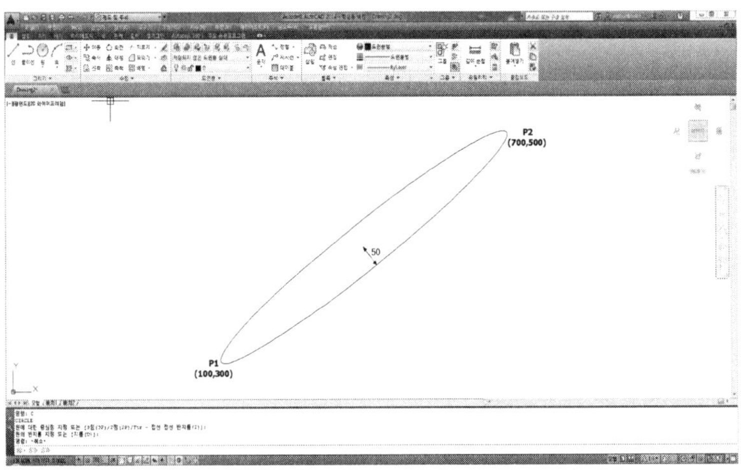

좌표와 거리를 이용한 타원 그리기

4.7.3 중심과 끝점, 거리를 이용한 타원 그리기

따라해보세요

① 명령 : EL [Space Bar] (ELLIPSE)

② 타원의 축 끝점 지정 또는 [호(A)/중심(C)] : C [Space Bar]
(중심이 되는 점(P1)을 클릭한다.)

③ 축의 다른 끝점 지정 : 두 번째 점(P2)을 클릭한다.

④ 다른 축으로 거리를 지정 또는 [회전(R)] : 50 (거리를 입력)

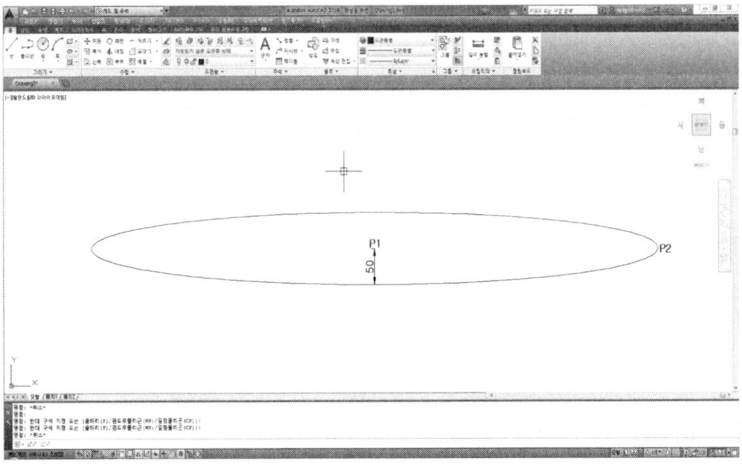

중심과 끝점, 거리를 이용한 타원 그리기

예제 그려보기

다음과 같은 타원(Ellipse)을 직접 그려보자.

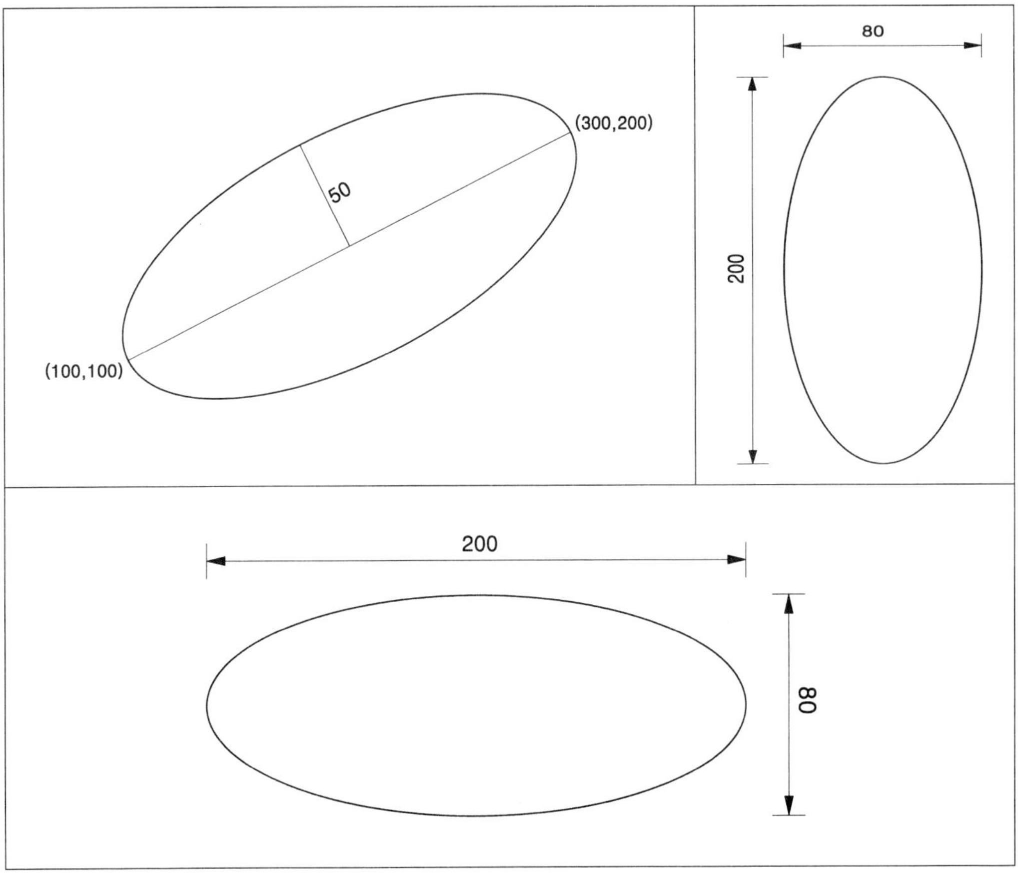

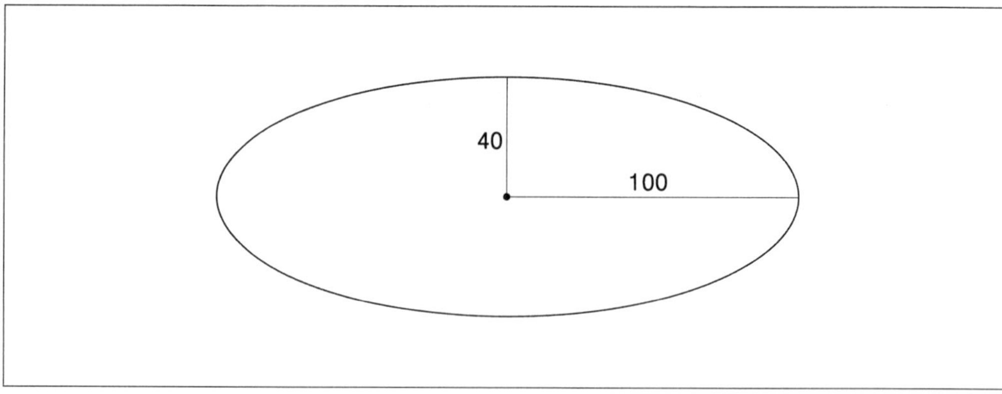

4.8 스플라인(SPLINE) 명령

스플라인은 지정된 점 세트를 통과하거나 가까이 지나는 부드러운 곡선을 말한다.

· 명령어 : SPLINE
· 단축키 : SPL
· 리본 : 홈 탭 → 그리기 패널 → 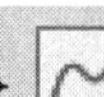(스플라인)
· 메뉴 : 그리기 → 스플라인

따라해보세요

① 명령 : SPL Space Bar (SPLINE)

② 첫 번째 점 지정 또는 [매서드(M)/매듭(K)/객체(O)] : 임의 시작점(P1)을 클릭한다.

③ 다음 점 입력 또는 [시작 접촉부(T)/공차(L)] : 두 번째 점(P2)을 클릭한다.

④ 다음 점 입력 또는 [끝 접촉부(T)/공차(L)/명령 취소(U)] : 세 번째 점(P3)을 클릭한다.

⑤ 다음 점 입력 또는 [끝 접촉부(T)/공차(L)/명령 취소(U)/닫기(C)] : 네 번째 점(P4)을 클릭한다.

⑥ Space Bar 를 클릭하여 종료한다.

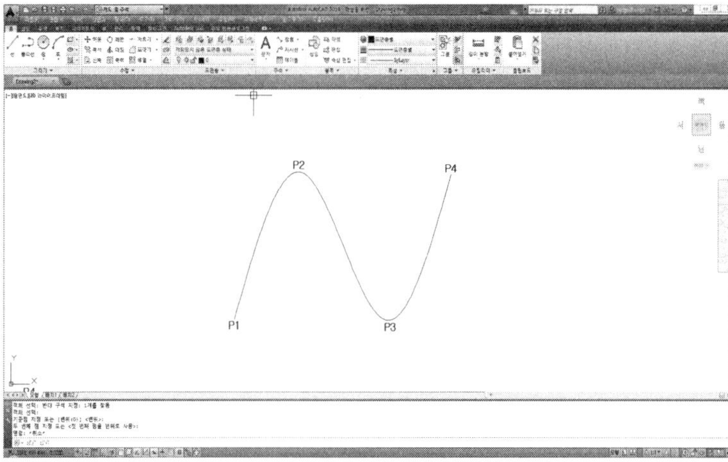

스플라인(SPLINE)으로 선 그리기

▌ 스플라인의 수정

따라해보세요

① 스플라인으로 그린 객체를 선택

② 신축점 지정 또는 [기준점(B)/복사(C)/명령 취소(U)/종료(X)] :
수정하고 싶은 점을 클릭하여 드래그 하면 예상 스플라인이 그려진다.

③ 다음 점 입력 또는 [시작 접촉부(T)/공차(L)] :

⑥ Space Bar 를 클릭하여 종료한다.

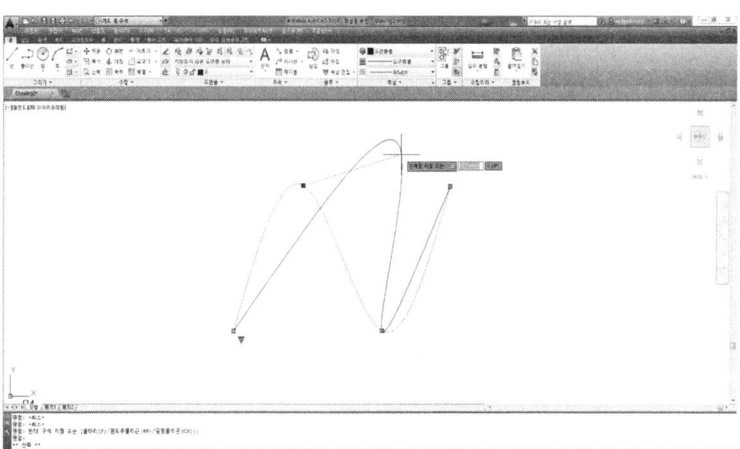

순서 ①

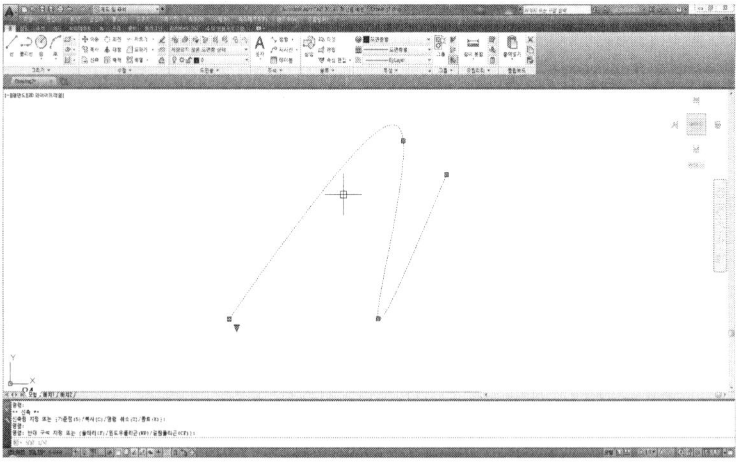

순서 ②

4.9 SOLID 명령

SOLID 명령은 각진 부분에 색을 칠한다. 점을 찍을 때 순서를 잘 찍어야 하는데, 자칫 다른 모양으로 나타날 수도 있다. 사각형 또는 삼각형으로 내부에 색을 칠하며 속을 채우는 명령어이다.

·명령어 : SOLID

따라해보세요

① 칠하고 싶은 지점의 모서리를 지그재그로 찍어준다.

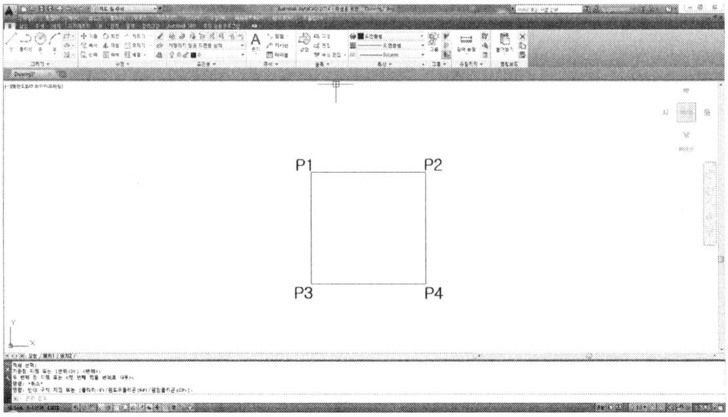

순서① 지그재그로 색을 칠하고 싶은 객체의 모서리를 찍어준다.

② 클릭완료시 바로 색이 칠해지는걸 알 수 있다.

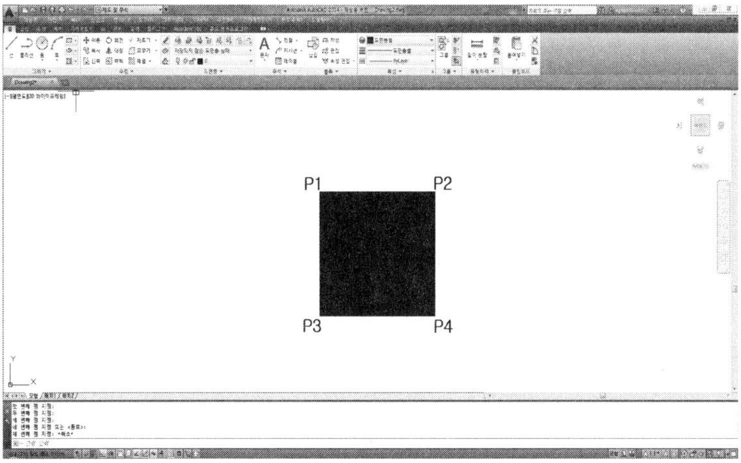

순서② SOLID 완료

③ 순서를 달리 하게 되면 색의 모양이 변하게 된다.

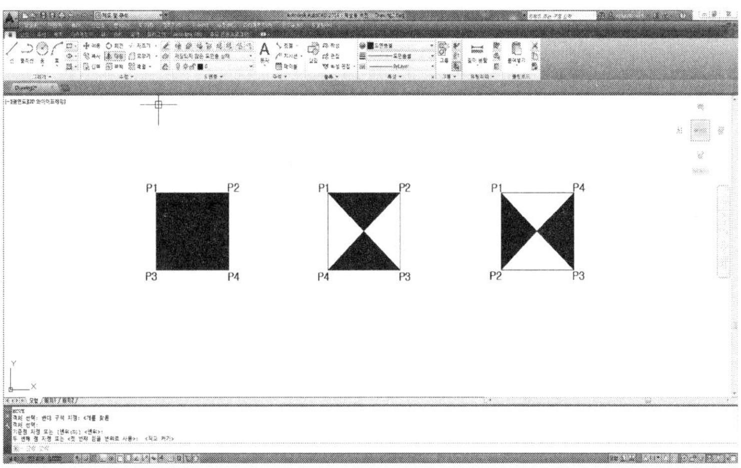

순서③ 다른 순서의 SOLID 완료

4.10 다각형(POLYGON) 그리기

POLYGON은 여러 개의 면을 가진 다각형을 만드는 명령어이다.

· 명령어 : POLYGON
· 단축키 : POL
· 리본 : 홈 탭 → 그리기 패널 → (다각형)
· 메뉴 : 그리기 → 다각형

따라해보세요

① 명령 : POL [Space Bar] (POLYGON)

② POLYGON 면의 수 입력 <4> : 5 (원하는 다각형 면의 개수 입력) [Space Bar]

③ 다각형의 중심을 지정 또는 [모서리(E)] : 다각형의 중심점(P1)을 클릭한다.

④ 옵션을 입력 [원에 내접(I)/원에 외접(C)] : I
(원과 내접하는 다각형을 그릴 때 : I, 원과 외접하는 다각형을 그릴 때 : C)

⑤ 원의 반지름 지정 : 200 (또는 다각형의 모양이 나타나므로 원하는 지점(P2)을 클릭한다.)

이해하기 쉽게 원을 그려 넣었다. 실제 다각형을 그릴 때는 원이 그려지진 않는다.

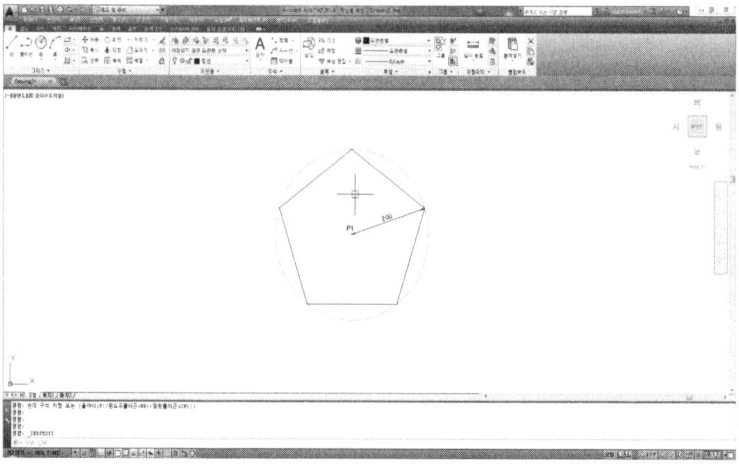

다각형(POLYGON)을 이용한 다각형 그리기

예제 그려보기

다음과 같은 다각형을 직접 그려보자.

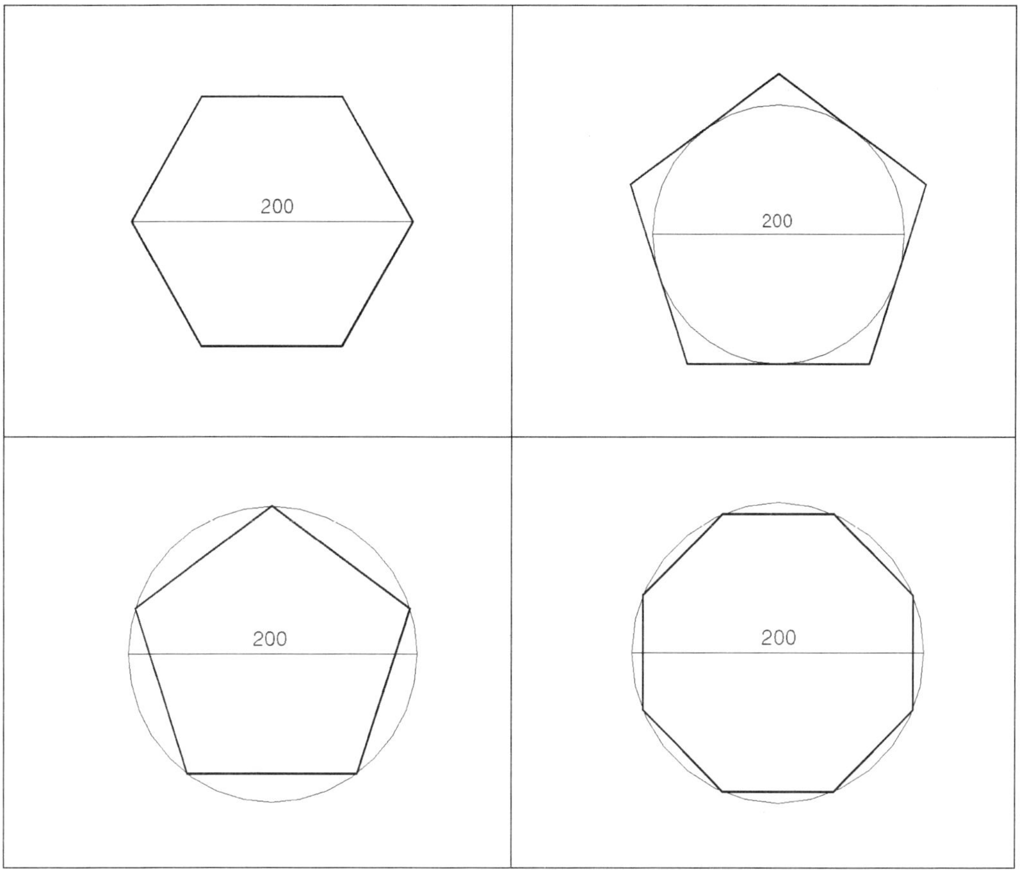

4.11 폴리선(POLYLINE) 그리기

폴리선(POLYLINE)은 취소나 엔터를 하기 전까지 계속해서 그리는 선들은 모두 하나의 객체로 인식하며, 두께가 있는 선이나 두께가 있는 호(Arc)를 그릴 수 있다.

· 명령어 : POLYLINE	· 리본 : 홈 탭 → 그리기 패널 → 폴리선(폴리선)
· 단축키 : PL	· 메뉴 : 그리기 → 폴리선

따라해보세요

시작점의 두께가 1이고, 끝점의 두께가 15인 선을 그려보자.

① 명령 : PL [Space Bar] (POLYLINE)

② 시작점 지정 : 임의의 시작점(P1)을 클릭한다.
현재의 선 폭 : 0.0000임

③ 다음 점 지정 또는 [호(A)/반폭(H)/길이(L)/명령취소(U)/폭(W)] : W (두께 변경)

④ 시작 폭 지정 <0.0000> : 1 [Space Bar] (시작점의 두께 지정)

⑤ 끝 폭 지정 <3.0000> : 15 [Space Bar] (끝점의 두께 지정)

⑥ 다음 점 지정 또는 [호(A)/반폭(H)/길이(L)/명령취소(U)/폭(W)] : P2를 클릭한다.

⑦ 다음 점 지정 또는 [호(A)/반폭(H)/길이(L)/명령취소(U)/폭(W)] : [Space Bar]

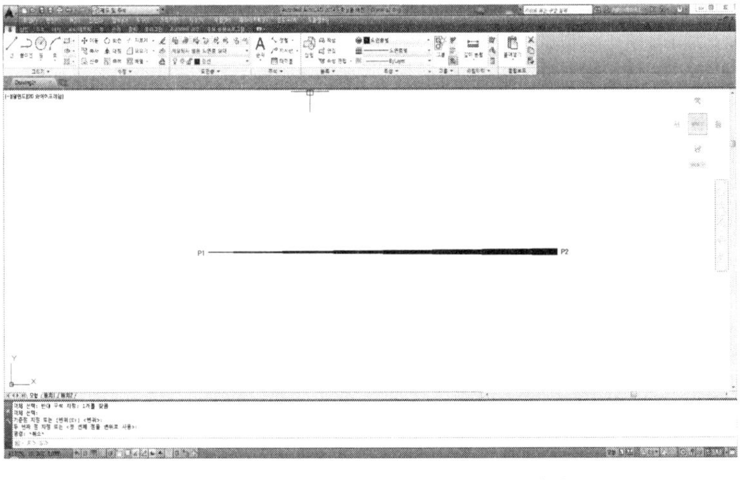

폴리선(POLYLINE)을 이용한 선 그리기

▌폴리선의 응용

따라해보세요

① 명령 : PL [Space Bar] (Polyline)

② 시작점 지정 : 임의의 시작점(P1)을 클릭한다.

③ 다음 점 지정 또는 [호(A)/반폭(H)/길이(L)/명령취소(U)/폭(W)] : W

④ 시작 폭 지정 <15.0000> : 3 (시작선의 폭 입력) Space Bar

⑤ 끝 폭 지정 <3.0000> : 3 (끝선의 폭 입력) Space Bar

⑥ 다음 점 지정 또는 [호(A)/반폭(H)/길이(L)/명령취소(U)/폭(W)] : A Space Bar

⑦ 다음 점 지정 또는 [호(A)/반폭(H)/길이(L)/명령취소(U)/폭(W)] : 원하는 점(P2)을 클릭

⑧ 다음 점 지정 또는 [호(A)/반폭(H)/길이(L)/명령취소(U)/폭(W)] : 원하는 점(P3)을 클릭

⑨ [호(A)/반폭(H)/길이(L)/명령취소(U)/폭(W)] : L Space Bar

⑩ 다음 점 지정 또는 [호(A)/반폭(H)/길이(L)/명령취소(U)/폭(W)] : 원하는 점(P4)을 클릭

⑪ Space Bar 로 종료

※ 이러한 방법으로 다양한 모양의 폴리라인을 응용할 수 있다.

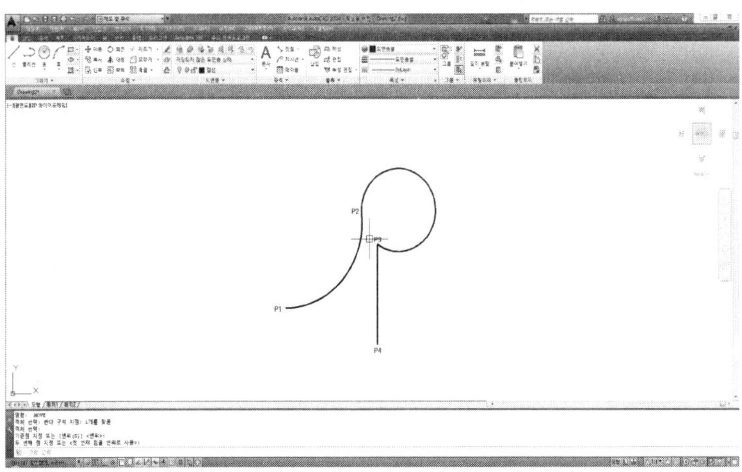

폴리선(POLYLINE)을 응용한 그리기

▌ 폴리라인의 여러 가지 옵션들

호(A)	: 호를 그린다.
반폭(H)	: 두께를 입력한다.
길이(L)	: 마지막에 그렸던 선과 동일한 각도로 선을 그린다.
명령취소(U)	: 직전의 선을 취소한다.
폭(W)	: 선의 두께를 입력한다.

예제 그려보기

폴리선(POLYLINE)으로 여러 가지 형태의 선이나, 호, 원들을 그릴 수 있다. 다음의 그림들을 하나씩 그려보자. (선의 두께는 임의이다)

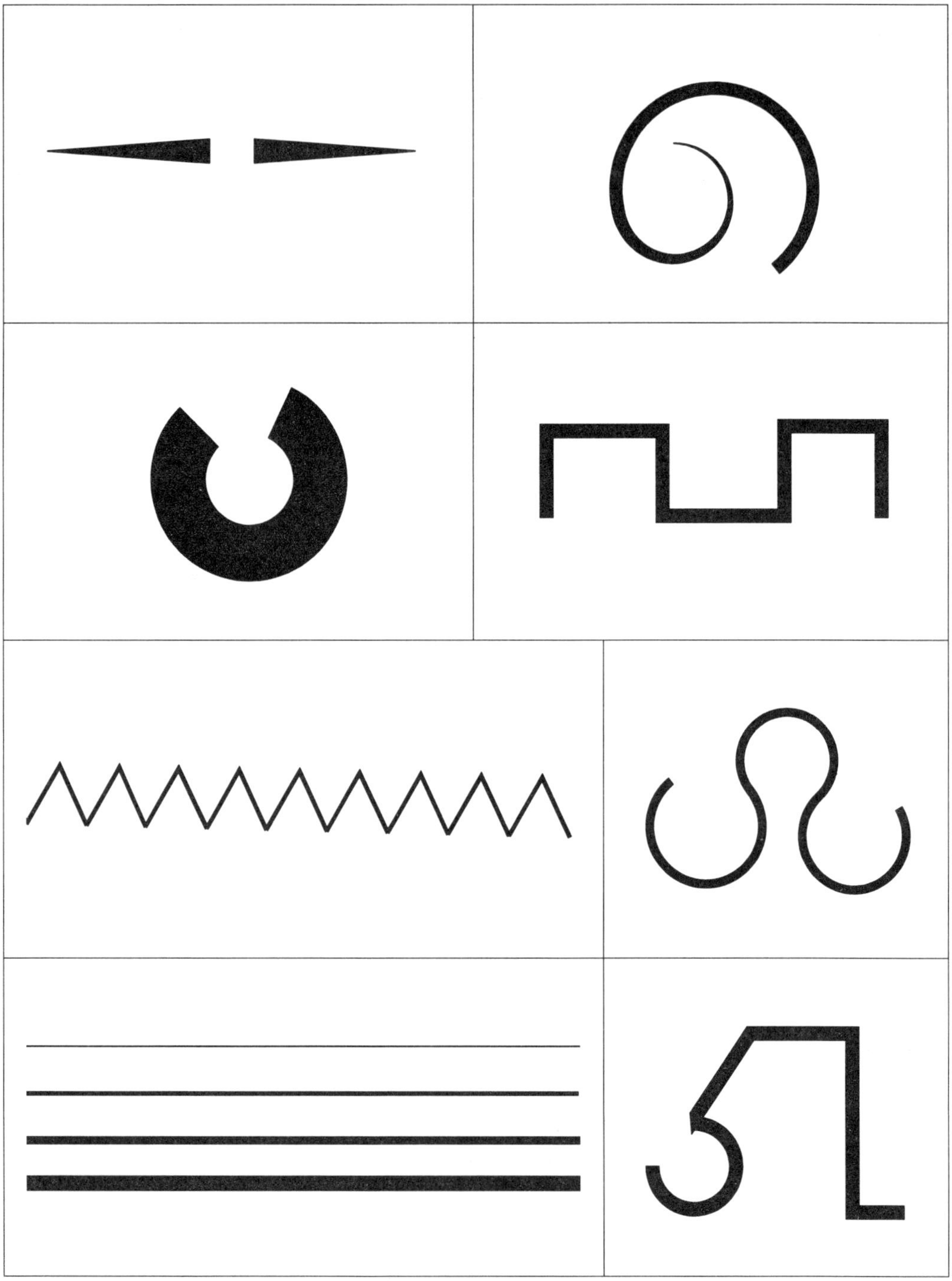

4.12 스케치(SKETCH) 명령

도면을 그리다보면 Line이나 Arc, Circle 등을 이용하여 그리기가 힘든 작업 또는, 도면에서 자유롭게 선을 표현해야 하는 경우가 종종 생기게 된다. 이때 사용하는 명령이 SKETCH이다. 이 명령을 사용하게 되면 백지 위에 연필로 자연스럽게 그리는 자유로운 선을 그릴수가 있다.

· 명령어 : SKETCH

따라해보세요

① 명령 : SKETCH [Space Bar]

② 스케치 지정 또는 [유형(T)/증분(I)/공차(L)] : I
스케치 증분 <1.0000> : 0.1 (선분들의 간격 입력)

※ 값이 작을수록 미세하게 그려지고, 값이 커질수록 거칠게 그려진다.

③ 스케치 지정 또는 [유형(T)/증분(I)/공차(L)] : 스케치를 시작할 부분을 찍은 후 마우스를 움직여 그리면 된다.

④ 멈추고 싶으면 마우스의 왼쪽 버튼을 클릭한다. 다시 그리고 싶으면 마우스의 왼쪽 버튼을 다시 클릭한다. (이런 과정을 반복하여 그린다.)

※ 표시되는 선의 색이 녹색으로 나올 것이다. 이것은 아직 완성된 명령이 아니라는 말이다.

⑤ 명령을 종료하고 싶으면 [Space Bar]를 누른다.
([Space Bar]를 누르면 색들이 검정색으로 바뀌면서 명령이 종료된다.)

※ 주의 : 여기서는 마우스의 오른쪽 버튼을 클릭하면 안 된다.

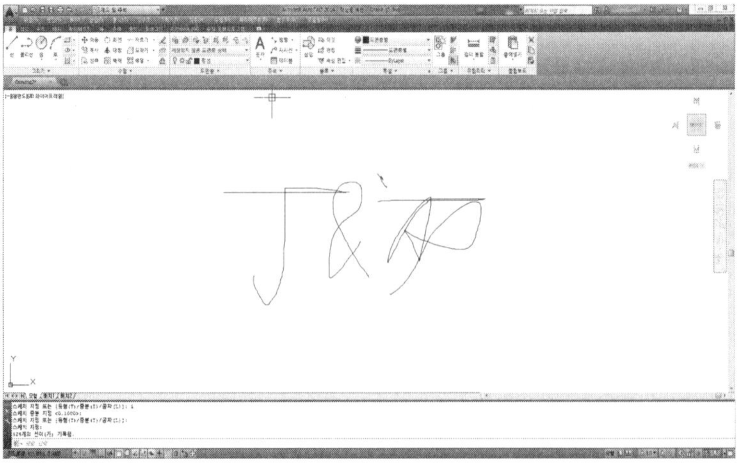

SKETCH를 이용하여 그리기

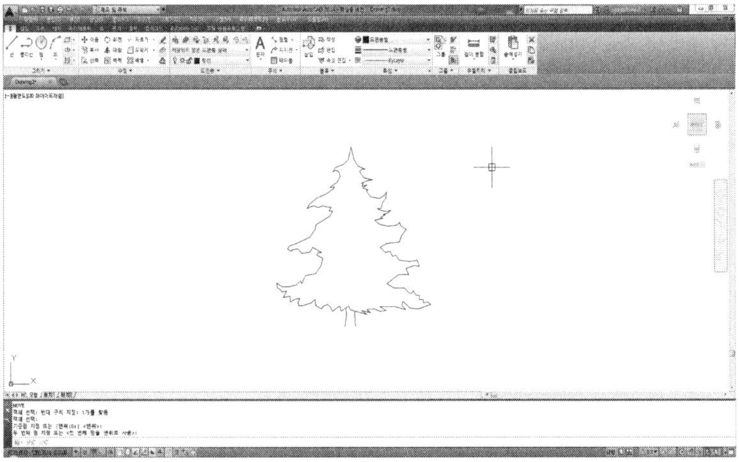

SKETCH를 이용하여 그리기(완성)

4.13 다중선(MLINE) 그리기

다중선(MLINE)은 건축도면에서 벽체 및 이중창 등의 다중선을 그릴 때 매우 편리하게 사용할 수 있다.

4.13.1 다중선 그리기

다중선의 기본설정은 이중선이며, 다중선은 하나의 블록으로 인식되므로 편집을 위해서는 Explode 명령으로 개별 선으로 분해하거나 Mledit 명령을 사용해야 한다.

· 명령어 : MLINE · 단축키 : ML

따라해보세요

① 명령 : ML [Space Bar] (MLINE)

② 시작점 지정 또는 [자리맞추기(J)/축척(S)/스타일(ST)] : S (선 간격 설정) [Space Bar]
여러줄 축척 입력 : 50 [Space Bar]

③ 시작점 지정 또는 [자리맞추기(J)/축척(S)/스타일(ST)] : J (정렬점 설정)
자리맞추기 유형 입력 [맨 위(T)/중앙(Z)/맨 아래(B)] <맨 위> : Z (중앙으로 설정)

④ 시작점 지정 또는 [자리맞추기(J)/축척(S)/스타일(ST)] : 시작점(P1)을 클릭한다.

⑤ 다음 점 지정 또는 [명령취소(U)]: 두 번째 점(P2)을 클릭한다.

⑥ 다음 점 지정 또는 [닫기(C)/명령취소(U)] : 세 번째 점(P3)을 클릭한다.

⑦ 다음 점 지정 또는 [닫기(C)/명령취소(U)] : 네 번째 점(P4)을 클릭한다.

⑧ [Space Bar]로 다중선 명령을 종료한다.

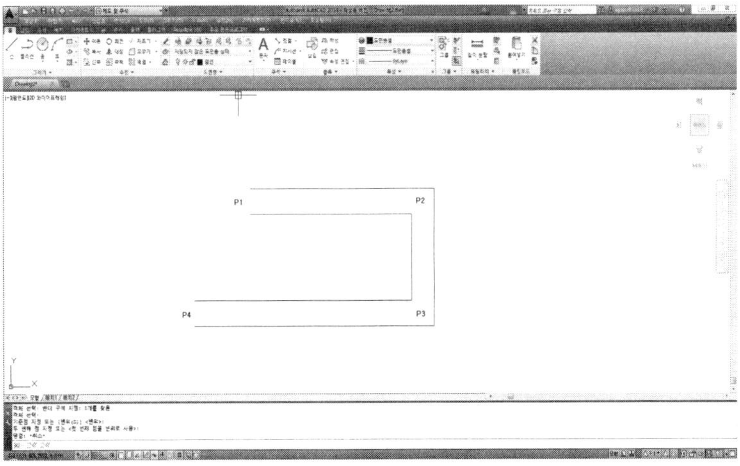

Mline을 이용한 선 그리기

▌다중선의 여러 가지 옵션들

자리맞추기(J)	: 선을 그릴 때의 정렬점으로 초기값은 Top으로 되어 있고 Top(위)/Zero(중앙)/Bottom(아래)의 세 가지 정렬점이 있다.
축척(S)	: 선의 간격(스케일)을 설정한다.
스타일(ST)	: 다중선의 스타일을 설정한다.

4.13.2 다중선 만들기

다중선을 그리는 Mline 명령에 사용할 Mline의 스타일을 만드는 방법에 대해서 알아보자. Mline의 초기값은 이중선으로 되어 있으므로 이 이중선을 그리고자 할 때에는 특별히 다중선을 만들 필요가 없으나, 다양한 스타일의 다중선을 자신의 기호에 맞도록 만들어 보자.

·명령어 : MLSTYLE

Mlstyle 대화창

▌Mlstyle의 대화창 설명

현재로 설정(U)	: 현재 다중선 스타일을 의미한다
새로 만들기(N)	: 새로운 스타일의 다중선을 만든다.
수정(M)	: 만들어진 다중선을 편집한다.
이름 바꾸기(R)	: 다중선의 이름을 변경한다.
삭제(D)	: 스타일에서 선택된 다중선을 삭제한다.
로드(L)	: 저장된 다중선을 불러온다.
저장(A)	: 다중선을 저장한다.

따라해보세요

① 신규(N)를 클릭하면 아래와 같은 창이 뜨게 된다. 이름을 입력한다.

순서 ①

② 계속 을 클릭하여 아래 그림과 같은 대화창이 뜨면 외부 호를 시작을 체크해준 후 확인 버튼을 클릭한다.

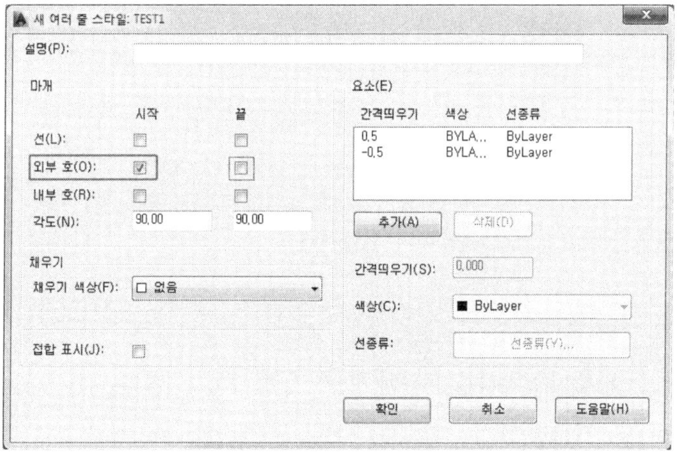

순서 ②

새 여러 줄 스타일 대화상자

· **설명** : 간단한 설명을 입력한다. (입력하지 않아도 무방하다.)

· **마개** : 시작과 끝부분의 처리를 조절한다.

선(L): 끝부분을 직선으로 막는다.

외부 호(O): 외부선의 시작과 끝를 호로 막는다.

내부 호(R): 내부선의 시작과 끝를 호로 막는다.

각도(N): 선의 각도를 조절한다. (처음과 끝을 90°로 조절한다)

· **요소** : 현재의 선을 보여준다.

아래쪽 박스를 보면 중심선으로부터 간격이 0.5와 -0.5인 2종류의 선이 있다.
세줄 이상의 선을 그리고 싶다면 추가를 눌러서 선을 추가하면 된다.

추가/삭제: 선을 추가하거나 지운다.

간격띄우기: 선의 간격을 지정한다.

선종류: 선택한 선의 Linetype을 결정한다.

Linetype에 들어가서 Load를 클릭한 후 원하는 선을 선택하여 불러온다.

③ 원하는 다중선을 만든 후 저장해 놓으면 다음에도 사용이 가능하다.

순서 ③

④ 저장(A)... 을 클릭하면 아래 그림과 같은 대화상자가 뜬다.
이름을 'TEST1'으로 저장한다.

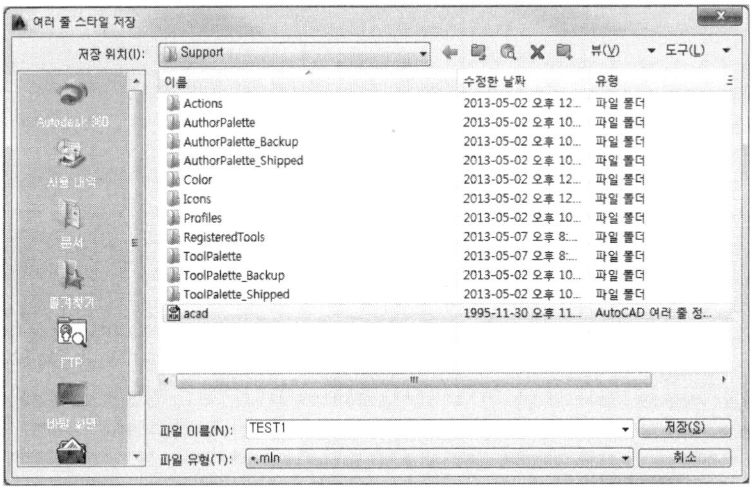

순서 ④

⑤ 이후에도 계속해서 'TEST1'이라는 스타일을 사용하기 위해서는 Mlstyle에서 [로드(L)...] 버튼을 클릭 후, 저장된 스타일에서 'TEST1'을 선택하여 불러와 사용할 수 있다.

4.13.3 다중선 사용하기

지금까지 다중선을 만드는 법을 배워봤다. 그렇다면 앞에서 만든 다중선을 사용해 보도록 하자.

따라해보세요

① 명령 : ML [Space Bar] (Mline)

② 시작점 지정 또는 [자리맞추기(J)/축척(S)/스타일(ST)] : ST (스타일 선택)
   여러 줄 스타일 입력 또는 [?] : TEST1

③ 시작점 지정 또는 [자리맞추기(J)/축척(S)/스타일(ST)] : J
   자리맞추기 유형 입력 [맨 위(T)/중앙(Z)/맨 아래(B)] <맨 위> : Z

④ 시작점 지정 또는 [자리맞추기(J)/축척(S)/스타일(ST)] : 시작점(P1)을 클릭한다.

⑤ 다음 점 지정 : 두 번째 점(P2)을 클릭한다.

⑥ [Space Bar]를 클릭하여 종료한다.

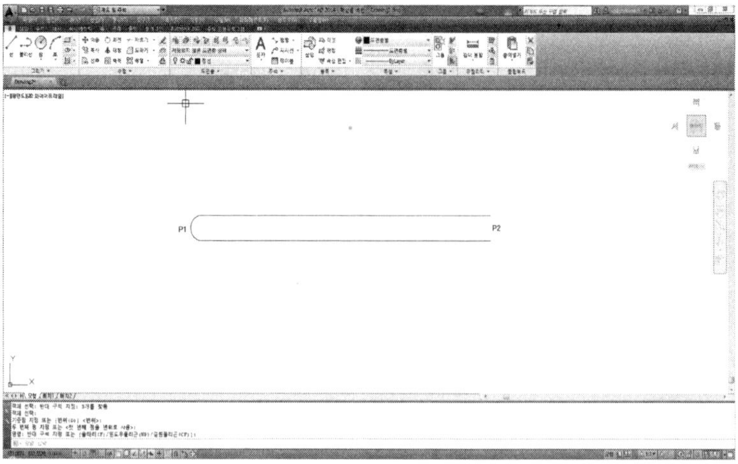

저장된 다중선 스타일을 이용한 선 그리기

4.13.4 다중선 편집하기

다중선은 하나의 블록으로 인식되며 편집이 가능하다. 교차된 다중선을 편집하는데 사용하는 명령어가 MLEDIT이다.

·명령어 : MLEDIT

따라해보세요

아래와 같이 Mline를 이용한 선이 있다고 할 때 Mledit 명령어를 사용하여 편집해 보자.

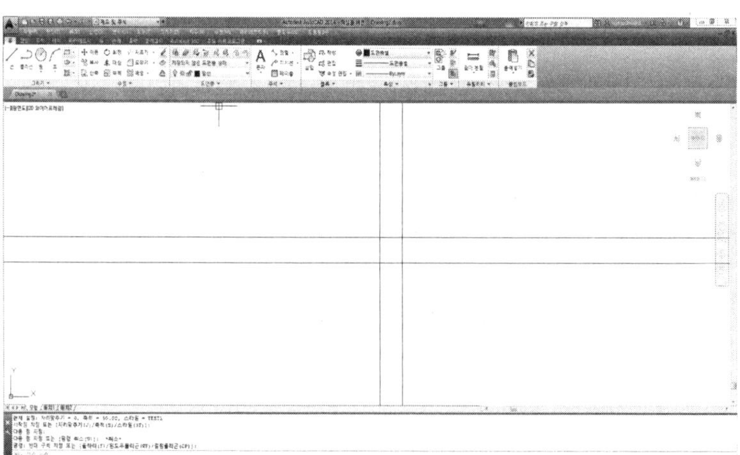

Mline으로 그려진 선

① 명령 : Mledit [Space Bar]

② 열린 십자형을 클릭한다.

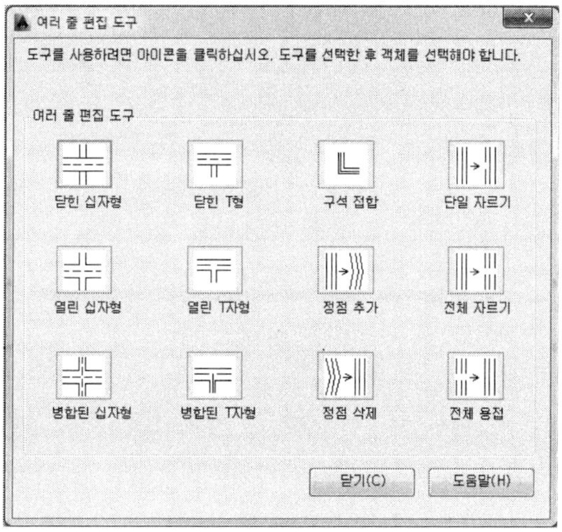

순서 ② Mledit 편집도구의 열린 십자형 선택

③ 첫 번째 여러 줄 선택 : P1 클릭
두 번째 여러 줄 선택 : P2 클릭

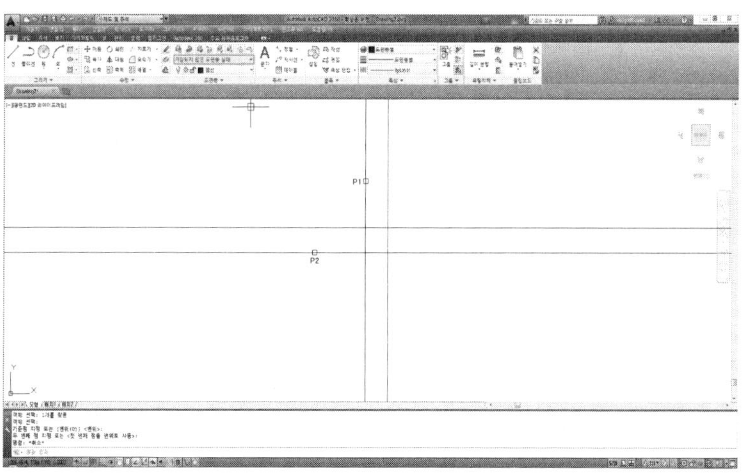

순서 ③ 가로축과 세로축의 다중선 선택

④ 교차된 다중선이 열린 십자형태로 바뀌는 걸 확인할 수 있다.

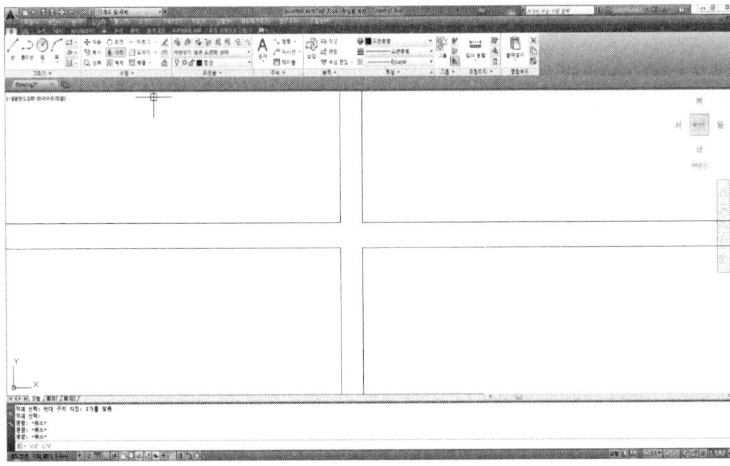

④ 완성

다중선을 편집에는 여러 가지가 있는데, 각각의 설명은 다음과 같다. 작업할 때 적절한 편집방법을 찾기 위해서는 많은 연습이 필요하다.

EDIT TOOL	설 명	
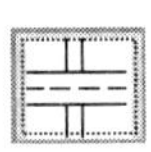	단힌 십자형	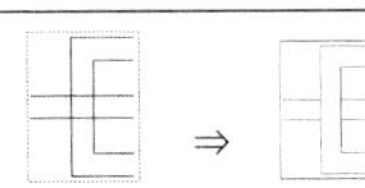
	닫힌 T형	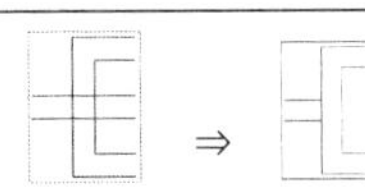
	구석 접합	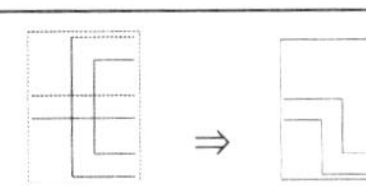
	단일 자르기	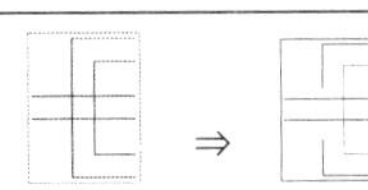
	열린 십자형	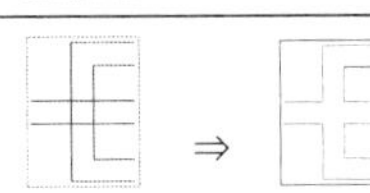
	열린 T자형	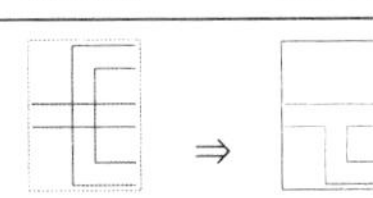
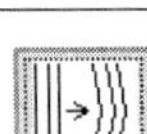	정점 추가	
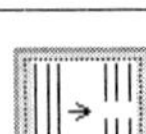	전체 자르기	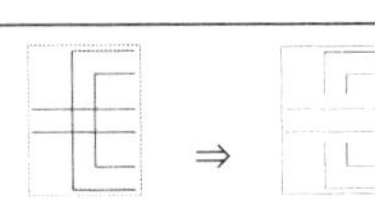

	병합된 십자형 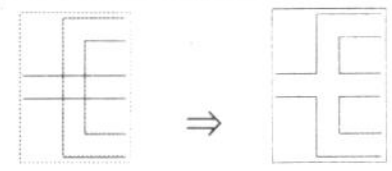
	병합된 T자형 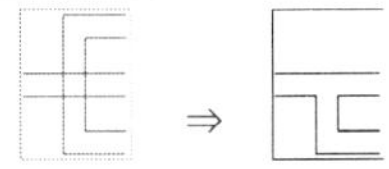
	정점 삭제
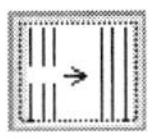	전체 용접

예제 그려보기

다중선을 이용하면 사용자 기호에 맞는 다양한 형태의 선 종류를 만들어 사용할 수 있을 뿐만 아니라, 건축 드로잉 시 벽체나 창문 등 이중선 이상의 선이 들어가는 부분에 매우 효율적으로 사용할 수 있다. 다음의 그림들을 하나씩 그려보자.

4.14 객체 스냅(OSNAP) 사용법

OSNAP은 객체의 어떤 특정부분을 정확하게 찾을 수 있도록 도와주는 도구이다.

선이나, 원, 호 등의 접점이나 교차점 등은 스냅과 그리드 등의 기능만으로는 정확한 위치에 포인팅하기가 매우 어렵다. 특히 도면이 복잡해질수록 점, 호, 각도 있는 선의 교차점들은 더 이상 스냅점에 맞지 않게 된다. 얼핏 봐서는 구분이 가지 않으나, 작업영역을 확대해서 보면 맞지 않는 경우가 대부분이다. 따라서 AutoCAD에서는 OSNAP 도구를 이용하여 정확한 지점을 포인팅 할 수 있도록 해주고 있다.

OSNAP 도구는 정확한 드로잉을 하는데 매우 유용하게 사용하므로 많은 연습을 통해 반드시 숙지하기 바란다.

4.14.1 객체 스냅 이용

객체 스냅을 사용하기 위한 방법으로는 객체 스냅 툴바를 화면에 불러들여 사용하는 방법과 툴바에서 스냅 메뉴를 사용하는 방법이 있다. 객체 스냅 이용에 대해서 자세하게 알아보자.

▌객체 스냅의 설정 방법

① 명령어 사용하기

· 명령어 : OSNAP · 단축키 : OS

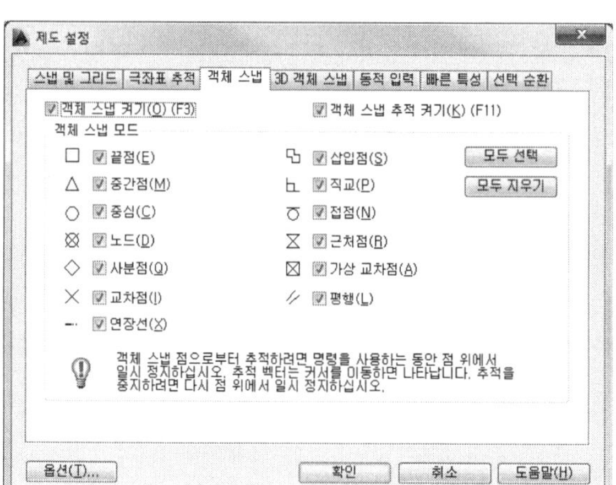

방법 ①

② Shift 또는 Ctrl 키를 누른 상태에서 마우스의 오른쪽 버튼을 클릭하면 객체 스냅 툴바를 화면에 불러올 수 있다.

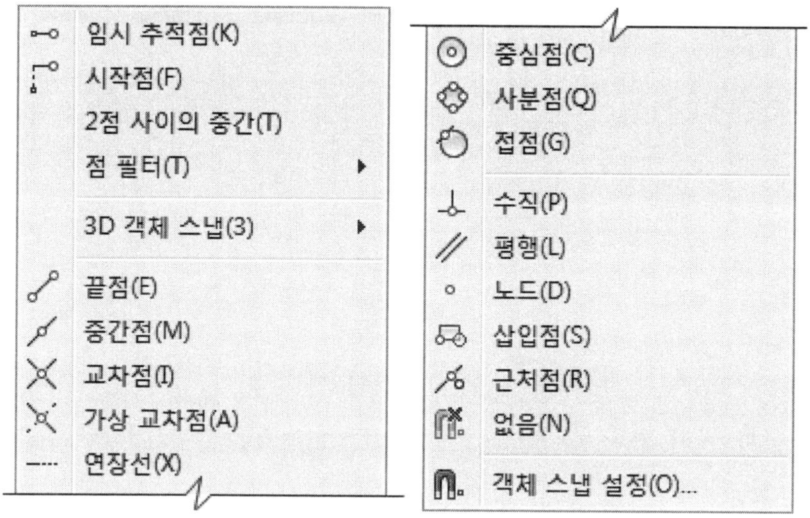

방법 ②

③ 그리기 도구에서 객체스냅 아이콘에서 오른쪽 마우스를 클릭하면 설정 툴바가 나타난다.

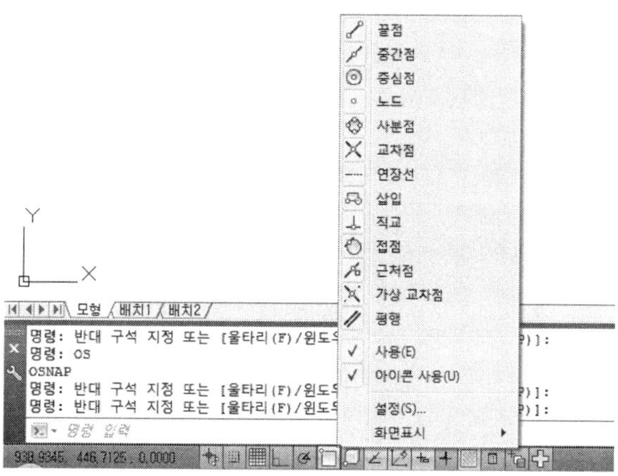

방법 ③

④ 메뉴막대 : [도구(T)] → [제도 설정]을 클릭하면 객체스냅 대화 상자가 나타난다.

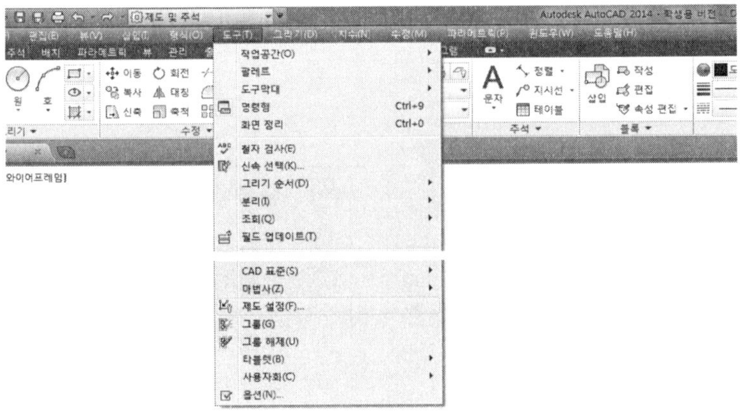

방법 ④

▌객체 스냅의 여러 가지 옵션들

끝점	호, 선, 영역 또는 광선의 끝점을 스냅한다.
중간점	호, 타원, 원, 선 의 중간점을 스냅한다.
중심점	원이나 호의 중심점을 스냅한다.
노드	점 객체, 치구 정의점 또는 치수 문자 삽입점을 스냅한다.
사분점	타원 및 원이나 호의 1/4지점을 스냅한다.
교차점	선이나 호, 원의 교차점을 스냅한다.
연장선	선택한 객체의 연장선상의 한 점을 찾아준다.
삽입	속성, 블록, 쉐이프 또는 문자의 삽입점을 스냅한다.
직교	선이나 원, 호 등의 수직인 점을 스냅한다.
접점	호, 원, 타원 또는 스플라인의 접점을 스냅한다
근처점	객체의 가장 근접한 점을 스냅한다
가상 교차점	실제로는 교차하지 않으나 화면상의 두 선이 교차되는 지점을 스냅한다
평행	선택한 선형 객체와 평행이 되도록 한다.

▌자주 사용하는 객체 스냅의 옵션 연습해보기

(1) 끝점(E)

따라해보세요

아래 그림과 같은 선분이 있다.

① 명령 : OS [Space Bar] (OSNAP)

② 끝점(E)을 선택한 후 확인 버튼을 누른다.

(여러 가지 옵션을 같이 선택해주어도 되지만, 너무 많은 옵션을 선택하게 되면 드로잉을 할 때 오히려 불편할 때가 많으므로 꼭 필요한 옵션만을 선택하여 사용하도록 한다.)

③ 명령 : L [Space Bar] (LINE)

④ 선의 끝 근처에 마우스를 갖다 대면 자동으로 선분의 끝점을 찾아준다.

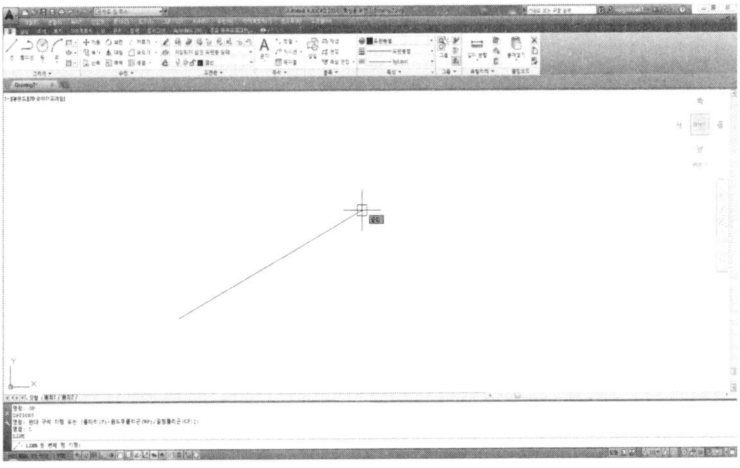

OSNAP 끝점(E) 선택 후

(2) 중간점(M)

따라해보세요

아래 그림과 같은 선분이 있다.

① 명령 : OS [Space Bar] (OSNAP)

② 중간점(M)을 선택한 후 확인 버튼을 누른다.

③ 명령 : L [Space Bar] (LINE)

④ 선의 중간점 근처에 마우스를 갖다 대면 선분의 중간지점을 자동으로 찾아준다.

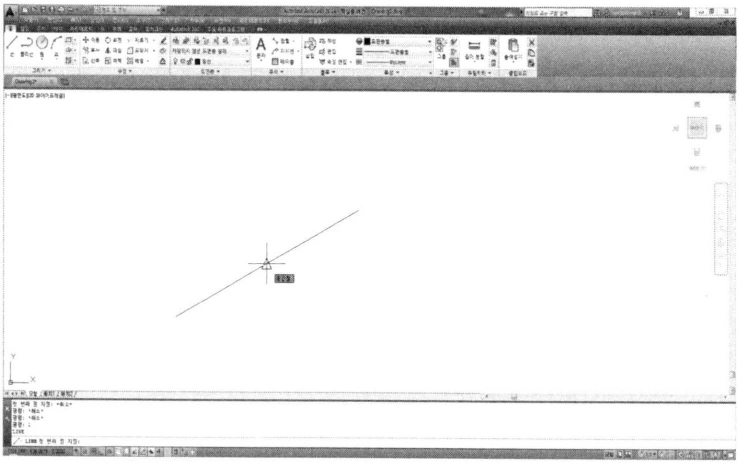

OSNAP 중간점(M) 선택 후

(3) 교차점(I)

따라해보세요

아래 그림과 같은 교차된 선분이 있다.

① 명령 : OS [Space Bar] (OSNAP)

② 교차점(I)을 선택한 후 확인 버튼을 누른다.

③ 명령 : L [Space Bar] (LINE)

④ 두 선분 근처에 마우스를 갖다 대면 선분의 교차점을 자동으로 찾아준다.

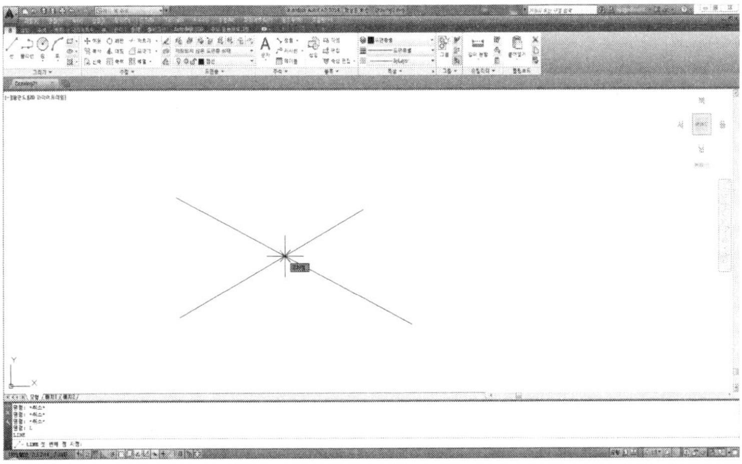

OSNAP 교차점(I) 선택 후

(4) 중심점(C)

따라해보세요

아래 그림과 같은 원이 있다.

① 명령 : OS [Space Bar] (OSNAP)

② 중심점(C)을 선택한 후 확인 버튼을 누른다.

③ 명령 : L [Space Bar] (LINE)

④ 원 근처에 마우스를 갖다 대면 원의 중심점을 자동으로 찾아준다.

만약 원의 중심점이 잡히지 않는다면, 원의 선 위를 십자선으로 대고 나면 원의 중심점이 잡힌다.

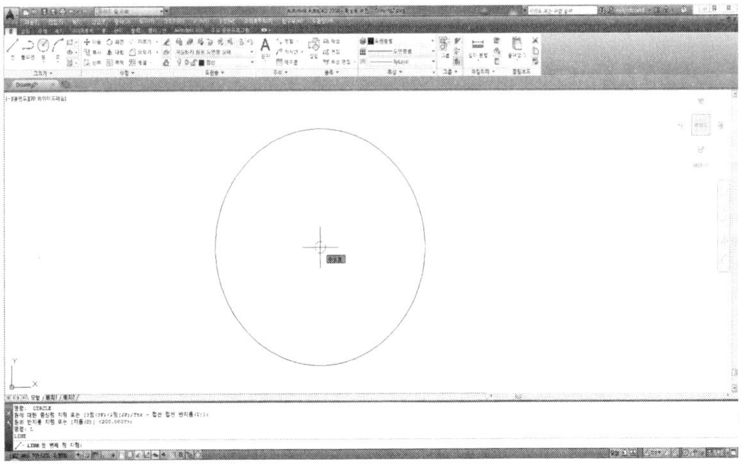

OSNAP 중심점(C) 선택 후

(5) 사분점(Q)

따라해보세요

다음과 같은 원이 있다.

① 명령 :OS [Space Bar] (OSNAP)

② 사분점(Q)을 선택한 후 확인 버튼을 누른다.

③ 명령 : L [Space Bar] (LINE)

④ 원 근처에 마우스를 갖다 대면 원의 1/4지점을 자동으로 찾아준다.

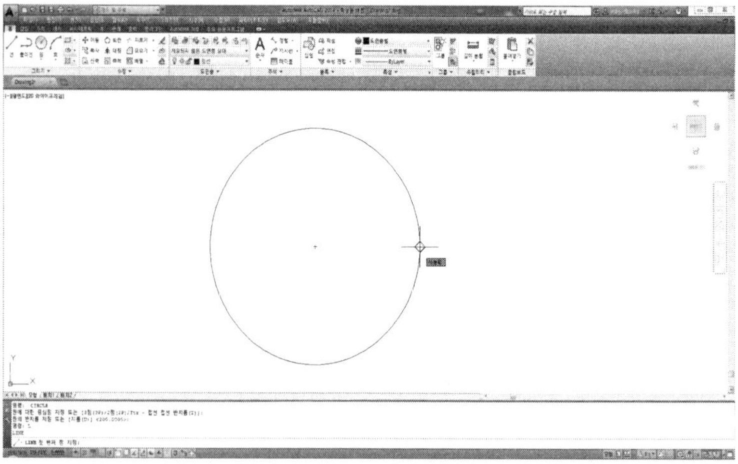

OSNAP 사분점(Q) 선택 후

▌ 객체 스냅 크기 조절하기

도면의 크기에 맞지 않게 객체 스냅 표시가 작거나 클 경우 객체스냅 옵션을 통해 표시 크기를 조절할 수 있다.

따라해보세요

① 명령 : OS [Space Bar] (OSNAP)

② [옵션(T)...] 클릭한다.

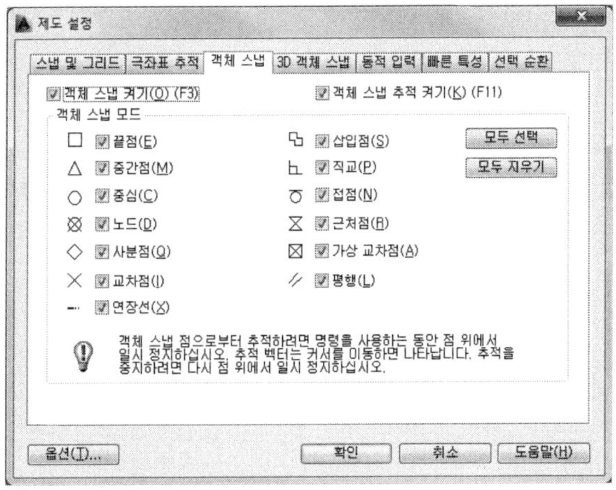

순서② 객체 스냅 대화상자

③ 옵션 대화상자에서 사용자의 기호에 맞도록 포인트 크기 및 색깔을 바꿀 수 있다.

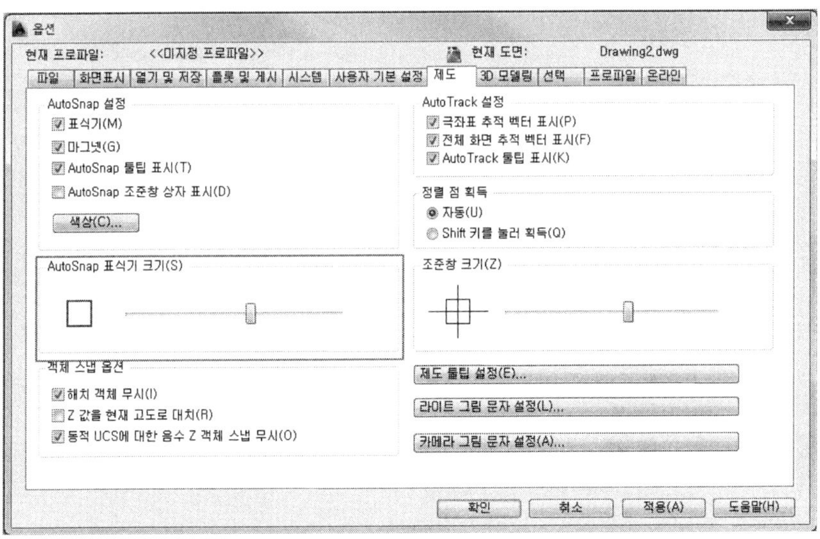

순서③ 포인트의 크기 및 색깔 변경 대화상자

4.14.2 객체 스냅 쉽게 On/Off하기

① 단축키 [F3]키를 눌러주면 객체 스냅이 On/Off 된다.

② 상태 막대에 있는 객체 스냅 아이콘을 클릭으로도 On/Off가 가능하다.

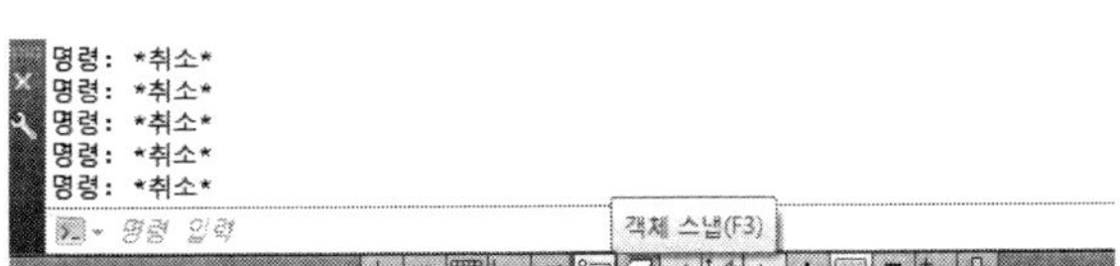

방법 ②

F3 키 또는 상태막대의 아이콘을 누를 때마다 자동으로 객체 스냅을 On/Off하게 되나, 대화상자가 나타나지 않는다. 따라서 객체 스냅의 대화상자를 원할 때에는 "OS(OSNAP)"이라고 명령을 쳐주어야만 한다.

다시 한 번 강조하지만 OSNAP 기능은 정확한 도면을 그리는 데 매우 중요한 항목이므로 많은 연습을 통하여 꼭 숙지하기 바란다.

4.15 PICKBOX 명령

PICKBOX 명령은 객체 선택 메시지 실행 중에 나타나는 박스의 크기를 조절해 주는 명령어이다.

·명령어 : PICKBOX

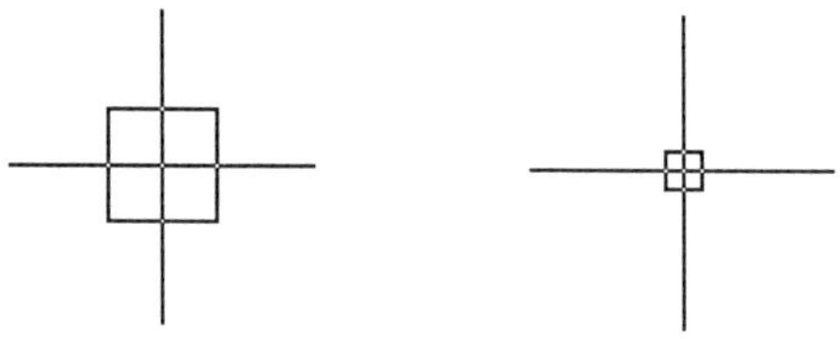

박스 크기 15　　　　박스 크기 5

4.16 BLIPMODE 명령

BLIPMODE 명령은 커서로 화면에 포인팅하거나 또는 객체를 선택할 때에 나타나는 Marker Blips를 화면에 보이게 하거나 안보이게 조절해 주는 명령어이다.

이 Marker Blips가 나타나는 이유는 명령어를 실행했을 때 어떤 객체를 선택했는지 또는 화면 어디에 포인팅했는지 알려주는 표시로 +모양의 흔적을 남긴다.

· 명령어 : BLIPMODE

4.17 REDRAW 명령

Redraw 명령은 도면 작업 시 생기는 불필요한 잔상 또는 Erase 명령어 사용 시 Blips라는 +모양의 흔적들을 도면에서 깨끗이 정리해주며, 편집 등으로 인해 사라진 도면요소를 재드로잉시켜 준다.

· 명령어 : REDRAW　　　　· 단축키 : R

Chapter 5 편집(Edit)

AutoCAD는 막강한 드로잉 기능을 가지고 있음은 물론 그에 따른 막강한 편집(Edit) 기능을 가지고 있다. 따라서 수많은 편집명령어들이 있지만, 이 책에서는 일반적으로 가장 많이 사용하는 몇 가지 편집명령어들에 관하여 공부해 보기로 하자. 이러한 편집명령들은 단축키로 익혀두면 매우 유용하게 사용할 수 있으니 이점 숙지하기 바란다.

5.1 객체 선택 방법

객체 선택방법은 원활한 편집 작업을 위해서는 필수로 알아 두어야할 방법이다.

5.1.1 개별 객체 선택하기

선택상자(Pick box)로 객체를 직접 클릭하여 선택하는 방법이다. 일단 선택된 객체는 아래 그림과 같이 하이라이트(highlight) 처리가 되어 선택되지 않은 객체와 구분이 된다.

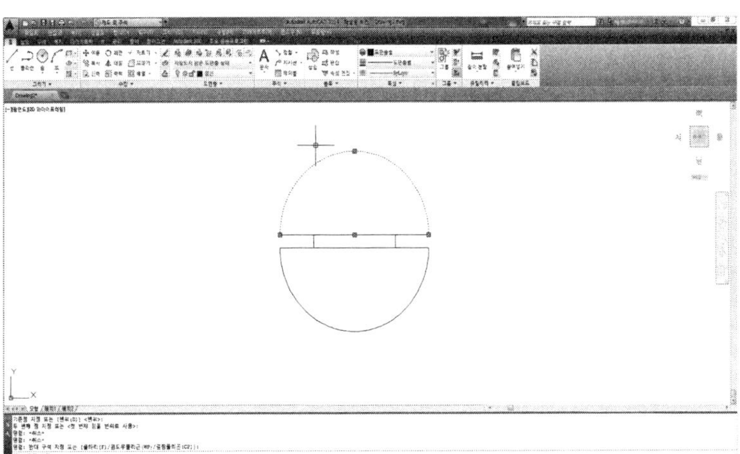

개별 객체 선택

■ **객체 선택 제거**

선택된 객체의 선택상태를 해제하려면 Shift 키를 누르고 한번 더 클릭한다.

5.1.2 다중 객체 선택하기

다중 객체 선택으로는 교차(Crossing) 선택과 윈도우(Window) 선택으로 나누어진다.

■ **교차 선택**

커서를 오른쪽(P1)에서 왼쪽(P2)으로 끌어 점선 테두리의 사각형으로 객체를 선택하는 방식으로, 점선 테두리(녹색)의 상자 안에 포함되는 객체와 걸쳐진 객체가 모두 선택된다.

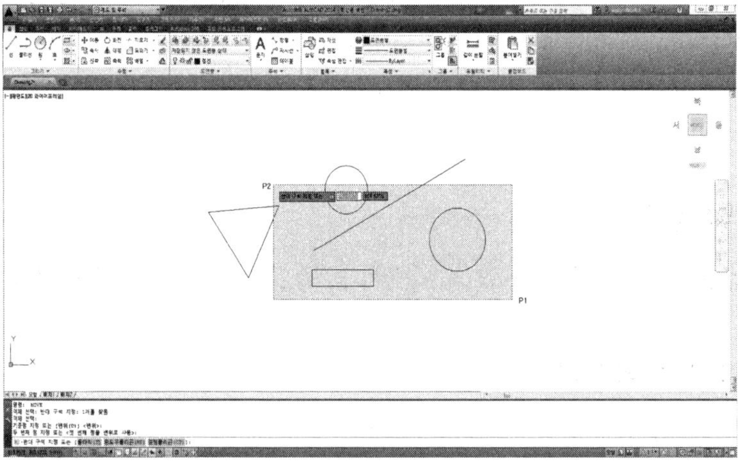

교차 선택 방법

■ **윈도우 선택**

커서를 왼쪽(P1)에서 오른쪽(P2)으로 끌어 실선 테두리의 사각형으로 객체를 선택하는 방식으로, 실선 테두리(파란색)의 상자 안에 완전히 포함되는 객체만 선택된다.

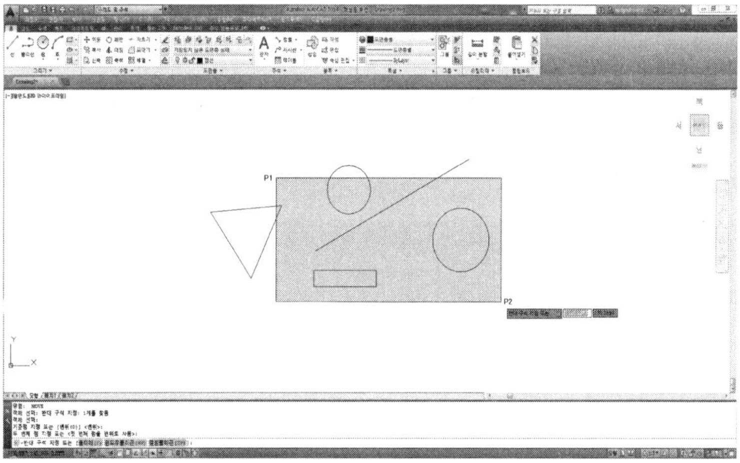

윈도우 선택 방법

5.1.3 그 밖의 객체 선택 옵션 사용하기

객체를 선택하는 단계에서는 활성 옵션이 보이지 않지만 '?'를 입력하면 여러 가지 선택 옵션이 보여진다.

따라해보세요

① E [Space Bar] (ERASE)

② 객체 선택: ? [Space Bar]

아래 그림과 같이 객체 선택 옵션이 나온다.

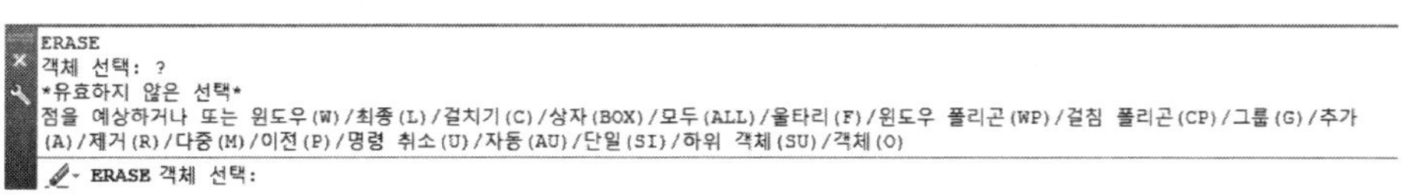

그 밖의 선택 옵션

윈도우(W) : 2점에 의해 정의된 직사각형 내에 완전히 포함된 모든 객체를 선택한다.

최종(L) : 가장 최근에 작성된 가시적인 객체를 선택한다.

걸치기(C) : 2점에 의해 정의된 면적 내에 포함되거나 교차하는 객체를 선택한다.

상자(BOX) : 2점에 의해 정의된 영역 내에 포함되거나 교차하는 모든 객체를 선택한다.

모두(ALL) : 동결되거나 잠겨진 도면층의 객체를 제외한 모든 객체를 선택한다.

울타리(F)	: 울타리와 교차하는 모든 객체를 선택한다.
윈도우 폴리곤(WP)	: 지정한 점들에 의해 정의된 다각형 내에 완전히 포함된 객체를 선택한다.
걸침 폴리곤(CP)	: 지정한 점들에 의해 정의된 다각형 내에 포함되거나 교차하는 객체를 선택한다.
그룹(G)	: 지정된 그룹의 모든 객체를 선택한다.
추가(A)	: 객체를 추가하여 선택한다.
제거(R)	: 선택된 객체에서 선택을 제거할 수 있다.
다중(M)	: 객체 선택 중에 객체를 강조하지 않고 개별적으로 선택한다.
이전(P)	: 가장 최근에 선택했던 객체를 선택한다.
명령취소(U)	: 가장 최근에 추가 선택한 것을 취소한다.
자동(AU)	: 객체를 가르치면 객체를 자동으로 선택한다.
단일(SI)	: 추가 선택에 대한 프로프트를 표시하지 않고 첫 번째 객체 또는 지정된 객체 세트를 선택한다.
하위 객체(SU)	: 복합 솔리드나 정점, 모서리 및 3D 솔리드의 면의 일부인 원래 개별 형식을 선택할 수 있다.
객체(o)	: 기본의 객체 선택 방법으로 복귀한다.

▌ 관련 시스템 변수

※ PICKFIRST : 명령을 먼저 실행할지 객체를 먼저 선택할지 조정한다.

0: 끄기 명령을 먼저 실행한 후 객체를 선택합니다.

1: 켜기 명령을 실행하기 전 객체를 먼저 선택해도 됩니다.(기본값)

※ HIGHLIGHT : 선택된 객체에 강조 표시를 조정한다.

0: 끄기 객체를 선택해도 변화가 없어 선택되지 않는 객체와 구분이 안된다.

1: 켜기 선택된 객체를 강조한다. (기본값)

※ PICKADD : 객체 선택 시 추가 선택을 할지 마지막 선택만 유지할지 조정한다.

0: 끄기 가장 최근에 선택한 객체만 선택된다.

1: 켜기 선택이 누적된다.

5.1.4 신속 선택

객체의 특성 또는 유형을 기준으로 선택할 수 있다.

- 명령어 : QSELECT
- 메뉴 : 도구 → 신속 선택
- 리본 : 홈 탭 → 유틸리티 패널 → (신속 선택)

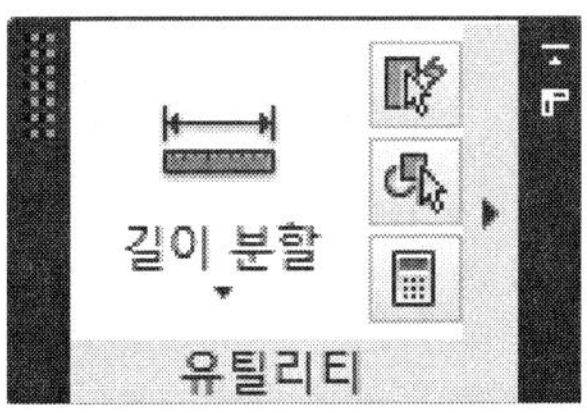

리본메뉴

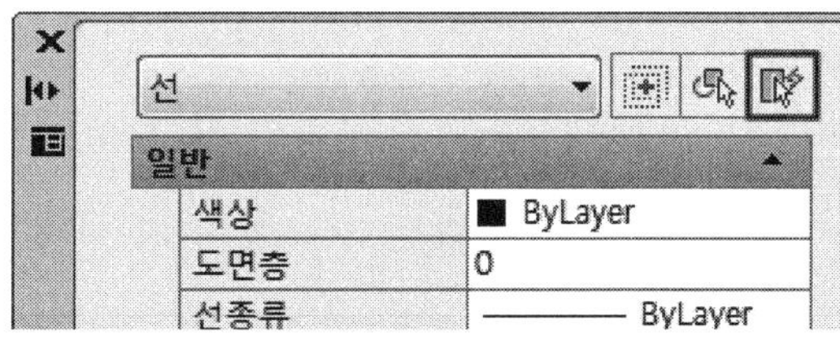

특성 팔레트

신속 선택 메뉴

따라해보세요

작성된 도면을 가지고 신속 선택 명령을 실행한다.

① QSELECT [Space Bar]

② [객체 유형]에서 '선' 선택, [특성]에서 '색상'을 선택 후 [값]을 '빨간색'으로 맞추고 [확인]을 눌러 준다.

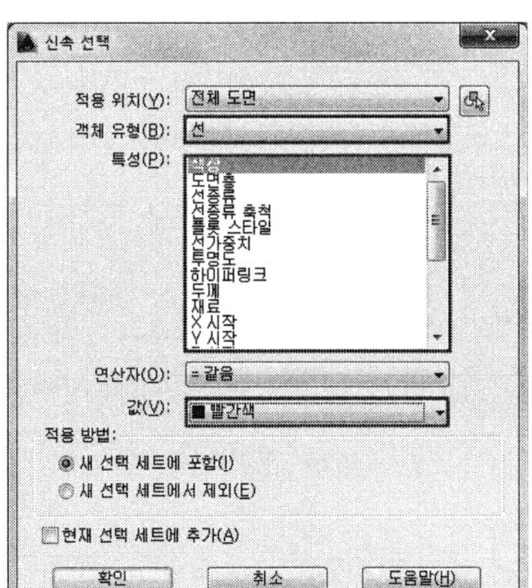

순서② 신속 선택 대화상자

③ 신속 선택을 실행하면 특성에서 객체의 색상이 '빨간색'으로 표시되는 객체들만 선택되는걸 알 수 있다.

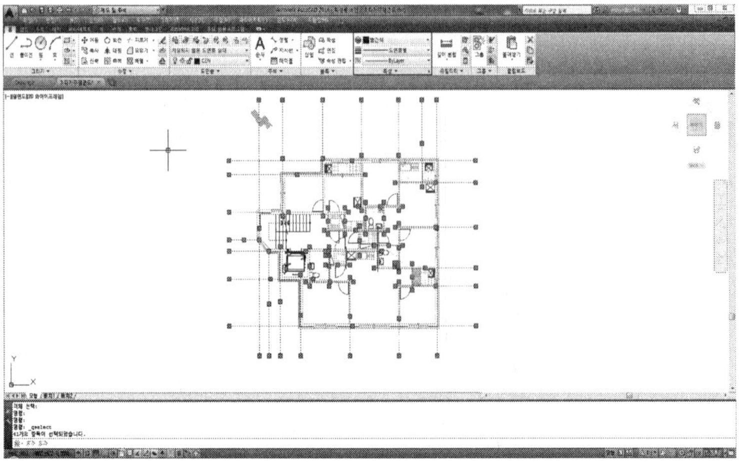

순서③ 신속 선택 완료

▌명령 먼저? 객체 선택 먼저?

AutoCAD에서는 명령을 먼저 실행하고 객체를 선택할 수도 있고 반대로 객체를 먼저 선택한 상태에서 명령을 실행시킬 수도 있다. 이와 같은 설정은 옵션에서 조정할 수 있다.

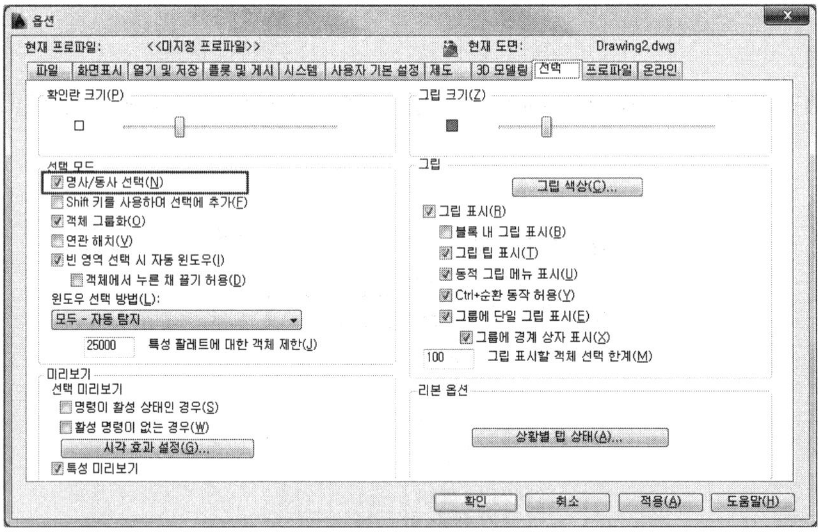

옵션 대화상자

[옵션]의 [선택사항]-선택모드를 보면 기본적으로 체크가 되어 있어 객체선택(동사) 후 명령 실행(명사)이 가능하다.

5.2 객체 수정 방법

5.2.1 명령 취소(UNDO)

Undo 명령은 앞에 실행한 명령을 한 단계씩 취소한다. CAD에서 많이 쓰이는 명령어 중 하나이다.

· 명령어 : UNDO · 신속 접근 막대 :
· 단축키 : U 또는 Ctrl + Z · 메뉴 : 편집 → 명령 취소(U)

따라해보세요

① 아래와 같은 라인을 그려보자.

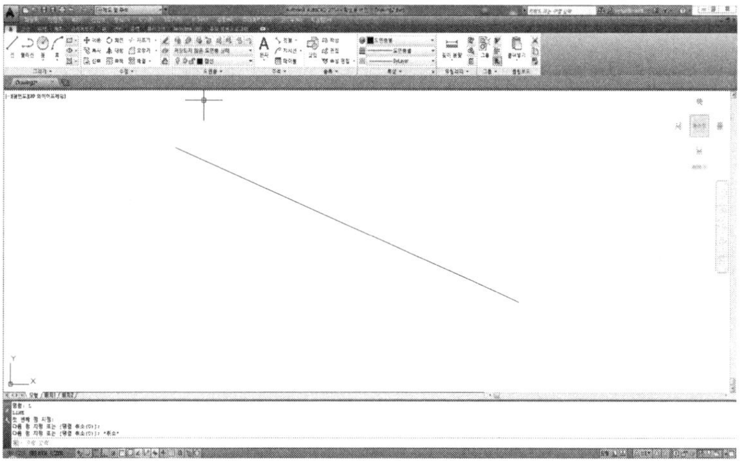

순서① 명령 취소(Undo) 전

② 명령 : U [Space Bar] (Undo)를 해보자.

③ 아래 그림과 같이 이전에 그렸던 라인이 없어졌음을 확인할 수 있다.

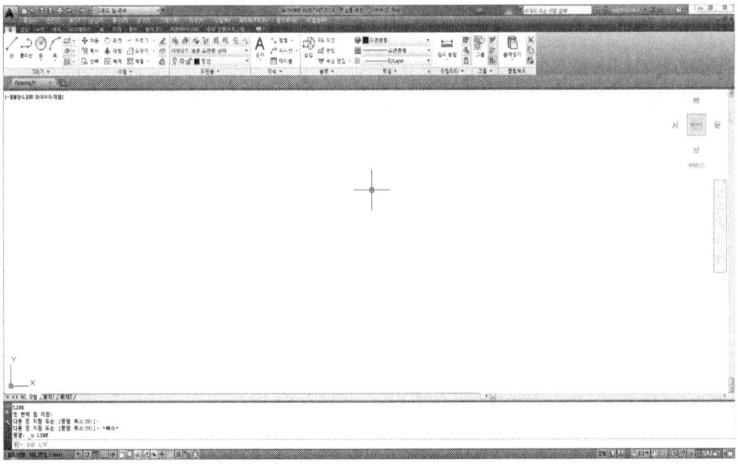

순서② 명령 취소(Undo) 후

이처럼 UNDO는 이전에 작업했던 내용을 취소하는 명령어이다.

5.2.2 명령 복구(Redo)

Redo 명령은 바로 이전에 실행한 하나의 취소작업만 복구할 수 있으며, 2단계 이상은 복구할 수 없다.

- 명령어 : Redo
- 신속 접근 막대 : 
- 단축키 : Ctrl + Y
- 메뉴 : 편집 → 명령 복구(R)

따라해보세요

① 위의 그림과 같은 UNDO명령을 실행한 상태에서 REDO [Space Bar]를 해보자.

② 없어졌던 라인이 다시 복구된 것을 확인할 수 있다.

이처럼 Redo는 이전에 지웠던 내용을 다시 복구시키는 명령어이다.

5.3 지우기(ERASE)

지우기(ERASE)는 말 그대로 객체를 지우는 명령어이다.

· 명령어 : ERASE
· 단축키 : E 또는 Del
· 리본 : 홈 탭 → 수정 패널 → (지우개)
· 메뉴 : 편집 → 지우기

Erase는 앞서 설명했던 객체 선택방법에 따라 포인팅(Pointing), 윈도우(Window), 교차(Crossing)의 세 가지로 나눌 수 있다.

5.3.1 포인팅(Pointing)

임의의 두 선이 있다고 가정할 때, 그 중 한 선만 지우고 싶다면 Erase 명령을 입력한 후 지우고 싶은 선을 클릭하여 지우면 된다.

따라해보세요

① 명령 : E Space Bar (ERASE)

② 객체 선택 : 지우고 싶은 선을 클릭 (선택된 선은 점선으로 표시 된다.)

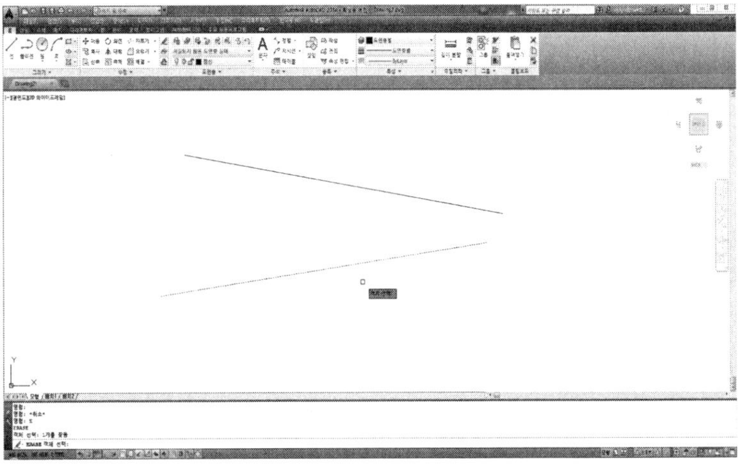

순서② 지우고 싶은 객체 선택

③ 객체를 선택하고 Space Bar를 치면 선택된 선만 지워진다.

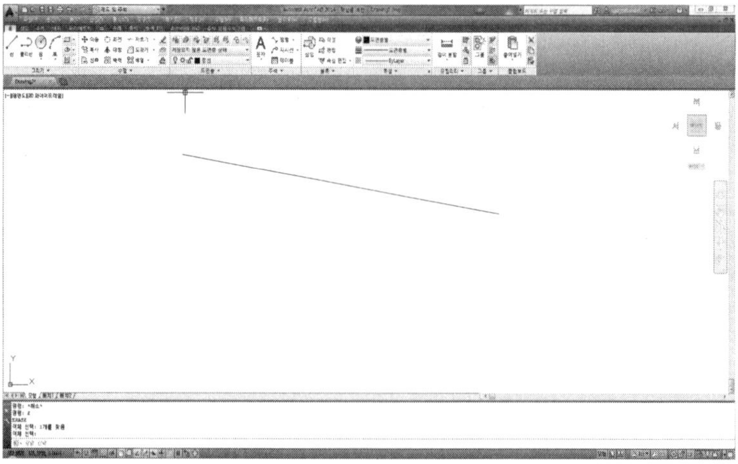

순서③ 명령 실행 후 지워진 선

5.3.2 윈도우(Window)

포인팅의 경우 지우고 싶은 것이 1개 내지는 2개일 때 가능하지만 만약에 지울 부분이 많은 경우는 윈도우 방법을 사용한다.

윈도우는 수직을 기준으로 십자선이 왼쪽에서 오른쪽 드래그하며 객체를 선택하는 방법으로써 객체 전체가 윈도우 범위 안에 포함되어야 그 객체가 선택이 된다.

따라해보세요

① 명령 : E [Space Bar] (ERASE)

② 객체 선택 : 순서②처럼 왼쪽(P1)에서 오른쪽(P2)으로 마우스를 드래그하여 블록을 설정해주면 완전히 포함된 아래선만 선택이 된다. (객체가 범위 안에 완전히 포함되어야 한다.)

선택영역(파란색)에 완전하게 속한 부분이 점선으로 변하는 것을 확인할 수가 있다.

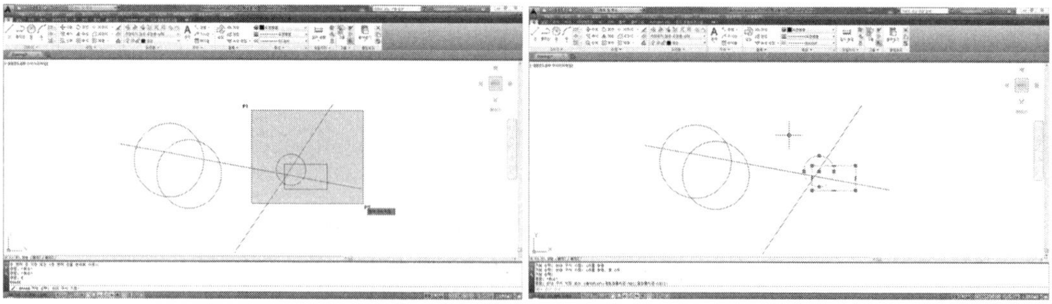

순서② 윈도우로 객체선택하기

③ 객체선택이 완료된 후 [Space Bar]를 치면 선택된 객체만 지워진다.

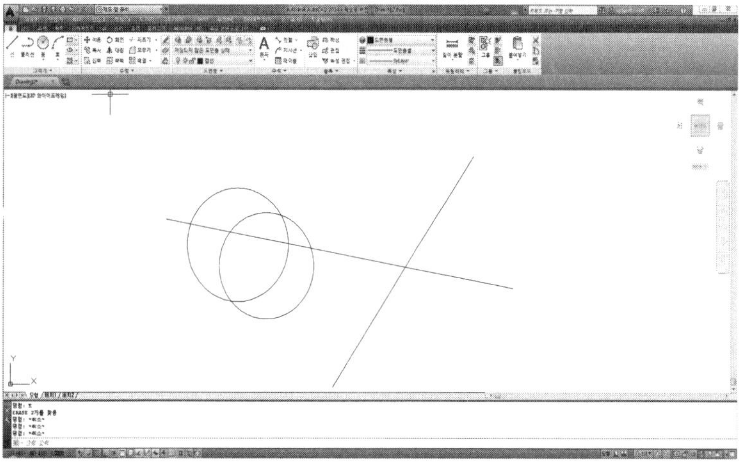

순서③ 명령 실행 후 지워진 객체

5.3.3 교차(Crossing)

교차(Crossing)는 수직을 기준으로 십자선이 오른쪽에서 왼쪽 드래그하며 객체를 선택하는 방법으로서 객체의 일부가 범위 안에 포함이 되어도 그 객체 전체가 선택이 된다.

따라해보세요

① 명령 : E [Space Bar] (Erase)

② 객체 선택 : 순서②처럼 오른쪽(P1)에서 왼쪽(P2)으로 마우스를 움직여 블록을 설정해주면 조금만 포함된 부분도 전체가 선택이 된다. (객체가 완전히 포함이 안되어도 선택되어 진다.)

선택영역(녹색)에 객체가 완벽히 포함되지 않아도 객체가 점선으로 변하는 것을 확인할 수가 있다.

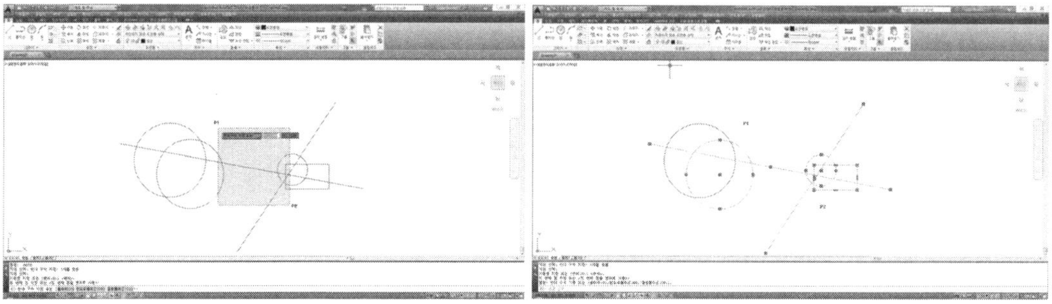

순서② Crossing으로 선택하기

③ 객체 선택 : 반대 구석 지정 : [Space Bar]를 클릭하면 선택된 선들이 모두 지워진다.

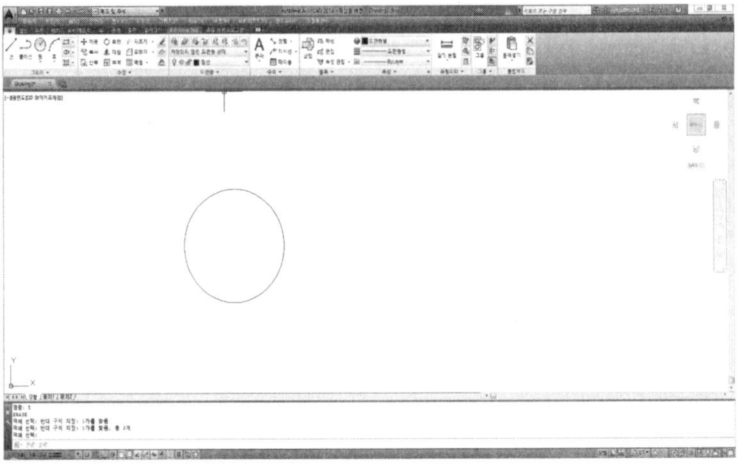

순서③ 명령 실행 후 지워진 객체

▌만약 캐드상의 모든 선이나 면을 지우고 싶다면

Ctrl + A 후에 단축키 E(ERASE) 또는 DEL 명령을 실행하면 화면상의 모든 것들이 깨끗이 없어지는 것을 확인할 수 있다.

방법① : Ctrl+A 후 단축키 E 또는 Del   방법② : 단축키 E 후 All [Space Bar]

5.3.4 OOPS

ERASE 명령으로 지워지거나 Block(WBlock) 명령으로 사라진 Object를 복구시킬 수 있다.

· 명령어 : OOPS

따라해보세요

① 명령 : OOPS [Space Bar]

지워진 객체가 복원되는 것을 확인할 수 있다.

5.4 REGEN 명령

REGEN명령은 화면의 해상도가 실제 그려진 도면들을 정확하게 보여주지 못할 때 사용한다. 쉽게 말해 화면을 재구성해준다고 생각하면 된다.

· 명령어 : REGEN
· 단축키 : RE
· 메뉴 : 뷰(V) → 재생성

REGEN 메뉴

아래 그림은 실제 원모양의 일부분을 확대해본 것인데, 실제로는 원형의 모습이지만 화면의 해상도상 원형이 아닌 다각형의 형태로 나타난 것이다. 이럴 때 재생성(REGEN) 명령을 사용하면 된다.

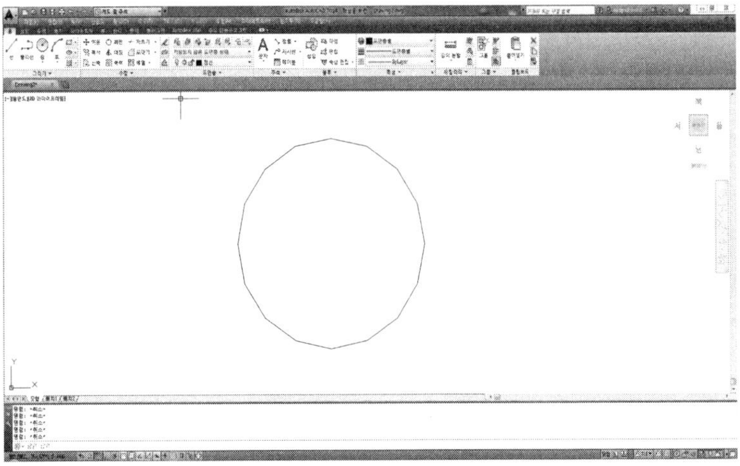

① 객체 확대 모습 (재생성 명령 전)

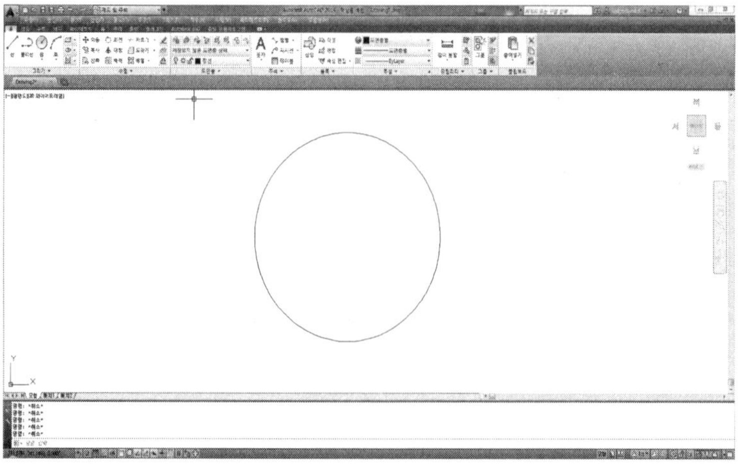

② 재생성(REGEN) 명령 후

위의 그림과 같이 REGEN 명령을 실행하면 훨씬 부드러운 선으로 원형의 모습을 재생성되는걸 볼 수 있다. 그러나 아주 복잡한 도면에서 REGEN 명령은 모든 요소들의 선을 다시 Reloading시키는데 상당한 시간이 소요될 수도 있다.

5.5 VIEWRES 명령

ZOOM 명령어를 사용하여 어떤 특정한 부분(원이나 호)을 확대했을 때 원이나 호가 부드러운 곡선을 그리지 못하고 각이 져서 보이는 경우가 있다. 이때 REGEN 명령을 실행하여 부드럽게 조정하지만, 매번 실행해야 하는 번거로움이 있기 때문에 화면에 나타나는 곡선의 해상도를 조절하는 명령어이다.

· 명령어 : VIEWRES

값이 클수록 해상도가 높아져 원이나 호가 부드럽게 표현되나 실행속도가 늦어진다. 따라서 되도록 Default 값을 1000정도로 놓고 쓰는 것이 좋다.

5.6 이동(MOVE)

객체를 다른 곳으로 이동 시킬 때 사용하는 명령어이다.

· 명령어 : MOVE
· 단축키 : M
· 리본 : 홈 탭 → 수정 패널 → (이동)
· 메뉴 : 수정 → 이동

따라해보세요

사각형을 다른 곳으로 이동시켜 보자.

① 명령 : Move Enter↵

② 객체 선택 : 옮기고자 하는 객체를 윈도우 객체선택(P1, P2)으로 지정한다.

순서② 이동할 객체 선택

③ 기준점 지정 또는 [변위(D)] <변위> : 기준이 되는 점(P3)을 선택한다.

④ 두 번째 점 지정 또는 <첫 번째 점을 변위로 사용> : 원하는 곳(P4)으로 이동시킨 후 클릭한다.

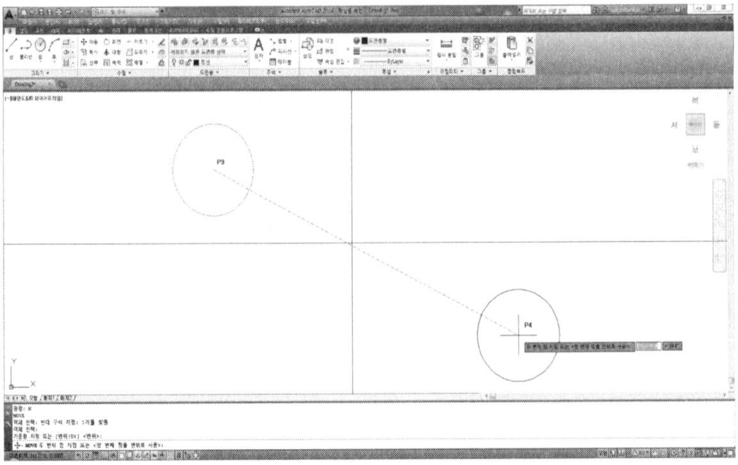

순서③

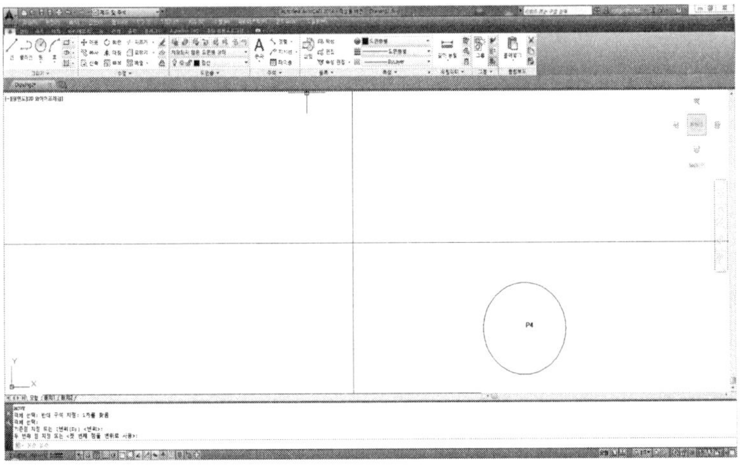

순서④ MOVE 명령 종료

5.7 복사(COPY)

선택된 객체를 다른 위치로 복사 이동할 때 사용하는 명령어이다.

· 명령어 : COPY

· 단축키 : CO 또는 CP

· 리본 : 홈 탭 → 수정 패널 → (복사)

· 메뉴 : 수정 → 복사

따라해보세요

사각형을 다른 곳에 복사해 보자.

① 명령 : CO [Space Bar] (COPY)

② 객체 선택 : 복사하고자 하는 도면요소를 윈도우 범위(P1, P2)로 지정한다.

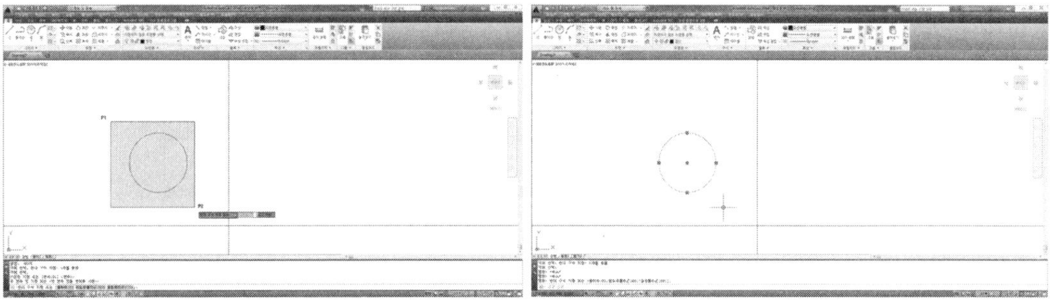

순서② 복사할 객체 선택

③ 기본점 지정 또는 [변위(D)/모드(O)] <변위(D)> : 기준이 되는 점(P3)을 선택한다.
두 번째 지정 또는 <첫 번째 점을 변위로 사용> : 복사하고자 하는 곳(P4, P5)으로 마우스를 클릭하여 원하는 개수만큼 복사하면 된다.

복사는 명령을 종료하기 전까지는 클릭시마다 복사가 된다.

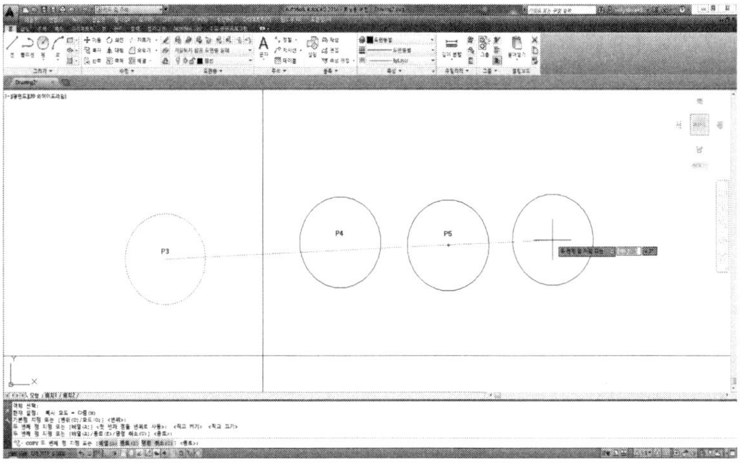

순서③ 복사할 지점을 클릭한다.

④ Space Bar 를 눌러 명령을 종료한다.

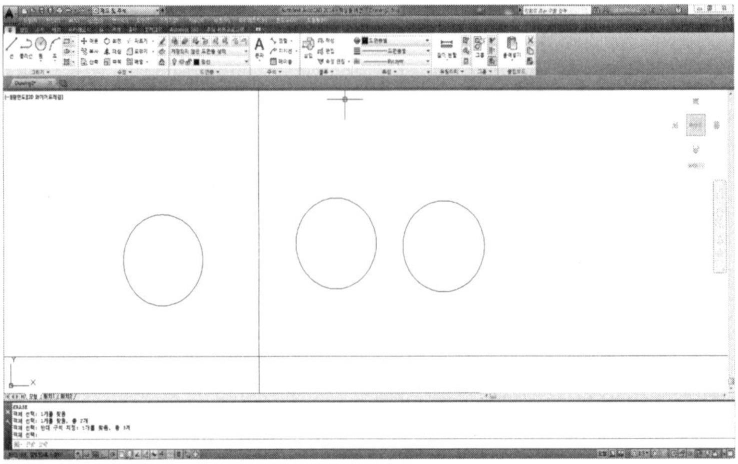

순서④ 복사가 완료된 도면

5.8 회전(ROTATE)

기준점을 중심으로 객체를 회전하고자 할 때 사용하는 명령어이다.

· 명령어 : ROTATE
· 리본 : 홈 탭 → 수정 패널 →
· 단축키 : RO
· 메뉴 : 수정 → 회전

따라해보세요

사각형을 회전시켜 보자.

① 명령 : RO Space Bar (ROTATE)

② 객체 선택 : 회전시키고자 하는 도면요소를 블록(P1, P2)으로 선택한다.

순서② 회전시킬 객체 선택

③ 기준점 지정 : 기준이 되는 점(P3)을 선택한다.
회전 각도 지정 또는 [복사(C)/참조(R)] : 45 또는 임의의 각도(P4)

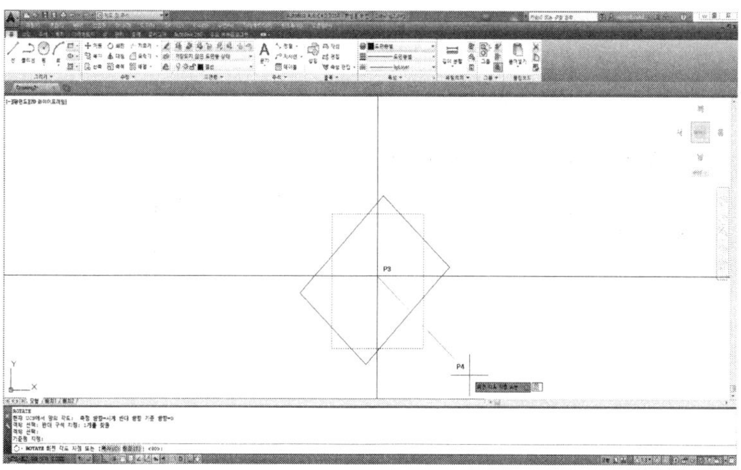

④ 각도를 입력하면 바로 회전될 것이고, 임의의 마우스 클릭을 하였다면 클릭 즉시 객체는 회전이 된다.

선택된 객체가 미리보기 되기 때문에 마우스를 움직이면서 원하는 각도로 쉽게 회전시킬 수 있다.

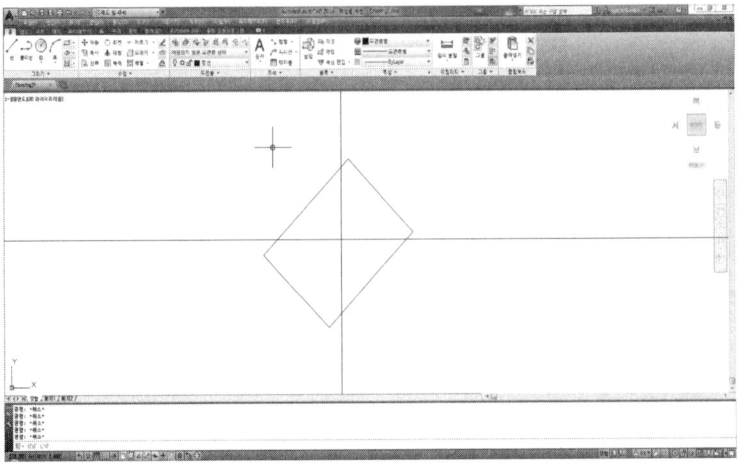

순서 ④ 회전된 객체

▌회전(ROTATE)의 여러 가지 옵션들

회전 각도 : 선택한 도면요소를 회전시킬 각도로 지정한다.

복사(C) : 선택한 객체를 복사하여 회전 시킨다.

참조(R) : 선택한 SEHAUS 요소의 지정 기울기를 참조하여 새로 지정한 각도만큼 회전시킨다.

예제 그려보기

지금까지 배운 명령을 이용하여 다음의 그림들을 편집해 보자.

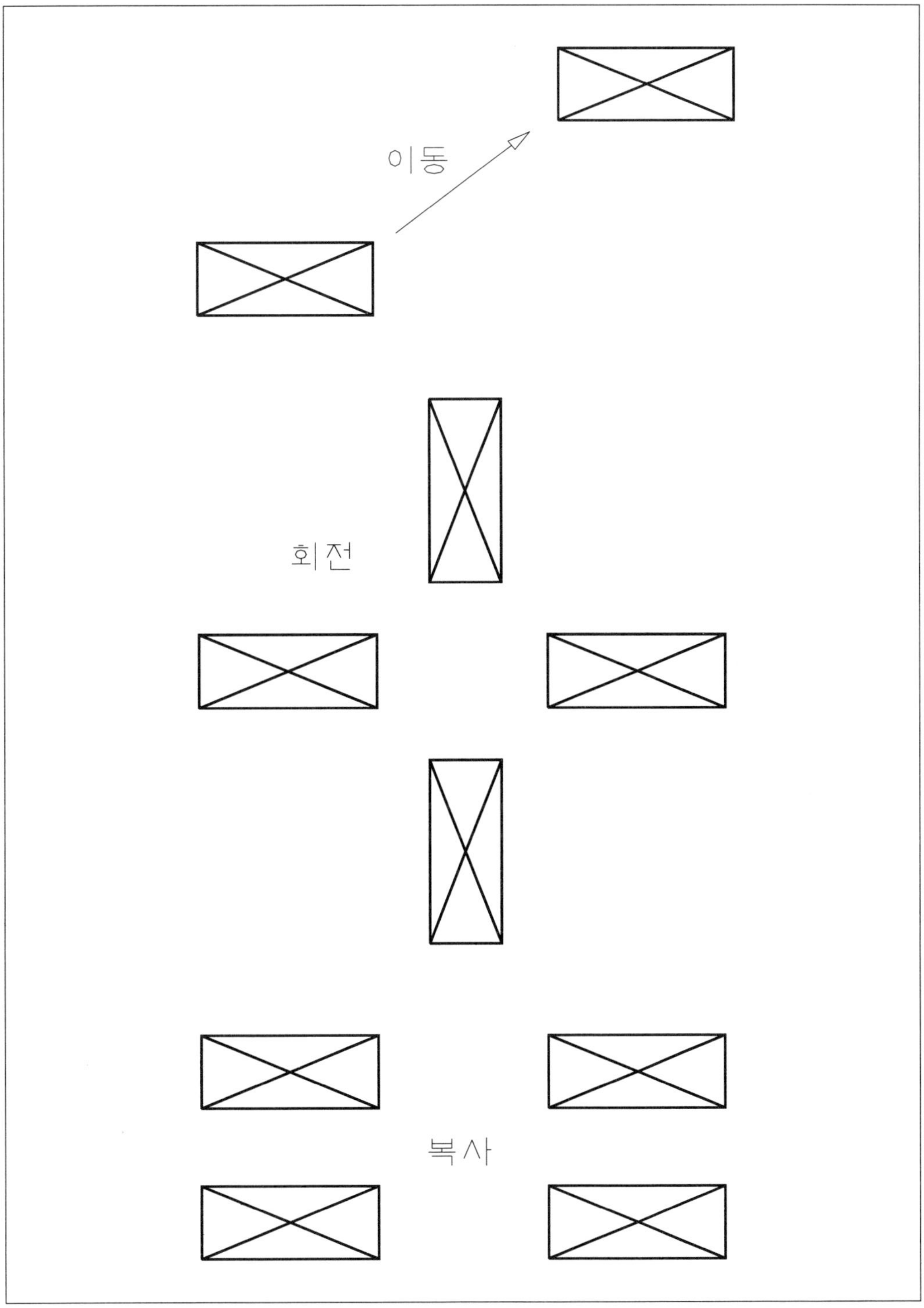

5.9 자르기(TRIM)

선택된 경계를 기준으로 교차하거나 접해 있는 개체를 자르는 명령어이다.

· 명령어 : TRIM · 리본 : 홈 탭 → 수정 패널 → (자르기)
· 단축키 : TR · 메뉴 : 수정 → 자르기

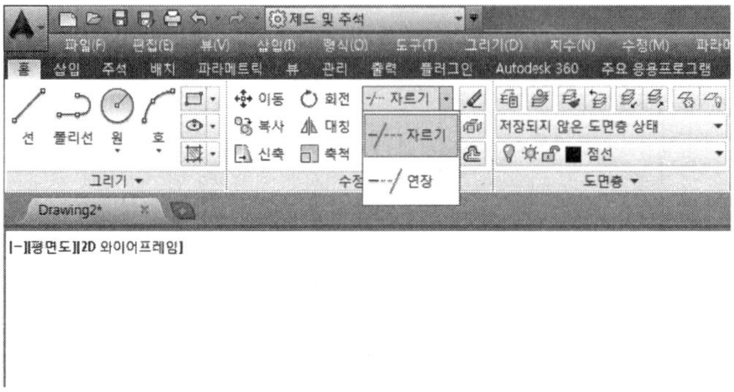

자르기(TRIM) 메뉴

따라해보세요

원 안의 선을 잘라보자.

① 명령 : TR [Space Bar] (TRIM)

② 객체 선택 : 원을 선택 [Space Bar]

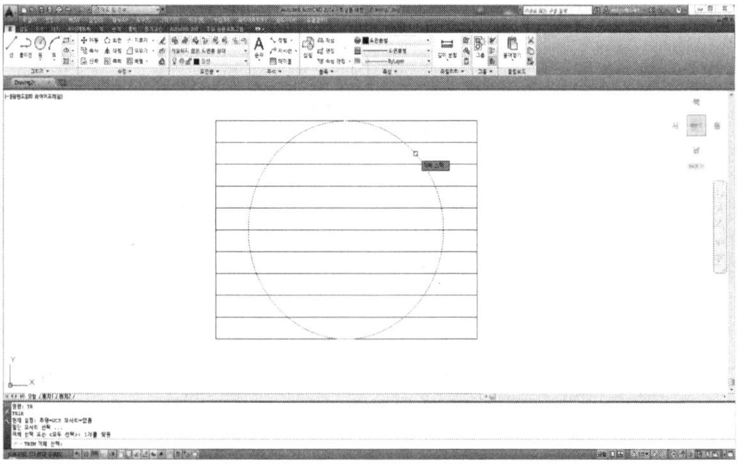

순서 ② 기준이 되는 객체 선택

③ 자를 객체 선택 또는 Shift 키를 누른 채 선택하여 연장 또는 [울타리(F)/걸치기(C)/프로젝트(P)/모서리(E)/지우기(R)/명령취소(U)] : 자를 선(원 안의 객체)을 차례로 클릭한다.

원을 기준으로 선택한 선들이 잘라져 삭제되는 것을 확인할 수 있다.

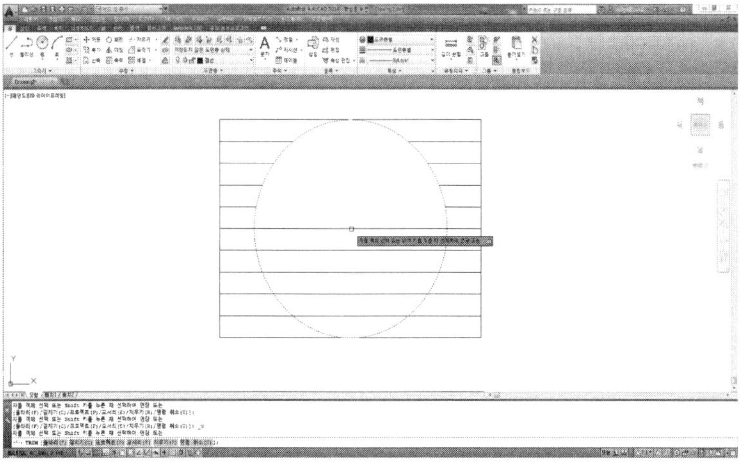

순서 ③ 자르고자 하는 선 클릭

④ Space Bar 눌러 명령을 종료한다.

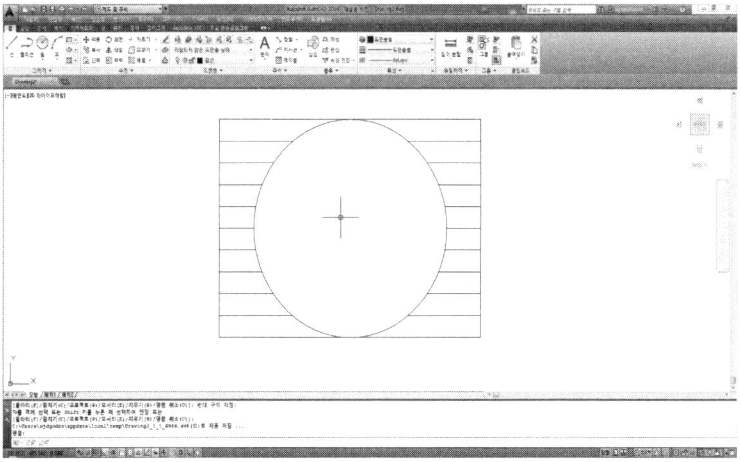

순서 ④ 자르기 완료 후

예제 그려보기

지금까지 배운 명령을 이용하여 다음의 그림들을 편집해 보자.

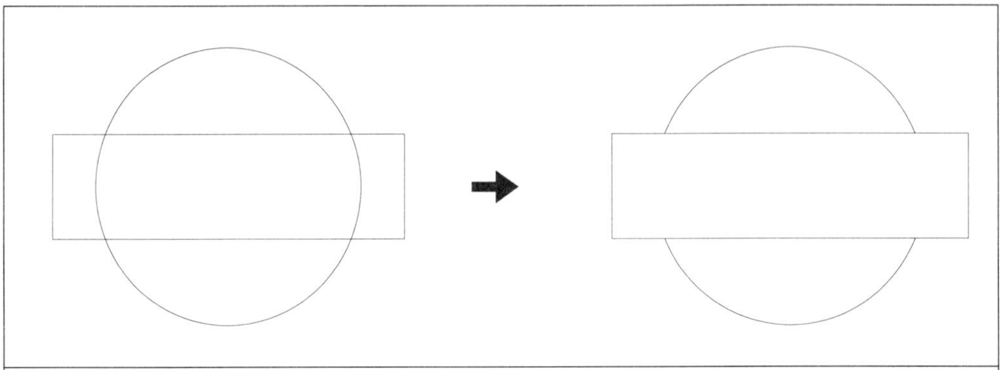

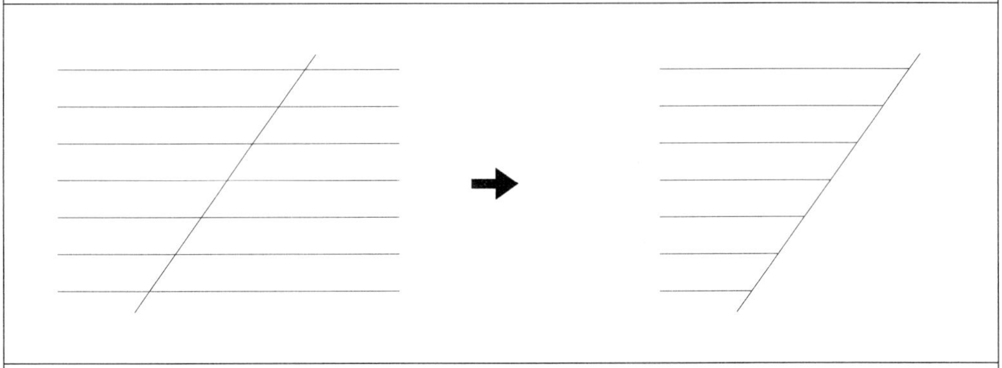

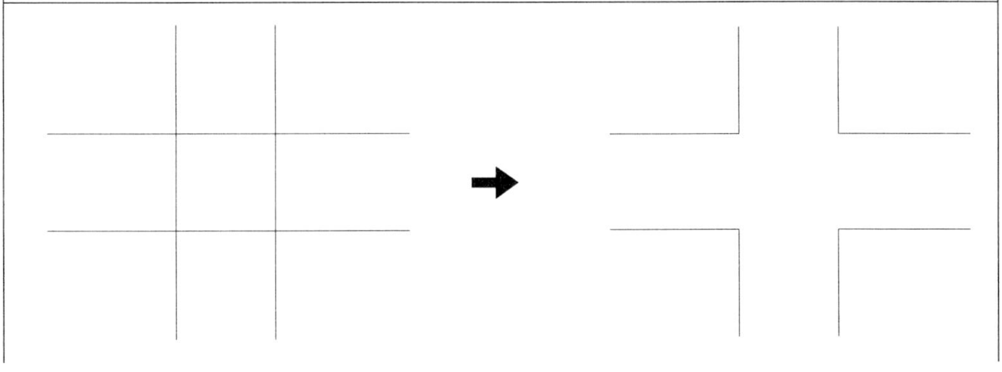

5.10 연장(EXTEND)

자르기와 더불어 많이 사용하는 명령어이며, 선택된 경계를 기준으로 선을 연장하는 명령어이다.

· 명령어 : EXTEND
· 단축키 : EX
· 리본 : 홈 탭 → 수정 패널 → --/ ▾(연장)
· 메뉴 : 수정 → 연장

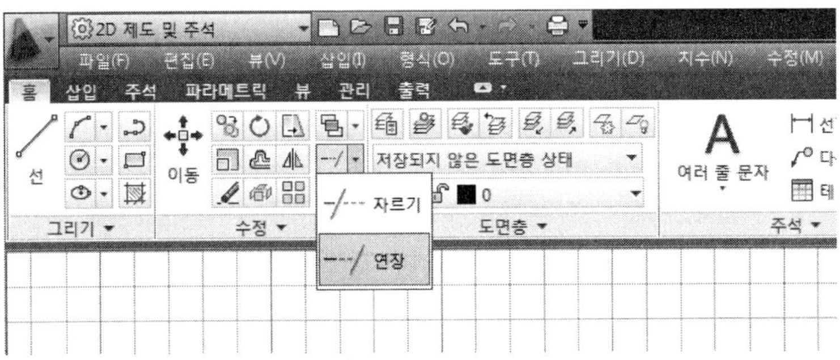

연장(EXTEND) 메뉴

따라해보세요

수평선을 대각선까지 연장해보자.

① 명령 : EX Space Bar (EXTEND)

② 객체 선택 또는 <모두 선택> : 대각선을 선택 Space Bar

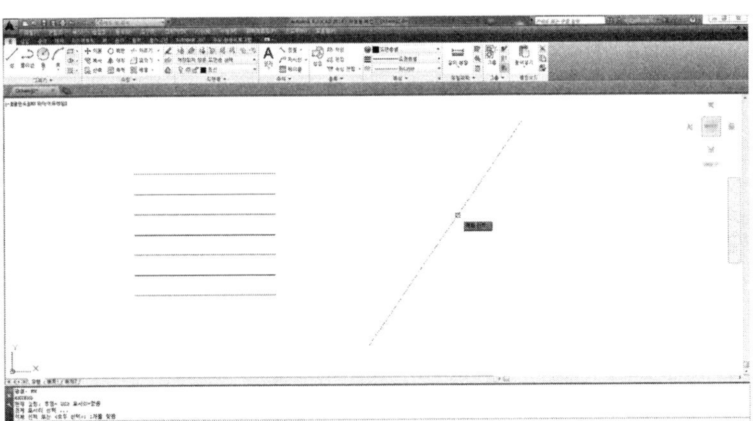
순서② 기준이 되는 객체 선택

③ 연장할 객체 선택 또는 Shift 키를 누른 채 선택하여 연장 또는 [울타리(F)/걸치기(C)/프로젝트(P)/모서리(E)/명령취소(U)] : 연장할 수직선을 차례로 클릭한다.

선택한 선들이 대각선까지 연장되는 것을 확인할 수 있다.

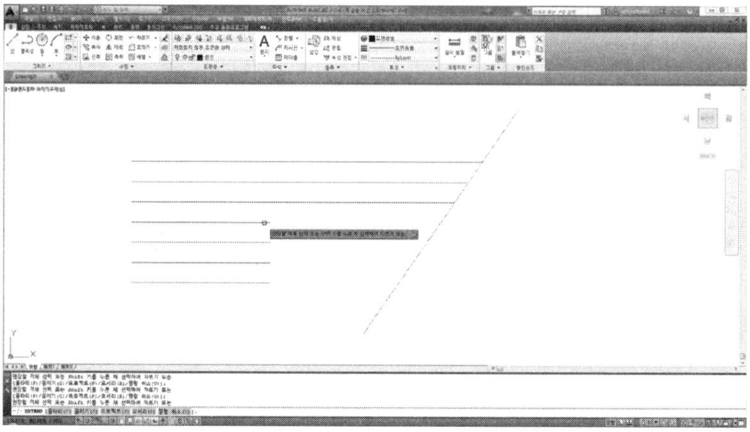

순서③ 연장하고자 하는 선 클릭

④ Space Bar 눌러 명령을 종료한다.

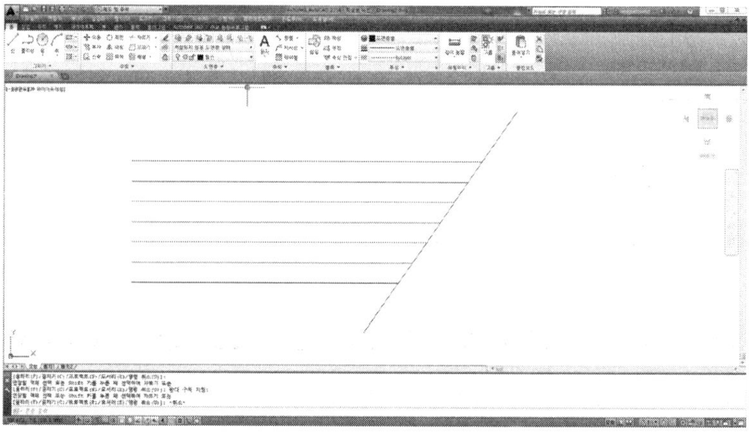

순서④ 연장 완료 후

예제 그려보기

지금까지 배운 명령을 이용하여 다음의 그림들을 그리고 편집해 보자.

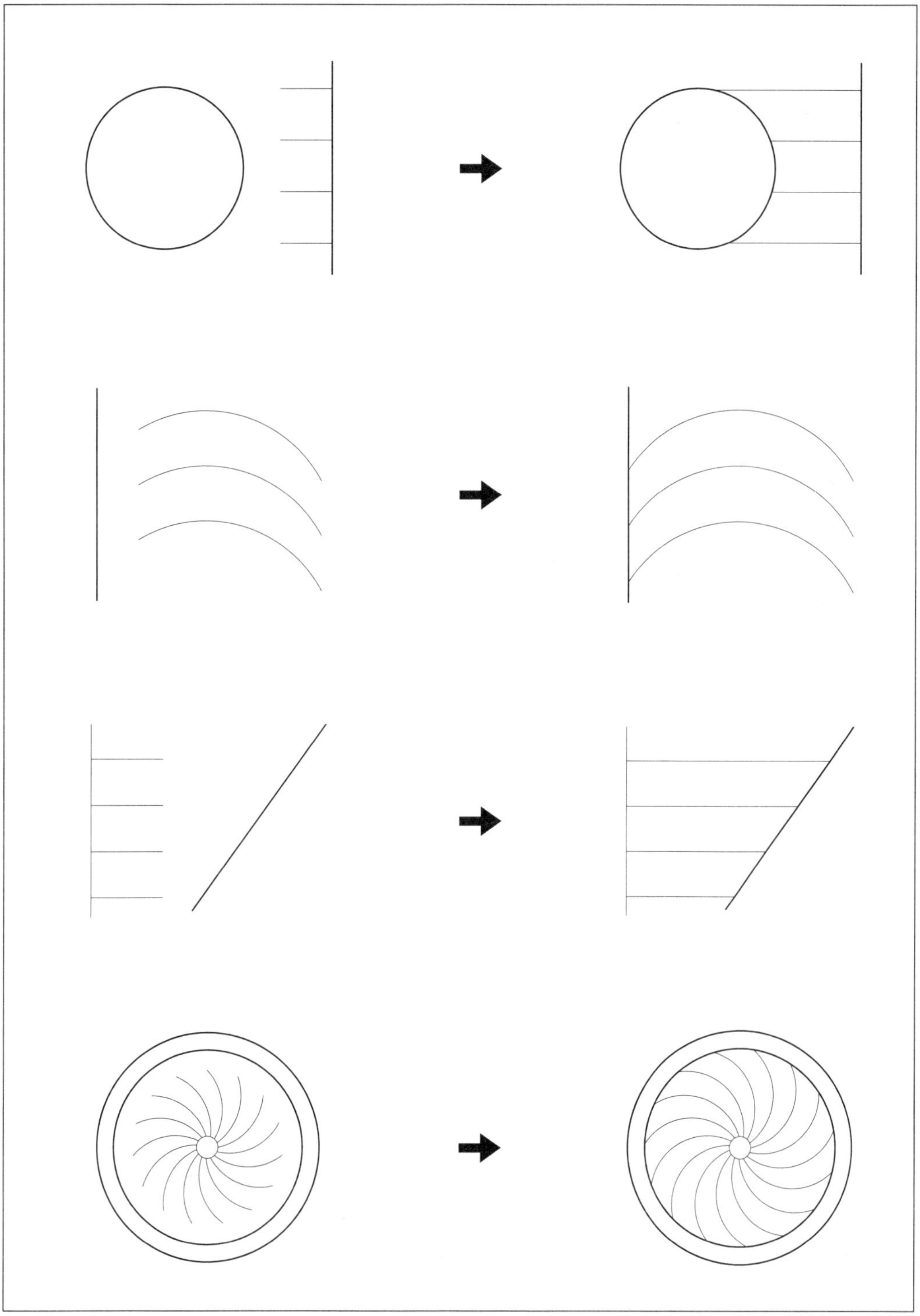

5.11 끊기(BREAK)

BREAK 명령은 선택한 객체의 두 점을 지정하여 일부를 자르고자 할 때 사용하는 명령어이다.

· 명령어 : BREAK	· 리본 : 홈 탭 → 수정 패널 → (끊기)
· 단축키 : BR	· 메뉴 : 수정 → 끊기

(1) 선 끊기

따라해보세요

① 명령 : BR Space Bar (BREAK)

② 객체 선택 : 끊기를 실행시킬 객체(P1)를 선택한다.
(선택된 지점이 객체가 끊기는 시작점이 된다)

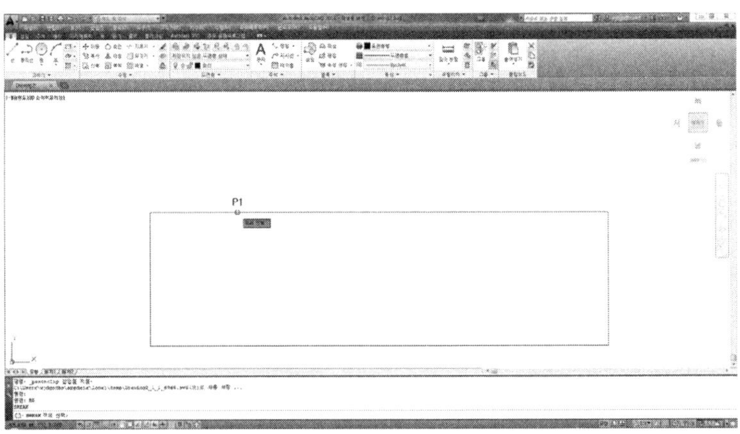

순서② 객체 및 시작점 선택

③ 두 번째 끊기점을 지정 또는 [첫 번째 점(F)] : 두 번째 점(P2)을 클릭한다
두 번째 점을 클릭할 때 정확한 자리를 클릭하지 않고 적당한 위치만 클릭하면 객체를 향해 수선을 내린 부분이 지정되어 끊기가 실행된다.

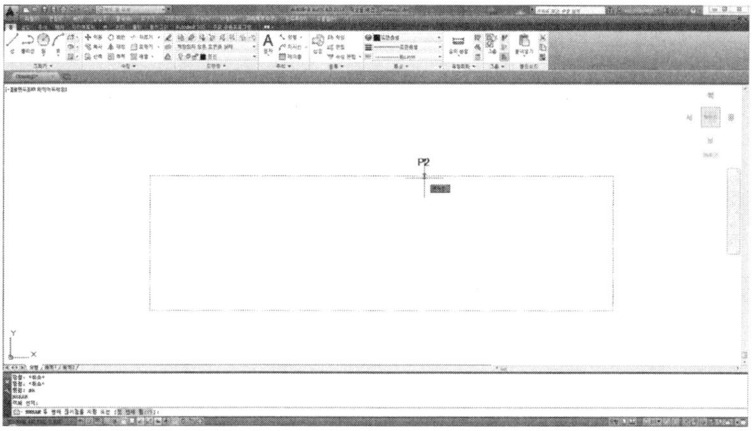

순서③ 끊기는 지점 선택

④ 클릭하는 순간 바로 적용되어 화면에 나타난다.

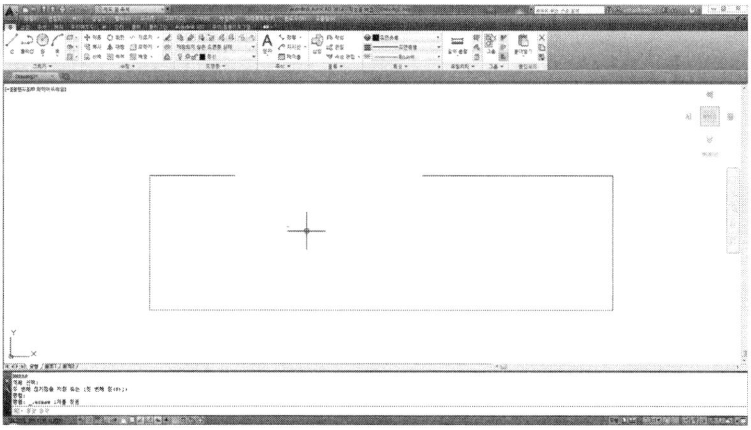

순서④ 끊기 완료

(2) 원일 경우의 끊기

따라해보세요

① 명령 : BR [Space Bar]

② 객체 선택 : 끊기를 실행시킬 객체(P1)를 선택한다.
(객체의 선택됨 지점이 끊기는 시작점이 된다)

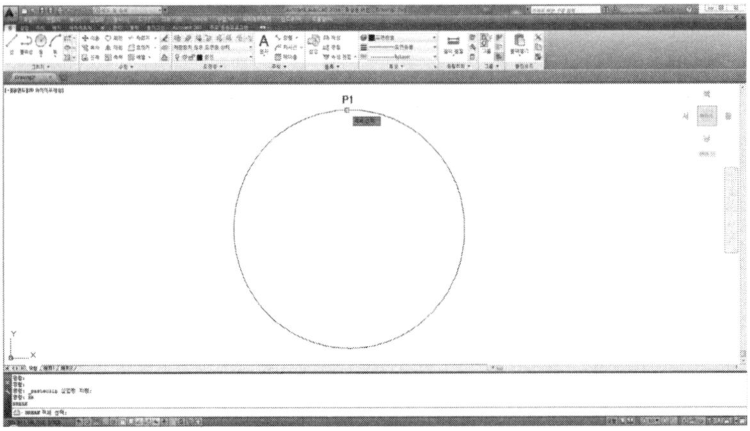

순서② 객체 및 시작점 선택

③ 두 번째 끊기점을 지정 또는 [첫 번째 점(F)] : 두 번째 점(P2)을 클릭하면 바로 적용되어 나타난다.

※ 주의 : 원일 경우의 끊기는 반시계방향으로 진행되는 걸 주의해야 한다.

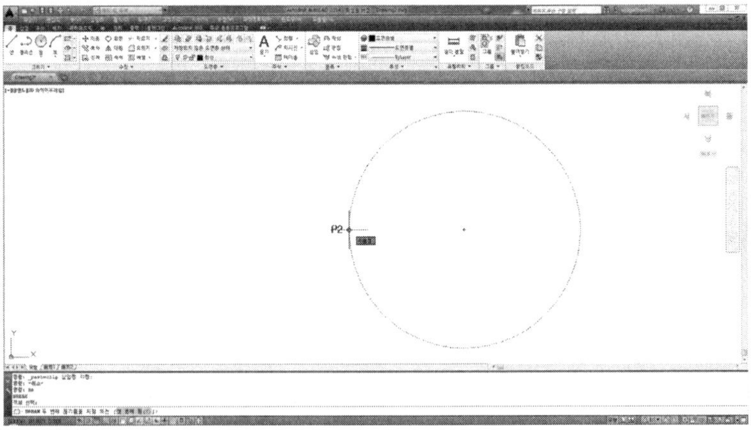

순서③ 끊기는 지점 선택

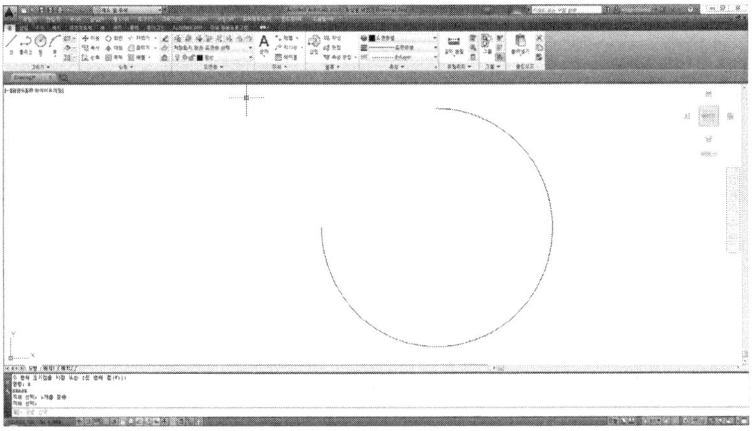

실행 완료

예제 그려보기

지금까지 배운 명령을 이용하여 다음의 그림들을 그리고 편집해 보자.

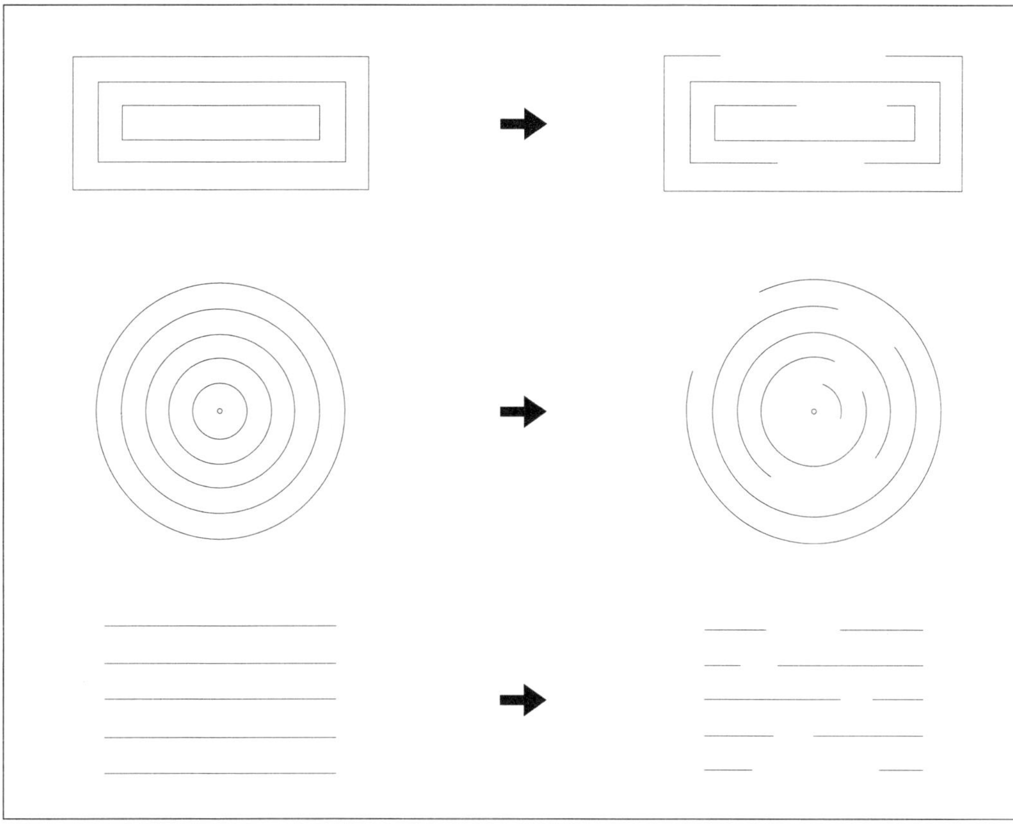

5.12 간격 띄우기(OFFSET)

입력된 특정 값 또는 임의의 지정된 간격으로 평행 복사하는 명령어이다.

- 명령어 : OFFSET
- 단축키 : O
- 리본 : 홈 탭 → 수정 패널 → (간격 띄우기)
- 메뉴 : 수정 → 간격 띄우기

(1) 선 간격띄우기

따라해보세요

길이 500인 선을 윗방향으로 간격을 띄워보자.

① 명령 : O Space Bar (OFFSET)

현재 설정 : 원본지우기 = 아니오, 도면층 = 원본, OFFSETGAPTYPE = 0

간격띄우기 거리 지정 또는 [통과점(T)/지우기(E)/도면층(L)] <통과점> : 50 (복사간격 입력)

② 간격띄우기 할 객체 선택 또는 [종료(E)/명령취소(U)] <종료> : 복사할 객체 선택(P1)

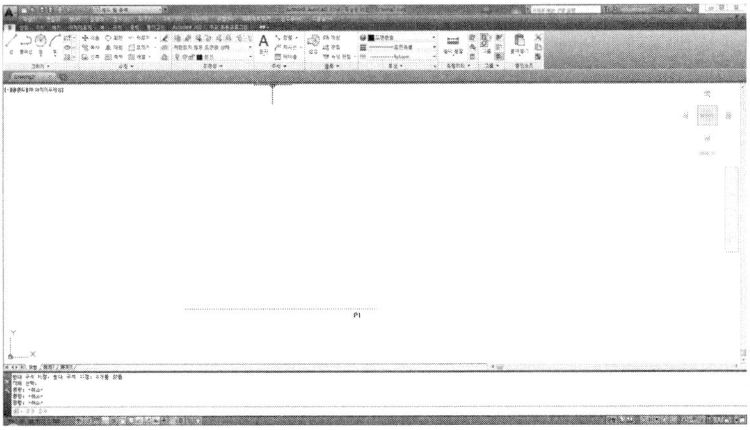

순서② 객체 선택

③ 간격띄우기할 면의 점 지정 또는 [종료(E)/다중(M)/명령취소(U)] <나가기> : 복사할 방향(P2)으로 마우스 왼쪽 버튼 클릭

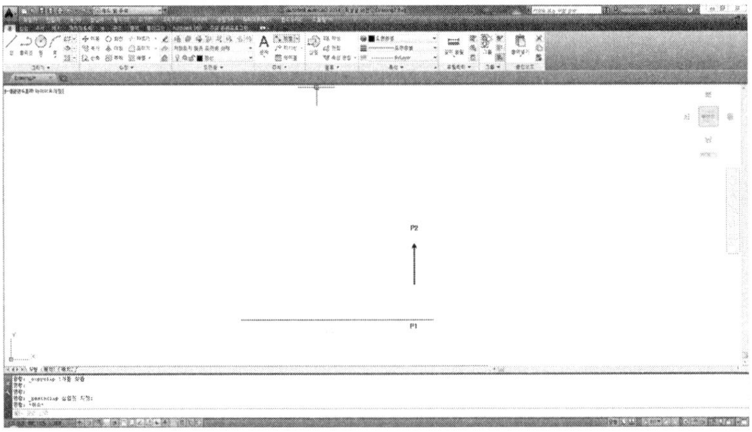

순서③ 복사할 방향으로 클릭

④ Space Bar 로 명령을 종료한다.

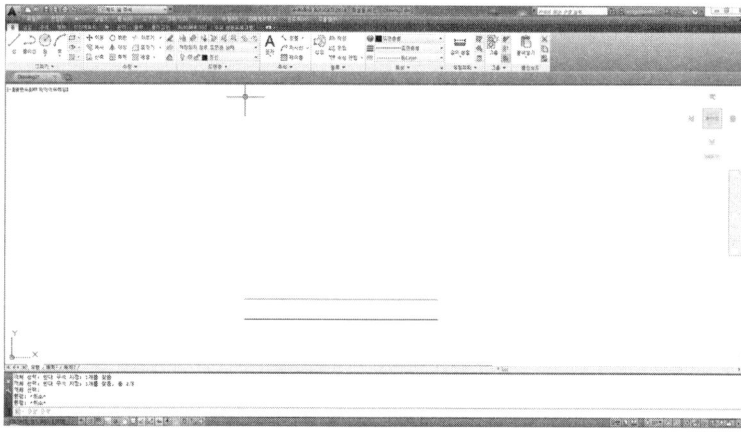

순서④ 완료

OFFSET명령을 종료하지 않는 한 간격이 50인 객체를 선택객체로부터 연속되게 그릴 수 있다.

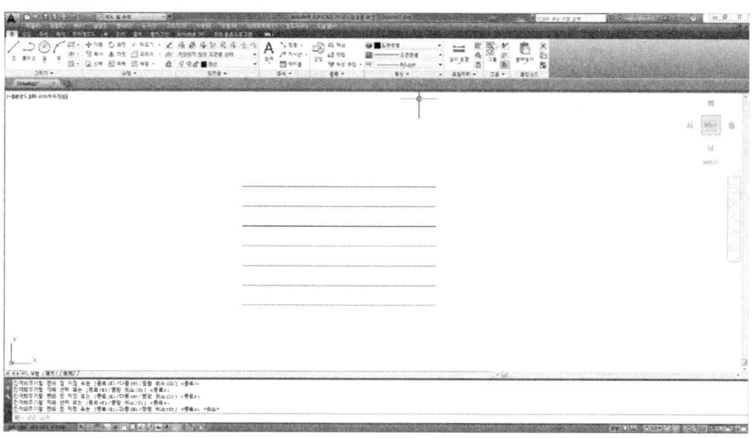

AuroCAD 2014에서는 OFFSET을 할 때 미리보기 기능이 있어 어느 정도 떨어지는 지를 미리 볼 수 있다.

(2) 원 간격띄우기

따라해보세요

다음의 원을 일정한 간격으로 띄워보자.

① 명령 : O Space Bar (OFFSET)

② 간격 띄우기 거리 지정 또는 [통과점(T)/지우기(E)/도면층(L)]: 50 Space Bar (거리 지정)

③ 간격띄우기할 객체 선택 또는 [종료(E)/명령 취소(U)] <종료>: 간격 띄위기 할 선 선택

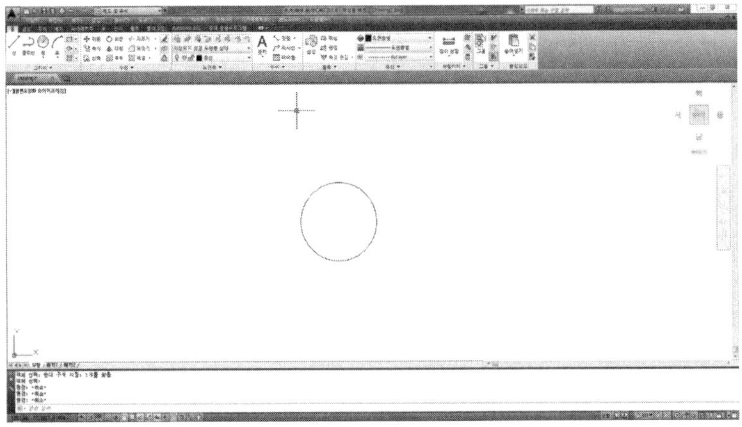

순서 ③ 객체 선택

④ 간격띄우기할 면의 점 지정 또는 [종료(E)/다중(M)/명령 취소(U) <종료> : 원 밖으로 클릭

기준점으로 잡은 원의 밖으로 간격이 50인 또 다른 원이 그려진다.

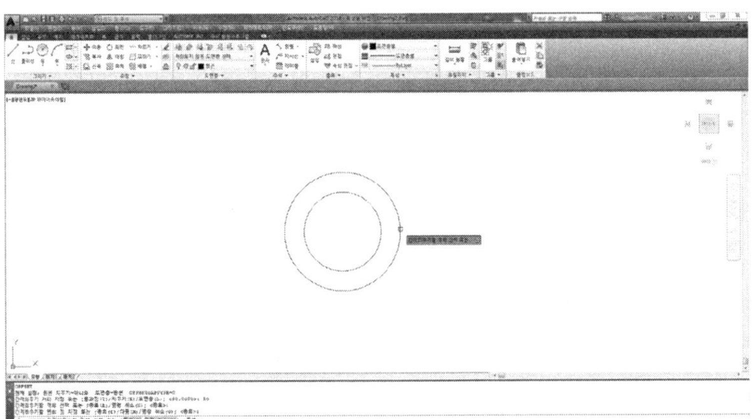

순서 ④ 간격이 50인 원 객체가 그려진다.

⑤ 간격띄우기할 면의 점 지정 또는 [종료(E)/다중(M)/명령 취소(U) <종료> : Space Bar 로 명령종료.

OFFSET명령을 종료하지 않는 한 간격이 50인 객체를 선택객체로부터 그릴 수 있다.

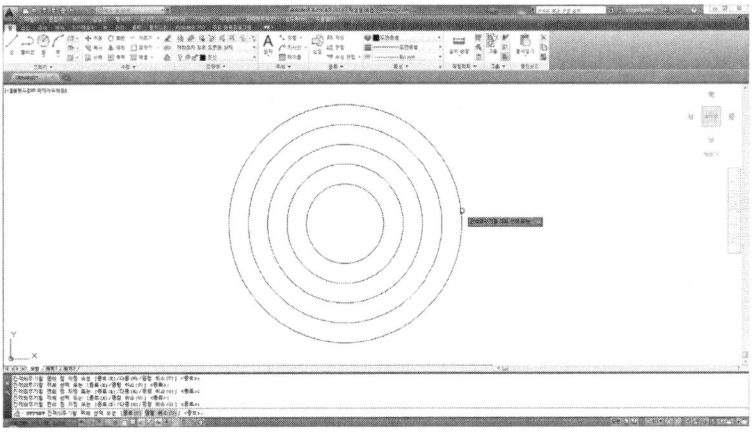

순서⑤ 연속으로 그린 객체

5.13 분해(EXPLODE)

EXPLODE명령은 RECTANGLE 명령이나 POLYGON, POLYLINE 등으로 생성되어 하나의 객체로 되어 있는 도면요소를 각각의 요소로 분해하는 명령어이다.

· 명령어 : EXPLODE · 리본 : 홈 탭 → 수정 패널 → (분해)
· 단축키 : X · 메뉴 : 수정 → 분해

따라해보세요

다음과 같은 직사각형(RECTANGLE)을 분해해보자.

① 명령 : X Space Bar (EXPLODE)

② 객체 선택 : 분해할 도면객체를 선택

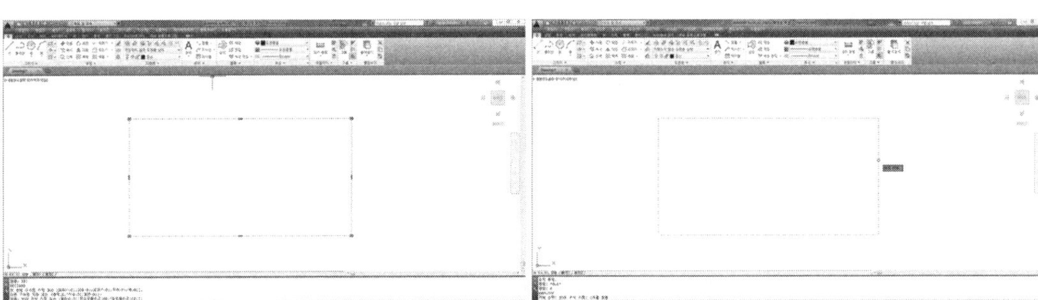

순서② 분해시킬 객체 선택

③ 객체 선택 : Space Bar 를 눌러 명령을 종료한다.

분해 후 객체를 선택해보면 하나였던 선분이 각기 따로따로 선택되는 걸 확인할 수 있다.

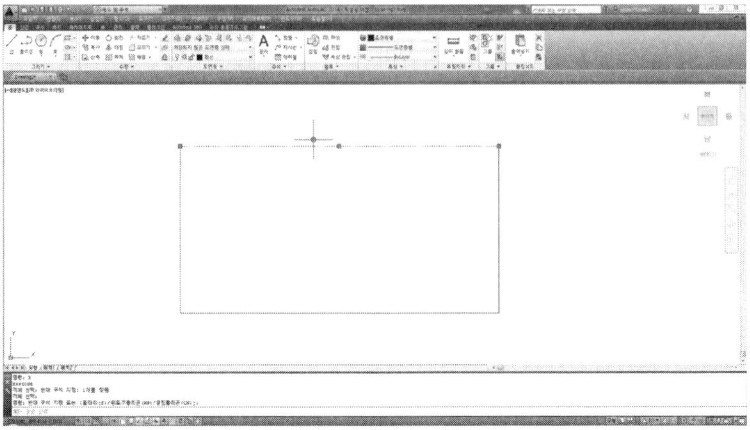

순서③ 분해 완료된 객체

5.14 대칭복사(MIRROR)

MIRROR 명령은 선택된 임의의 객체에 거울을 비춘 것과 같은 효과를 주어서 기준점을 중심으로 객체를 대칭되게 복사해 주는 명령어이다.

· 명령어 : MIRROR
· 단축키 : MI
· 리본 : 홈 탭 → 수정 패널 → (대칭)
· 메뉴 : 수정 → 대칭

따라해보세요

다음과 같은 객체를 중심선에 대칭시켜 보자.

① 명령 : MI Enter↵ (MIRROR)

② 객체 선택 : 대칭복사 시키고자 하는 객체를 교차범위(P1→P2)로 선택한 후 Space Bar 를 클릭한다.

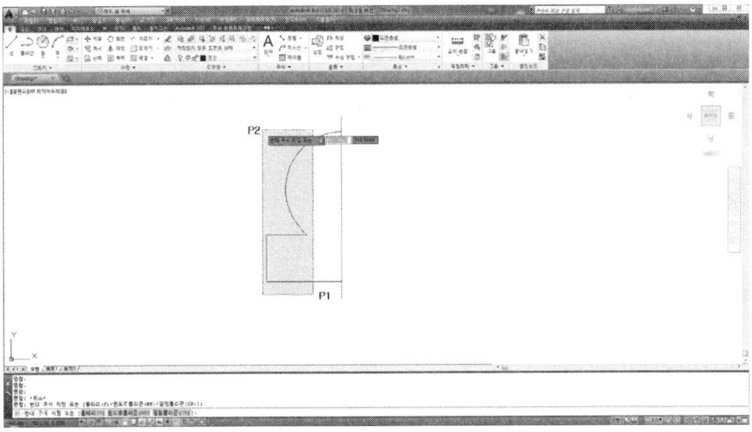

순서② 대칭시킬 객체 선택

③ 대칭선의 첫 번째 점 지정 : 기준이 될 점(P3) 클릭
대칭선의 두 번째 점 지정 : P4 클릭

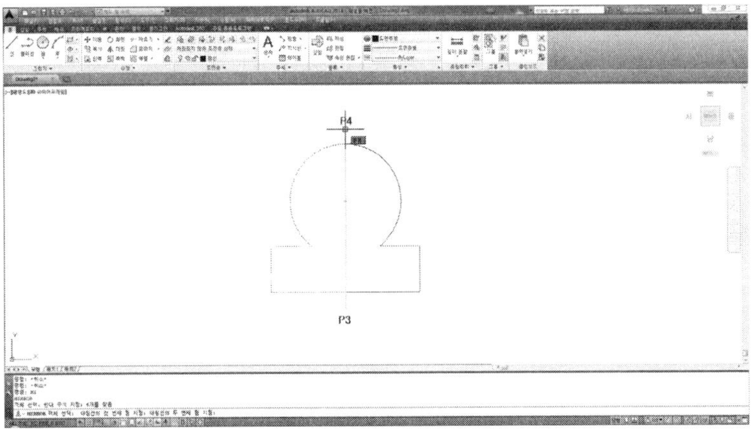

순서③ 기준점 지정

④ 원본 객체를 지우시겠습니까? [예(Y) / 아니오(N)] <N> : 대칭복사를 원한다면 Space Bar 를 눌러서 명령을 종료한다.

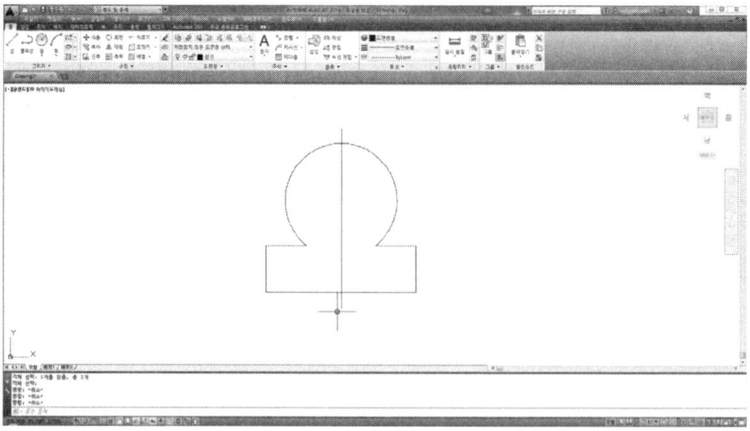

순서④ 대칭 복사된 객체

⑤ 만약 원본을 삭제 대칭이동을 하고 싶다면 Y를 누르고 Space Bar로 명령을 종료하면 된다.

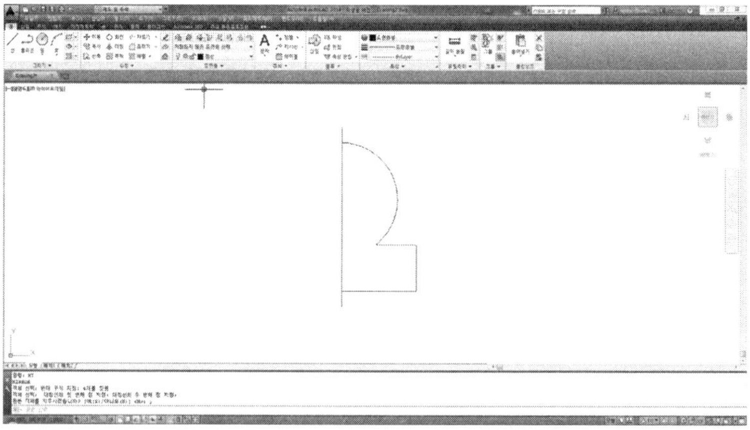

순서⑤ 대칭 이동된 객체

예제 그려보기

지금까지 배운 명령을 이용하여 다음의 그림들을 그리고 편집해 보자.

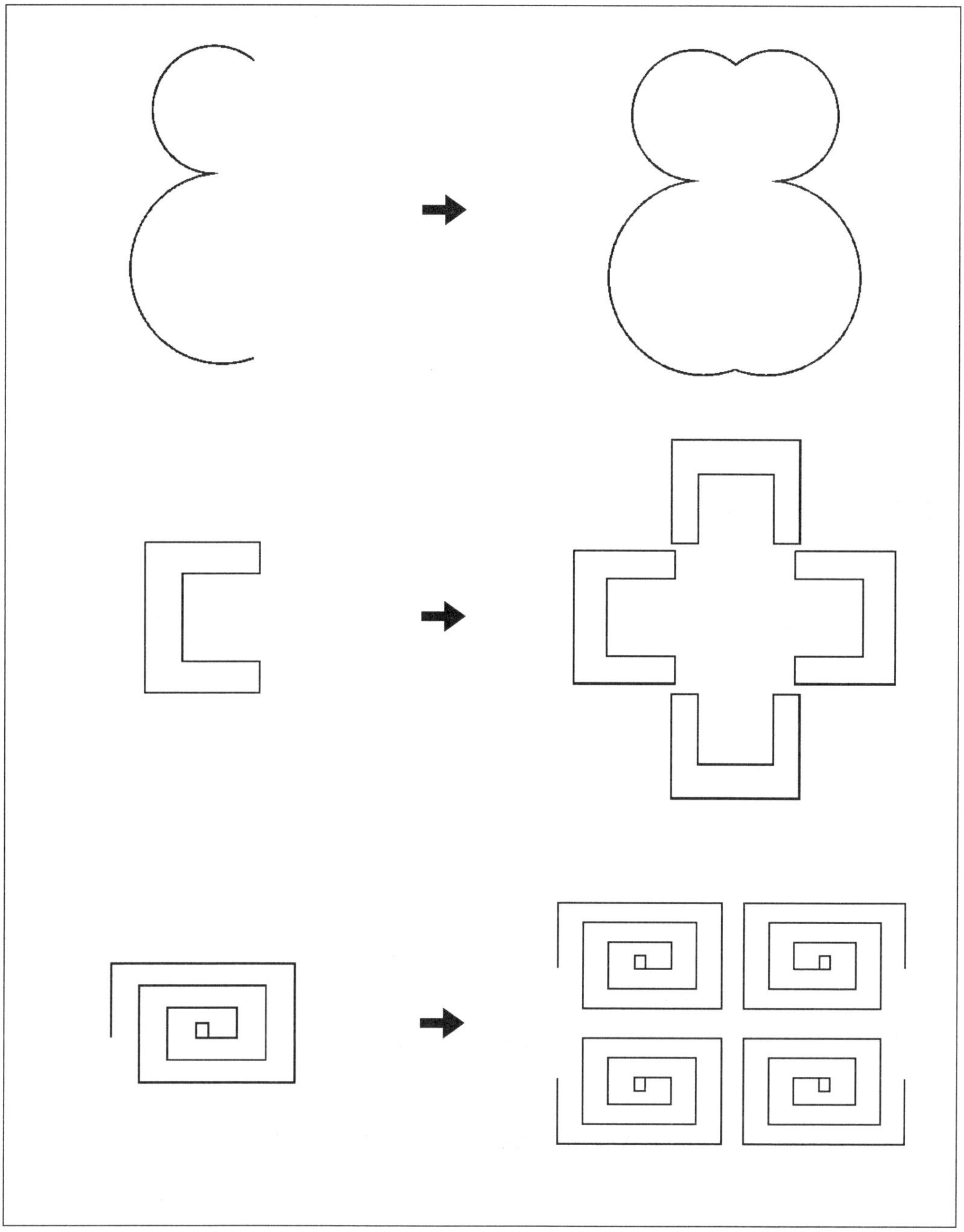

5.15 스케일(SCALE)

SCALE 명령은 객체의 크기를 조절하는 명령어이다. 가령 어떠한 객체를 그렸는데 그 크기가 너무 크거나, 또는 너무 작거나 할 경우 적절한 크기로 변형시켜줄 수 있다.

· 명령어 : SCALE
· 단축키 : SC
· 리본 : 홈 탭 → 수정 패널 → (축척)
· 메뉴 : 수정 → 축척

따라해보세요

① 명령 : SC Space Bar (SCALE)

② 객체 선택 : 크기 조절할 객체를 선택한 후 Space Bar

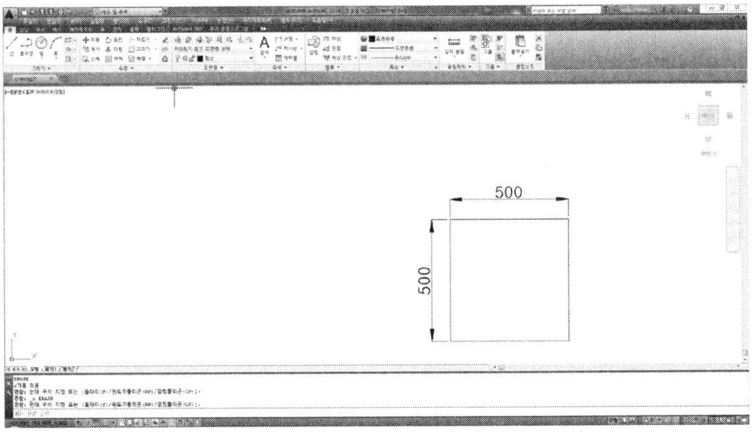

순서② 객체 선택

③ 기준점 지정 : 기준이 될 점(P1)을 마우스 왼쪽 버튼으로 클릭한다.

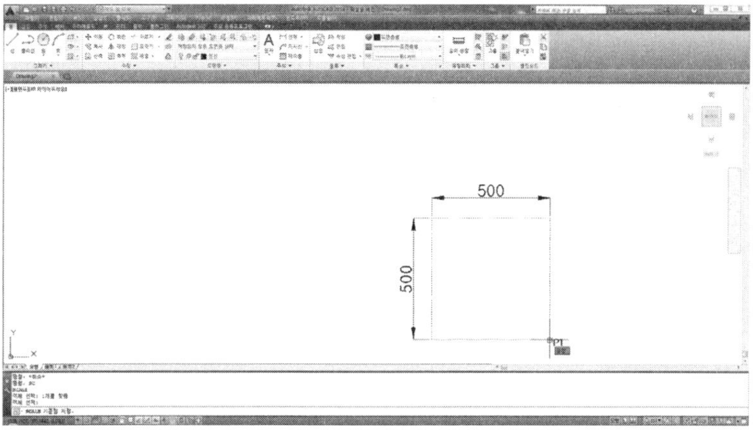

순서③ 기준점 선택

④ 축척 비율 지정 또는 [복사(C)/참조(R)] : 2 [Space Bar] (비율을 말하는 것으로 2배만큼 커진다.)
원하는 배수로 크기를 조절할 수 있으며 마우스로 임의의 조절이 가능하다.

ex> 축척 비율 지정 또는 [복사(C)/참조(R)] : 2 [Space Bar] (2배 확대)
축척 비율 지정 또는 [복사(C)/참조(R)] : 0.5 [Space Bar] (2배 축소)

2배 만큼 커진 객체를 확인할 수 있다.

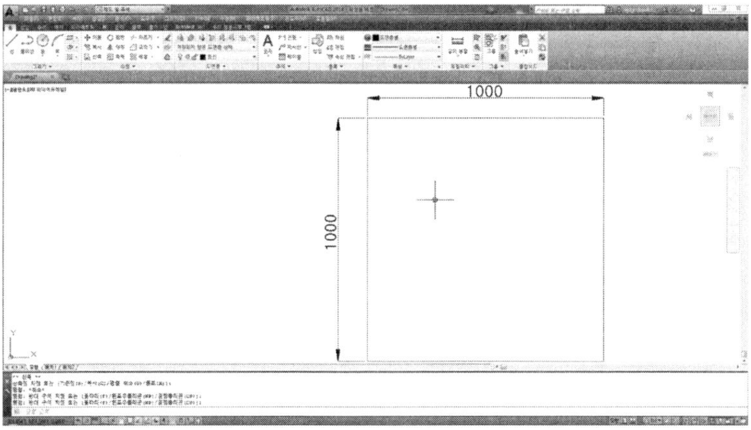

순서④ 크기조절 된 객체

▌스케일(SCALE)의 옵션

복사(C) : 원본을 유지한 채 객체의 크기를 줄이거나 늘리면서 복사할 수 있다.
참조(R) : 원하는 부분을 기준으로 새로운 길이의 조정이 가능하다.

5.16 신축(STRETCH), 늘리기

STRETCH 명령은 선택한 객체를 한 방향으로 늘이거나 줄이는 명령으로 선택영역 안에 포함되는 것은 이동이 된다. 따라서 신축에서는 객체 선택을 반드시 교차 선택방법으로 해야 한다.

· 명령어 : STRETCH
· 단축키 : S
· 리본 : 홈 탭 → 수정 패널 → (신축)
· 메뉴 : 수정 → 신축

따라해보세요

직사각형 객체를 늘려보자.

① 명령 : S Space Bar (STRETCH)

② 객체 선택 : 늘리거나 줄일 객체를 교차 범위(P1, P2)로 선택 후 Space Bar

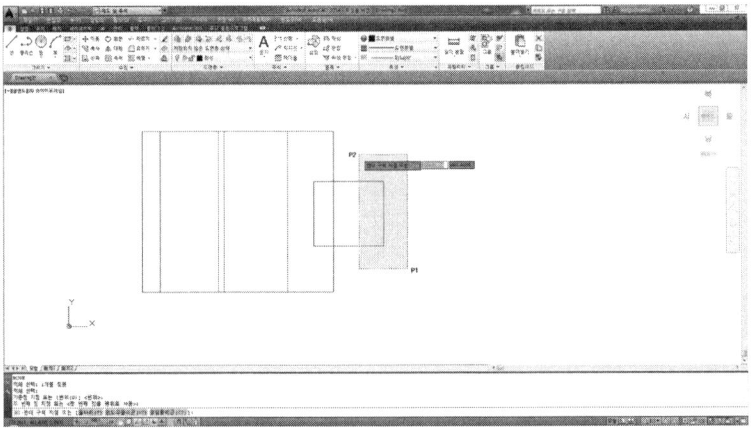

순서② 교차 범위로 객체 선택

③ 기준점 지정 또는 [변위(D)] <변위> : 기준이 될 점(P3)을 마우스의 왼쪽 버튼으로 클릭 하면 두 번째 지정 또는 <첫 번째 점을 변위로 사용> : 마우스를 움직여서 원하는 길이로 조정한다. (또는 원하는 길이만큼 직접 치수를 입력하여도 된다.)

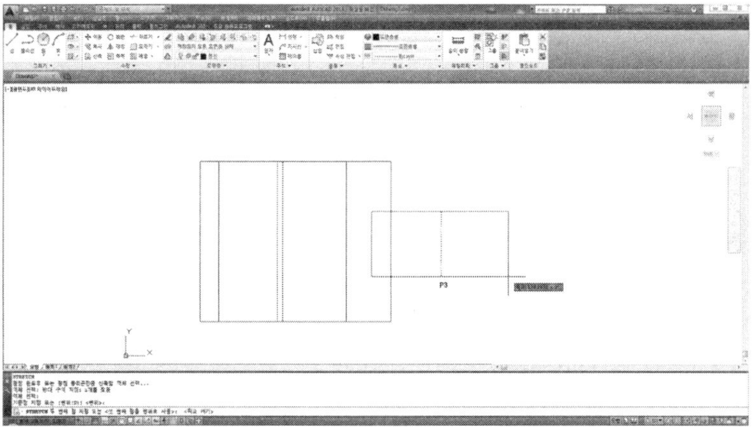

순서③ 객체 선택 후 길이 조정

④ 원하는 길이의 지점에 맞춰 클릭해주면 명령이 종료된다.

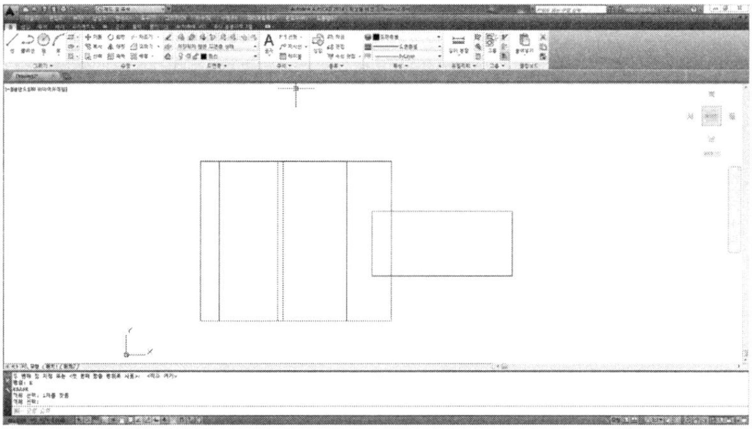

순서④ 신축이 완료된 객체

예제 그려보기

지금까지 배운 명령을 이용하여 다음의 그림들을 그리고 편집해 보자.

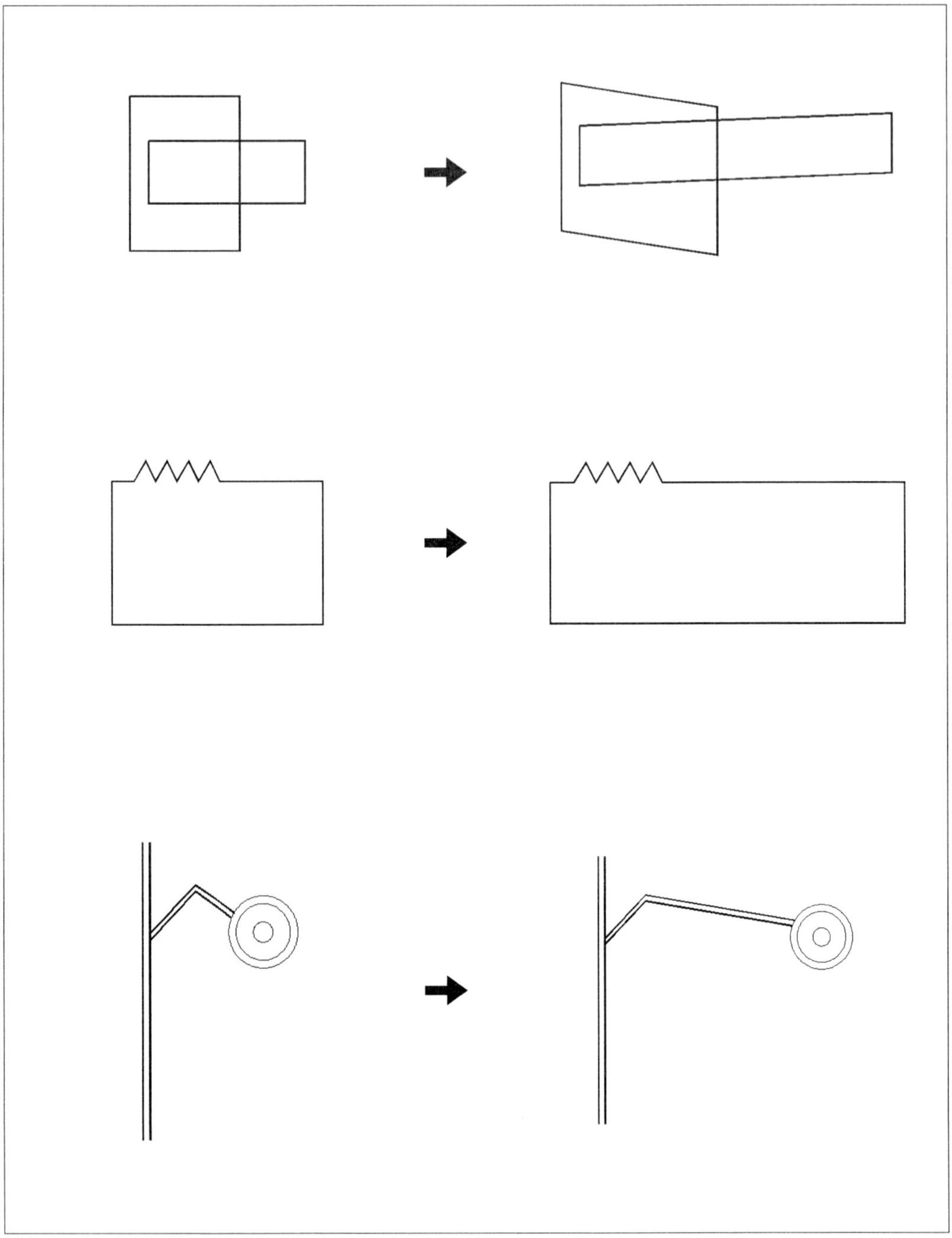

5.17 배열(ARRAY)

ARRAY 명령은 물체를 일정한 간격과 각도, 개수를 선형 배열, 원형 배열로 복사하는 명령어인데, COPY 명령과는 달리 한두 개가 아닌 여러 개의 개수를 한 번에 열과 행을 맞춰 복사할 때 쓰는 명령어이다.

(AutoCAD 2012부터 배열 명령어(AR)로 더 이상 대화상자가 뜨지 않게 되었다. 대화상자를 보기 위해서는 ARRAYCLASSIC이라는 명령어를 입력해야 대화상자가 뜨게 되었다.)

· 명령어 : ARRAYCLASSIC　　· 리본 : 홈 탭 → 수정 패널 → (배열)
· 단축키 : ARRAYCLASSIC　　· 메뉴 : 수정 → 배열

(1) 직사각형 배열(R)

따라해보세요

직사각형(500*500㎜)을 가지고 4행 3열로 배열해보자

① 명령 : ARRAYCLASSIC [Space Bar] (ARRAYCLASSIC)

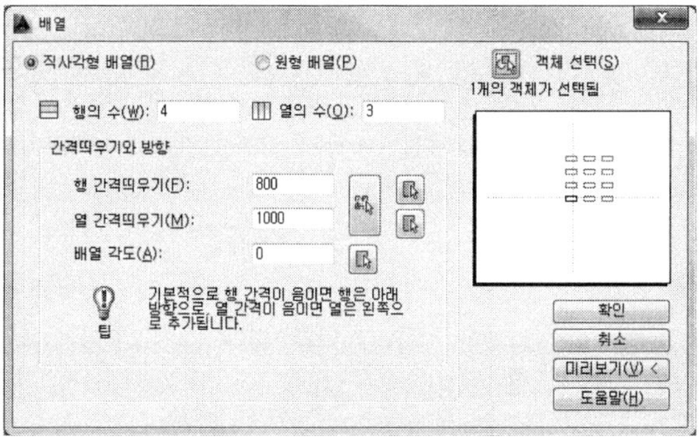

순서① 배열 대화상자

② 객체 선택 아이콘( ) 을 클릭하여 배열을 실행할 객체를 선택한 후 [Space Bar]를 클릭하여 대화상자로 돌아온다.

[행의 수]는 '4', [열의 수]는 '3', [행 간격띄우기]는 '800', [열 간격띄우기]는 '1000'을 입력한다.

※ [행 간격]과 [열 간격]은 객체의 크기를 고려하여 입력하여야 한다.

예제의 객체의 크기는 가로, 세로 '500'이다. 따라서 만약 [행 간격]과 [열 간격]을 각각 "250"으로 설정하여 입력한다면 객체가 서로 겹쳐진 채로 배열됨을 주의하자.

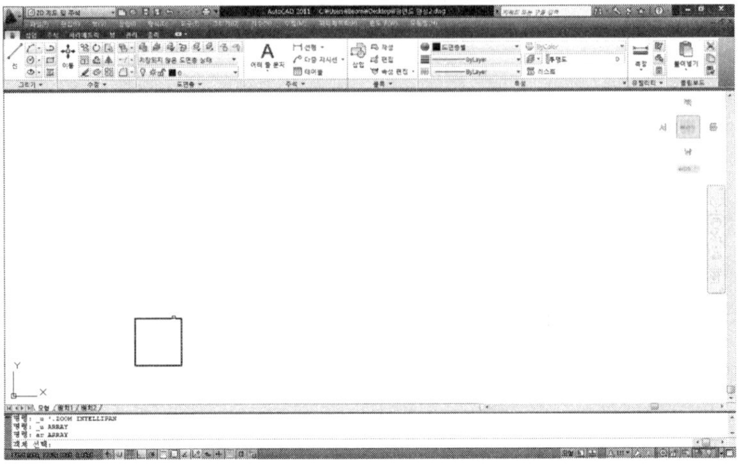

순서② 배열할 객체 선택

③ 확인 을 누르면 아래의 그림과 같이 배열된 것을 확인할 수가 있다.

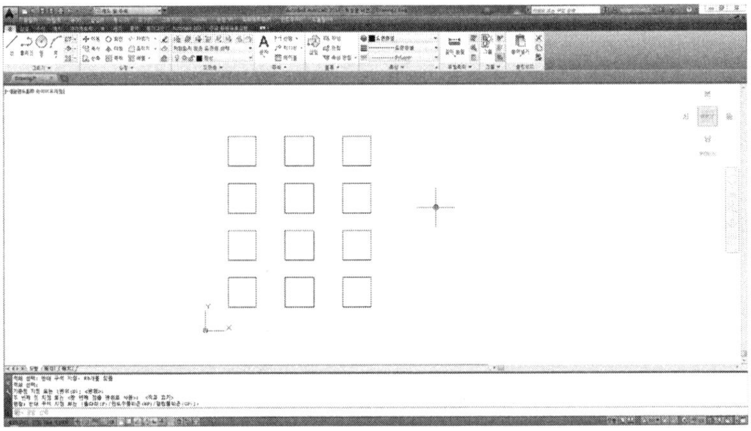

순서③ 배열 완료

배열은 실제 도면에 적용하기 전 미리보기(V) < 를 눌러 보면 배열이 정확히 되는지 확인할 수 있다.

(2) 원형 배열(P)

원형 배열을 이용하여 원형 탁자 주위로 객체를 배열해 보자.

따라해보세요

원형 배열을 이용해보자.

① 명령 : ARRAYCLASSIC [Space Bar] (ARRAYCLASSIC)

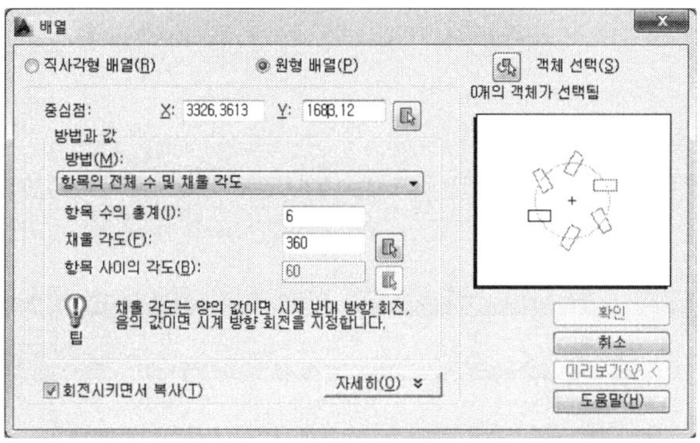

② 객체 선택 아이콘( )을 이용하여 선택한 후 [Space Bar]를 클릭하여 대화상자로 돌아온다.

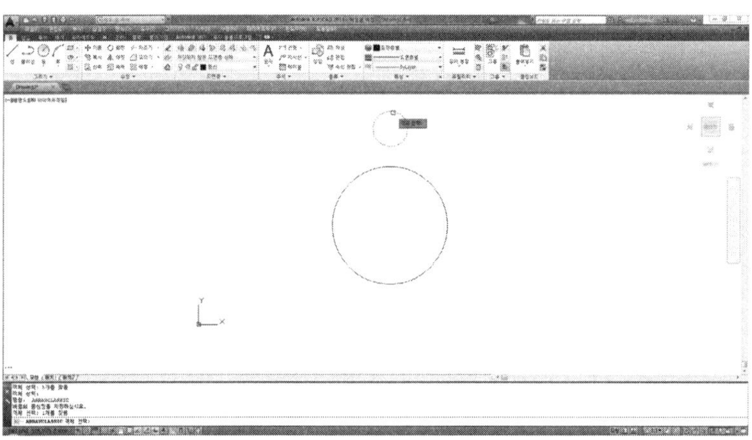

순서② 회전시킬 객체 선택

③ [항목 수의 총계]에는 '6', [항목 사이의 각도]에는 "360"을 입력한 후 회전의 중심을 지정하기 위해 중심점 선택 아이콘( )을 클릭하여 원의 중심점에 맞춘다.

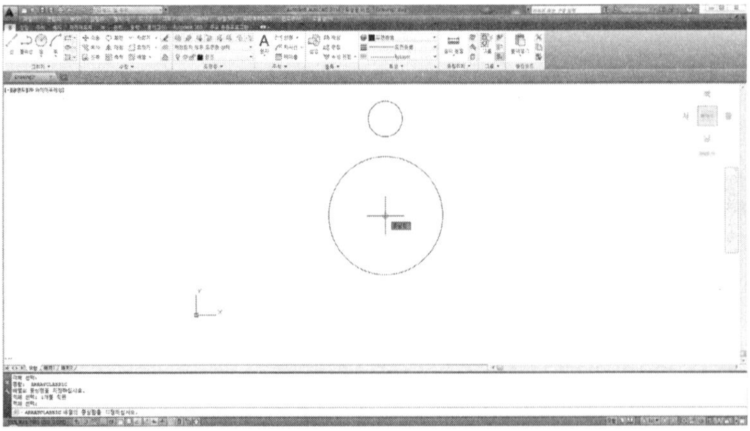

순서③ 회전될 중심점 좌표 지정

③ 중심점까지 지정한 후 [확인]을 누르면 아래의 그림과 같이 배열된 것을 확인할 수가 있다.

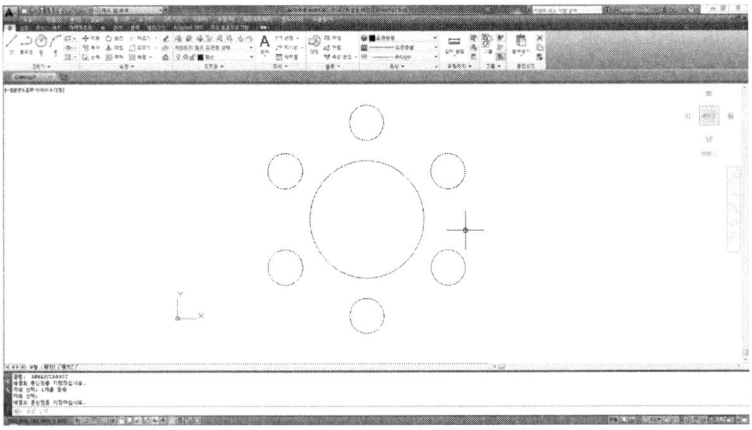

순서④ 회전배열 완료

원의 배열도 실제 도면에 적용하기 전 [미리보기(V) <]를 눌러 보면 배열이 정확히 되는지 확인할 수 있다.

(3) 선형 배열(PA)

선형 배열을 이용하여 곡선 주위로 객체를 배열해 보자.

따라해보세요

선형 배열을 이용해보자.

① 명령 : AR [Space Bar] (ARRAY)

② 객체 선택한 후 [Space Bar]를 누른다.

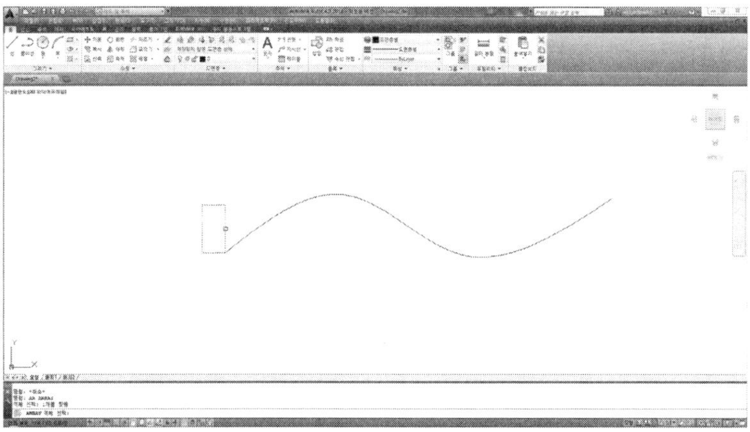

순서② 배열시킬 객체 선택

③ ARRAY 객체 선택 : 배열 유형 입력 [직사각형(R) 경로(PA) 원형(PO)] <경로> : PA [Space Bar] 곡선 클릭 [Space Bar]

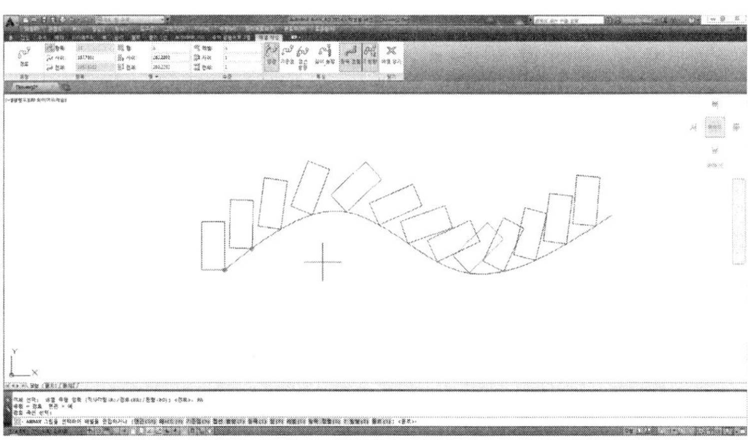

순서③ 배열될 곡선 지정

④ 곡선에 따라 배열이 완료된 것을 확인할 수 있다.

⑤ 배열된 개체를 수정하기 위해 그림에 보이는 화살표를 클릭 하여 수정한다.

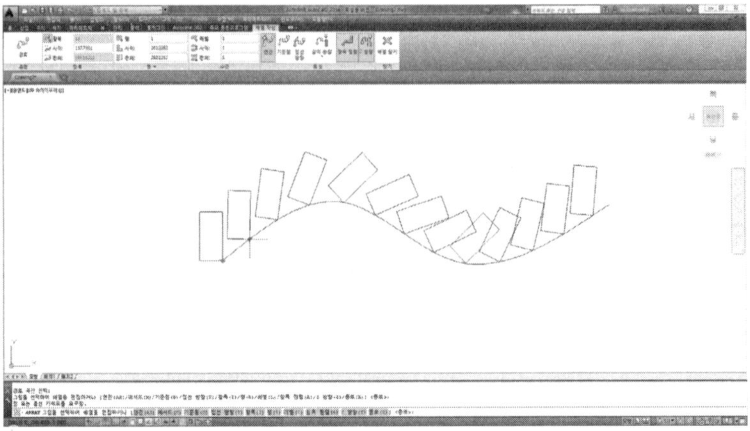

순서⑤ 개체 수 수정

⑥ 화살표를 클릭하여 늘이거나 줄이면 개체수가 수정이 된다. (참고: 화살표를 원점과 가까이 하면 개체수가 늘어나고 멀리하게 되면 개체수가 줄어들게 된다.)

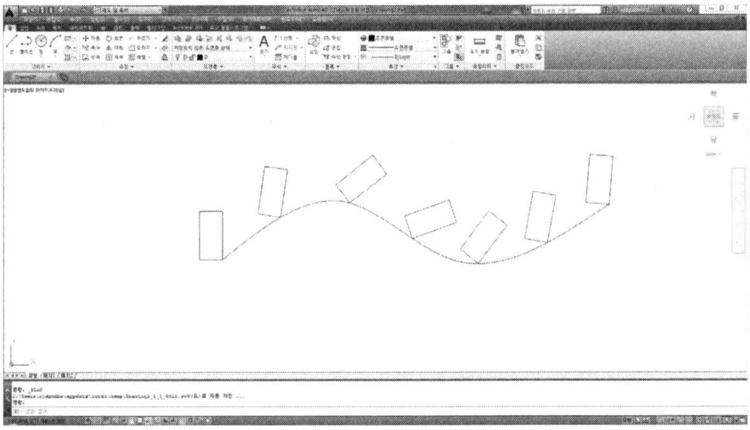

순서⑥ 개체 수 수정 완료

5.18 모깎기(FILLET)

FILLET명령은 물체의 모서리를 부드럽게 라운딩 시키는 명령어이다. 선이 겹치거나 만나지 않아도 라운딩 처리가 가능하다.

· 명령어 : FILLET
· 단축키 : F
· 리본 : 홈 탭 → 수정 패널 → (모깎기)
· 메뉴 : 수정 → 모깎기

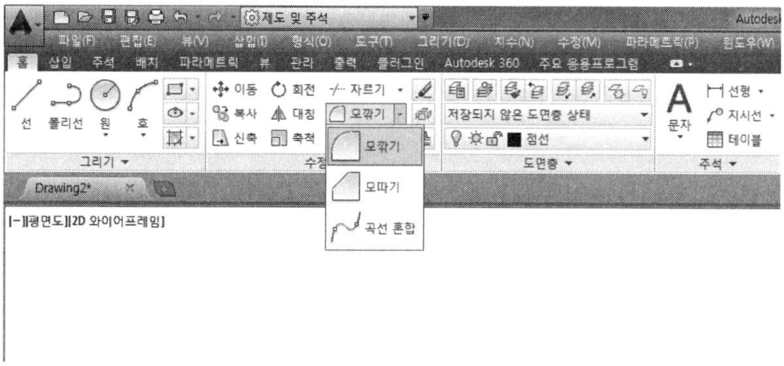

모깎기 리본 메뉴

(1) 일반적인 모깎기

일반적으로 사용하는 모깎기 방식이다.

따라해보세요

모깎기를 이용하여 정사각형(1000*1000㎜)의 모서리를 라운딩 해보자.

① 명령 : F [Space Bar] (FILLET)

② 첫 번째 객체 선택 또는 [명령 취소(U)/폴리선(P)/반지름(R)/자르기(T)/다중(M)] : R [Space Bar]
모깎기 반지름 지정 <0.0000> : 300 [Space Bar]

③ 첫 번째 객체 선택 또는 [명령 취소(U)/폴리선(P)/반지름(R)/자르기(T)/다중(M)]] : P1 선과 P2선을 클릭.

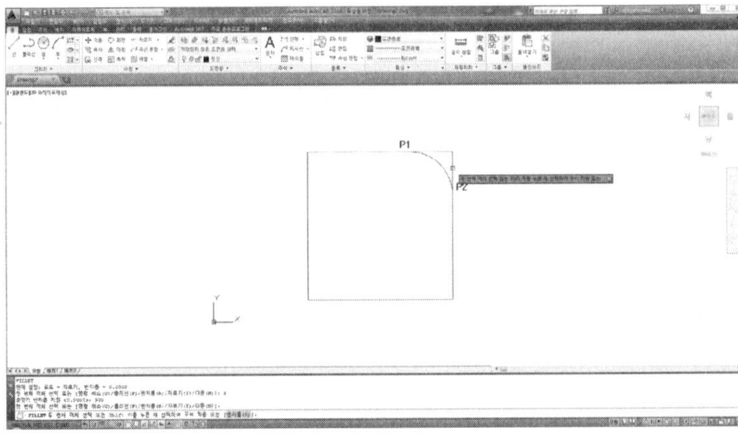

순서③ 모깎기 할 부분 선택

④ 클릭이 완료되면 바로 모깎기가 적용된다.

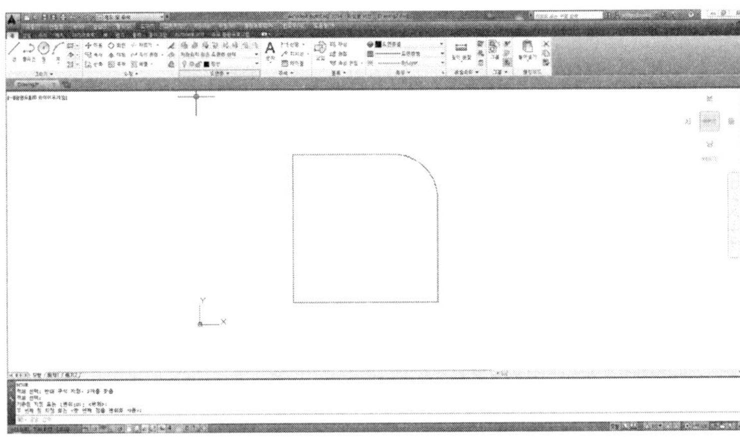

순서④ 모깎기 완료

만약 객체의 선 길이에 비하여 반지름의 크기가 너무 큰 경우에는 에러 메시지가 나오는데, 그럴 때는 반지름의 값을 선의 길이보다 작게 입력하면 모깎기가 된다.

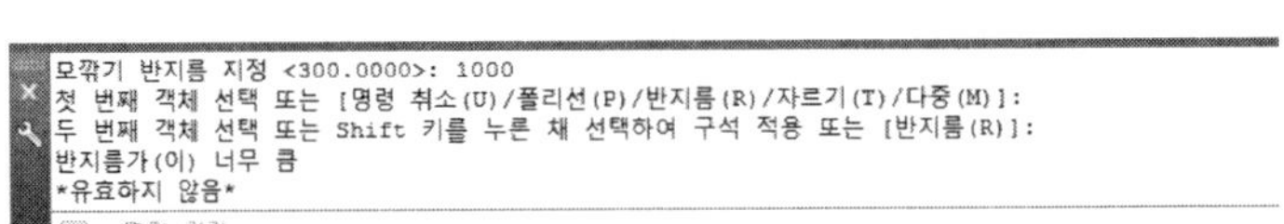

모깎기 오류

(2) 선이 만나지 않는 경우의 모깎기

두 선이 연결되어 있지 않아도 모깎기는 적용된다.

따라해보세요

떨어져 있는 선을 모깎기를 이용해 직각으로 붙여보자.

① 명령 : F Space Bar (FILLET)

첫 번째 객체 선택 또는 [명령취소(U)/폴리선(P)/반지름(R)/자르기(T)/다중(M)]] : R

모깎기 반지름 지정 <300> : 0 (다시 직각으로 만들기 위해 0 입력) Space Bar

첫 번째 객체 선택 또는 [명령취소(U)/폴리라인(P)/반지름(R)/자르기(T)/다중(M)]] : P1과 P2를 클릭해준다.

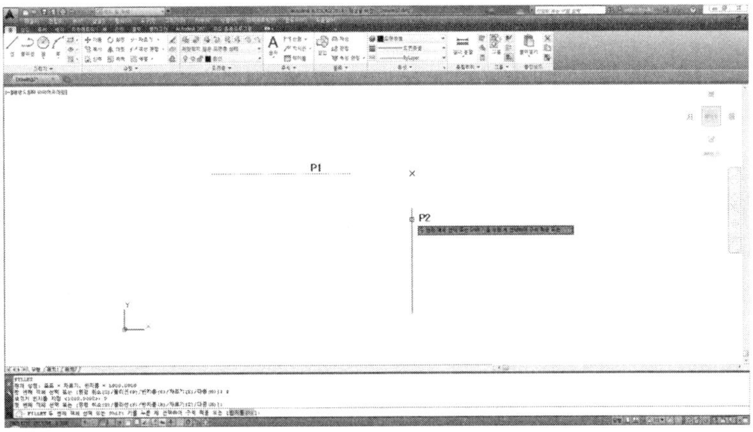

순서① 모깎기 할 객체 선택

② 클릭이 완료되면 바로 모깎기가 적용된다.

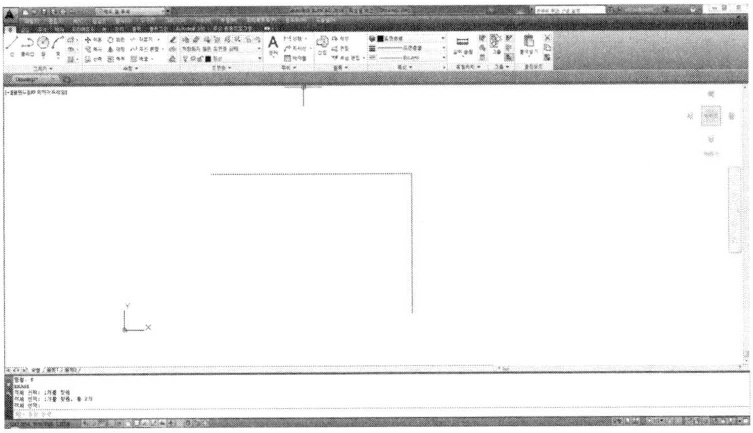

순서② 모깎기 완료

▌ 모깎기의 여러 가지 옵션

반지름(R) : 실행할 모깎기 호의 반지름 지정한다.

반지름의 값이 0이면 선이 직각이 되고, 값이 커질수록 호의 반지름이 커지게 된다.

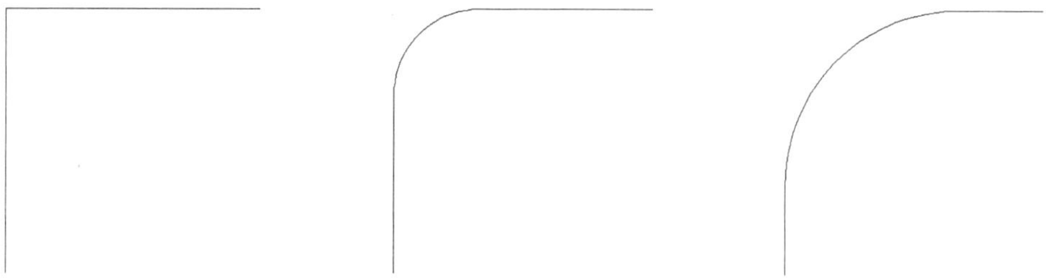

반지름 0　　반지름 50　　반지름 100

반지름별 모깎기 예

자르기(T) : 모깎기가 적용될 가장자리의 원래 객체를 자를 것 인지, 자르지 않을 것인지 설정한다.

기본적으로 가장자리를 자르고 라운딩 처리가 되기 때문에 T→N으로 설정을 바꿔주면 기존 객체는 삭제되지 않고 라운딩 처리가 된다.

TRIM한 객체　　No TRIM한 객체

가장자리 정리 예

폴리라인(P) : 폴리라인 객체의 장점은 한번에 모깎기를 실행할 수 있다.

다중(M) : 연속적으로 모깎기를 실행할 수 있다.

모깎기할 첫 번째 객체를 선택 이후 명령 종료까지 두 번째 객체도 반복적으로 선택하여 실행할 수 있다.

예제 그려보기

지금까지 배운 명령을 이용하여 다음의 그림들을 그리고 편집해 보자.

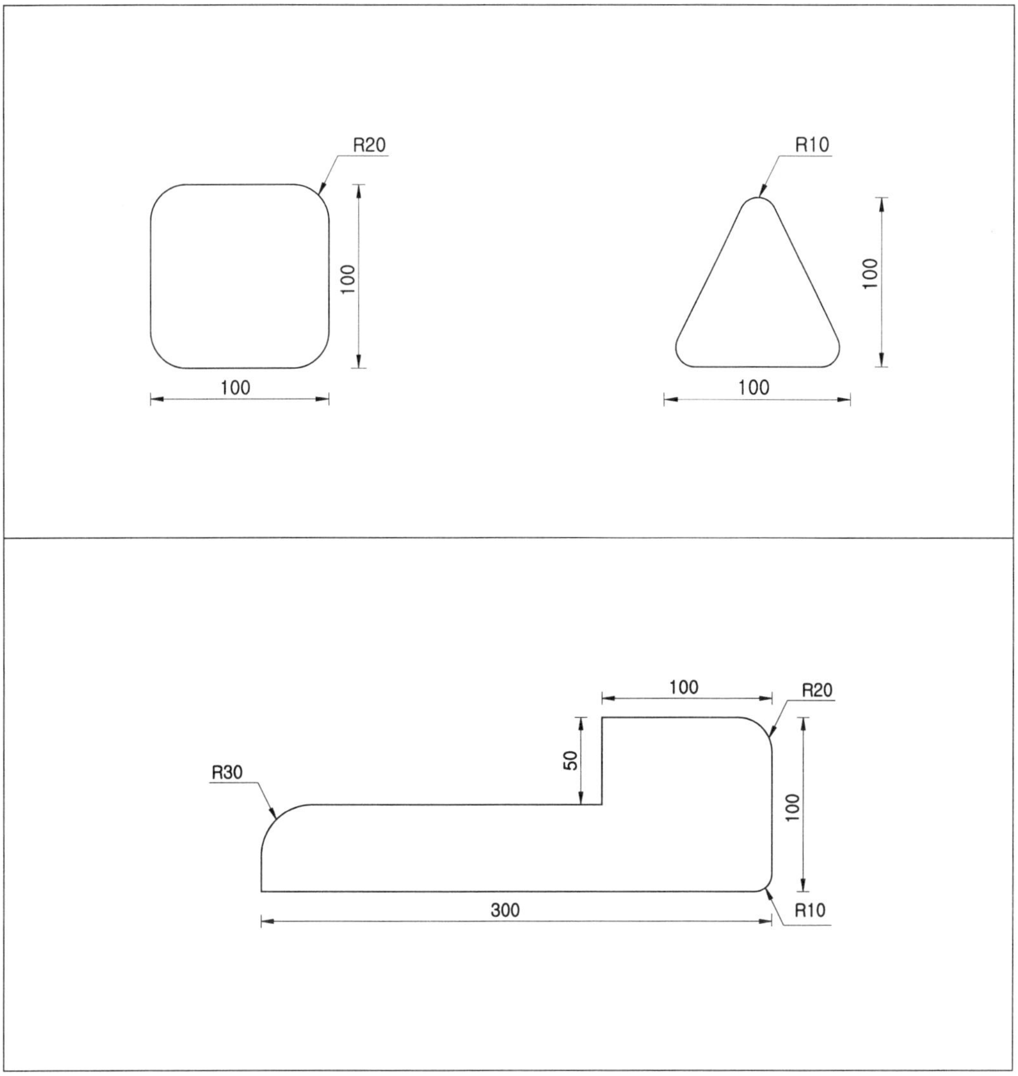

5.19 모따기(CHAMFER)

CHAMFER 명령은 물체의 모서리를 따내는 명령어이다. FILLET 명령과 유사하지만 적용 범위는 조금 다르다.

> · 명령어 : CHAMFER
> · 단축키 : CHA
> · 리본 : 홈 탭 → 수정 패널 → (모따기)
> · 메뉴 : 수정 → 모따기

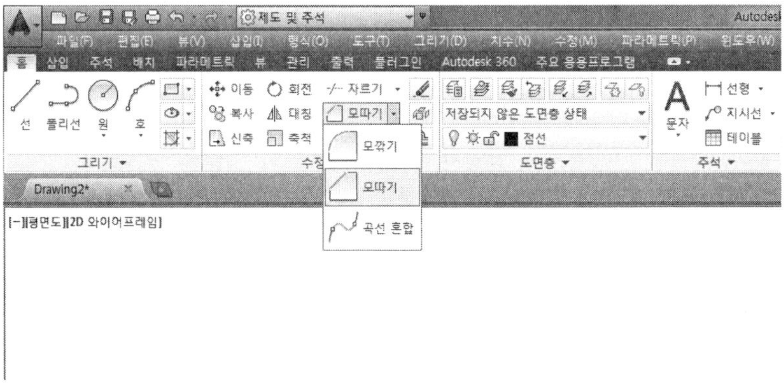

모따기 리본 메뉴

따라해보세요

가로 및 세로가 120인 정사각형으로 모따기 명령어를 익혀보자.

① 명령 : CHA [Space Bar] (CHAMFER)

(자르기 모드) 현재 모따기 거리 1 = 0.0000, 거리 2 = 0.0000

② 첫 번째 선 선택 또는 [명령 취소(U)/폴리선(P)/거리(D)/각도(A)/자르(T)/메서드(E)/다중(M)] : D [Space Bar]

첫 번째 모따기 거리 지정 <0.0000> : 50 (모따기할 선분의 길이 입력) [Space Bar]

두 번째 모따기 거리 지정 <50.0000> : 100 (모따기할 선분의 길이 입력) [Space Bar]

③ 첫 번째 선 선택 또는 [명령취소(U)/폴리선(P)/거리(D)/각도(A)/자르(T)/메서드(E)/다중(M)] : P1 클릭

두 번째 선 선택 또는 Shift 키를 누른 채 선택하여 구석 적용 : P2 클릭

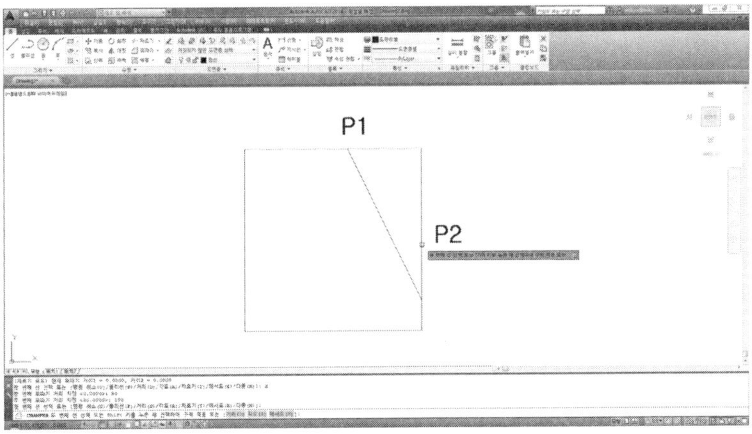

순서③ 객체 선택

④ P1, P2의 클릭 완료하면 즉시 모따기가 적용된다.

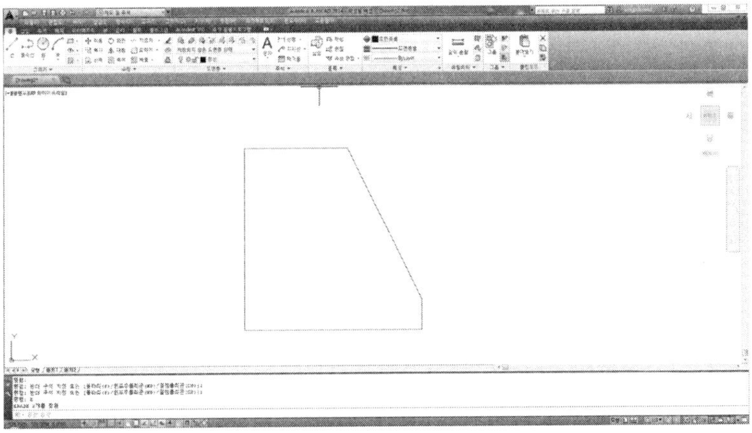

순서④ 모따기 완료

▌모따기의 옵션들

폴리선(P) : 폴리라인 객체의 정점을 한꺼번에 모따기를 한다.

거리(D) : 모따기에 사용될 거리값을 입력한다.

각도(A) : 모따기의 거리를 입력 후 각도를 지정한다.

자르기(T) : 모따기 시킬 객체의 가장자리를 자를 것인가 자르지 않을 것인가 결정한다.
기본적으로 가장자리를 자르고 모따기가 된다.

메서드(E) : 현재 지정되어 있는 모따기 방식을 바꾸어 준다.
거리, 각도를 재지정하는 것이 가능하다.

다중(M) : 모따기 명령을 연속적으로 실행할 때 사용한다.

예제 그려보기

지금까지 배운 명령을 이용하여 다음의 그림들을 그리고 편집해 보자.

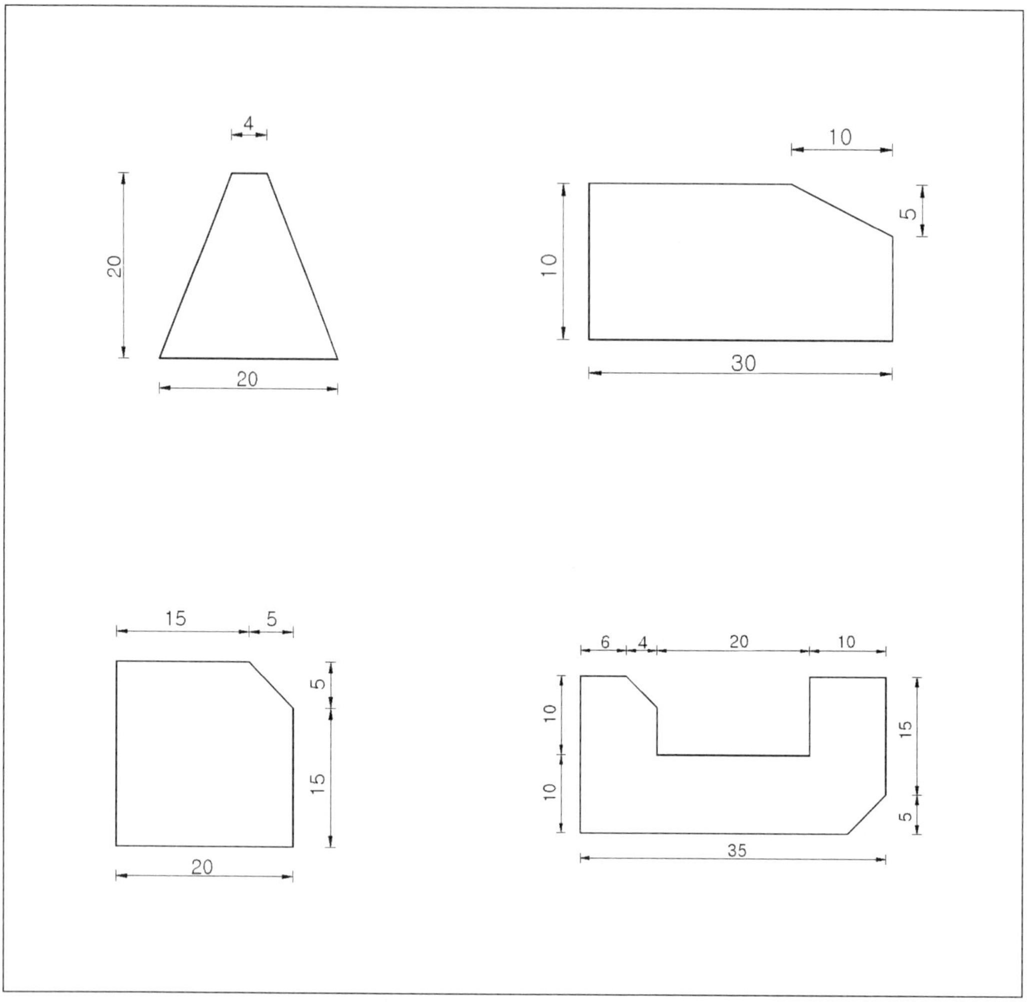

5.20 곡선 혼합(BLEND)

AutoCAD 2012버전부터 새로 나온 BLEND 명령은 열린 곡선 두 개의 끝점 사이에 부드러운 곡선이나 스플라인을 만들어 주는 기능이다.

· 명령어 : BLEND	· 리본 : 홈 탭 → 수정 패널 → 곡선 혼합 (곡선혼합)
· 단축키 : BLEND	· 메뉴 : 수정 → 곡선혼합

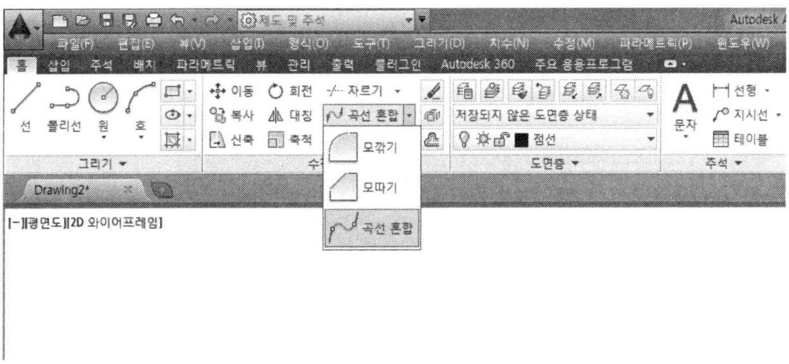

곡선 혼합 리본 메뉴

따라해보세요

임의의 스플라인으로 곡선 혼합 명령어를 익혀보자.

① 명령 : BLEND [Space Bar] (BLEND)

연속성 = 접선

② 첫 번째 객체 선택 또는 [연속성(CON)] : P1 클릭

③ 두 번째 객체 선택 : P2 클릭

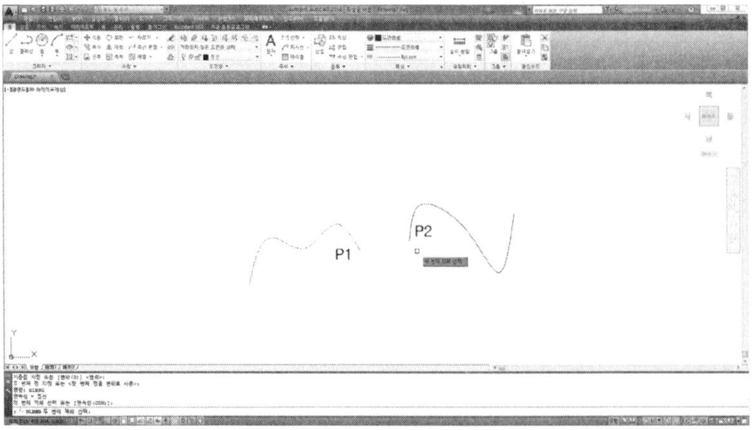

순서③ 객체 선택

④ P1, P2의 클릭 완료하면 즉시 곡선 혼합이 적용된다.

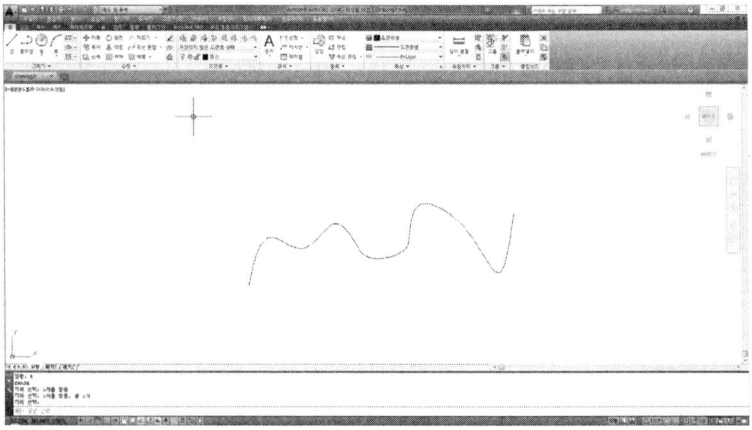

순서④ 곡선 혼합 완료

5.21 폴리선 편집(PEDIT)

PEDIT 명령은 POLYLINE으로 그려진 도면요소를 편집하는 명령어이다.

· 명령어 : PEDIT
· 단축키 : PE
· 리본 : 홈 탭 → 수정 패널 → (폴리선 편집)

(1) 폴리선 폭 수정하기

따라해보세요

다음과 같은 폴리선을 폴리선 편집(PEDIT)을 이용하여 수정해보자.

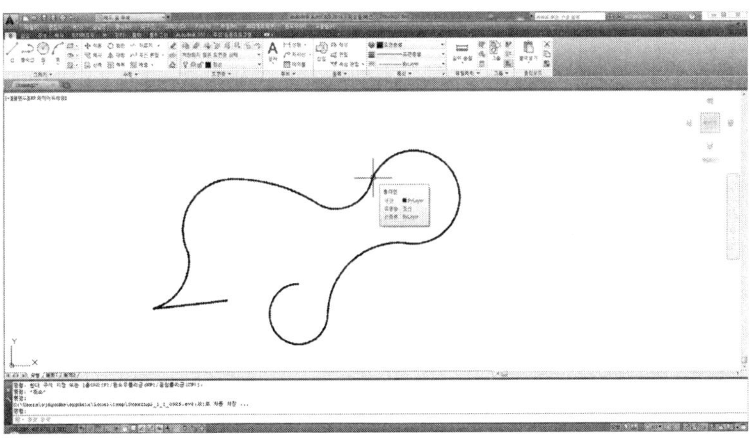

폴리선

① 폴리선 편집 명령을 실행한다.

명령 : PE [Space Bar] (PEDIT)

PEDIT 폴리선 선택 또는 [다중(M)] : 폴리선을 선택 후 [Space Bar]

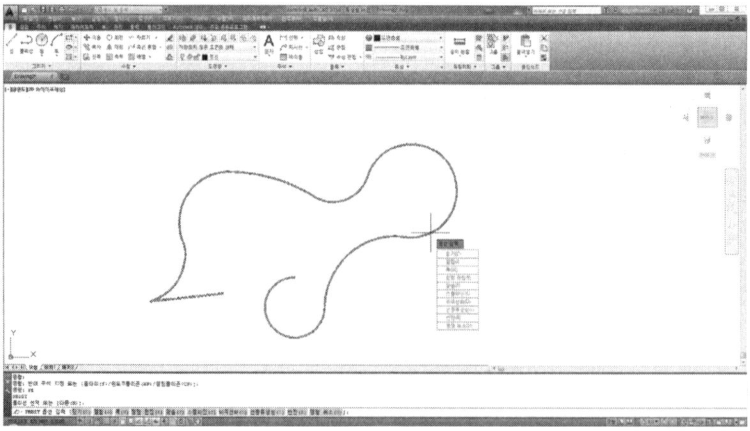

순서① 객체선택

② 옵션 입력 [닫기(C)/결합(J)/폭(W)/맞춤(F)/스플라인(S)/비곡선화(D)/선종류생성(L)/반전(R)/명령 취소(U)] : W [Space Bar]

③ 전체 세그먼트에 대한 새로운 폭 지정 : 10 [Space Bar] (새로운 선의 폭 입력)

④ 옵션 입력 [닫기(C)/결합(J)/폭(W)/맞춤(F)/스플라인(S)/비곡선화(D)/선종류생성(L)/반전(R)/명령 취소(U)] : [Space Bar] (명령을 종료한다)

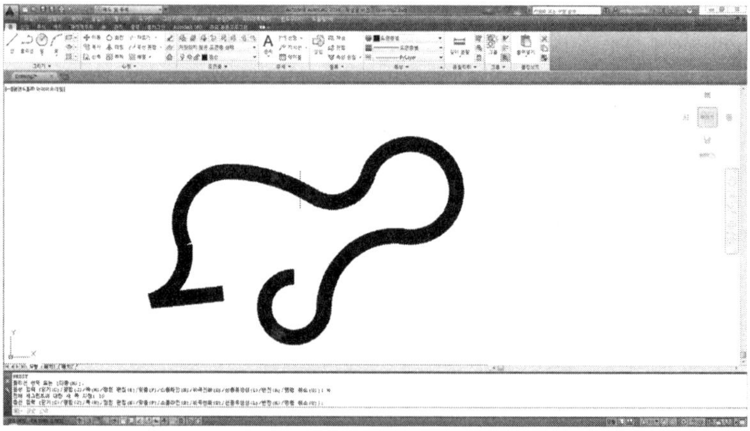

순서⑤ 수정 완료된 폴리선

(2) 여러 개의 객체를 하나의 객체로 만들기

따라해보세요

다음과 같은 여러 개의 선을 하나의 폴리선으로 만들어보자.

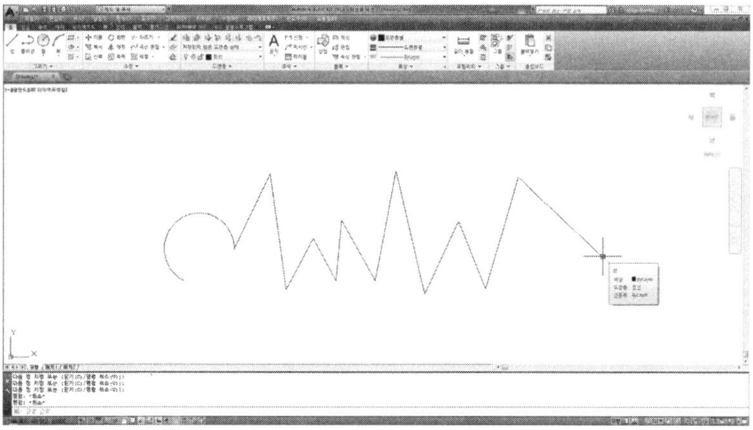

여러 개의 선분 객체

① 폴리선 편집 명령을 실행한다.

명령 : PE [Space Bar] (PEDIT)

PEDIT 폴리선 선택 또는 [다중(M)] : M [Space Bar]
객체 선택 : 결합할 객체를 클릭한 후 [Space Bar]

(객체가 많은 경우 개별 선택이 아닌 그림과 같이 범위선택으로 결합할 객체 선택해도 된다.)

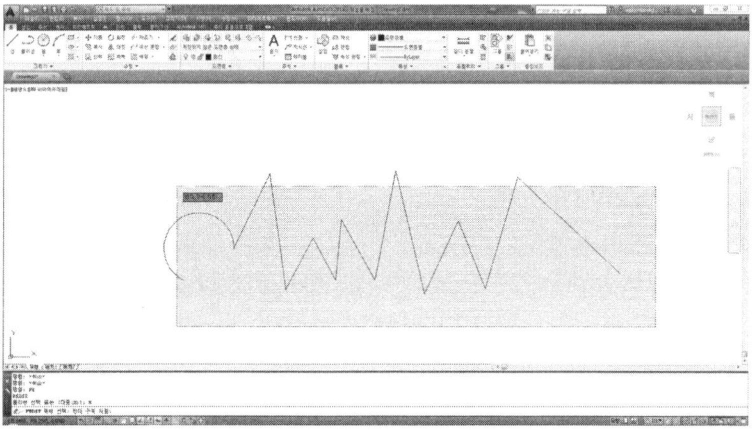

순서① 객체 선택

② 선, 호 및 스플라인을 폴리선으로 변환 [예(Y)/아니오(N)]? <Y> : Space Bar

③ 옵션 입력 [닫기(C)/결합(J)/폭(W)/맞춤(F)/스플라인(S)/비곡선화(D)/선종류생성(L)/반전(R)/명령 취소(U)] : J Space Bar

④ 퍼지 거리 입력 또는 [결합형식(J)] <0.0000> : Space Bar

⑤ 옵션 입력 [닫기(C)/결합(J)/폭(W)/맞춤(F)/스플라인(S)/비곡선화(D)/선종류생성(L)/반전(R)/명령 취소(U)] : Space Bar (명령을 종료)

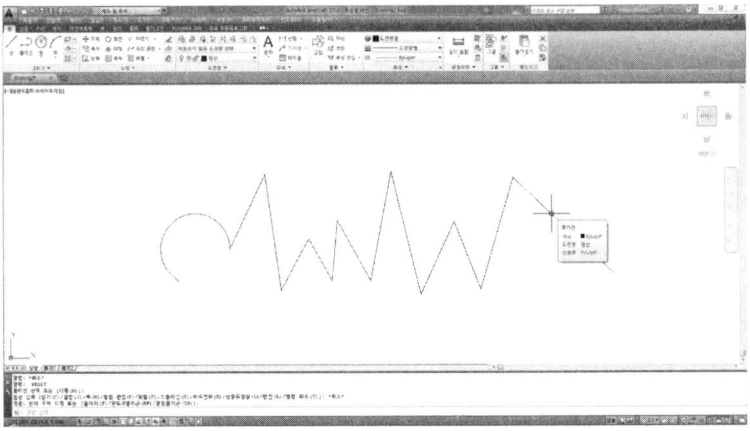

순서⑤ 폴리선으로 결합완료

5.22 속성변경 대화상자(PROPERTIES)

PROPERTIES 명령은 대화상자를 이용하여 객체의 속성을 변경하는 명령어이다.

· 명령어 : PROPERTIES
· 단축키 : PROPS 또는 CH
  또는 Ctrl + 1
· 리본 : 홈 탭 → 특성 패널 → ↘
· 메뉴 : 수정 → 특성
· 객체를 더블 클릭

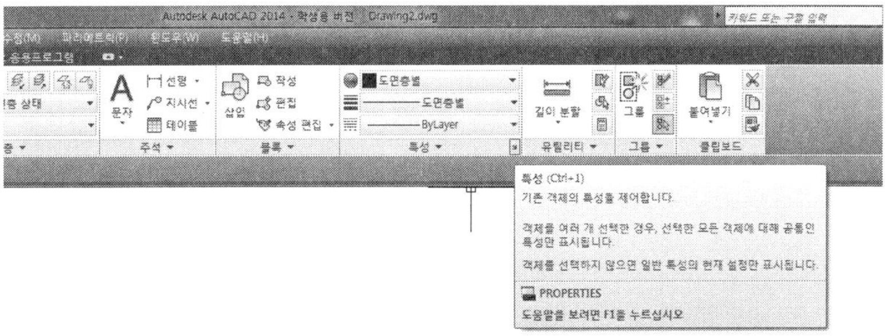

방법① 리본메뉴

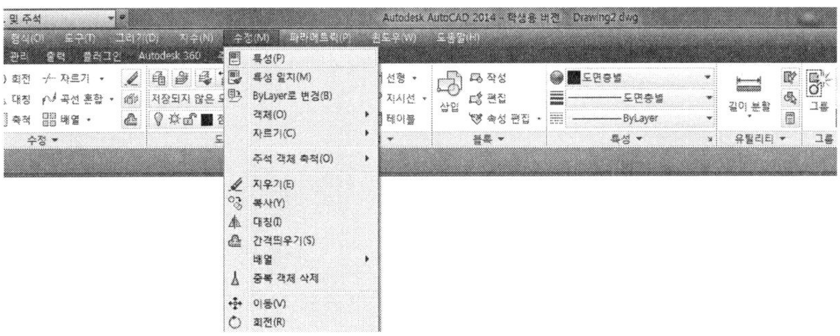

방법② 메뉴막대

따라해보세요

① 명령 : CH [Space Bar] (PROPERTIES)

② 속성변경 대화상자가 나타난다. (왼쪽 상단에 나타난다.)

③ 변경하고자 하는 객체를 객체 선택() 또는 신속 선택()를 이용하여 선택한다.
(객체를 두 번 클릭해도 ③과 같은 형태가 나온다.)

④ 대화상자에서 원하는 옵션을 선택하여 색상이나 선의 종류, 가중치, 두께 등 그 객체의 속성을 한번에 쉽게 변경이 가능하다.

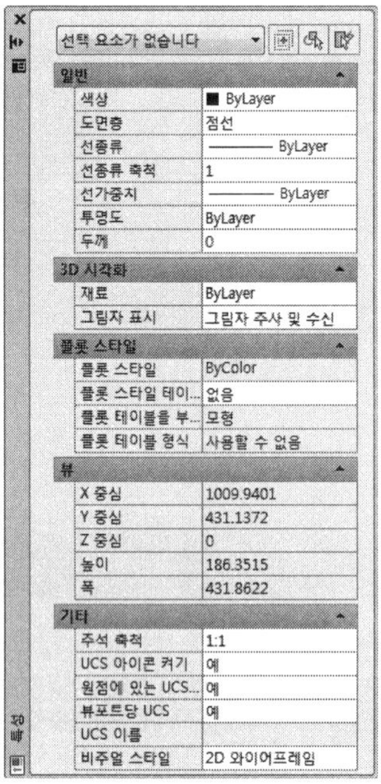

객체 선택 전

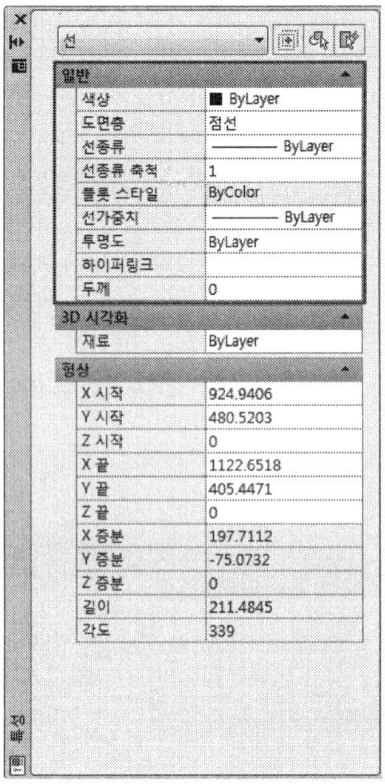

객체 선택 후 일반사항

PROPERTIES를 이용한 객체 수정

5.23 특성 일치(MATCHPROP) 명령

MATCHPROP 명령은 CHANGE, PROPERTIES 명령과 같이 어떤 객체의 특성들을 다른 특정한 객체에 일치시킨다.

- 명령어 : MATCHPROP
- 단축키 : MA
- 리본 : 홈 탭 → 클립보드 → (특성 일치)
- 메뉴 : 수정 → 특성 일치

따라해보세요

검정색 실선을 파란색 점선으로 바꾸어보자.

① 명령 : MA Space Bar (MATCHPROP)

② 원본 객체를 선택하십시오: 특성의 기준이 되는 선분(P1)을 선택한다.

특성의 기준이 되는 객체를 선택하면 커서가 붓 모양( )으로 바뀐다.

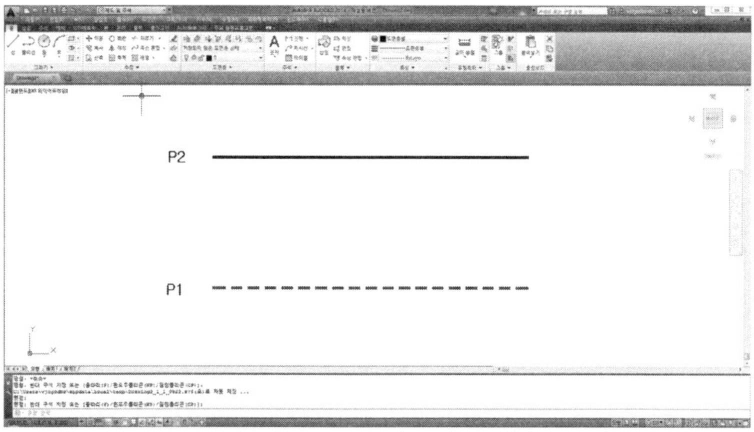

순서② 특성 기준이 되는 객체 선택

③ 대상 객체를 선택 또는 [설정값(S)] : 특성을 바꿀 객체(P2)를 선택한다.

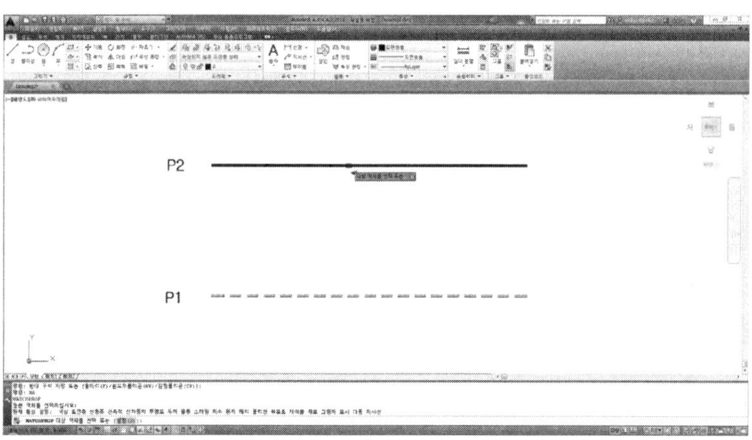

순서③ 특성을 일치시킬 객체 선택

④ [Space Bar]를 클릭하여 명령을 종료한다.

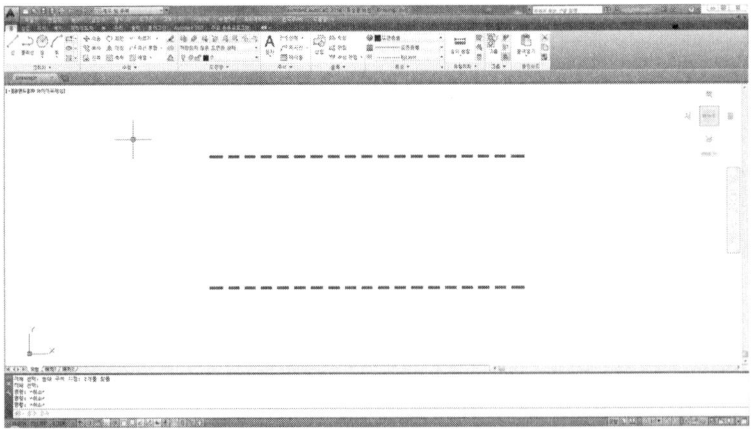

순서④ 특성 일치 완료

P2 선분이 P1 선분과 마찬가지로 점선이 되었다. 이는 선분의 특성이 바뀌는 것으로 선의 길이나 크기 등은 변하지 않고, 선의 색상 및 선의 종류, 레이어 등이 특성의 기준이 되는 객체와 일치되게 바뀐다.

5.24 점 명령 활용하기

5.24.1 점(POINT)

POINT 명령은 도면상에 점을 찍거나 DIVIDE 및 MEASURE 명령을 사용할 때 분할되는 위치를 표시하는데 사용된다.

- 명령어 : POINT
- 단축키 : PO
- 리본 : 홈 탭 → 그리기 패널 → (다중점)
- 메뉴 : 그리기 → 점

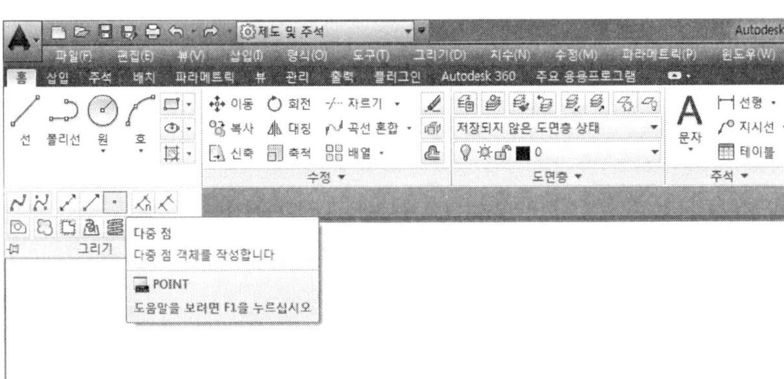

점 리본 메뉴

5.24.2 점 스타일(DDPTYPE)

점 스타일(DDPTYPE)에서는 점의 모양 및 크기를 바꿀 수가 있다.

· 명령어 : DDPTYPE

· 리본 : 홈 탭 → 유틸리티 → (점 스타일)

· 메뉴 : 형식 → 점 스타일

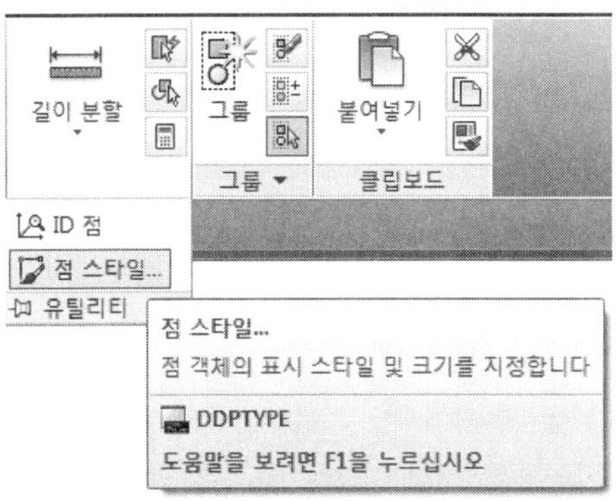

① 리본 메뉴

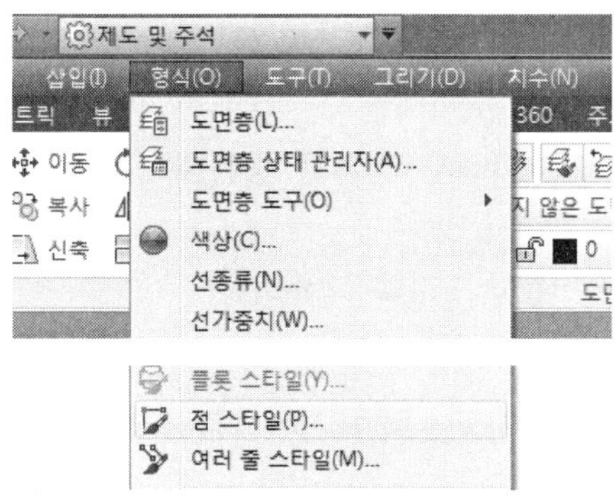

② 메뉴 막대

점 스타일 메뉴위치

DDPTYPE 명령을 실행하면 다음과 같은 점 스타일 대화상자가 나타난다.

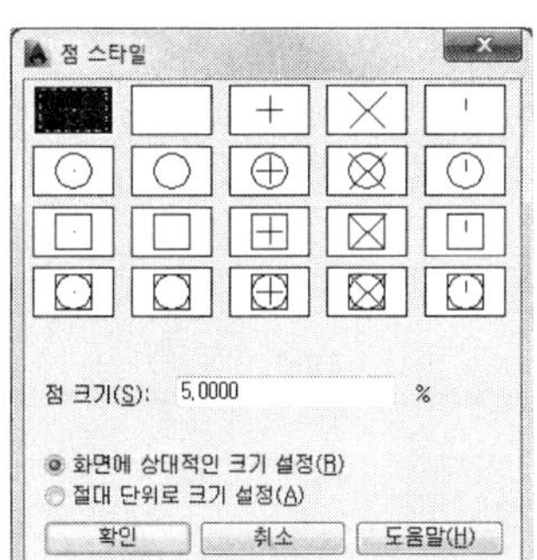

점 스타일

DDPTYPE에서 원하는 점 스타일을 선택하여 사용하면 점 스타일은 현재 작업 중이던 도면이 종료 될 때까지는 그 스타일을 유지한다. 따라서 도면 종료 시에는 다시 기본 점 스타일로 바뀌므로 점 스타일을 다시 설정해야한다.

점 크기는 '화면에 상대적인 크기 설정(R)'이 기본값으로 지정되어 있으며 이는 화면 줌에 따라 REGEN 후 점 크기가 달라진다. 따라서 점 크기를 고정된 크기로 유지하기 위해서는 '절대 단위로 크기 설정(A)'으로 옵션을 바꿔줘야 한다.

5.24.3 등분할(DIVIDE)

DIVIDE 명령은 선택한 객체를 지정한 개수만큼 분할하는 사용하는 명령어이다.

· 명령어 : DIVIDE · 리본 : 홈 탭 → 그리기 패널 → (등분할)
· 단축키 : DIV · 메뉴 : 그리기 → 점 → 등분할

따라해보세요

길이가 1000mm인 객체를 등분해보자.

① 명령 : DIV Space Bar (DIVIDE)

② 대상 객체를 선택 또는 [설정값(S)] : P1 선분을 클릭한다.

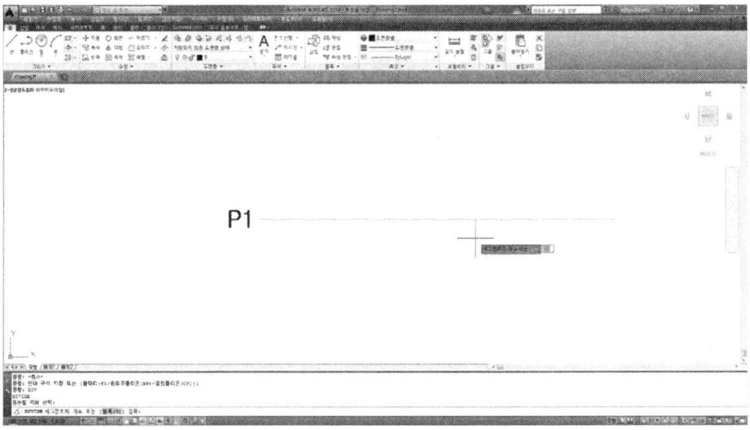

순서② 등분할 객체 선택

③ 세그먼트의 개수 입력 또는 [블록(B)] : 5 Space Bar

④ 선분이 일정한 간격으로 5개로 나누어졌음을 볼 수 있다.

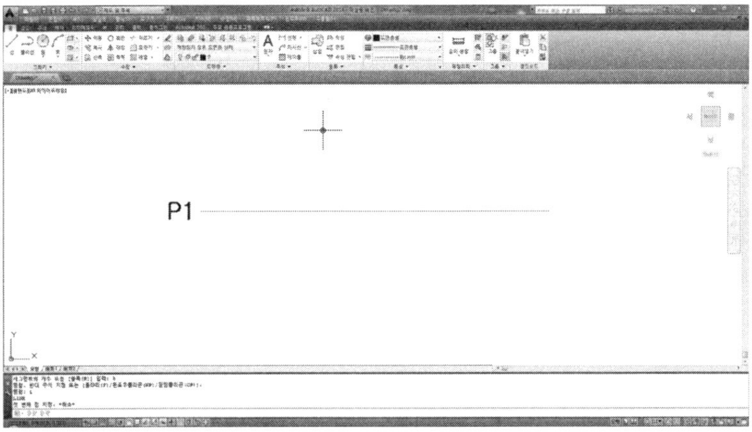

순서④ 등분된 객체

등분된 객체의 표시가 나타나지 않는 이유는 점 스타일이 기본점으로 되어 있기 때문이다. 따라서 점 스타일을 바꿔줘야 한다.

⑤ DDPTYPE [Space Bar]

점 스타일을 원하는 스타일로 바꿔준다.

ex> 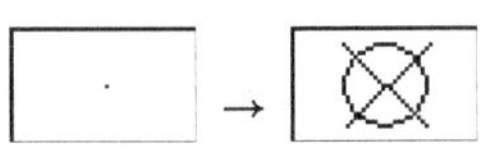

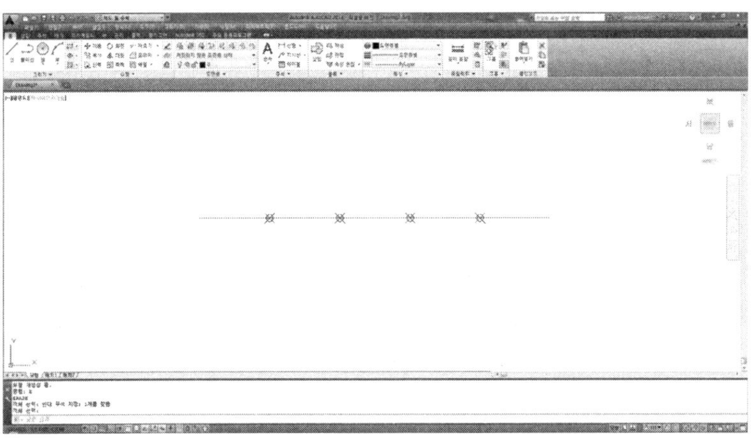

순서⑤ 등분된 객체

5.24.4 측정(MEASURE)

MEASURE 명령은 일정한 간격(길이)으로 포인트를 찍고자 할 때 사용하는 명령어이다. DIVIDE 명령과 혼동될 수 있으나, DIVIDE 명령은 총길이에서 지정한 개수만큼 등분되어 포인트가 표시가 되는 명령어이므로 설정한 길이만큼 포인트를 찍는 MEASURE 명령과는 다르다.

· 명령어 : MEASURE
· 단축키 : ME
· 리본 : 홈 탭 → 그리기 패널 → (측정)
· 메뉴 : 그리기 → 점 → 측정

따라해보세요

길이가 1000mm인 객체를 측정해보자.

① 명령 : ME Space Bar (MEASURE)

② 길이분할 객체 선택 : P1 선분을 클릭한다.

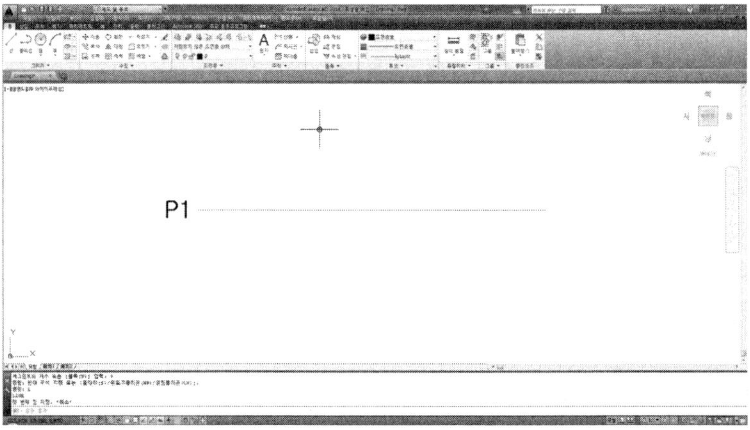

순서② 측정할 객체 선택

③ 세그먼트의 길이 지정 또는 [블록(B)] : 150 Space Bar

④ 총길이 1000mm 객체에 150단위 간격으로 포인트가 찍히게 된다.

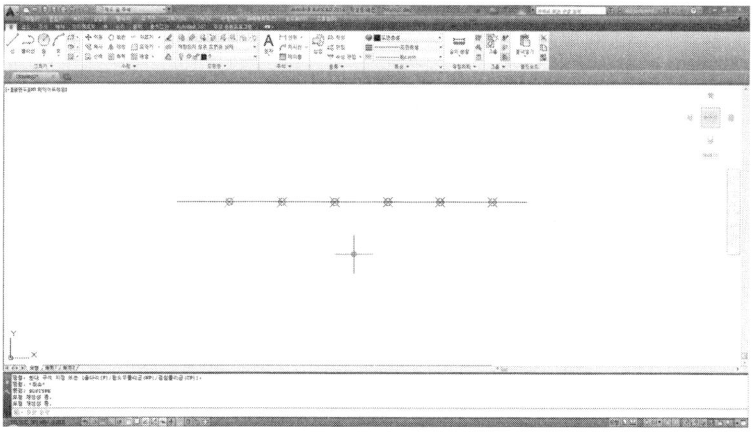

순서④ 측정 표시된 객체

※ 표시가 보이지 않을시 DDPTYPE에서 점 스타일을 바꿔준다.

Chapter 6

레이어(Layer)

6.1 도면층(Layer) 개요와 특성

6.1.1 도면층의 정의

레이어(Layer)란 다중의 도면층을 의미하는 것으로서, 투명한 비닐종이라고 생각하면 이해하기 쉬울 것이다. AutoCAD 뿐만 아니라 Adobe Photoshop 등 대부분의 그래픽 프로그램은 레이어를 사용하는데, 여러 개의 투명한 화면을 겹쳐놓은 효과와 같으며 이 투명한 화면을 레이어라 한다. AutoCAD에서는 레이어에 비슷한 유형의 객체끼리 같은 도면층에 지정함으로써 그룹화 할 수 있다.

그룹화 된 객체들에는 아래와 같은 다양한 사항을 조정할 수 있다.

- 도면층별 가시성 조정
- 도면층별 잠금 기능
- 도면층별 투명도 조정
- 도면층별 색상, 선 종류, 선 가중치 지정 및 변경
- 도면층별 플롯(출력) 여부 조정

작업을 시작하기 전에 반드시 레이어를 나누고 시작하는 습관을 들이는 것이 필요하다. 특히, 건축도면의 경우 기본적으로 중심선, 벽선, 문, 창문, 가구, 문자, 해칭, 치수, 전기배선, 수도배관 등으로 레이어를 나누고 작업에 들어가는 것이 좋다. 이는 도면 작업을 보다 빠르고 효율적으로 하는 데 필수적인 요소라 할 수 있다.

6.1.2 도면층의 사용 요령

(1) 도면을 그리기 전에 반드시 작업별 도면층을 나누고 작업을 시작하는 것이 좋다.
(2) 유사한 속성을 가진 객체는 같은 도면층으로 그리는 것이 좋다.

6.1.3 도면층의 목록 복사하기

AutoCAD에서는 실제로 하나의 도면 안에 만들 수 있는 도면층의 개수에 제한이 없으며, 도면요소의 특성에 따라 도면층은 세분화하여 그리는 것이 편리하다. 따라서 하나의 도면을 그릴 때는 많은 수의 도면층이 만들어지게 되는데, 많은 수의 도면층을 일일이 검사하기 어려울 때에는 도면층 목록의 사본을 만드는 것이 편리하다.

이처럼 사본을 만들어 놓으면 도면을 열지 않아도 제작자 자신이 도면을 검증하는데 도움을 받을 수 있을 것이다.

6.1.4 도면층의 기능 설명

▌도면층 특성 관리자

도면층 특성 관리자는 현재 도면에 생성되어 있는 도면층 목록을 한눈에 보여주며 그 특성을 조정할 수 있다. AutoCAD 2014는 팔레트 형식으로 창을 닫지 않고도 작업을 계속 수행할 수 있다.

· 명령어 : Layer	· 리본 : 홈 탭 → 도면층 패널 → (도면층 특성)
· 단축키 : LA	· 메뉴 : 형식 → 도면층

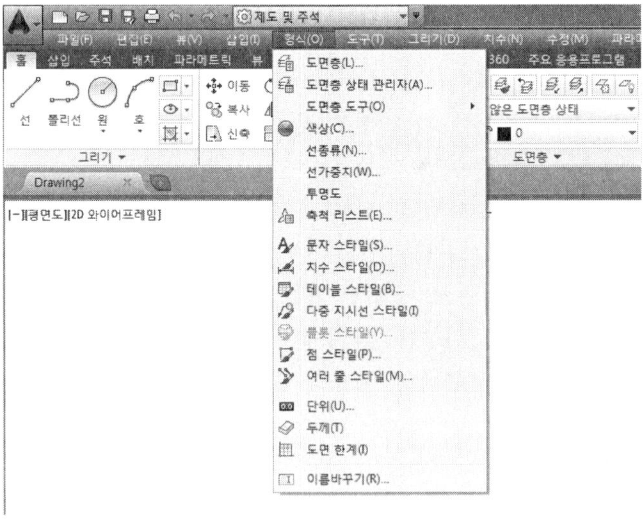

방법① 메뉴 막대

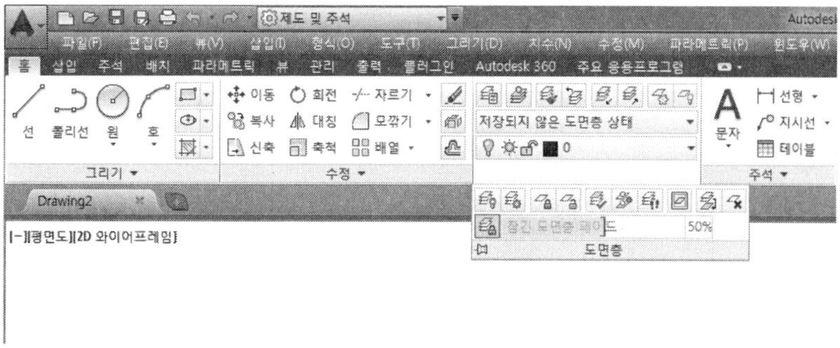

방법② 리본메뉴

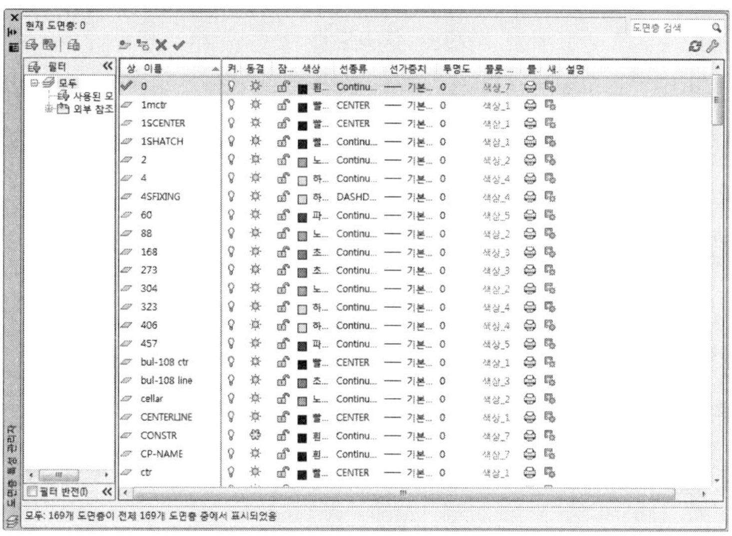

도면층 특성 관리자(Layer)

도면층 특성 관리자 아이콘

아이콘	기능
	새 특성 필터 (Alt + P)
	새 그룹 필터 (Alt + G)
	도면층 상태 관리자 (Alt + S)
	새 도면층 (Alt + N)
	새 도면층 VP가 모든 뷰포트에서 동결됨 (N)
	도면층 삭제 (Alt + D)
	현재로 선택 (Alt + C)
	갱신
	설정

▌도면층 특성

상태	: 사용 중인 도면층, 빈 도면층, 현재 도면층 등을 표시한다.
이름	: 도면층의 이름을 표시한다.
켜기	: 도면층을 켜거나 끌 수 있다.
동결	: 모형 탭을 포함하여 모든 배치의 뷰포트를 동결한다.
잠금	: 선택한 도면층을 잠그거나 잠금 해제한다.
색상	: 도면층 별로 색상을 지정할 수 있다.
선 종류	: 도면층별로 선종류를 지정할 수 있다.
선 가중치	: 도면층별로 선 가중치를 지정할 수 있다.
투명도	: 도면층별로 객체의 투명도를 조정할 수 있다.
플롯 스타일	: 도면층별로 플롯 스타일을 변경한다.
플롯	: 도면층별로 플롯 여부를 조정한다.
새 VP 동결	: 새 배치 뷰포트에서 선택된 도면층을 동결한다.
설명	: 도면층 또는 도면층 필터에 대해 설명한다. (선택적)

▌도면층 특성에 관한 추가 설명

(1) 도면층 켜기 / 끄기 (ON / OFF)

전등( )처럼 생긴 아이콘을 클릭하면 켜기/끄기가 설정된다. 도면층을 꺼버리면 그 도면층은 화면에서 보이지 않게 되지만, AutoCAD에서는 꺼진 도면층도 도면요소에 포함시킨다.

(2) 도면층 동결시키거나 해동시키기(Freeze / Thaw)

도면 작업 중에 보이지 않는 도면층 때문에 도면 작업이 느려지는 일을 방지할 때 동결을 사용한다. 도면층이 동결되면 AutoCAD는 그 도면층의 객체가 없는 것으로 간주하게 되어 그 도면층은 어떠한 경우라도 재생성되지 않고 출력도 되지 않는다. 따라서 장시간 동안 도면층을 보이지 않게 하려면 도면층을 동결하는 것이 좋고, 잠시만 도면층을 보이지 않게 하려면 도면층을 끄는 것이 좋다.

(3) 도면층 잠그기와 해제하기(Lock / Unlock)

도면 작업시 다른 객체를 보면서 작업을 해야 하지만 다른 객체가 작업에 방해가 될 때에는 그 객체가 있는 도면층을 잠글 수 있다. 잠긴 도면층은 화면에서는 보이지만 지우거나 옮기는 등의 작업을 할 수는 없으므로 방해받지 않고 작업할 수 있게 되는 것이다. 하지만 잠긴 도면층을 현재의 도면층으로 설정하면 기존 그려진 객체를 수정할 수 없지만 새로 객체는 그릴 수 있다. 또한 잠긴 도면층의 객체 속성도 변경할 수 있다.

6.2 도면층의 기능 사용하는 방법

6.2.1 새 도면층 생성 및 전환하기

새로운 도면층을 생성하고 특성을 변경할 수 있다.

따라해보세요

① 명령 : LA [Space Bar] (LAYER))

② 도면층 특성 관리자에서 새 도면층 아이콘( )을 클릭하여 새로운 도면층을 만든다. 그 도면층의 이름을 "중심선"이라고 입력한다.

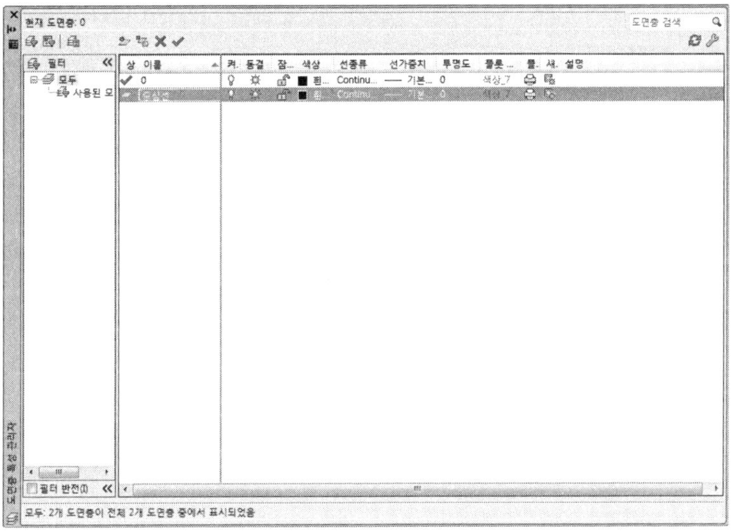

순서② 새 도면층 만들기

③ 해당 도면층의 색상을 바꾸는 방법은 우선 색깔 표시가 되어 있는 [■ 흰색]에 마우스를 클릭하면 색상표가 나온다. 거기서 빨간색[■ 빨간색]으로 지정해준다.

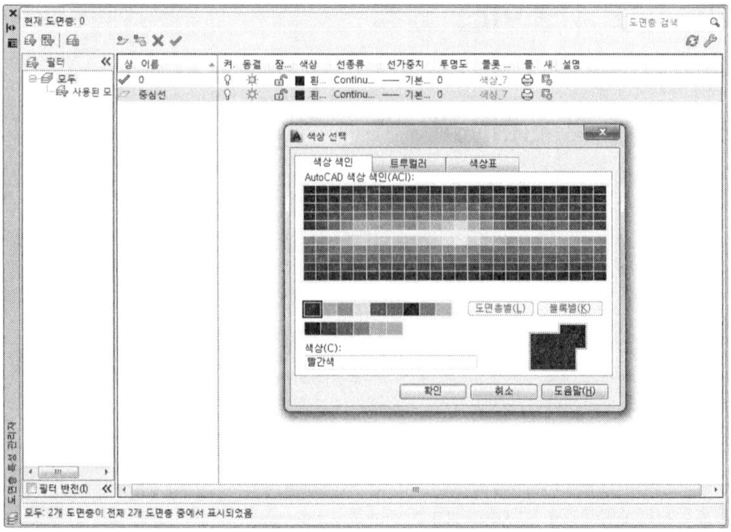

흰색으로 표시되던 색상 박스가 빨간색으로 변한 것을 확인할 수가 있다.

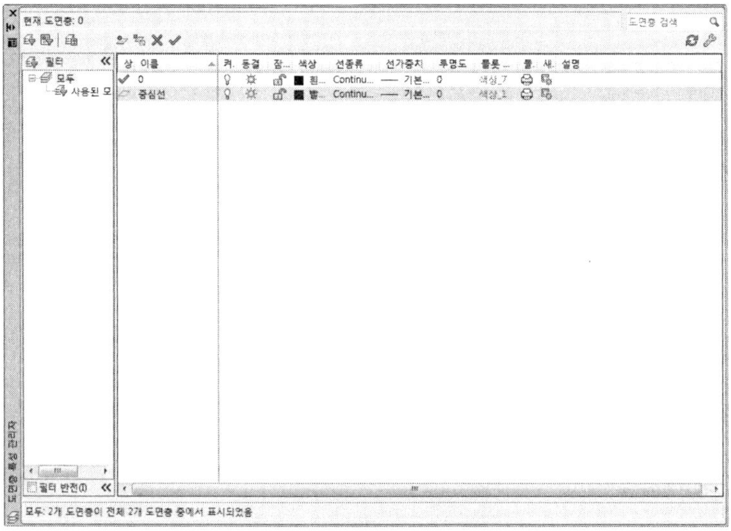

순서③ 새 도면층의 색상 지정하기

④ 해당 도면층의 선 종류를 바꾸는 방법은 순서③과 마찬가지로 바꾸고자 하는 도면층의 선 종류를 클릭한다. 선 종류 선택창에서 [로드(L)...]를 클릭하면 다양한 선의 종류가 나타난다.

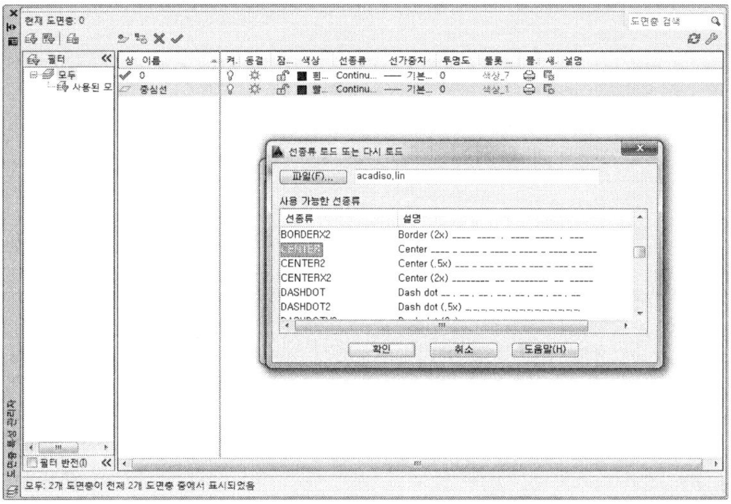

선종류 로드해서 사용할 선 추가하기 (책에서는 CENTER선을 추가함)

순서④ 선 종류에 (CENTER) 선이 추가된 모습

⑤ 순서④를 통해 CENTER 선이 추가된 것을 확인할 수가 있다. 이렇게 새롭게 추가된 "중심선"이라는 도면층은 CENTER 선만 그려지는 도면층이 되는 것이다.

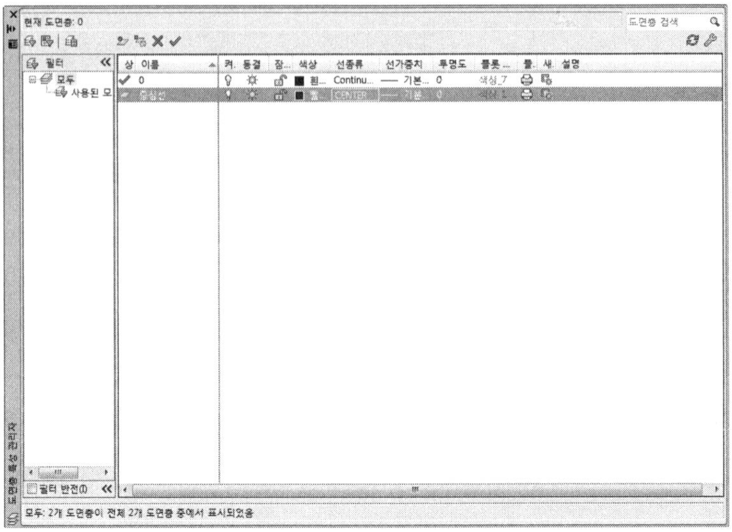

순서⑤ 새 도면층의 색상과 선 종류를 지정한 모습

6.2.2 작업 도면층 지정

도면층에 관한 옵션 설정이 끝났으면 종료버튼을 클릭하여 작업창으로 돌아와서 원하는 도면층으로 변경하여 작업을 해주면 된다.

따라해보세요

그림에서 보는 것처럼 [홈] 탭 - [도면층] 패널에 있는 '현재 도면층' 창을 클릭하면 새로 만든 도면층(중심선)이 추가되어 있는 것을 확인할 수 있다.

① 중심선을 클릭해보자.

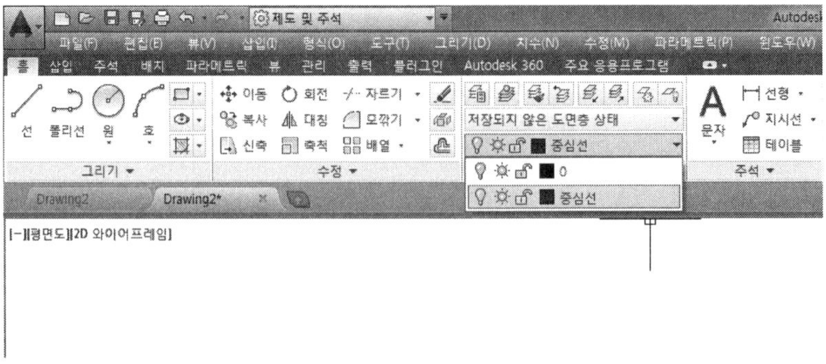

순서① 도면층의 추가 확인창

② 명령 : L [Enter↵] (LINE)

첫 번째 점 지정 : 임의의 점(P1)을 클릭한다.

다음 점 지정 또는 [명령취소(U)] : 다른 점(P2)을 클릭한다.

• 선이 CENTER 선으로 그려짐을 알 수 있다.

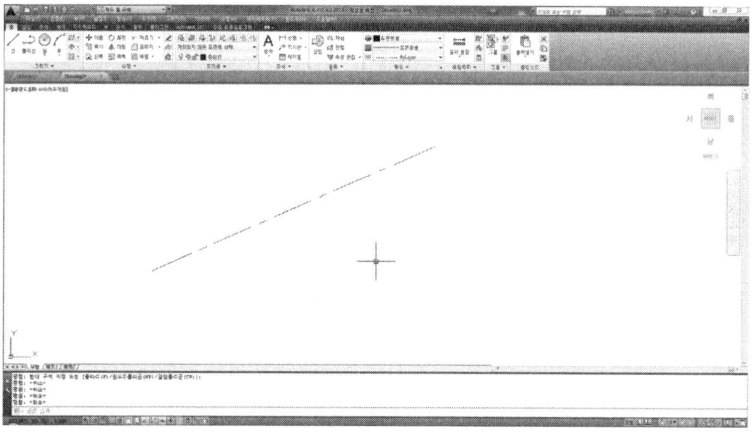

이런 식으로 Layer와 Linetype을 설정하여 작업을 해주면 훨씬 쉽고, 효율적으로 작업을 할 수 있다. 반복해서 연습하고 숙지하기 바란다.

6.2.3 도면층 제거

도면층에서 필요 없는 도면층은 제거할 수 있다.

▌도면층 제거 방법

도면층 제거는 도면층 객체가 없는 상태야만이 삭제가 가능하다. 도면층에 객체포함 확인방법은 도면층 특성 관리자에서 '상태'열에 보이는 아이콘이 흐리게 보이므로 그 도면층에 포함된 객체가 없다는 뜻으로 제거가 가능하다.

① 도면층 특성 관리자에서 삭제하고 싶은 도면층을 선택 후에 도면층 삭제 아이콘 ()를 누르면 삭제된다.

② 소거(Purge) 명령을 통해 사용하지 않는 도면층을 제거할 수도 있다.

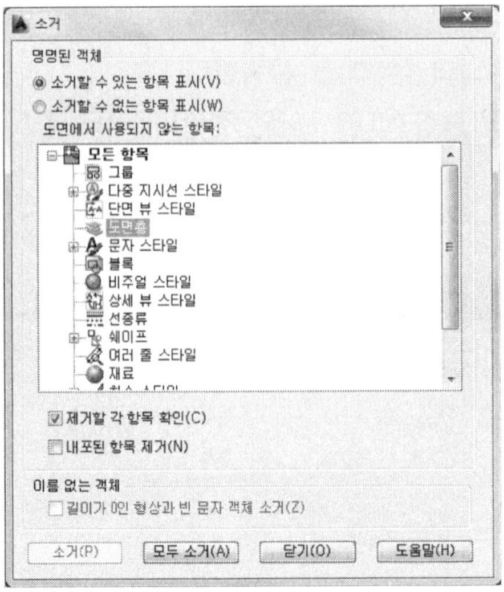

방법② 소거(Purge)명령을 이용한 방법

▌ 제거할 수 없는 도면층

제거할 수 없는 도면층을 삭제하려고 시도하는 경우 다음과 같은 경고가 표시된다. 여기서 정의점은 치수 객체를 작성하면 자동으로 생성되는 defpoints라는 도면층이다.

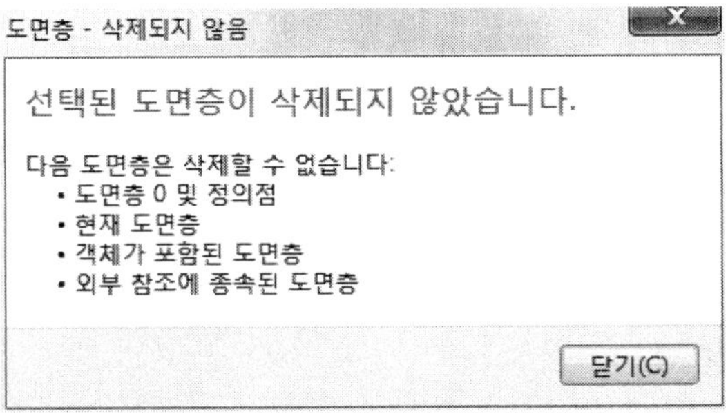

제거할 수 없는 도면층 경고문

6.2.4 도면층 필터

AutoCAD 2014에서는 도면층을 그룹으로 나누어 관리할 수 있으며 이러한 관리방식에는 특성필터와 그룹필터로 나눌 수 있다.

▌ 새 특성 필터

하나 이상의 특성을 지정하여 도면층 필터를 작성한다.

따라해보세요

① [도면층 특성 관리자]에서 새 특성 필터(단축키 Alt+P)를 클릭한다.

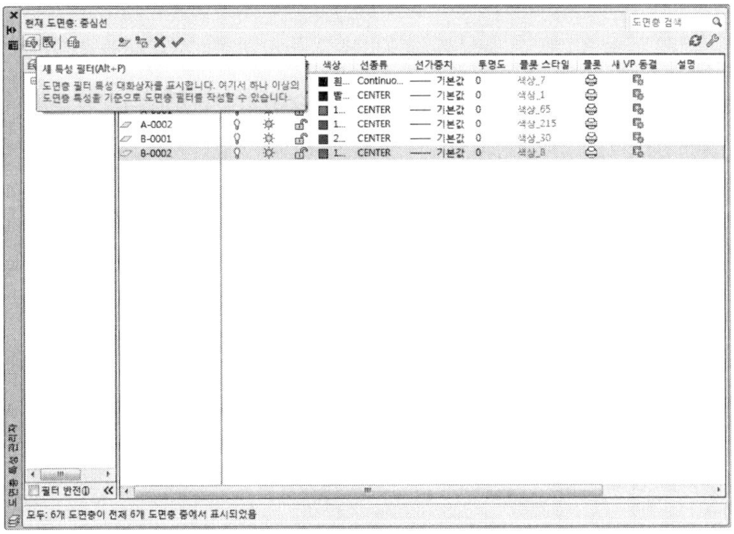

순서 ①

② 도면층 필터를 특성 대화상자가 열린다.

- 필터 이름을 '벽체'로 지정한다.
- 필터링 조건으로 이름에다 'A*'라고 일력한다.
- 필터 미리보기에 해당되는 도면층이 검색된다.

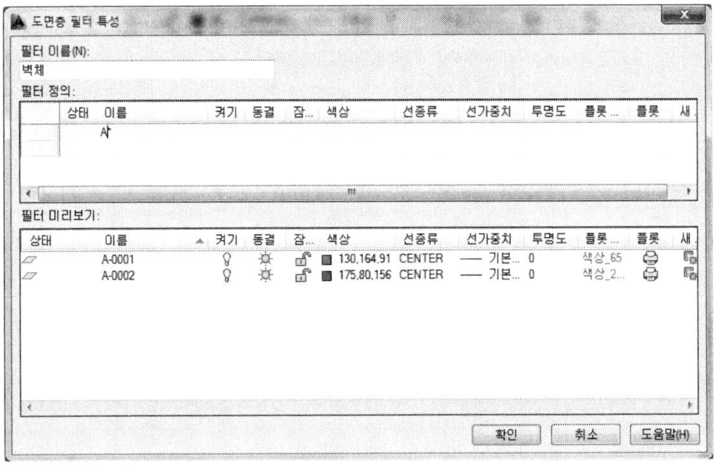

순서 ②

필터 이름　　: 특성의 이름을 정한다.

필터링 조건　: 도면층에 저장되어 있는 공통된 특성의 이름을 지정한다.

필터 미리보기 : 모든 도면층의 필터 대상이 조회된다.

③ 필터 영역에 '벽체'라는 이름의 특성 필터가 생성되고 'A'로 시작하는 모든 도면층이 필터링 된 것을 확인할 수 있다.

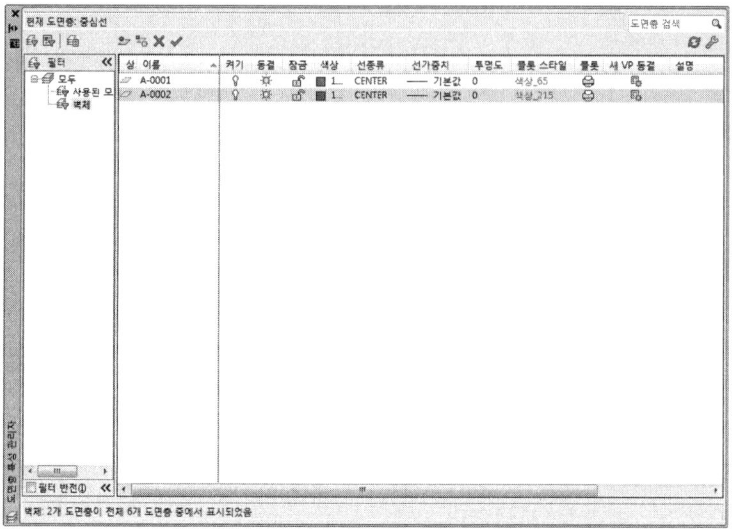

순서③ 벽체에 대한 특성 필터 생성 완료

▌새 그룹 필터

전체 도면층 중 원하는 도면층을 선택하여 그룹 필터를 작성한다.

따라해보세요

그룹 필터를 작성하는 방법을 알아보자.

① [도면층 특성 관리자]에서 새 그룹 필터(단축키 Alt+G)를 클릭하여 그룹의 이름을 입력한다.

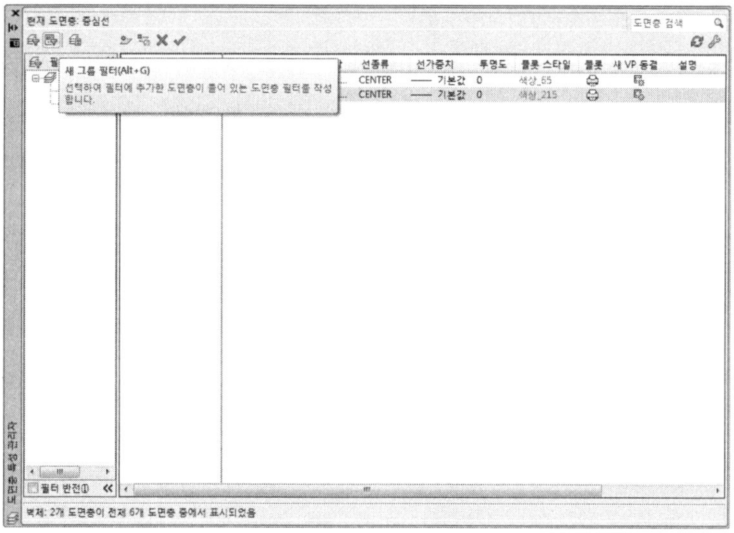

순서 ①

② 필터영역에서 '사용된 모든 도면층'을 선택하여 이동시킬 도면층을 '그룹필터1'으로 마우스를 드래그하여 이동시킨다.

※ Ctrl 키를 누른 상태에서 마우스 왼쪽 클릭을 하면 도면층을 연속적으로 선택할 수 있다.

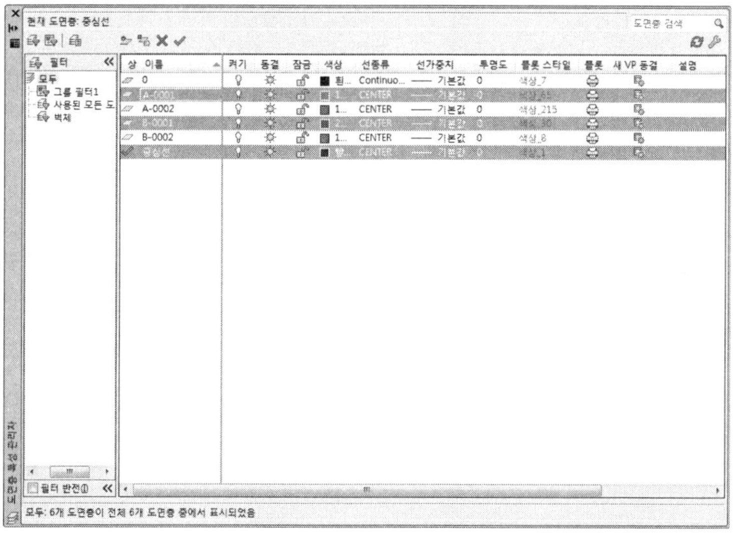

순서 ②

③ 필터 영역의 '그룹 필터1' 항목을 클릭하면 이동된 도면층으로 구성 된 것을 확인할 수 있다.

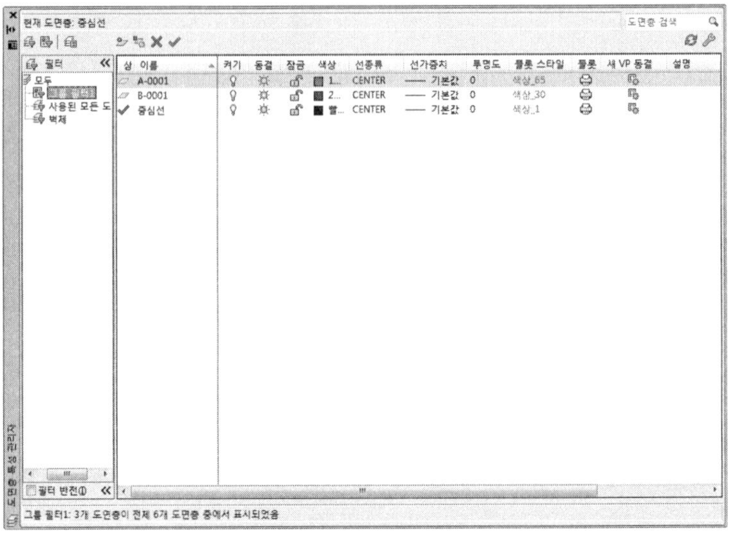

순서 ③

이렇게 생성된 특성 필터 및 그룹 필터는 가시성, 잠금 등의 기능을 조정하고 이름 재정의 및 그 밖의 기타 편집이 가능하다.

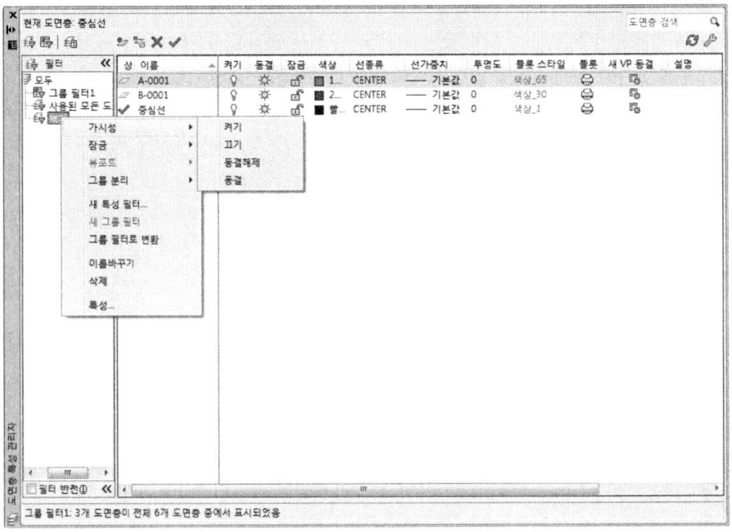

필터의 기능

6.2.5 도면층 상태 관리자

도면층의 상태를 저장하거나 복원할 수 있다. (단축키 Alt + S)

도면을 작업하는 과정에서 변경된 도면층을 다시 복원하거나 다른 작업자와도 도면층 상태를 공유하는 것이 가능하다.

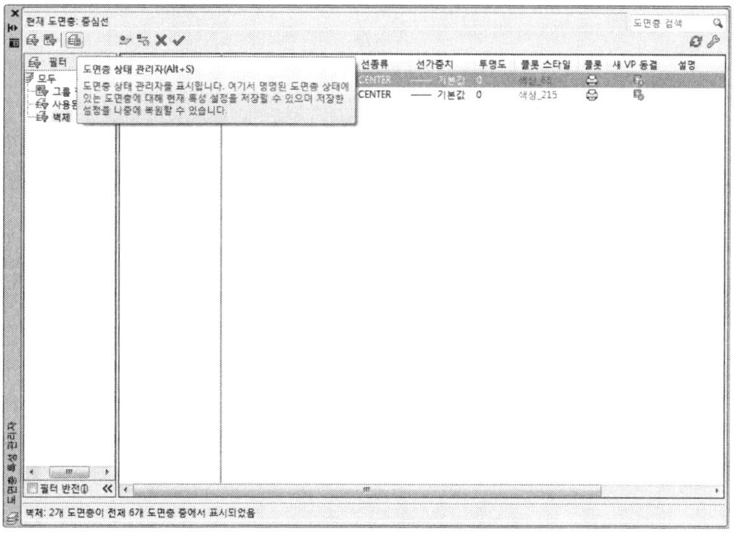

도면층 상태 관리자 들어가기

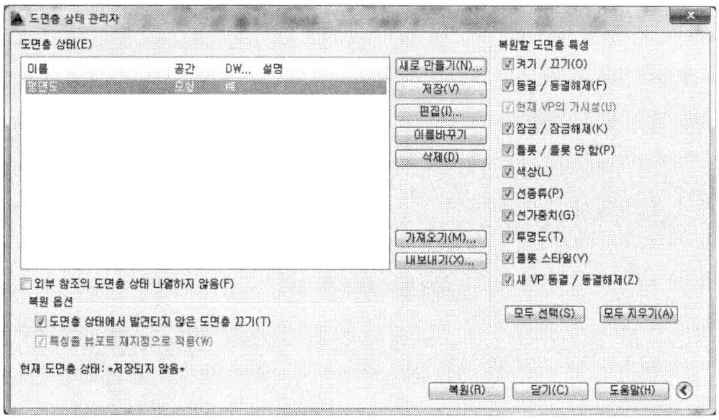

도면층 상태 관리자

도면층 상태 관리자 도움말 옆의 더 많은 옵션 보기 단축아이콘(❯)을 클릭하여 대화상자를 확장시킨다.

도면층 상태 관리자 대화상자 살펴보기

도면층 상태(E)	: 현재 작업중인 도면층의 가지고 있는 상태를 나타낸다.
새로 만들기(N)...	: 도면층 상태 파일(*.las)을 명명하고 설명을 기입할 수 있다.
저장(V)	: 명명된 도면층 상태 파일을 도면에 적용한다.
편집(I)...	: 도면층의 특성을 편집할 수 있다.
이름바꾸기	: 도면층 상태 이름을 바꾼다.
삭제(D)	: 선택된 도면층 상태를 제거한다.
가져오기(M)...	: 내보내진 도면층 상태 파일(*.las)이 포함된 도면을 불러오거나 *.las 파일을 직접 불러온다.

내보내기(X)... : 정의된 도면층 상태를 *.las의 확장자로 내보낸다.

복원할 도면층 특성 : 도면층 상태에 적용될 특성을 설정한다.

복원 옵션 : 복원시 옵션을 선택한다.

복원(R) : 도면에 있는 모든 도면층의 상태 및 특성 설정을 이전에 저장된 설정으로 복원하며 체크박스에 지정된 도면층 상태 및 특성만을 복원한다.

닫기(C) : 도면층 상태 관리자를 닫으며 변경사항을 저장한다.

6.2.6 도면층 설정

도면층 특성 관리자에서 도면층 설정 아이콘()을 클릭하여 도면층 알림 설정 및 다양한 설정 옵션들을 조정할 수 있다.

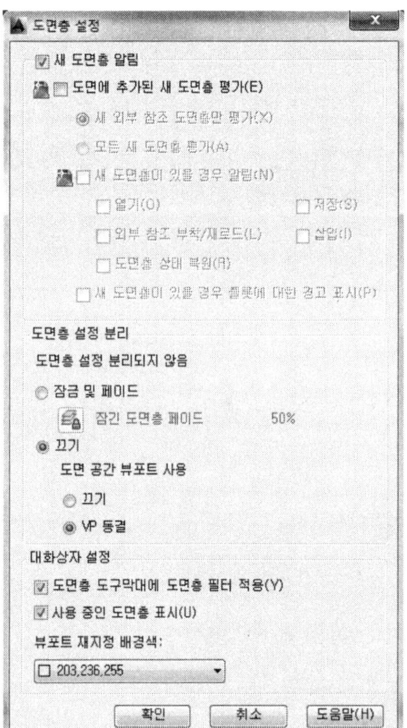

새 도면층 알림

현재 작업 중인 도면에 새로운 도면층이 추가되거나 외부 참조 및 삽입된 도면으로부터 도면층이 추가된 경우 알림표시를 하도록 설정이 가능하다.

도면층 설정 분리

도면층 분리(LayISO) 명령을 실행할 때 그 외의 도면층은 잠금 및 페이드(흐림) 처리를 할 것인지의 설정이 가능하다.

대화 상자 설정

- 도면층 도구 막대에 도면층 필터 적용

  : 옵션을 활성화시키면 도면층 도구 막대의 리스트를 열었을 때 선택한 필터에 속해 있는 도면층 목록만 표시된다.

- 사용중인 도면층 표시

  : 특성 관리자에서 현재 쓰고 있지 않는 도면층의 아이콘을 흐리게 표시할 수 있는 기능이다.

- 뷰포트 재지정 배경색

  : 배치에서 뷰포트의 특성이 재지정된 도면층에 배경색을 지정함으로써 재지정되지 않는 도면층과 구분해준다.

해치(Hatch)

AutoCAD에서는 해치(Hatch)를 이용하여 도면에서 지정한 닫힌 영역 또는 닫힌 객체에 여러 패턴의 무늬를 채울 수 있으며 솔리드 패턴으로 단일 색상 및 그라데이션(Gradation)을 이용하여 두 가지 이상의 색상을 채울 수도 있다. 또한 AutoCAD 2014에서는 해치 패턴을 적용하기 전 미리보기 버튼을 클릭하지 않아도 영역 또는 객체에 마우스를 올려놓는 동작만으로도 적용된 패턴을 확인할 수 있다.

7.1 해치 작성(HATCH)

HATCH 명령어는 닫힌 영역 및 닫힌 객체에 다양한 패턴의 무늬로 채우는 명령어이다.

- 명령어 : HATCH
- 단축키 : H
- 리본 : 홈 탭 → 그리기 패널 → (해치)
- 메뉴 : 그리기 → 해치

해치 명령(HATCH)을 실행하면 다음과 같은 [해치 작성] 탭이 생성된다.

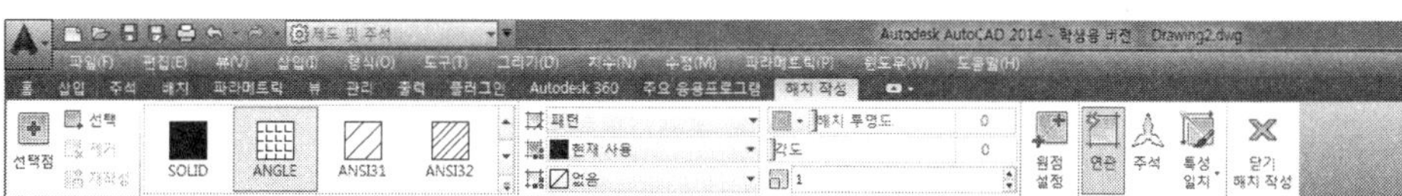

해치 작성 리본 메뉴

7.1.1 해치 작성 패널 설명

(1) 경계

객체를 선택방법이 들어있는 패널로 점 선택, 경계 객체 선택 및 취소가 가능하며, 해치할 객체로 선택되면 설정된 해치 패턴과 특성에 따라 바로 적용된다.

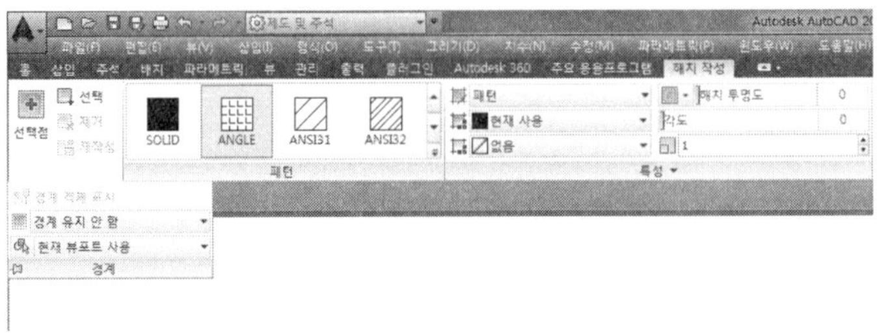

경계

경계 아이콘

	점 선택	: 지정된 점 주위로 닫힌 영역의 형성하는 객체를 선택할 때 사용
	경계 객체 선택	: 경계가 되는 선을 하나씩 선택할 때 사용
	경계 객체 제거	: 경계영역 안의 객체를 제외시킬 때 사용
	경계 재작성	: 선택한 해치 주위에 폴리선 또는 영역을 작성하고 원하는 경우 해치 객체를 해당 폴리선 또는 영역에 연관시킨다.

경계에서 객체를 선택 하지 않은 상태에서 닫힌 객체 위로 마우스를 올려놓으면 현재의 해치 특성이 적용된 해치 패턴을 미리보기 할 수 있다. 물론 실제 적용된 상태가 아니기 때문에 닫힌 객체에서 마우스를 옮기면 미리보기는 풀린다.

(2) 패턴

해치 패턴을 지정하는 패널로써 무늬를 지정할 수 있다.

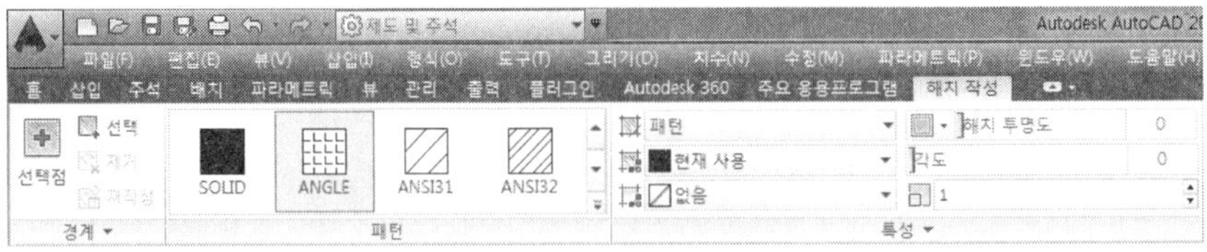

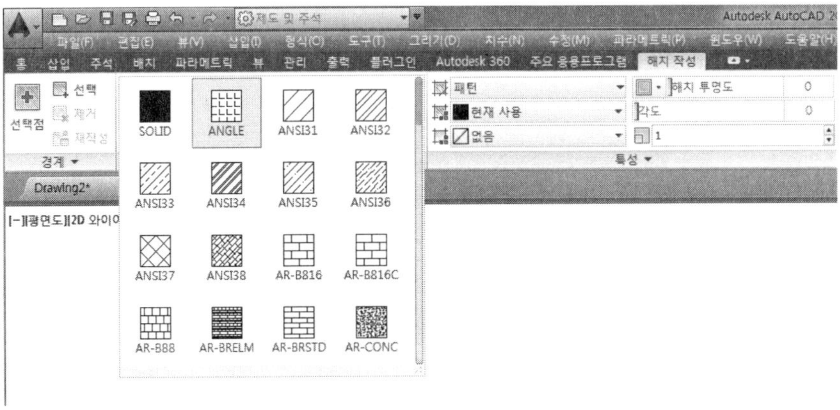

해치 패턴

(3) 특성

해치의 특성을 지정 및 변경할 수 있다.

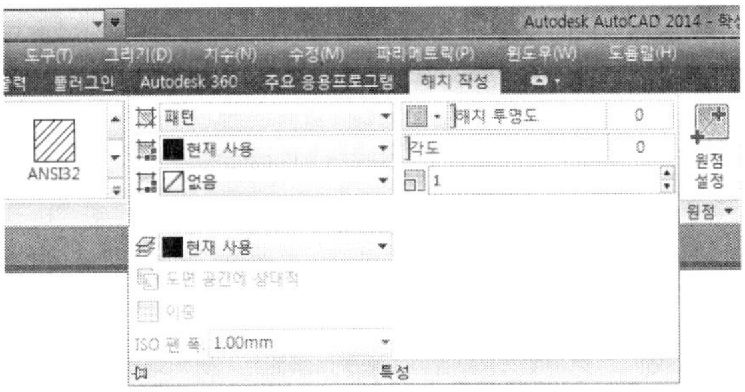

해치 특성 패널

특성 아이콘

	해치 유형	: 정의된 해치를 작성할지 아니면 사용자 정의된 해치를 작성할지 지정한다.
	해치 색상	: 솔리드 및 해치 패턴에 대해 색상을 지정한다.
	해치 배경색	: 해치 패턴의 배경 색상을 지정한다.
각도	해치 각도	: 현재 좌표의 X축을 기준으로 해치 패턴의 각도를 지정한다.
	해치 패턴 축척	: 해치의 패턴을 확장 또는 축소 한다.
	해치 도면층 재지정	: 해치에 대해 지정된 도면층으로 현재 도면층을 재지정한다.
도면 공간에 상대적	도면 공간 축척	: 도면 공간 단위를 기준으로 해치 패턴을 축척한다.
이중	교차 해치	: 사용자 정의가 선택된 경우에 90로 또 다른 해치를 그린다.
	ISO 펜 폭	: 선택된 펜의 폭을 기본으로 ISO관련 패턴 스케일을 조정한다.

(4) 원점

해치 패턴이 시작되는 점을 선택 및 이동 시킬 수 있다.

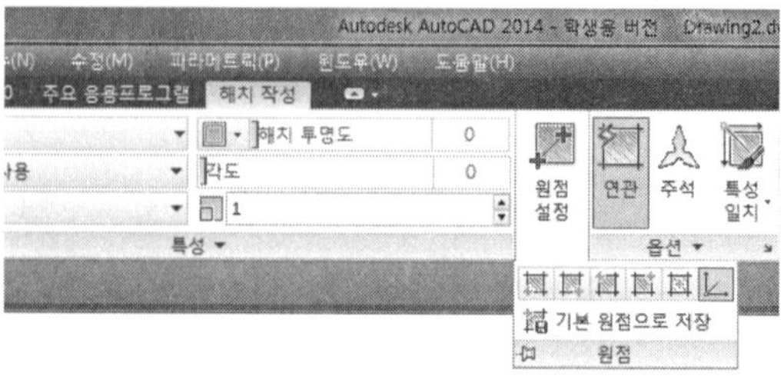

원점 패널

원점 아이콘

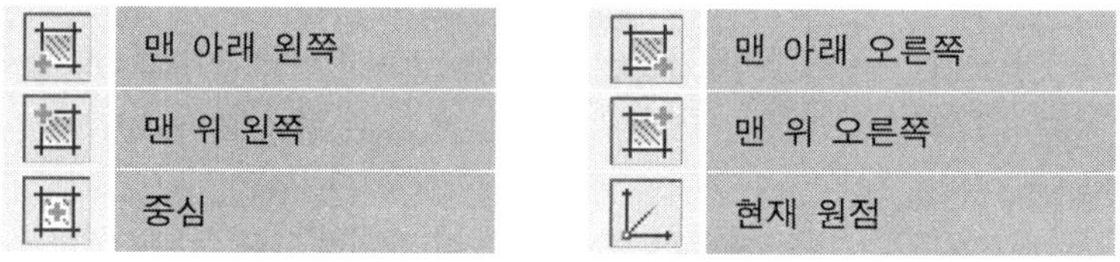

아래의 그림을 보면 기본 해치로 지정할 경우, 해치의 벽돌패턴이 깨진 모양(적용 전)으로 구성된다. 이때 해치의 원점(시작점)을 재지정하면 오른쪽의 그림(적용 후)과 같이 해치 패턴이 바뀌게 된다.

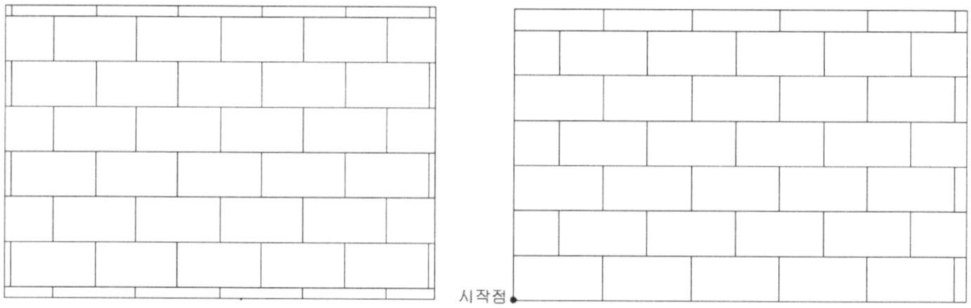

① 적용 전 ② 적용 후

해치 원점 기능

(5) 옵션

해치 옵션은 연관, 주석, 특성일치, 등을 바꿀 수 있으며, 객체의 우선순위를 지정할 수도 있다.

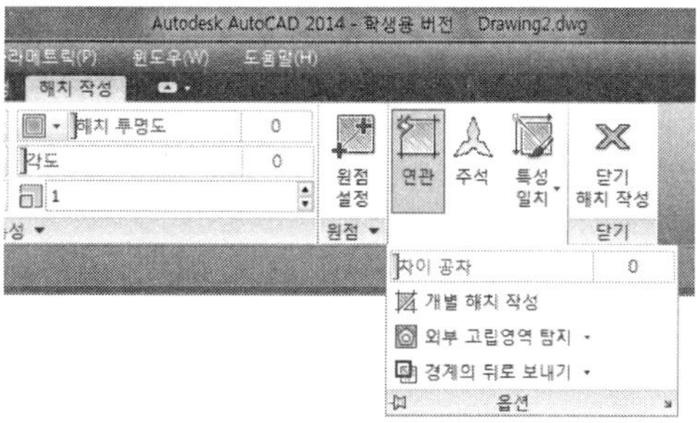

옵션 패널

옵션 아이콘

	연관경계	: 해당 경계를 수정할 때 해치가 자동으로 업데이트 되는지 여부를 설정한다.	
	주석	: 해치 패턴의 축척이 뷰포트 축척에 따라 자동으로 조정되도록 지정한다.	
특성 일치		현재 원점 사용	: 해치 원점을 제외하여 선택한 해치 객체의 특성을 사용해 해치 특성을 설정한다.
		원본 해치 원점 사용	: 해치 원점을 포함하여 선택한 해치 객체의 특성을 사용해 해치 특성을 설정한다.

외부 고립 영역 탐지

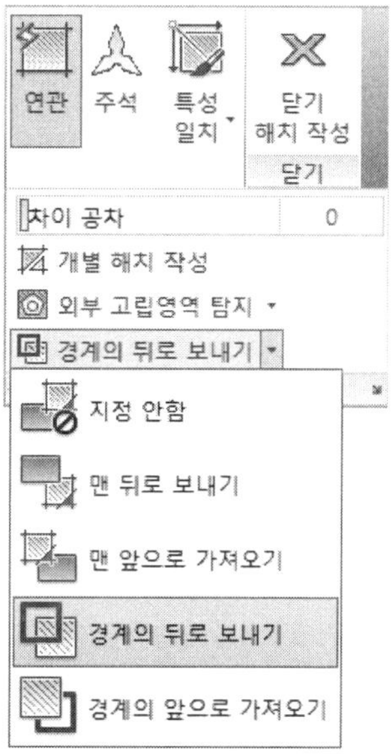

경계의 뒤로 보내기

또한 [옵션]에 있는 해치 설정 아이콘(↘)을 클릭하면 '해치 및 그라데이션' 대화상자가 나타난다. 대화상자에서도 해치 패턴을 지정 및 변경할 수 있다.

더 많은 옵션 보기 아이콘(>)을 클릭하면 대화상자가 확장된다.

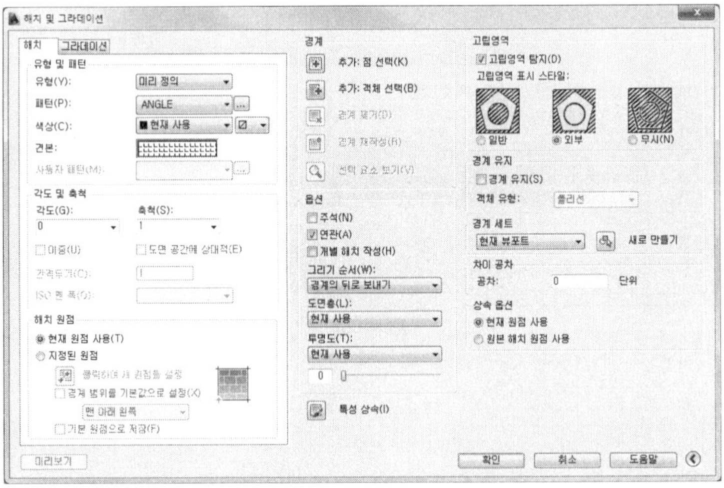

해치 및 그라데이션 대화상자

사용자의 취향에 따라 [해치 작성] 리본 메뉴를 이용하지 않고 '해치 및 그라데이션' 대화상자를 이용해도 된다.

따라해보세요

다음 그림과 같은 닫힌 객체에 파란색 콘크리트 패턴과 노란색의 해치 배경을 넣어보자.

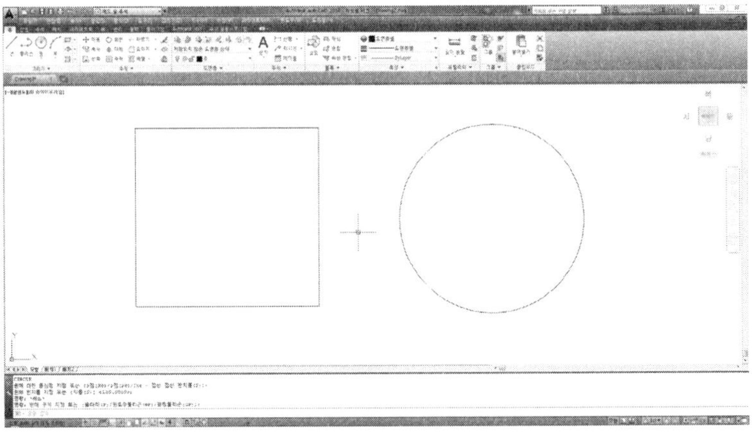

닫힌 객체

① 명령 : H Space Bar

② 그림과 같이 리본 메뉴에 해치 작성 탭이 생기면서 해치와 관련된 패널이 생성된다.

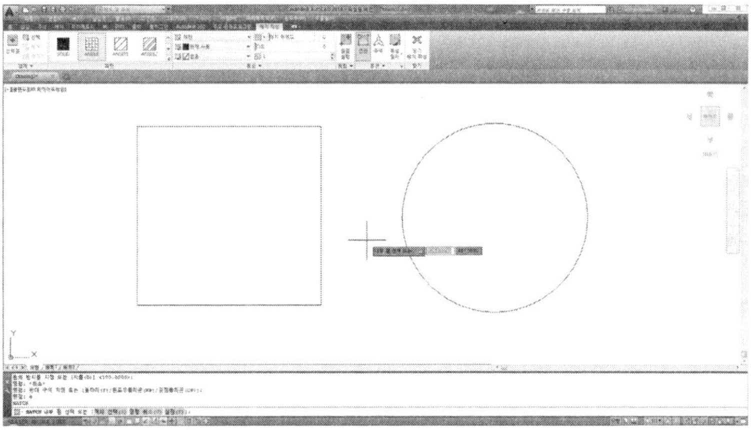

순서② 해치 명령 후 생성된 해치 작성 탭

③ [패턴] 패널에서 해치 무늬로 'AR-CONC'를 선택한다.

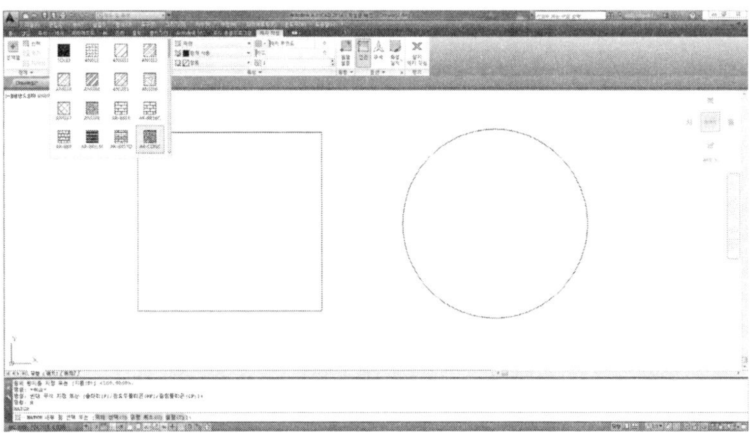

순서③ 패턴선택

※ 해당 객체에 마우스를 올려 미리보기를 통해 해치패턴이 어떻게 나타나는지 알 수 있다.

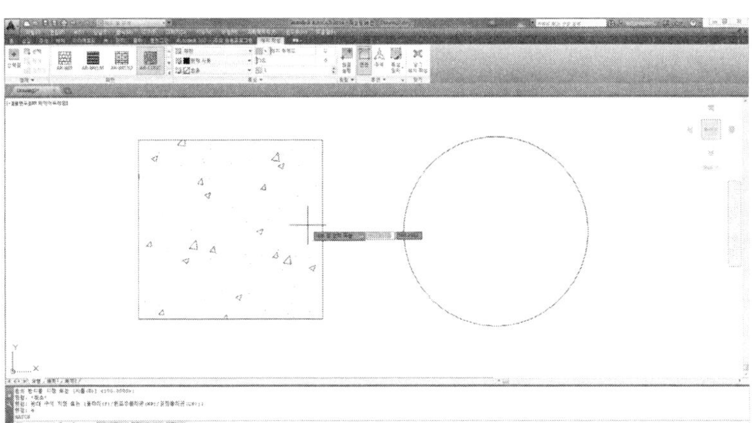

해치 패턴 미리보기

④ [특성] 패널에서 해치의 옵션을 지정한다. (유형, 색상, 각도, 축척 등)

[해치 색상]은 '파란색', [해치 배경색]은 '노란색'으로 바꿔주고 [축척]은 '1.5'배로 늘려보자.

순서④ 해치 특성 변경하기

이렇게 변화된 특성을 미리보기를 통해 알 수 있다.

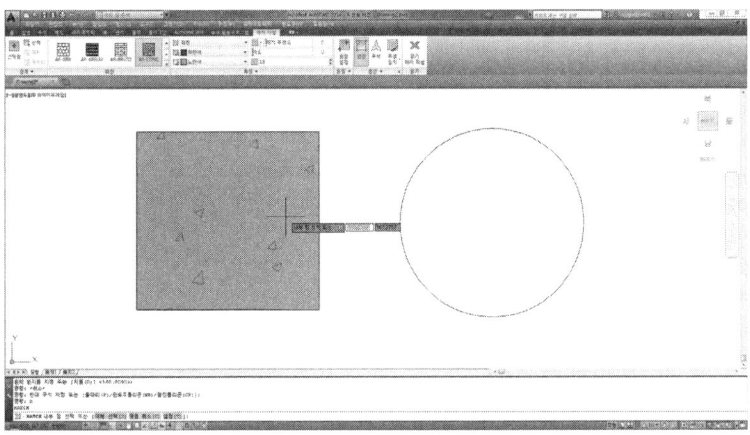

해치 특성 미리보기

⑤ 경계 패널의 선택점( )이 기본으로 지정되어 있기 때문에 닫힌 객체를 클릭하면 해치 적용이 바로 이루어진다.

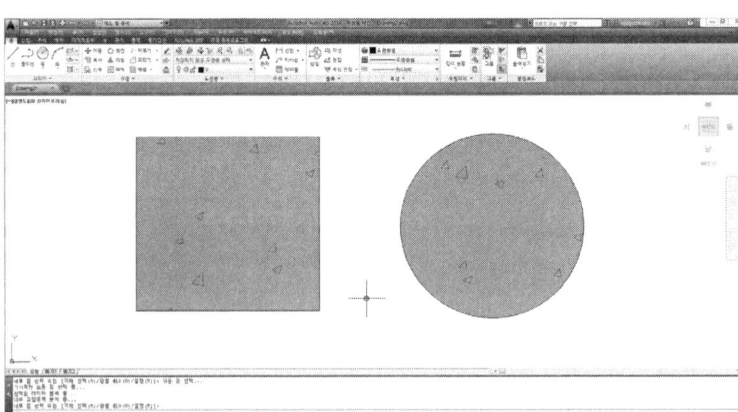

⑤ 해치 적용 완료

또 다른 방법으로 경계 객체( )를 선택한다면 닫힌 객체의 선을 하나씩 클릭해 줘야 적용이 완료되며 이때 닫힌 객체의 선을 클릭할 때마다 적용되는 범위가 화면에 바로 나타난다.

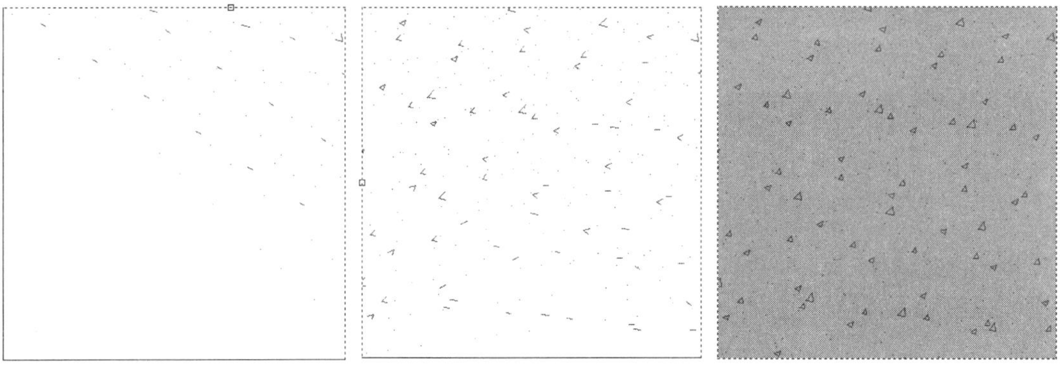

① 두 선분 클릭 ② 세 선분 클릭 ③ 완료

경계 객체 선택

7.2 그라데이션 (GRADATION)

해치를 이용하여 그라데이션을 그릴 수 있다.

· 명령어 : GRADATION · 리본 : 홈 탭 → 그리기 패널 → (그라데이션)
· 단축키 : GD · 메뉴 : 그리기 → 그라데이션

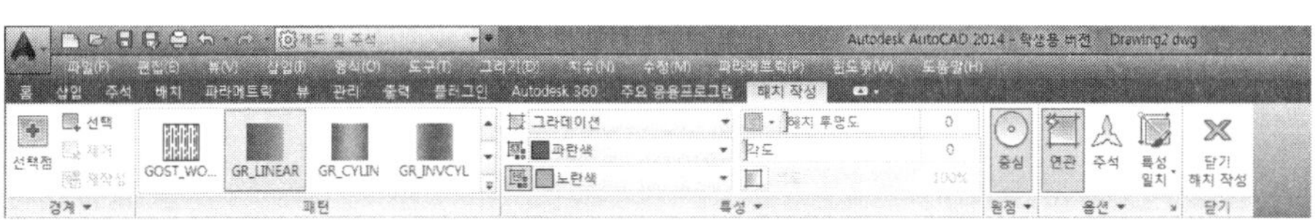

해치 작성 리본 메뉴(그라데이션)

그라데이션은 [해치 작성]-[특성]의 [해치 유형]에서 불러올 수도 있다.

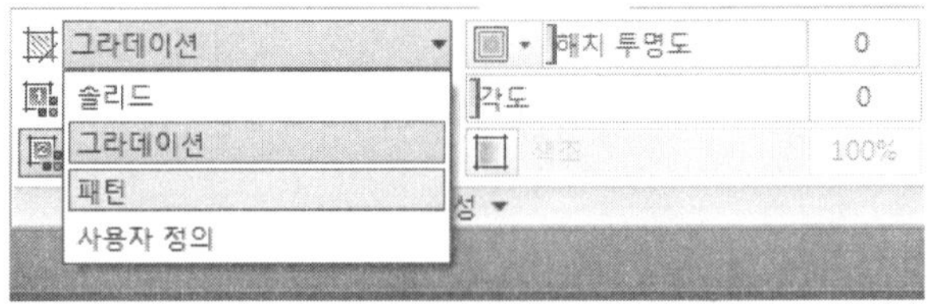

그라데이션 유형 변환

7.2.1 그라데이션 패널 설명

그라데이션 패널은 [특성]과 [원점] 패널을 제외하고 그 밖의 패널들은 앞서 해치 패널의 설명과 동일하다.

(1) 특성

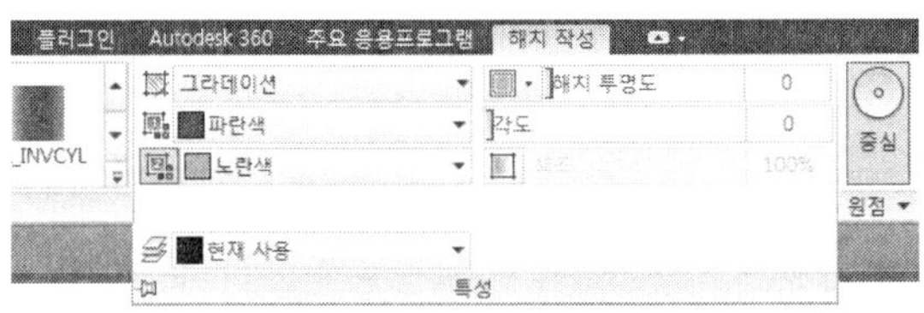

그라데이션 특성 패널

그라데이션 특성 아이콘

	해치 유형	: 정의된 해치를 작성할지 아니면 사용자 정의된 해치를 작성할지 지정한다.
	그라데이션 1	: 두 그라데이션 색상 중 첫 번째 색상을 지정한다.
	그라데이션 2	: 두 그라데이션 색상 중 두 번째 색상을 지정한다.
각도	해치 각도	: 현재 좌표의 X축을 기준으로 해치 패턴의 각도를 지정한다.
	그라데이션 색조 및 음영	: 한 색 그라데이션 색조 또는 음영에 대한 옵션을 켜거나 끈다.
	해치 도면층 재지정	: 해치에 대해 지정된 도면층으로 현재 도면층을 재지정한다.

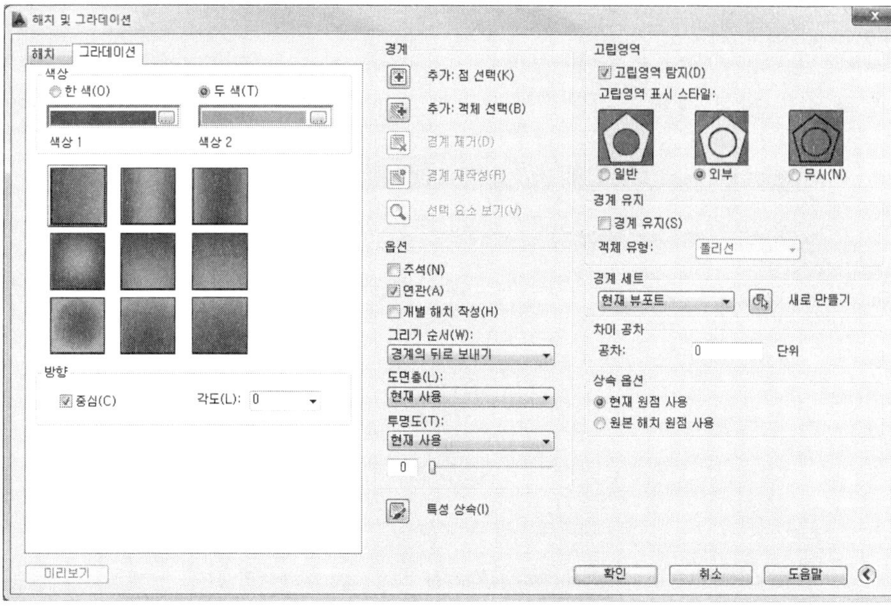

그라데이션 대화상자

(2) 원점

해치의 [원점] 패널과 다르게 그라데이션 [원점]패널에서는 중심 설정이 가능하다.

중심	: 채울 영역 중심을 기준으로 대칭인 그라데이션을 지정한다.

중심 적용 전

중심 적용 후

원점 패널

따라해보세요

다음 그림과 같이 닫힌 객체에 파랑색과 하늘색 패턴의 선행 그라데이션을 넣어보자.

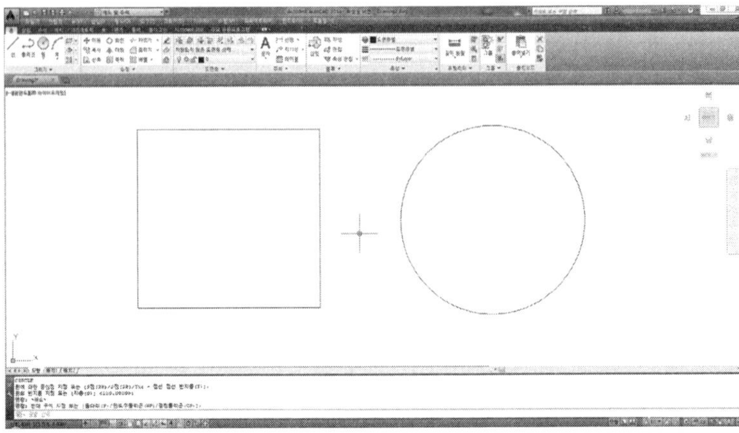

닫힌 객체

① 명령 : GD Space Bar

② [특성] 패널에서 '그라데이션 색상1( )'을 '파랑색'으로 '그라데이션 색상2( )'를 '하늘색'으로 지정해준다.

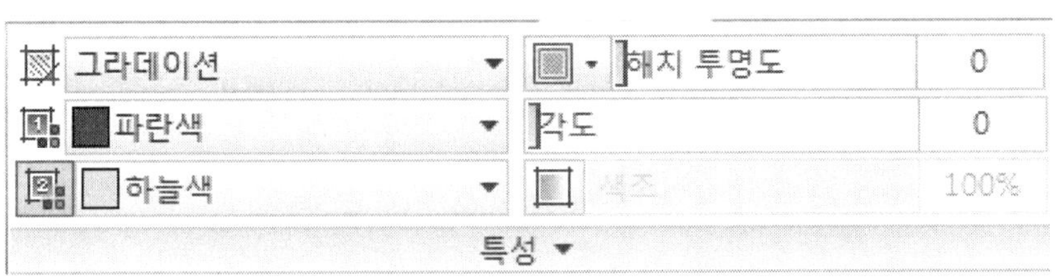

순서② 그라데이션 특성 패널

③ [패턴] 패널에서 'GR_LINEAR' 패턴을 선택한다.

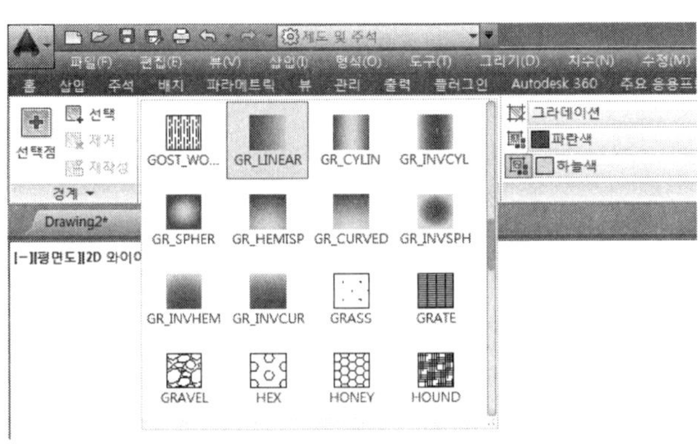

순서③ 패턴선택

※ 해당 객체에 마우스를 올려 미리보기를 통해 해치패턴이 어떻게 나타나는지 알 수 있다.

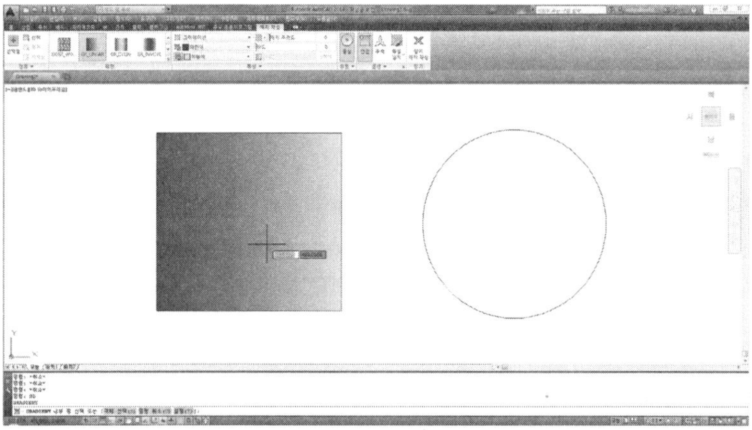

해치 패턴 미리보기

④ 경계 패널의 선택점( )이 기본으로 지정되어 있기 때문에 미리보기 상태에서 닫힌 객체를 클릭하면 해치 적용이 바로 이루어진다.

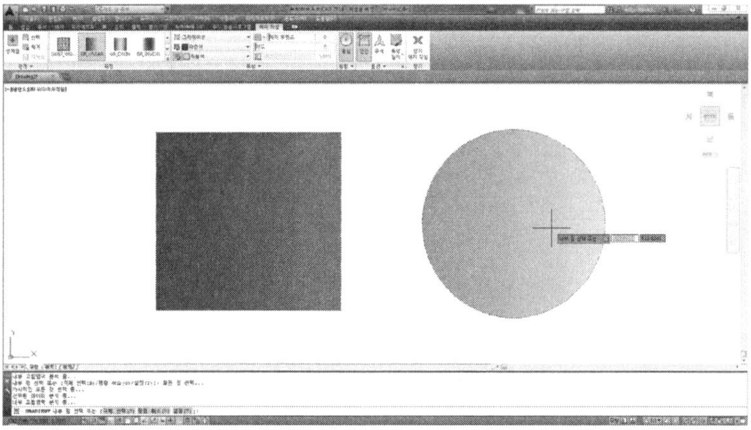

순서④ 그라데이션 패턴 완료

해치 및 그라데이션은 객체가 2개 이상일 때는 연속클릭하면 한 블록으로 인식하여 연속되어 나타난다(순서④ 그림). 따라서 개별 객체방식으로 그라데이션을 넣고 싶다면 객체마다 따로 명령을 실행시켜 줘야 객체별로 그라데이션이 설정된다.

7.3 해치 편집(HATCHEDIT)

기존에 작성된 해치 및 그라데이션을 편집할 수 있다.

- 명령어 : HATCHEDIT
- 단축키 : HE
- 리본 : 홈 탭 → 수정 패널 → (해치 편집)
- 메뉴 : 수정 → 객체 → 해치

따라해보세요

기존에 작성된 벽돌 패턴의 해치를 그라데이션으로 변환 편집해보자.

① HE Space Bar

② 해치 객체 선택 : 기존에 작성된 해치를 클릭한다.

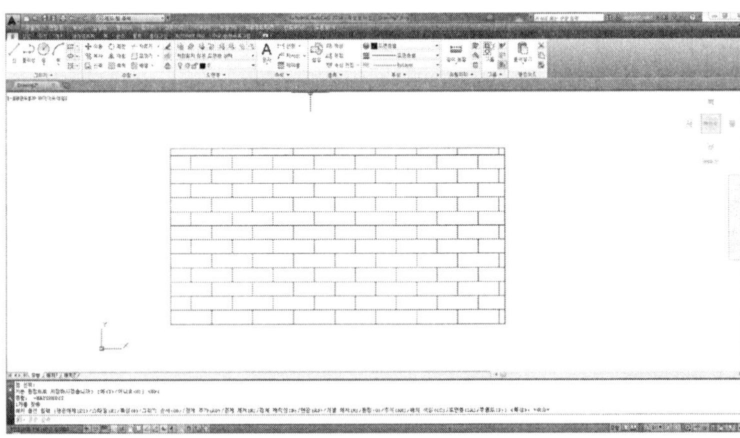

순서② 기존에 작성된 해치 클릭

③ 기존 작성된 객체를 클릭하면 해치 편집 대화상자가 나타난다.

순서③ 해치 편집 대화상자

④ 그라데이션으로 편집하기 위해서 [해치 편집] 대화상자의 [해치] 탭에서 [그라데이션] 탭으로 이동 후, 바꾸고 싶은 그라데이션 색상 및 방향을 지정해 준다. 그 후 확인버튼 클릭

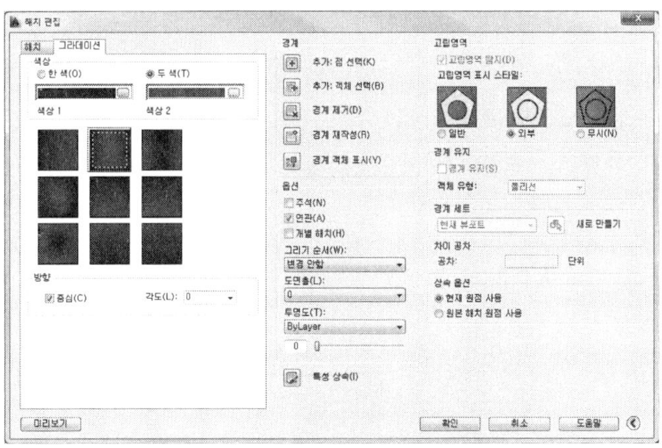

순서④ 그라데이션 특성 지정

⑤ 그림과 같이 벽돌 패턴에서 그라데이션으로 바뀐걸 알 수 있다.

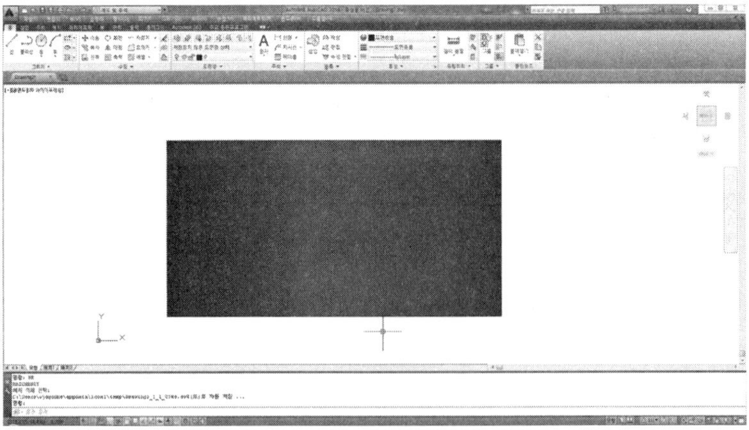

순서⑤ 편집 완료

Chapter 8

문자 입력하기

AutoCAD에서는 문자를 입력하여 도면안의 정보를 보다 쉽게 전달할 수 있다. 이러한 문자를 작성하기 전에는 문자 스타일을 확인하고 문자를 작성하는 것이 좋다.

8.1 문자스타일

문자를 작성하면 현재 설정된 문자 스타일이 적용된다. 문자 스타일에서는 새로운 문자 스타일을 만들 수 있으며, 글꼴(폰트), 기울기, 크기, 방향 등의 문자 특성을 설정할 수 있다.

· 명령어 : STYLE
· 단축키 : ST
· 리본 : 홈 탭 → 주석 패널 → (문자스타일)
· 메뉴 : 형식 → 문자스타일

문자 스타일 리본 메뉴

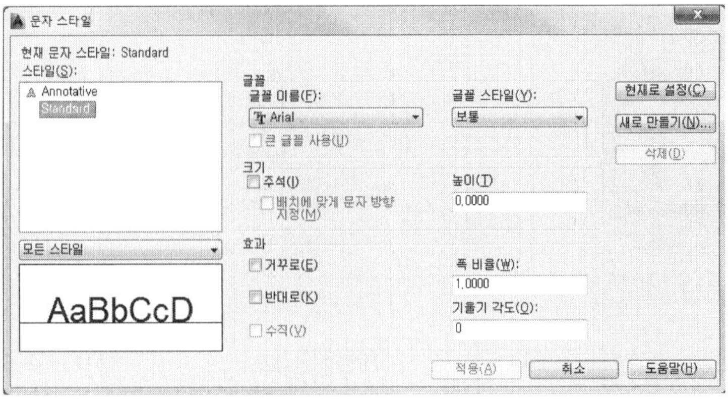

문자 스타일 대화상자

▌문자스타일의 여러 가지 옵션

현재 문자 스타일 : 현재 사용하고 있는 문자 스타일을 표시한다.

스타일 : 도면에 정의된 문자 스타일들의 목록을 표시한다.

드롭다운 리스트 : 전체 또는 사용 중인 문자 스타일을 선택하여 목록에 표시한다.

미리보기 화면 : 변경 사항에 대해 미리 보여준다.

글꼴 이름 : PC에서 사용가능한 모든 글꼴 목록을 보여준다.

글꼴은 두 가지 종류이며 아이콘으로 쉽게 구분이 된다. 트루타입 글꼴은 윈도우용 폰트이고, SHX 글꼴은 CAD에서 사용하는 글꼴이다.

트루타입 글꼴

SHX 글꼴

글꼴 스타일 : 기울임, 굵게 등의 글꼴에 대한 스타일을 지정한다.

큰 글꼴 사용 : 아시아(한글, 일본, 중국)어에 대한 글꼴을 표현하기 위한 글꼴이다.

주석 : 문자 객체를 주석 객체로 지정한다.

높이 : 문자의 높이 값을 지정한다.

거꾸로/반대로/수직 : 문자를 상하, 좌우, 수직으로 반전한다.

폭 비율 : 문자 폭을 비율로 지정한다.

기울기 각도 : 문자의 기울기를 각도로 지정한다.

현재로 설정 : 만들어진 여러 스타일 중 선택된 스타일을 현재 스타일로 설정한다.

새로 만들기/ 삭제 : 문자 스타일을 새로 만들거나 삭제한다.

따라해보세요

① 명령: ST [Space Bar] (STYLE)

② 문자 스타일 대화상자에서 [새로 만들기(N)...]를 클릭한 후 새로운 이름의 스타일을 만든다.

순서② 새 문자 스타일

③ 글꼴이름: '굴림체', 글꼴스타일: '보통', 높이: '20'으로 설정한다.

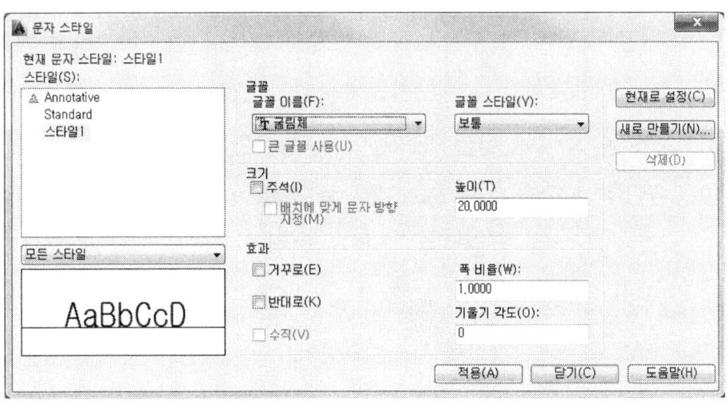

순서③ 문자 스타일 특성 설정

8.2 단일 행 문자

단일 행 문자 객체를 작성한다. 엔터키를 입력할 때마다 행이 바뀌며 각 문자 행은 각각의 독립객체로 이루어진다.

· 명령어 : TEXT 또는 DTEXT　　· 리본 : 홈 탭 → 주석 패널 → A(단일 행 문자)
· 단축키 : DT　　· 메뉴 : 그리기 → 문자 → 단일 행 문자

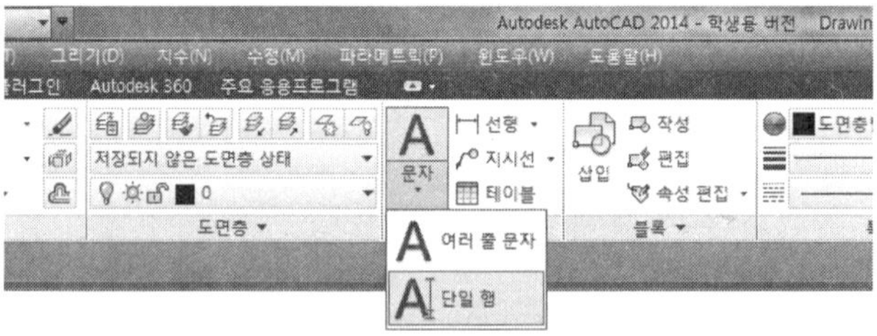

단일 행 문자 리본 메뉴

▌ 단일 행 문자의 자리 맞추기 옵션

왼쪽(L) : 기준선의 가로 왼쪽에서부터 정렬 한다.
중심(C) : 기준선의 가로 중심에서부터 정렬 한다.
오른쪽(R) : 기준선의 가로 오른쪽에서부터 정렬 한다.
정렬(A) : 기준이 되는 양 끝점사이의 정렬 한다.
중간(M) : 기준선의 가로 중심 및 지정한 높이의 세로 중심에 정렬한다.
맞춤(F) : 기준이 되는 양 끝점사이의 정렬과 높이 지정한다. (가로 방향 문자에만 사용)
맨위왼쪽(TL) : 맨 위 좌측을 기준으로 정렬한다. (가로 방향 문자에만 사용)
맨위중심(TC): : 맨 위 중심에 기준으로 문자를 정렬한다. (가로 방향 문자에만 사용)
맨위오른쪽(TR) : 맨 위 우측을 기준으로 문자를 정렬한다. (가로 방향 문자에만 사용)
중간왼쪽(ML) : 중간 좌측을 기준으로 문자를 정렬한다. (가로 방향 문자에만 사용)
중간중심(MC) : 중앙 중심을 기준으로 정렬한다. (가로 방향 문자에만 사용)
중간오른쪽(MR) : 중간 우측을 기준으로 정렬한다. (가로 방향 문자에만 사용)
맨아래왼쪽(BL) : 맨 아래 좌측을 기준으로 정렬한다. (가로 방향 문자에만 사용)
맨아래중심(BC) : 맨 아래 중심을 기준으로 정렬한다. (가로 방향 문자에만 사용)
맨아래오른쪽(BR) : 맨 아래 우측을 기준으로 정렬한다. (가로 방향 문자에만 사용)

자리 맞추기 옵션의 이해도

8.3 여러 줄 문자

여러 줄 문자를 작성한다. 작성 시 리본 메뉴에 문자 편집기가 표시되어 글꼴, 문자높이, 단락 등 여러 줄 문자에 관련된 편집을 할 수 있다. 문자 편집기는 편집기 내 옵션에서 설정을 변경할 수도 있다.

· 명령어 : MTEXT	· 리본 : 홈 탭 → 주석 패널 → A(여러 줄 문자)
· 단축키 : MT 또는 T	· 메뉴 : 그리기 → 문자 → 여러 줄 문자

따라해보세요

① 명령 : MT Space Bar

② 첫 번째 구석 지정 : 문자가 들어갈 박스의 첫 번째 코너를 지정한다.

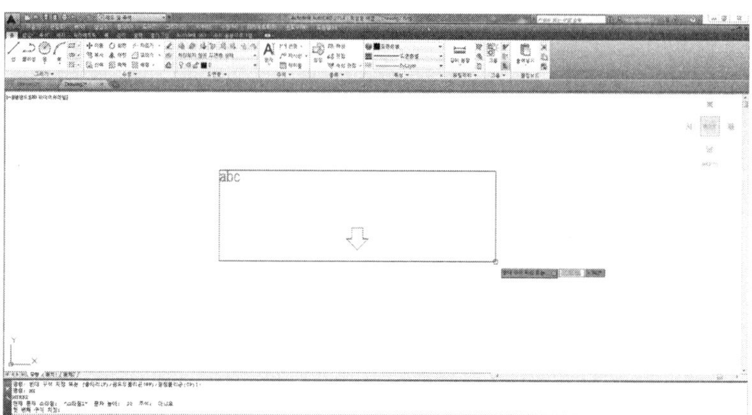

순서② 문자가 들어갈 곳 지정

③ 반대 구석 지정 또는 [높이(H)/자리맞추기(J)/선간격두기(L)/회전(R)/스타일(S)/폭(W)/열(C)] : 원하는 지점을 클릭하면 리본메뉴에 '문자 편집기' 탭이 나타나면서 문자를 입력할 수 있다.

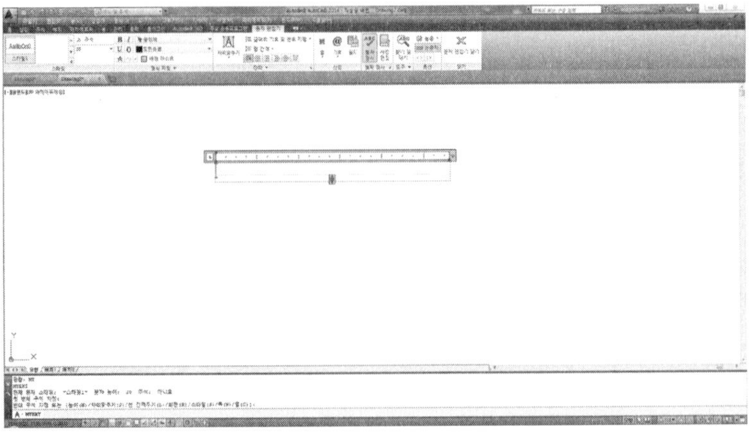

순서③ 문자 편집기 탭과 문자 입력실행

④ 원하는 문자를 입력한 후, 문자 편집기 탭에서 크기는 20으로 설정한 후 '문자 편집기 닫기' 버튼을 클릭한다. (마우스를 이용하여 '문자 편집기 닫기'를 누르는 것 보다는 Ctrl + Enter을 누르게 되면 '문자 편집기 닫기'가 된다.)

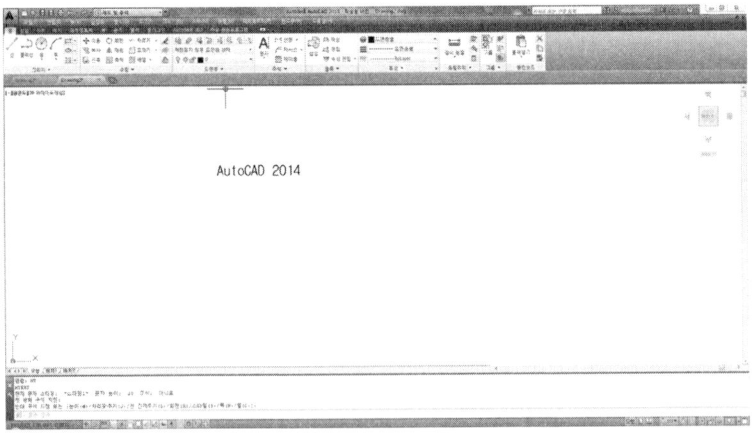

순서④ 문자 입력 완료

▌ 여러 줄 문자의 입력상자

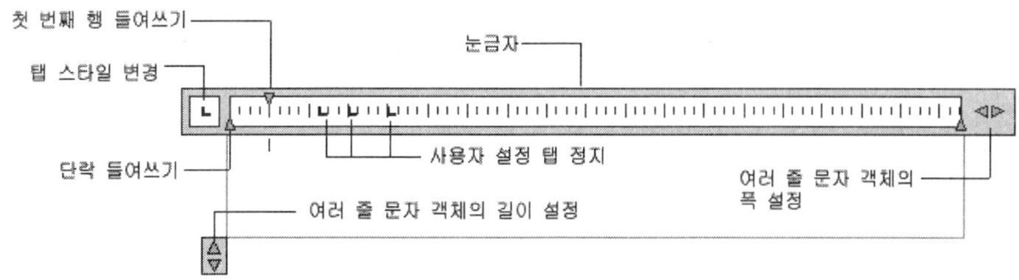

문자 형식 대화상자

▌ 문자편집기 패널의 여러 가지 옵션들

스타일 : 여러 줄의 문자 스타일을 결정 및 문자의 주석(크기)을 지정할 수 있다.

형식지정 : 문자 스타일의 글꼴, 기울기 각도, 방향 등의 문자 특성을 변경할 수 있다.

단락 : 자리 맞추기, 행 간격, 좌우 정렬 및 글머리, 단락기호 등 단락을 지정할 수 있다.

삽입 : 다양한 기호 와 필드 삽입 등을 지정할 수 있다.

철자 검사 : 쓰여진 문자의 철자 검사 등의 옵션을 지정할 수 있다.

도구 : 찾기 및 대치를 통해 원하는 문자를 찾을 수 있다.

옵션 : 찾기, 철자검색, 명령 취소 등을 실행할 수 있다.

닫기 : 입력한 문자 및 특성을 저장하고 문자 입력 실행을 완료한다.

8.4 문자편집(DDEDIT)

이미 작성된 문자를 편집할 때 사용한다.

· 명령어 : DDEDIT	· 리본 : 객체 더블 클릭 → 문자 편집기 탭
· 단축키 : ED	· 메뉴 : 수정 → 객체 → 문자 → 편집

문자 수정은 특성(Properties)으로도 할 수 있다.

8.5 기호 및 특수문자 쓰기

· 리본 : 문자 편집기 탭 → 삽입 → 기호

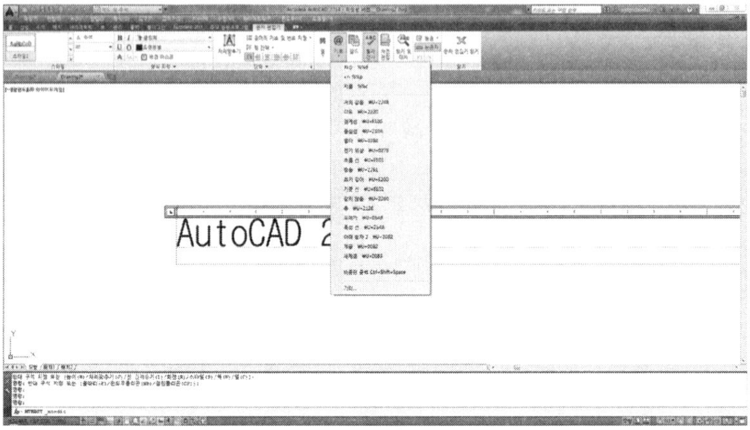

특수문자

여러줄 문자(Mtext)의 경우는 특수문자를 선택하여 입력이 가능하나 단일행 문자(Text 또는 Dtext)의 경우는 특수문자를 입력하기 위해서는 특수문자를 제어하는 이중 퍼센트 부호(%%) 와 함께 문자를 제어하는 코드를 입력하거나 유니코드 문자열을 입력한다.

특수문자를 편하게 사용하는 방법은 글자 입력 시 한글 자음키를 누른 다음 한자 키를 누르는 것이다. 그러면 오른쪽하단에 여러 가지 특수문자가 나오게 되는데, 이때 원하는 특수문자의 해당 번호를 누르면 된다. 각 자음마다 특수문자가 다르기 때문에 자주 쓰는 특수 문자는 해당 자음을 암기해두는 것이 편하다.

유니코드란? 국제 호환성을 목적으로 여러 하드웨어 업체 및 소프트웨어 업체가 모여 만든 문자 코드 규약을 말한다.

Chapter 9

치수 및 다중 지시선

AutoCAD에서는 도면에 길이 및 기타 값을 표현하기 위해 치수라는 명령을 사용한다. 치수를 작성하기 위해서는 치수 스타일을 사용하여 치수의 형식을 지정할 수 있으며 또한 치수 표준을 유지할 수 있다.

다중 지시선은 AutoCAD 2008부터 추가되었으며 한 개의 주석에 여러 개의 지시선을 추가하거나 제거할 수 있는 특성을 가지고 있다.

9.1 치수 스타일(DIMSTYLE)

도면의 모든 치수는 연관된 치수 스타일을 갖고 있으며, 설정을 변경하여 치수 모양을 조정할 수 있다. 작업 편의성과 치수 기입 표준 유지를 위해 이러한 설정을 치수 스타일로 저장하여 사용할 수 있다.

- 명령어 : DIMSTYLE
- 단축키 : D
- 리본 : 홈 탭 → 주석 패널 → (치수 스타일)
- 메뉴 : 형식 → 치수 스타일

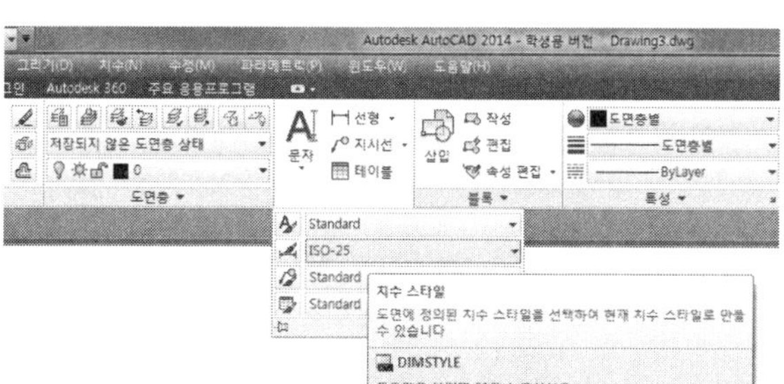

치수 스타일 리본 메뉴

▮치수 스타일 관리자

치수 스타일 관리자를 통하여 사용자는 여러 가지 스타일의 치수를 도면에 적용시킬 수 있다. 기본적으로 'acadiso.dwt'의 템플릿은 'ISO-25'라는 이름을 가진 치수 스타일이 현재 스타일로 되어 있으며, 사용자는 이러한 현재 스타일을 유지한 채로 구성 요소 값들을 수정할 수도 있고, 아예 새로 만들기를 하여 새로운 치수 스타일을 추가할 수도 있다.

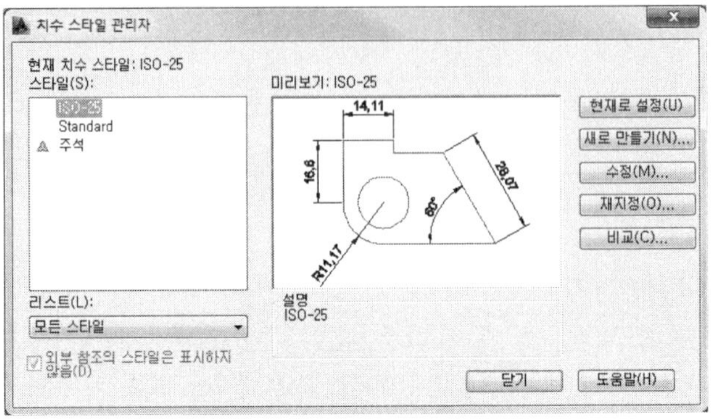

치수 스타일 관리자 대화상자

현재 치수 스타일 : 현재 도면에서 사용되고 있는 치수 스타일이다.

스타일 : 도면에 등록된 치수 스타일의 목록을 보여준다.

리스트 : 모든 스타일을 볼 것인지 사용되고 있는 스타일을 볼 것인지 선택한다.

미리보기 : 선택된 치수 스타일을 미리 보여준다.

[현재로 설정(U)] : 목록에서 선택된 스타일을 현재 스타일로 지정한다.

[새로 만들기(N)...] : 새로운 스타일을 만들 때 사용한다.

[수정(M)...] : 선택된 스타일의 옵션 및 설정 값들을 수정한다.

[재지정(O)...] : 현재 치수 스타일에서 수정과 같은 방식으로 옵션 및 설정 값들을 수정한다. 그러나 바로 적용되지 않고 스타일 아래에 <스타일 재지정>이라는 이름의 임시 목록을 생성한다.

[비교(C)...] : 비교 스타일과 대상 스타일의 다른 부분을 리스트로 보여준다.

9.2 치수 스타일 수정 대화 상자

치수선 대화상자에 있는 주요 옵션들에 관해서 알아보자.

9.2.1 선

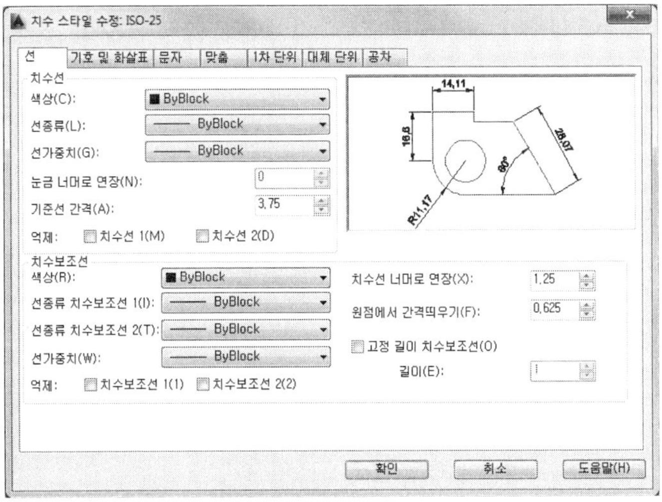

치수 스타일 수정 대화상자의 선 탭

▌치수선 : 치수선에 대한 형태를 설정한다.

색상 : 치수선의 색상을 설정한다.

선 종류 : 치수선의 선 종류를 설정한다.

선 가중치 : 치수선의 선 가중치 값을 설정한다.

눈금 너머로 연장 : 화살촉을 기울기, 건축 눈금, 정수 등을 선택하면 활성화가 되며, 치수보조선 너머로 연장할 거리 값을 지정한다.

기준선 간격 : 기준 치수를 작성할 때 치수들 간의 수직 간격을 조절한다.

억제 : 양쪽 치수선의 표시를 제어한다.

▌치수보조선 : 치수보조선에 대한 형태를 설정한다.

색상 : 치수선의 색상을 설정한다.

선 종류 : 치수선의 선 종류를 설정한다.

선 가중치 : 치수선의 선 가중치 값을 설정한다.

기준선 간격 : 기준 치수를 작성할 때 치수들 간의 수직 간격을 조절한다.

억제 : 양쪽 치수선의 표시를 제어한다.

치수선 너머로 연장 : 치수보조선이 치수선 너머로 연장되는 거리를 설정한다.

원점에서 간격 띄우기 : 원점으로부터 치수보조선이 시작되는 사이 값을 설정한다.

고정 길이 치수보조선 : 치수선에서부터 원점 방향으로 고정 길이를 설정할 수 있다.

9.2.2 기호 및 화살표

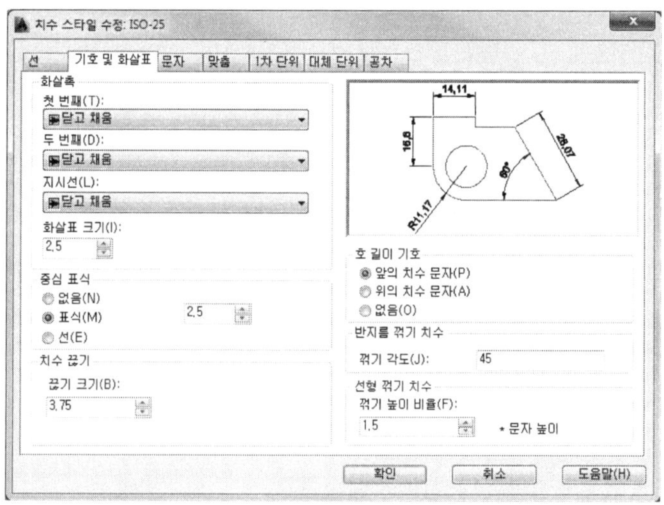

치수 스타일 수정 대화상자의 기호 및 화살표 탭

▌ 화살촉 : 화살표의 크기와 모양을 설정한다.

첫 번째 : 첫 번째 화살촉의 모양을 선택한다.

두 번째 : 두 번째 화살촉의 모양을 선택한다.

지시선 : 지시선의 화살촉 모양을 설정한다.

화살표 크기 : 화살촉의 크기를 설정한다.

■ **중심 표식 : 지름 및 반지름 치수의 중심 표지와 중심선의 모양을 조정한다.**

없음 : 첫 번째 화살촉의 모양을 선택한다.

표식 : 두 번째 화살촉의 모양을 선택한다.

선 : 지시선의 화살촉 모양을 설정한다.

■ **치수 끊기 : 치수 객체끼리 교차하고 있을 경우 어느 한 객체의 치수선 및 보조선을 끊어 줄 수 있다.**

끊기 크기 : 치수 끊기 명령 시 폭 값을 설정한다.

■ **호 길이 기호 : 호 길이 치수의 원호 기호 표시를 조정한다.**

앞의 치수 문자 : 호 길이 기호를 치수 앞에 표시한다.

위의 치수 문자 : 호 길이 기호를 치수 위에 표시한다.

■ **반지름 꺾기 치수**

꺾기 각도 : 꺾어지는 반지름 치수의 각도를 설정한다.

9.2.3 문자

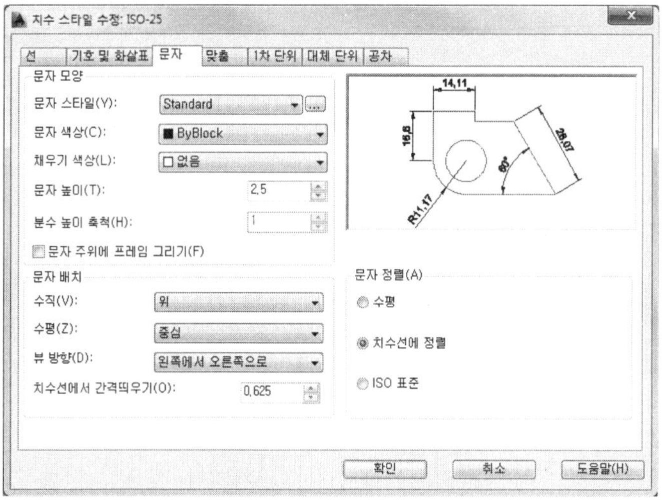

치수 스타일 수정 대화상자의 문자 탭

▌ **문자 모양 : 치수문자의 형식과 크기를 조정**

문자 스타일 : 치수 문자의 스타일을 설정한다.

문자 색상 : 치수 문자의 색상을 설정한다.

채우기 색상 : 치수 문자의 배경 색상을 설정한다.

문자 높이 : 치수 문자의 높이를 설정한다.

분수 높이 축척 : 치수 단위를 분수로 설정 시 크기를 조절한다.

문자 주위에 프레임 그리기 : 선택 시 치수 문자의 외각에 사각형으로 표시된다.

▌ **문자 배치 : 치수문자의 위치를 좌우 또는 중앙으로 조절한다.**

수직 : 치수 문자의 세로위치를 설정한다.

수평 : 치수 문자의 가로위치를 설정한다.

치수선에서 간격띄우기 : 치수 문자와 치수선 사이의 간격을 조절한다.

▌ **문자 정렬 : 치수문자의 정렬방식을 설정한다.**

수평 : 치수 문자를 수평으로 정렬한다.

치수선에 정렬 : 치수 문자를 치수선에 각도에 따라 정렬한다.

ISO 표준 : ISO 표준으로 정렬한다.

9.2.4 맞춤

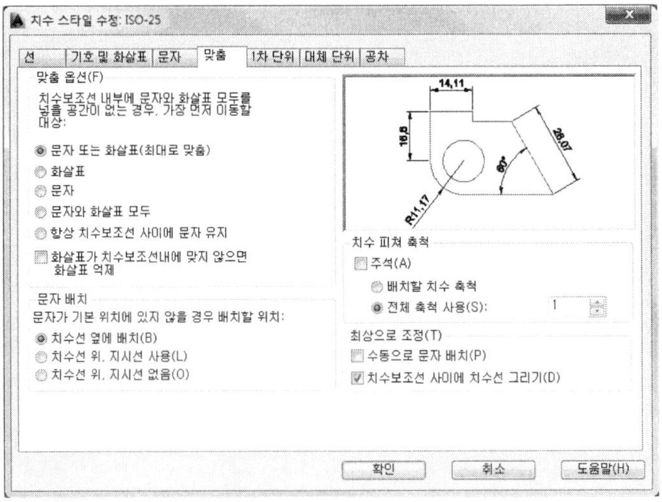

치수 스타일 수정 대화상자의 맞춤 탭

▌맞춤 옵션 : 치수선에 따른 치수문자의 위치를 설정한다.

이 옵션은 치수보조선간의 폭이 좁아 치수문자가 들어갈 공간이 없을 경우, 치수문자와 화살표의 위치를 조절하는 설정이다.

문자 또는 화살표(최대로 맞춤)	: 자동으로 위치를 설정한다.
화살표	: 치수보조선 바깥쪽으로 먼저 문자를 이동한다.
문자	: 치수보조선 바깥쪽으로 문자를 이동한 다음 화살표를 이동한다.
문자와 화살표 모두	: 치수문자와 화살표 모두 이동한다.
항상 치수보조선 사이에 문자 유지	: 치수문자의 위치를 초기 위치에 고정한다.

▌문자배치 : 치수문자의 위치 설정

이 옵션은 치수문자가 초기 위치에 있지 않을 경우의 위치 설정이다.

치수선 옆에 배치	: 치수선 옆에 위치한다.
치수선 위, 지시선 사용	: 지시선을 만들어 치수선 위에 위치한다.
치수선 위, 지시선 없음	: 지시선을 만들지 않고 치수선 위에 위치한다.

▌치수 피쳐 축척 : 문자 및 화살표 크기, 거리 또는 간격을 지정하는 모든 치수 스타일을 설정한다.

주석	: 치수 스타일을 주석 객체로 설정한다.
배치할 치수 축척	: 배치 공간에서 치수를 표기할 때 뷰포트 축척 값에 의하여 치수 축척이 정해진다.
전체 축척 사용	: 입력하는 값은 비율이며, 치수의 전체적인 크기에 대한 스케일 값을 설정한다.

▌최상으로 조정 : 치수 위치의 수동 설정과 치수선의 기타 설정이다.

수동으로 문자 배치	: 치수의 위치 변경 시 수동 설정이 가능하게 해준다.
치수보조선 사이에 치수선 그리기	: 치수 기입 시 항상 치수보조선 사이에 치수선이 기입되게 한다.

9.2.5 1차 단위

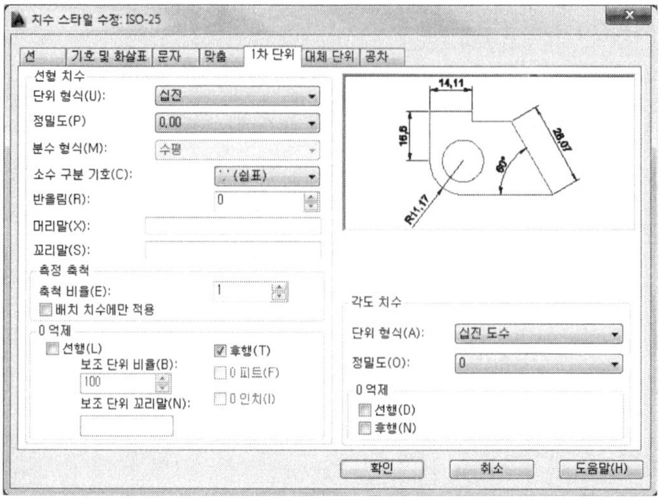

치수 스타일 수정 대화상자의 1차 단위 탭

▌ 선형 치수 : 직선치수에 대한 단위와 정밀도를 설정한다.

단위형식 : 치수 스타일을 주석 객체로 설정한다.

정밀도 : 치수 문자의 소수 자릿수를 설정한다.

분수형식 : 치수의 단위를 분수로 선택했을 때의 형식을 설정한다.

소수 구분 기호 : 소수 형식에 사용할 구분 기호를 설정한다.

반올림 : 각도치수를 제외한 모든 치수의 측정값에 대한 반올림 규칙을 설정한다.

머리말 : 치수 문자에 머리말을 삽입한다. (문자 또는 특수기호 사용가능)

꼬리말 : 치수 문자에 꼬리말을 삽입한다. (문자 또는 특수기호 사용가능)

▌ 측정 축척 : 선형 축척 옵션을 정의한다.

축척 비율 : 치수 문자에 곱해질 값을 설정한다.

배치 치수에만 적용 : 레이아웃된 치수에만 적용한다.

0 억제 : 치수 문자에서 '0'을 생략한다.

- *선 행* : 모든 소수 치수에서 소수점 앞에 오는 0을 생략한다. ex> 0.2 → .2
- *후 행* : 모든 소수 치수에서 소수점 뒤에 오는 0을 생략한다. ex> 2.0 → 2
- *0인치* : 피트-인치 치수에서 피트부분이 정수일 때 인치부분을 생략한다.
- *0피트* : 거리가 1피트가 안될 때 피트-인치 치수에서 피트부분을 생략한다.

▌ 각도치수 : 각도치수에 대한 단위와 정밀도를 설정한다.

단위형식 : 각도치수의 단위를 설정한다.

정밀도 : 각도치수에서 나타낼 소수 자릿수를 설정한다.

0억제 : 소수 치수에서 선행 또는 후행 등의 0을 생략한다.

9.2.6 대체 단위

이 옵션은 1차 단위에서 측정된 값을 다른 단위로 대체하여 함께 표시할 때 사용한다. 예를 들어 mm 단위와 inch 단위를 동시에 기입하고자 할 때 사용한다.

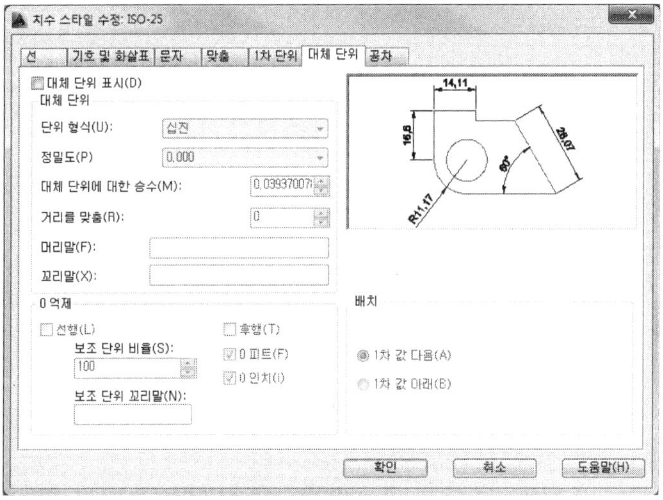

치수 스타일 수정 대화상자의 대체 단위 탭

▌ 대체 단위 표시(D) : 대체 측정단위를 치수문자에 추가한다.

▌ 대체 단위 : 두 번째 단위 치수문자에 대한 단위와 정밀도를 설정한다.

1차 단위 탭 설명 참고

▌ 0 억제 : 두 번째 치수문자에 "0"의 생략을 설정한다.

1차 단위 탭 설명 참고

▌ 배치 : 두 번째 단위 치수문자의 배치를 설정한다.

1차 값 다음　　: 기본 치수 뒤에 위치한다.

1차 값 아래　　: 기본 치수 아래에 위치한다.

9.2.7 공차

이 옵션은 공차 표시를 설정한다.

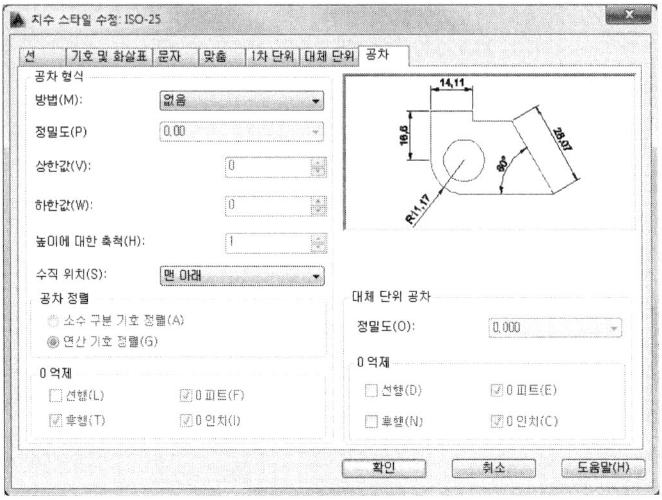

공차(Tolerances)

▌ 공차형식 : 공차 표시의 형식과 정밀도를 설정한다.

방법　　: 공차를 계산하기 위한 방법을 설정한다.

정밀도　　: 치수 문자의 소수 자릿수를 설정한다.

상한값　　: 공차의 상한 값을 설정한다.

하한값　　: 공차의 하한 값을 설정한다.

높이에 대한 축척 : 공차 문자의 높이를 설정한다.

수직 위치　　: 대칭 및 편차 공차의 문자 자리 맞추기를 조정한다.

공차정렬　　: 스택 시 상위 및 하위 공차 값의 정렬을 제어한다.

0 억제　　: 선행 또는 후행 등의 0을 생략한다.

▌ 대체 단위 공차 : 두 번째 단위치수에 공차 표시의 정밀도를 설정한다.

정밀도 : 치수 문자의 소수 자릿수를 설정한다.

따라해보세요

새로운 치수 스타일을 만들어보자.

① 치수 스타일 관리자(단축키 : D)를 실행시키고 [새로 만들기(N)...]를 클릭한다.

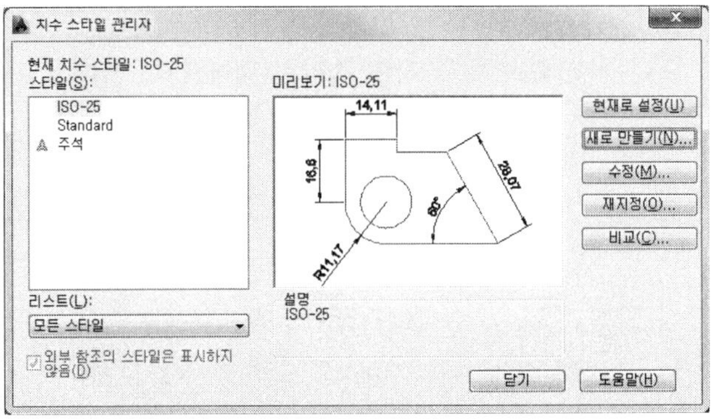

순서① 치수 스타일 관리자 대화상자

② 새 치수 스타일 작성 창에서 새 스타일 이름에 '스타일1'이라고 입력하고 [계속]버튼을 클릭한다.

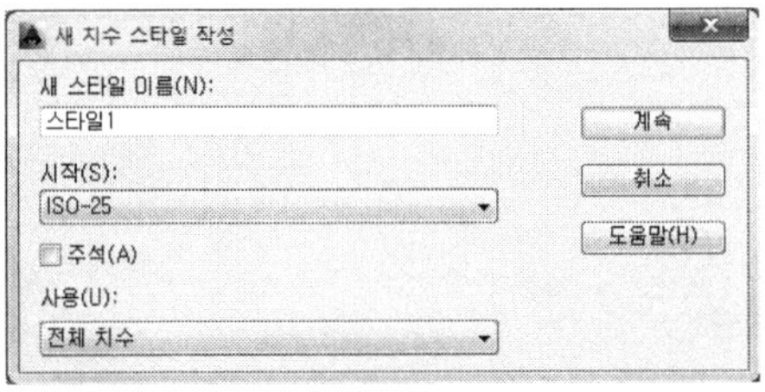

순서② 새 치수 스타일 작성 대화상자

③ 그러면 새 치수 스타일인 '스타일1'의 특성을 설정하는 대화상자가 나오면 [선] 탭에서 각 항목의 수치를 아래와 같이 수정한다.

기준선 간격 : 10 , 치수선 너머로 연장 : 3 , 원점에서 간격띄우기 : 3

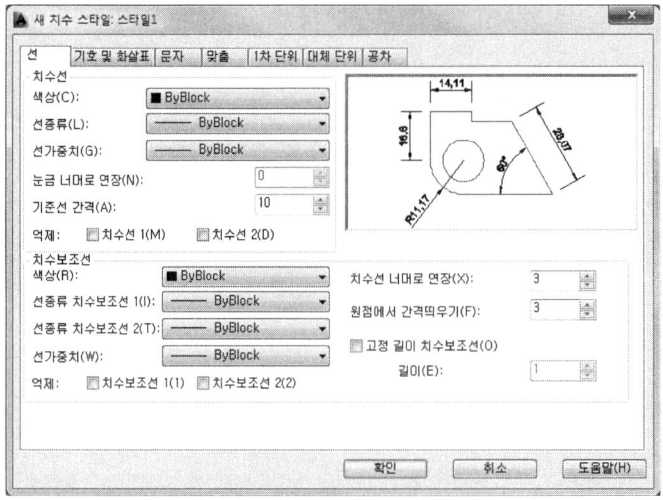

순서③ 새 치수 스타일 대화상자

④ [기호 및 화살표] 탭으로 가서 각 항목의 수치를 아래와 같이 수정한다.

화살표 크기 : 5 , 중심 표식 : 3 , 치수 끊기 크기 : 3

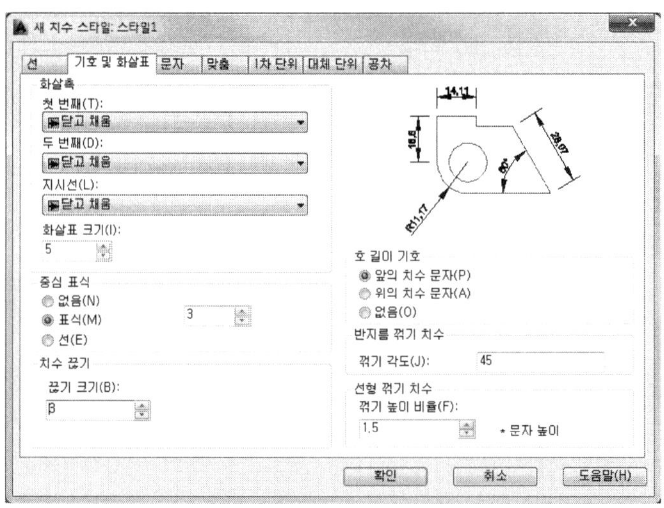

순서④ 기호 및 화살표 변경

⑤ [문자] 탭을 클릭하고 각 항목의 수치를 아래와 같이 수정한다.

문자 높이 : 3 , 치수선에서 간격띄우기 : 4

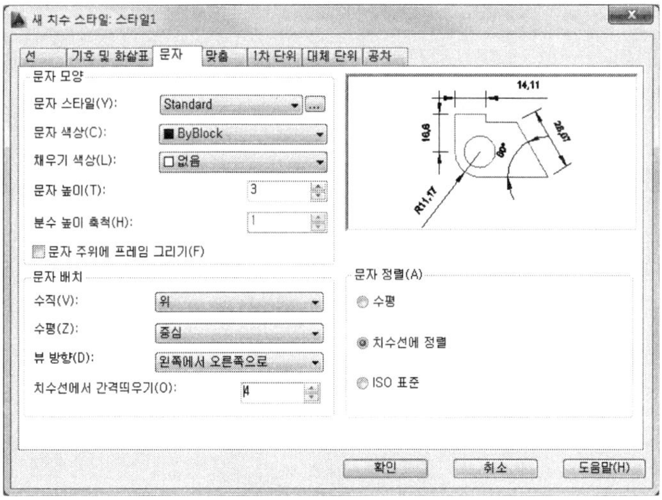

순서⑤ 문자 속성 변경

⑥ 설정 완료 후 확인을 누르면 아래의 그림과 같이 '스타일1'의 새 치수 스타일이 생성된 걸 확인 할 수 있다.

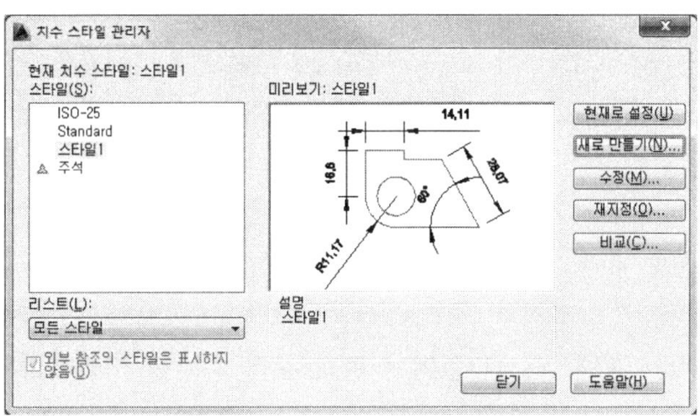

순서⑥ 새 치수 스타일 생성완료

9.3 치수 작성하기

도면에 치수를 입력하는 방법에는 세 가지가 있다. 명령어를 이용하는 방법과 [치수]도구막대를 이용하는 방법, 마지막으로 [주석] 패널을 이용하는 방법이 있다.

치수 작성 리본 메뉴

9.3.1 선형

수평, 수직 등의 직선거리를 측정하는 명령어이다.

· 명령어 : DIMLINEAR · 리본 : 홈 탭 → 주석 패널 → 선형 (선형)

· 단축키 : DLI · 메뉴 : 치수 → 선형

따라해보세요

아래 그림과 같은 200*120의 직사각형에 수평과 수직 치수를 기입해보자.

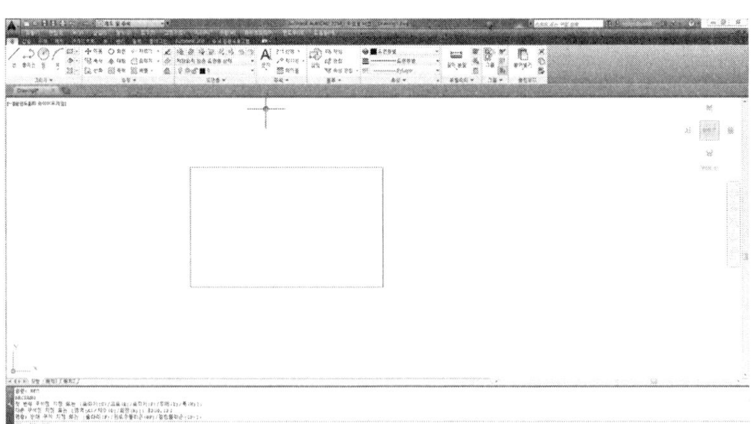

① [주석] 패널의 선형 을 클릭한다.

② 첫 번째 치수보조선 원점 지정 또는 <객체 선택> : P1 선택

두 번째 치수보조선 원점 지정 : P2 선택

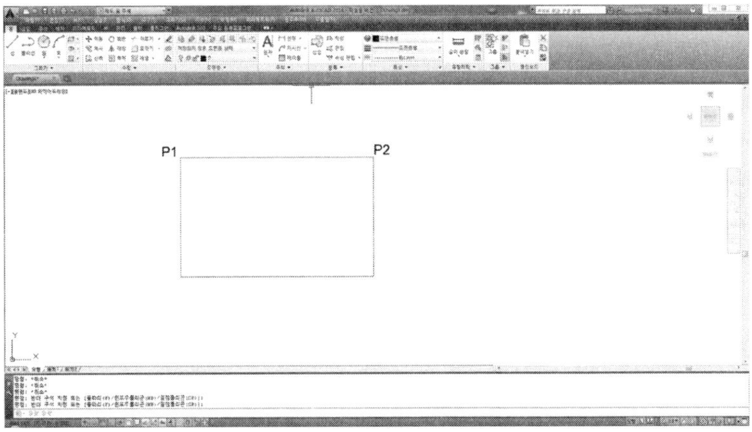

순서② 수평 치수 기입완료

③ 두 지점(P1, P2)을 지정 후에 객체와 간격을 떨어진 지점(P3)을 클릭하면 치수 기입이 완료된다.

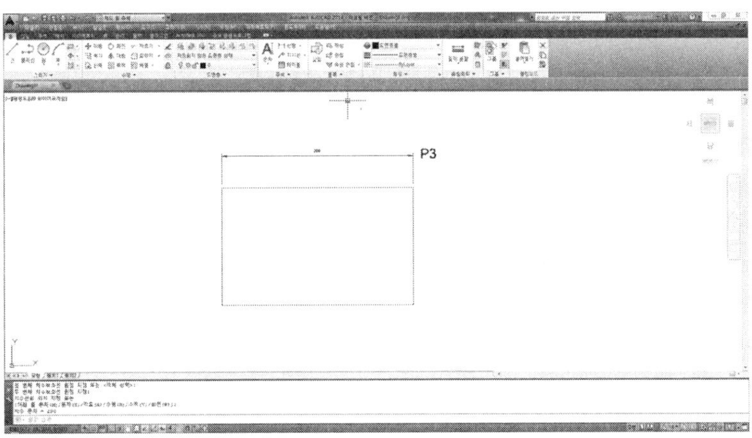

순서③ 수평 치수 기입완료

④ 수직 치수 기입도 위와 같은 방법으로 P1과 P2 지점을 선택 후에 P3지점을 클릭한다.

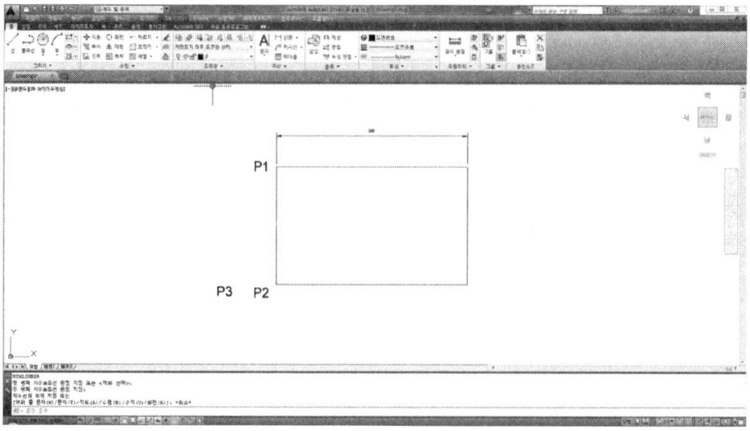

순서④ 수직 치수를 기입할 지점 선택

⑤ P3 지점까지 클릭하면 수직 치수 기입 완료된다.

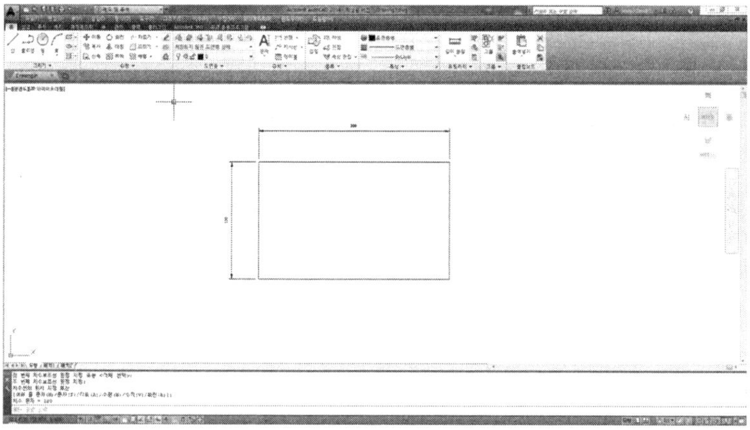

⑤ 수직 치수 기입완료

9.3.2 정렬

정렬된 선형 치수를 작성하는 명령어 이다.

· 명령어 : DIMALIGNED
· 단축키 : DAL
· 리본 : 홈 탭 → 주석 패널 → 정렬 (정렬)
· 메뉴 : 치수 → 정렬

따라해보세요

아래 그림과 같은 삼각형에 치수를 기입해보자.

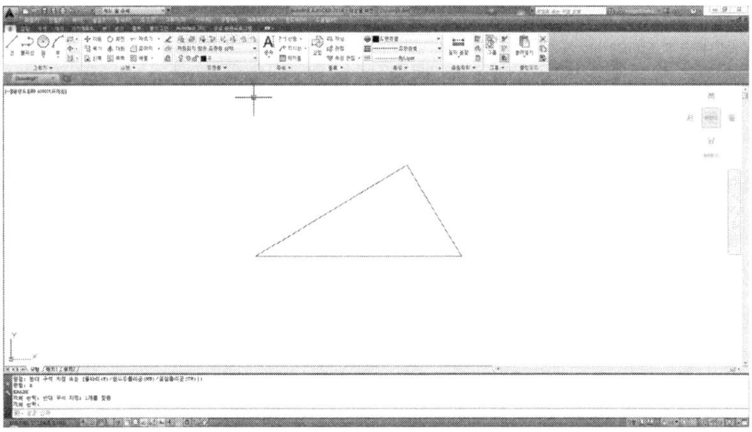

① [주석] 패널의 치수 기입방법에서 정렬 을 선택한다.

② P1을 찍은 후에 P2를 찍고 마지막으로 P3을 찍는다.

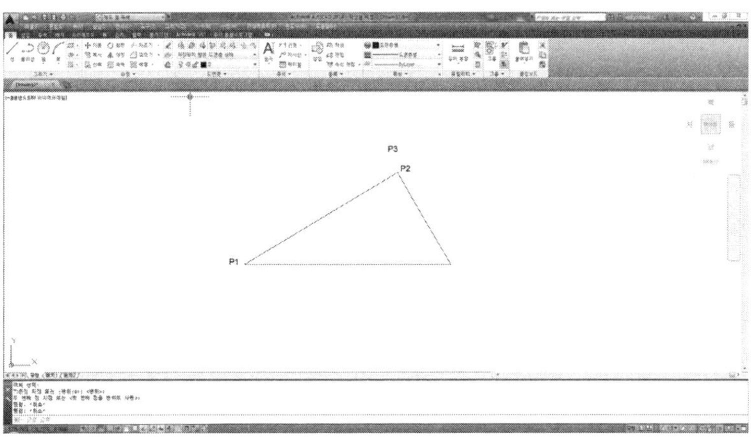

순서② 지점 선택

③ P3까지 클릭이 완료되면 경사의 치수가 입력된다.

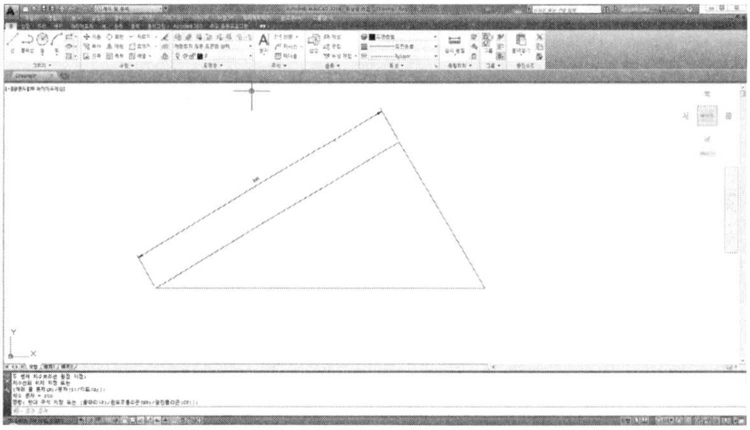

순서③ 치수 입력 완료

9.3.3 각도

선, 원, 호 객체의 각도를 측정하고 기입할 때 사용하는 명령어이다.

- 명령어 : DIMANGULAR
- 단축키 : DIMANG
- 리본 : 홈 탭 → 주석 패널 → 각도(각도)
- 메뉴 : 치수 → 각도

따라해보세요

아래 그림과 같은 두선의 각도를 기입해보자.

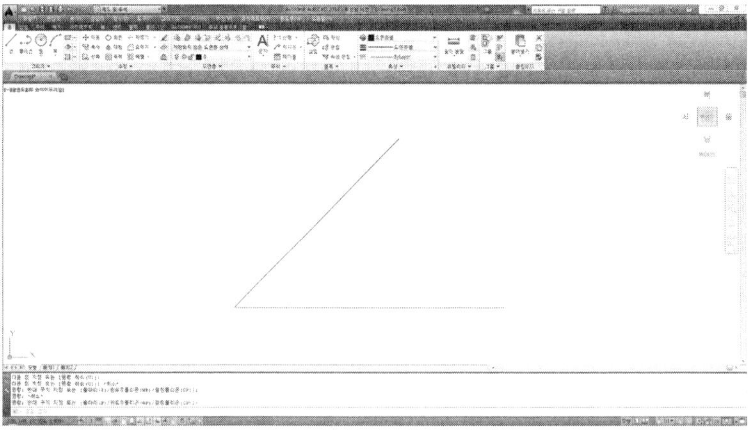

① [주석] 패널의 치수 기입방법에서 각도 을 선택한다.

② P1을 찍은 후에 P2를 찍고 마지막으로 P3을 찍는다.

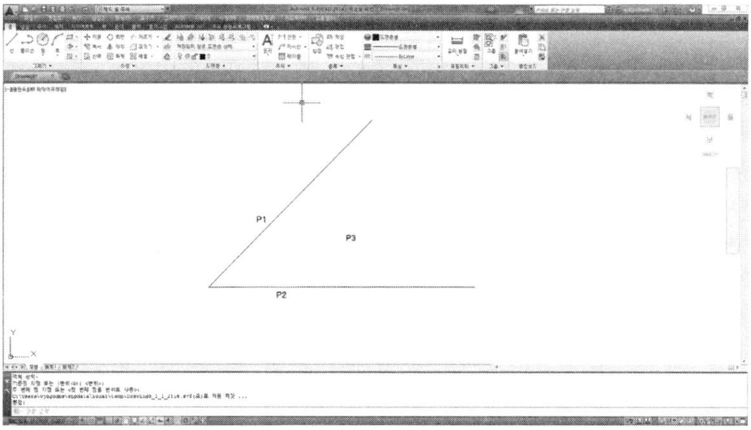

순서② 지점 선택

③ P3까지 클릭이 완료되면 두 선의 각도가 입력된다.

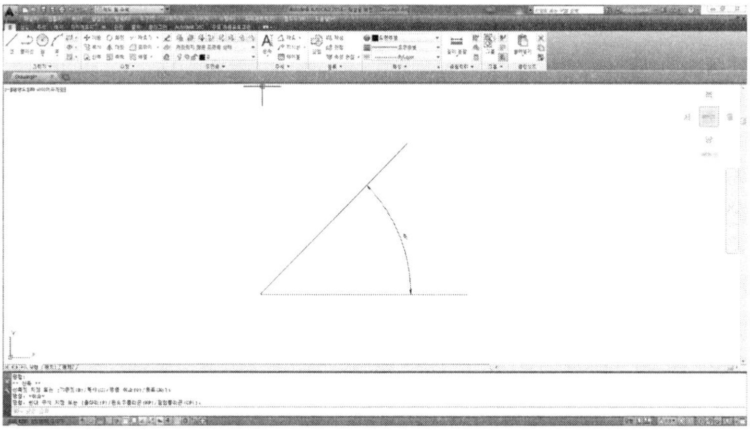

순서③ 치수 입력 완료

9.3.4 호 길이

호 길이를 기입할 때 사용하는 명령어이다.

· 명령어 : DIMARC

· 단축키 : DAR

· 리본 : 홈 탭 → 주석 패널 → 호 길이 (호길이)

· 메뉴 : 치수 → 호길이

따라해보세요

아래 그림과 같은 호의 길이를 기입해보자.

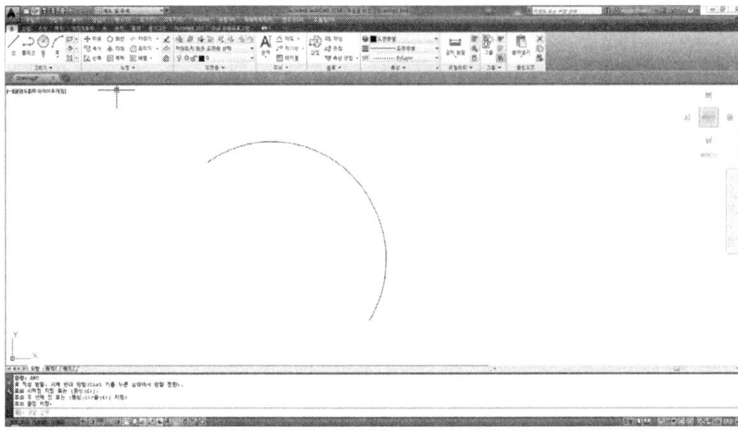

① [주석] 패널의 치수 기입방법에서 호 길이 을 선택한다.

② P1을 찍은 후에 마지막으로 P2를 찍는다.

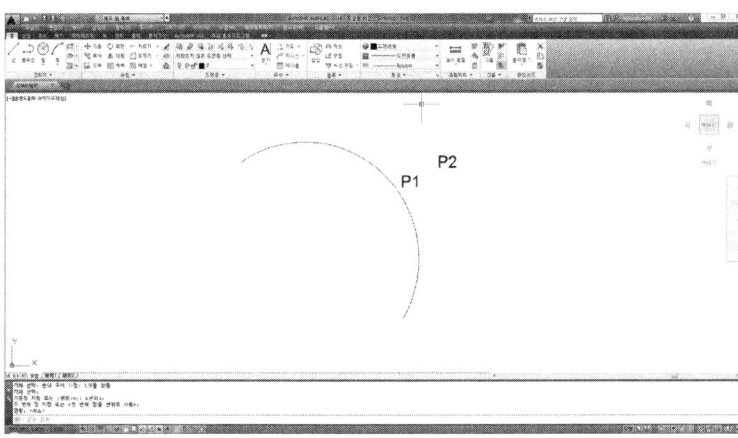

순서② 지점 선택

③ P3까지 클릭이 완료되면 치수가 입력된다.

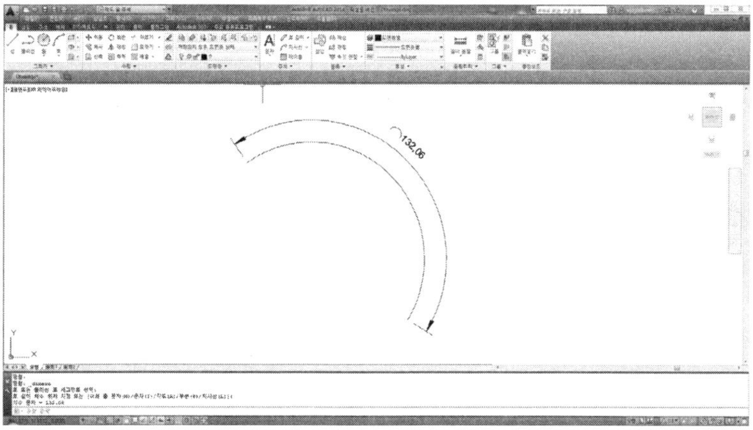

순서③ 치수 입력 완료

9.3.5 반지름

원의 반지름을 기입할 때 사용하는 명령어이다.

· 명령어 : DIMRADIUS
· 단축키 : DRA
· 리본 : 홈 탭 → 주석 패널 → 반지름(반지름)
· 메뉴 : 치수 → 반지름

따라해보세요

아래 그림과 같은 두선의 반지름을 기입해보자.

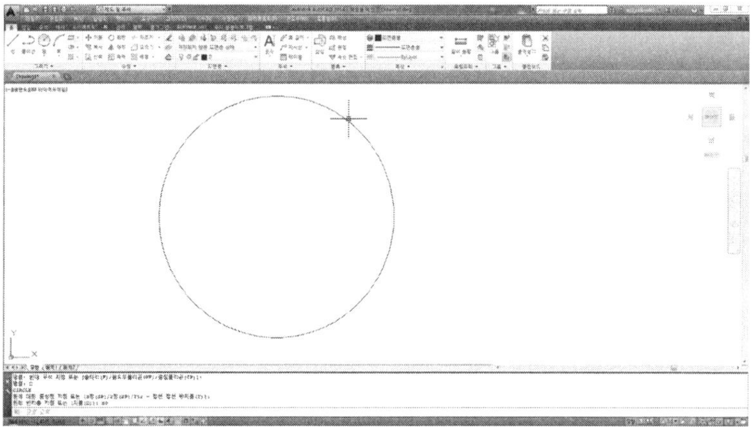

① [주석] 패널의 치수 기입방법에서 반지름을 선택한다.

② 원(P1)을 찍으면 미리보기를 통해 반지름이 나온다.

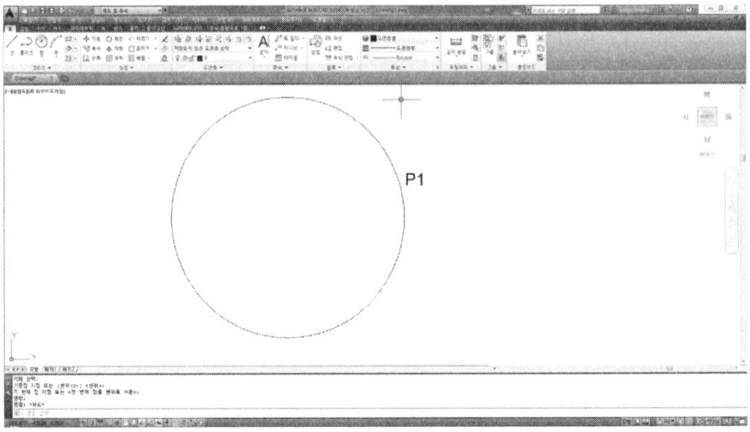

순서② 지점 선택

③ 미리보기를 통하여 적당한 곳에 클릭하면 치수가 입력된다.

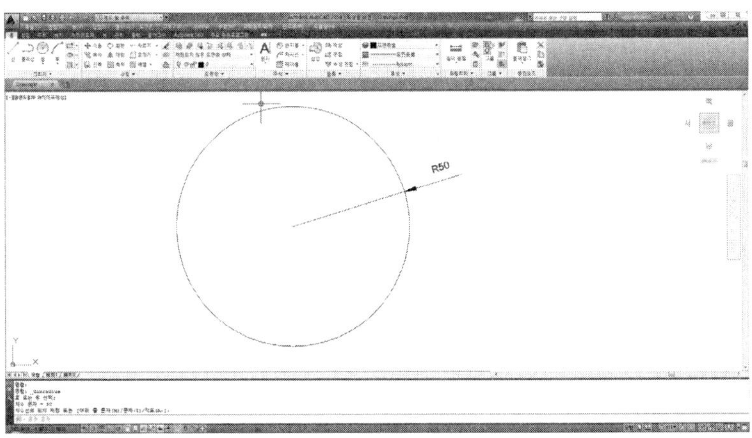

순서③ 치수 입력 완료

9.3.6 지름

원의 지름을 기입할 때 사용하는 명령어이다.

- 명령어 : DIMDIAMETER
- 단축키 : DDI
- 리본 : 홈 탭 → 주석 패널 → 지름 (지름)
- 메뉴 : 치수 → 지름

따라해보세요

아래 그림과 같은 꺾어진 지름 치수를 기입해보자.

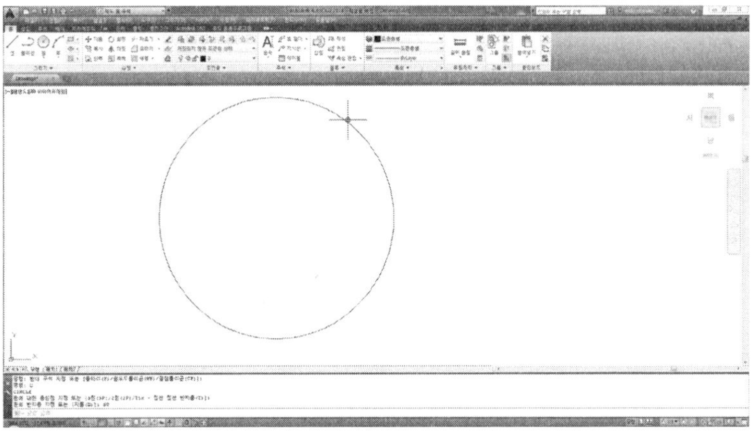

① [주석] 패널의 치수 기입방법에서 지름 을 선택한다.

② 원(P1)을 찍으면 미리보기를 통해 지름이 나온다.

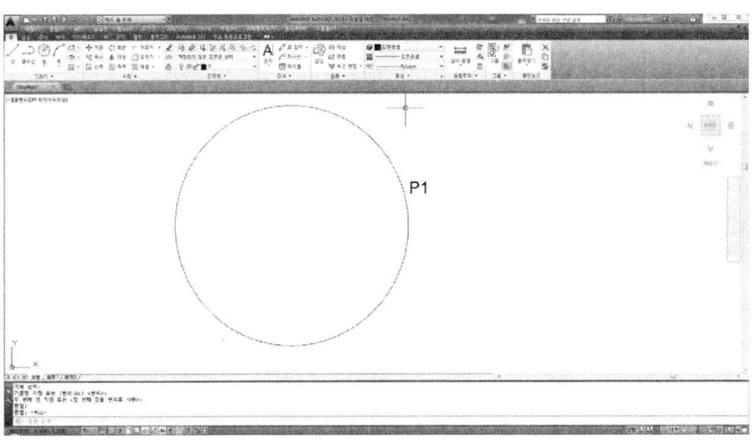

순서② 지점 선택

③ 미리보기를 통하여 적당한 곳에 클릭하면 치수가 입력된다.

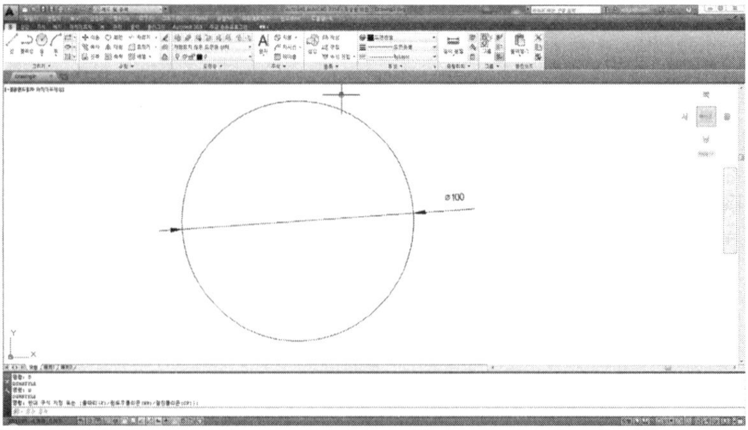

순서③ 치수 입력 완료

9.3.7 꺾어진 반지름

원이나 호의 꺾어진 반지름 치수를 측정할 때 사용하는 명령어이다.

- 명령어 : DIMJOGGED
- 단축키 : JOG
- 리본 : 홈 탭 → 주석 패널 → 꺾기 (꺾기)
- 메뉴 : 치수 → 꺾기

따라해보세요

아래 그림과 같은 꺾어진 반지름 치수를 기입해보자.

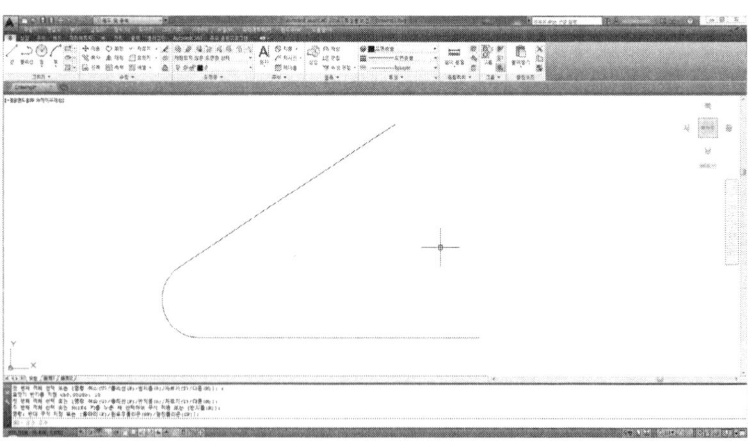

① [주석] 패널의 치수 기입방법에서 꺾기 을 선택한다.
② 꺾어진 지점(P1)을 찍은 후 중심점(P2)을 클릭한다.

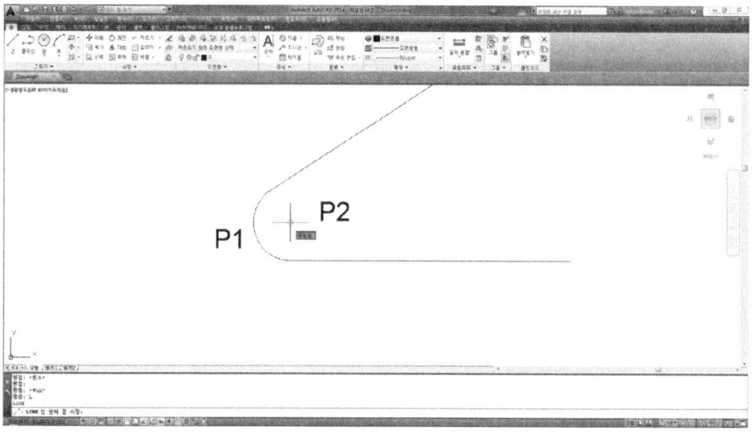

순서② 지점 선택

③ 중심점 클릭 후 꺾어진 객체(P1)를 클릭 후 Space Bar 로 명령 완료를 해준다.

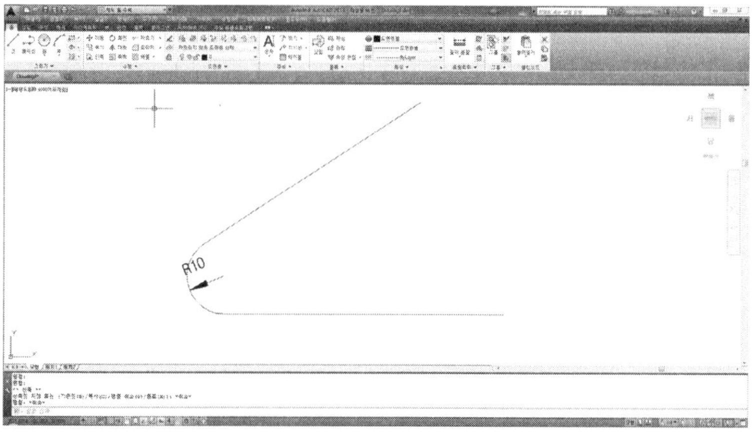

순서③ 치수 입력 완료

9.3.8 기준선 치수

기준선 치수는 선택한 치수의 기준선으로부터 선형, 각도 치수를 기입하고자 할 때 사용하는 명령어이다.

· 명령어 : DIMBASELINE · 메뉴 : 치수 → 기준선

따라해보세요

① 선형을 사용하여 수평치수를 입력한다.

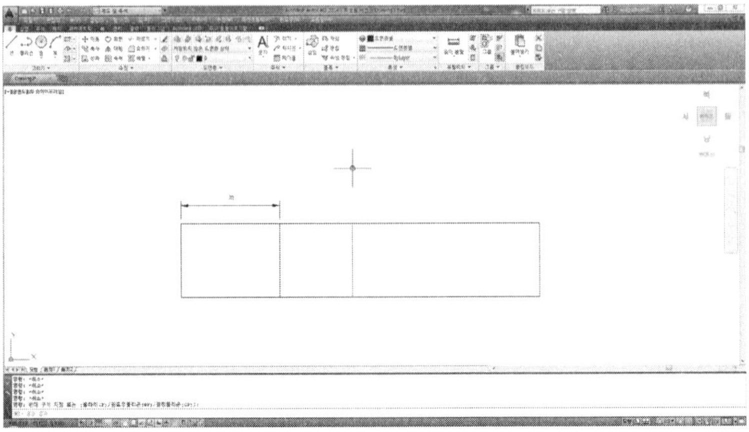

순서① 선형 치수 입력

② [치수] 메뉴에서 '기준선'을 클릭 또는 명령창에 DIMBASELINE 명령어를 실행하면 선형으로 기입된 치수에서 연속으로 기입된다.

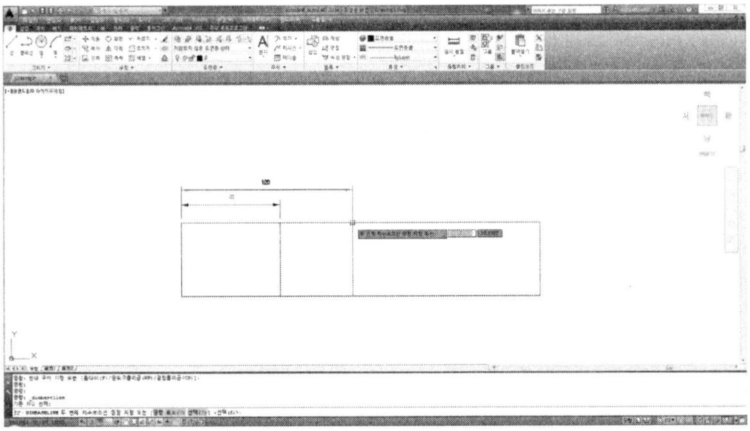

순서② 명령 실행

③ 치수를 원하는 지점(P1, P2)을 차례로 클릭한다.

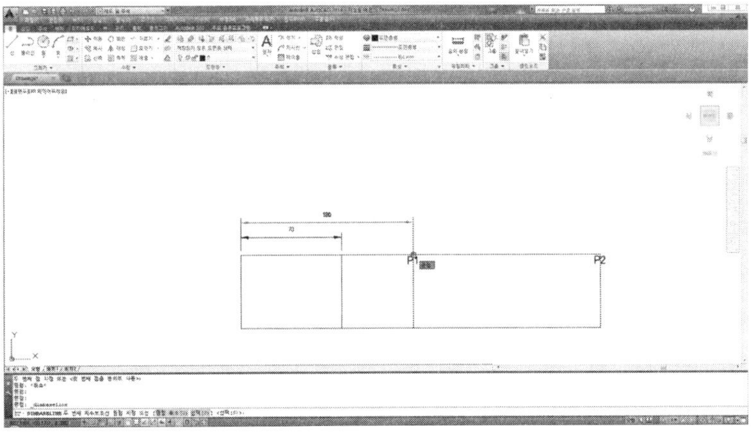

순서③ 지점 선택

④ 지점 선택이 완료 되었으며 Space Bar 로 명령 종료한다.

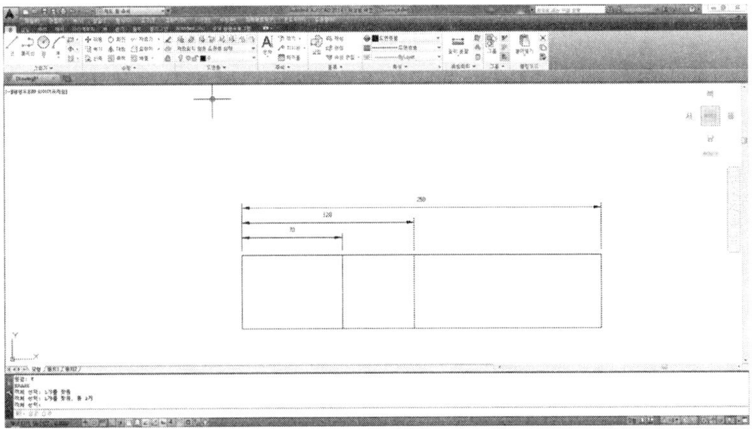

순서④ 기준선 치수 기입 완료

9.3.9 연속

연속치수는 이전 치수에서 연속적으로 치수를 기입하고자 할 때 사용하는 명령어이다.

· 명령어 : DIMCONTINUE　　　　· 메뉴 : 치수 → 연속

따라해보세요

① 선형을 사용하여 수평치수를 입력한다.

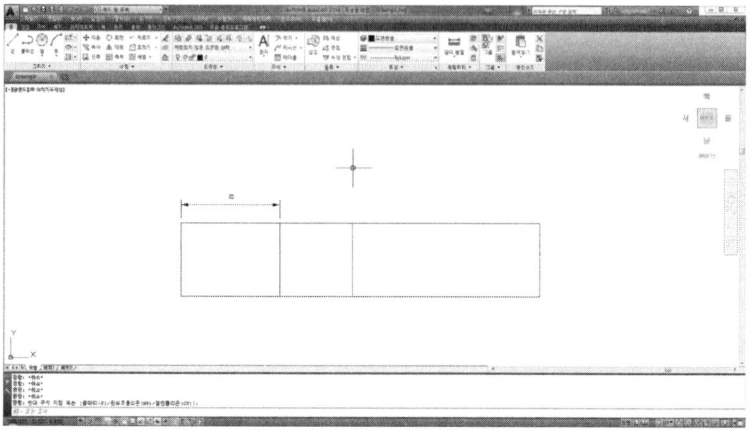

순서① 선형 치수 입력

② [치수] 메뉴에서 '연속'을 클릭 또는 명령창에 DIMCONTINUE 명령어를 실행하면 선형으로 기입된 치수에서 연속으로 기입된다.

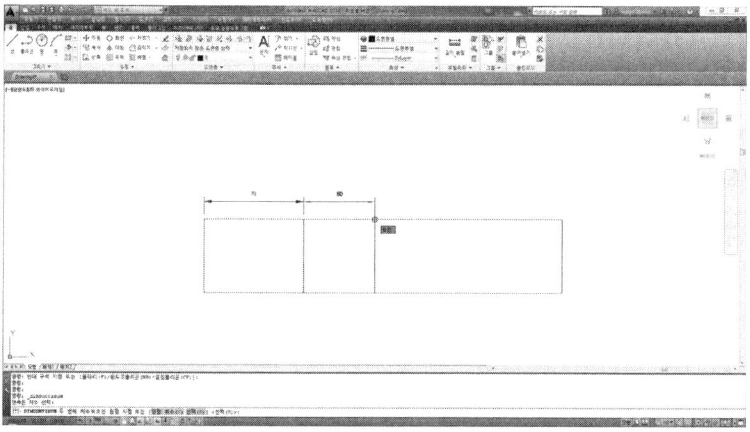

순서② 명령 실행

③ 치수를 원하는 지점(P1, P2)을 차례로 클릭한다.

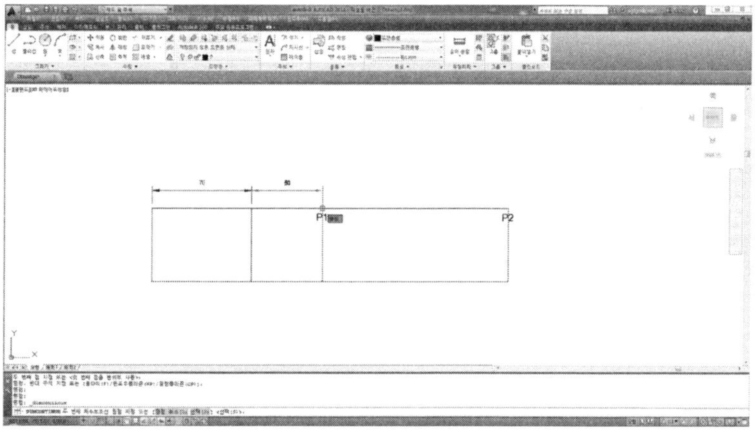

순서③ 지점 선택

④ 지점 선택이 완료 되었으며 Space Bar 로 명령 종료한다.

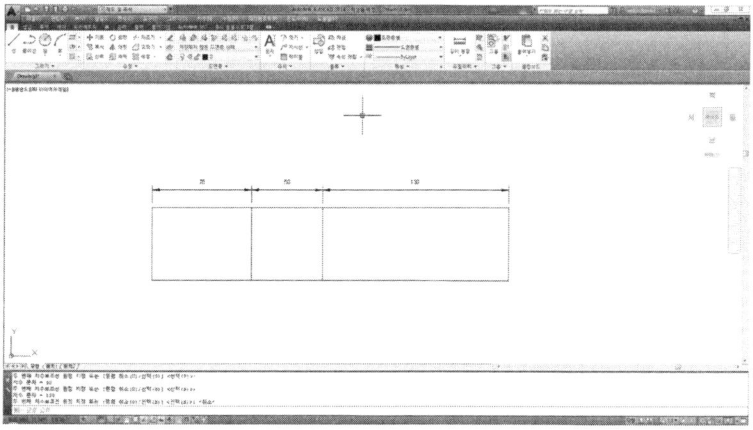

순서④ 연속치수 기입 완료

9.4 치수 편집

9.4.1 치수 간격

선형 치수 또는 각도 치수 등의 간격을 조정하는 명령어이다.

· 명령어 : DIMSPACE · 메뉴 : 치수 → 치수 간격

따라해보세요

아래와 같은 객체의 치수간격을 늘려보자.

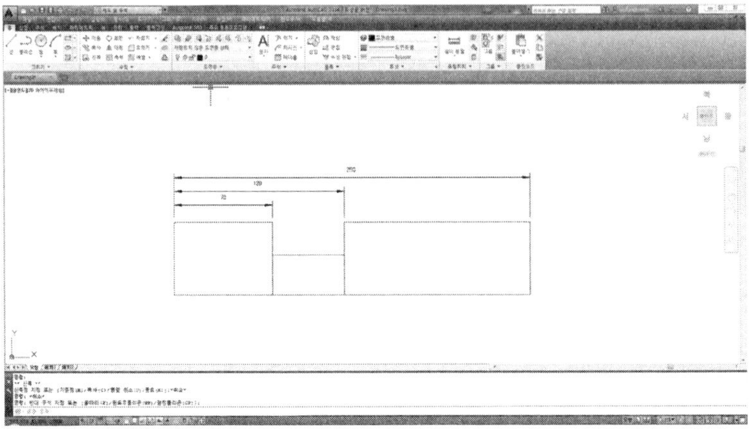

① [치수] 메뉴에서 [치수 간격]을 클릭 또는 명령창에 DIMSPACE 명령을 실행한 후 치수 간격의 기준이 되는 치수를 선택한다.

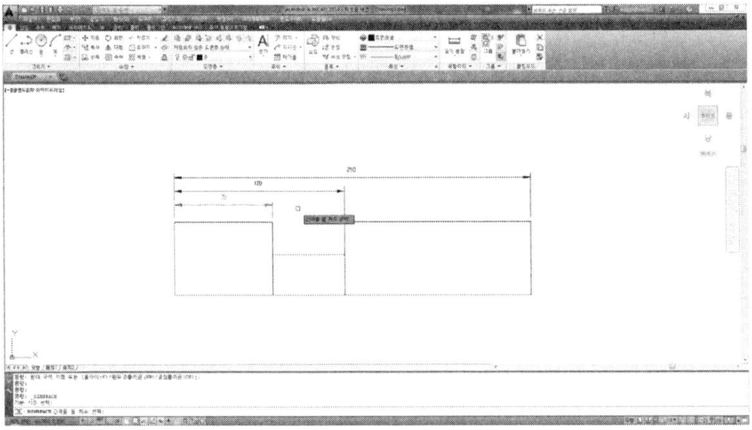

순서① 치수 간격 명령 후 기준 객체 선택

② 간격을 둘 나머지 치수를 선택한다.
선택방법은 Ctrl를 이용한 개별 선택 방식 또는 교차 선택방법을 사용한다.

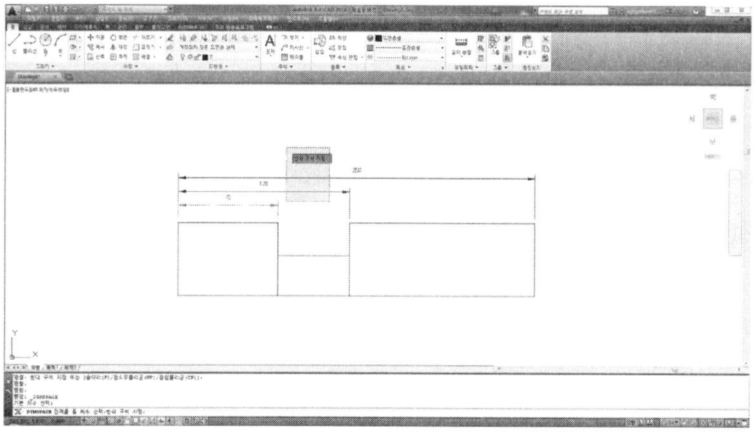

순서② 간격을 띄울 치수 선택

③ 치수 선택이 완료되면 Space Bar 를 누른 후 띄울 간격으로 15를 입력한다.

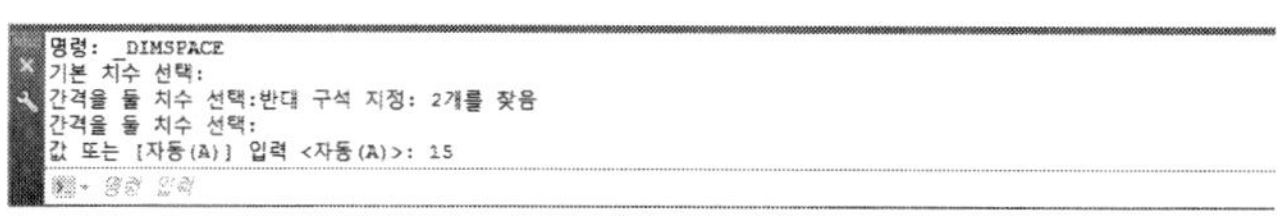

순서③ 간격 입력

④ 치수 입력 후 Space Bar 를 눌러 명령을 종료하면 치수 간격이 10으로 늘어난 것을 확인할 수 있다.

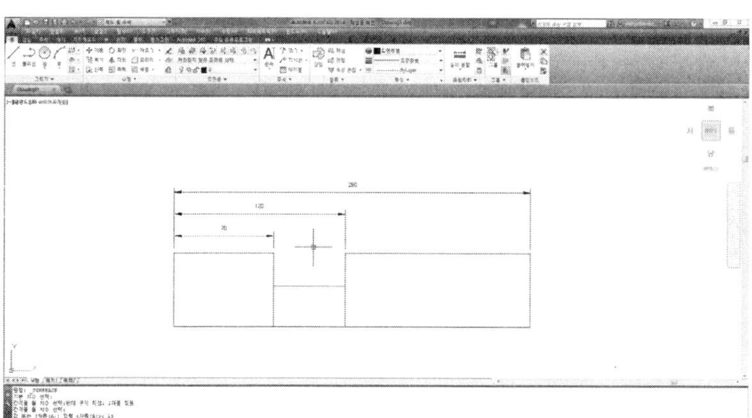

④ 치수 간격 변경 실행 완료

9.4.2 치수 끊기

치수선 및 치수보조선이 다른 객체와 교차할 때 그 부분을 편집하는 명령어이다.

· 명령어 : DIMBREAK　　　　· 메뉴 : 치수 → 치수 끊기

따라해보세요

아래 그림과 같은 교차된 치수선을 편집해보자.

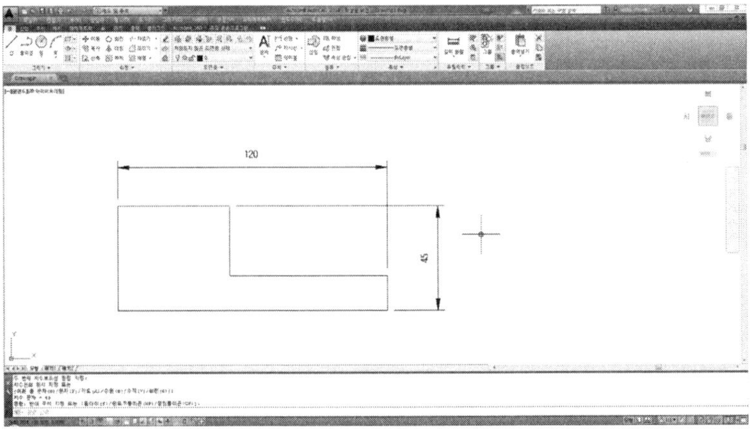

① [치수] 메뉴에서 [치수 끊기]을 클릭 또는 명령창에 DIMBREAK 명령을 실행한 후 치수 끊기을 실행할 치수선(P1)을 선택한다.

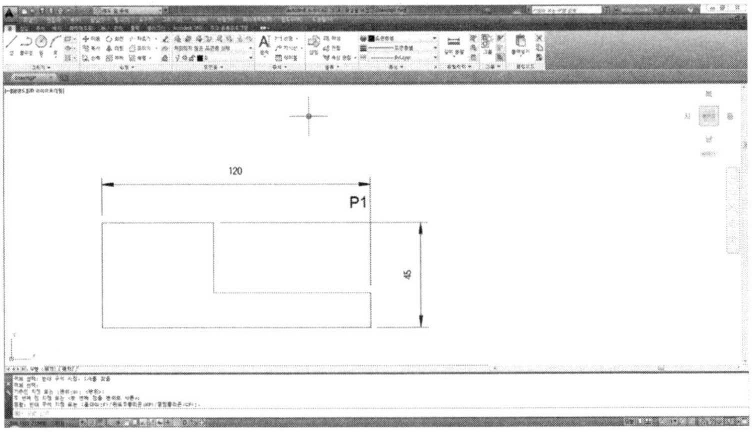

순서① 치수 끊기를 실행할 객체 선택

② 기준이 되는 치수선을 선택 후 그 치수선과 교차되는 치수선(P2)을 선택한다.

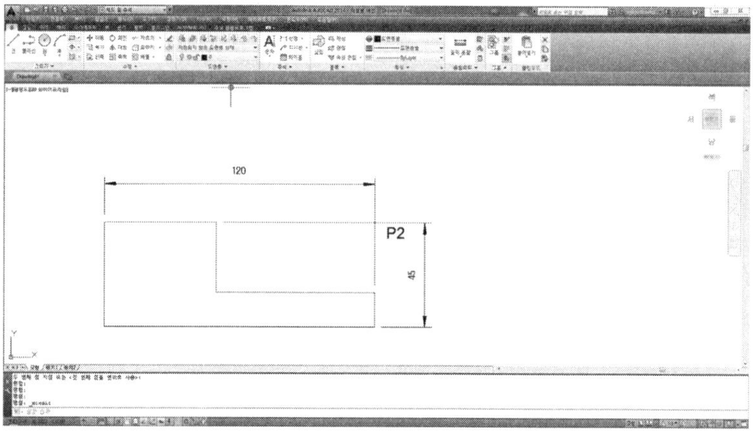

순서② 교차되는 치수선 선택

③ 치수 선택이 완료되면 Space Bar를 눌러 명령을 종료하면 첫 치수선이(P1)이 분리된걸 확인할 수 있다.

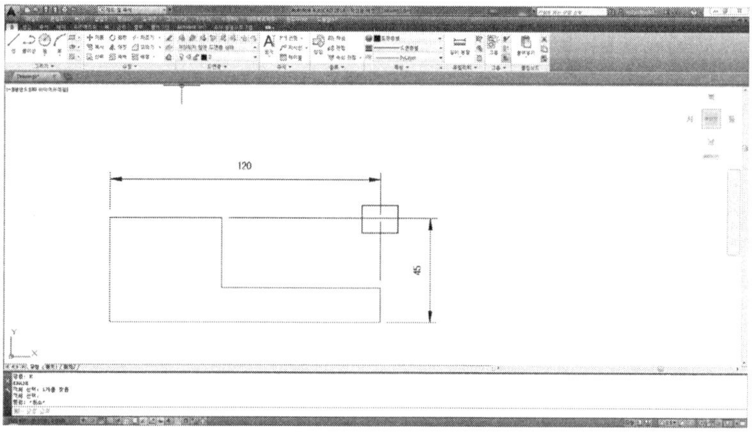

③ 치수 끊기 실행 완료

9.5 그 밖의 치수 명령들

9.5.1 세로좌표

원점을 기준으로 수평 또는 수직 거리를 측정하는 명령어이다.

· 명령어 : DIMORDINATE

· 리본 : 홈 탭 → 주석 패널 → 세로좌표 (세로좌표)

· 메뉴 : 치수 → 연속

9.5.2 공차

공차의 기호, 공차 값, 데이터 등을 지시선을 이용하여 표시할 수 있다.

· 명령어 : TOLERANCE · 메뉴 : 치수 → 공차

9.5.3 중심표식

원 및 호의 중심 표식 또는 중심선을 작성할 때 사용하는 명령어이다.

· 메뉴 : 치수 → 중심표식

9.5.4 검사

선택한 치수로부터 검사 치수를 추가 또는 제거할 수 있다.

· 명령어 : DIMINSPECT · 메뉴 : 치수 → 검사

9.5.5 꺾어진 선형

선형 또는 정렬 치수에 꺾기 선을 추가하거나 제거할 때 사용하는 명령어이다.

· 메뉴 : 치수 → 꺾어진 선형

9.5.6 재지정

선택한 치수에 사용된 시스템 변수의 재지정을 조정할 때 사용한다.

· 메뉴 : 치수 → 재지정

9.5.7 업데이트

치수 스타일을 수정하고 객체를 선택하여 변경된 스타일을 업데이트 해줄 수 있다.

· 메뉴 : 치수 → 업데이트

예제 그려보기

지금까지 배운 치수명령을 이용하여 다음의 그림을 그리고 치수를 기입해 보자.

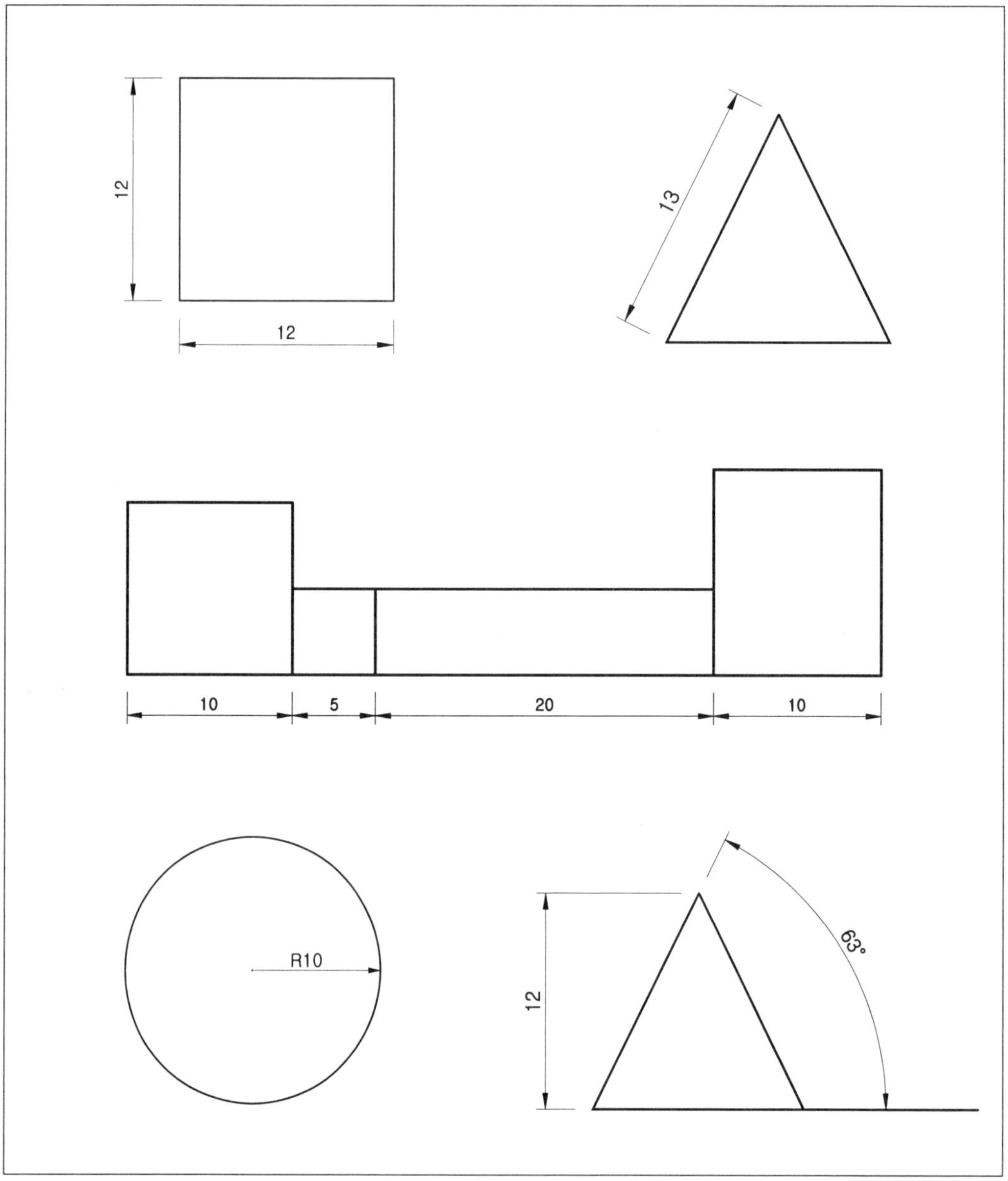

9.6 다중 지시선 (MLEADER)

· 명령어 : MLEADER

· 리본 : 홈 탭 → 주석 패널 → 다중 지시선 (다중 지시선)

· 메뉴 : 치수 → 다중 지시선

▌다중 지시선 명칭

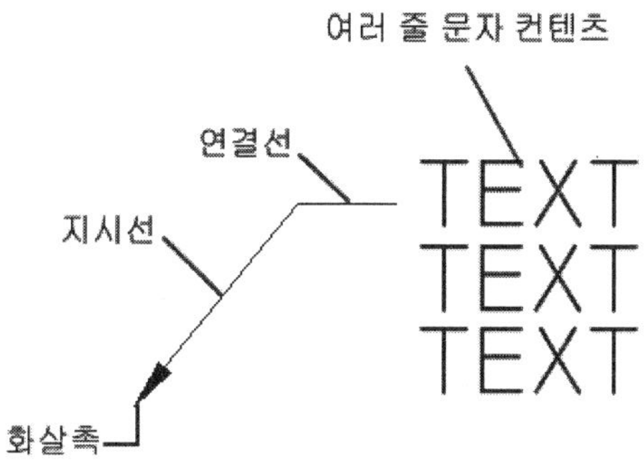

문자 켄텐츠 지시선

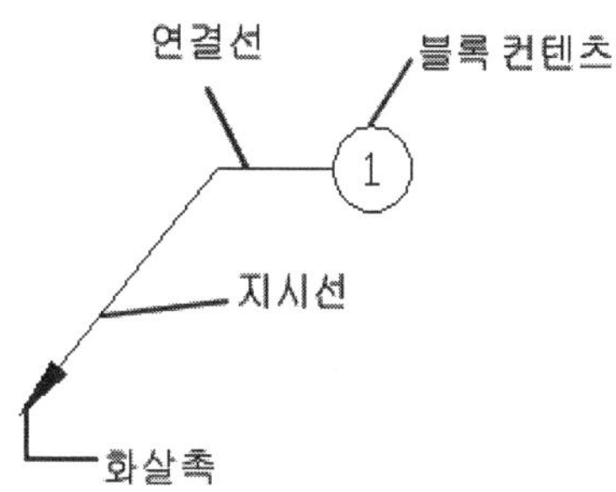

블록 켄텐츠 지시선

따라해보세요

① 명령어 : MLEADER Space Bar

② 지시선의 시작점(P1)을 클릭한다.

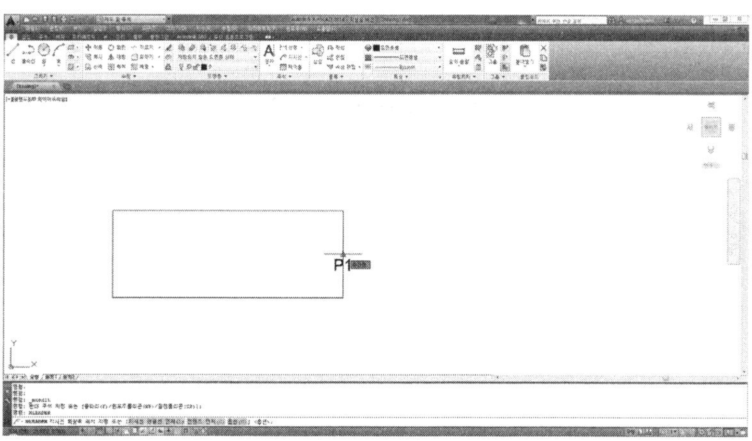

순서② 화살촉 시작점을 클릭

③ 지시선 연결선 위치(P2)를 지정한 후 클릭한다.

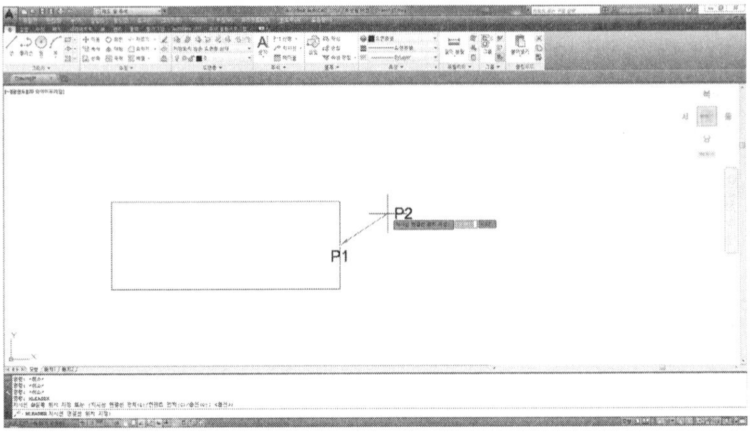

순서③ 연결선 위치 지정

④ 원하는 문자를 입력한 후 작업영역 화면을 클릭하여 명령을 종료한다.

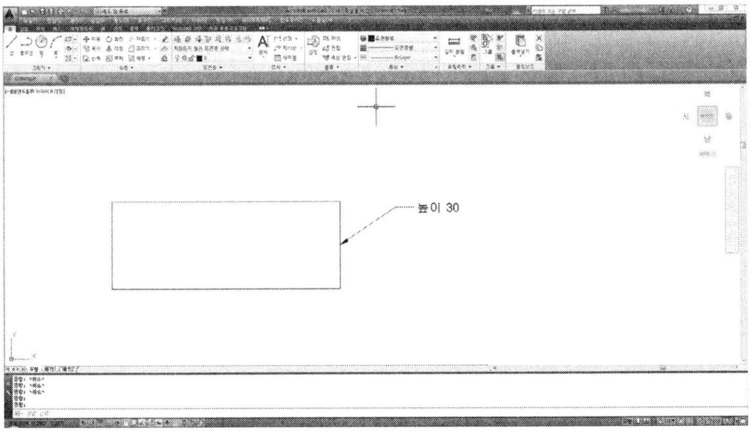

순서④ 다중 지시선 완료

9.7 다중 지시선 스타일(MLEATERSTYLE)

다중 지시선은 사용자가 각각의 스타일을 자유롭게 설정할 수 있다

9.7.1 다중 지시선 스타일 관리자

다중 지시선 스타일을 생성, 수정 및 삭제 한다.

· 명령어 : MLEATERSTYLE

· 리본 : 홈 탭 → 주석 패널 → (다중 지시선 스타일)

· 메뉴 : 형식 → 다중 지시선 스타일

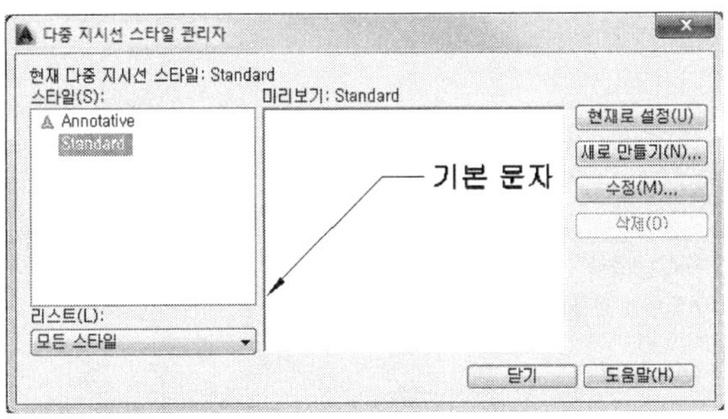

다중지시선 스타일 대화상자

9.7.2 다중 지시선 스타일 수정 옵션

▌지시선 형식

지시선의 유형 및 화살촉의 종류를 설정할 수 있다.

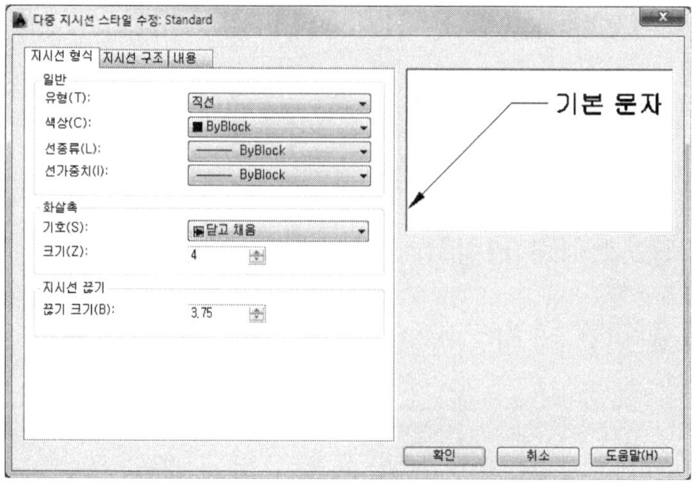

지시선 형식

■ **지시선 구조**

최대 지시선 점 수, 연결선 고정 거리 등의 값을 설정할 수 있다

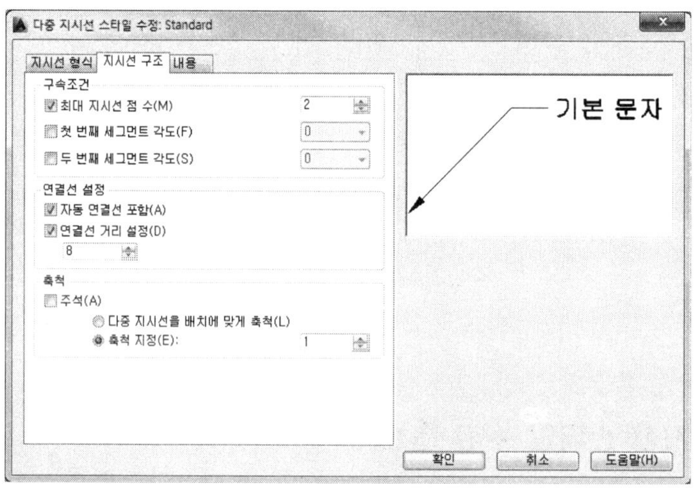

지시선 구조

■ **내용**

다중 지시선 유형을 선택하여 블록 또는 여러 줄 문자로 선택할 수 있고 연결 설정을 조정할 수 있다.

① 다중 지시선 유형을 여러 줄 문자로 사용하는 옵션

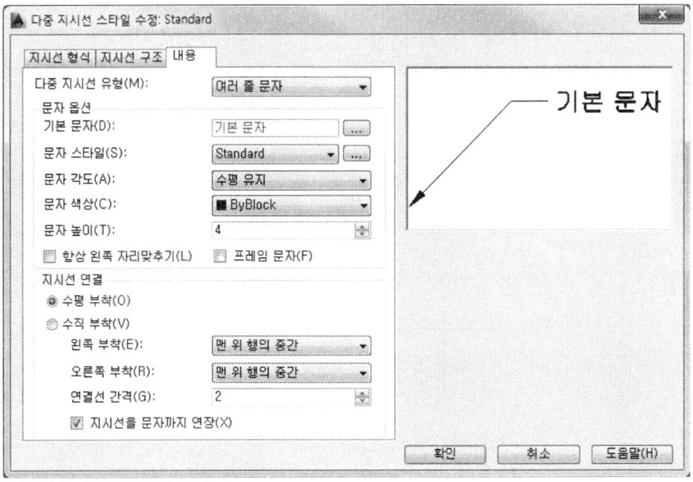

유형① 여러 줄 문자

② 다중 지시선 유형을 블록으로 사용하는 옵션

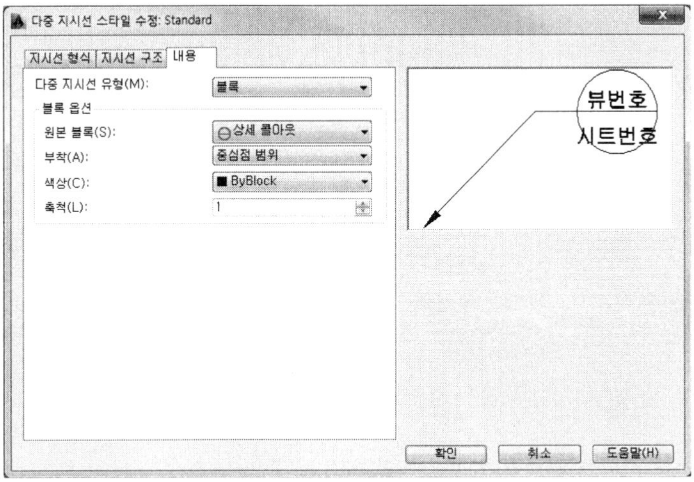

유형② 블록

9.8 다중 지시선 편집(MLEADEREDIT)

이미 작성된 다중 지시선 객체에 지시선을 추가하거나 제거할 수 있다.

· 명령어 : MLEADEREDIT · 리본 : 홈 탭 → 주석 패널 → 지시선 추가

· 단축키 : MLE 또는 지시선 제거

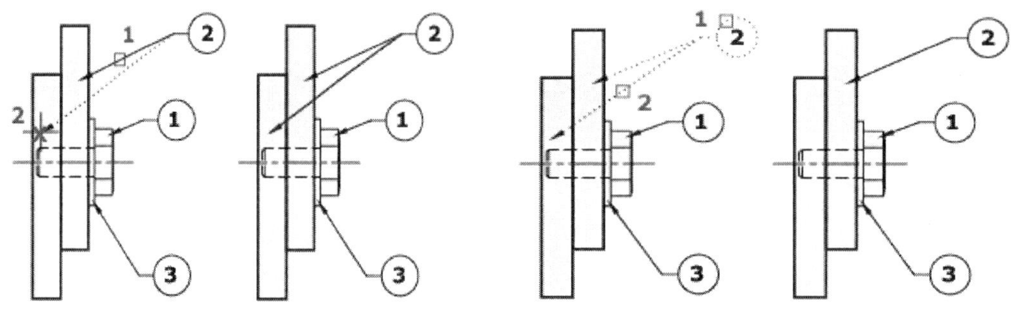

지시선 추가 지시선 제거

Chapter 10

도면출력(Plot)

도면출력작업(PLOT)은 AutoCAD의 최종작업으로서 도면을 작성하는 것만큼 중요한 부분이다. 플롯은 출력작업에서 많이 사용하는 명령이므로 효율적인 도면출력을 위해서는 필수로 알아야 한다.

10.1 도면의 출력

모형공간에서의 출력은 같은 작업을 반복하고 출력할 때마다 매번 출력할 부분을 지정해 줘야한다.

· 명령어 : PLOT · 메뉴검색기 : → 인쇄 → 플롯

· 단축키 : Ctrl + P · 신속접근도구막대 :

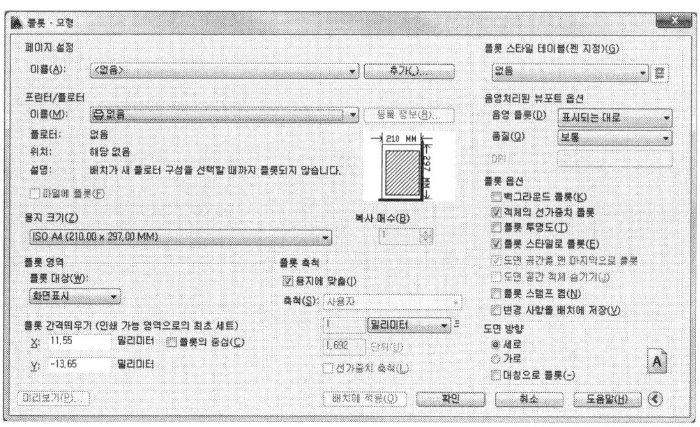

PLOT의 대화상자

▌ 페이지 설정

이름(A) : 현재 출력 페이지의 여러 설정 값들을 새로운 이름으로 저장하거나, 특정이름을 선택할 수도 있다.

▌ 프린터/플로터

이름(M) : 현재 기본 프린터로 선정된 프린터나 플로터의 정보를 보여준다.

파일에 플롯(F) : 도면을 그림파일(.PLT)로 출력할 때 사용한다.

▌ 용지 크기(Z) : 도면의 크기를 설정한다.

▌ 복사 매수(B) : 출력할 도면의 개수를 지정한다.

▌ 플롯 영역 : 출력영역을 선택할 수 있다.

화면표시 : 현재의 도면을 출력한다.

윈도우 : 직접 출력영역을 선택한다.

한계 : 배치된 모든 도면을 출력한다.

▌ 플롯 간격띄우기 : 출력시 인쇄될 영역의 기준을 설정한다.

플롯의 중심(C) : 출력 시 인쇄영역 중심을 설정된 용지의 중심으로 맞춘다.

X/Y : X, Y점을 입력하여 용지의 여백을 조정할 수 있다.

▌ 플롯 축척 : 원하는 출력 스케일의 비율을 선택할 수 있다.

용지에 맞춤(I) : 선택된 도면을 용지의 크기에 맞게 자동으로 축척한다.

축척(S) : 도면의 축척을 사용자가 원하는 대로 수정해 출력할 수 있다.

▌ 플롯 스타일로 플롯 테이블(펜 지정) : 플롯 스타일을 선택한다.

▌ 플롯 옵션 : 출력에 관한 기타 옵션을 설정할 수 있다.

객체의 선 가중치 플롯	: 도면의 선 두께에 따라 출력한다.
플롯 스타일로 플롯	: 플롯 스타일에 따라 출력한다.
도면공간을 맨 마지막으로 출력	: 모델영역을 먼저 출력하고 종이영역을 뒤에 출력한다.
도면 공간 객체 숨기기	: 출력 시 숨은선을 제거한다.

▌ 도면 방향 : 출력용지의 방향을 선택한다.

세로	: 세로로 출력한다.
가로	: 가로로 출력한다.
대칭으로 출력	: 출력방향의 위, 아래를 바꾸어 출력한다.

▌ 미리보기 : 출력될 도면의 전체를 미리보기 할 수 있다.

따라해보세요

아래와 같은 도면을 파일로 출력해보자.

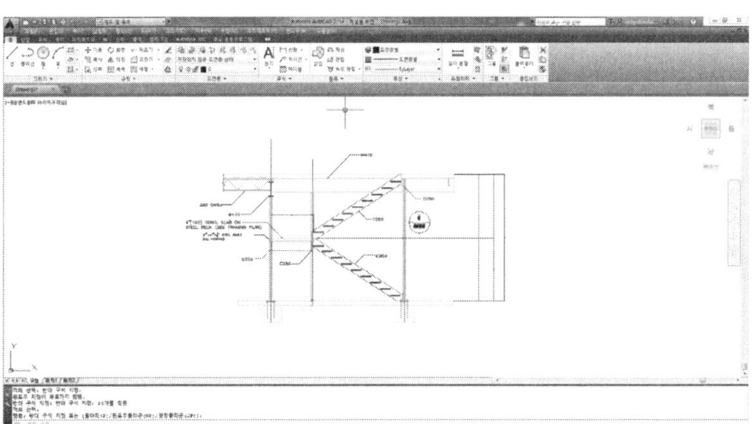

① PLOT을 실행한다.

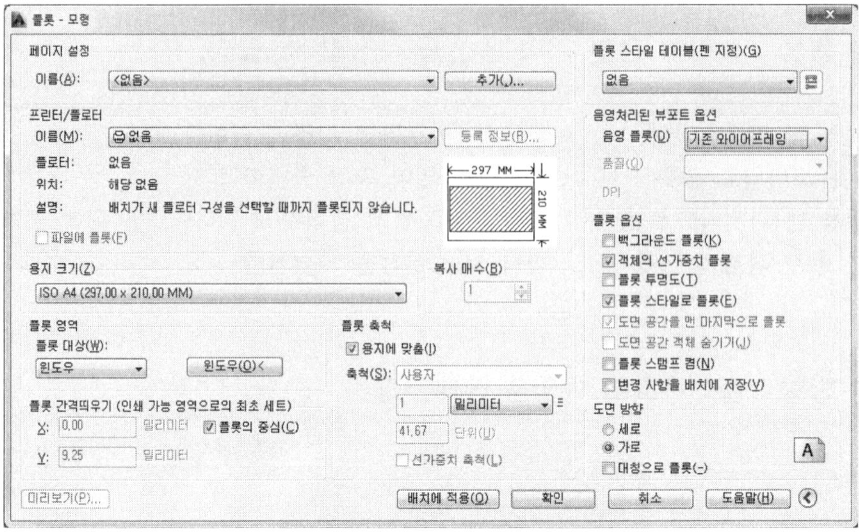

순서① 플롯실행

② 프린터/플로터를 7475A.pc3를 선택한다. (플로터 추가는 10.1.3에 설명되어 있다.) 출력을 파일로 하기 위해 [파일에 플롯]을 체크해 주고, 용지크기는 A4 사이즈로 한다. 그 후 플롯영역에서 플롯 대상을 윈도우로 선택해주고 윈도우(O)< 버튼을 클릭한다.

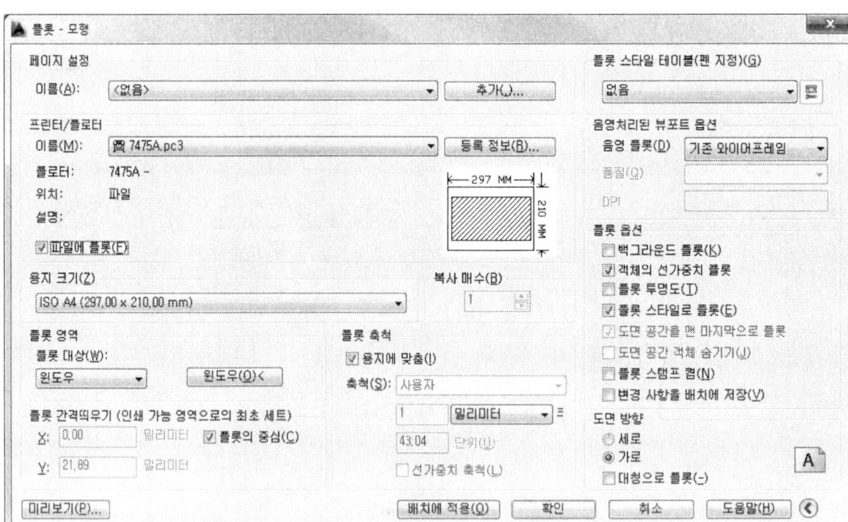

순서② 플로터 설정

③ 윈도우범위(P1→P2)로 객체를 지정해 준다.

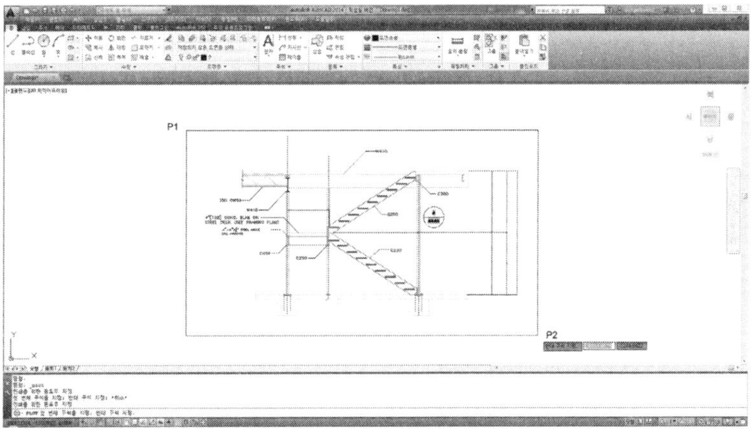

순서③ 출력할 도면 범위 선택

④ 그 후 배치에 적용을 누른 후 확인 버튼을 클릭하여 저장할 곳을 선택한다.

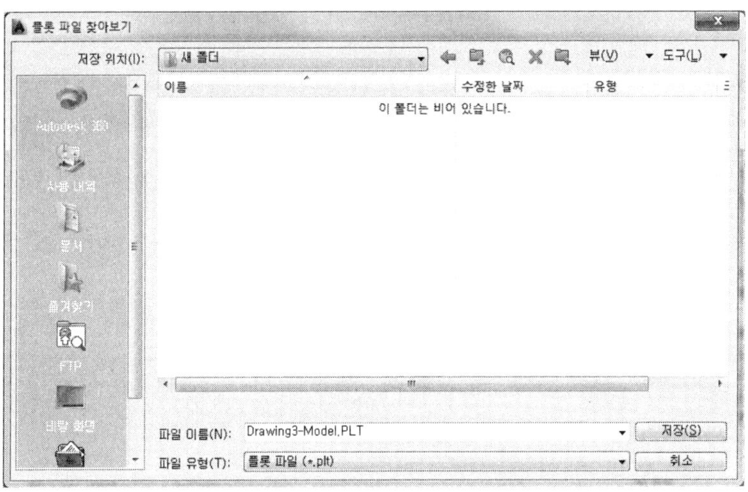

순서④ 저장 공간 선택

⑤ 플롯 파일을 저장하면 작업영역 하단 오른쪽에 작업 완료가 뜨고 저장한 폴더에는 파일(.PLT) 이 생성되는 걸 확인할 수 있다.

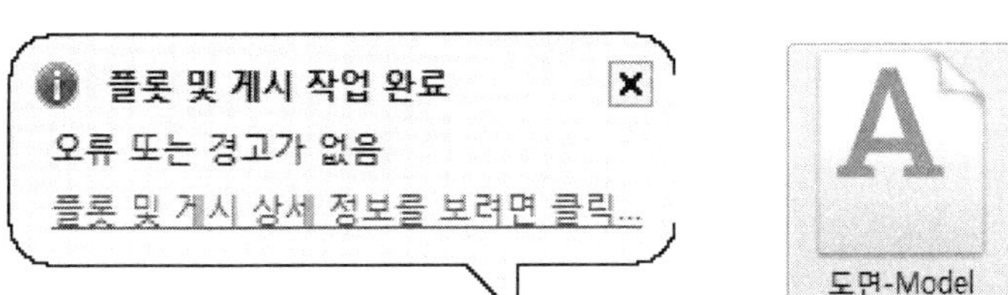

⑤ 파일 생성 완료

10.2 페이지 설정

페이지 설정은 여러 가지 출력 세팅 값을 만들어 놓고 선택할 수 있다. 플롯을 이용해 출력을 하기 위해선 페이지 설정에서 세팅을 해 놓고 작업하는 것이 좋다.

· 명령어 : PAGESETUP　　　　· 메뉴검색기 : → 인쇄 → 페이지설정

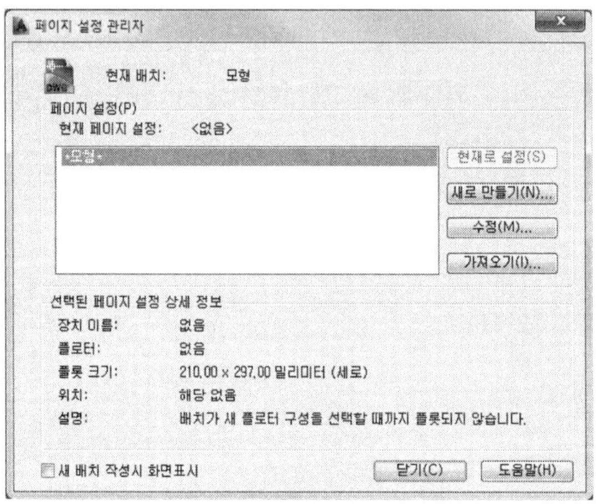

페이지설정

▌현재배치 : 현재 시트세트의 이름을 표시한다.

▌페이지 설정 관리자

현재로 설정(S) : 선택된 페이지 설정을 현재 페이지로 지정한다.
새로 만들기(N)... : 페이지 설정을 새로 만들 때 사용한다.
수정(M)... : 선택된 페이지 설정을 수정할 때 사용한다.
가져오기(I)... : 사용할 수 있는 페이지 설정과 원본 도면에서의 해당 위치를 나열한다.

10.3 플로터 관리

플로터 구성을 추가, 편집할 수 있는 플로터 관리자를 표시한다. Auto CAD는 전용 드라이버를 갖는 플로터들이다. 이는 드라이버를 잘 설정해야 출력기의 성능을 효율적으로 이용할 수 있다. 윈도우 제어판에 설정된 프린터를 사용하여 인쇄할 수도 있지만 프린터를 Auto CAD에 등록하면 독자적으로 설정할 수 있어 매번 사용할 때마다 설정할 필요가 없다.

· 명령어 : PLOTTERMANAGER　　· 메뉴검색기 : → 인쇄 → 플로터 관리

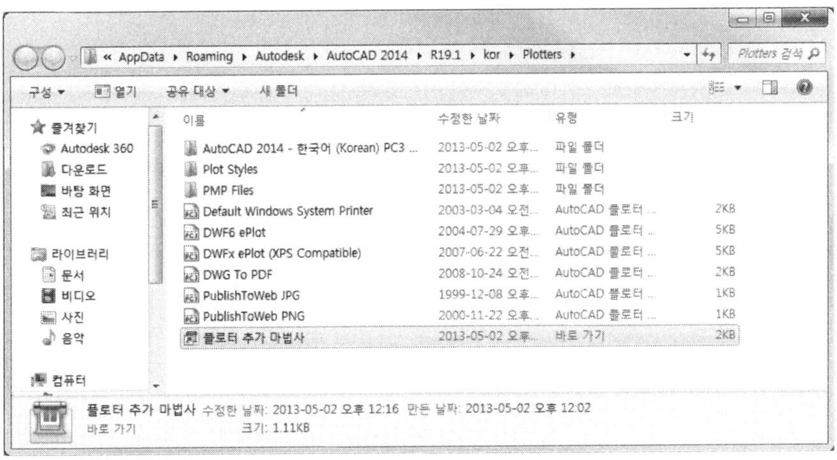

플로터 추가 마법사

따라해보세요

7475A 플로터를 추가해보자.

① 플로터 추가 마법사를 실행한다.

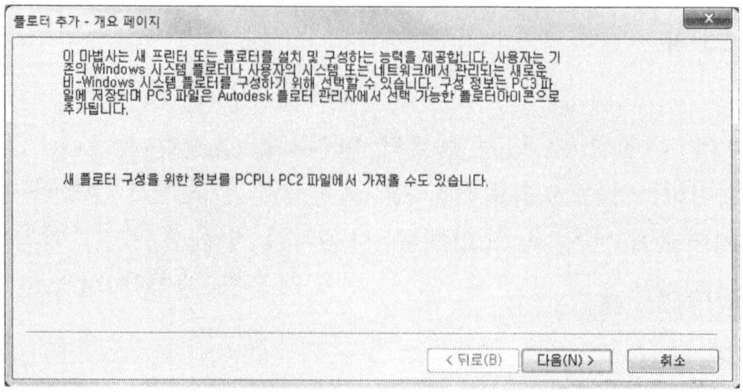

순서① 플로터 추가 마법사 실행

② 내 컴퓨터를 선택하여 다음을 클릭한다.

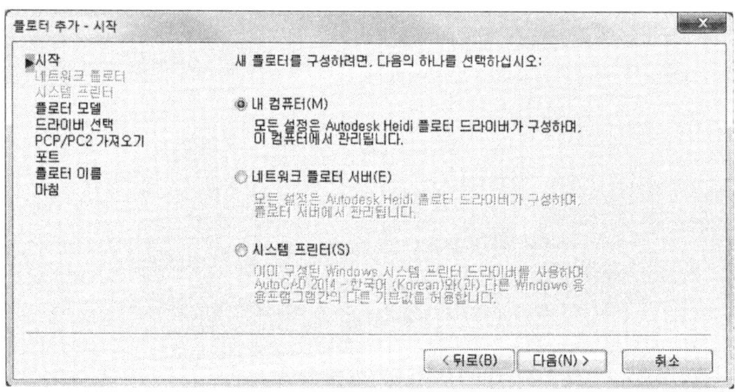

순서② 시작

③ 플로터 모델 선택에서 [제조업체]를 Hewlett-Packard 선택 후, [모델]에서 7475A를 선택하고 다음(N) >을 클릭한다.

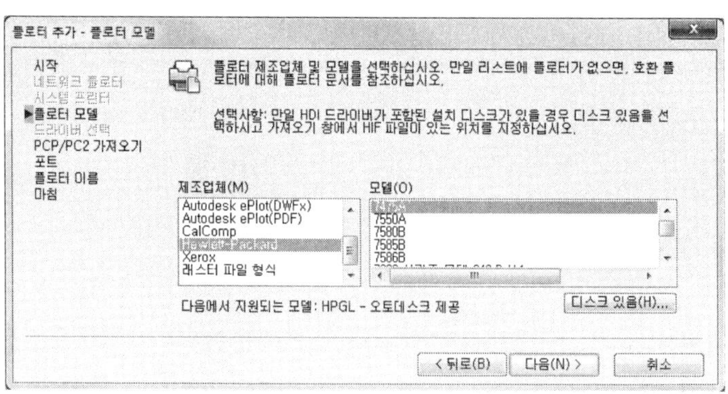

순서③ 플로터 모델 선택

④ PCP/PC2가져오기에서는 [다음(N) >]을 클릭해준다.

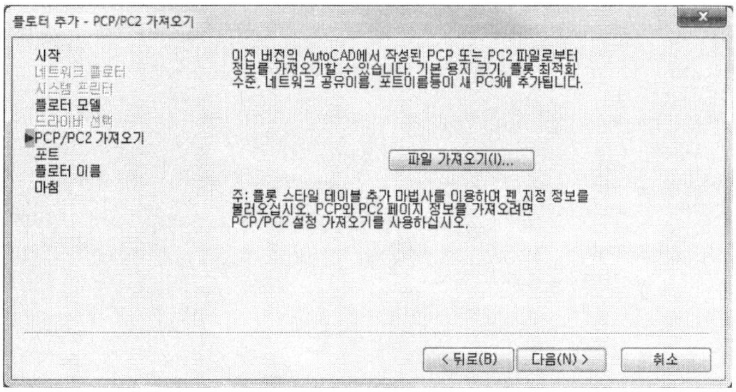

순서④ PCP/PC2가져오기

⑤ 포트에서 파일에 플롯을 선택 후 [다음(N) >]을 클릭해준다.

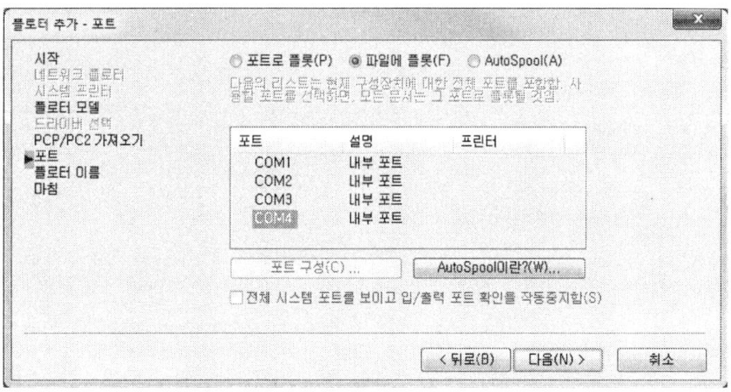

순서⑤ 포트

⑥ 플로터 이름을 7475A로 써준 후 [다음(N) >]을 클릭해준다.

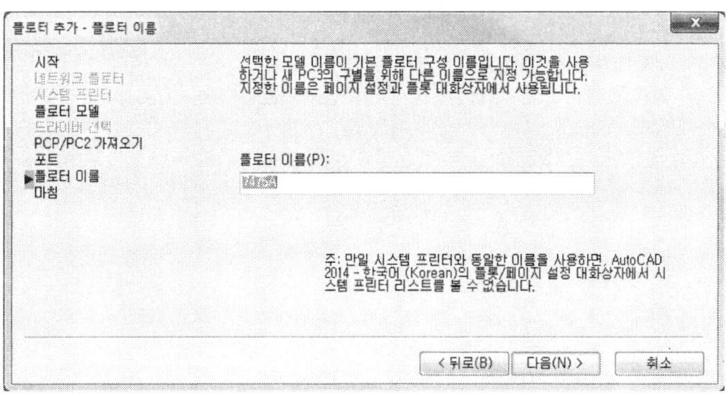

순서⑥ 플로터 이름 설정

⑦ 마침(F) 으로 클릭하여 플로터를 추가를 완료한다.

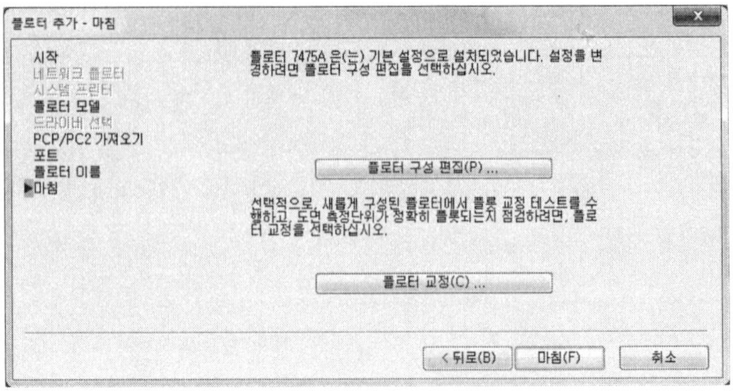

순서⑦ 플로터 추가

⑧ 7475A 플로터가 추가된 걸 확인할 수 있다.

순서⑧ 7475A 플로터 추가 완료

제3편

2차원 도면 실습

Chapter 11

기본도면 실습

지금까지 배운 내용을 바탕으로 도면 실습을 해보자.

11.1 계단 그리기

계단의 평면도를 그리는 예제를 따라해 보자.

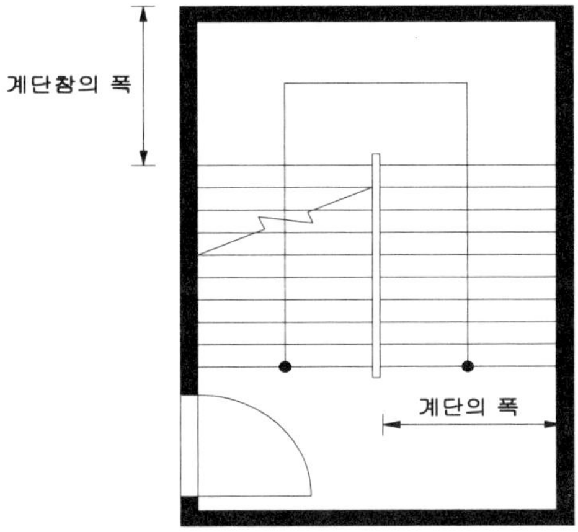

계단 그리기

따라해보세요

① 새로운 도면 템플렛을 만든다.

명령 : NEW Enter↵

그 후 acadiso.dwt를 선택하여 새로운 템플렛을 만든다.

② LIMITS 명령을 이용하여 도면 한계를 설정한다.

명령 : LIMITS [Enter↵]

왼쪽 아래 구석 지정 또는 [켜기(ON)/끄기(OFF)] <0.0000,0.0000> : [Enter↵]

오른쪽 위 구석 지정 <0.0000,0.0000> : 10000,10000 [Enter↵]

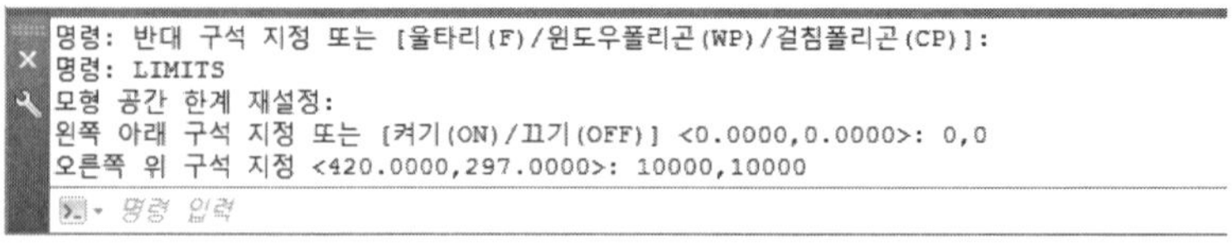

명령: 반대 구석 지정 또는 [울타리(F)/윈도우폴리곤(WP)/걸침폴리곤(CP)]:
명령: LIMITS
모형 공간 한계 재설정:
왼쪽 아래 구석 지정 또는 [켜기(ON)/끄기(OFF)] <0.0000,0.0000>: 0,0
오른쪽 위 구석 지정 <420.0000,297.0000>: 10000,10000
명령 입력

② 도면한계 설정하기

③ LINE를 이용해 가로 4000 mm, 세로 5000 mm의 선을 그린다.

명령 : L [Enter↵] (LINE)

직각으로 선을 그리기 위해 직교가 켜있는지 확인한다. (단축키 : F8)

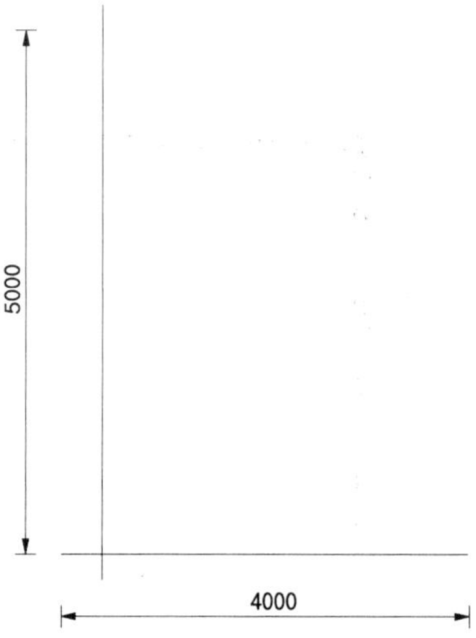

순서③ 기준선 그리기

④ OFFSET을 사용해 1250 mm, 2000 mm, 1250 mm간격의 가로선과 1500 mm 간격의 세로선을 그린다.

명령 : O [Enter↵] (OFFSET)

간격띄우기 거리 지정 또는 [통과점(T)/지우기(E)/도면층(L)] <통과점> : 1250 [Enter↵]

복사될 거리를 지정했으면 이 후 객체를 선택하고 복사될 방향으로 클릭하면 복사가 적용된다.
(이후 OFFSET사용법 동일)

⑤ OFFSET을 사용하여 내부 30 mm, 외부 70 mm 간격으로 선을 그린다.

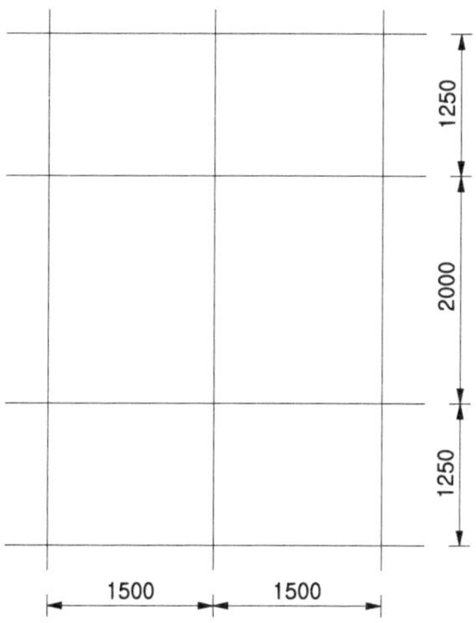

순서④ Offset를 이용한 기준선 그리기

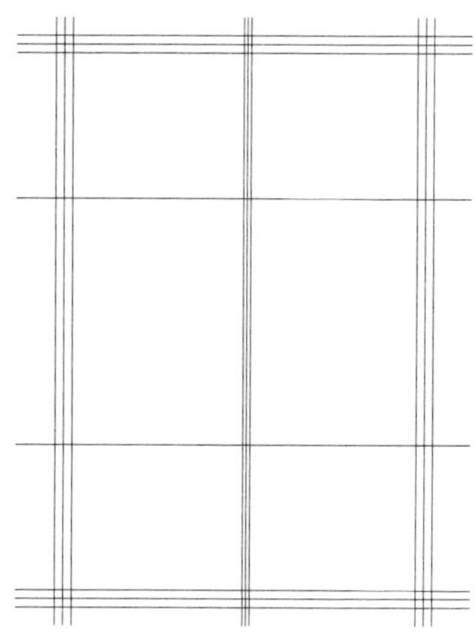

순서⑤ 벽체 그리기

⑥ 중심선을 제거한다.

⑦ TRIM을 사용하여 필요없는 선을 제거한다.

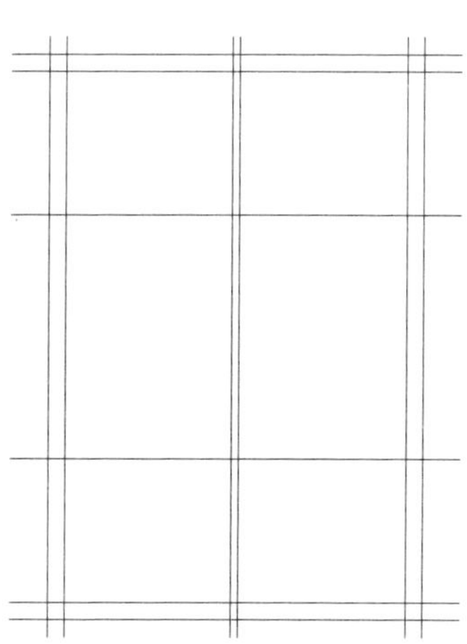

순서⑥ 중심선 제거

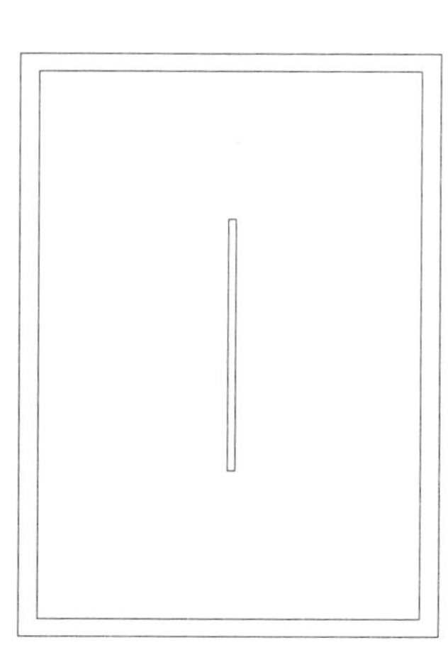

순서⑦ TRIM으로 정리

⑧ 1개의 계단을 나타낼 선을 그린 후 OFFSET를 이용하여 200 mm 간격의 계단을 그린다.

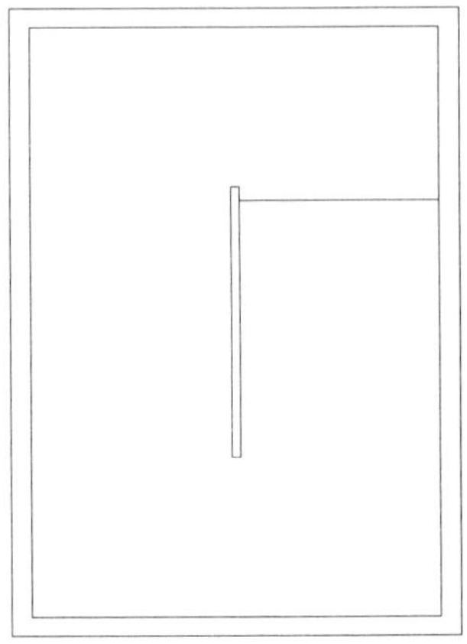

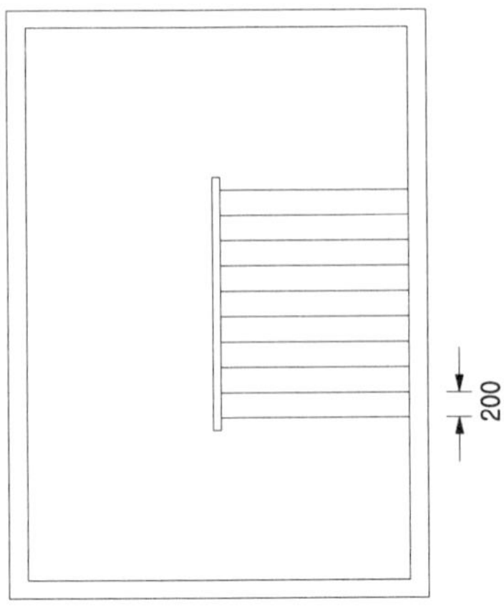

순서⑧ 계단 그리기

⑨ 계단의 오르내림 표시와 시작점을 그린 후 해치를 이용한다.

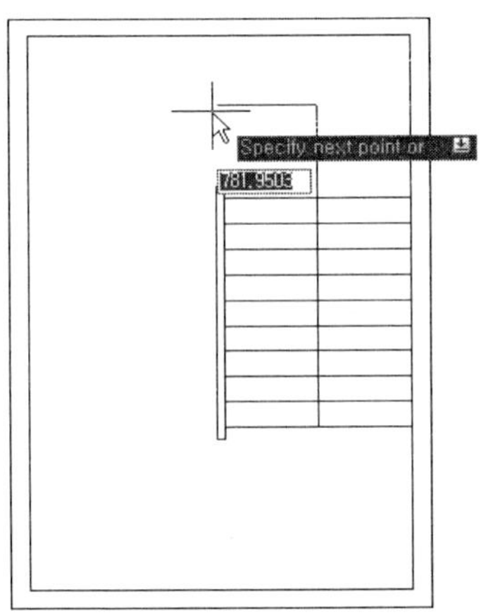

오르내림 표시

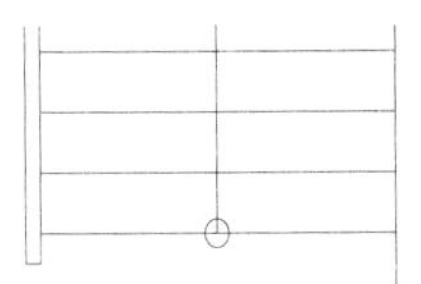

시작점에 원을 그린다.

⇩

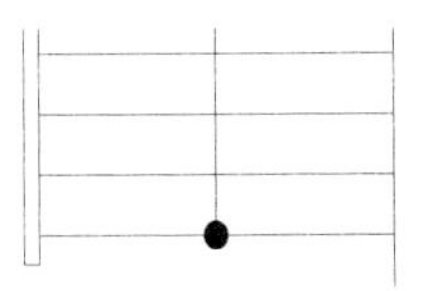

해치를 사용하여 색칠한다.

순서⑨ 오르내림 표시 후 해치를 이용한 시작점 색채우기

⑩ MIRROR 명령을 이용하여 반대쪽의 계단과 오르내림 표시를 그린다.

P1점을 기준점으로 하고 P2점까지 내려 선택한 객체를 수직 복사한다.

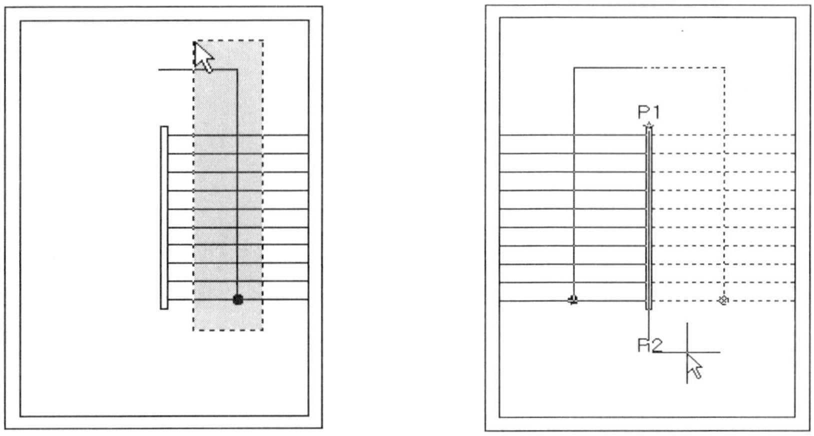

순서⑩ MIRROR를 이용한 반대편 계단참 그리기

⑪ 끊음 표시를 한다. 끊음 표시는 BREAK 명령이나 TRIM 명령을 이용한다.

⑫ 출입문을 그려준다.

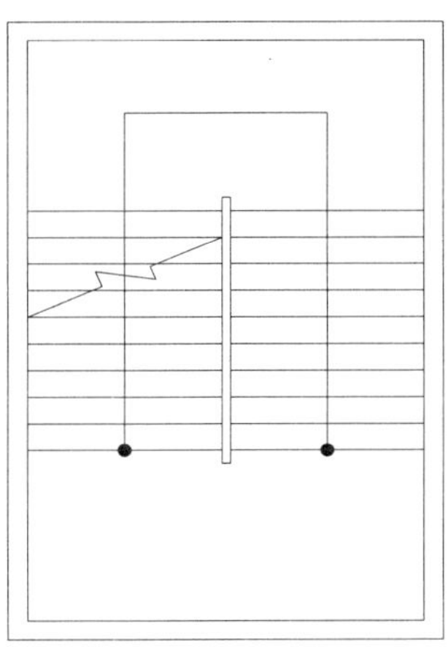

순서⑪ 끊음 표시

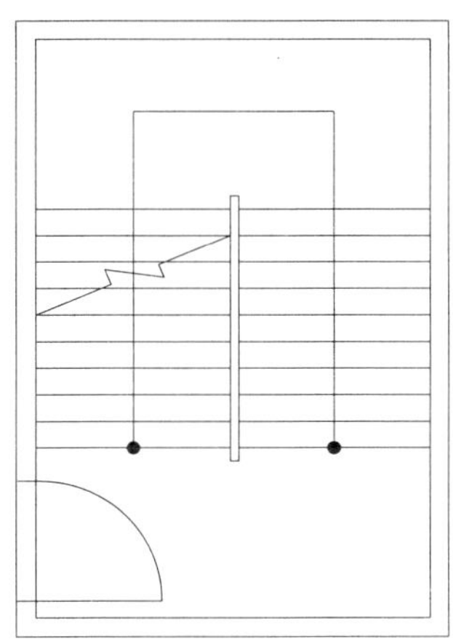

순서⑫ 문 그리기

⑬ HATCH 명령을 이용하여 벽체를 채운다.

⑭ 치수기입과 문자를 입력해준다.

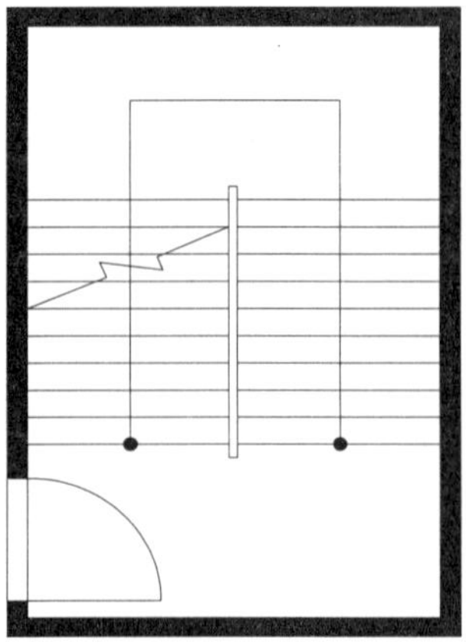

순서⑬ 벽체 해치

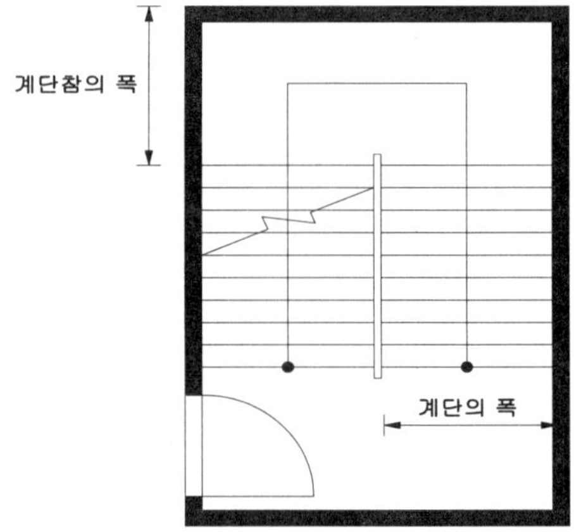

순서⑭ 치수 및 문자 입력

⑮ 수정할 부분이 있는지 다시 한 번 확인하고 그림을 저장한다.

명령 : SAVE

참고하세요

AutoCAD로 그림을 그리거나 도면을 칠 때는 여러 가지 방법이 있다.
앞에서 연습한 ①~⑮의 순서로 그리는 방법과 아래 그림처럼 절반만 그리고 MIRROR로 복사하는 방법도 있다. 이처럼 AutoCAD에서 그리는 방법은 무궁무진하니 자기만의 쉽고 빠른 방법을 개발한다면 AutoCAD를 보다 효율적으로 다룰 수 있을 것이다.

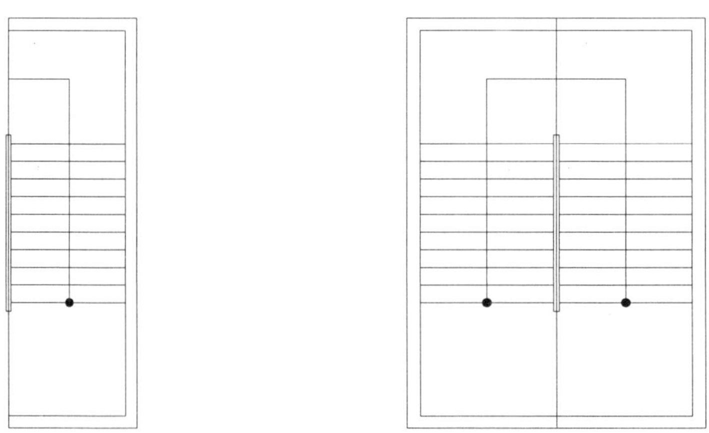

방법② 계단 절반을 그린 후 MIRROR를 이용한 복사

11.2 난간 상세도 그리기

난간 상세도를 그려보자.

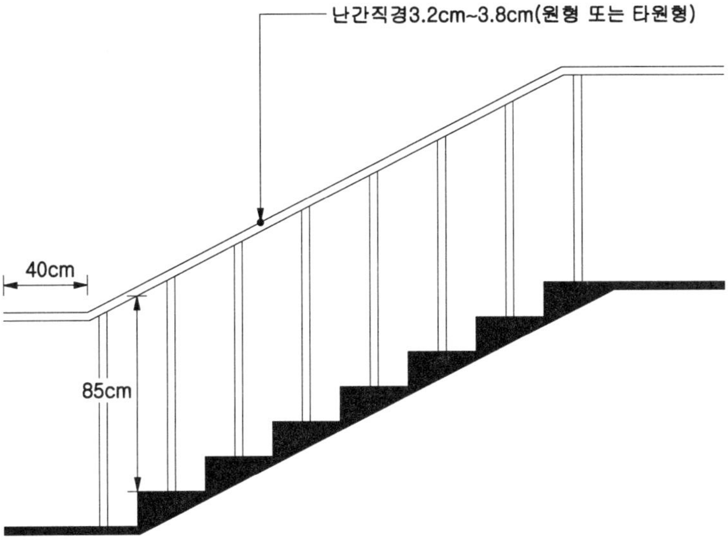

난간 상세도 그리기

따라해보세요

① 새로운 도면 템플렛을 만든다.

명령 : NEW Enter

그 후 acadiso.dwt를 선택하여 새로운 템플렛을 만든다.

② LIMITS 명령을 이용하여 도면 한계를 설정한다.

명령 : LIMITS Enter

왼쪽 아래 구석 지정 또는 [켜기(ON)/끄기(OFF)] <0.0000,0.0000> : Enter

오른쪽 위 구석 지정 <0.0000,0.0000> : 5000,5000 Enter

③ LINE 명령을 이용하여 아래 그림과 같은 선을 그린다.

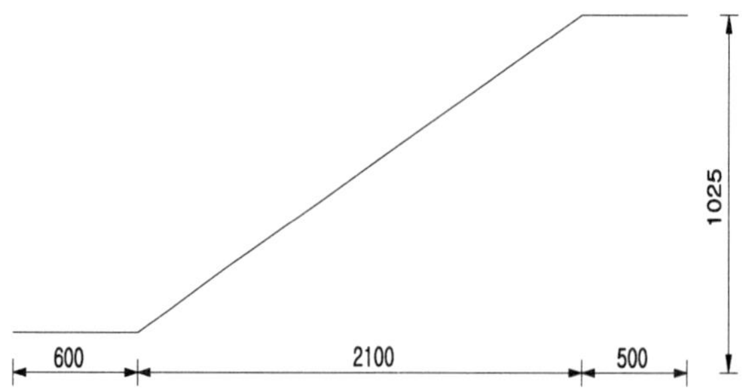

순서③ 기본선 그리기

④ OFFSET 명령을 이용하여 위쪽 방향으로 35 mm, 925 mm, 35 mm 간격의 선을 그린다.

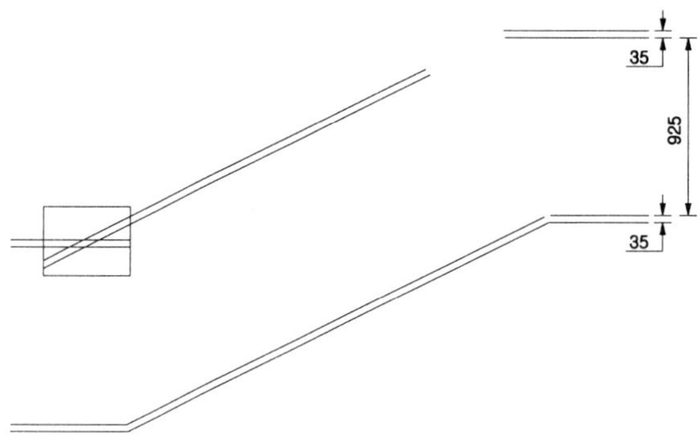

순서④ 기본선 그리기

⑤ 순서④의 사각형부분을 확대하여 FILLET를 사용하여 정리한다.

명령 : F Enter↵ (FILLET)

첫 번째 객체 선택 또는 [명령취소(U)/폴리선(P)/반지름(R)/자르기(T)/다중(M)] : P1, P2

명령 : Enter↵ (Enter↵를 누르면 바로 전 단계에서 실행했던 명령이 다시 실행된다.)

첫 번째 객체 선택 또는 [명령취소(U)/폴리선(P)/반지름(R)/자르기(T)/다중(M)] : P3, P4

다른 곳도 이러한 방법으로 선을 정리한다.

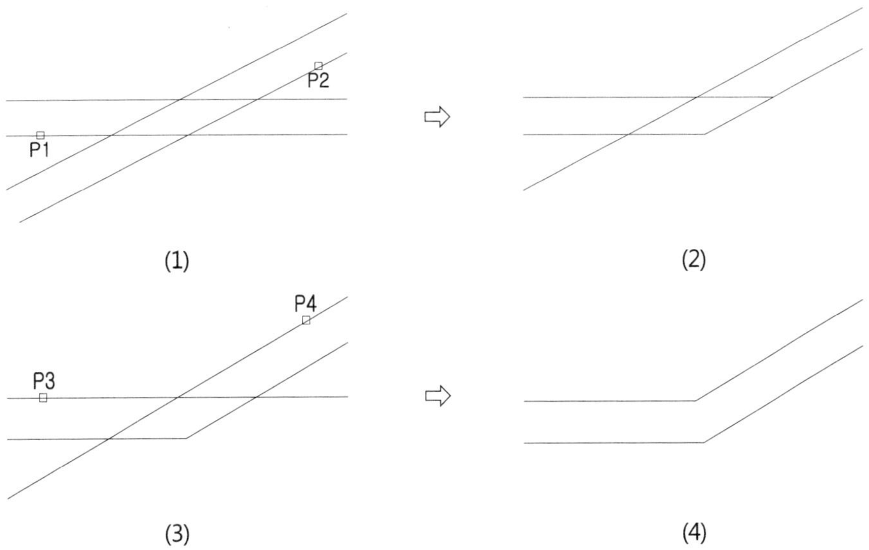

순서⑤ FILLET을 이용한 선 정리

⑥ 아래 그림의 사각형부분에 폭 300 mm, 높이 150 mm 계단을 그린 후, 계단의 중점에서 위쪽으로 선을 잇고 OFFSET 명령으로 난간을 만든다.

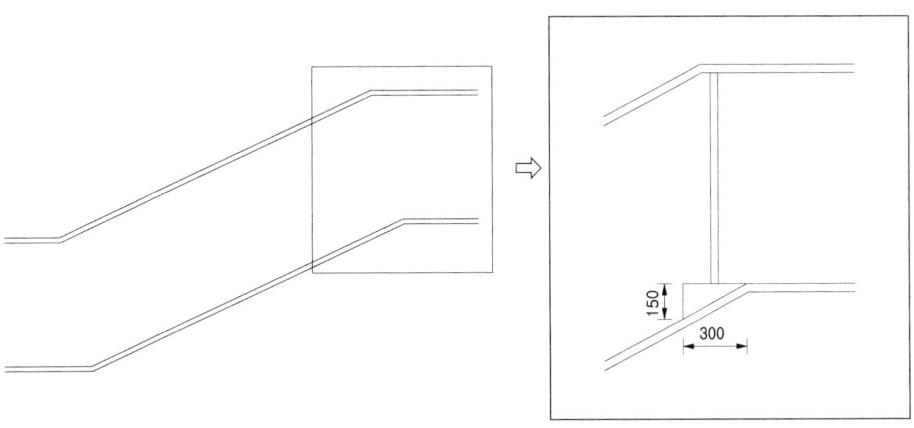

순서⑥ 난간 만들기

⑦ COPY 명령을 이용해 계단을 만든다.

기준점(P1)을 클릭하여 이동할 점(P2)으로 클릭해준다.

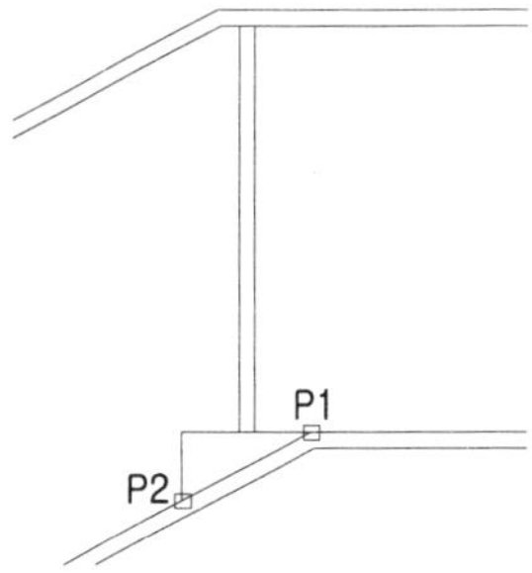

(1)

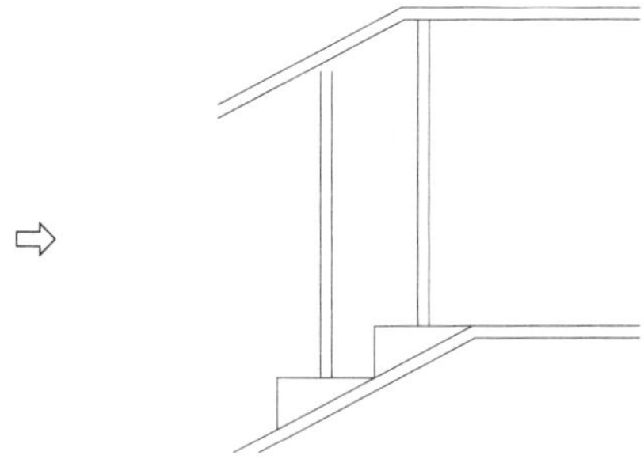

(2)

순서⑦ 계단 만들기

⑧ EXTEND 명령을 이용하여 난간이 만나지 않는 부분을 정리해준다.

명령 : EX Enter↵ (EXTEND)

객체 선택 또는 <모두 선택> : P1 클릭 Enter↵

그 후 연장하고 싶은 난간 객체를 선택한다.

선택방법은 Ctrl+개별선택 또는 교차 선택으로 해주면 된다.

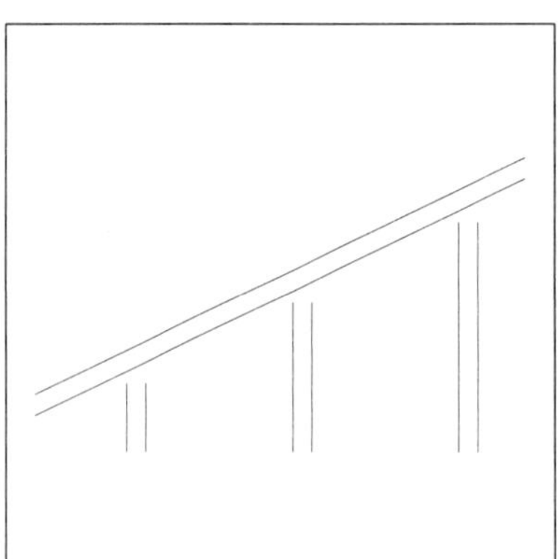

(1) 연장할 난간 객체

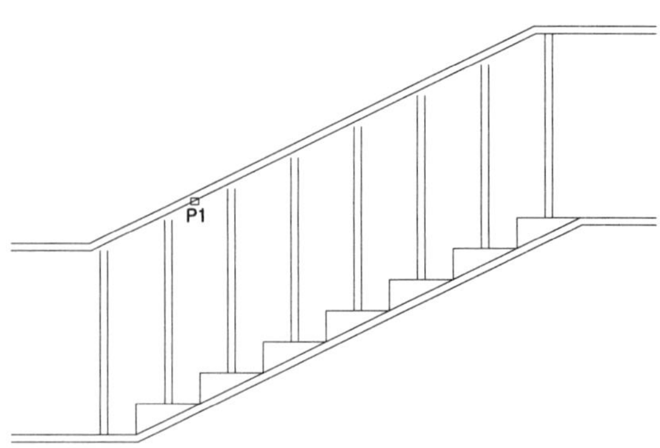

(2) 기준이 되는 연장 끝선 선택

순서⑧ 난간 정리

⑨ HATCH 명령을 사용하여 계단의 바닥과 발판을 솔리드 검정색으로 해칭한다.

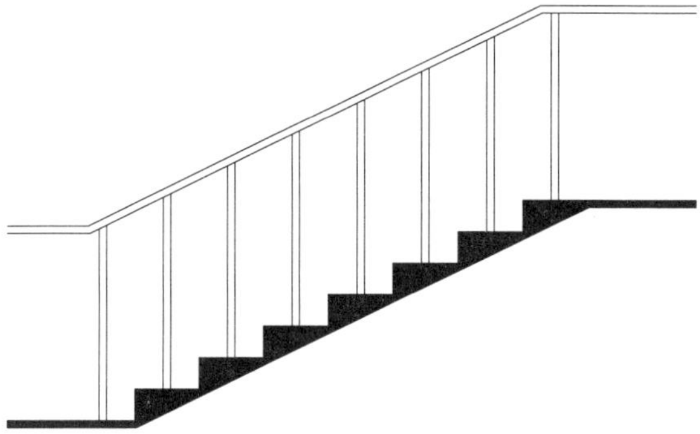

순서⑨ 해치(HATCH)

⑩ 치수와 문자를 기입한 후 수정할 부분이 있는지 확인하고 그림을 저장한다.

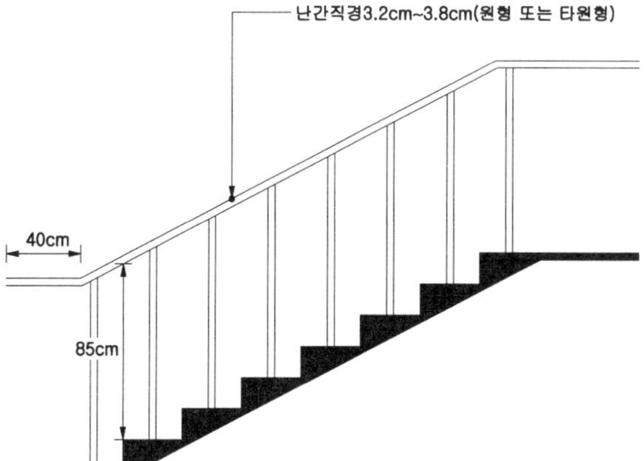

순서⑩ 완성

11.3 욕조 그리기

욕조 예제를 따라해 보자.

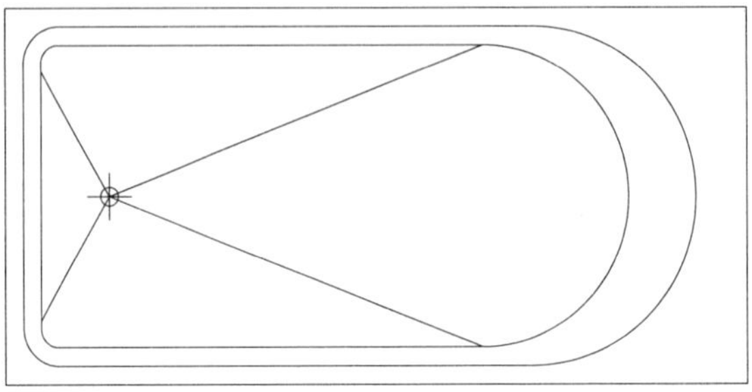

욕조 그리기

따라해보세요

① 새로운 도면 템플렛을 만든다.

명령 : NEW [Enter↵]
그 후 acadiso.dwt를 선택하여 새로운 템플렛을 만든다.

② LIMITS 명령을 이용하여 도면 한계를 설정한다.

명령 : LIMITS [Enter↵]
왼쪽 아래 구석 지정 또는 [켜기(ON)/끄기(OFF)] <0.0000,0.0000> : [Enter↵]
오른쪽 위 구석 지정 <0.0000,0.0000> : 5000,5000 [Enter↵]

③ 욕조의 중심선을 그린다.

명령 : REC [Enter↵] (RECTANG)
첫 번째 구석점 지정 또는 [모따기(C)/고도(E)/모깎기(F)/두께(T)/폭(W)] : 임의의 점 클릭
다른 구석점 지정 또는 [영역(A)/치수(D)/회전(R)] : @3000,1300 [Enter↵]

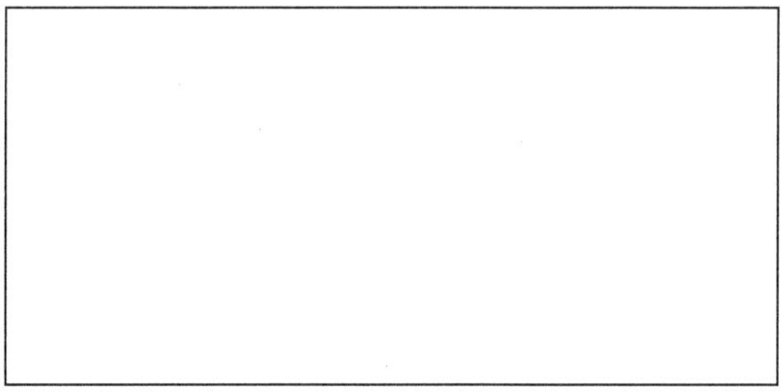

순서③ 중심선 그리기

④ OFFSET 명령을 이용하여 간격 80mm의 내 · 외부선을 그린다.

명령 : O [Enter↵] (OFFSET)

간격띄우기 거리 지정 또는 [통과점(T)/지우기(E)/도면층(L)] <통과점> : 80 [Enter↵]

간격 띄우기할 객체 선택 또는 [종료(E)/명령취소(U)] <종료> : P1 클릭

간격 띄우기할 객체 선택 또는 [종료(E)/명령취소(U)] <종료> : P2 클릭(내부선)

간격 띄우기할 객체 선택 또는 [종료(E)/명령취소(U)] <종료> : P1 클릭

간격 띄우기할 객체 선택 또는 [종료(E)/명령취소(U)] <종료> : P3 클릭(외부선) [Enter↵]

순서④ 내 · 외부선 그리기

⑤ FILLET 명령을 이용하여 중심선을 둥글게 처리한다.

명령 : F [Enter↵] (FILLET)

첫 번째 객체 선택 또는 [명령취소(U)/폴리선(P)/반지름(R)/자르기(T)/다중(M)] : R [Enter↵]

모깎기 반지름 지정 <10.0000> : 160 [Enter↵]

첫 번째 객체 선택 또는 [명령취소(U)/폴리선(P)/반지름(R)/자르기(T)/다중(M)] : L1 선택

두 번째 객체 선택 또는 Shift 키를 누른 채 선택하여 구석 적용 : L2 선택

명령 : Enter↵ (이전 명령 실행)

첫 번째 객체 선택 또는 [명령취소(U)/폴리선(P)/반지름(R)/자르기(T)/다중(M)] : L3 선택

두 번째 객체 선택 또는 Shift 키를 누른 채 선택하여 구석 적용 : L4 선택

순서⑤ 중심선 라운딩 처리

⑥ FILLET 명령을 이용하여 내부선을 둥글게 처리한다.

명령 : F Enter↵ (FILLET)

첫 번째 객체 선택 또는 [명령취소(U)/폴리선(P)/반지름(R)/자르기(T)/다중(M)] : R Enter↵

모깎기 반지름 지정 <10.0000> : 80 Enter↵

첫 번째 객체 선택 또는 [명령취소(U)/폴리선(P)/반지름(R)/자르기(T)/다중(M)] : L5 선택

두 번째 객체 선택 또는 Shift 키를 누른 채 선택하여 구석 적용 : L6 선택

명령 : Enter↵ (이전 명령 실행)

첫 번째 객체 선택 또는 [명령취소(U)/폴리선(P)/반지름(R)/자르기(T)/다중(M)] : L7 선택

두 번째 객체 선택 또는 Shift 키를 누른 채 선택하여 구석 적용 : L8 선택

순서⑥ 내부선 라운딩 처리

⑦ LINE 명령을 이용해 아래의 그림처럼 적당한 위치에 선을 그린다.

명령 : L Enter↵ (LINE)

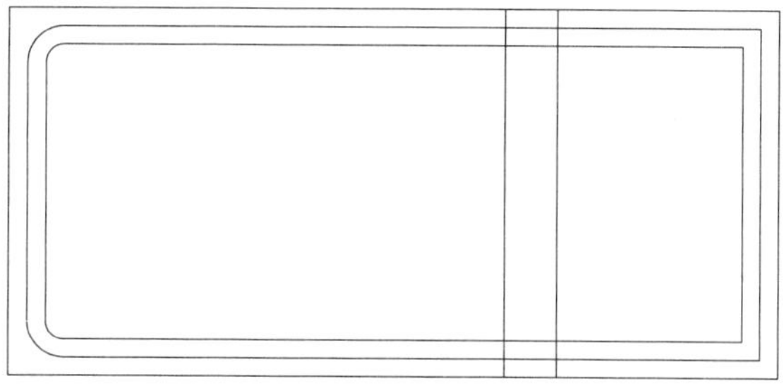

순서⑦ 선 그리기

⑧ CIRCLE 명령을 이용하여 욕조 내부에 원을 그린다.

명령 : C Enter↵ (CIRCLE)

원에 대한 중심점 지정 또는 [3점(3P)/2점(2P)/Ttr-접선 접선 반지름(T)] : 2P Enter↵

원 지름의 첫 번째 끝점을 지정 : P4 선택

원 지름의 두 번째 끝점을 지정 : P5 선택

명령 : Enter↵ (이전 명령 실행)

원에 대한 중심점 지정 또는 [3점(3P)/2점(2P)/Ttr-접선 접선 반지름(T)] : 2P Enter↵

원 지름의 첫 번째 끝점을 지정 : P6 선택

원 지름의 두 번째 끝점을 지정 : P7 선택

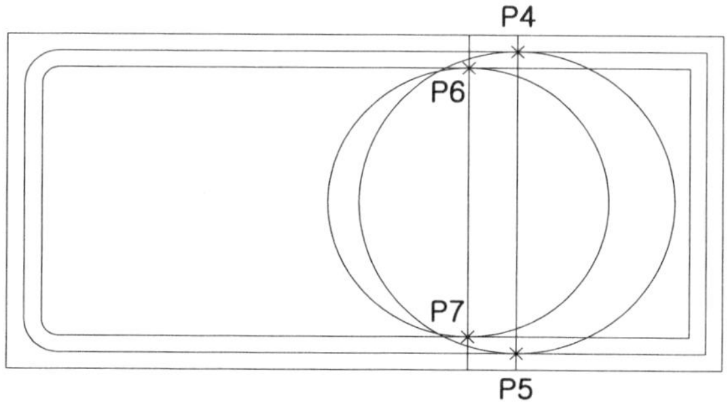

순서⑧ 원 그리기

⑨ 필요없는 선들은 TRIM 명령이나 ERASE 명령을 사용하여 정리한다.

순서⑨ 선 정리

⑩ 아래 그림과 같이 적당한 위치에 선을 그린다.

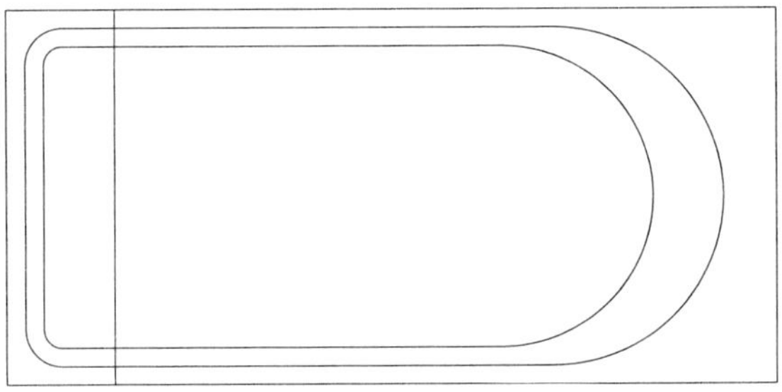

순서⑩ 선 그리기

⑪ CIRCLE 명령을 이용하여 외부원의 반지름이 100 mm이고, 내부원의 반지름이 40 mm인 배수구를 그린다.

명령 : C Enter↵ (CIRCLE)
원에 대한 중심점 지정 또는 [3점(3P)/2점(2P)/Ttr-접선 접선 반지름(T)] : P8 선택 Enter↵
원의 반지름 지정 또는 [지름(D)] : 100 Enter↵

명령 : Enter↵ (이전 명령 실행)
원에 대한 중심점 지정 또는 [3점(3P)/2점(2P)/Ttr-접선 접선 반지름(T)] : P8 선택 Enter↵
원의 반지름 지정 또는 [지름(D)] : 40 Enter↵

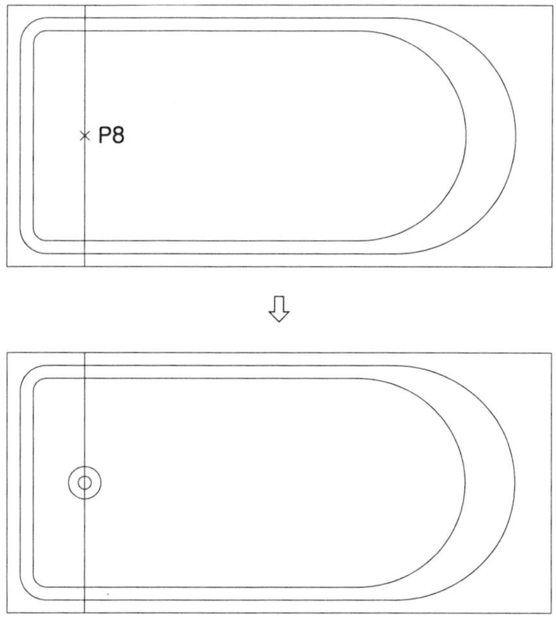

순서⑪ 배수구 그리기

⑫ LINE 명령을 이용하여 배수구의 중심선을 그려준다.

명령 : L Enter↵ (LINE)

첫 번째 점 지정 : P9점 선택

다음 점 지정 또는 [명령취소(U)] : P10 선택

※ 주의 : OSNAP(객체 스냅 모드)에서 '사분점'이 체크된 후 객체 스냅이 켜있는 상태여야 한다.

객체 스냅 모드설정 단축키 : OS

객체 스냅 On/Off 단축키 : F3

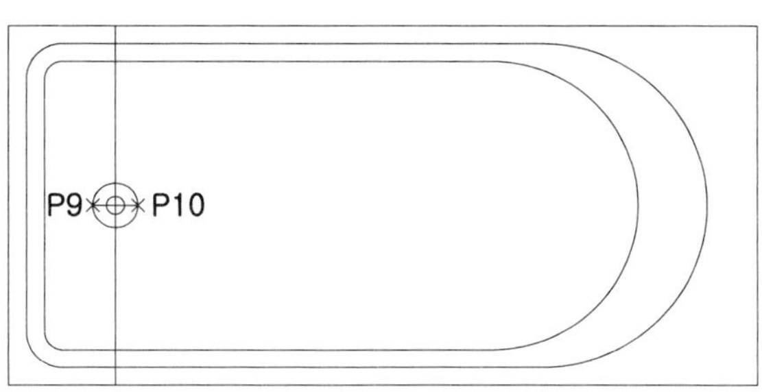

순서⑫ 배수구 중심선 그리기

⑬ ERASE 명령을 사용하여 불필요한 선들을 정리해준다.

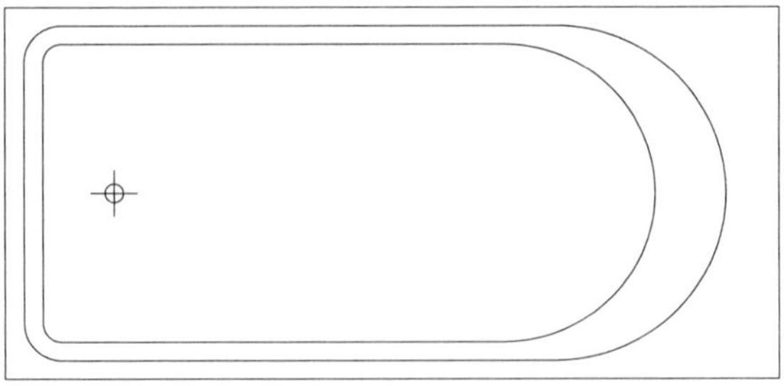

순서⑬ 배수구 정리

⑭ LINE을 이용하여 경사 표시선을 그린 후, 수정할 부분이 있는지 다시 한 번 확인하고 저장한다.

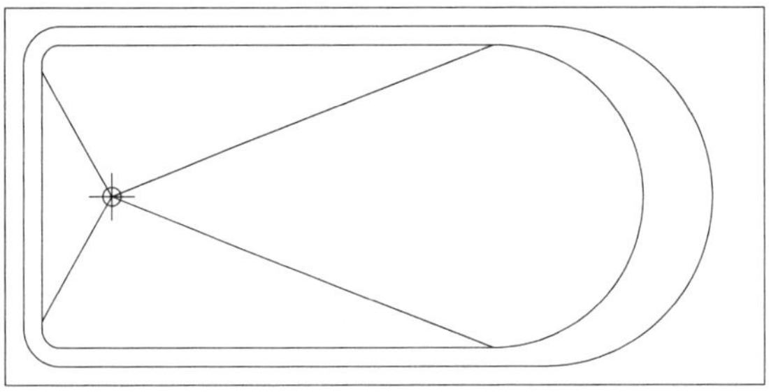

완 성

11.4 식탁 그리기

원형 식탁의 예제를 따라해 보자.

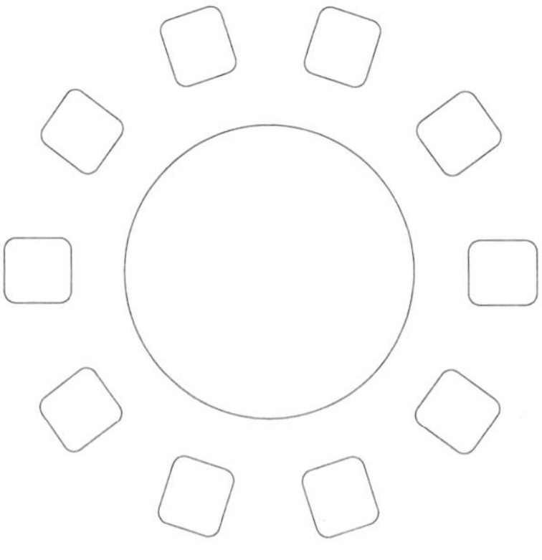

식탁 그리기

따라해보세요

① 새로운 도면 템플렛을 만든다.

명령 : NEW Enter↵

그 후 acadiso.dwt를 선택하여 새로운 템플렛을 만든다.

② LIMITS 명령을 이용하여 도면 한계를 설정한다.

명령 : LIMITS Enter↵

왼쪽 아래 구석 지정 또는 [켜기(ON)/끄기(OFF)] <0.0000,0.0000> : Enter↵

오른쪽 위 구석 지정 <0.0000,0.0000> : 5000,5000 Enter↵

③ 세로·가로의 길이가 2000mm인 십자모양의 중심선을 그린다.

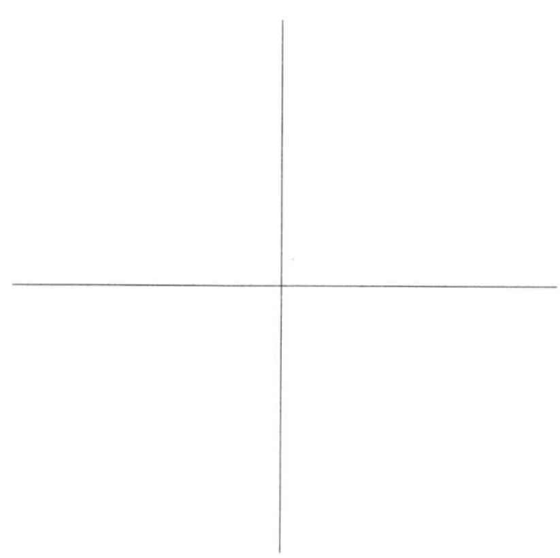

순서③ 중심선 그리기

④ CIRCLE 명령을 이용하여 가운데 식탁을 그려준다.

명령 : C Enter↵ (CIRCLE)

원에 대한 중심점 지정 또는 [3점(3P)/2점(2P)/Ttr-접선 접선 반지름(T)] : P1 선택 Enter↵

원의 반지름 지정 또는 [지름(D)] : 500 Enter↵

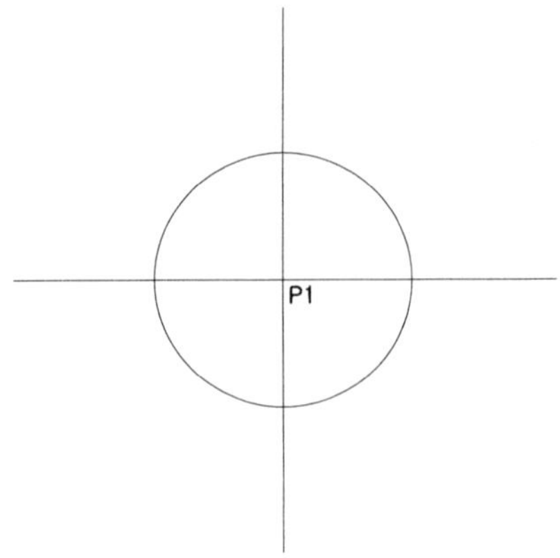

순서④ 식탁 그리기

⑤ RECTANG 명령을 이용하여 식탁의 비율에 맞는 의자를 그려준다.

명령 : REC Enter↵ (RECTANG)
첫 번째 구석점 지정 또는 [모따기(C)/고도(E)/모깎기(F)/두께(T)/폭(W)] : P2 클릭
다른 구석점 지정 또는 [영역(A)/치수(D)/회전(R)] : P3 클릭

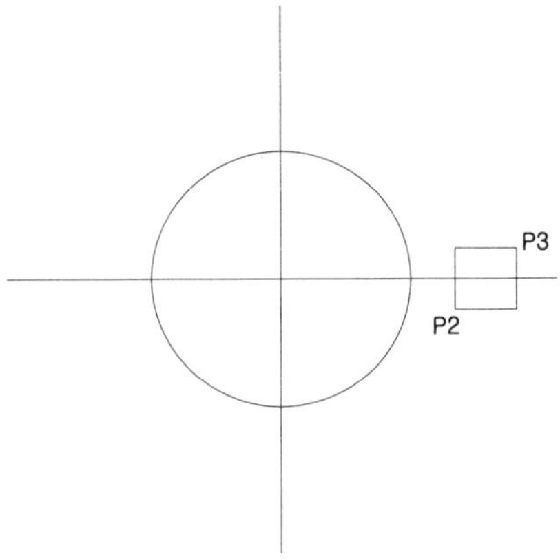

순서⑤ 의자 그리기

⑥ FILLET 명령을 이용하여 의자 모서리를 라운딩 해준다.

명령 : F Enter↵ (FILLET)
첫 번째 객체 선택 또는 [명령취소(U)/폴리선(P)/반지름(R)/자르기(T)/다중(M)] : R Enter↵
모깎기 반지름 지정 : 30 Enter↵
첫 번째 객체 선택 또는 [명령취소(U)/폴리선(P)/반지름(R)/자르기(T)/다중(M)] : P4, P5 클릭

위의 과정을 각 모서리별로 반복 하여 모서리가 둥근 의자를 그린다.

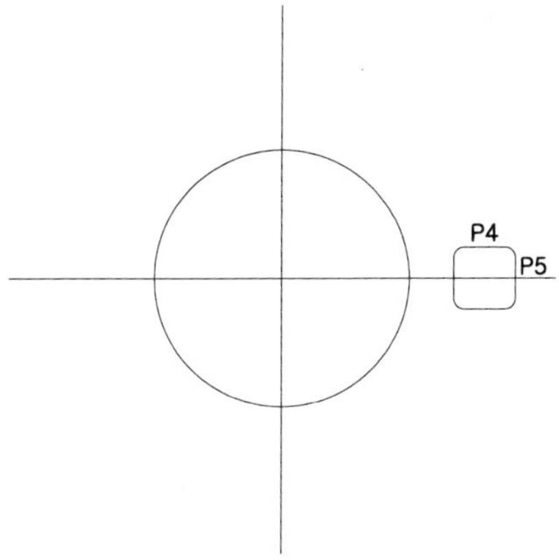

순서⑥ 의자 모서리 다듬기

⑦ ARRAYCLASSIC 명령을 이용하여 의자를 식탁(원형)에 맞춰 배열한다.
(앞 서 설명 했듯이 AutoCAD 2012부터 ARRAY명령어는 대화상자가 나타나지 않으므로 초보자는 ARRAYCLASSIC라는 명령어를 통해 대화상자를 보고 하는 것이 편하다.)

명령 : ARRAYCLASSIC Enter↵ (ARRAYCLASSIC)

[객체 선택(S) : P6→P7을 드래그하여 의자객체 선택] → [중심점 : 원탁의 중심(P8)] → [방법(M) : 항목의 전체 수 및 채울 각도] → [항목 수의 총계(I) : 10] → [채울 각도(F) : 360] → [회전시키면서 복사 체크] → [확인]

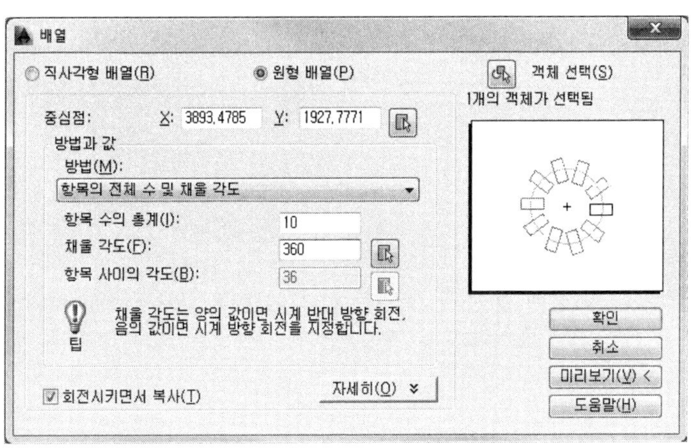

원형 배열 방법

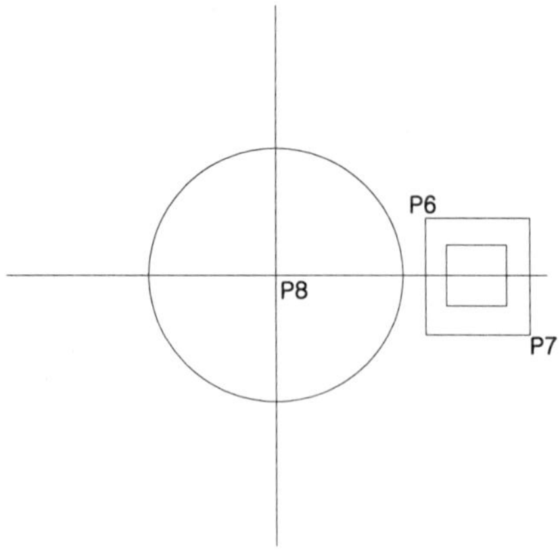

순서⑦ 의자객체 배열시키기

⑧ ERASE 명령을 이용하여 중심선을 지워준다.

명령 : E Enter↵ (ERASE)

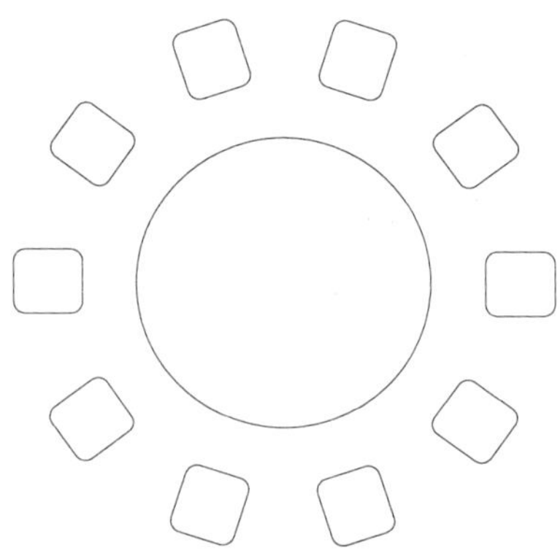

순서⑧ 완성

⑨ 빠진 부분이 있거나 이상이 있는지 확인하고 저장한다.

명령 : SAVE

11.5 침대 그리기

침대의 예제를 따라해 보자.

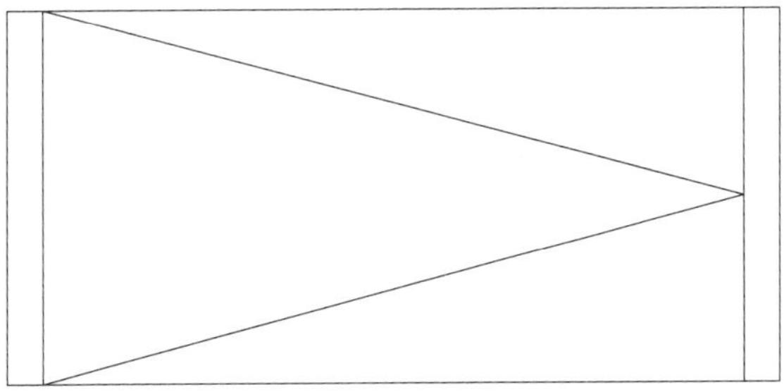

침대 그리기

따라해보세요

① NEW 명령을 이용해 새로운 도면 템플렛을 만든다.

② LIMITS 명령을 이용하여 도면 한계를 설정한다.

명령 : LIMITS [Enter↵]
    왼쪽 아래 구석 지정 또는 [켜기(ON)/끄기(OFF)] <0.0000,0.0000> : [Enter↵]
    오른쪽 위 구석 지정 <0.0000,0.0000> : 5000,5000 [Enter↵]

③ 명령 : REC [Enter↵] (RECTANG)
    첫 번째 구석점 지정 또는 [모따기(C)/고도(E)/모깎기(F)/두께(T)/폭(W)] : P1을 클릭한다.
    다른 구석점 지정 또는 [영역(A)/치수(D)/회전(R)] : P2를 클릭한다.

순서③ 침대 그리기 1

④ LINE 명령을 이용하여 선을 그린다.

명령 : L [Enter↵] (LINE)

첫 번째 점 지정 : P3을 클릭한다.
다음 점 지정 또는 [명령취소(U)] : P4를 클릭한다.
다음 점 지정 또는 [명령취소(U)] : [Enter↵]

순서④ 침대 그리기 2

⑤ MIRROR 명령을 이용하여 오른쪽의 세로선을 왼쪽 복사시킨다.

명령 : MI [Enter↵] (MIRROR)

순서⑤ 침대 그리기 3

⑥ LINE 명령을 이용하여 그림과 같이 선을 그려준다.

명령 : L [Enter↵] (Line)

첫 번째 점 지정 : P5를 클릭한다.
다음 점 지정 또는 [명령취소(U)] : P6을 클릭한다.
다음 점 지정 또는 [명령취소(U)] : P7을 클릭한다.
다음 점 지정 또는 [닫기(C)/명령취소(U)] : [Enter↵]

※ 주의 : P6점은 객체 스냅에서 '중간점'이 체크된 후 객체 스냅이 켜있는 상태여야 한다.

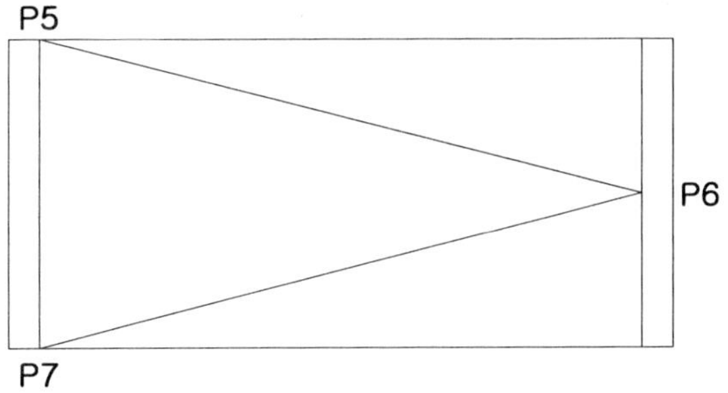

순서⑥ 침대 그리기 4

⑦ 빠진 부분이 있거나 이상이 있는지 확인하고 저장한다.

명령 : SAVE

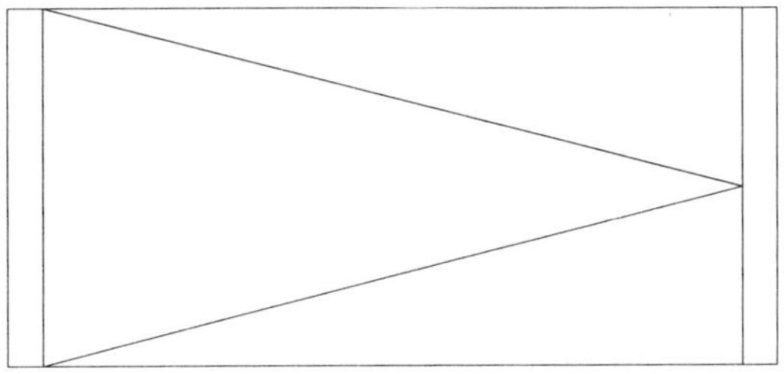

순서⑦ 완성된 침대

11.6 소파 그리기

소파의 예제를 따라해 보자.

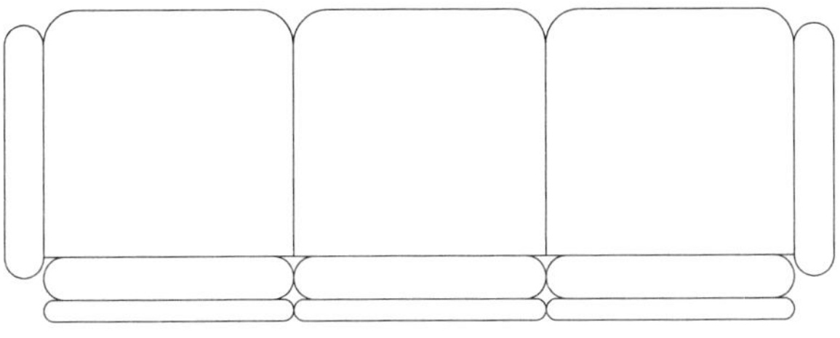

소파 그리기

따라해보세요

① 새로운 도면 템플렛을 만든다.

명령 : NEW Enter↵

그 후 acadiso.dwt를 선택하여 새로운 템플렛을 만든다.

② LIMITS 명령을 이용하여 도면 한계를 설정한다.

명령 : LIMITS Enter↵

왼쪽 아래 구석 지정 또는 [켜기(ON)/끄기(OFF)] <0.0000,0.0000> : Enter↵

오른쪽 위 구석 지정 <0.0000,0.0000> : 5000,5000 Enter↵

③ LINE 명령을 이용하여 가로·세로 500mm의 크기의 사각형을 만든다.

명령 : L Enter↵ (LINE)

순서③ 소파 그리기 1

④ FILLET 명령을 이용하여 위 부분 모서리를 라운딩 해준다.

명령 : F Enter↵ (FILLET)

첫 번째 객체 선택 또는 [명령취소(U)/폴리선(P)/반지름(R)/자르기(T)/다중(M)] : R Enter↵

모깎기 반지름 지정 : 100 Enter↵

첫 번째 객체 선택 또는 [명령취소(U)/폴리선(P)/반지름(R)/자르기(T)/다중(M)] : P3 클릭

두 번째 객체 선택 또는 Shift 키를 누른 채 선택하여 구석 적용 : P4 클릭

위의 과정을 반복하여 위의 양쪽 모서리를 둥근 모양으로 만든다.

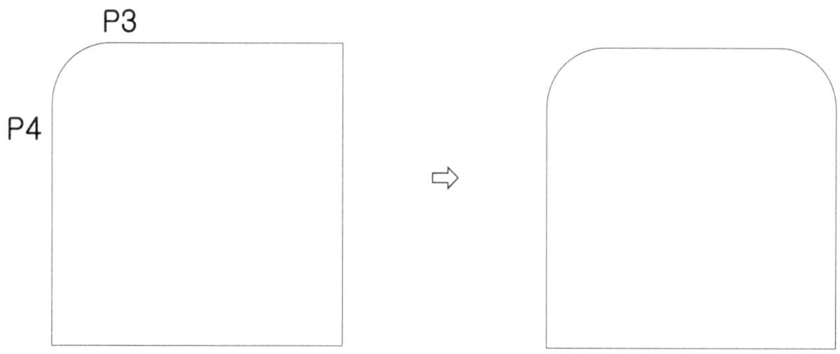

순서④ 소파 그리기 2

⑤ OFFSET 명령을 이용하여 아래 그림과 같이 아랫 선을 안쪽과 바깥쪽으로 복사 시킨다.

명령 : O [Enter↵] (OFFSET)

간격띄우기 거리 지정 또는 [통과점(T)/지우기(E)/도면층(L)] <0.0000> : 50 [Enter↵]

순서⑤ 소파 그리기 3

⑥ CIRCLE 명령을 이용하여 그림과 같이 양쪽에 원을 만들어 준 후, TRIM 명령을 이용하여 불필요한 선을 정리해 준다.

명령 : C [Enter↵] (CIRCLE)

CIRCLE 원에 대한 중심점 지정 또는 [3점(3P)/2점(2P)/Ttr - 접선 접선 반지름(T)] : 2P

명령 : TR [Enter↵] (TRIM)

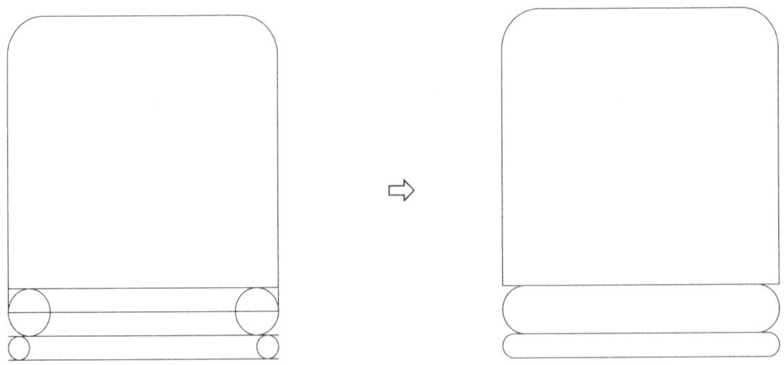

순서⑥ 소파 그리기 4

⑦ COPY 명령으로 객체를 복사한다.

명령 : CO Enter↵ (COPY)

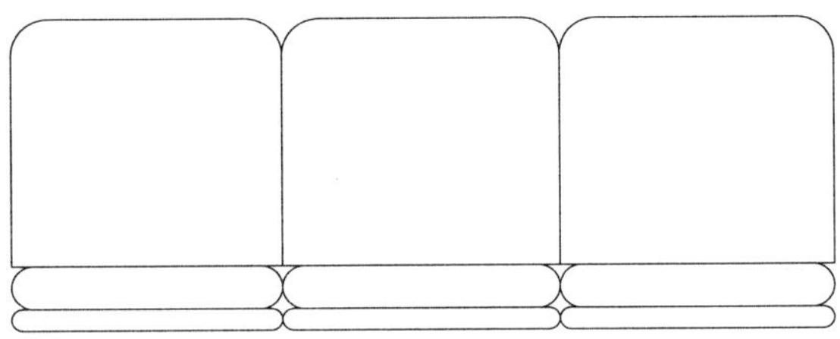

순서⑦ 소파 그리기 5

⑧ OFFSET 명령을 이용하여 객체 양쪽에 폭 100mm의 선을 복사한다.

명령 : O Enter↵ (OFFSET)

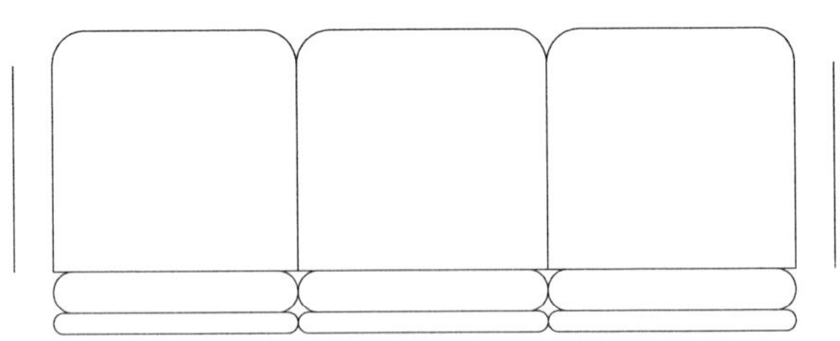

순서⑧ 소파 그리기 6

⑨ 명령 : F Enter↵ (FILLET)

첫 번째 객체 선택 또는 [명령취소(U)/폴리선(P)/반지름(R)/자르기(T)/다중(M)] : R Enter↵

모깎기 반지름 지정 : 50 Enter↵

첫 번째 객체 선택 또는 [명령취소(U)/폴리선(P)/반지름(R)/자르기(T)/다중(M)] : P7 클릭

두 번째 객체 선택 또는 Shift 키를 누른 채 선택하여 구석 적용 : P8 클릭

위의 과정을 반복하여 아래의 그림처럼 만든다.

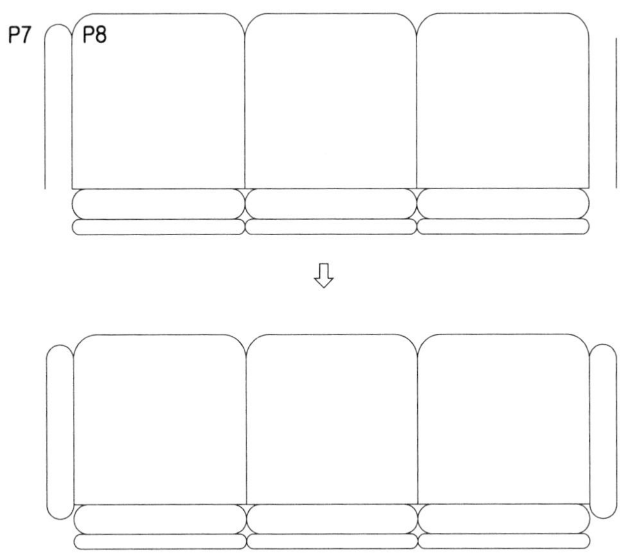

순서⑨ 소파 그리기 7

⑩ 빠진 부분이 있거나 이상이 있는지 확인하고 저장한다.

명령 : SAVE

순서⑩ 소파 완성

Chapter 12

평면도 그리기

그림과 같은 평면도의 예제를 축척 1/60, A3(420*297) 용지에 그려보자.

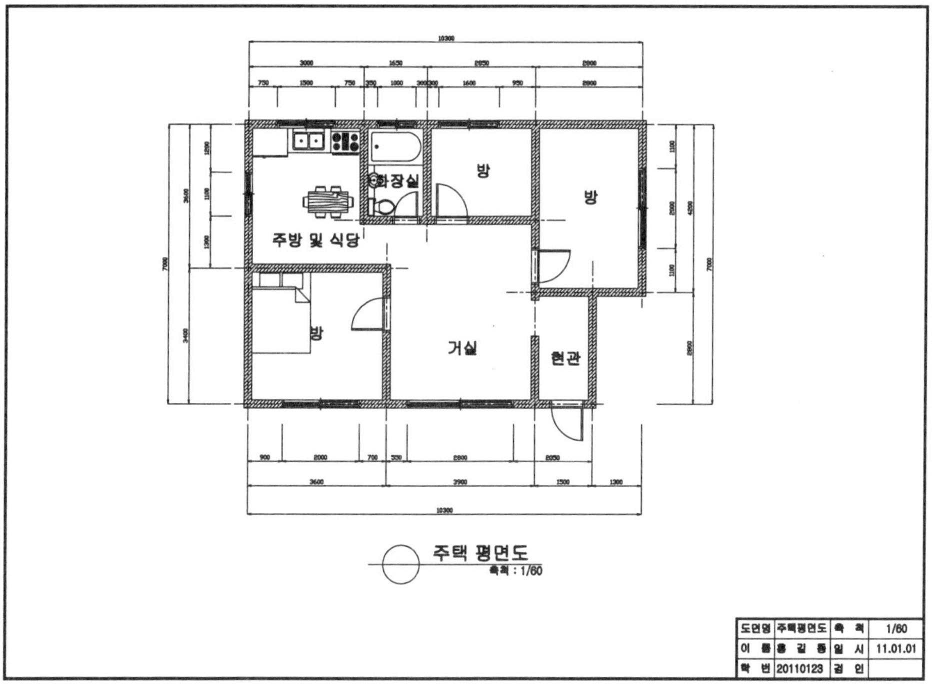

평면도

12.1 평면도 작업순서

① 작업 준비

도면양식 삽입, 레이어 만들기 등의 도면 작업을 위한 준비 및 기초적인 설정을 한다.

② 기둥, 벽 등의 중심선을 그린다.

③ **기둥, 벽 등을 그린다.**

벽체와 기둥이 있을 때는 기둥을 먼저 그리는 것이 일반적이다.

④ **창, 문 등을 그린다.**

벽을 수정하여 창, 문 등을 삽입한다.

⑤ **마감선을 그린다.**

⑥ **가구, 주방기구, 각종 기구 등을 그린다.**

⑦ **재료 표시, 줄눈 등을 표시한다.**

⑧ **공간의 용도, 치수를 기입한다.**

⑨ **도면의 제목과 축척을 기입한다.**

⑩ **이상이 있는지 확인하고 저장한다.**

▌레이어 만들기 예제

번호	레이어명	레이어 요소	지정 색깔	선의 종류
1	CEN	중심선	빨강색(Red)	일점쇄선
2	WAL	벽선	노랑색(Yellow)	실선
3	WID	문, 창문	하늘색(Cyan)	실선
4	FIN	마감선	파랑색(Blue)	실선
5	FUR	가구	하늘색(Cyan)	실선
6	HAT	해치	분홍색(Magenta)	실선
7	DIM	치수	흰색(White)	실선
8	TXT	문자	노랑색(Yellow)	실선
9	SYM	기호, 심벌	녹색(Green)	실선

12.2 도면 양식 정하기

Mvsetup 명령은 종이의 크기와 축척, 단위의 형태 등을 쉽게 결정할 수 있다. 일정한 축척의 도면을 그릴 때에는 Limits 명령어보다 Mvsetup 명령이 더 간편하다.

따라해보세요

① 새로운 도면 템플렛을 만든다.

명령 : NEW Enter↵

그 후 acadiso.dwt를 선택하여 새로운 템플렛을 만든다.

② MVSETUP 명령을 이용해 도면 축척 및 도면 크기를 설정해준다.

명령 : MVSETUP Enter↵

도면 공간을 사용가능하게 합니까? [아니오(N)/예(Y)] <Y> : N

단위 유형 입력 [과학(S)/십진(D)/공학(E)/건축(A)/미터법(M)] : M

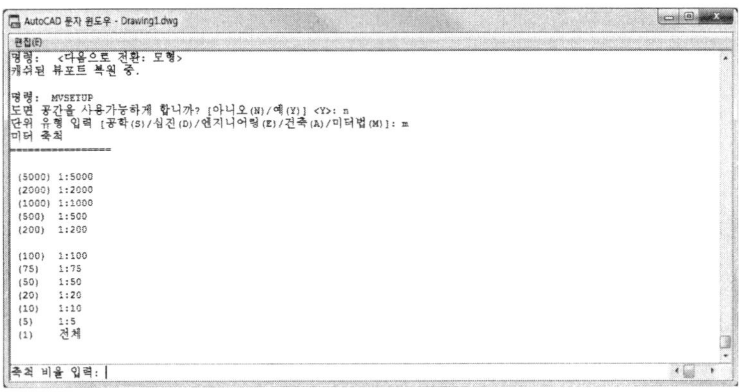

순서② MVSETUP 명령

③ 도면의 축척 비율 및 용지의 폭과 높이를 입력한다.

축척 비율 입력 : 60 , 용지 폭 입력 : 420, 용지 높이 입력 : 297 (A3 용지이므로)

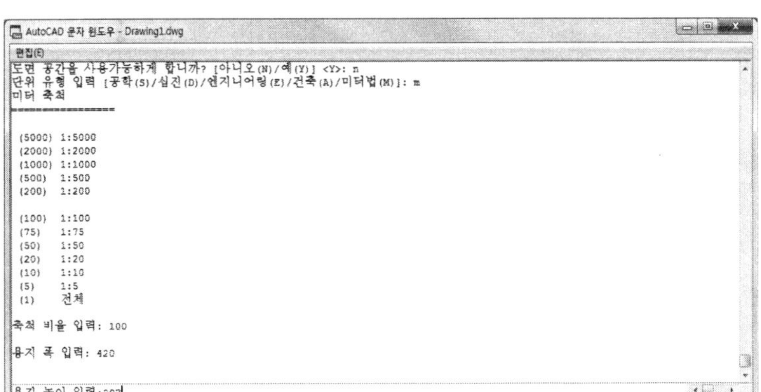

순서③ 도면 축척 및 크기 입력

④ 입력을 완료하면 문자 윈도우 창이 닫히면서 작업창에 아래와 같은 네모 박스가 생기는 것을 확인할 수가 있다.

이 네모 박스가 A3 크기의 도면이 되는 것이다.

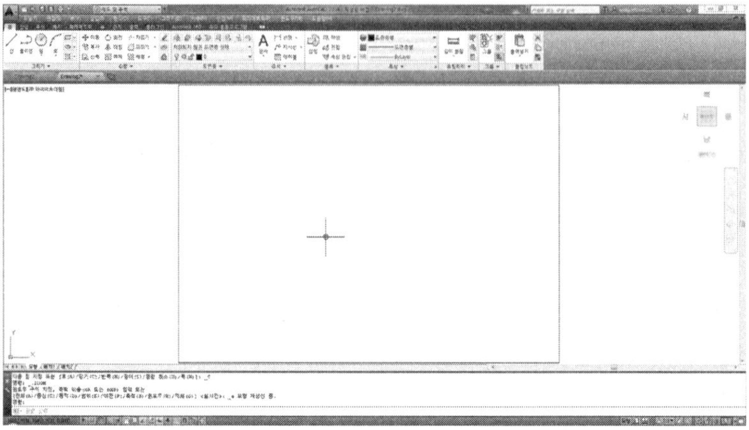

순서④ 도면 축척 및 크기 설정 완료

12.3 테두리선 그리기

따라해보세요

① OFFSET명령을 이용하여 테두리선을 그려준다.

명령 : O Enter↵ (OFFSET)

테두리선의 간격은 10×축척으로 하므로, 600으로 한다.

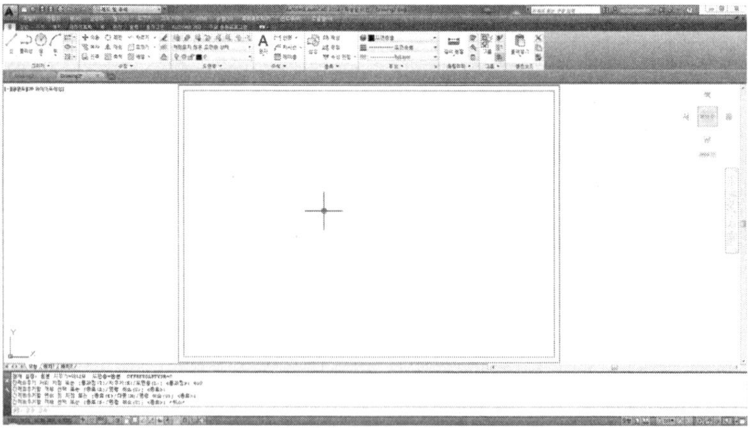

순서① 테두리 그리기

② PEDIT 명령을 이용하여 테두리선의 구분을 위한 선 굵기를 설정한다.

명령 : PE [Enter↵] (PEDIT)

테두리선의 굵기는 축척의 절반 값으로 지정하므로 50 입력

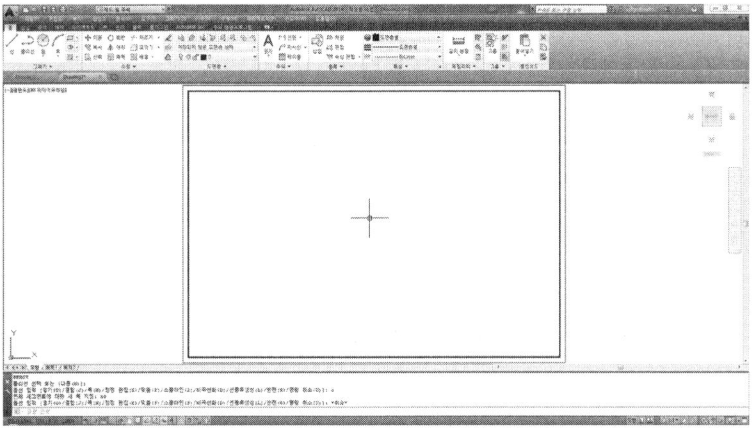

순서② 테두리선 굵기 입력

12.4 중심선 및 그 이외의 선 레이어 만들기

LAYER 명령을 입력하여 각각의 선 레이어를 만들어 준다.

따라해보세요

① LAYER 명령을 사용하여 도면층 특성 관리자를 실행한다.

명령 : LA [Enter↵] (LAYER)

② 새 도면층 아이콘(, 단축키: Alt+N)을 클릭하여 도면층을 추가한다.

③ 이름에 CEN(중심선)이란 명칭을 넣는다.
(사용자의 기호에 맞도록 다른 이름을 넣어도 무방하다.)

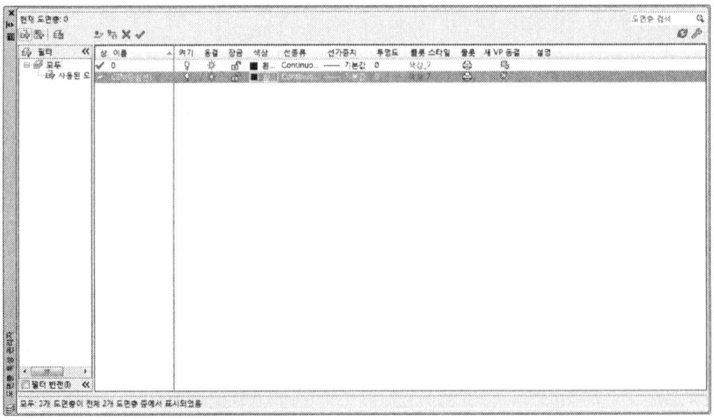

순서③ 도면층 이름 입력

④ '색상'을 클릭하여 도면층의 색상을 변경한다.

중심선은 대부분 도면에서 빨강색으로 표현한다.

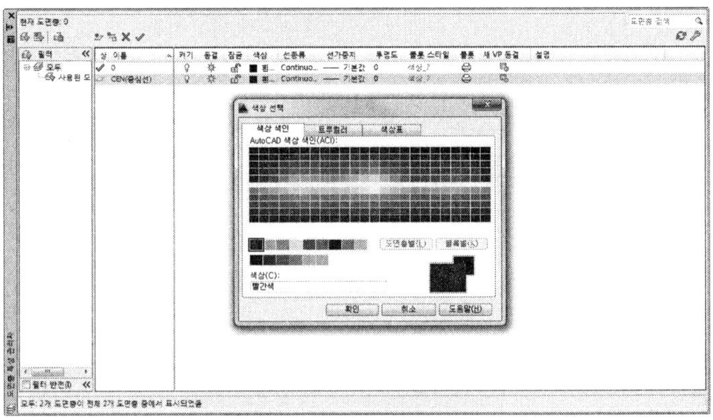

순서④ 색상 변경

④ '선종류'를 클릭하여 선종류 변경해 준다.

[선종류 선택] 대화상자가 뜨면 로드를 눌러주어 '사용 가능한 선종류'를 불러온 후 원하는 선종류를 선택하여 확인 버튼을 누른다.

중심선은 대부분 일점 쇄선으로 사용한다.
사용 가능한 선종류에서는 CENTER로 표기되어 있다.

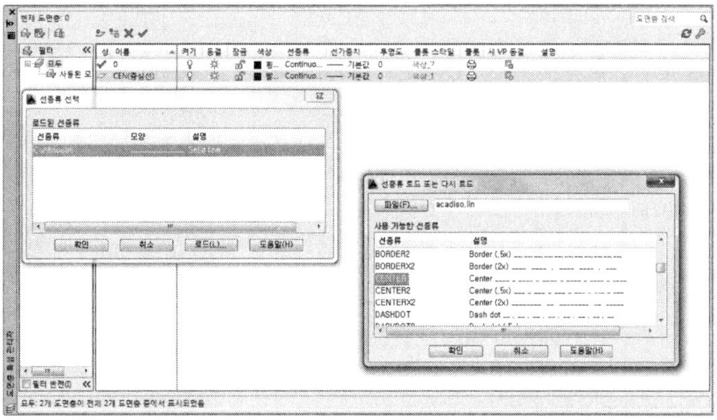

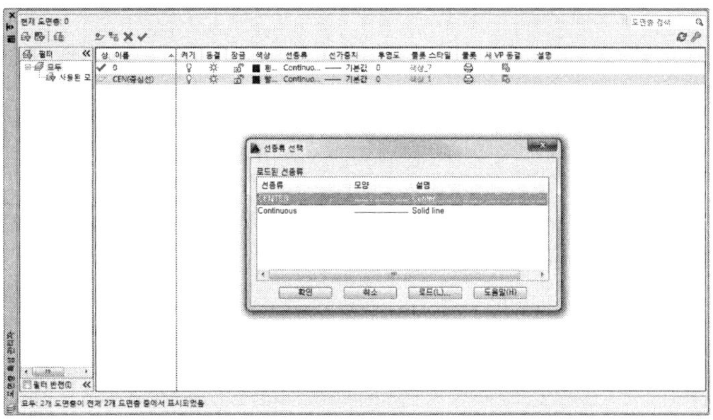

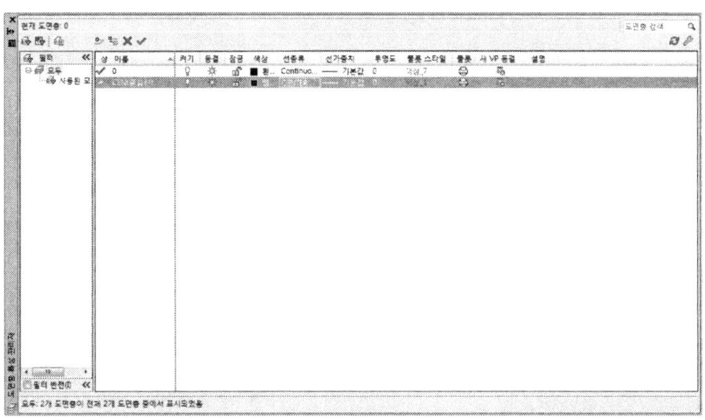

순서④ 선 종류 설정하기

⑤ ②~④와 같은 방법으로 WAL, WID, ⋯ 등의 다른 레이어도 설정해보자.

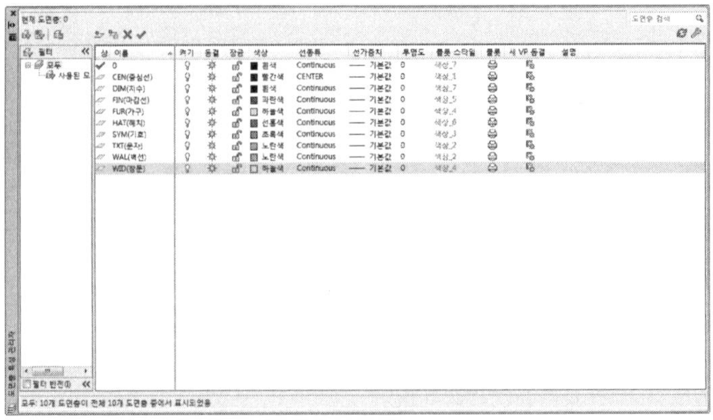

순서⑤ 도면층 추가 입력

12.5 중심선 그리기

도면의 기준이 되는 중심선을 그려본다.

따 라 해 보 세 요

① 홈 탭의 도면층 패널에서 도면층 선택을 CEN(중심선) 레이어로 바꾼다.

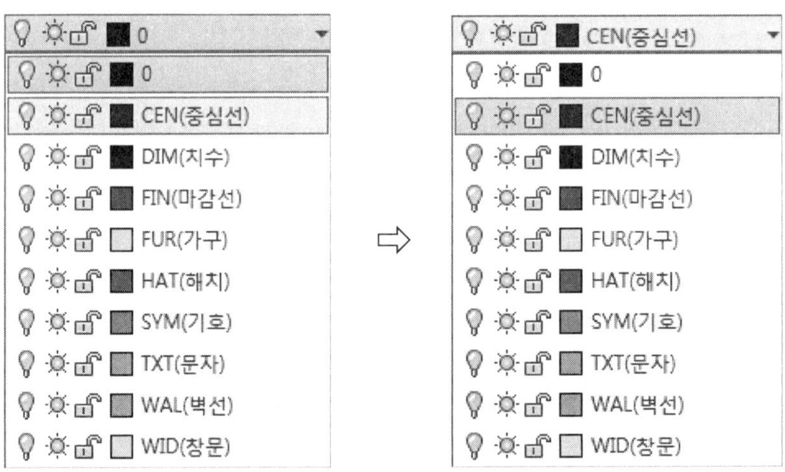

순서① 중심선 도면층 선택

② LINE 명령을 이용하여 왼쪽 벽체 간격 기준 수평선을 작도한다.

명령 : L Enter↵ (LINE)

첫 번째 점 지정 : 도면 작업창에 임의의 P1점을 클릭한다.
세로축 길이를 9000mm으로 그려준다.
같은 방법으로 가로축의 길이로 10300mm로 그려준다.

직교의 On/Off을 확인한 후 그려준다.
직교 On/Off 단축키 : F8

중심선은 여유길이가 필수로 포함되어야 한다.
현재 그려준 길이는 양쪽 1000mm씩의 여유길이가 적용되었다.

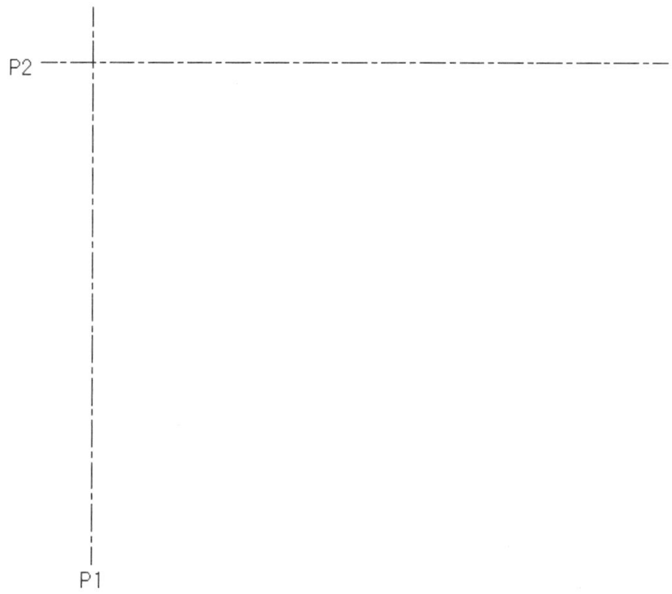

순서② 중심선 그리기 1

③ OFFSET 명령을 이용하여 아래 그림과 같이 수평선과 수직선을 벽체 사이의 중심선 거리를 띄워 복사한다.

명령 : O Enter↵ (OFFSET)

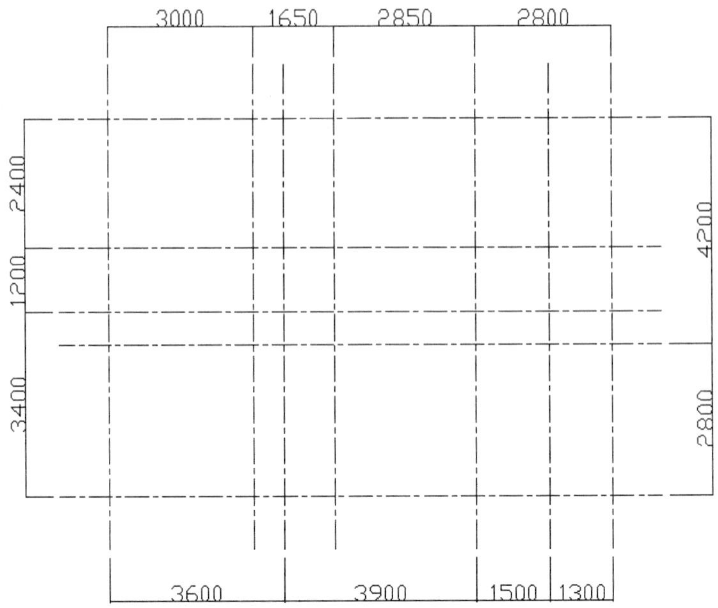

순서③ 중심선 그리기 2

④ BREAK 명령을 이용하여 선의 길이를 조정한다.

명령 : BR Enter↵ (BREAK)

Break 객체 선택 : P1을 클릭한다.

두 번째 끊기점을 지정 또는 [첫 번째 점(F)] : P2를 클릭한다.

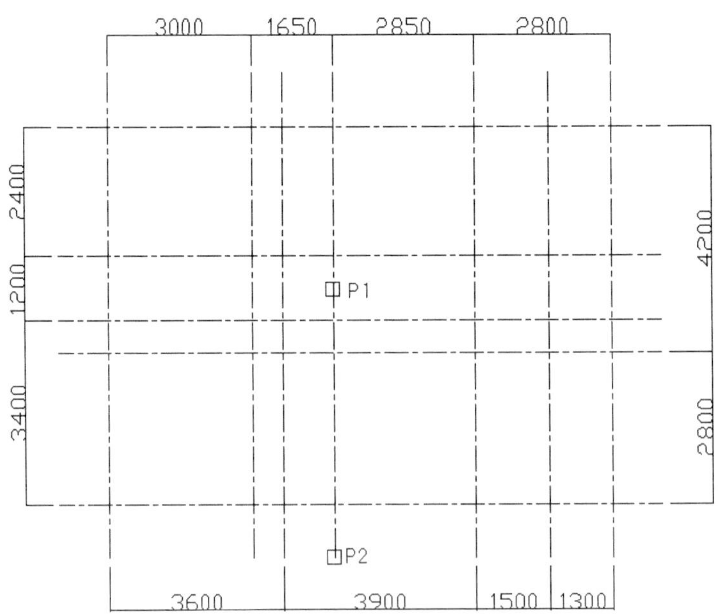

⇩

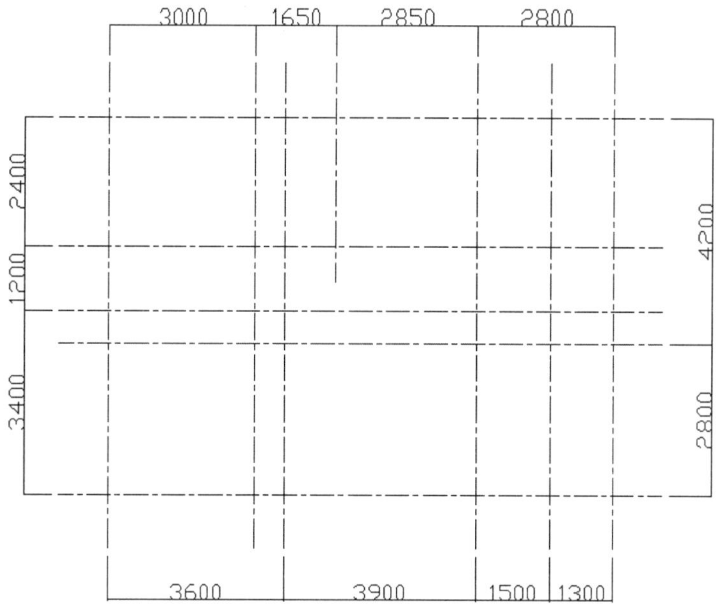

순서④ 선의 길이 조정 1

⑤ BREAK 명령을 이용하여 나머지 선의 길이도 조절한다.

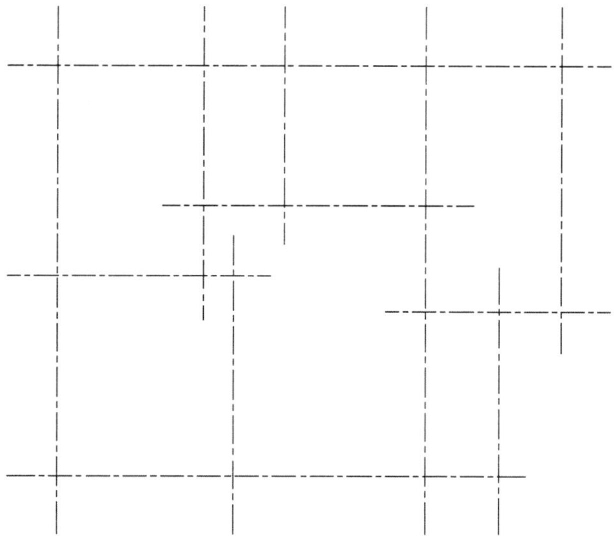

순서⑤ 선의 길이 조정 2

12.6 벽체 그리기

벽체를 그리기 위해서는 다중선을 이용하거나 선(LINE)을 그려서 벽체 거리만큼 오프셋(OFFSET)을 하면 된다.

따라해보세요

① OFFSET 명령을 이용하여 중심선을 기준으로 100mm 거리만큼 선을 복사한다.
(벽체 폭 200mm)

명령 : O [Enter↵] (OFFSET)

간격띄우기할 객체 선택 또는 [통과점(T)/지우기(E)/도면층(L)] <통과점> : 100
간격띄우기할 객체 선택 또는 [종료(E)/명령취소(U)] <종료> : P1처럼 원하는 방향으로 마우스 포인트를 클릭하면 기준선으로부터 간격이 100mm 떨어진 선이 생긴다.

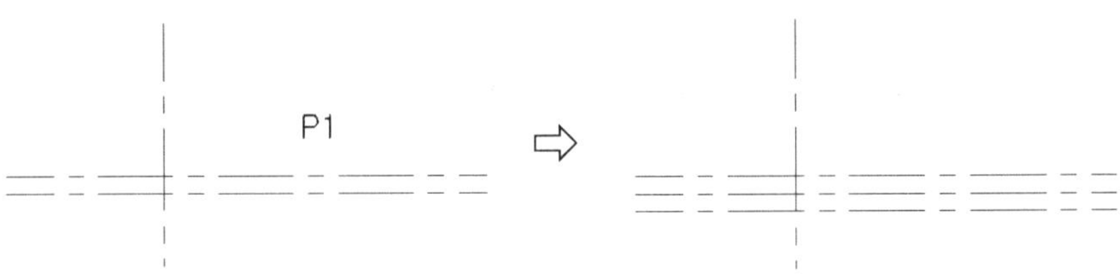

순서① 벽체 그리기 1

② 순서①번과 같은 방법으로 선을 복사한다.

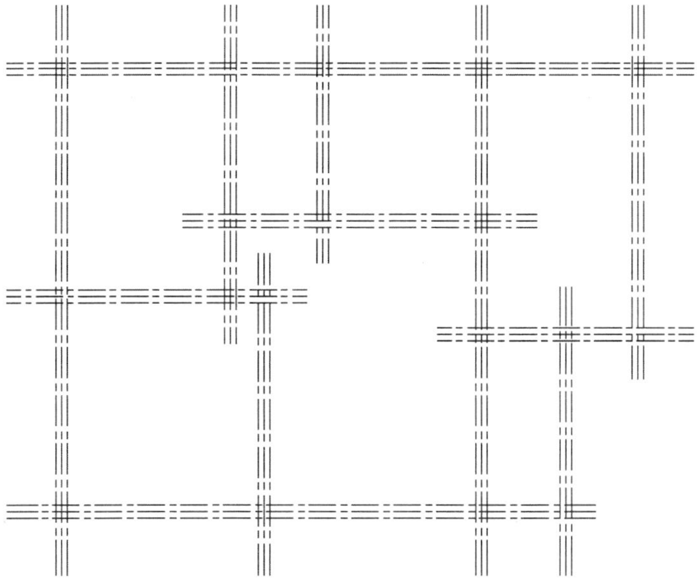

순서② 벽체 그리기 2

③ 'CEN(중심선)' 레이어를 OFFSET를 이용하여 복사했으므로 중심선을 제외한 벽체를 선택하여 도면층을 '(CEN)중심선'에서 'WAL(벽선)'으로 바꿔준다.

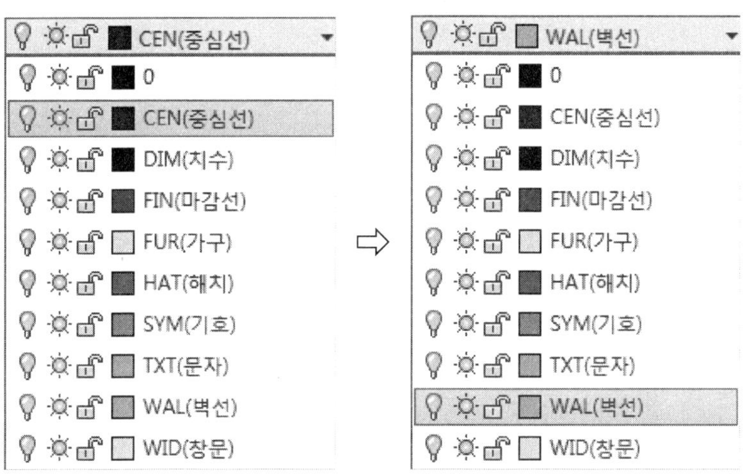

순서③ 도면층 선택

다른 방법으로 객체 하나를 선택, 도면층을 벽선으로 바꾼 뒤 MATCHPROP(단축키: MA) 명령을 이용해 중심선을 제외한 나머지 선들을 일일이 선택하여 선의 특성을 바꿔주는 방법도 있다.

④ 중심선을 제외한 선들의 도면층을 바꿔주면 'CEN(중심선)'의 특성이었던 선들이 'WAL(벽선)'의 도면층으로 바뀌며 일점쇄선에서 실선으로 변함을 확인할 수 있다.

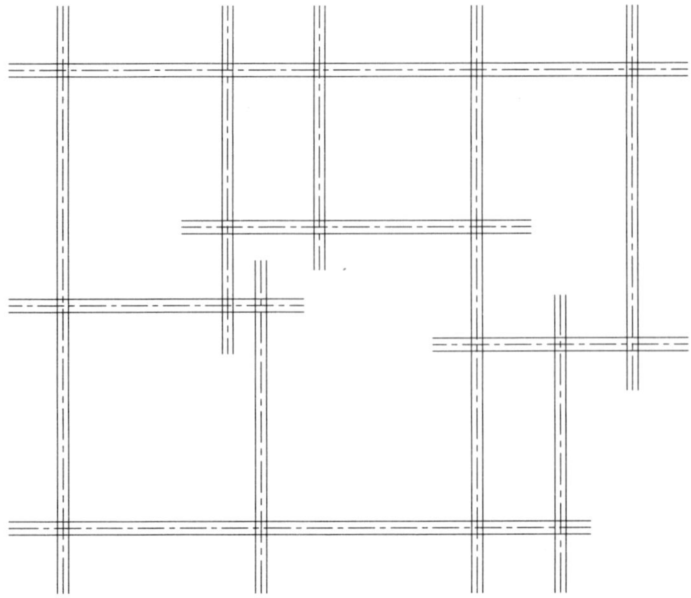

순서④ 벽선 완료

12.7 벽체 정리하기

벽체를 다 그렸으면 이를 FILLET, TRIM 등의 편집명령을 이용하여 정리한다.

따라해보세요

① 'CEN(중심선)' 도면층을 OFF( )시키고 Freeze( )를 클릭하여 도면에 벽선만 표시되게 한다.

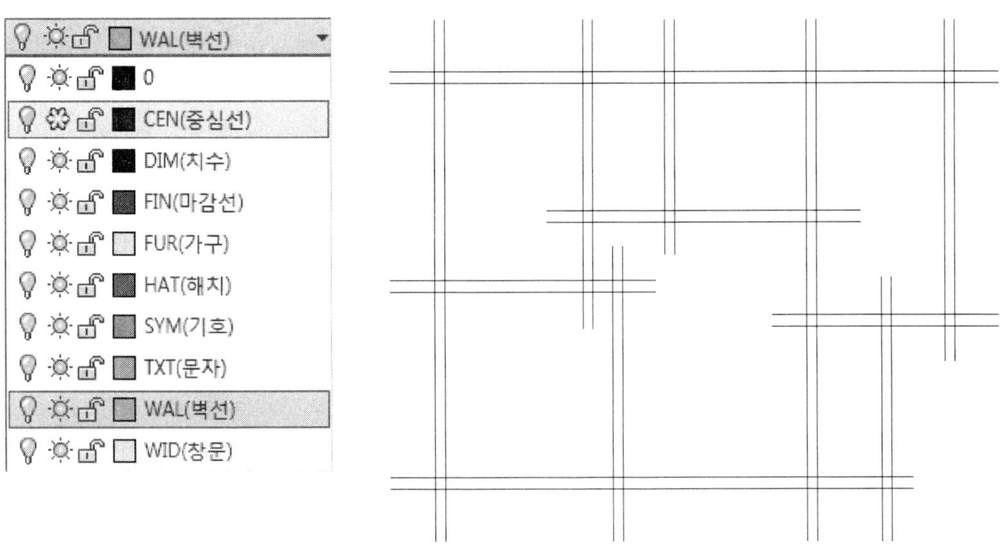

순서① 중심선 도면층 끄기

② FILLET 명령을 사용하여 벽선 모서리를 정리한다.

명령 : F Enter↵ (FILLET)

현재 설정값 : 모드 = TRIM, 반지름 = 0.0000
첫 번째 객체 선택 또는 [명령취소(U)/폴리선(P)/반지름(R)/자르기(T)/다중(M)] : P1 선택
두 번째 객체 선택 또는 Shift 키를 누른 채 선택하여 구석 적용 : P2 선택

직각으로 자르기 위해서는 반드시 반지름의 값이 '0'으로 설정되어야 한다.

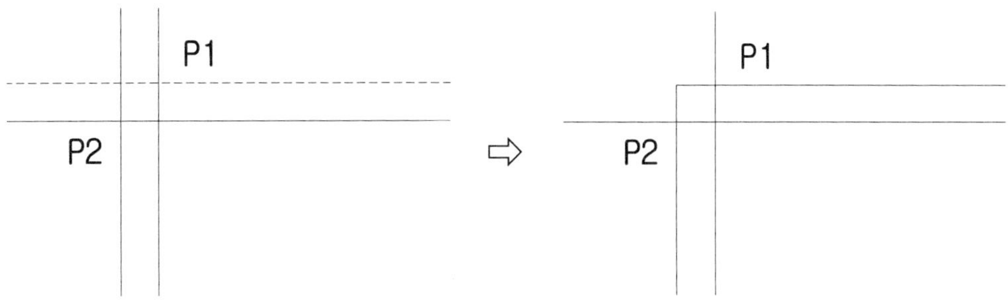

벽선 정리 1

③ TRIM 명령을 이용하여 도면안의 교차되는 벽선을 정리해 준다.
외벽과 내벽, 내벽과 내벽이 만나는 부분을 정리한다.

명령 : TR Enter↵ (TRIM)

객체 선택 또는 <모두 선택> : 교차선택(P2점→P1점)으로 수정할 객체를 선택한다.
객체 선택 : 마우스 오른쪽 클릭 또는 Enter↵
자를 객체 선택 또는 Shift 키를 누른 채 선택하여 연장 또는
[울타리(F)/걸치기(C)/프로젝트(P)/모서리(E)/지우기(R)/명령취소(U)] : 없애고자 하는 부분의 선 객체를 왼쪽 마우스를 클릭하면 삭제가 되는 것을 확인할 수 있다.

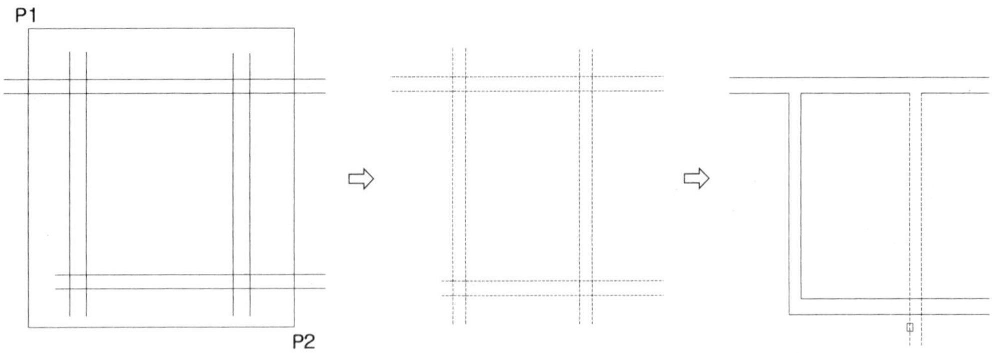

순서③ 벽선 정리 2

④ 그 밖의 불필요한 선들을 ERASE 명령을 이용하여 정리하면 벽선 정리가 완료된다.

순서④ 벽선 정리 완료

12.8 문, 창문 블록 삽입을 위한 벽 정리하기

따라해보세요

중심선 도면층이 필요하기 때문에 도면층에서 'CEN(중심선)'의 끄기 및 동결을 풀어준다.

① OFFSET 명령을 이용하여 도면의 왼쪽 하단의 벽체에 2000mm가 되는 창문을 만들어보자.

명령 : O Enter↵ (OFFSET)

간격띄우기할 객체 선택 또는 [통과점(T)/지우기(E)/도면층(L)] <통과점> : 900
간격띄우기할 객체 선택 또는 [종료(E)/명령취소(U)] <종료> : 중심선 기준으로 P1쪽을 클릭하면 중심선에서 거리가 900만큼 떨어진 선이 생긴다.

그 후 같은 방법으로 2000거리에 선을 하나 더 복사한다.

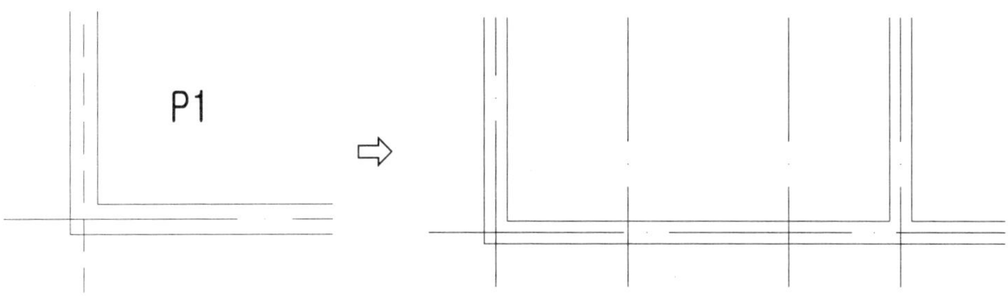

순서① 창문 개구부 만들기1

② MATCHPROP 명령을 이용하여 P1, P2의 특성을 중심선에서 벽선으로 바꾼다.

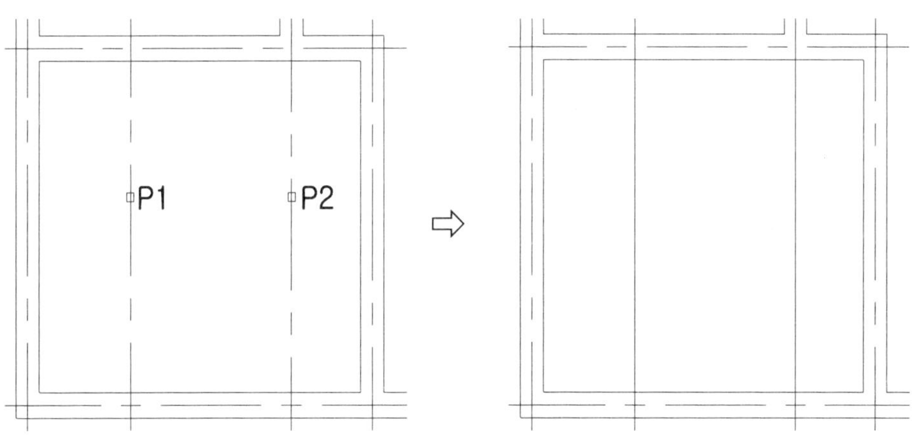

순서② 창문 개구부 만들기2

③ TRIM 명령을 이용하여 개구부(창)를 만든다.

명령 : TR Enter↵ (TRIM)

　　첫 번째 객체 선택 또는 [명령취소(U)/폴리선(P)/반지름(R)/자르기(T)/다중(M)] :

　　교차 선택으로(P1점→ P2점)수정할 객체를 선택한다.

객체 선택 : 마우스 오른쪽 버튼 클릭 또는 Enter↵

　　두 번째 객체 선택 또는 Shift 키를 누른 채 선택하여 구석 적용 :

　　정리할 부분을 선택해 마우스 왼쪽 버튼을 클릭하여 벽선을 만든다.

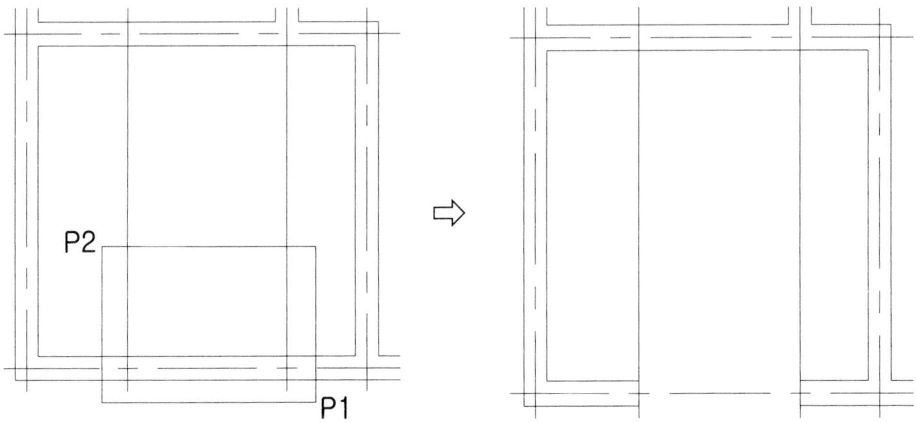

순서③ 창문 개구부 만들기3

④ FILLET 명령을 이용하여 창문 개구부의 모서리 부분을 정리한다.

순서④ 창문 개구부 만들기4

⑤ 다른 부분도 순서 ①~④와 같은 방법으로 정리하면 된다.

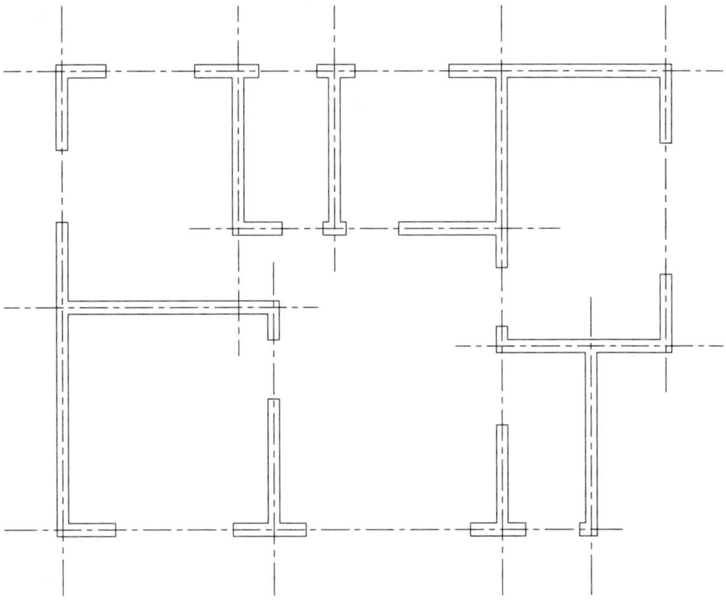

순서⑤ 창문 개구부 만들기 완료

참고하세요

벽선 정리시 실수로 중심선도 수정이 될 수 있다, 따라서 중심선의 도면층을 LOCK(🔒)으로 설정 후 작업하면 화면에는 보이지만 객체 선택이 되지 않아 수정 작업이 용이해진다.

12.9 문, 창문 그리기

대부분의 도면 작업시 문, 창문은 그리는 것이 아니라 이미 그려져 있는 것을 삽입하여 작업한다. 그러나 현재는 연습하는 과정이기 때문에, 문과 창문을 하나씩 그려보는 연습을 한 후 이것을 Copy, Rotate, Mirror를 이용하여 작업해 보자.

창, 문 등 라이브러리가 있다면 블록을 사용하여 삽입한다면 작업이 훨씬 수월할 거라 생각된다.

따라해보세요

도면층에서 (WIN)창문 레이어를 선택한다.

① LINE 명령 및 ARC 명령을 이용하여 아래와 같은 문을 그린다.

명령 : L Enter↵ (LINE)
명령 : A Enter↵ (ARC)

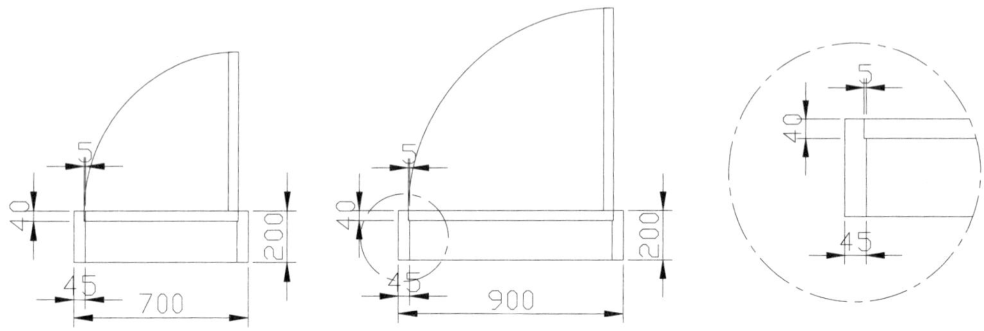

순서① 문 그리기

② 문을 그린 후 COPY 명령 및 MOVE 명령을 이용하여 도면의 적정위치에 넣고, 문의 방향이 다른 경우에는 ROTATE 명령 및 MIRROR 명령을 이용하여 적정위치에 넣는다.

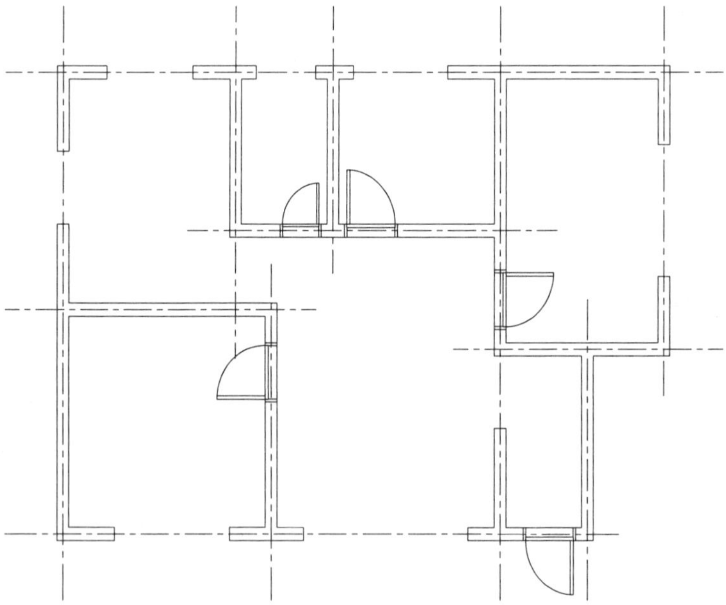

순서② 도면에 적용

③ LINE 명령과 OFFSET 명령을 이용하여 창문을 그린다.

명령 : L [Enter↵] (LINE)
명령 : O [Enter↵] (OFFSET)

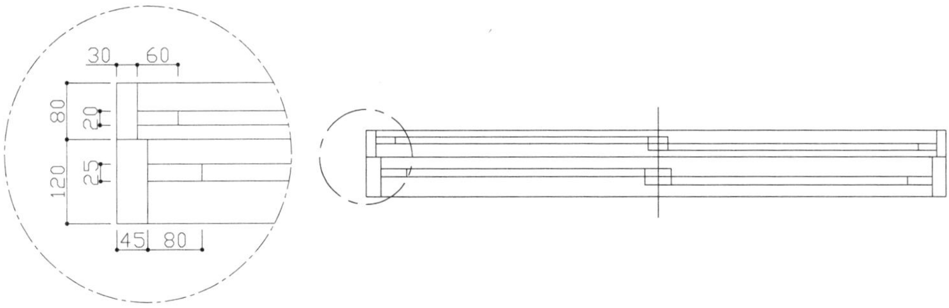

순서③ 창문 그리기

④ 들어갈 창문의 위치에 맞게 창문 가로의 길이를 조절하여, 아래 그림과 같이 창문을 적정위치에 넣는다.

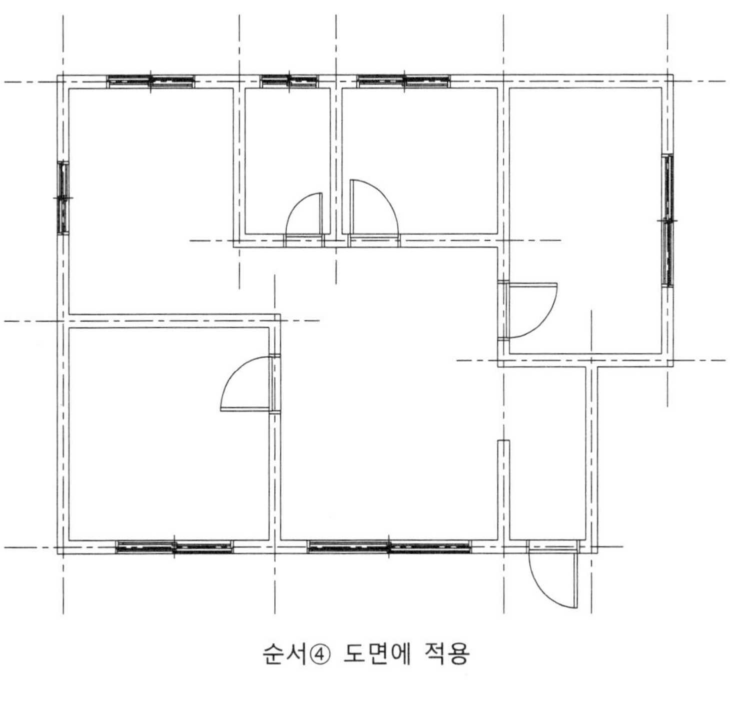

순서④ 도면에 적용

※ 이중창 삽입과 창문의 Open 방향에 주의 : 이중창 삽입시 주의할 것은 목재창이 내벽쪽에 있어야 하는 것과 창문을 열고 닫는 방향이 거꾸로 되지 않도록 한다.

▌ 해당 블록이 선택된 블록 삽입 대화상자

INSERT 명령을 이용하여 블록이 된 문, 창문을 도면에 삽입하여 사용할 수 있다.

명령 : I [Enter↵] (INSERT)

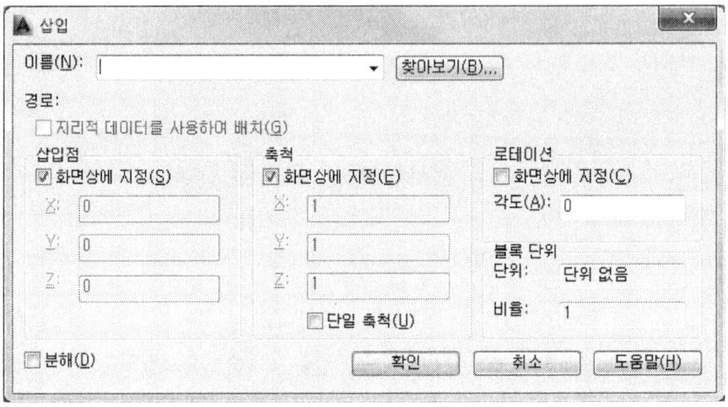

블록 삽입 대화상자

삽입할 그림이 도면과의 비율이 맞지 않으면 축척(SCALE)을 조절하여 수정하면 된다.

명령 : SC [Enter↵] (SCALE)

12.10 가구, 위생기구, 주방가구 삽입하기

문, 창문처럼 라이브러리가 되어 있다면 불러와서 삽입하여 편집으로 쉽게 작업할 수가 있다. AutoCAD 2014에서는 가구나, 욕조, 싱크대 등이 저장되어 있으므로 필요할 때 불러내어 삽입할 수 있다.

따라해보세요

도면층에서 FUR(가구) 레이어를 선택한다.

① 명령 : I Enter↵ (INSERT)

② 찾아보기(B)... → AutoCAD 2014(폴더) → Sample(폴더) → Ko-KR(폴더) → DesignCenter(폴더) - Home SpacePlanner(.dwg)을 차례로 선택한다.

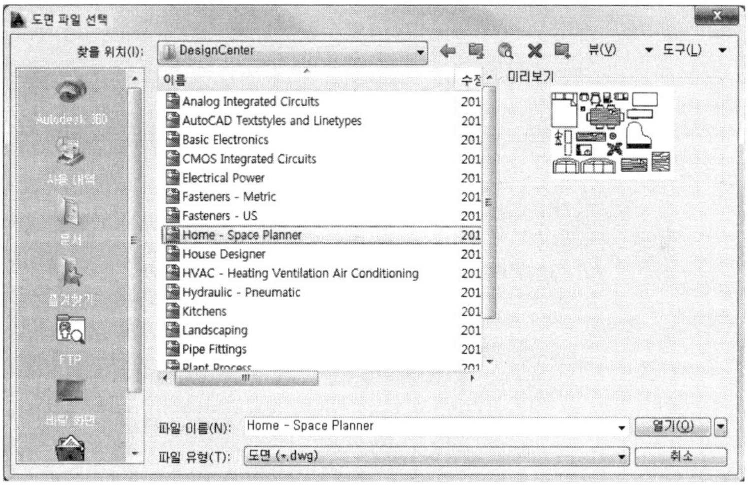

순서② 라이브러리 불러오기

③ 아래 그림과 같이 라이브러리에 저장되어 있는 객체들을 이용하여 도면에 사용할 수 있다.

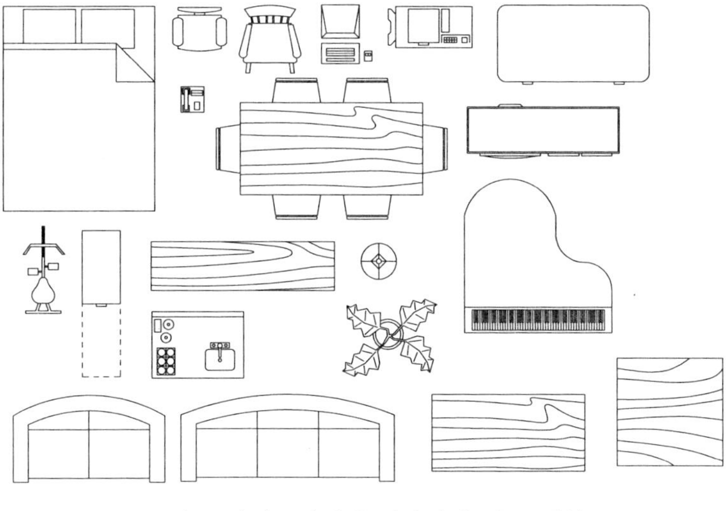

순서③ 라이브러리에 저장되어 있는 객체

④ 라이브러리에서 필요한 객체(식탁)를 선택한 후 도면의 적절한 위치에 배치한다.

크기가 맞지 않는다면 스케일(SCALE)을 조절해 보자.
또한 객체의 수정이 필요할 경우에는 객체가 BLOCK으로 묶여 있기 때문에 EXPLODE (단축키: X) 명령을 이용하여 객체를 해체한 뒤 수정해야 한다.

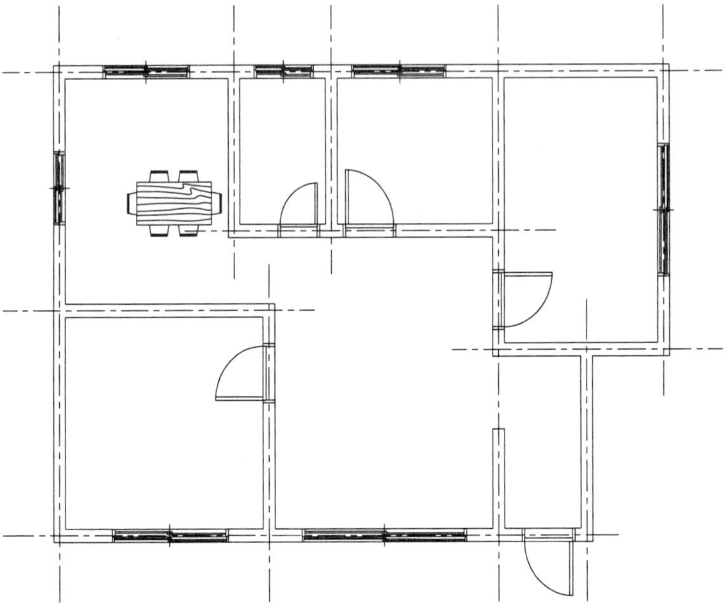

순서② 식탁 객체 삽입

⑤ 순서①~④와 같이 진행하여 싱크대, 욕조, 변기 등을 이동시켜 도면에 삽입한다.

필요한 라이브러리는 Sample폴더의 DesignCenter폴더에서 찾으면 된다.
욕조는 HouseDesign(.dwg), 싱크대는 Kitchen(.dwg)으로 저장되어 있으니 삽입으로 불러와 사용하면 된다.

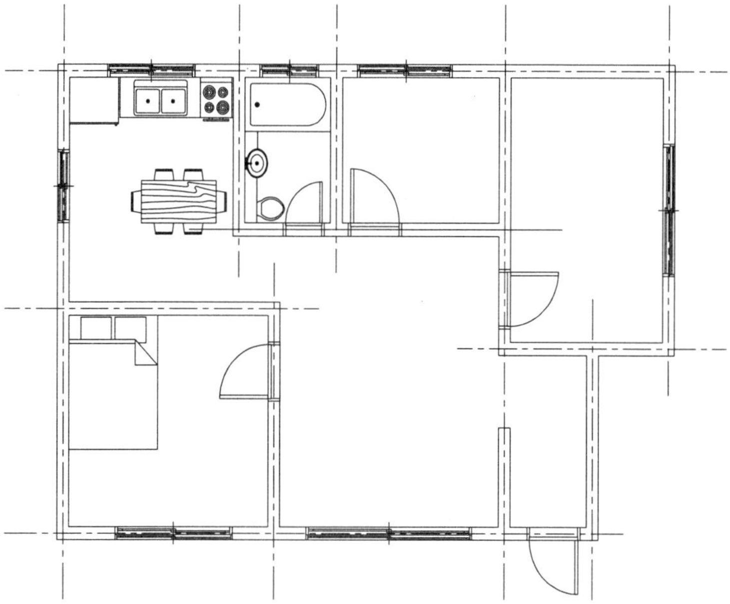

순서⑤ 가구 삽입

12.11 바닥, 벽의 재료표시

벽의 재료표시나, 화장실 타일 등은 해치로 재료표시를 한다. 재료표시를 해치로 할 경우 출력도면의 스케일을 고려하면서 해야 하며, 벽의 재료표시는 상세도면에서 필요하지만, 일반 건축도면에서는 반드시 해야 하는 것은 아니다.

따라해보세요

① 도면층에서 'HAT(해치)' 레이어를 선택한다.

② 'CEN(중심선)' 도면층을 OFF( )시킨다.

③ 해치를 실행시킨다.

명령 : H Enter↵ (HATCH)

리본 : 홈 탭 → 그리기 패널 → (해치)

순서③ 해치 실행

④ [유형 및 패턴]에서 견본을 클릭하여 [해치 패턴 팔레트]에서 LINE패턴을 찾는다.

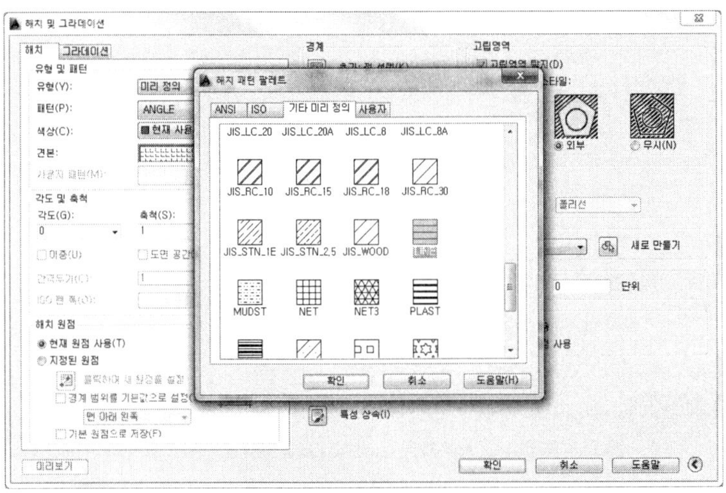

순서④ 패턴 선택

⑤ 여기에서는 LINE을 선택하고 각도를 45, 축척을 20으로 설정해 보았다.

순서⑤ 각도 및 축척 설정

⑥ 점 선택( )으로 벽의 내부를 지정한 후 확인을 클릭한다.

점 선택을 하기 위해선 선택할 객체의 선들이 완벽히 연결되어 있어야 하기 때문에 연결되지 않고 구멍이 난 객체는 선택이 되질 않는다. 이 점 유의하며 해치를 진행시켜야 할 것이다.

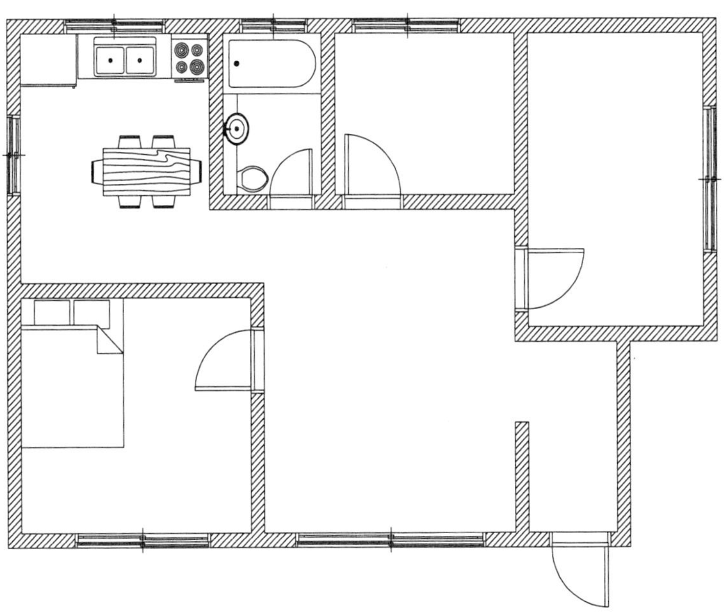

순서⑥ 해치 완료

⑦ 해치를 그리기 위하여 OFF( )시켰던 도면층들을 모두 ON( )시킨다.

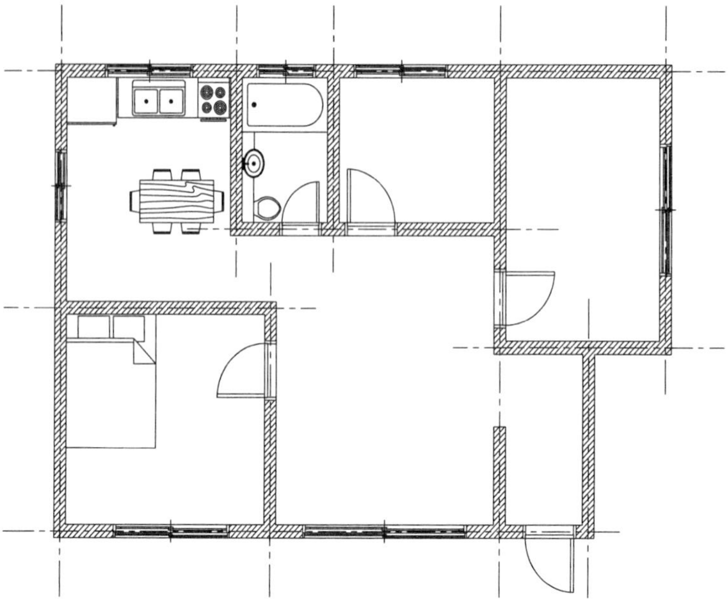

순서⑦ 도면 작업 완료

12.12 치수 기입하기

도면 작업의 마지막 단계에 해당하는 치수를 입력해 보자.

대부분의 도면 치수는 중심선을 기준으로 하기 때문에 작업시 중심선 및 벽체를 제외한 나머지 도면층은 끄는 것이 좋다.

따라해보세요

도면층에서 'DIM(치수)' 레이어로 바꿔준다.

① 불필요한 도면층들을 OFF( )한다.

아래 그림과 같이 중심선 및 벽체만 ON( )으로 하고 그 밖의 도면층들은 OFF( )시킨다.

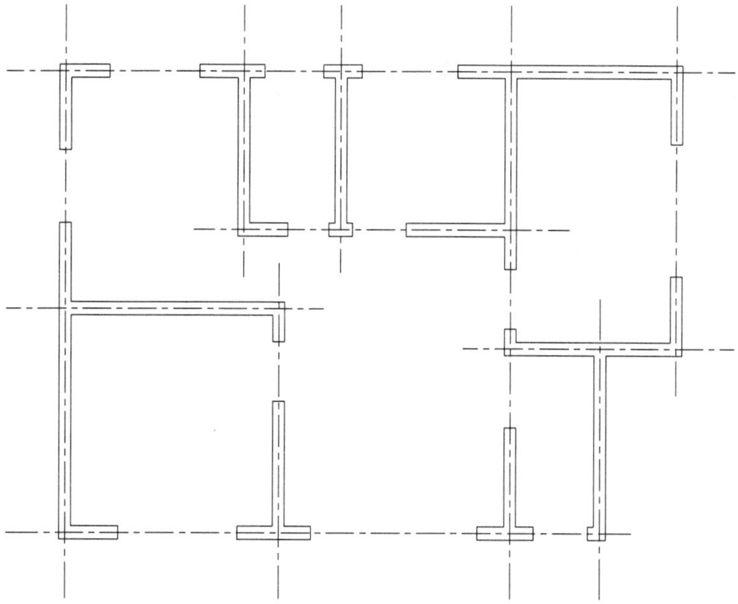

순서① 불필요한 도면층 OFF

② 선형 치수를 입력해 준다.

리본 : 홈 탭 → 주석 패널 → 선형 (선형)
메뉴 : 치수 → 선행
명령 : dimlinear

첫 번째 치수보조선 원점 지정 또는 <객체 선택> : P1 선택
두 번째 치수보조선 원점 지정 : P2 선택

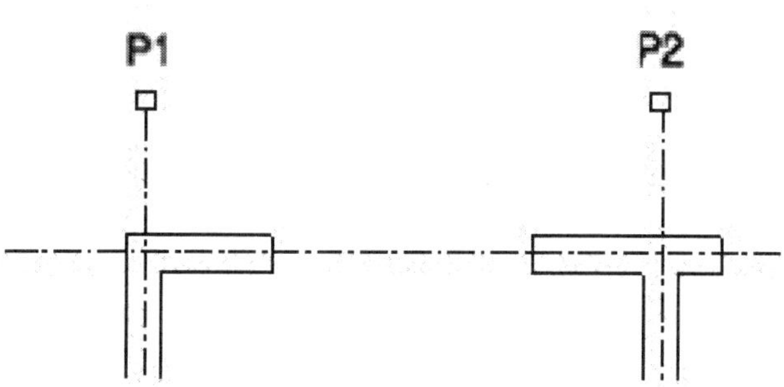

순서② 선형치수 입력

③ 치수선의 위치 지정 또는 [여러 줄 문자(M)/문자(T)/각도(A)/수평(H)/수직(V)/회전(R)] :
적당한 높이로 클릭한다.

치수선의 위치를 지정할 때는 미리보기가 가능하기 때문에 적당한 위치를 알 수 있다.

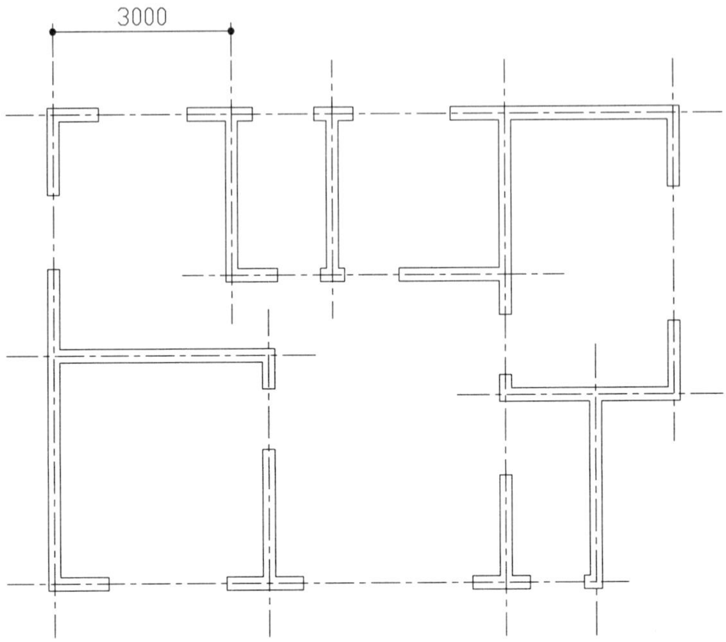

순서③ 선행 치수 입력 완료

④ 나머지 수평치수는 이전에 배웠던 연속치수 기준선 등의 방법으로 치수를 기입하면 된다.

메 뉴 : 치수 → 연속
메 뉴 : 치수 → 기준선

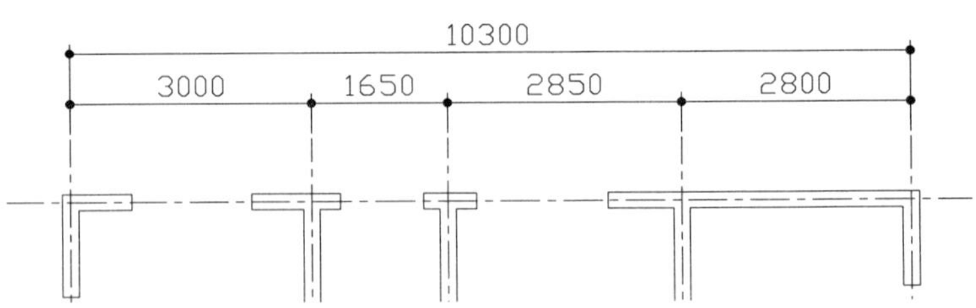

순서④ 치수 입력하기

⑤ 수직치수도 수평치수와 같은 방법으로 입력하여 도면의 치수를 완료시킨다.

치수 스타일 관리자를 실행시켜 치수선의 화살표 모양과 중심선과의 거리, 치수 크기 등을 바꿀 수가 있다.

명령 : D Enter↵ (DIMSTYLE)

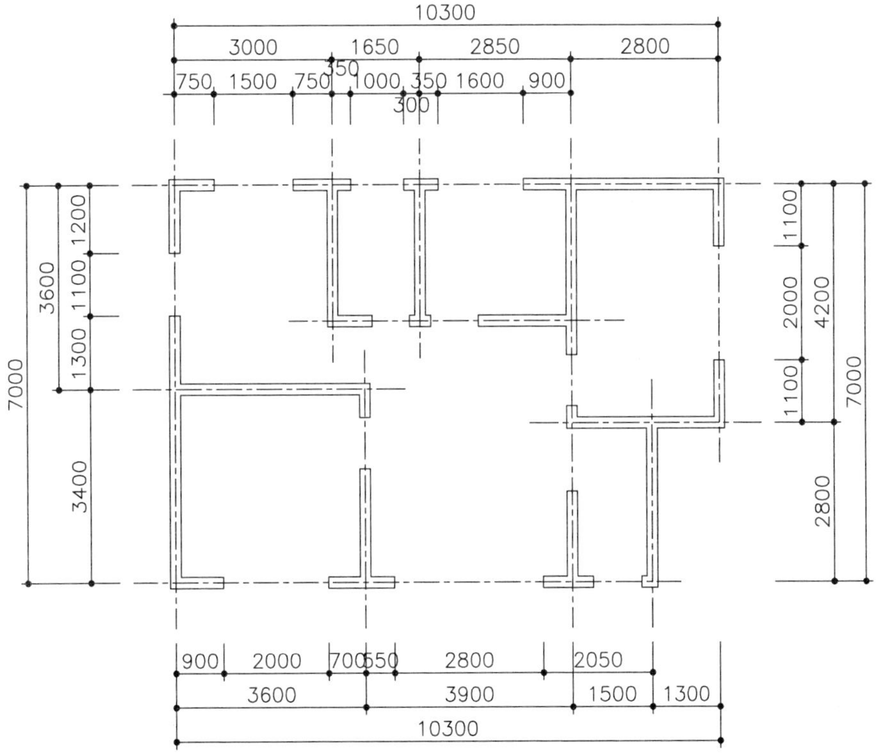

치수 기입하기 6

12.13 문자 쓰기

문자 쓰기에 사용하는 명령어는 Style, Dtext, DDedit, DDmodify 정도이다.

알아 두어야 할 것은 다른 도면 작업을 불러들일 때 가끔 문자표시가 '???(물음표)'로 표시되는 경우가 있다. 이러한 경우는 작업자의 컴퓨터에 도면에 적용되는 폰트를 지원되지 않을 경우에 발생한다. 따라서 일반적인 폰트로 도면을 작업하는 것이 좋으며, 필요에 따라 각종 기관에서 제공되는 여러 폰트들을 받아 자신의 컴퓨터에 적용시켜 사용하는 것이 좋다.

따라해보세요

도면층에서 'TXT(문자)' 레이어로 바꿔준다.

① 도면에 문자를 기입한다.

명령 : MT Enter↵ (MTEXT)

첫 번째 구석 지정 : 문자가 들어갈 박스의 첫 번째 코너를 지정하여 클릭하면 문자형식 대화상자가 나타난다.

글씨체는 굴림, 글자 높이는 300으로 지정한 후 "방"이라고 쓴다.

같은 문자를 여러 군데 입력을 할 경우 문자 입력 후에 복사(Copy)를 하면 간편하게 작업을 진행할 수 있다. 또한 같은 문자가 아닐 경우에도 복사를 한 후 수정을 통해 사용하는 방법도 있다. 책에서는 복사 후 수정을 통한 방법을 사용하였다.

한 문자를 쓴 후 COPY 명령을 사용하여 도면에 문자가 들어갈 적당한 위치에 복사를 한다.

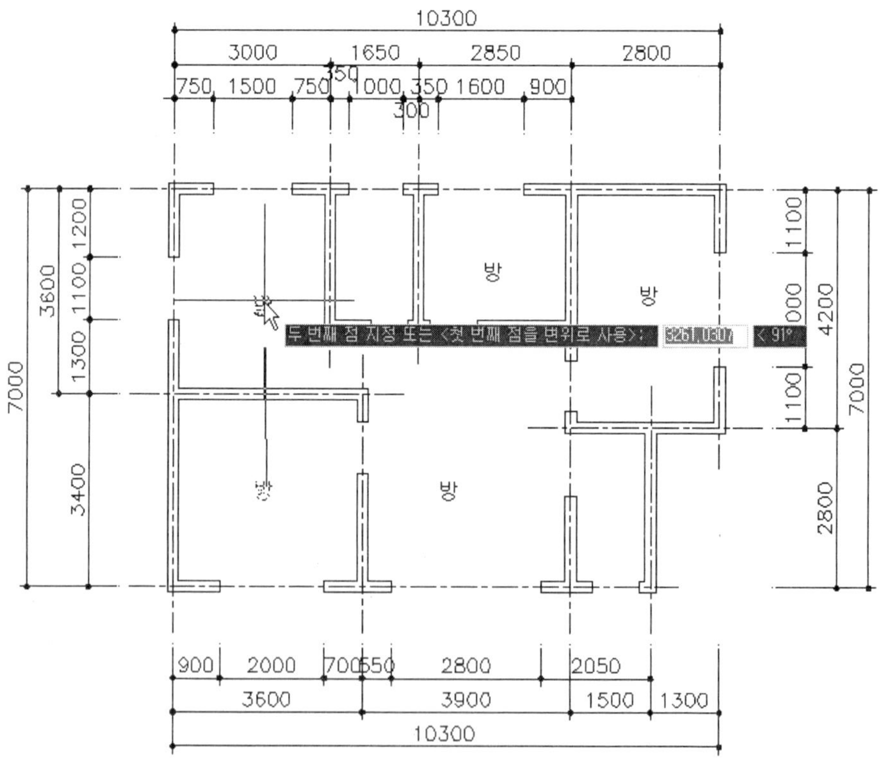

순서① 문자 입력

② 수정할 문자를 더블 클릭하여 원하는 문자를 수정한다.

방 → 거실

문자 편집기를 닫으면 수정이 완료된다.

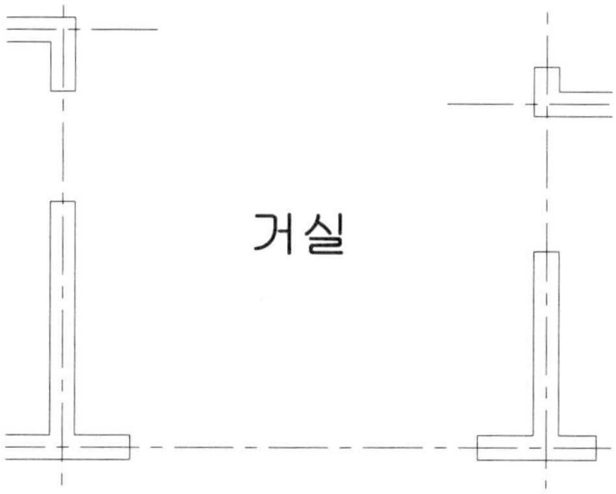

순서② 문자 수정

③ 위의 방법을 반복하여 실마다 문자를 수정한다.

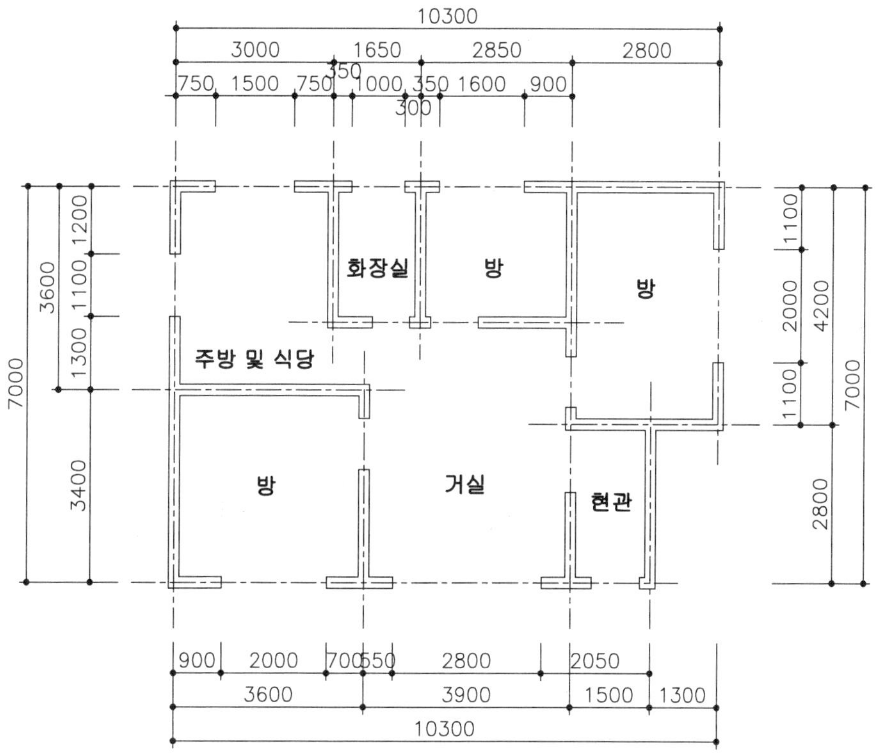

순서③ 문자 입력 완료

12.14 도면명 쓰기

도면명은 많이 사용하므로 블록을 만들어 사용하는 것이 편리하다.

따라해보세요

① 도면 하단에 LINE 명령 및 CIRCLE 명령을 이용하여 부호를 그려준다.

명령 : C [Enter↵] (CIRCLE)

원의 크기는 지름 16이 기본 크기이며, 도면에서는 축척 60으로 지름 960(16×60)mm로 해야한다. 원을 그린 후에는 적당한 길이의 원을 가로지르는 선을 그려준다.

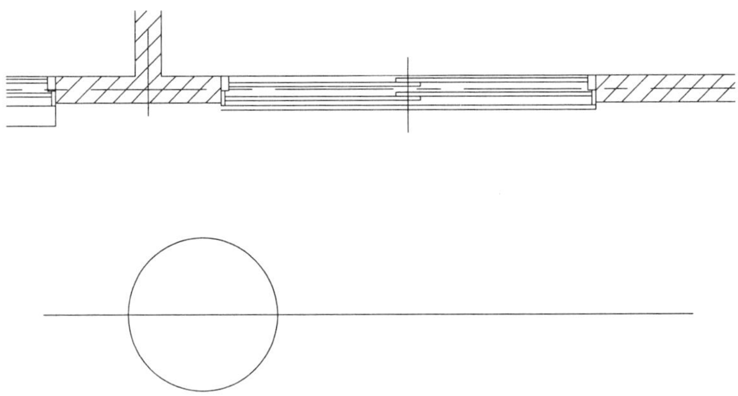

순서① 도면명 쓰기 1

② MTEXT 명령을 이용하여 문자체는 굴림, 높이는 350으로 설정한 도면명을 입력한다.

명령 : MT [Enter↵] (MTEXT)

순서② 도면명 쓰기 2

③ 순서①~②와 같은 방법으로 '주택 평면도' 아래에 축척을 입력한다.

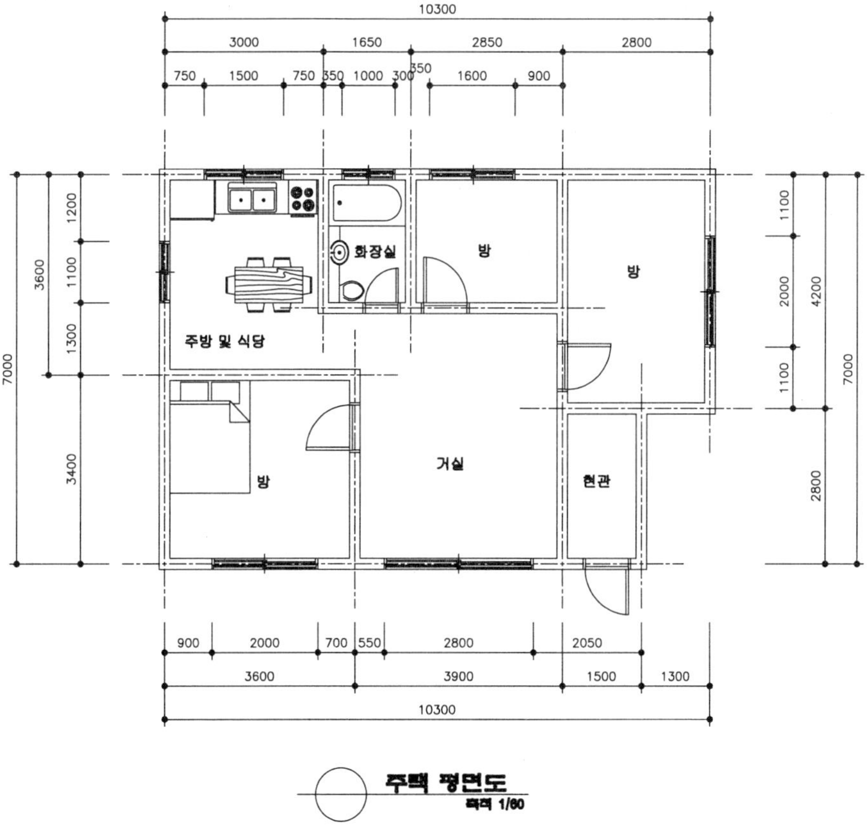

순서③ 도면명 입력 완료

▌ 도면 타이틀의 문자체

도면 타이틀은 복선체로 쓰거나 굵게 표현되는 명조체 등으로 쓰는 것이 일반적이다. 또한 복선체 내부는 솔리드나 해치로 채우기도 한다.

12.15 표제 만들기

표제는 도면을 설명하기 위해 쓰인다. 보통은 도면 우측에 표시되는데, 책에서 설명하는 표제는 학교 제출용으로 사용하는 방법이다.

따라해보세요

표제는 도면 하단에 작성한다.

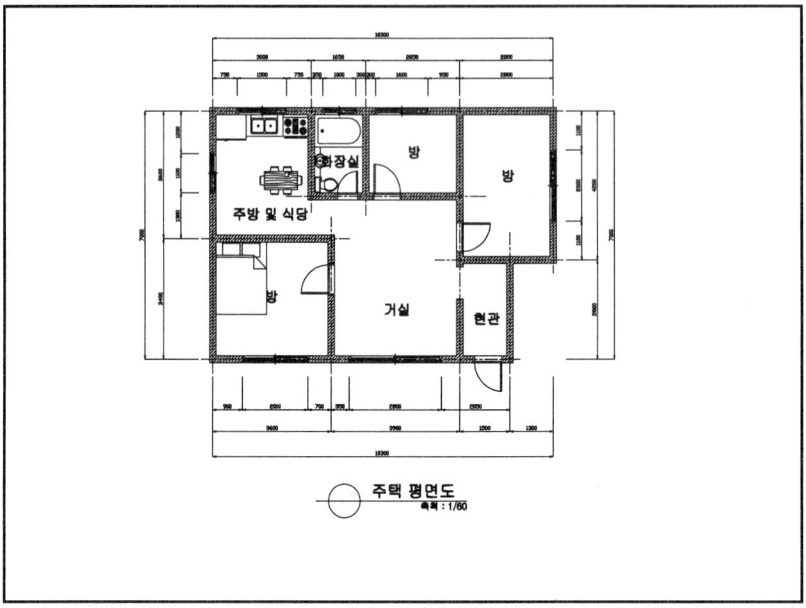

표제 만들기

① 도면 하단 테두리 부분에 LINE 명령과 OFFSET 명령을 이용하여 표제란을 그린다.

명령 : L Enter↵ (LINE)

명령 : O Enter↵ (OFFSET)

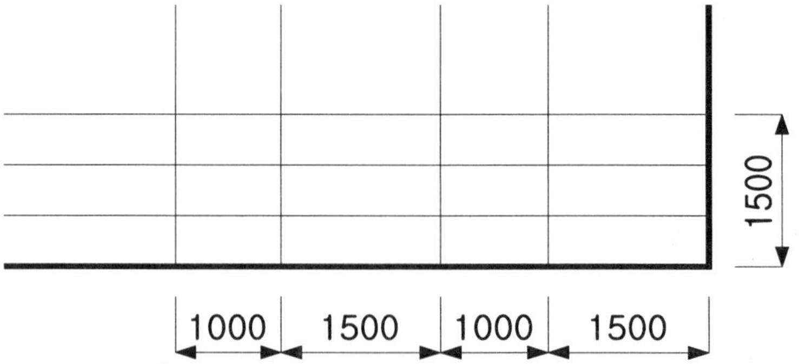

순서① 표제란 그리기

④ Fillet과 Trim 명령어를 사용하여 정리한다.

명령 : F [Enter↵] (FILLET)
명령 : TR [Enter↵] (TRIM)

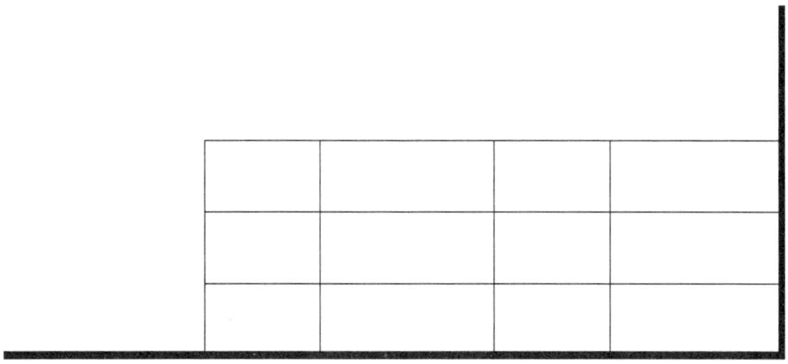

순서② 표제란 정리

③ PEDIT을 사용하여 테두리에 폭을 설정한다.

명령 : PE [Enter↵] (PEDIT)
표제 테두리 폭 : 50

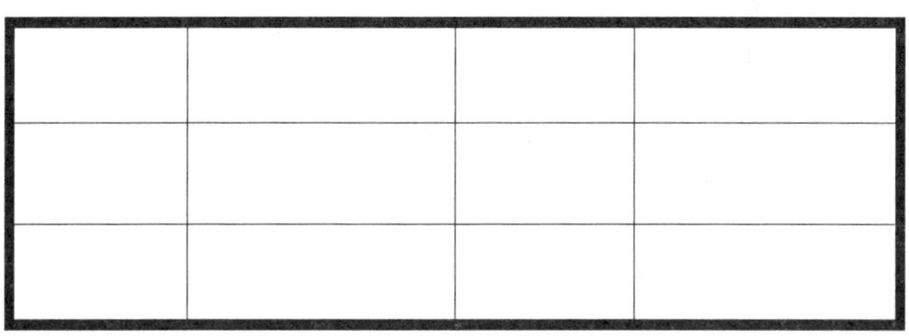

순서③ 표제란 테두리 폭 키우기

④ 문자 명령을 이용하여 표제란을 아래와 같이 기입해준다.

명령 : MT [Enter↵] (MTEXT)

도면명	주택 평면도	축 척	1/60
이 름		날 짜	
학 번		검 인	

순서④ 표제란 기입

⑤ 표제란에 기입을 완료했다면 완성되었으므로, 평면도를 저장한다.

명령 : SAVE Enter↵

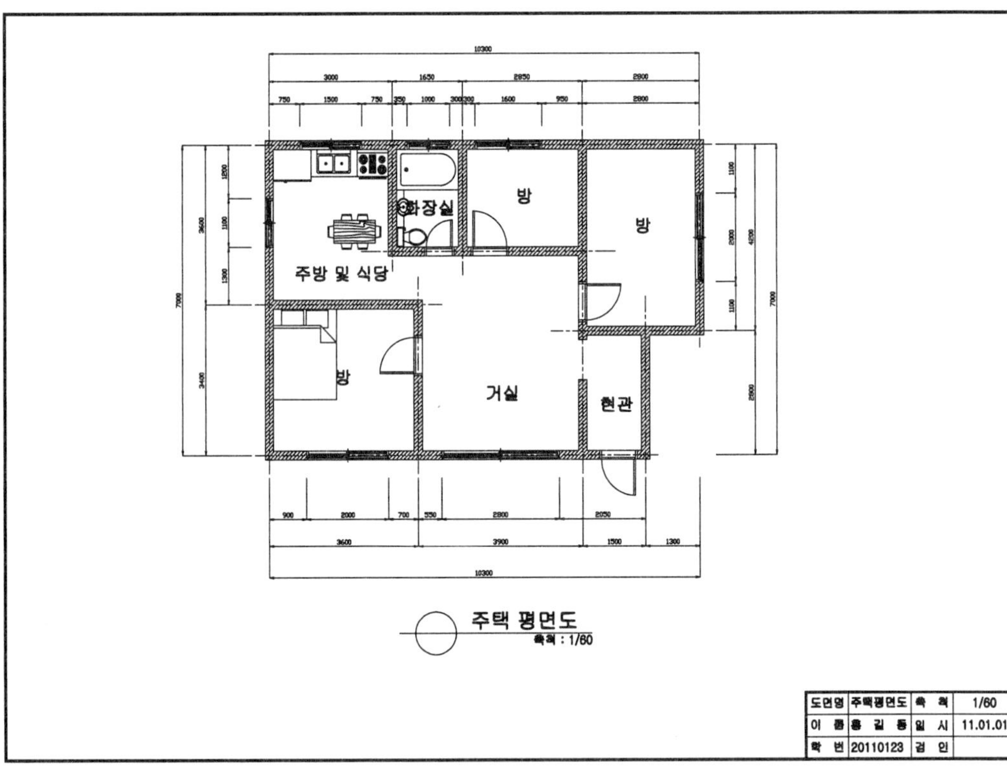

순서⑤ 평면도 완성

12.16 도면 출력하기

따라해보세요

① 명령 : PLOT Enter↵ 또는 신속접근도구막대 :

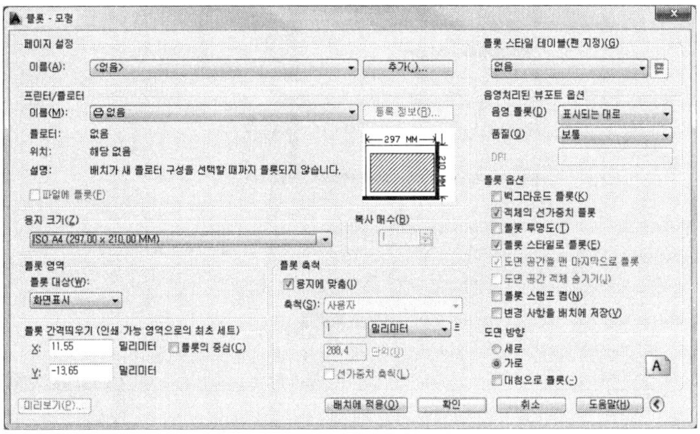

순서① 도면 출력하기 1

② [플롯 - 모형] 출력 옵션을 설정한다.

'프린터/플로터'의 '이름(M)'에서 사용자가 이용하는 프린터에 맞춰주고, 용지크기는 'A3' 사이즈, 플롯 대상은 '윈도우'로 체크하여 준다.

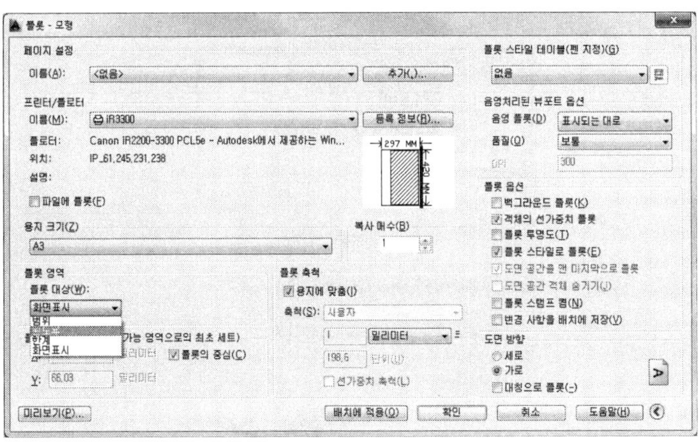

순서② 도면 출력하기 2

③ 윈도우를 클릭하여 A3크기의 인쇄 범위를 설정한다.

OSNAP의 끝점을 이용해 P1점 → P2점까지 범위 지정

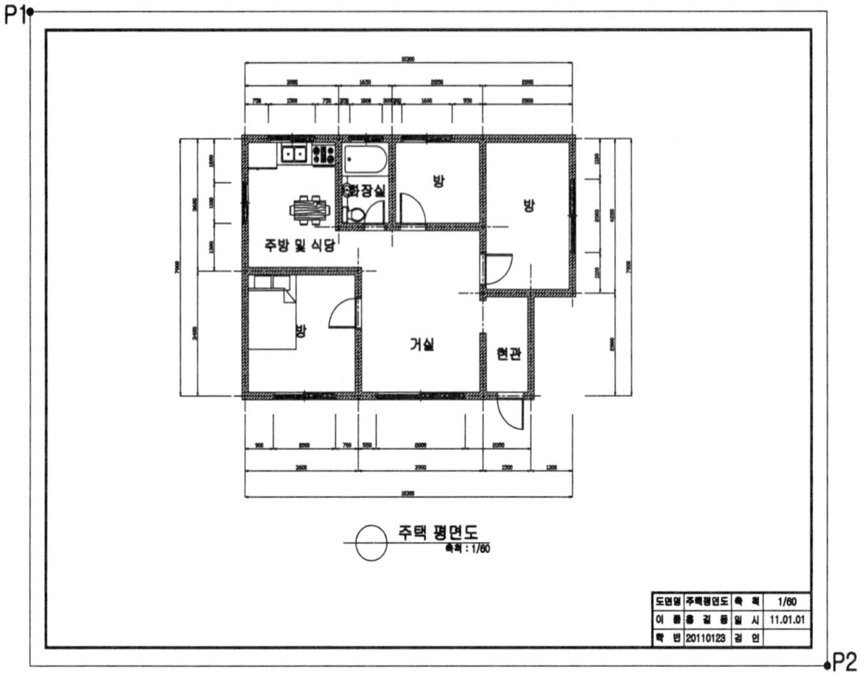

순서③ 도면 출력하기 3

④ 범위 지정 후 확인 버튼을 클릭하면 인쇄가 시작되면서 완성된 평면도가 출력될 것이다.

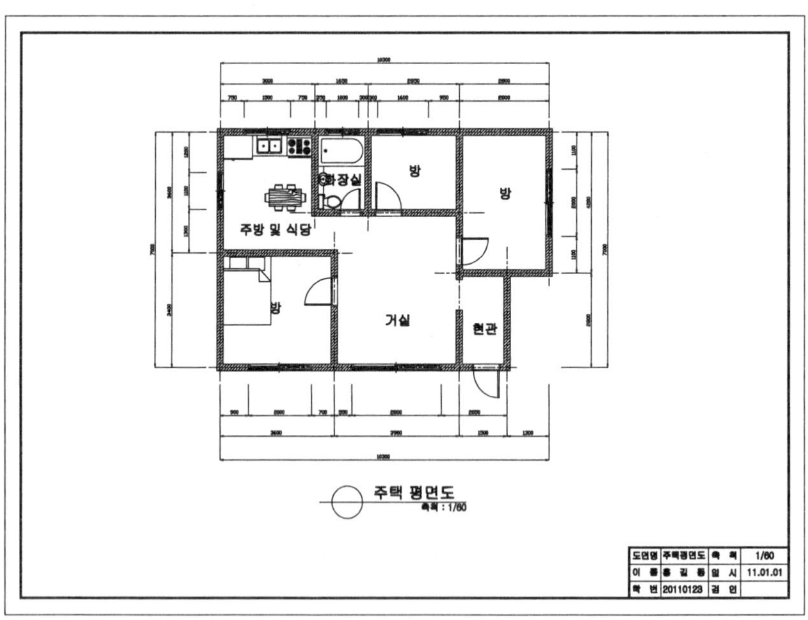

순서④ 평면도 미리보기

예제 그려보기

아래와 같은 평면도를 그려보자.

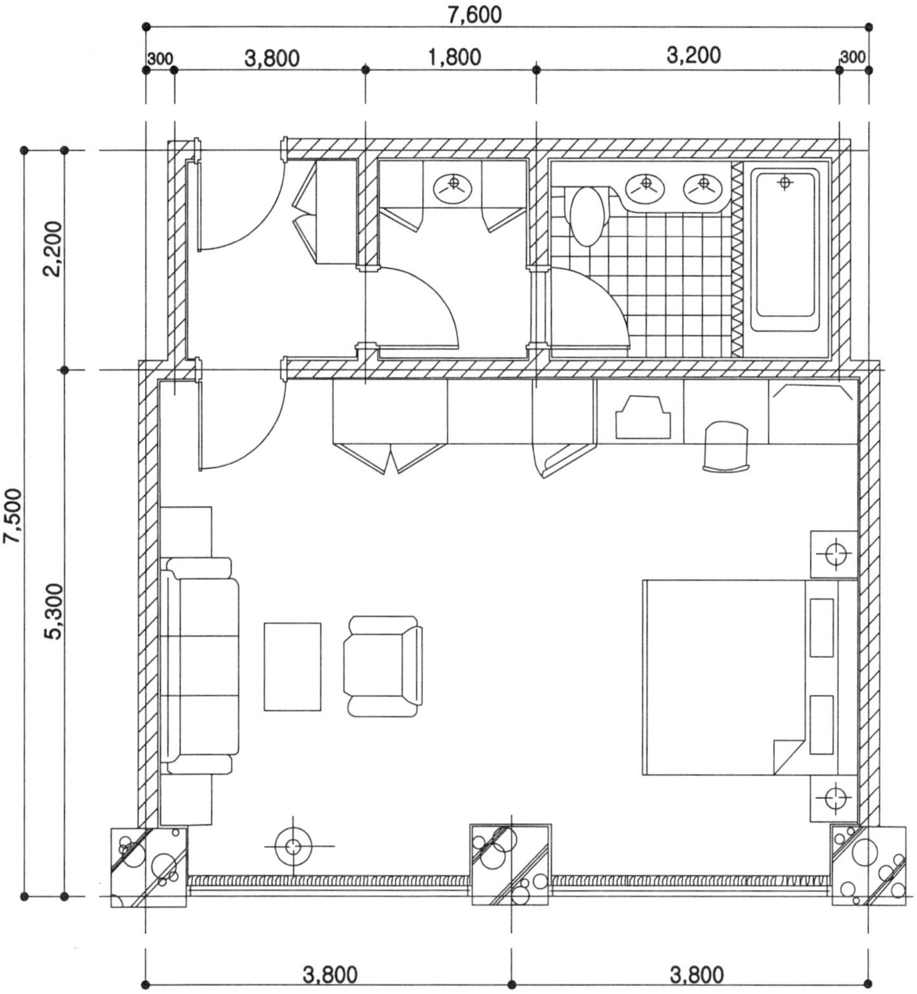

〔평면도 1〕

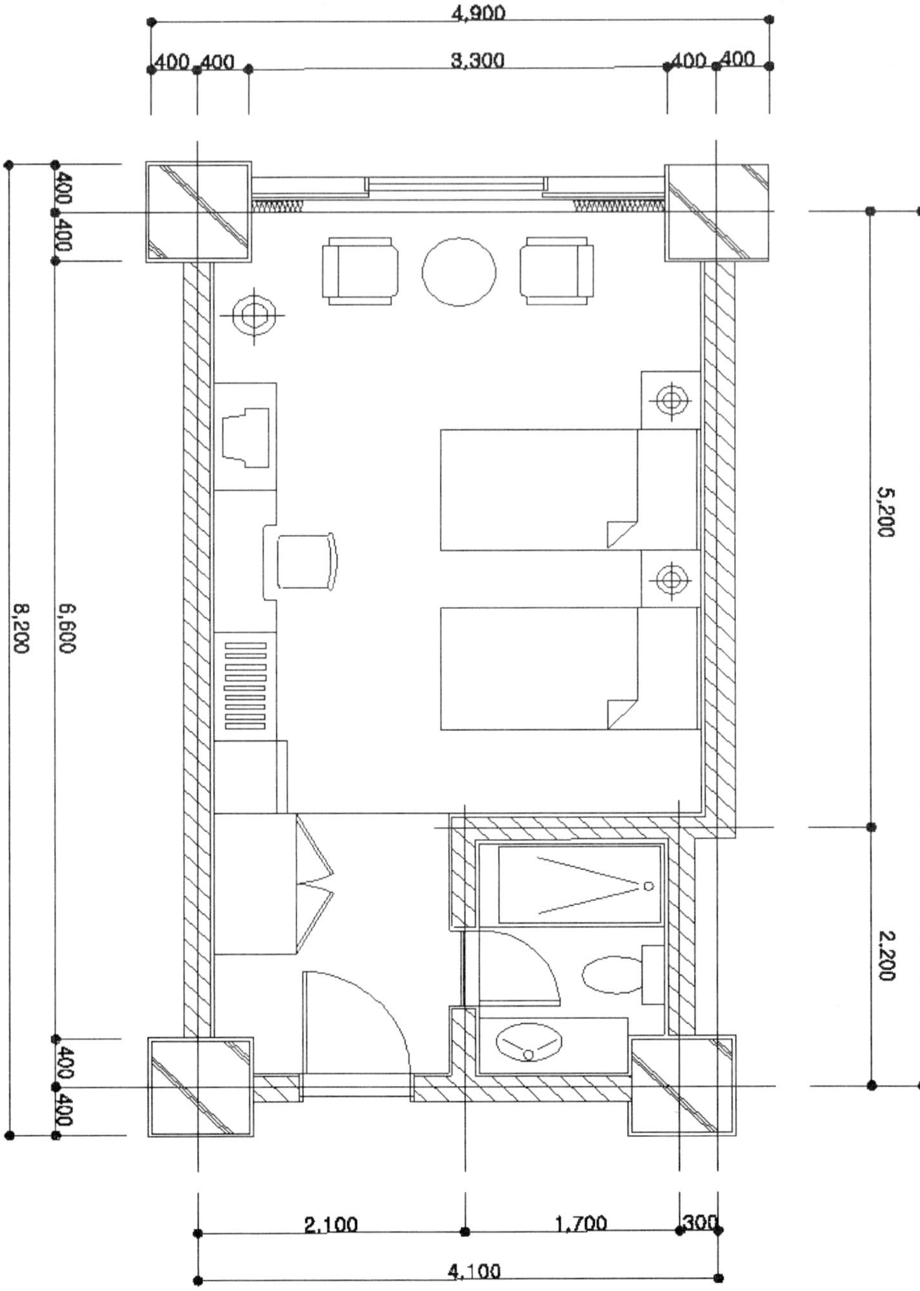
4,900
400
400
3,300
400
400
400
400
8,200
6,600
400
400
5,200
7,400
2,200
2,100
1,700
300
4,100

〔평면도 2〕

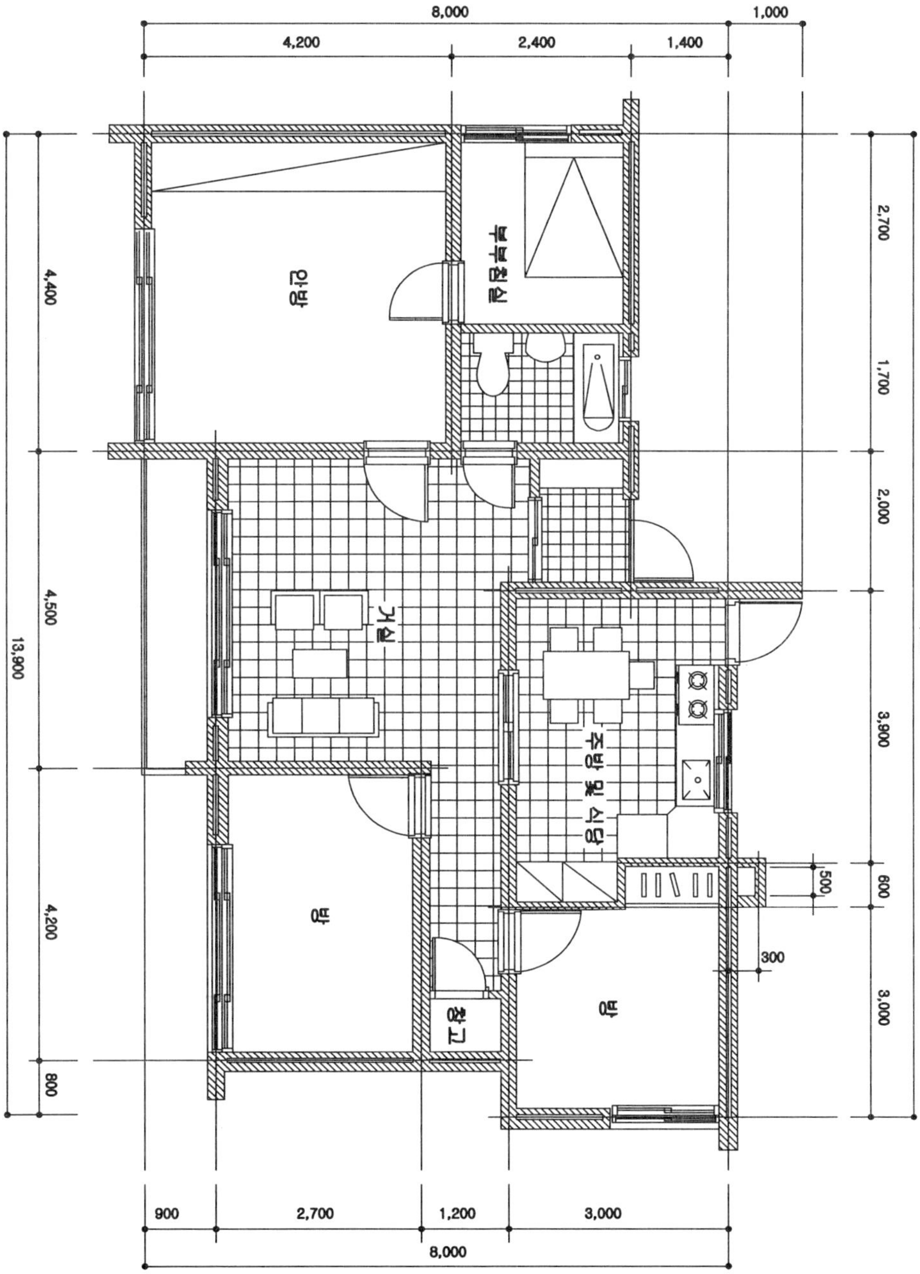

〔평면도 3〕

Chapter 13

입면도 그리기

12장에서 그려본 평면도를 바탕으로 같은 도면의 입면도를 그려보자.

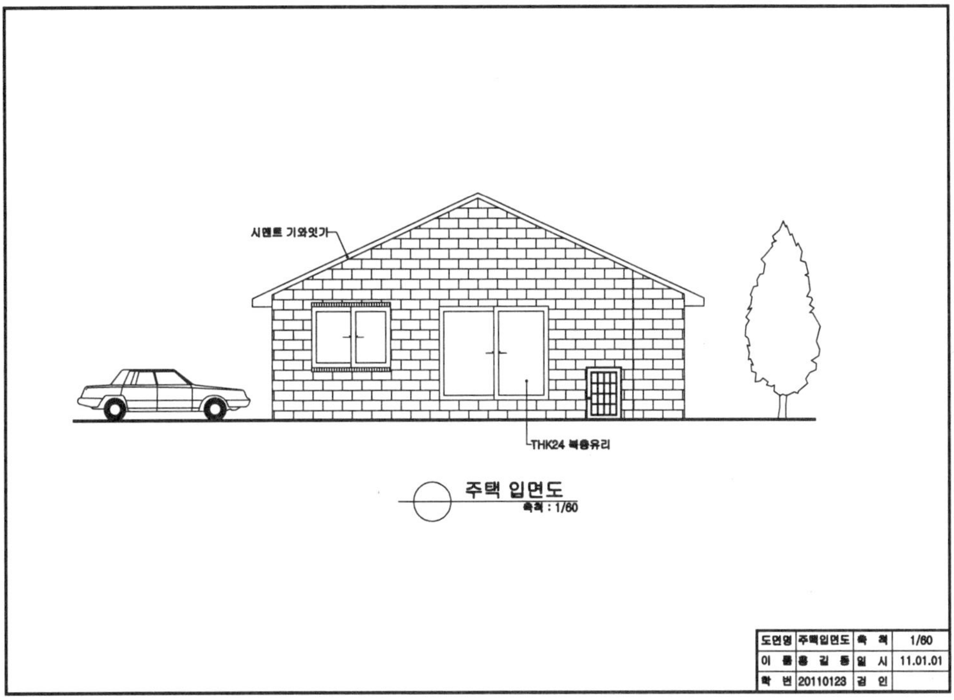

입면도

13.1 지반선 그리기

지반선은 건축도면에서 중요한 역할을 하여 입면도에서는 기준선이 되므로 우선순위로 그려줘야 한다.

따라해보세요

① 12장에서 작업했던 평면도를 불러온다.

② 레이어를 "WAL(벽선)"으로 지정한다. 평면도 아래에 지반선을 긋는다.

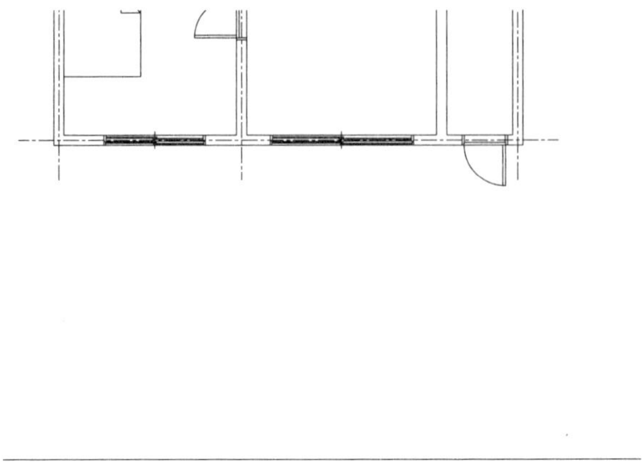

지반선 그리기

13.2 벽, 지붕선 그리기와 창호의 위치 정하기

벽, 기둥, 지붕선 등 입면상에 나타나는 주요 윤곽선을 그린다. 지반선을 기준으로 창문의 위치, 처마의 높이(중심선에서 600 mm) 등을 그린 다음, 위의 평면도에서 필요한 선을 내려 벽, 기둥, 창문의 위치 등의 수직선을 그린다.

따라해보세요

① LINE 명령을 이용하여 평면도의 벽, 창호 구분선을 지반선까지 수직선을 내려 그려준다. 그 후 OFFSET 명령을 이용하여 아래 그림과 같이 창문높이만큼 지반선을 복사한다.

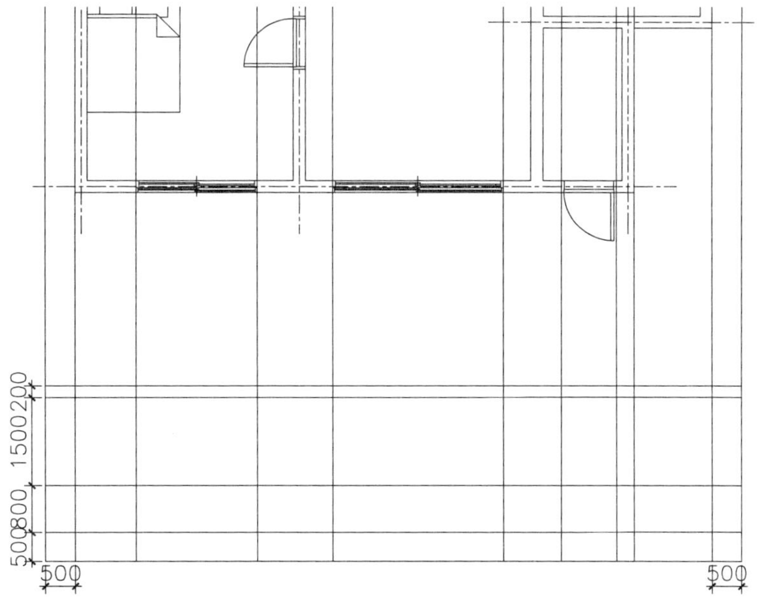

순서① 기준선 그리기

② LINE 명령을 이용하여 처마에 기준점을 지정한 다음 상대좌표값 (10000,4500)을 입력하여 지붕선을 그린다.

만약 경사진 직선이 중심선을 지나면 중심선에서 선으로 올려 그려준다.

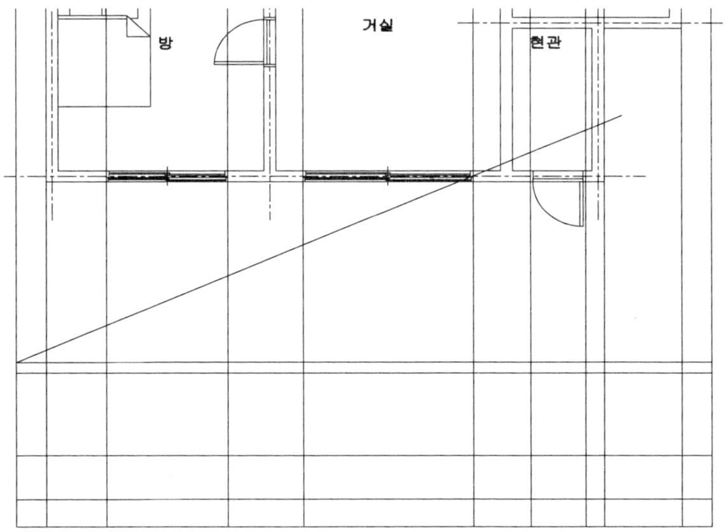

② 지붕 그리기 1

③ MIRROR 명령을 이용하여 지반선의 중심을 기준으로 선을 복사해 그려준다.

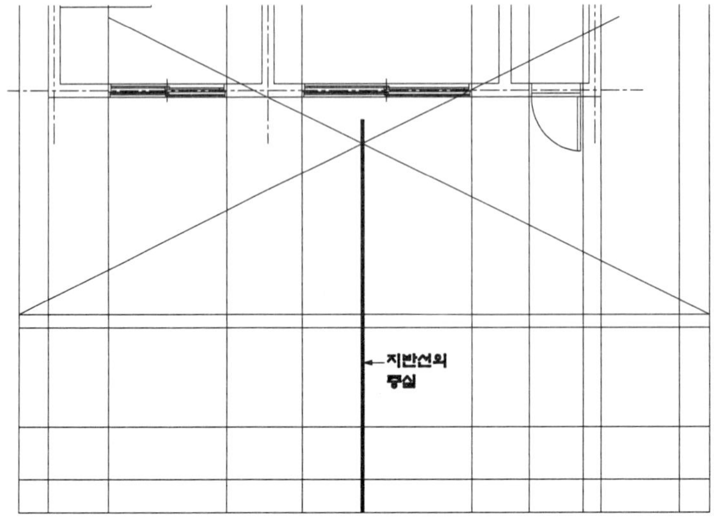

지붕 그리기 2

④ 불러낸 평면도를 삭제하고 FILLET 명령을 이용하여 지붕모양을 정리하고

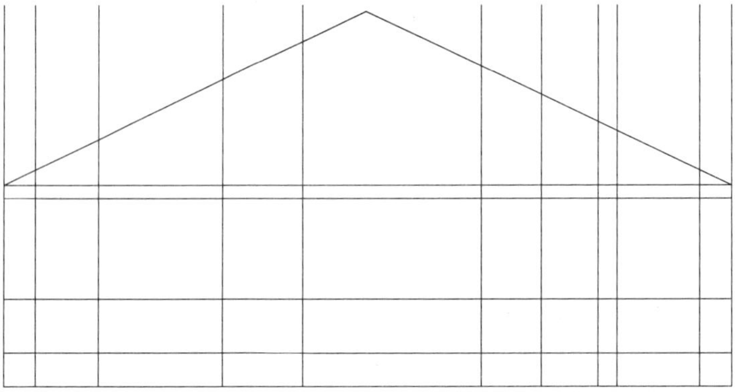

④ 지붕 그리기 3

⑤ TRIM, ERASE 명령을 이용하여 건물의 현관, 창문 등의 윤곽을 잡는다.

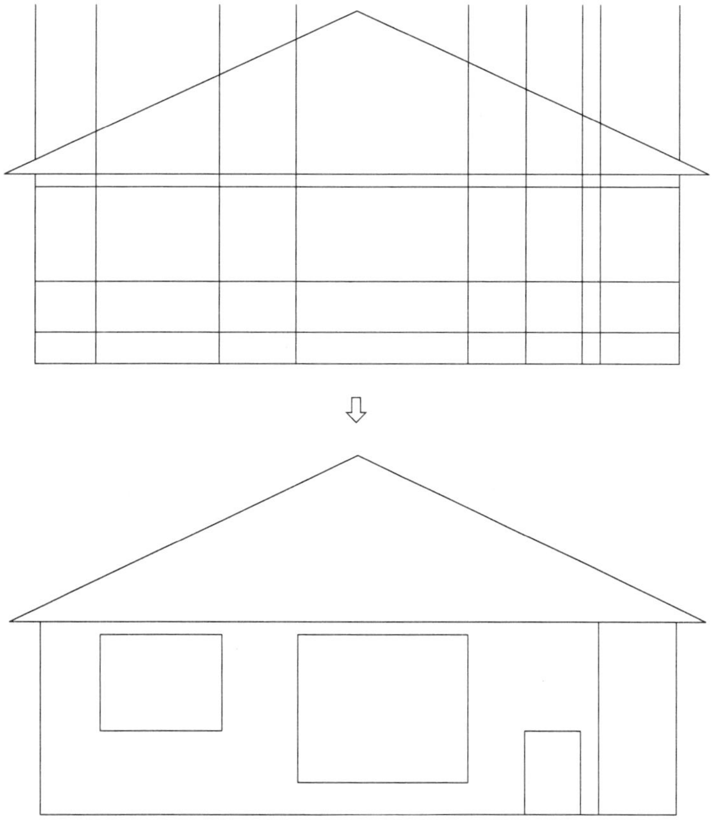

순서⑤ 선 정리

⑥ OFFSET 명령을 이용하여 지붕 슬래브 두께 120 mm의 선을 복사하고 LINE 명령을 이용하여 폭 500 mm, 높이 200 mm 크기의 처마를 그린 후, FILLET 명령 및 TRIM 명령을 이용하여 선을 정리한다.

명령 : O [Enter↵] (OFFSET)

기존 지붕선의 아랫방향으로 간격 120mm의 선을 복사한다.

명령 : L [Enter↵] (LINE)

기존 지붕선 끝점을 기준으로 크기 500mm*200mm인 처마를 그려준다.

명령 : F [Enter↵] (FILLET)

P2와 P3를 FILLET으로 정리한다.

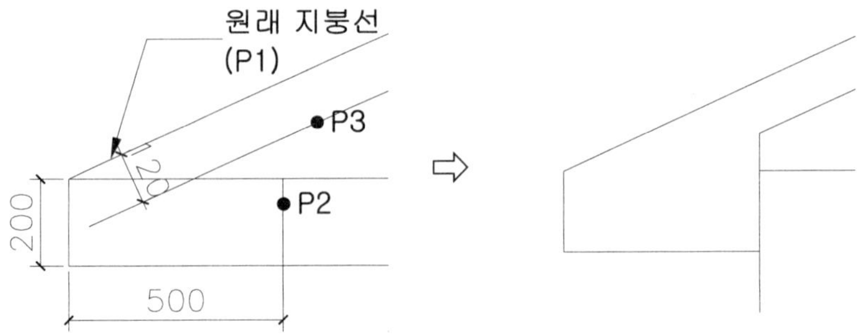

순서⑥ 처마 만들기

⑦ TRIM 명령을 이용하여 정리 후 MIRROR 명령을 사용하여 반대쪽으로 복사 시킨다.

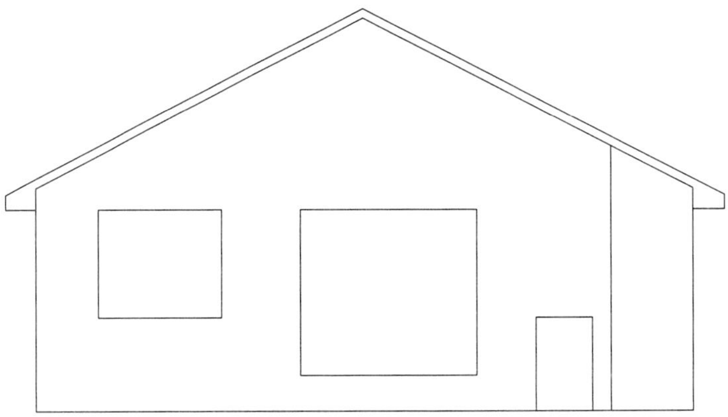

순서⑦ 처마 만들기

13.3 창호 그리기

창문 입면 블록이 있는 경우 블록을 삽입하고, 없는 경우는 직접 그린다.

따라해보세요

도면층을 "WID(창문)" 레이어로 지정한다.

① REC 명령을 이용하여 창문 위에 절반 크기의 창문을 그린다.

② OFFSET 명령을 이용하여 창문 절반크기의 작은 사각형을 120mm 간격의 선을 안쪽 방향으로 그린다.

③ OFFSET 명령을 이용하여 큰 사각형을 안쪽으로 120 mm 간격의 선을 그린다.

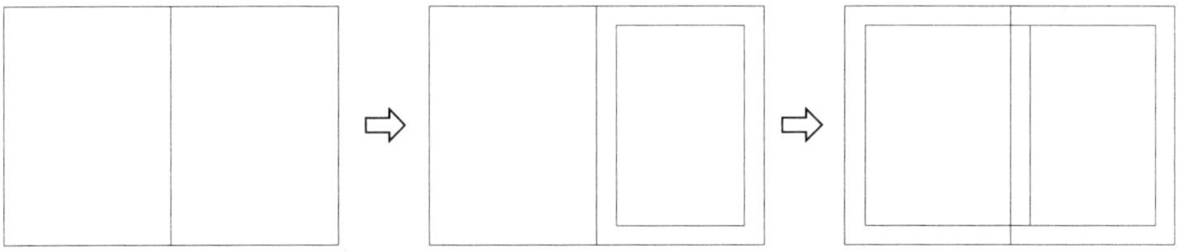

순서①　　순서②　　순서③

④ TRIM 명령을 이용하여 창틀 선을 정리한다.

⑤ LINE 명령을 사용하여 창문의 여는 방향을 창문 중앙에 표시한다.

중심선의 OSNAP이 켜져 있어야 한다.

⑥ 벽돌 옆세워쌓기를 그리기 위해 REC 명령을 사용하여 높이 100 mm의 창문 위, 아래로 가로 크기에 맞는 사각형을 그린다.

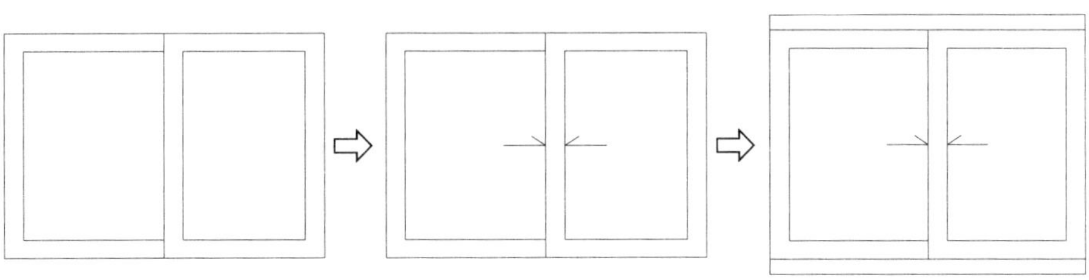

순서④　　순서⑤　　순서⑥

⑦ HATCH 명령을 사용하여 벽돌을 넣어준다. (유형은 사용자 정의, 각도 = 90°, 간격 = 50)

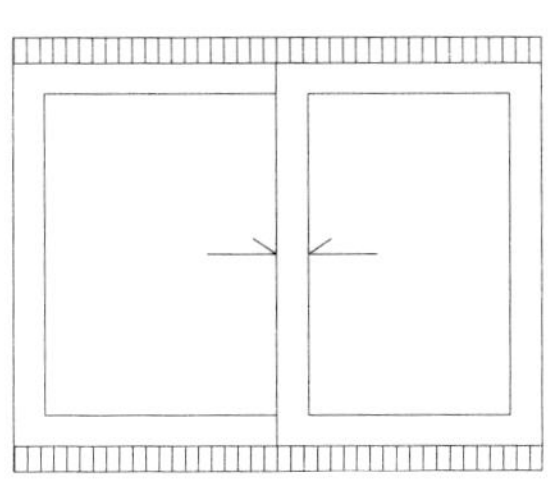

⑦ 창문 완료

⑧ 순서①~⑦과 같은 방법으로 거실 창문도 그려준다.

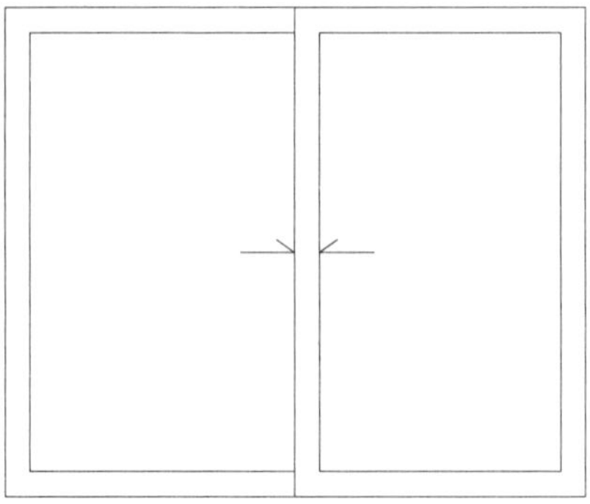

⑧ 거실 창문

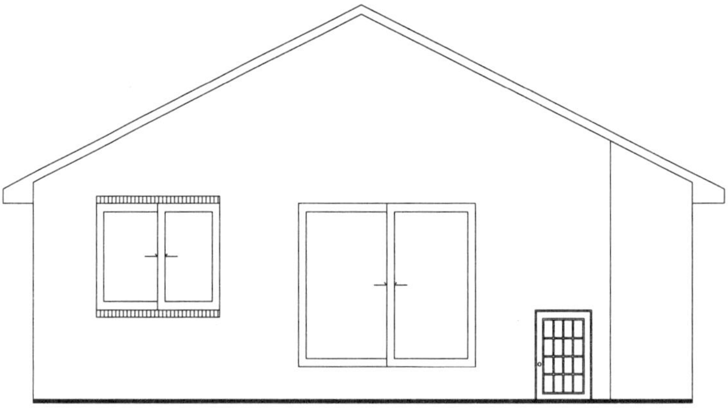

창문 그리기 완료

13.4 외부 마감재료 표시 그리기

따라해보세요

도면층을 'HAT(해치)' 레이어로 지정한다.

① HATCH 명령을 사용하여 마감재료를 그려준다.

명령 : H Enter↵ (HATCH)
[견본]을 클릭하여 AR-B816 재료를 선택한다.

순서① 해치설정

② 점 선택()을 클릭하여 그려질 내부 범위를 지정한 후 창문 안쪽으로는 벽돌패턴이 적용되지 않게 고립영역을 '외부'로 설정한다.

축척을 조절하여 도면에 알맞은 비율로 맞춘다.

점 선택을 하였을 때 추가가 되지 않을 경우에는 완전 고립된 객체가 아닐 경우 발생된다. 따라서 선이 완벽하게 연결되어 닫힌객체가 되었는지 확인한다.

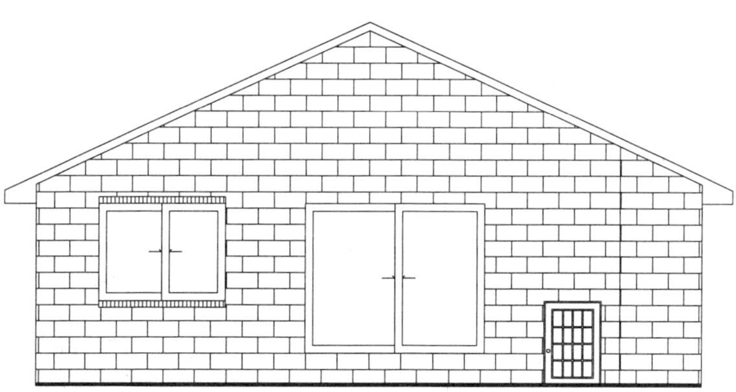

순서② 해치 완료

13.5 지반선 그리기와 조경 만들기

따라해보세요

도면층을 'SYM(기호)' 레이어로 바꿔준다.

① POLYLINE 명령을 이용하여 두께 50인 지반선을 그린다.

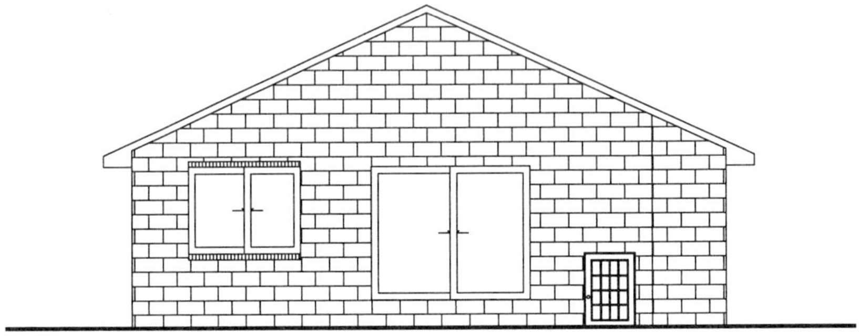

순서① 지반선 그리기

② SKETCH 명령을 사용해 나무 등 조경을 직접 그려줘도 되고 INSERT 명령을 이용하여 저장되어 있는 조경 객체를 도면에 삽입해도 된다.

명령 : S [Enter↵] (SKETCH)
명령 : I [Enter↵] (INSERT)

AutoCAD 2014 → Sample(폴더) → DesignCenter(폴더) → Landscaping(.dwg)에 조경에 대한 라이브러리를 불러와 사용할 수 있다.

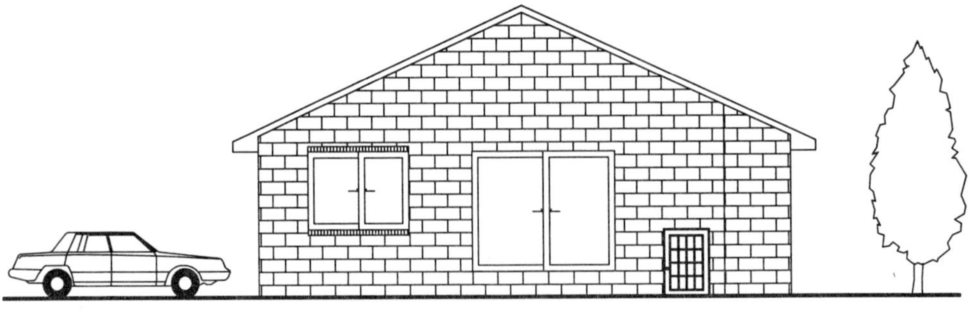

순서② 조경 넣기

13.6 마감재료 표기 및 도면명 기록

따라해보세요

도면층을 'TXT(문자)'로 지정한다.

① 다중 지시선을 이용하여 마감재료를 표기해 준 후 지시선을 더블 클릭하여 화살촉을 '점'으로 바꿔준다.

명령 : mleader Enter↵

리본 : 홈 탭 → 주석 패널 → 다중 지시선

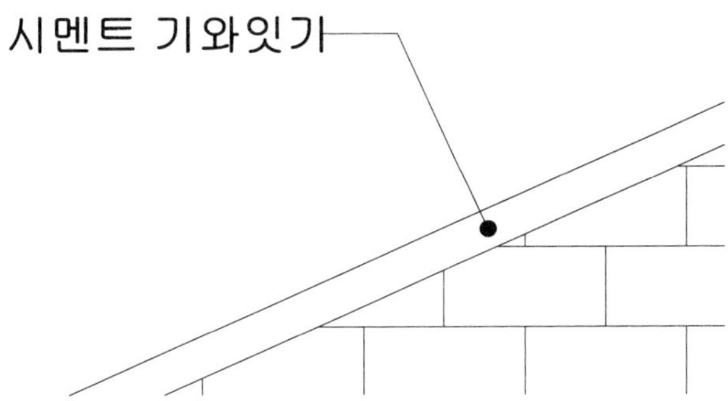

순서① 마감재료 표기

② CIRCLE 명령 및 LINE 명령을 이용하여 도면명 표기란을 만들어주고 MTEXT 명령을 이용하여 도면명을 써준다.

도면 축척 60이므로 지름 960(16×60)mm의 원을 그린 후에는 그 원을 가로지르는 선을 그려준다. 문자 글씨체는 굴림, 높이는 350으로 설정한다.

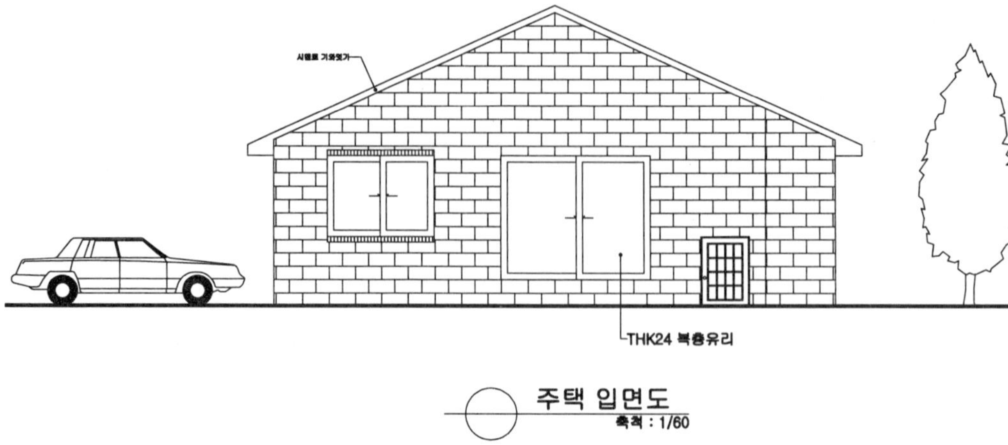

순서③ 도면명 넣기

④ 도면명 입력이 완료되었으면 도면을 저장한다.

명령 : SAVE [Enter↵]

순서④ 완성된 입면도

예제 그려보기

여러 가지의 예제를 그려보자.

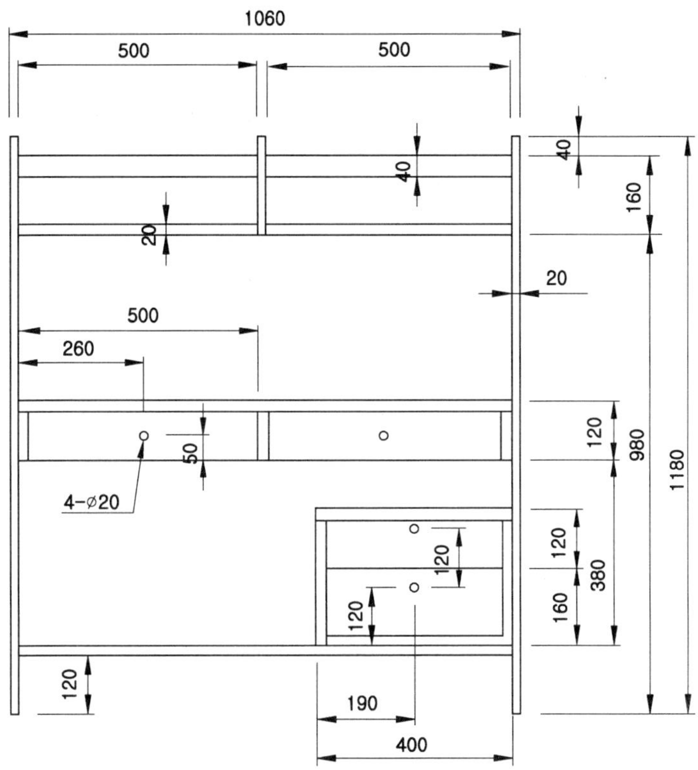

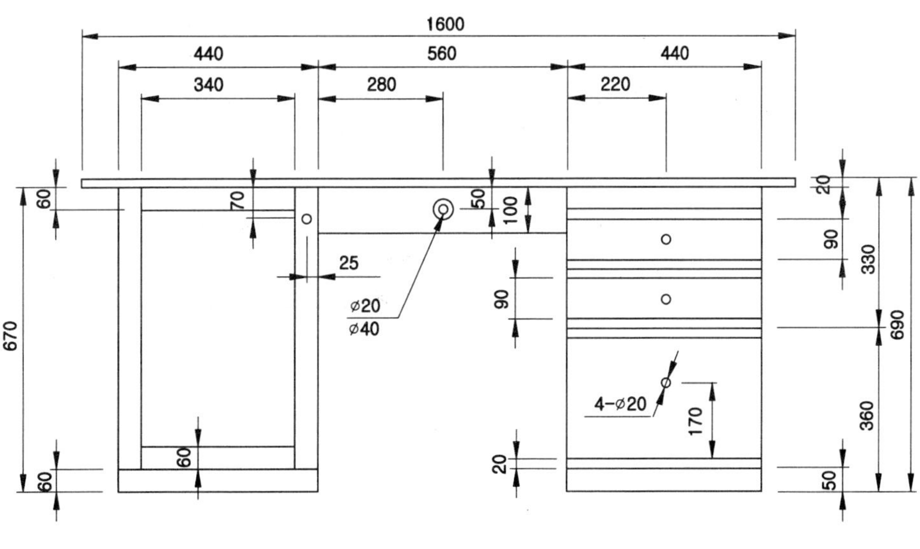

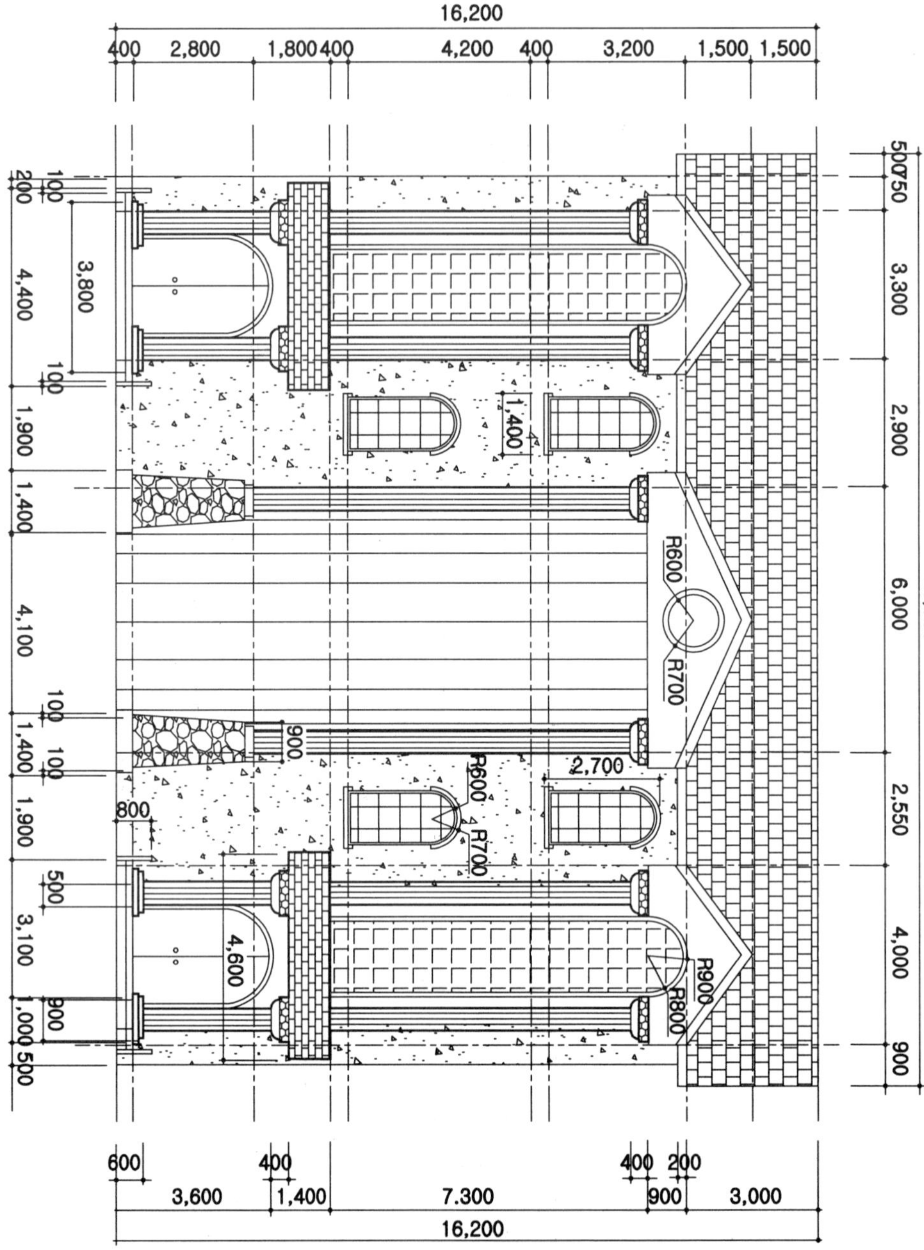
16,200
400
2,800
1,800
400
4,200
400
3,200
1,500
1,500
600
400
400
200
3,600
1,400
7.300
900
3,000
16,200
20,900
3,300
2,900
6,000
2,550
4,000
900
4,400
3,800
1,900
1,400
4,100
1,400
1,900
3,100
1,000
500
4,600
2,700
800
R600
R700
R900
R800

제4편

BIM 기초 및 응용

Chapter 14 Revit Architecture 2013 시작하기

14.1 Revit의 기본 개념

Revit으로 작성할 수 있는 대상은 크게 “프로젝트”와 “패밀리” 두 가지로 나뉘어져 있습니다.

① 프로젝트

“프로젝트”는 건물을 구성하는 모든 요소들이 다 포함된 집합체라고 보시면 됩니다. 건물 설계를 새로 시작하기 위해서는 초기 화면에서 프로젝트 밑의 새로 작성하기를 선택해야 하고, 기존 프로젝트를 열 때는 열기를 선택하면 됩니다.

② 패밀리

“패밀리”는 문, 벽, 창, 가구. 주석 등 빌딩 내 구성요소를 지칭하는 것입니다. 쉽게 말해 “프로젝트”는 패밀리의 조합이며, 프로젝트 안에 존재하지 않은 패밀리는 새로 작성하거나 라이브러리에서 다운받아 프로젝트에 로드 할 수 있습니다. 새 패밀리를 작성하기 위해서는 초기 화면에서 패밀리 밑의 새로 작성하기를 진행해야 하고, 기존 패밀리를 열어서 편집하거나 프로젝트에 로드 하고자 할 때는 열기를 클릭하면 됩니다.

③ 패밀리의 유형

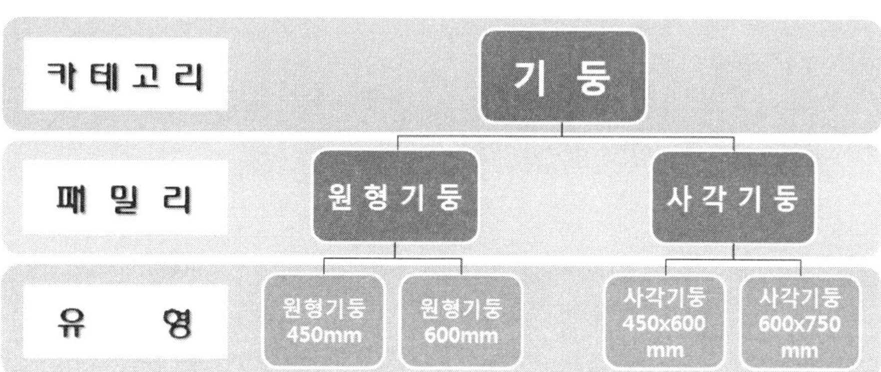

위의 표에서처럼 '기둥'이라는 "카테고리"에는 원형 기둥, 사각 기둥 등의 패밀리가 있어서 원하는 패밀리를 선택할 수 있습니다. 또한 하나의 패밀리는 치수, 재질 등에 따라 여러 가지 유형으로 나뉘어 집니다.

예를 들어, 문의 경우 '목재 외여닫이문', '철제 양여닫이문' 등의 패밀리가 있고, '목재 외여닫이문' 패밀리에는 '800×200mm', '900×2100mm' 등의 문 유형이 있습니다(이 유형은 "유형 특성"에서 편집 수정이 가능합니다).

④ 패밀리의 종류

패밀리는 "시스템 패밀리"와 "로드 가능한 패밀리"로 나눠집니다.

(1) 시스템 패밀리 : 벽, 바닥, 지붕, 치수, 레벨 등 Revit에서 미리 정의되어 있는 패밀리로 프로젝트에서만 존재하며, 새로 생성하거나 로드할 수 없습니다.

(2) 로드 가능한 패밀리 : 문, 창, 가구, 조명 등의 일반 패밀리로, 라이브러리에서 로드 가능하며, 라이브러리에 없는 패밀리는 간단한 모델링 작업을 통해 새로 만들 수도 있습니다.

참고 : Revit에 포함된 기본 라이브러리 외에 인터넷으로 접속하여 웹 라이브러리에서 다양한 패밀리를 로드할 수 있습니다.

14.2 기본 인터페이스 소개

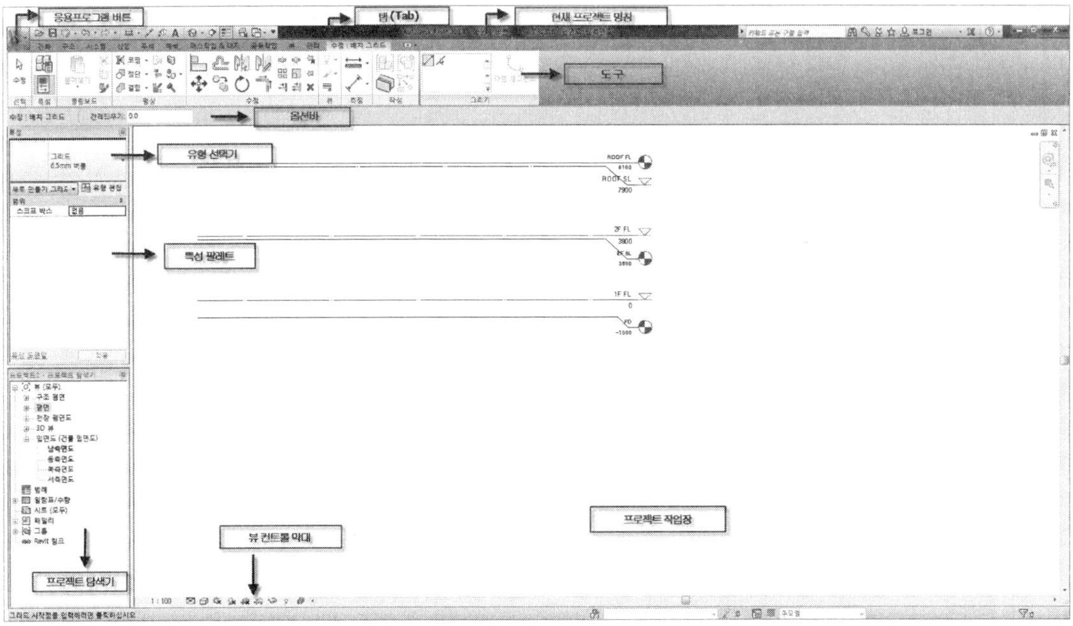

메뉴바 설명

(1) 응용프로그램 버튼

새로 만들기, 열기 및 저장, 인쇄와 같은 일반 파일 작업을 할 수 있습니다.
이 메뉴를 통해 사용자가 내보내기 및 게시와 같은 고급 도구를 사용할 수 있습니다.

(2) 탭(Tab)

파일을 열거나 작성할 때 표시되고, 프로젝트나 패밀리 작성에 필요한 모든 도구를 제공합니다.

(3) 도구

선택된 탭에 해당되는 다양한 기능들을 표시하고 있는 것을 도구라고 합니다.

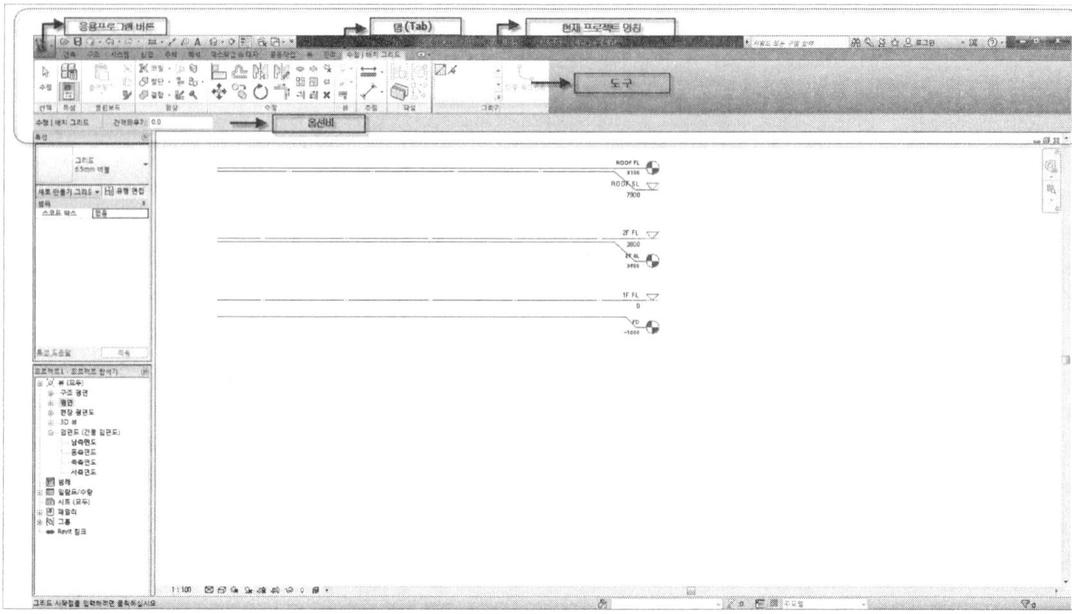

특성 팔레트 및 프로젝트 탐색기

(1) 유형선택기

부재 선택 시 원하는 유형(종류)을 선택할 수 있습니다.

(2) 특성 팔레트

특성팔레트는 요소의 특성을 정의하는 매개변수를 확인하고, 수정할 수 있는 활성창입니다.

(3) 프로젝트 탐색기

현재 프로젝트의 모든 뷰, 일람표, 시트, 패밀리, 그룹, 링크된 Revit 모델 및 기타 부분에 대한 정보를 표시해 줍니다.

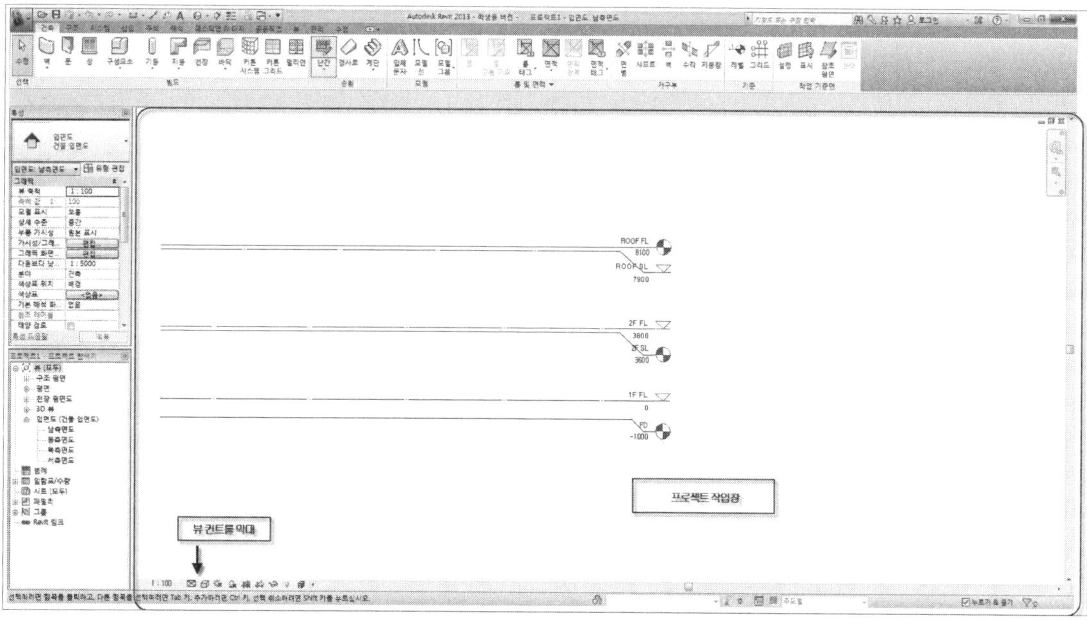

프로젝트 작업창

(1) 뷰 컨트롤 막대

뷰 컨트롤 막대를 통해 현재 뷰에 영향을 미치는 축척 / 상세수준 / 스타일 /태양 / 그림자 / 렌더링 / 뷰 자르기 / 숨기기 등의 기능이 담겨 있습니다.

(2) 프로젝트 작업창

프로젝트 작업자가 모델을 작성하고 수정하는 작업 영역입니다. [뷰] 탭의 창 패널의 도구를 사용하여 작업자의 작업 스타일에 맞도록 프로젝트 뷰를 정렬하여 사용할 수 있습니다.

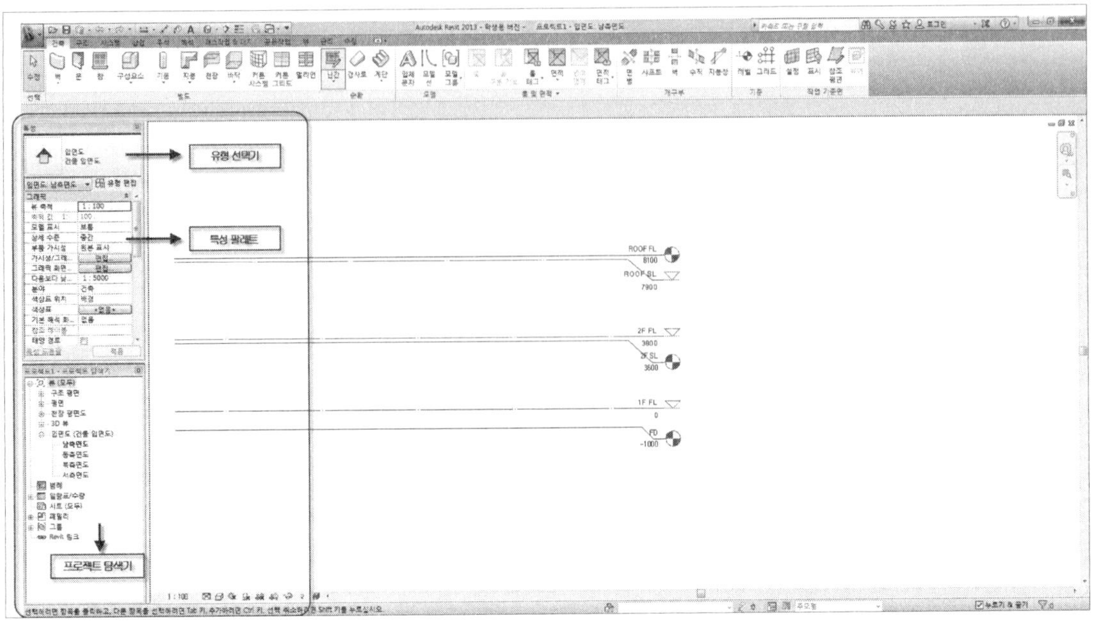

14.3 자주 활용하는 기능 익히기

실무에서 활용할 수 있는 BIM TIP

(1) [삽입] 탭

모델, CAD파일, 라이노파일, 이미지, 패밀리 등등 다른 Revit 모델이나 기타 다른 형식의 파일들을 삽입할 때 사용하는 기능들을 모아둔 탭입니다.

(2) [주석] 탭

치수입력, 문자입력, 기타 주석기호 입력, 각종 태그 등을 달아줄 때 사용하는 기능들을 모아둔 탭입니다.

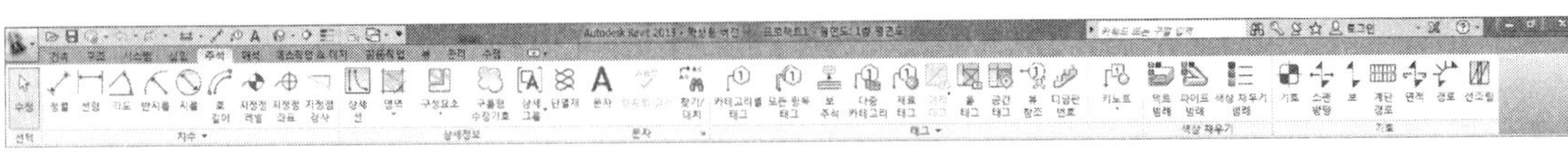

(3) [구조] 탭

보, 기둥, 구조바닥, 구조벽, 등과 같은 건축물의 구조요소와 기초 등을 모델링 할 때 필요한 도구들을 모아둔 탭입니다.

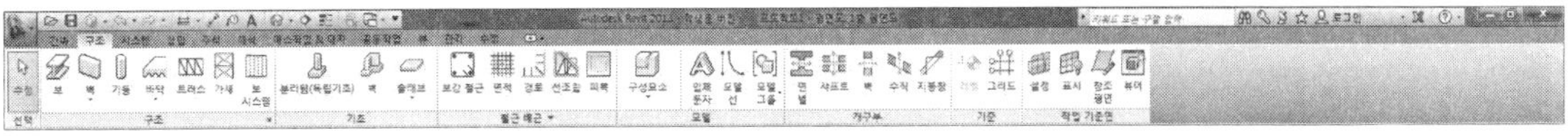

(4) [매스작업&대지] 탭

우선 매스를 작성하고 작성된 매스를 건축요소(지붕, 바닥, 벽 등)로 전환하는 도구들과 대지 모델의 구성요소(지형, 주차장, 수목 등)를 모델링하기 위한 도구들을 모아둔 탭입니다.

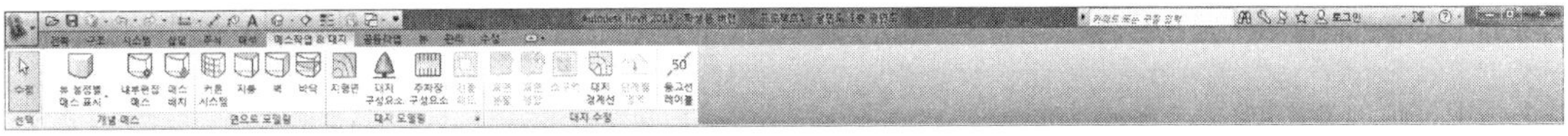

(5) [공동작업] 탭

Revit의 장점인 공동작업 기능을 위한 도구들을 모아둔 탭입니다. 이 탭에는 작업 세트의 설정과 관리, 중앙파일의 관리 및 동기화 등에 필요한 도구들이 모여 있습니다.

(6) [뷰] 탭

[뷰] 탭에는 평면도, 입면도, 단면도 등과 같은 각종 도면의 생성과 관리를 위한 도구들과, 작업창의 가시성을 제어할 수 있는 도구들을 모아둔 탭입니다. 또한 사용자 인터페이스를 재구성할 수 있는 도구가 담겨있습니다.

(7) [관리] 탭

[관리] 탭에는 프로젝트 전반에 해당하는 요소들을 관리할 수 있는 도구들이 모여 있습니다. 예를 들어 프로젝트의 정보, 프로젝트 매개 변수 등이 이에 해당되며 재료 및 객체 스타일 등을 제어할 수 있는 도구들이 있습니다.

(8) [수정] 탭

[수정] 탭은 모델링 시에 사용되는 다양한 수정 기능(정렬, 코너로 자르기, 복사. 이동 등)을 모아둔 탭입니다.

Chapter 15

건축 프로젝트 시작하기

15.1 건축 프로젝트 시작하기

Revit에서 프로젝트 진행은 평면 뷰에서 그리드나 평면을 계획한 뒤 입면 뷰에서 층별 레벨(층고)을 설정하는 방법과 반대로 입면 뷰에서 레벨을 설정하고 평면을 작성하는 방법이 있습니다. 두 가지 중 작성자가 선택하면 되지만, Revit 작업 진행 프로세스 상 일반적으로 입면 뷰에서 레벨을 설정한 후 평면 계획을 하는 것을 권장하고 싶습니다.

평면 계획에 있어서도 내부를 포함한 모든 평면 계획을 마치고 층을 적층해 나가는 방식과, 외벽의 형태나 건축물의 매스를 먼저 계획한 후 내부 실 계획을 진행하는 두 가지 방법이 있습니다.

이번 Part에서는 설계 프로젝트의 첫걸음인 레벨 및 그리드 작성방법에 대해 익혀보도록 하겠습니다. 프로젝트의 기준을 설정하는 작업 중의 하나인 레벨 및 그리드 작성은 BIM 모델링을 시작하기 전에 필수적인 작업입니다. 교재를 통해 레벨 설정 방법 및 그리드 설정 방식에 대해 확실히 숙지하시기 바랍니다.

Key Point!!

◆ 프로젝트 레벨 및 그리드 설정 방식 익히기
◆ 프로젝트 레벨을 활용한 평면뷰 설정

15.2 레벨

"레벨"은 건축 설계의 입면 설계와 층고 계획 등에 있어 가장 기본적이고 필수적인 개념입니다. Revit에서 층을 생성하기 위해서는 레벨을 먼저 작성해야 하는데, 레벨은 평면 뷰를 작성하는 "작업 기준면"의 의미이기도 합니다. 예를 들어 '2F'이라는 레벨이 입면도에서는 2D 라인에 불과하지만 입체적으로 생각하면, 2층 평면이 작성되는 면이 되는 것입니다.

15.2.1 프로젝트 레벨 설정하기

(1) Revit 2013을 실행합니다. [응용프로그램] → [새로만들기] → [프로젝트]를 클릭합니다. [새 프로젝트] 창이 뜨면 [확인]을 누릅니다.

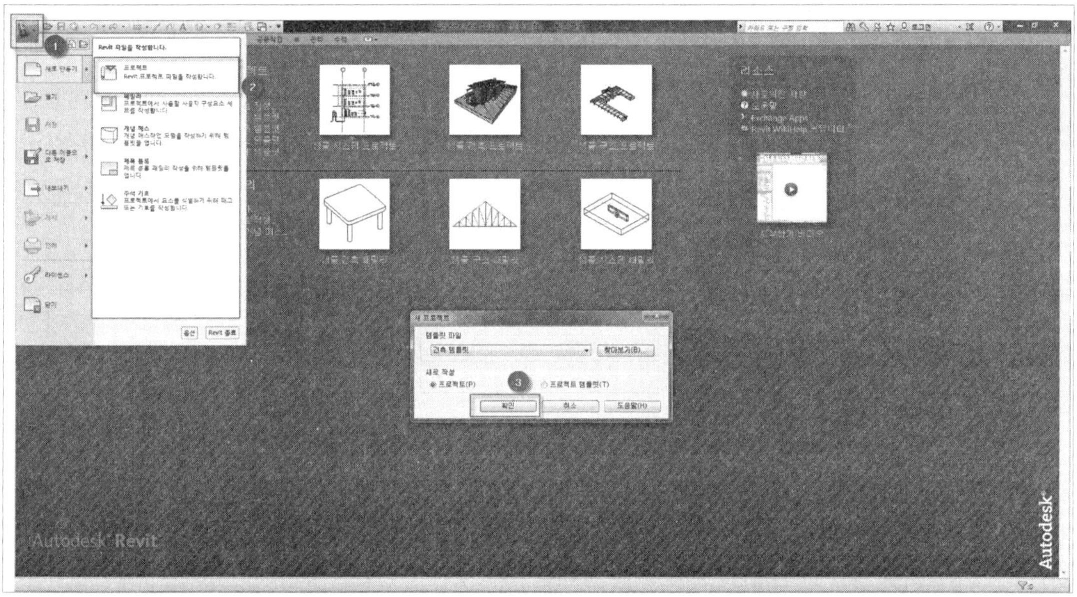

(2) 프로젝트의 기본정보를 설정하기 위해 [관리] 탭 → [프로젝트 정보] 도구를 클릭합니다. [프로젝트 특성] 창에서 아래의 그림과 같이 내용을 입력합니다.

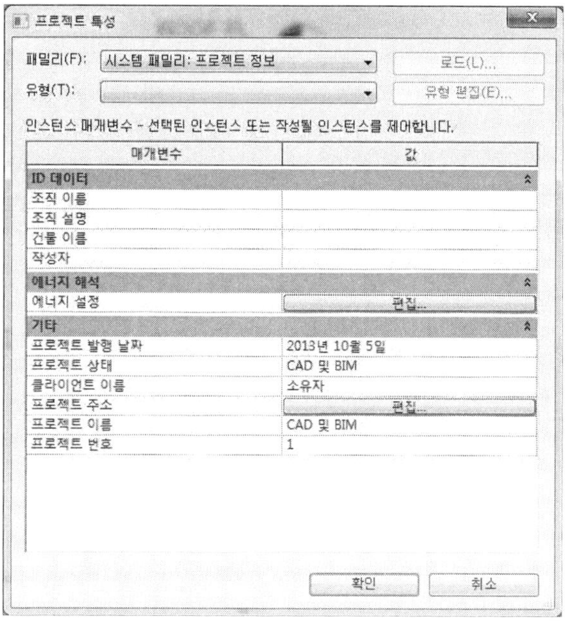

(3) 먼저 프로젝트의 기준이 되는 레벨을 작성합니다. [프로젝트 탐색기] → [입면도] → [남측면도]를 클릭합니다. [건축] 탭 → [레벨] 도구를 클릭합니다.

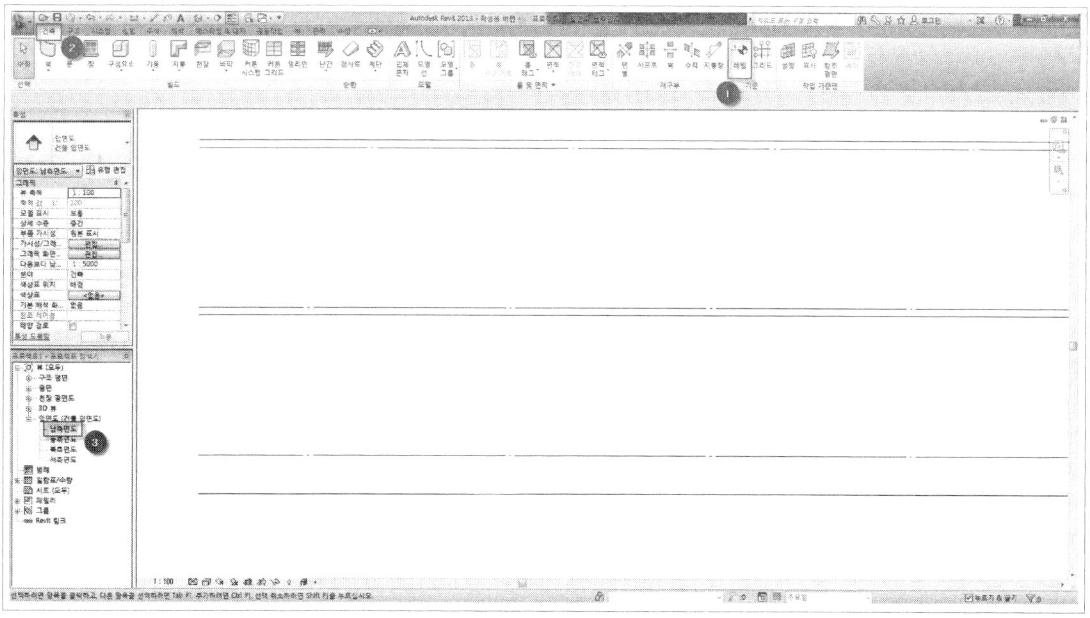

(4) [수정/배치 레벨] 탭 → [선 선택] 아이콘을 선택합니다. 옵션바에서 간격띄우기 값에 “400”을 입력합니다. 2F 레벨 선으로 마우스를 움직입니다. 2F 레벨선에 파란색으로 표시되면 마우스 위치에 따라 위, 아래로 파란색 가이드선이 나타납니다. 레벨선 아래쪽에 녹색 가이드 선이 나타나면 클릭합니다.

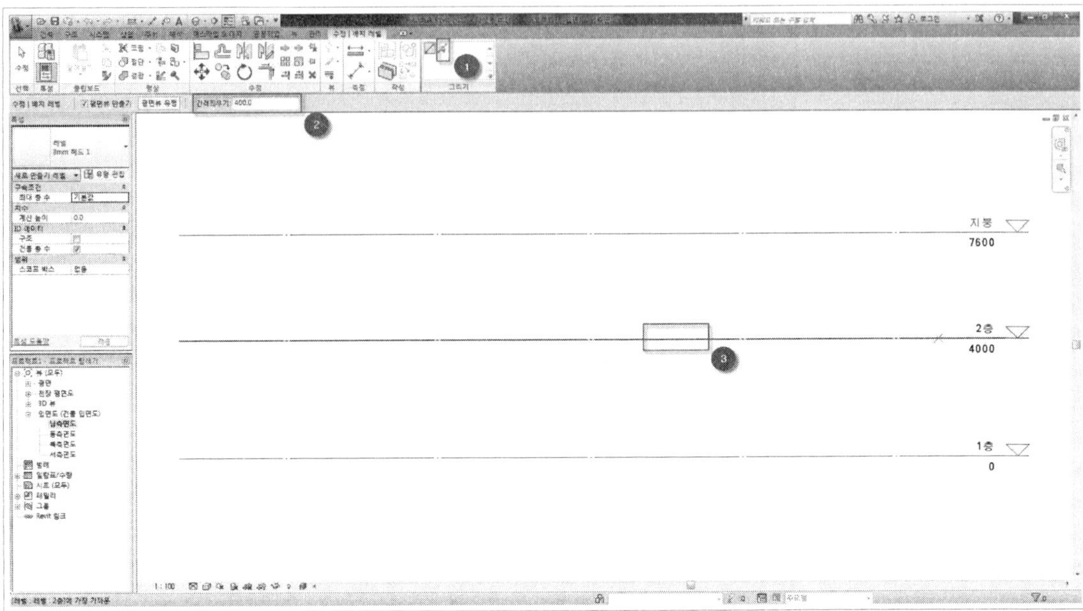

(5) “2G”이름의 레벨이 하나 생성됩니다.

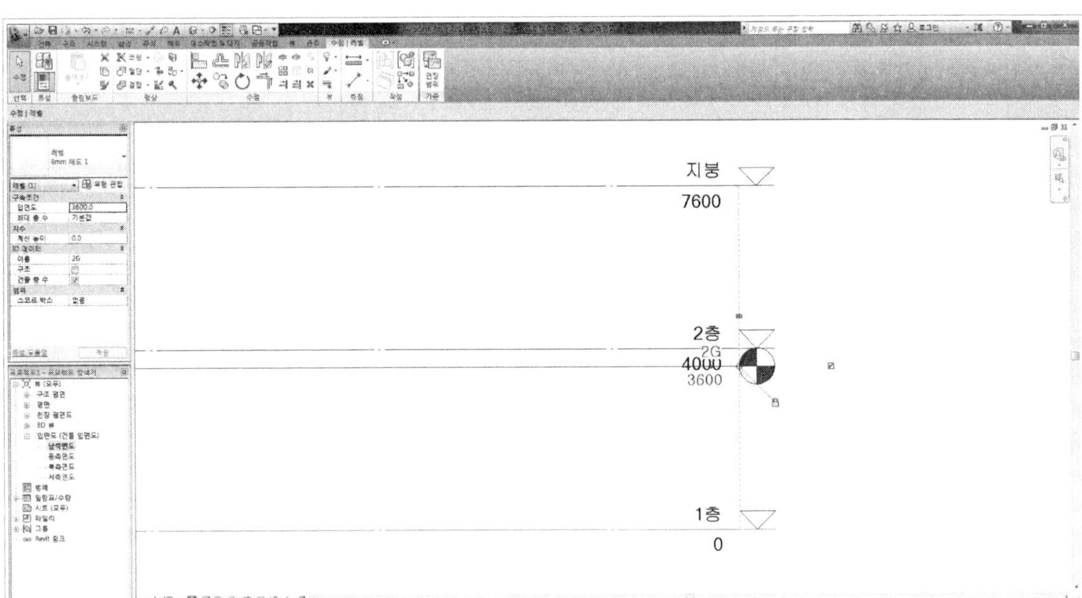

(6) 화면을 마우스 휠을 사용하여 그림과 같이 확대합니다. "2G"텍스트를 더블 클릭합니다. 문자를 "2F SL"로 입력합니다. 창이 뜨면 "예"를 선택합니다. 레벨 값과 평면 뷰의 이름이 "2F SL"로 수정되었습니다.

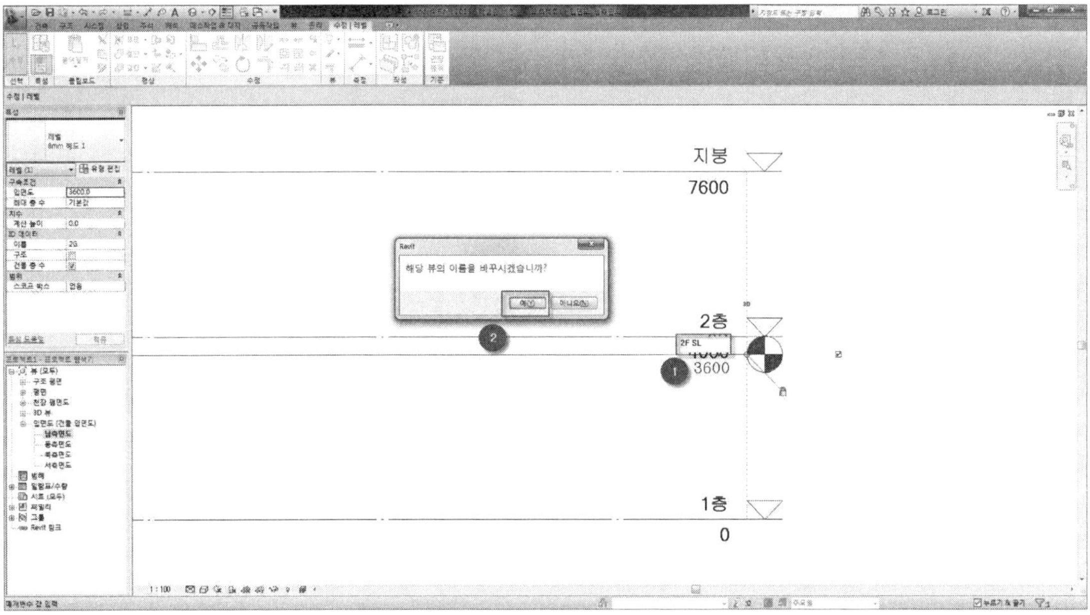

(7) 레벨이 겹쳐있어 문자가 잘 보이지 않습니다. 겹쳐있는 레벨을 조정하겠습니다. 2F SL 레벨을 클릭합니다. 물결 모양이 나타납니다. 물결 모양을 클릭합니다.

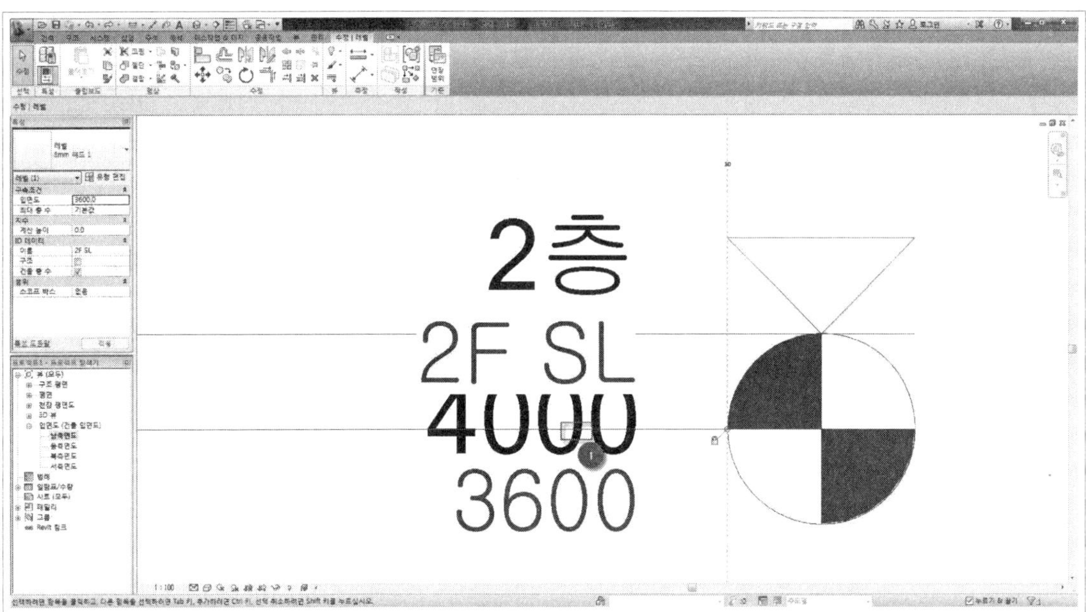

(8) 레벨이 꺾였습니다. 두 개의 파란색 점들을 적당하게 조절하게 적절한 위치에 놓일 수 있게 해줍니다.

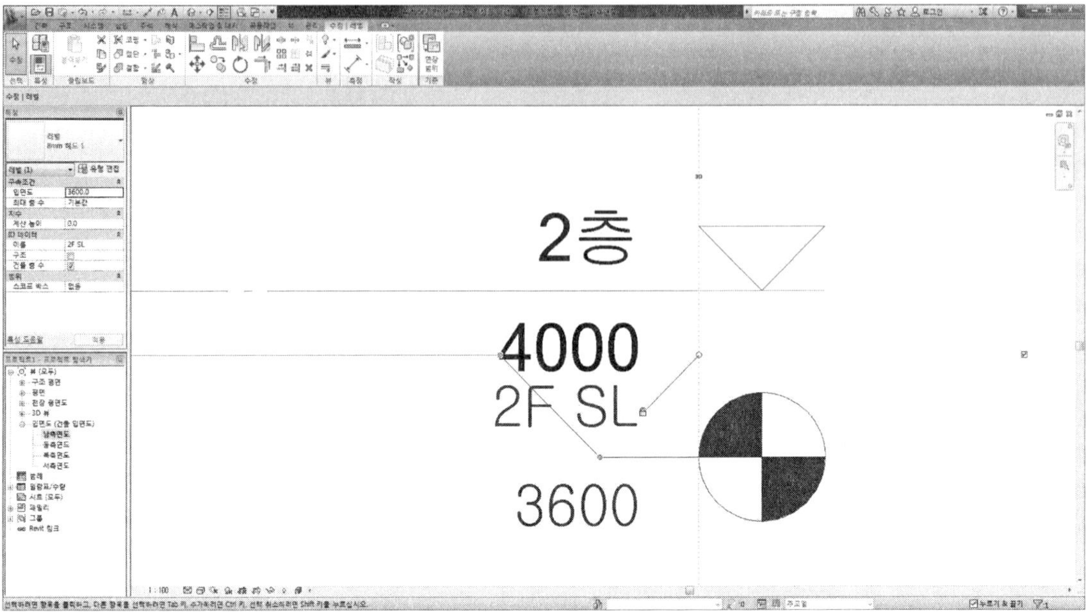

(9) 앞의 내용을 반복 실행하여 다음과 같은 레벨을 만들어 줍니다.
FD : -1000 / 1F FL : 0 / 2F SL : 3600 / 2F FL : 3800 / ROOF SL : 7900 / ROOF : 8100

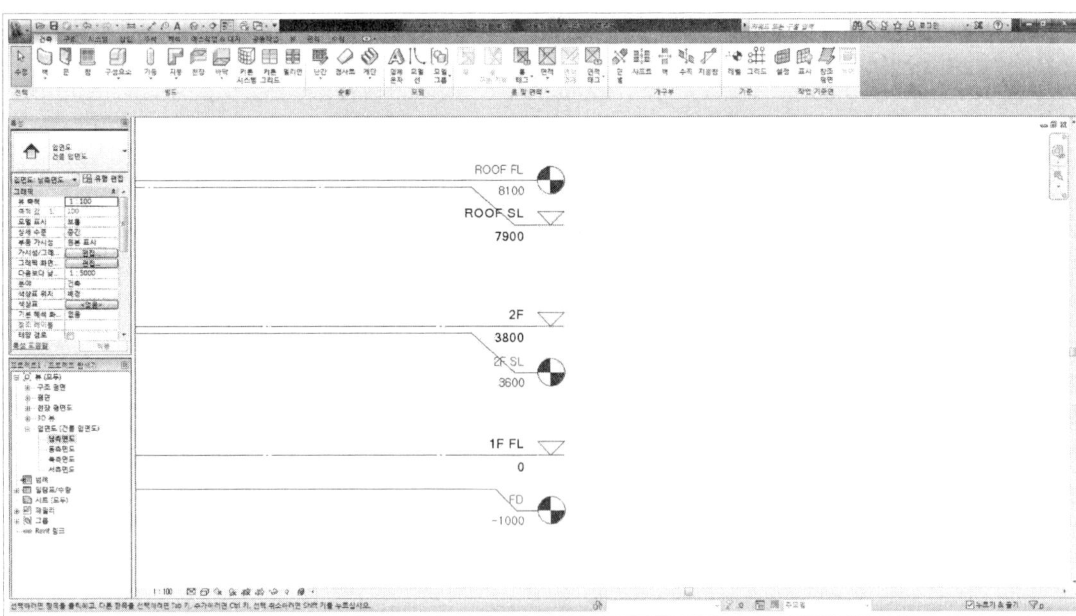

(10) 레벨 헤드의 모양이 다르기 때문에 "유형복사" 기능을 사용해서 모양을 통일 시켜보겠습니다. [수정] 탭 → 유형 일치 특성 아이콘을 클릭합니다. 2F SL 레벨을 먼저 클릭하고 변경할 1F FL, 2F FL, ROOF SL 레벨을 차례로 클릭해 줍니다.

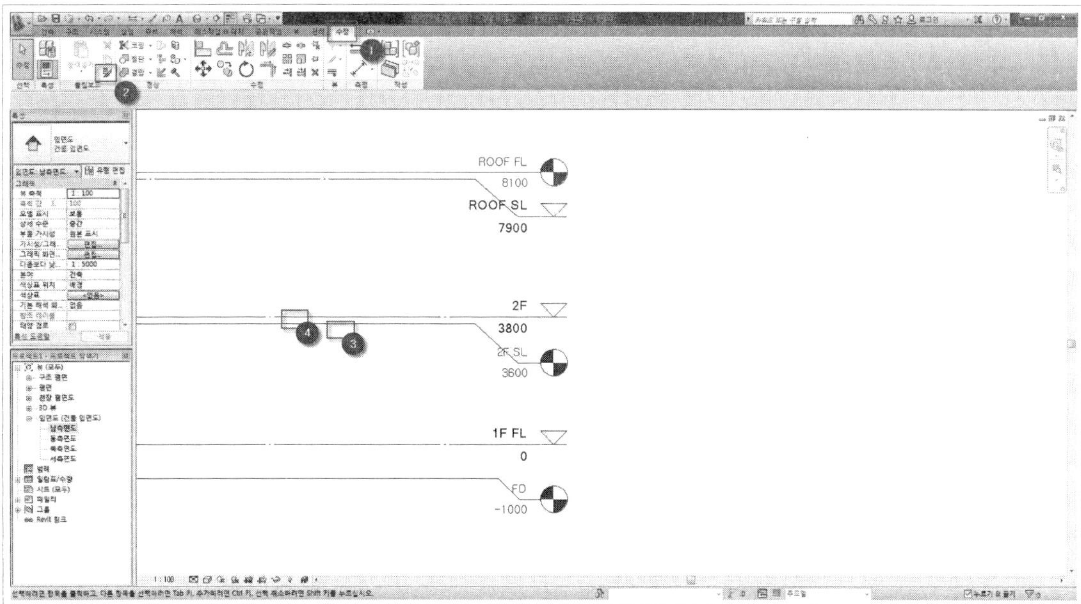

(11) 레벨 생성이 완료되었습니다. 이제 레벨에 해당하는 평면뷰를 관리하고 레벨에 따른 평면을 생성해 보겠습니다.

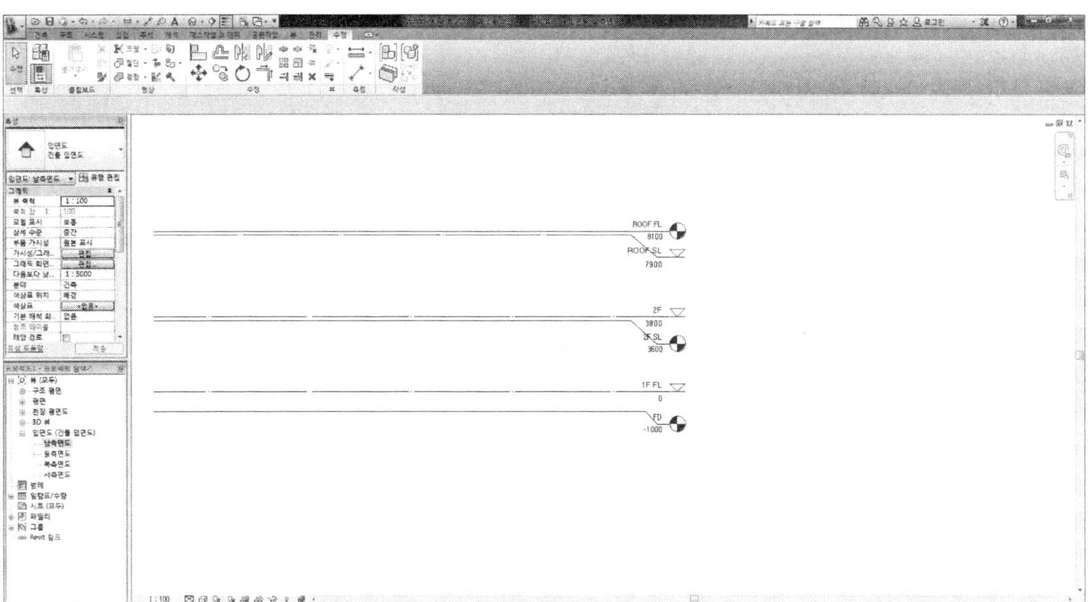

15.3 그리드

"그리드"란 건축에서 구조 스팬(Span)과 실 구획 등을 위해 작성하는 설계 계획에 있어 가장 기초적인 단계입니다. Revit에서는 그리드를 손쉽게 작성하고 이를 이용하여 벽과 기둥 등을 편리하게 배치하고 "작업 기준면"으로 활용할 수도 있습니다.

15.3.1 그리드 작성하기

프로젝트 진행의 기본이 될 수직 그리드와 수평 그리드를 작성합니다.

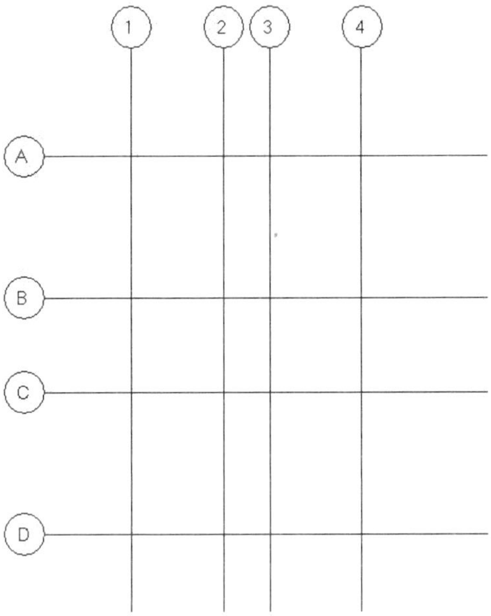

(1) 프로젝트 탐색기에서 평면 1층 뷰를 더블 클릭하여 오픈하고 [건축] 탭의 [그리드]를 클릭합니다.

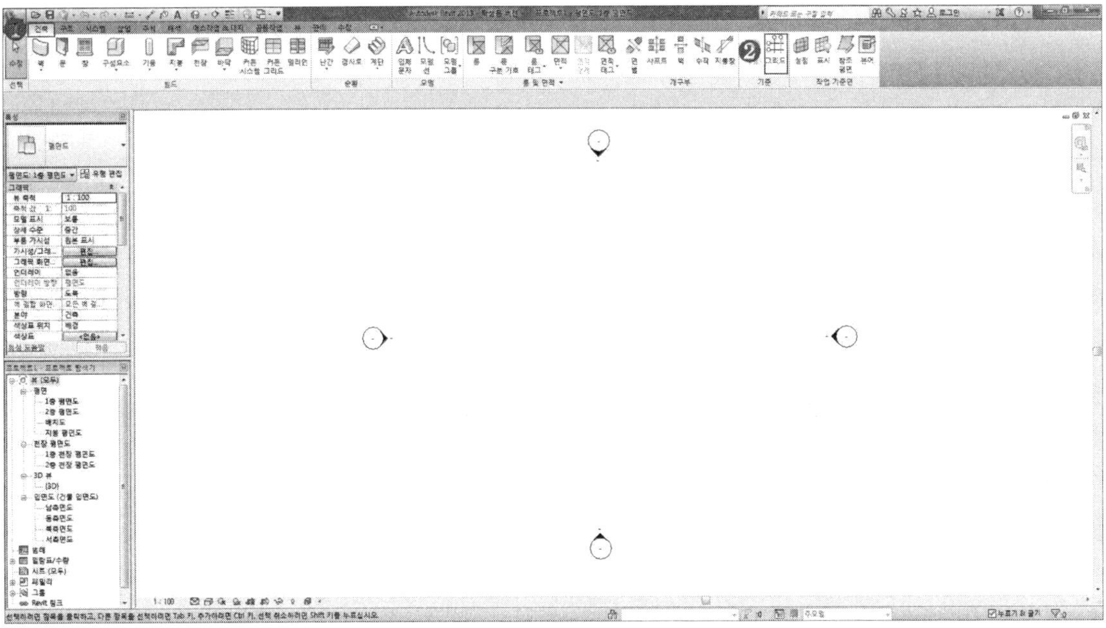

(2) 버블이 위에 있는 수직 그리드를 작성하기 위해서 아래에서 위방향으로 그리드를 작성합니다. 일단 아래 방향에 마우스 왼쪽 버튼을 클릭한 후 위로 올려 적당한 지점을 클릭합니다.

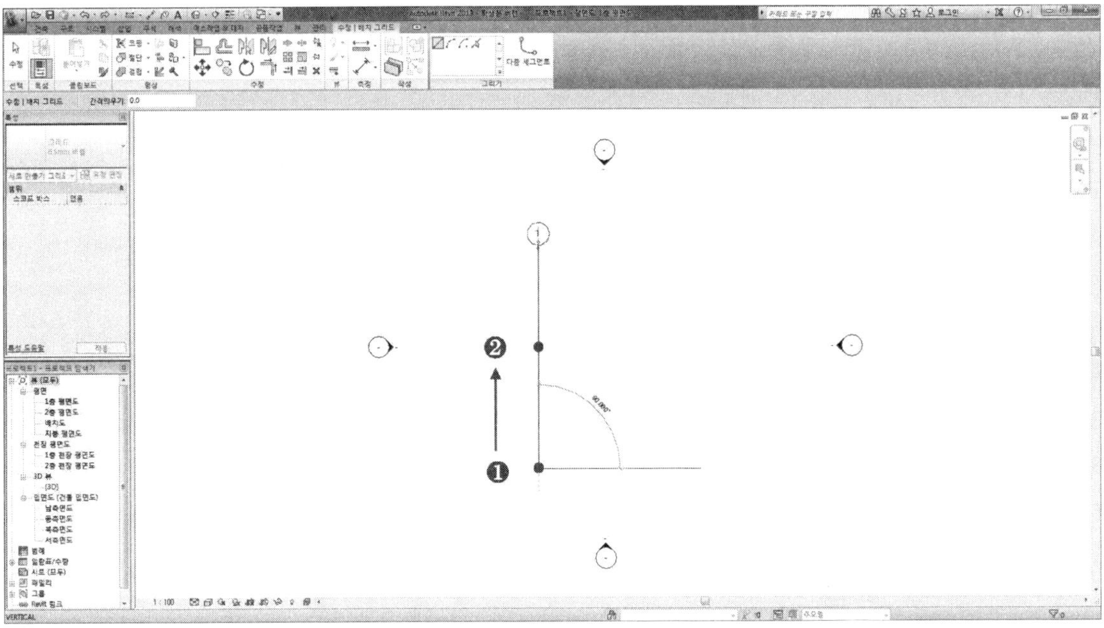

(3) 그리드가 끝나는 지점에 버블이 생깁니다.

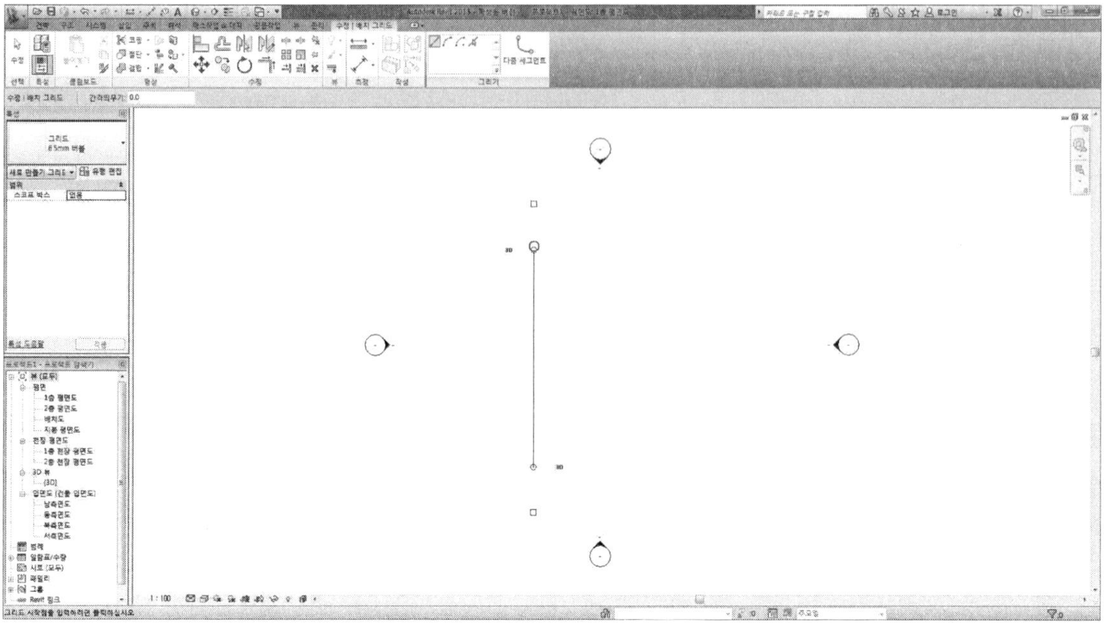

참고 : 메뉴에서 보면 곡선 그리드 선택도 가능합니다. 지금은 현재 상태(직선 그리드가 선택된 상태)로 그냥 진행합니다.

(4) 마우스 스크롤 버튼을 돌리고 스크롤 버튼을 누른 상태로 움직여서 뷰를 확대합니다. 버블 안에 '1'이라는 숫자가 작성된 것을 확인합니다.

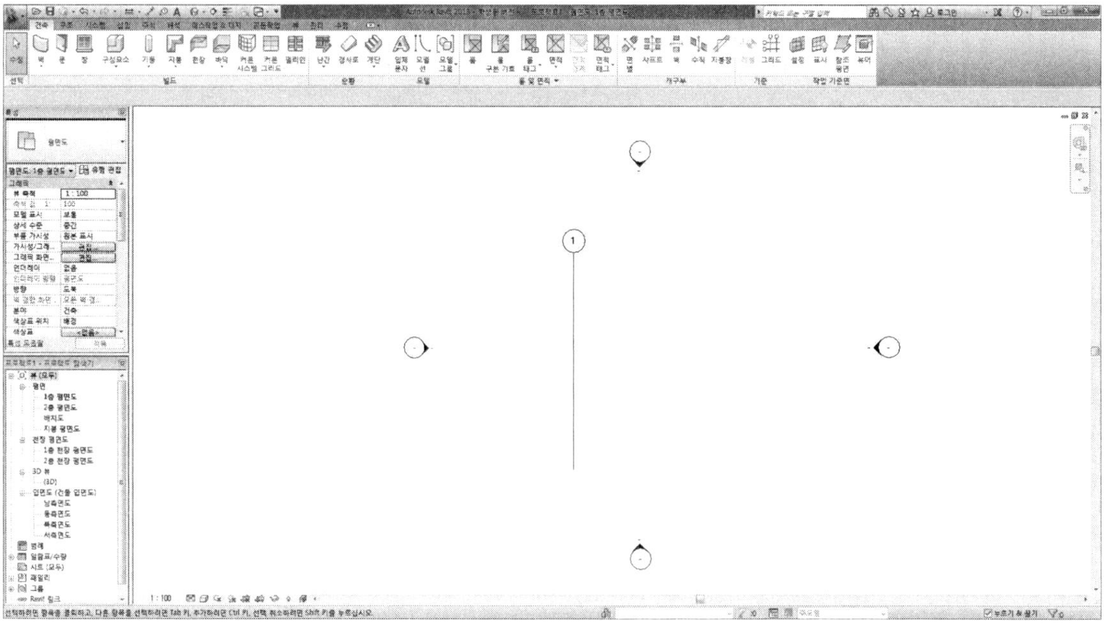

(5) 다시 화면을 조정한 뒤, 이어서 그리드를 진행합니다. 그리드 하단 끝점에 마우스를 대고 오른쪽으로 움직여보면 간격을 설정할 수 있습니다.

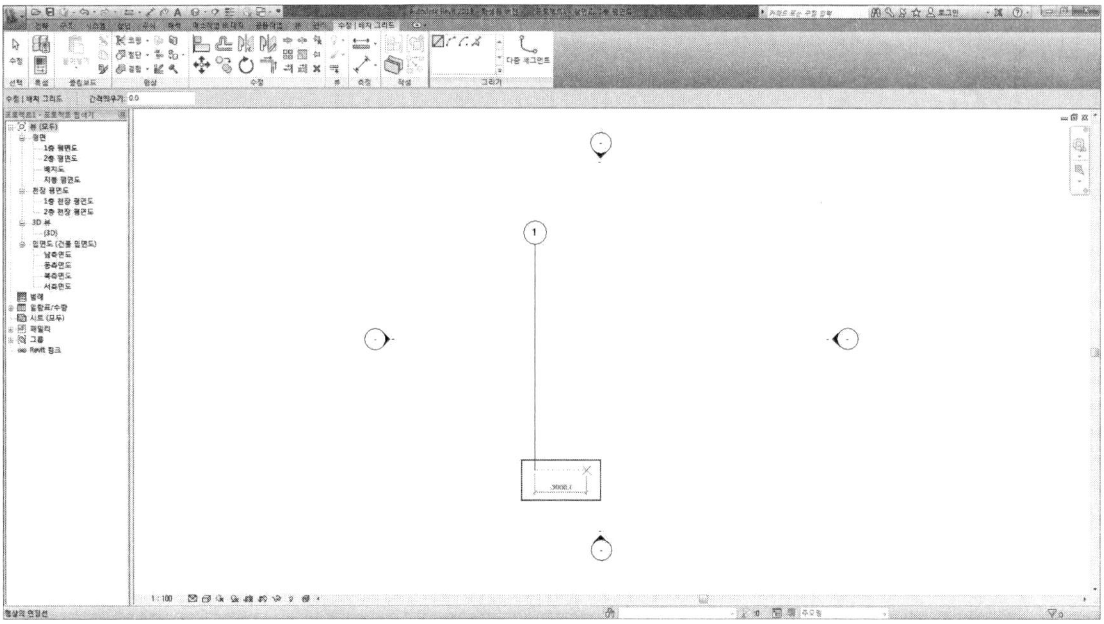

(6) '3000' 떨어진 지점을 클릭하고 마우스를 위로 올려 앞서 작성한 그리드 버블과 일정한 위치에 파란 참고선이 나오면 클릭합니다.

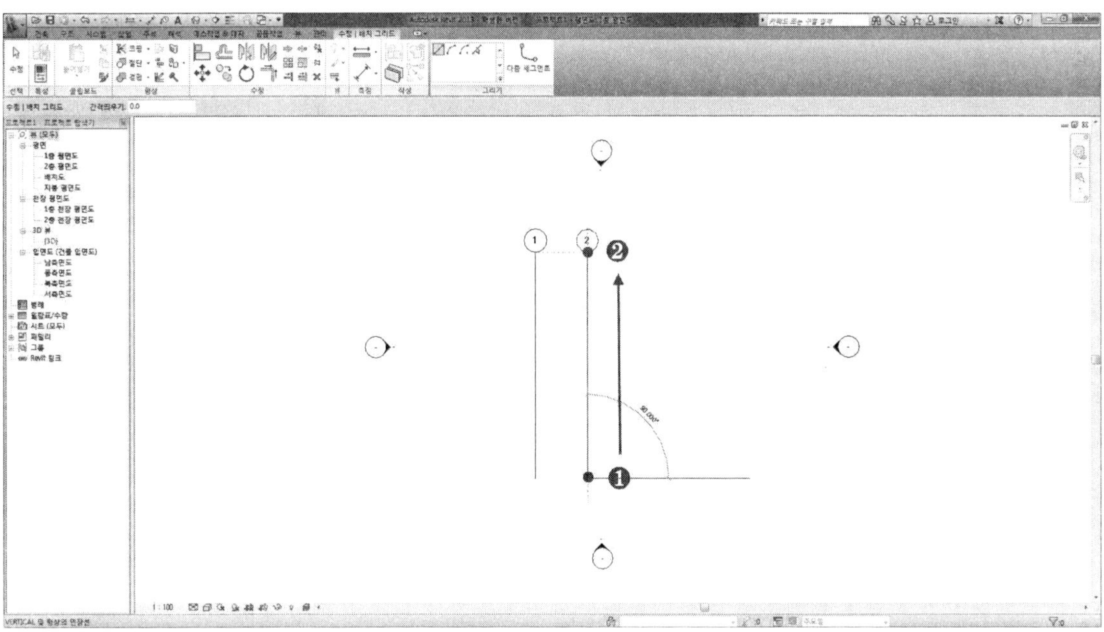

(7) '그리드2'가 생깁니다(숫자 순서대로 자동 넘버링이 됩니다).

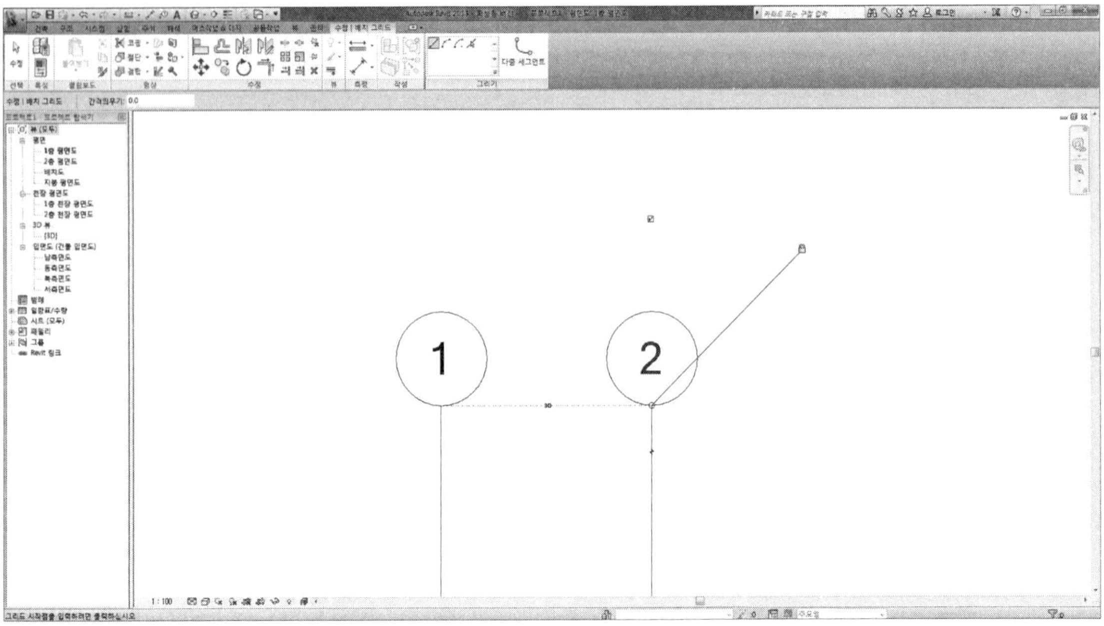

(8) 같은 요령으로'1500'떨어진 우측 지점에'그리드 3'을 작성합니다.

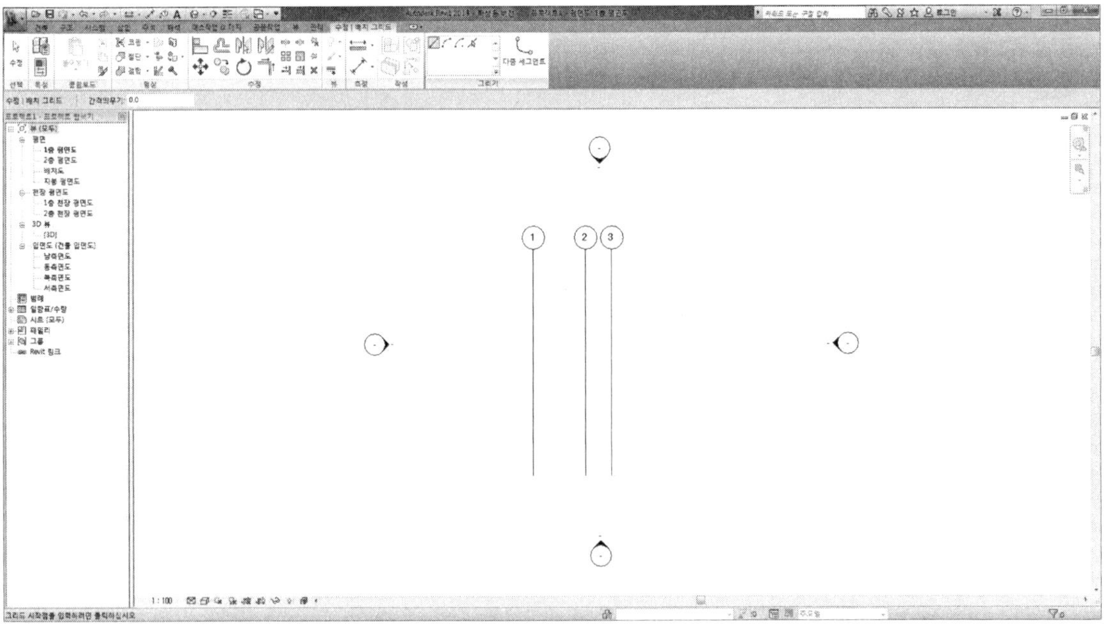

(9) 역시 같은 방법으로 '3,000' 떨어진 지점에 '그리드 4'를 작성합니다.

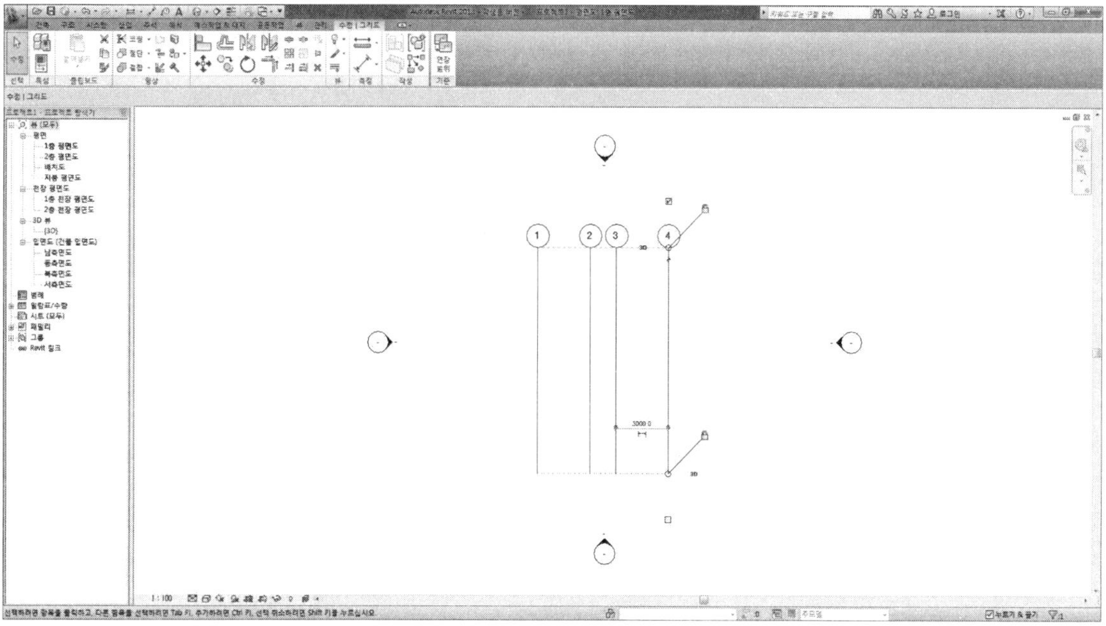

(10) 다음으로, 수평 그리드를 작성합니다. 요령은 수직 그리드와 같습니다. 적당한 오른쪽의 지점을 클릭하고 왼쪽으로 움직입니다. 적당한 지점을 클릭하여 그리드를 작성하면 버블에는 '5'라는 숫자가 넘버링 됩니다. Esc키를 두 번 눌러 그리드 명령을 일단 종료합니다.

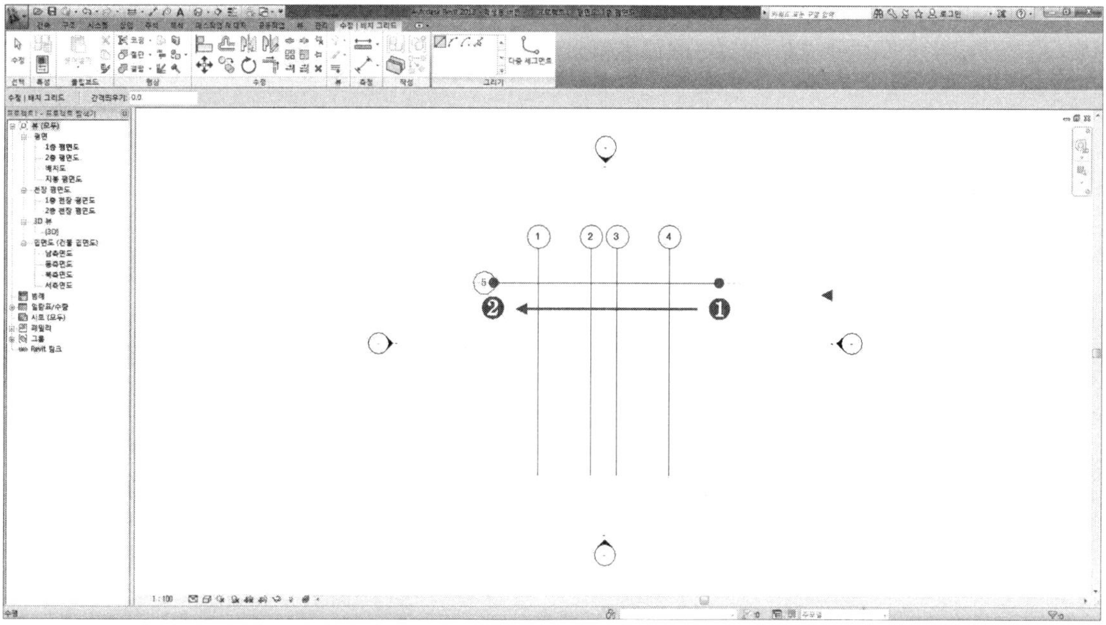

(11) 그리드 5의 '5'라는 숫자를 더블 클릭하면 그리드 이름을 바꿀 수 있습니다.

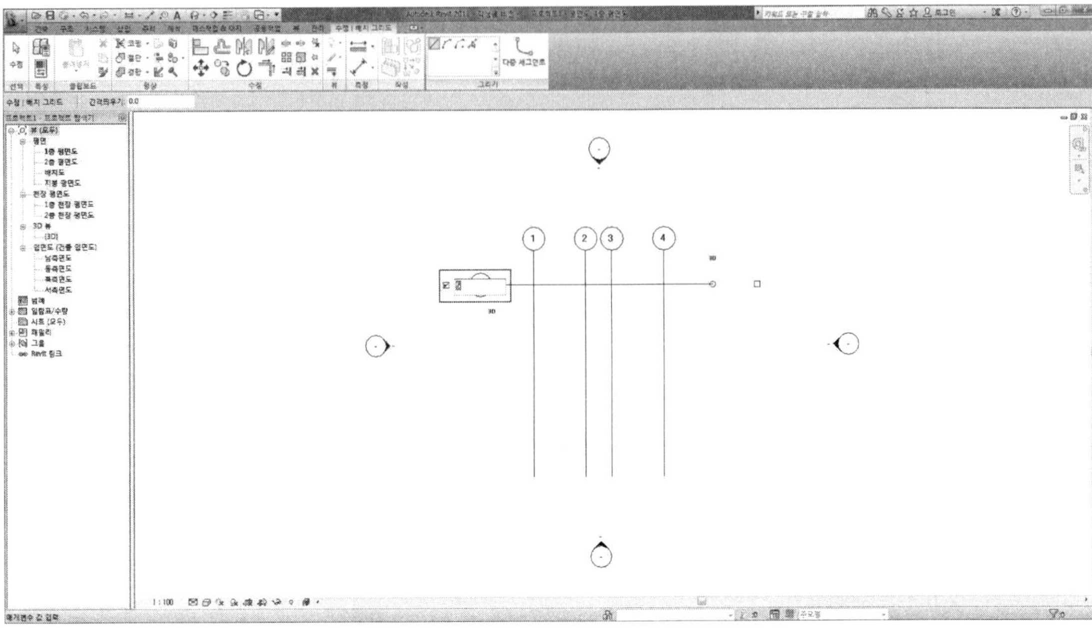

(12) 이름을 'A'로 변경하고 엔터 키를 칩니다.

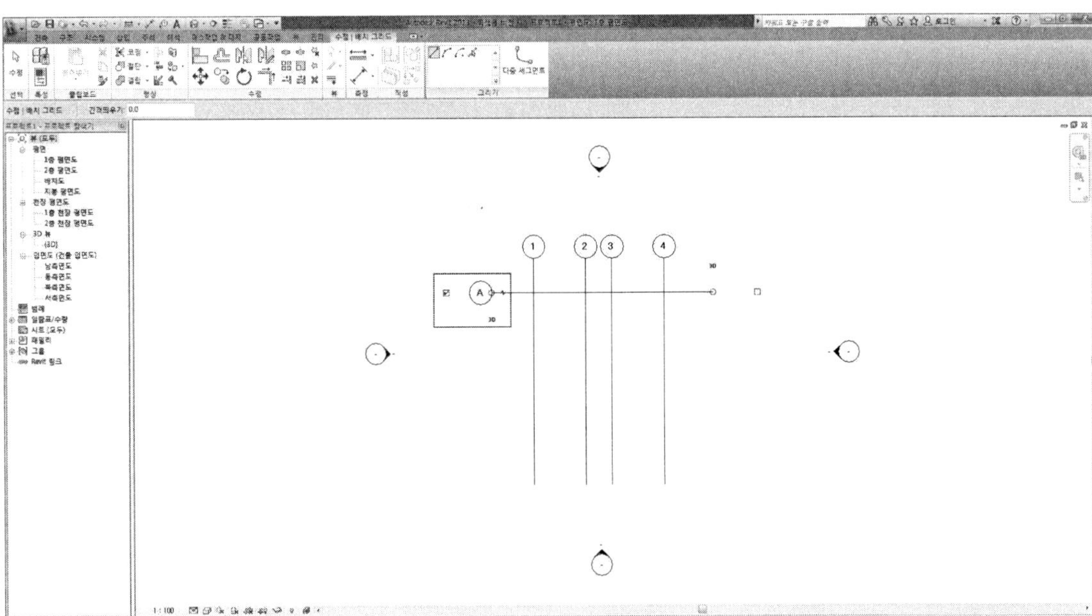

(13) 다시 [건축] 탭의 [그리드] 버튼을 클릭합니다.

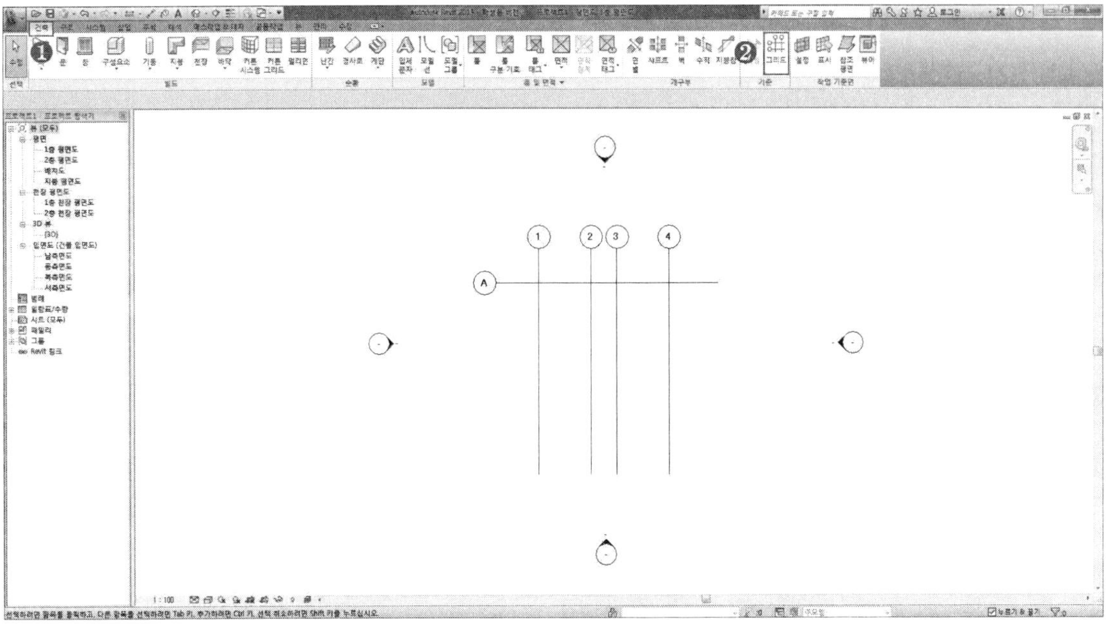

(14) 밑으로 '4,500' 띄어서 '그리드 B'를 작성합니다(B로 자동 넘버링 됩니다).

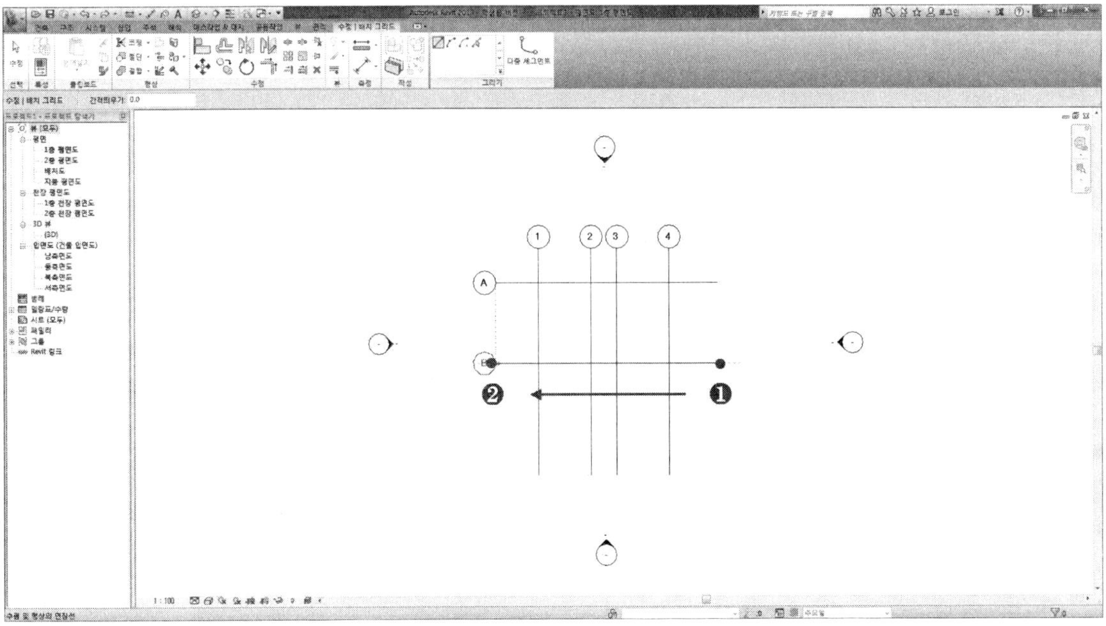

(15) 작성된 그리드 B 하단에 다시 '3000' 이격하여 그리드 C, '4,500' 이격하여 그리드 D를 작성합니다. Esc키를 두 번 눌러 명령을 종료합니다.

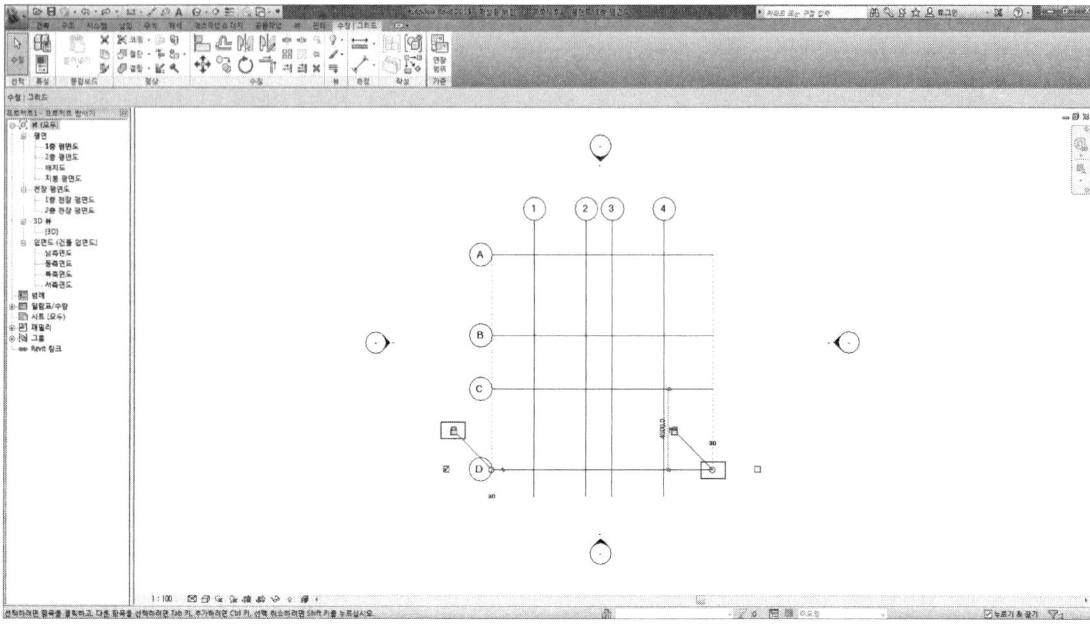

참고 : 이때 그리드를 선택하면 양 쪽에 박스가 나타나는 것을 알 수 있습니다. 박스에 체크함으로써 버블의 위치를 바꿀 수 있습니다.

(16) 그리드를 클릭하면 나타나는 자물쇠 마크는 그리드끼리 구속되어 있다는 의미로, 그리드 하나의 끝점을 잡아끌면 나머지 그리드로 같은 길이로 변경됩니다. 그리드 끝을 당겨서 그리드를 적당히 조절합니다.

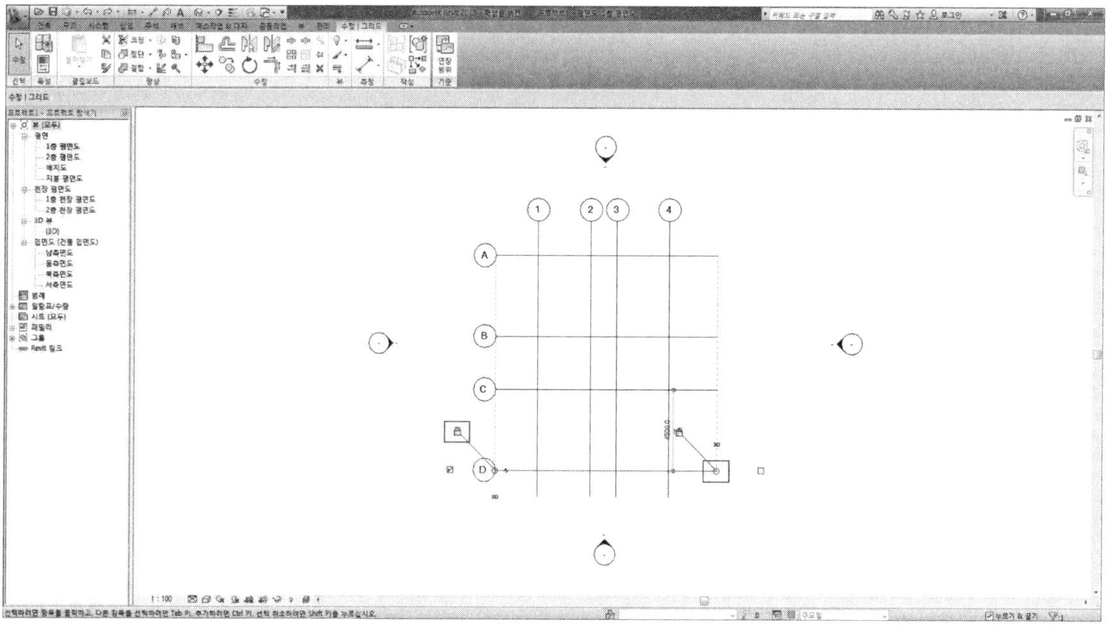

(17) 그리드를 클릭하면 나타나는 3D라는 글자는 그리드가 작업 기준면으로의 역할을 한다는 의미입니다.

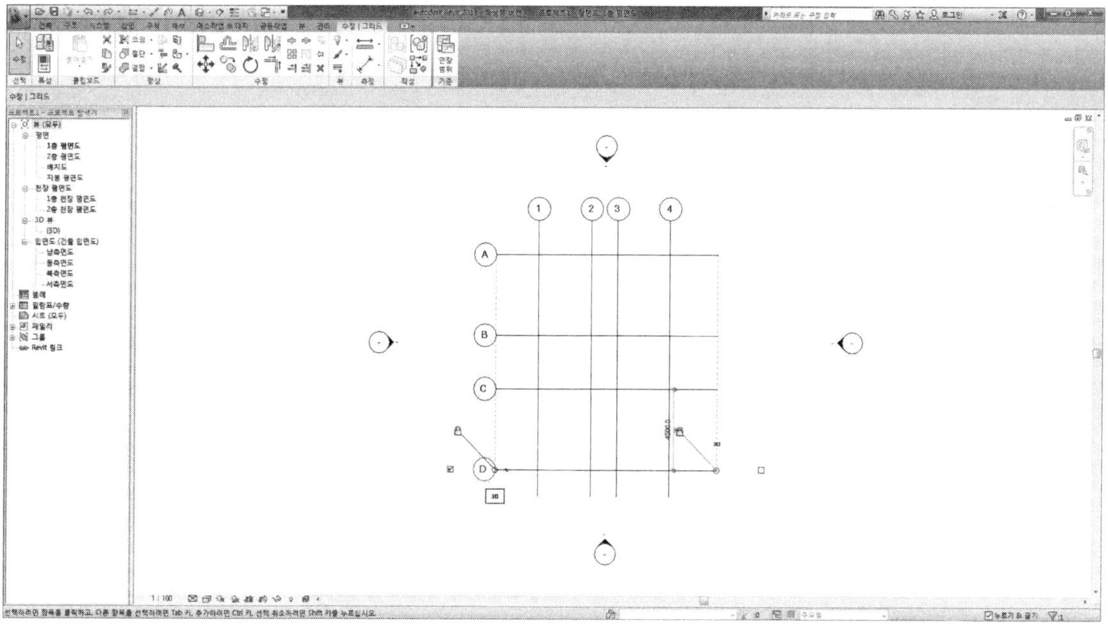

(18) 프로젝트 탐색기에서 입면 뷰 중 남측면도를 클릭하여 엽니다. 입면 뷰에서 그리드가 반영 되어 있습니다.

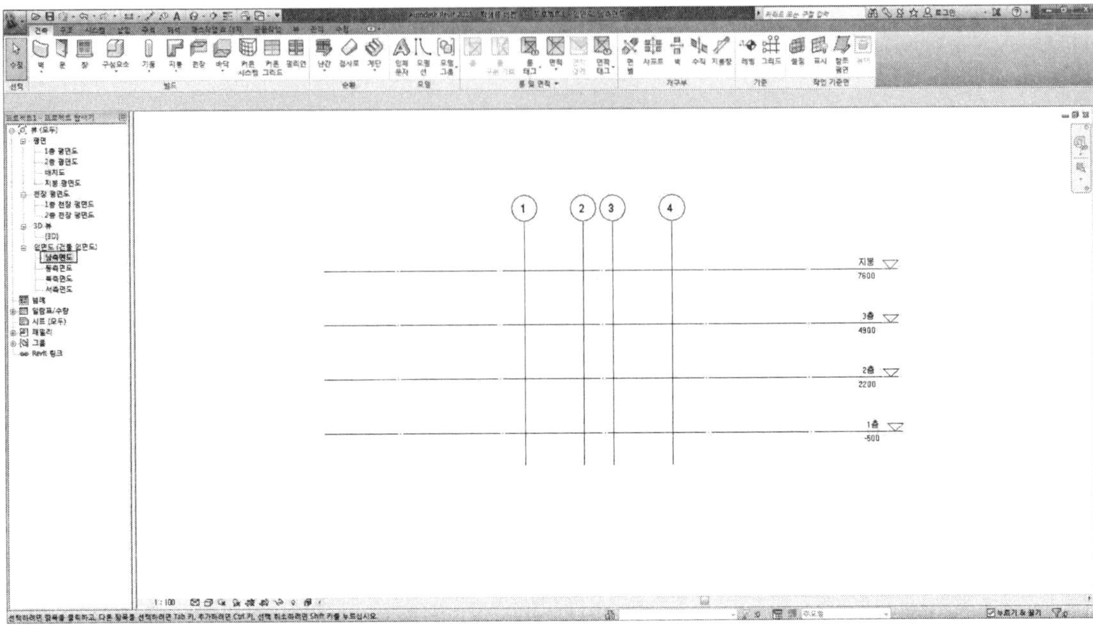

(19) 수직 그리드(1, 2, 3, 4) 중 하나의 아래 끝점을 끌어서 1층 레벨과 2층 레벨 사이로 올립니다(그리드 하나만 끌어도 같이 움직입니다).

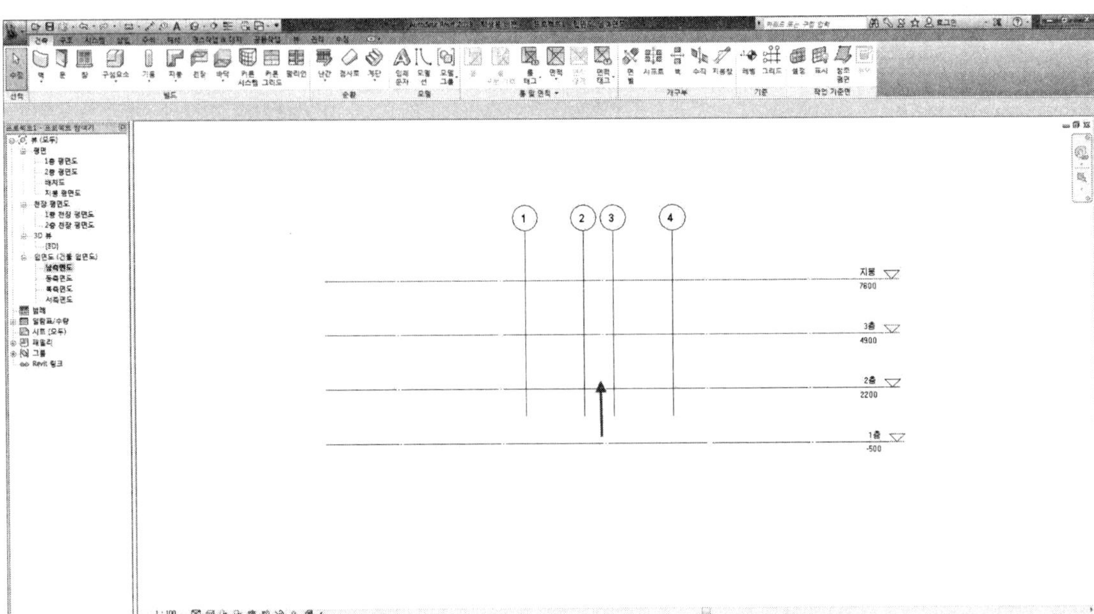

(20) 1층 평면 뷰를 확인하면 그리드 A, B, C, D가 없어졌습니다. 다시 말해, Revit에서 "그리드"와 "레벨"은 단순한 주석이 아니라 3차원 '면'인 것입니다. 그러므로 그리드가 레벨에 닿지 않으면 평면 뷰에 반영이 안 되는 것입니다.

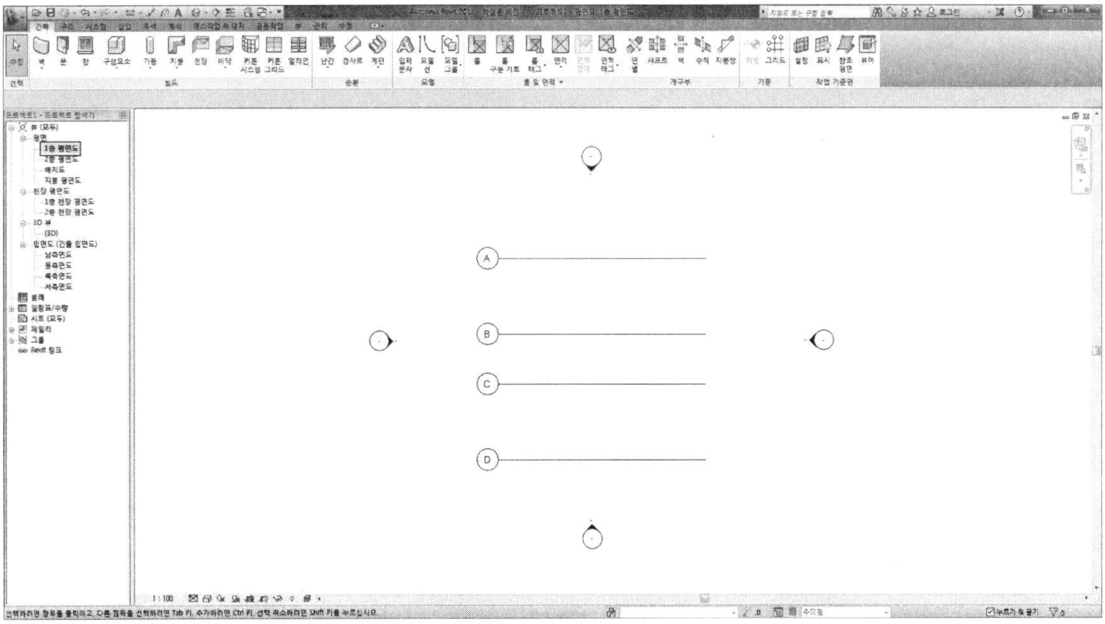

참고 : 그리드를 클릭한 후 3D 마크를 2D로 변경하면 그리드가 단순한 2D 주석으로 인식되므로, 이런 현상이 나타나지 않습니다.

(21) 실행 취소를 눌러 그리드 변경을 취소합니다(AutoCAD의 undo 명령과 같은 것으로, 키보드의 Ctrl키+Z도 명령 취소 기능을 합니다).

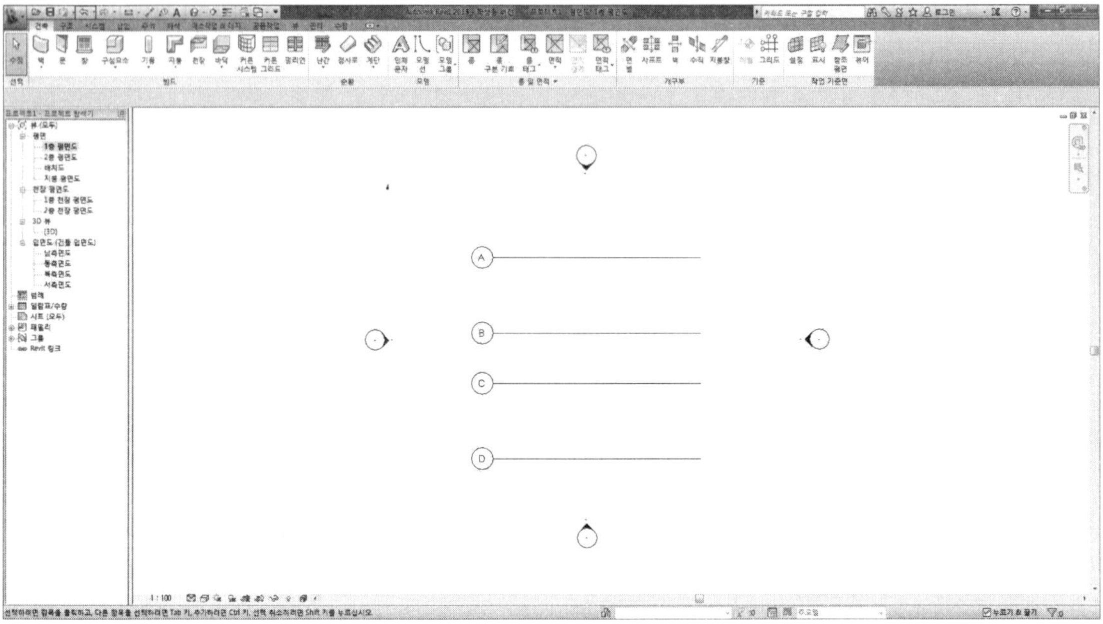

참고 : 버블과 문자의 크기는 도면의 축척에 연동됩니다. 버블의 크기를 조정하고 싶으면 화면 하단에서 축척을 변경하면 됩니다.

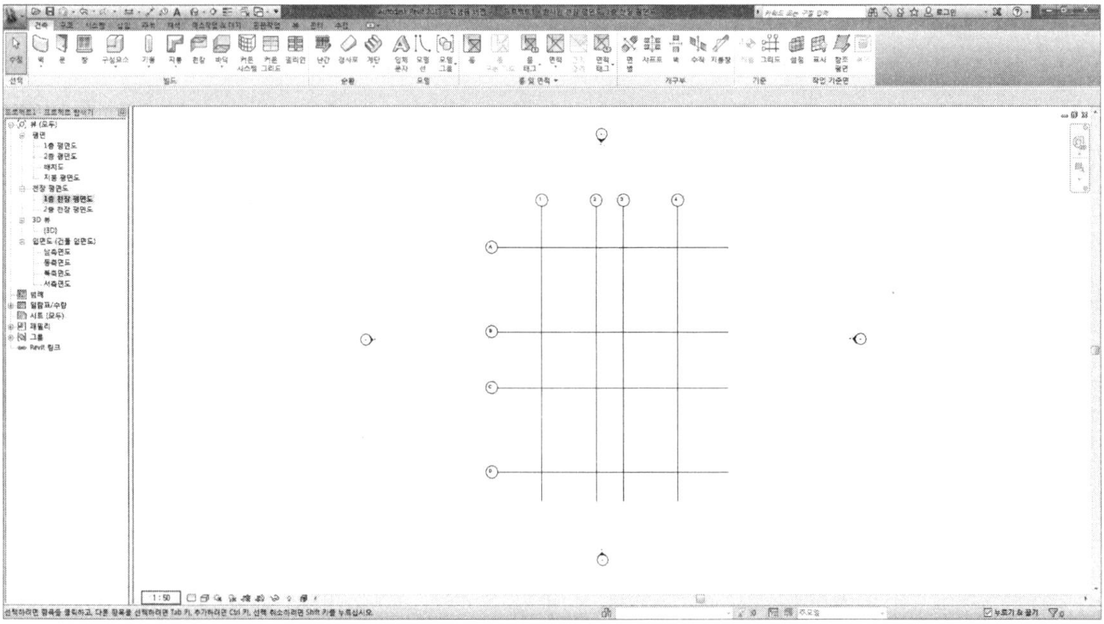

15.4 작업 저장

15.4.1 저장하기

(1) 화면 좌측 상단의 신속 접근 도구 막대에서 저장 버튼을 누릅니다.

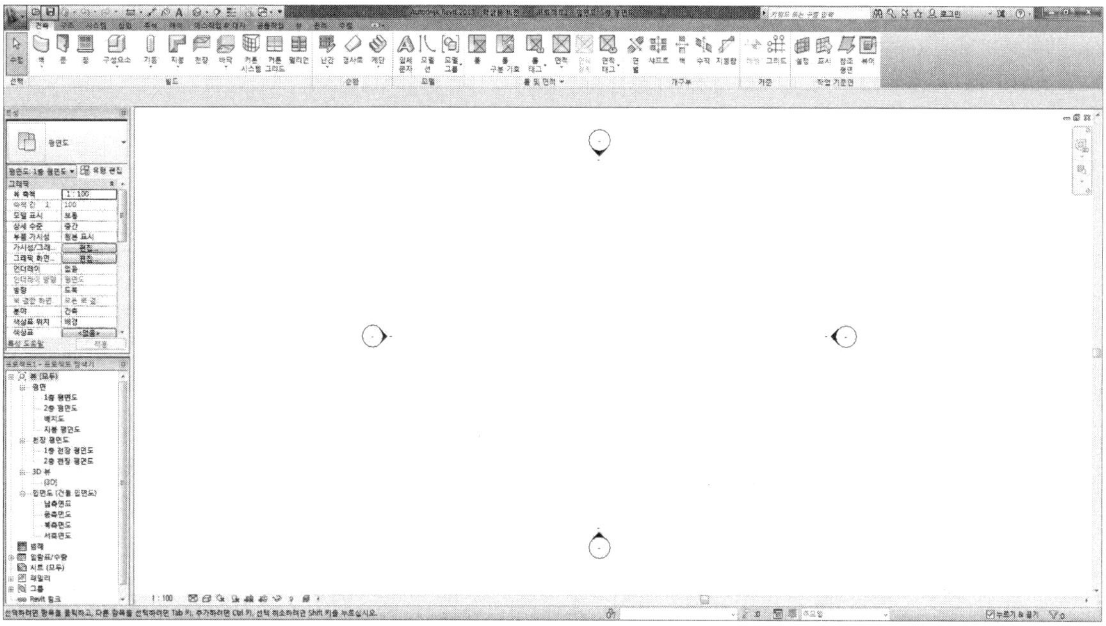

(2) 다른 이름으로 저장 창이 뜹니다. "저장(S)"을 눌러 '프로젝트1'의 이름으로 저장합니다 (미리 별도의 폴더를 만들어 놓고 그 곳에 저장하는 것이 좋습니다).

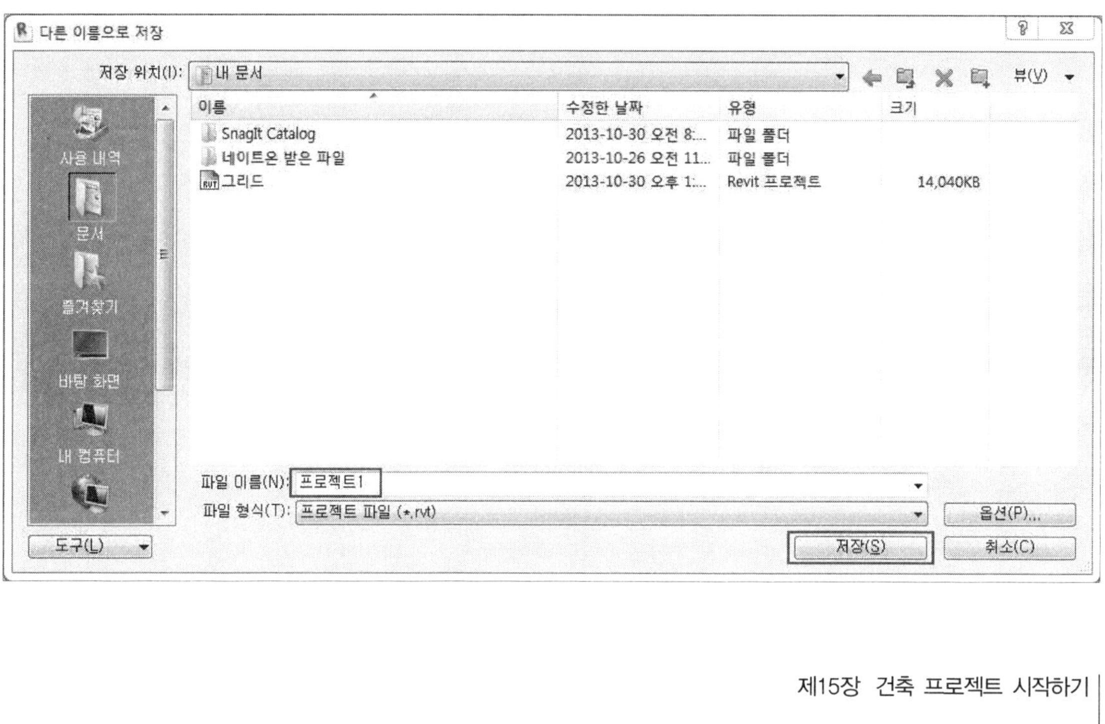

(3) 다음부터는 화면 좌측 상단의 신속 접근 도구 막대에서 저장 버튼을 누르면 이 파일에 저장됩니다.

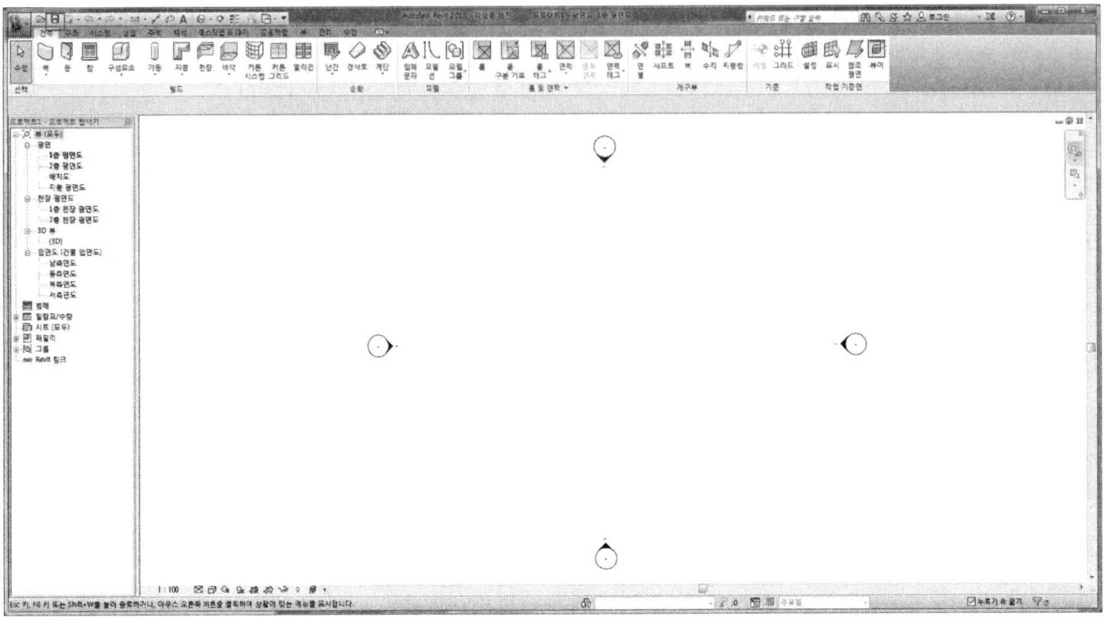

유의 : 본 프로젝트를 진행하면서 수시로 저장하는 것이 좋으며, 특히 파트가 끝날 때마다 반드시 파일을 저장하기 바랍니다.

15.4.2 다른 이름으로 저장하기

(1) 화면 좌측 상단 구석의 어플리케이션 버튼을 눌러, 다른 이름으로 저장의 화살표를 눌러 프로젝트를 선택합니다.

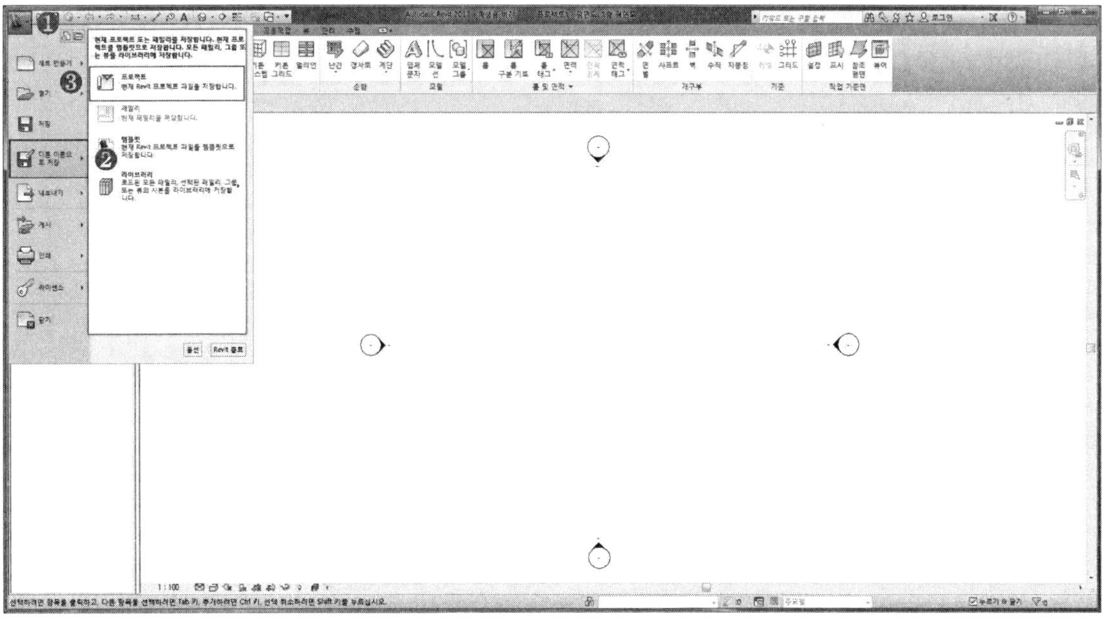

(2) '프로젝트 1'로 [저장]을 클릭합니다(프로젝트 1 외에 다름 파일 이름을 붙여도 좋습니다).

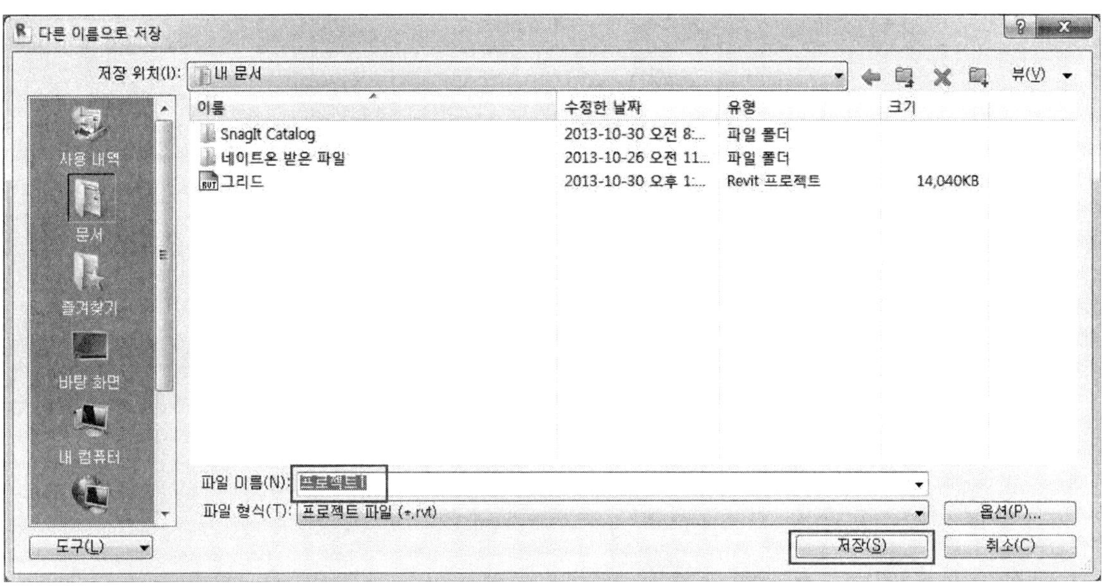

참고 : 다른 이름으로 저장은 파일 이름을 변경하여 진행할 때 사용합니다. 얘를 들어 '레빗 빌딩 계획안'으로 작업하는 도중 다른 안으로 수정할 때는 '레빗 빌딩 계획안_Alt2'라는 이름으로 저장하여 작업을 진행합니다.

15.5 구조 설계

15.5.1 기초 모델링 하기

(1) [프로젝트 탐색기]에서 [평면]의 "FD"뷰를 엽니다. [구조]탭 →  [분리됨(독립기초)] 도구를 클릭합니다.

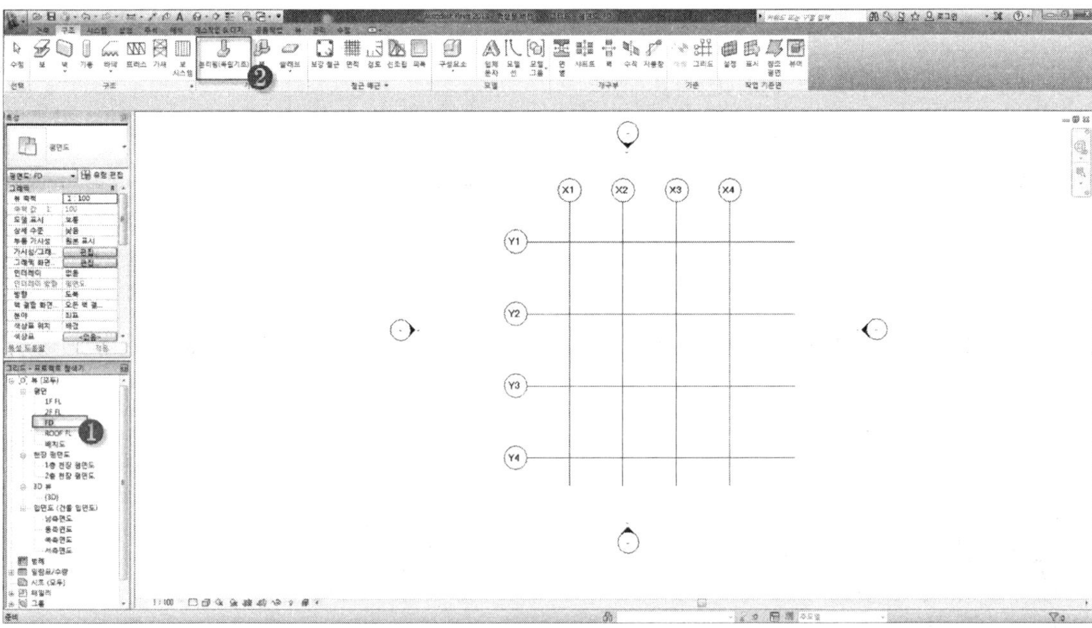

(2) "<구조 기초> 유형에 관한 패밀리를 로드하시겠습니까?"라는 창이 생성됩니다. 이 창은 작성하고자 하는 구조 기초에 관한 패밀리가 로드 되어 있지 않아 생성되는 창이므로 [예]를 클릭하고 구조 기초 패밀리를 로드 하겠습니다.

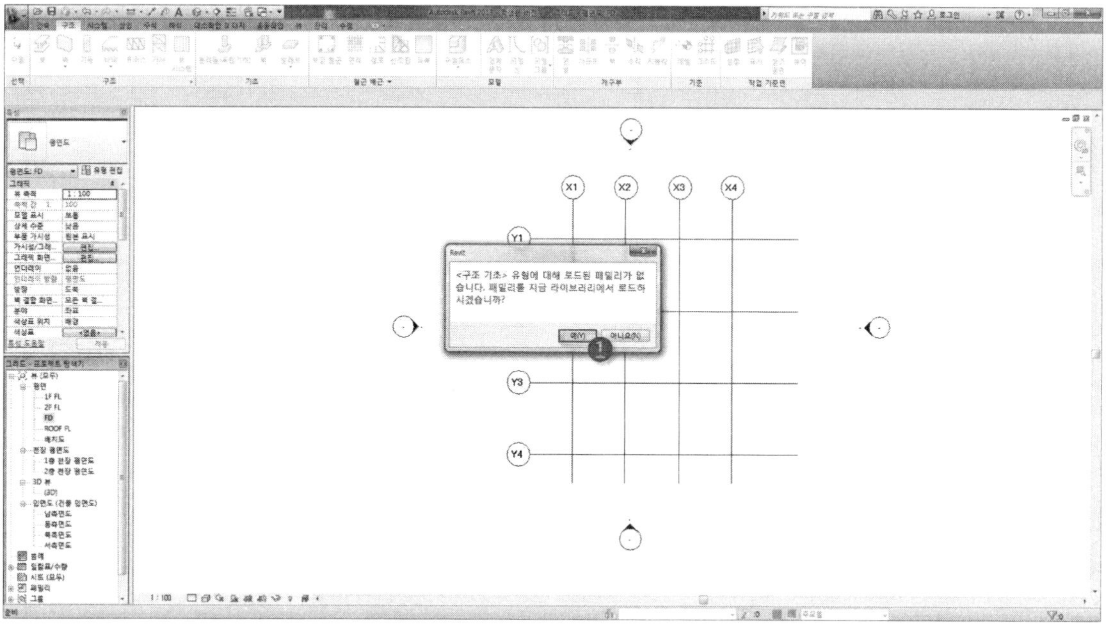

(3) [패밀리 로드]창에서 "구조 기초" 폴더의 "M_파일 캡-직사각형"을 선택하고, [열기]를 클릭합니다.

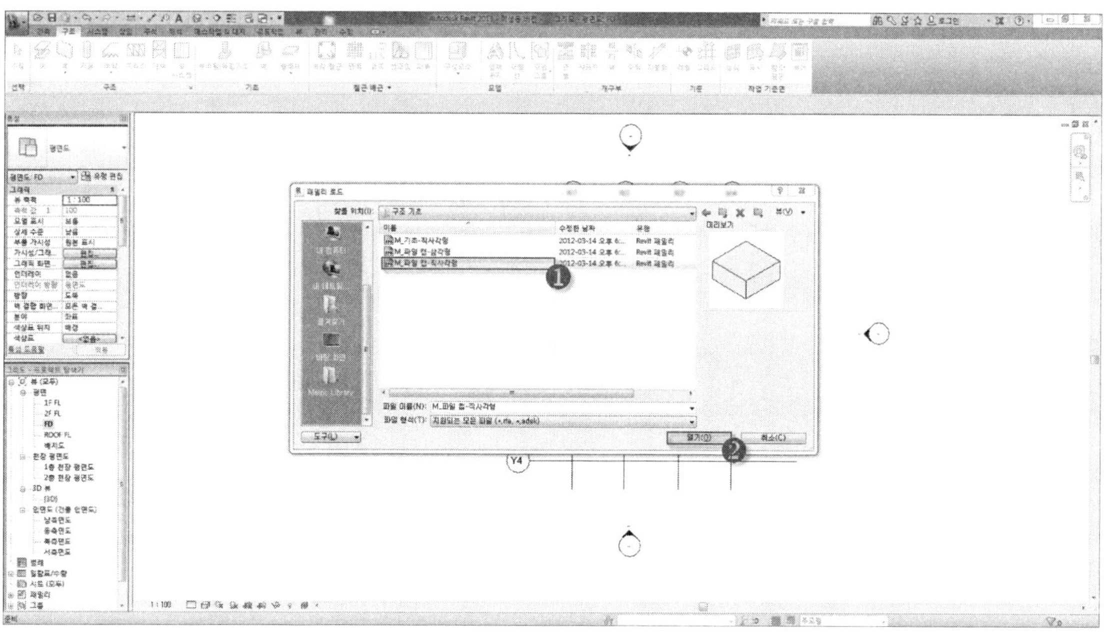

(4) [유형 선택기]에서 “M_파일 캡-직사각형”의 “2000×2000×900mm” 타입을 선택합니다. [특성 팔레트]의 [레벨]에서 “FD”를 선택하고, [간격띄우기] 값에 “0”을 입력합니다.

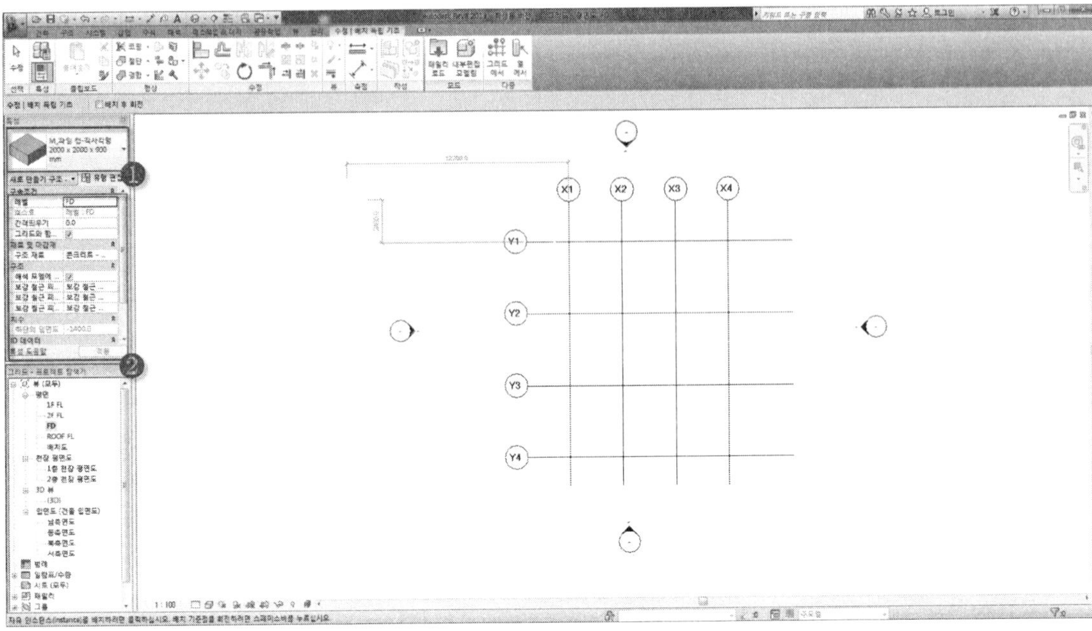

(5) X1 그리드와 Y1 그리드의 교차점을 클릭합니다.

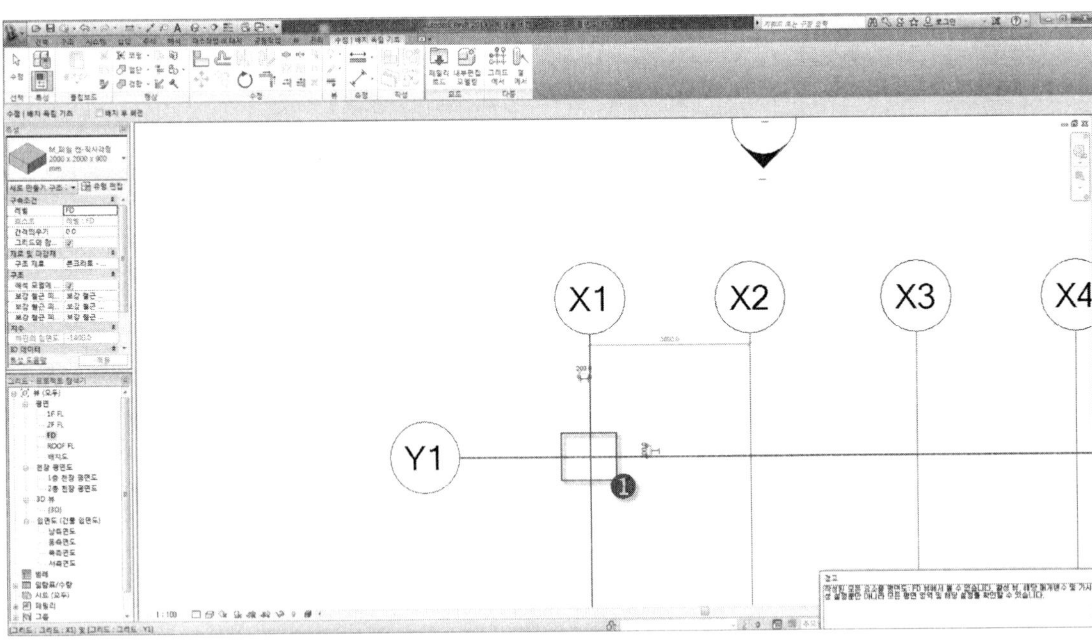

[경고창] – "작성된 요소를 평면도 : FD 뷰에서 볼 수 없습니다."

① "작성된 요소를 평면도 : FD 뷰에서 볼 수 없습니다."와 같은 경고 창은 작성한 요소가 작성은 되었지만 해당뷰에서 표현되지 않는다는 말입니다.
이러한 경우에는 해당 뷰의 뷰범위 값을조정하여 해당뷰에서 표현할 수 있습니다.

② 본 프로젝트에서는 〔특성〕 팔레트 → 〔뷰범위〕 → 〔1차 범위〕의 〔하단〕값과 〔뷰깊이〕의 〔레벨〕값을 '-500'으로 수정하고 〔확인〕을 클릭합니다.

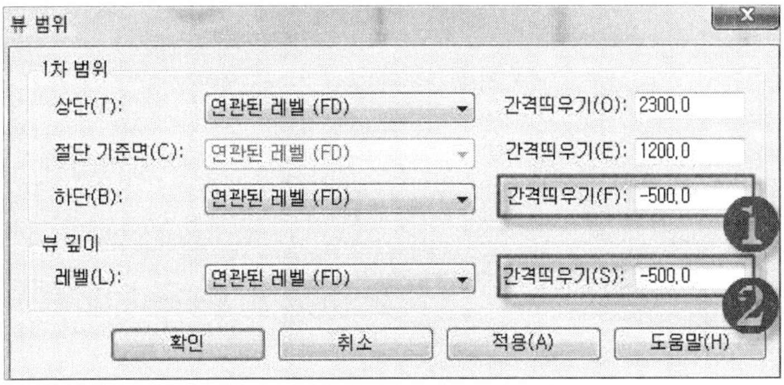

③ 또는 해당 뷰의 가기성/그래픽 재지정에서 해당 카테고리가 체크해제 되어 있는 경우, 그리고 해당 작업세트(공동작업파일의 경우)가 해제되어 있는 경우 이 경고창을 볼 수 있습니다. 해당 뷰의 가시성/그래픽 재지정을 조절하여 해결 할 수 있습니다.

(6) (5)와 동일한 방법을 통하여 (X1,Y1)에서부터 (X1,Y4)까지, (X1,Y4)에서 (X4,Y4)까지, (X4,Y4)에서 (X4,Y1)까지 독립기초를 구성합니다.

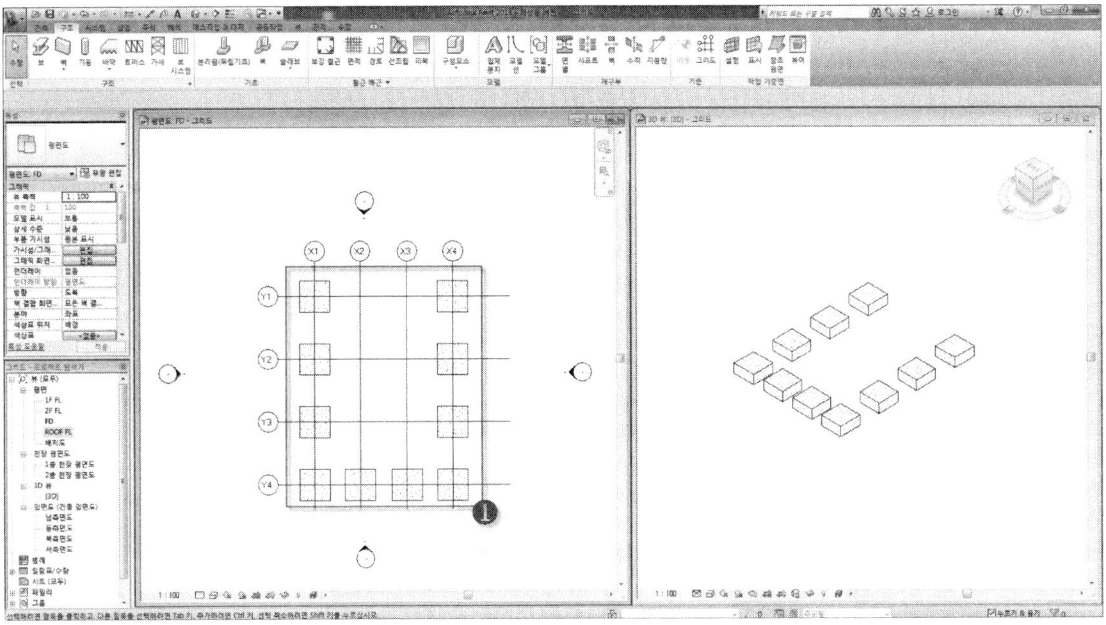

(7) 대지의 중앙부에 기초슬래브를 작성하기 위하여 [구조] 탭 [기초] 패널 → [슬래브] 드롭다운 → [기초 슬래브] 도구를 클릭합니다.

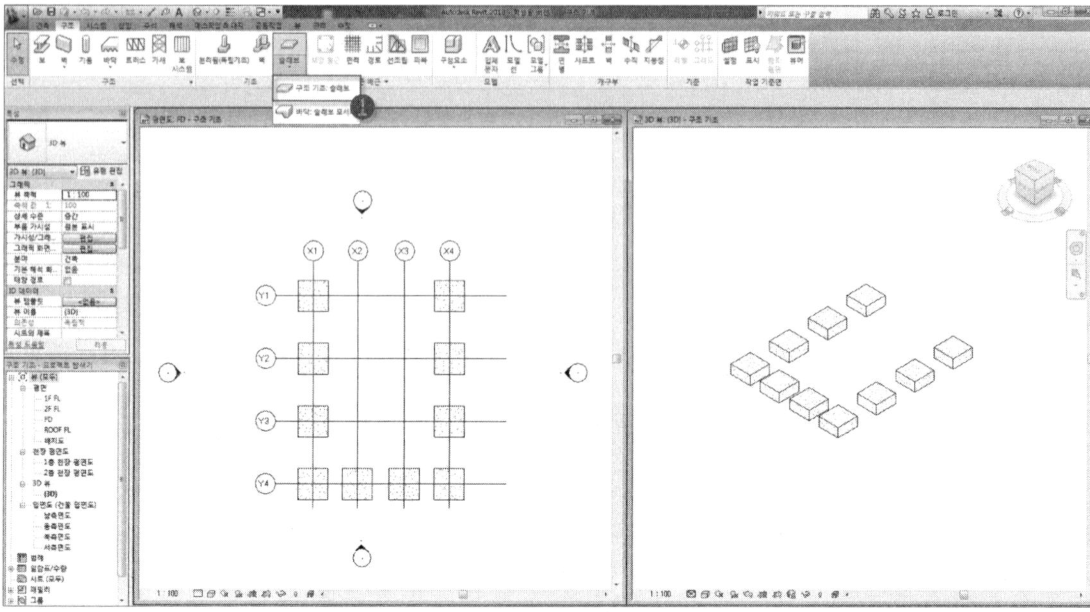

(8) 기초 슬래브의 경계를 작성하기 위하여 [수정/바닥 경계 작성] 탭 [선 선택]도구를 클릭합니다. [옵션바]의 [간격 띄우기] 값에 "1750"을 입력합니다. X1, X4 그리드를 클릭하여 X1의 우측, X4의 좌측에 경계를 작성합니다.

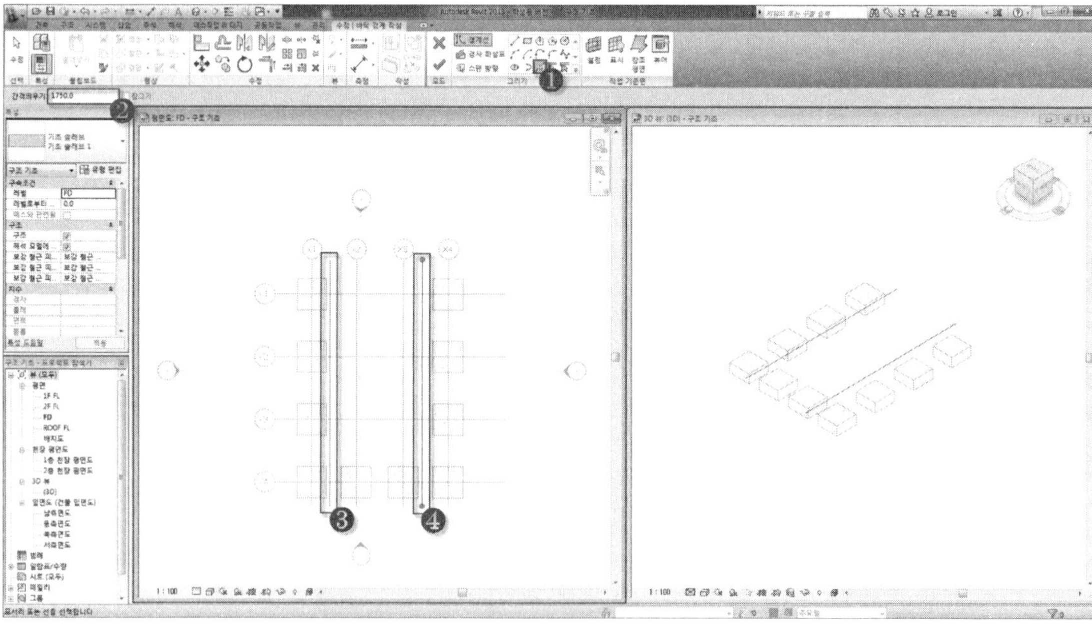

(9) [옵션바]의 [간격띄우기]값을 “1250”으로 변경합니다. Y1, Y4 그리드를 클릭하여 Y1의 위쪽, Y4의 위쪽으로 경계를 작성합니다.

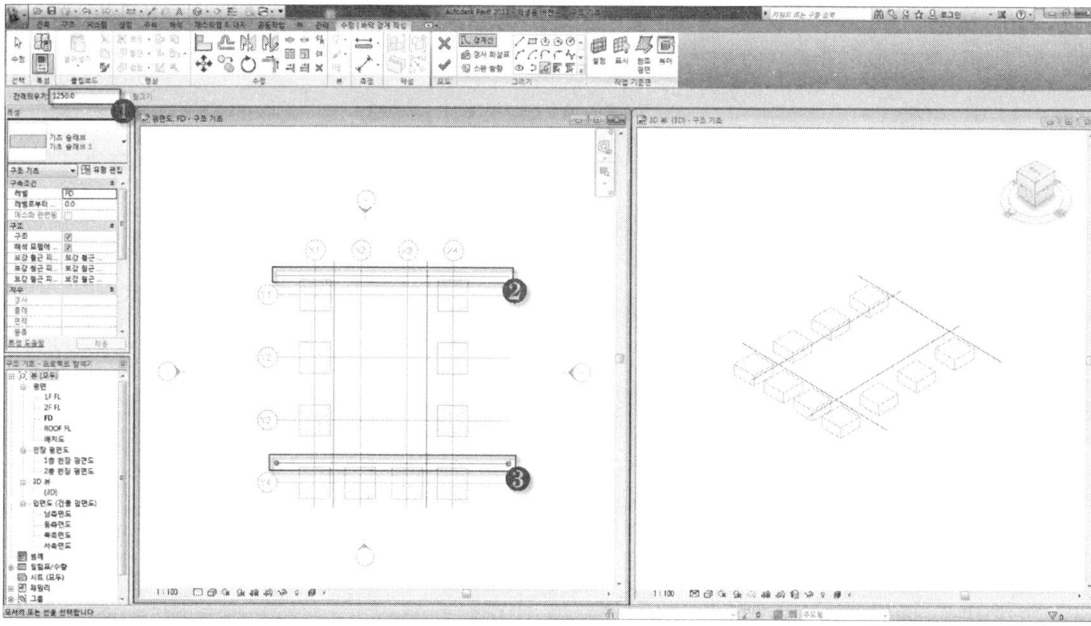

(10) [수정/바닥 경계 작성] 탭 → [코너로 자르기] 도구를 클릭합니다. 코너로 수정될 부분을 구성하는 경계를 모두 클릭하여 아래의 그림과 같이 코너로 수정합니다. 동일한 방법을 통하여 4개의 모서리를 모두 코너로 수정합니다.

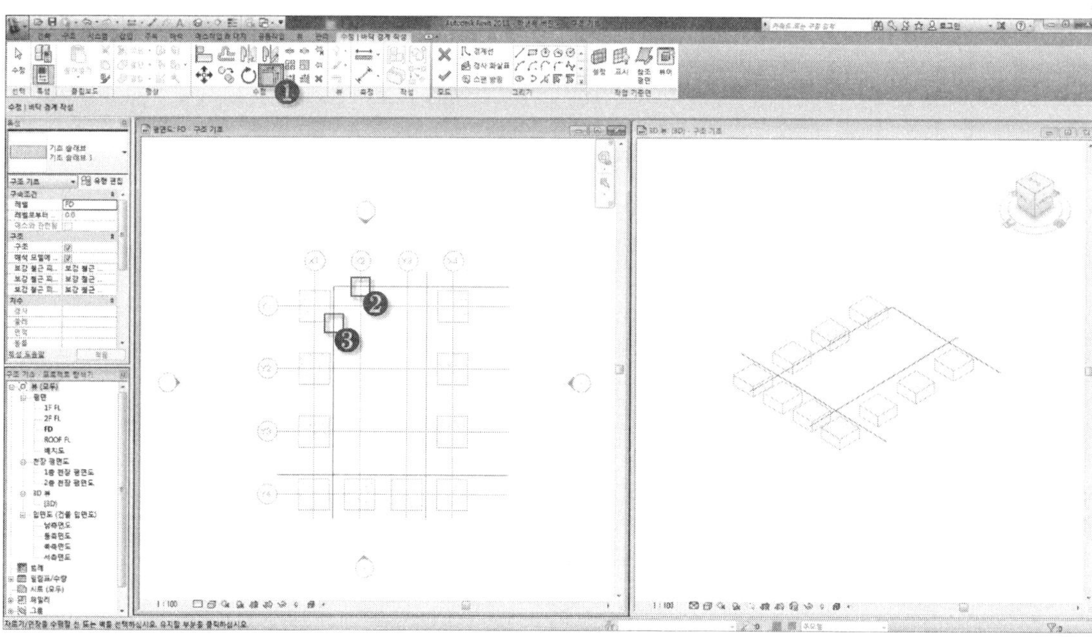

(11) [유형 편집]을 클릭합니다. [유형 특성창]의 [복제]를 클릭하고, [이름] 창에서 "기초 슬래브-1700mm"를 입력하고 [확인]을 클릭합니다. [유형 특성] 창의 [구조]에서 [편집]을 클릭합니다.

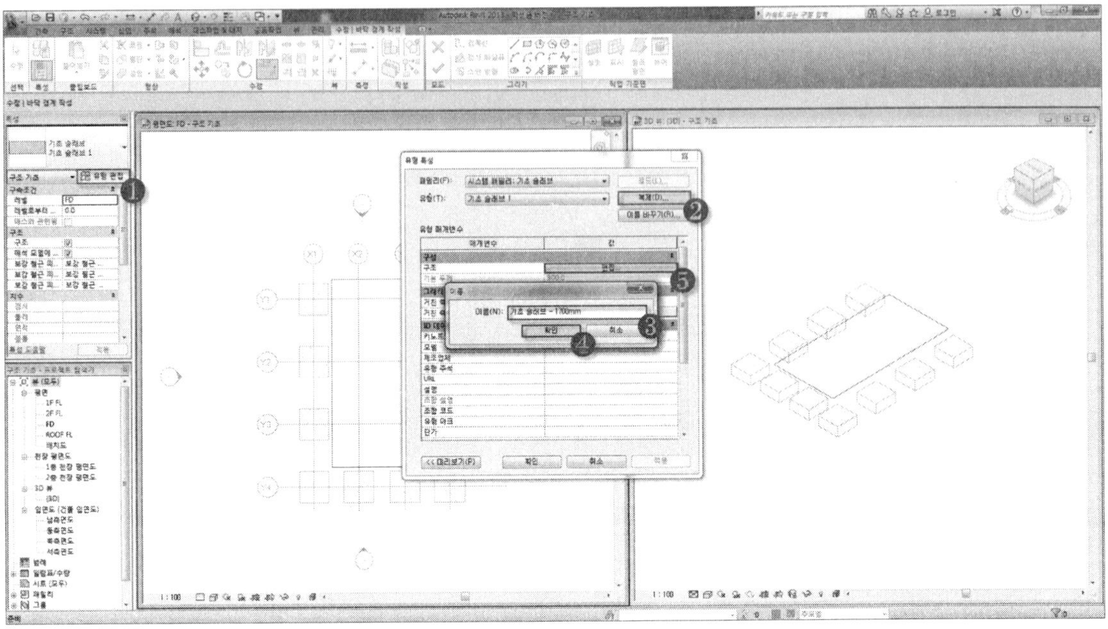

(12) 구조[1]의 [두께] 값을 "1700"으로 입력합니다. [조합편집] 창의 [확인]을 클릭하고 [유형 특성 창]의 [확인]을 클릭합니다.

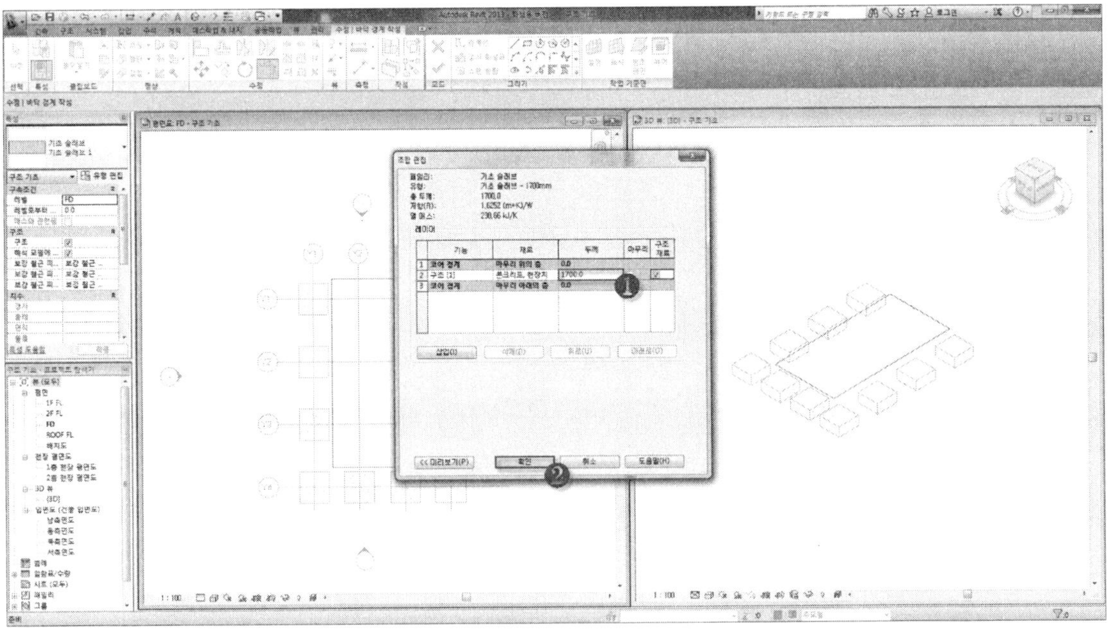

(13) [특성 팔레트]에서 [레벨]을 “FD”, [레벨로부터 간격띄우기]에서 “800”을 입력합니다. [수정/바닥 경계 작성] 탭 → [편집 모드 완료]를 클릭하여 구조 슬래브를 작성을 완성합니다.

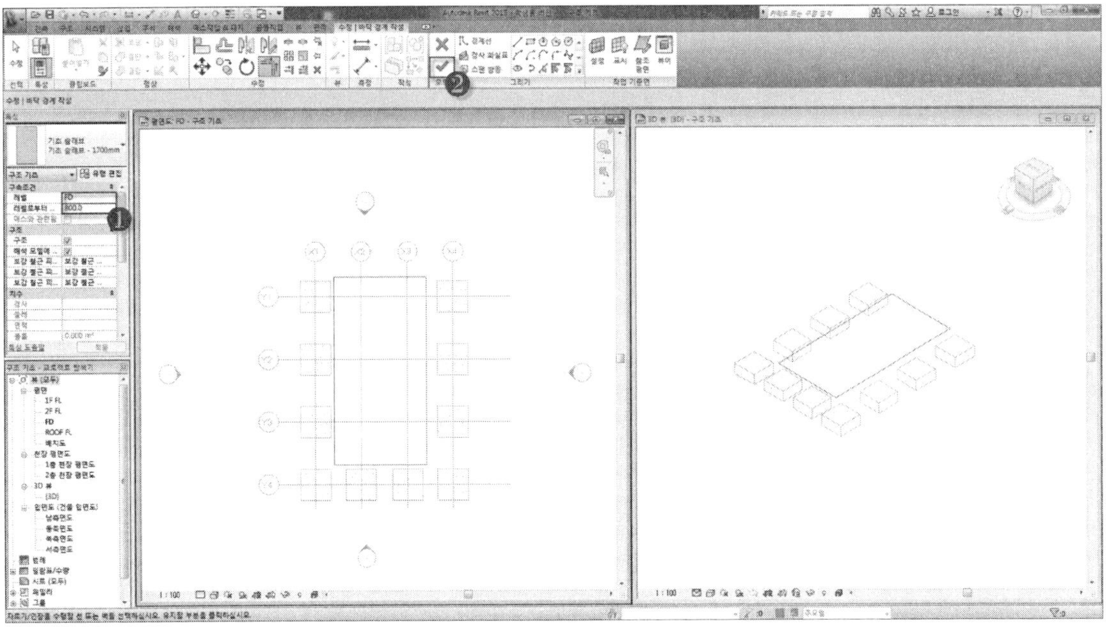

(14) [구조] 탭 → [보] 도구를 클릭합니다.

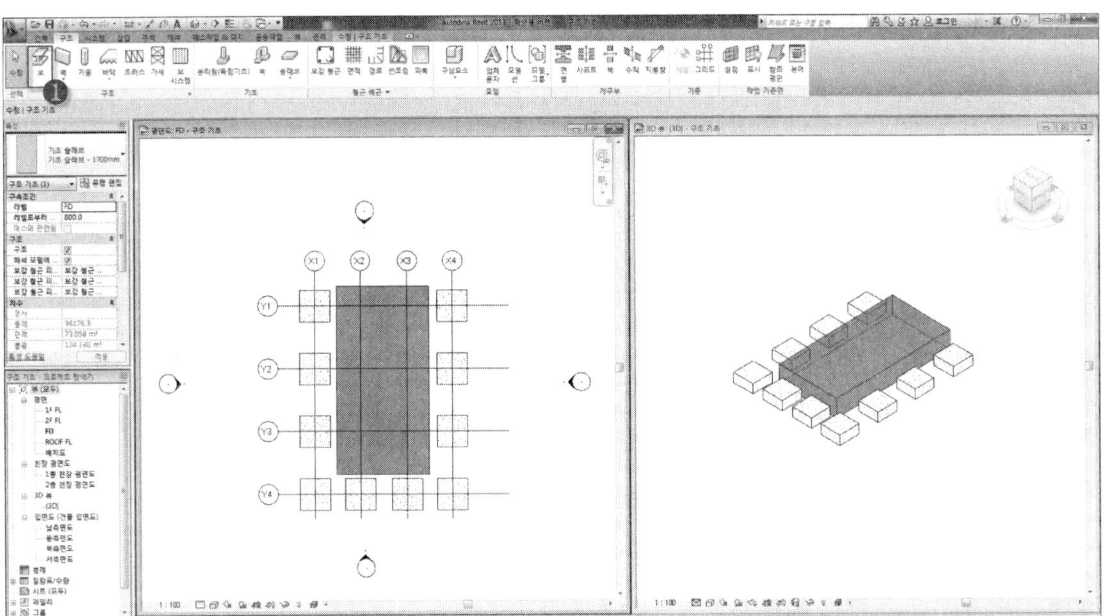

(15) [수정/배치 보] 탭 → [패밀리 로드] 도구를 클릭합니다.

"패밀리로드/콘크리트" 폴더의 "M_콘크리트-직사각형 보"를 선택합니다.

[패밀 로드] 창의 [열기]를 클릭합니다.

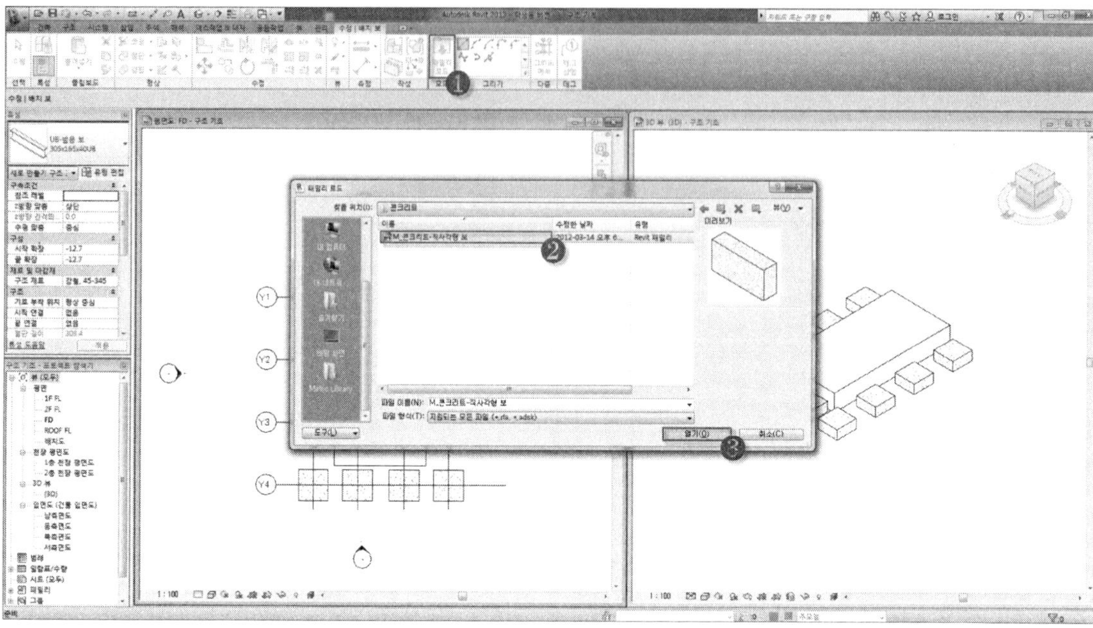

(16) [특성] 창의 [유형 편집]을 클릭합니다. [유형 특성] 창의 [복제]를 클릭하고 [이름] 창에 "400×400mm"을 입력합니다. [확인]을 클릭합니다.

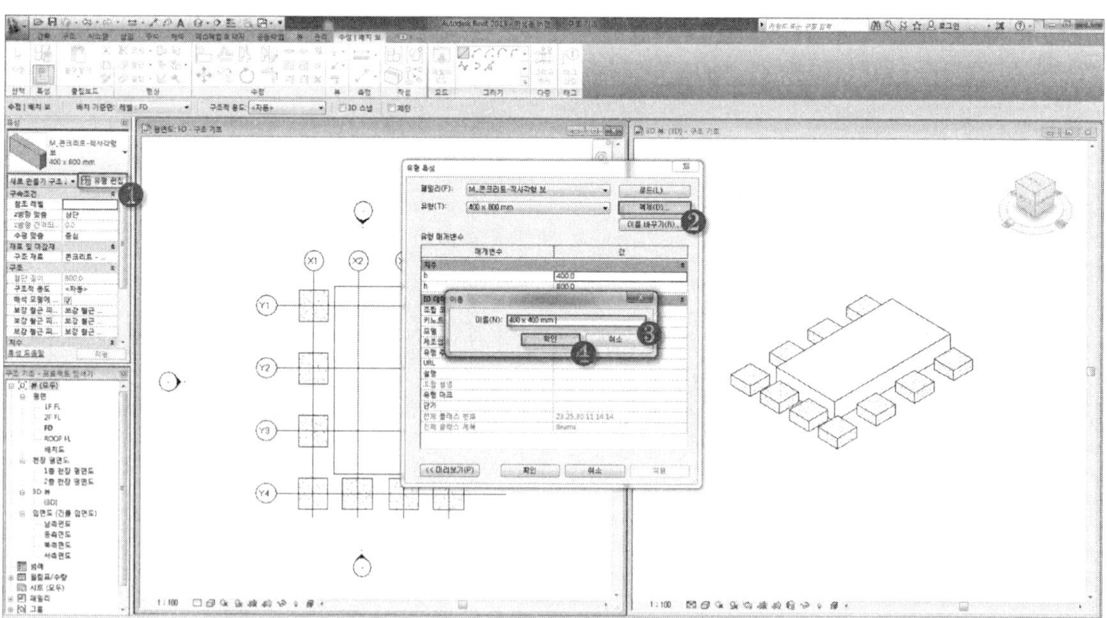

(17) [유형 특성] 창에서 [치수]의 [h]값에 "400"을 입력하고 [확인]을 클릭합니다.

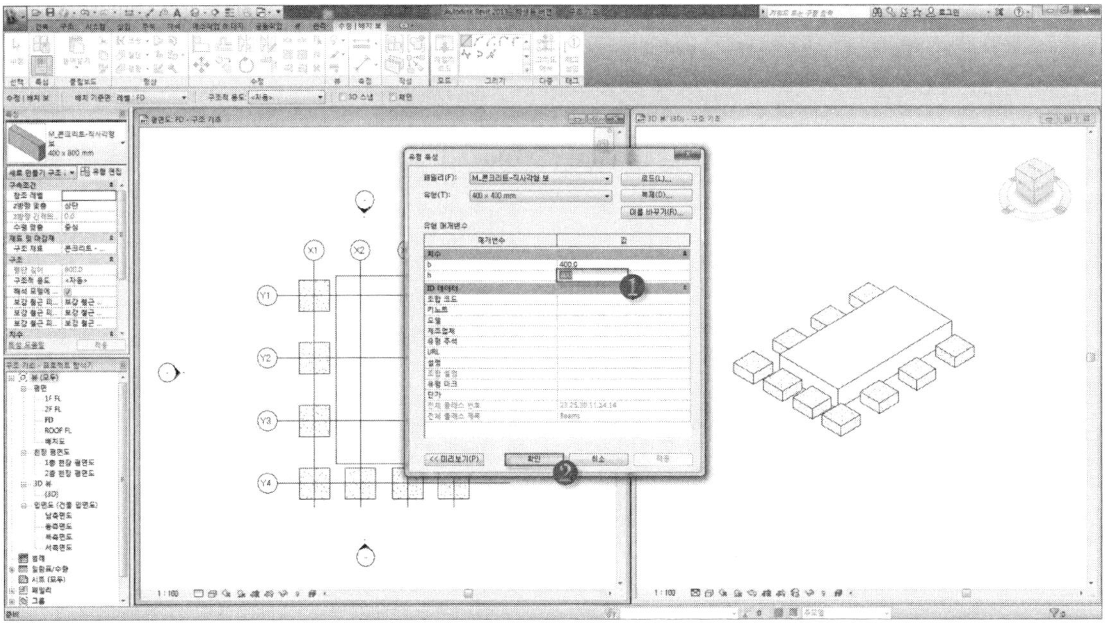

(18) [수정/배치 보] → [선] 도구를 선택하고, (X1,Y1)을 클릭한 후 (X2,Y1)을 클릭합니다.

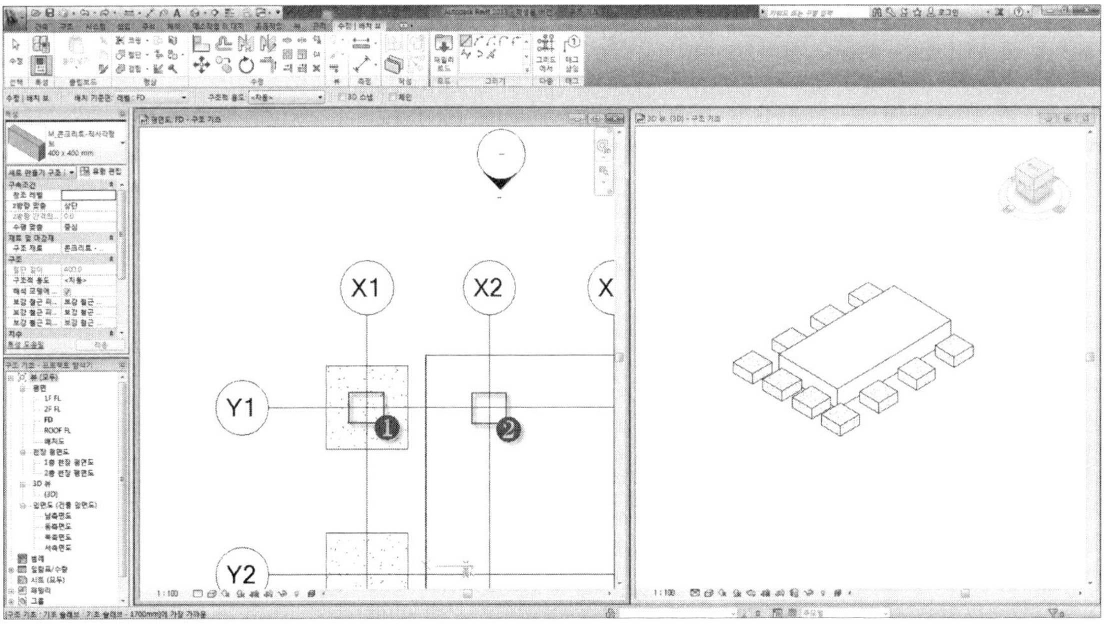

(19) (18)과 동일한 방법으로 독립기초와 독립기초 간, 독립기초와 기초슬래브 간에 아래의 그림과 같이 기초보를 작성합니다. 작성이 완료되면 키보드의 [ESC]키를 누릅니다.

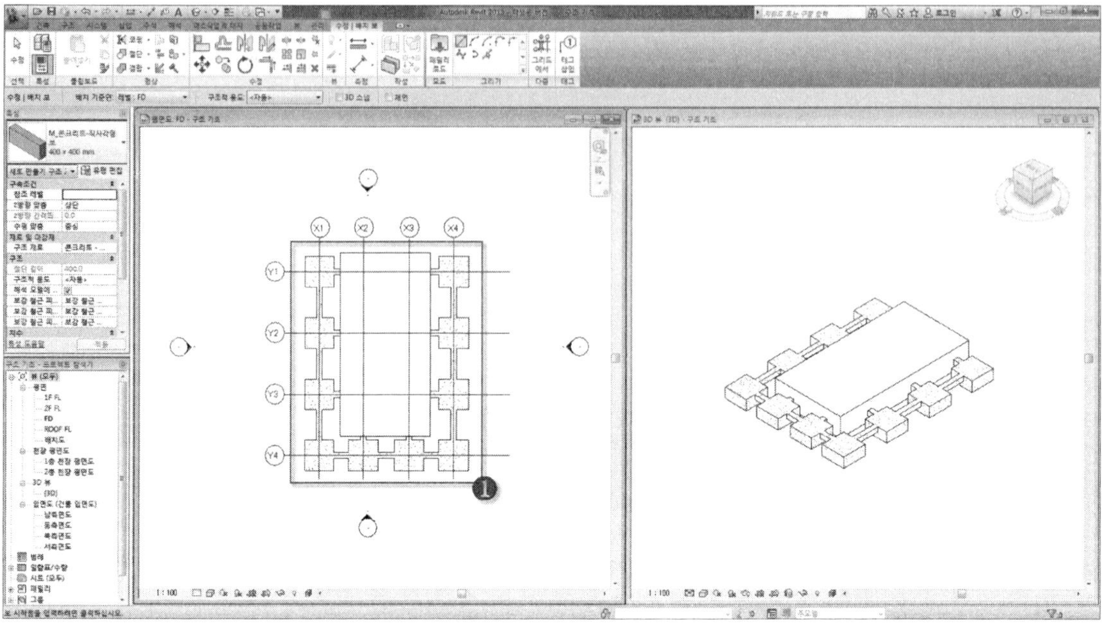

15.5.2 구조 기둥 작성

구조 기둥은 건물에서 수직하중 내력 요소를 모델링 하는데 사용됩니다. 구조 기둥은 건축 기둥과 거의 같은 특성을 공유하지만 구조 기둥에는 해당 구성 및 업계 표준으로 정의된 추가 특성이 존재합니다. 또한 구조 기둥의 동작과 건축 기둥의 동작은 서로 다르며, 각 기둥은 수동을 배치하거나 그리드에서 도구를 사용하여 선택한 그리드 교차에 기둥을 추가하는 방법으로 작성할 수 있습니다.

(1) 구조 기둥을 작성하기 위하여 [구조] 탭 → [기둥] 드롭다운 → [구조 기둥] 도구를 클릭합니다.

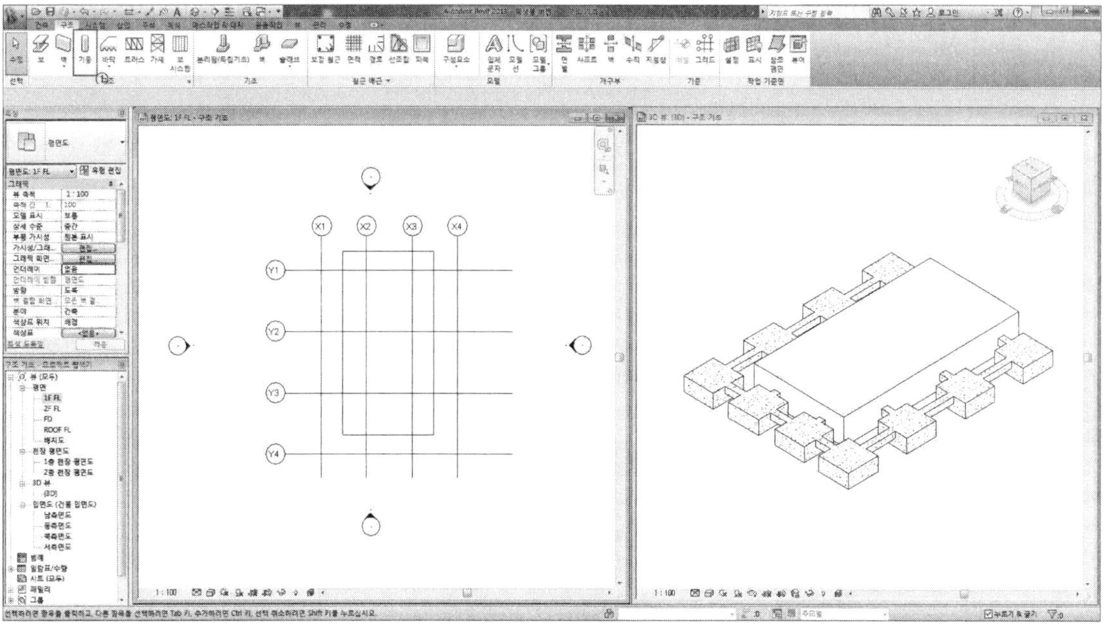

(2) [수정/배치 구조 기둥] 탭 → [패밀리 로드]를 클릭합니다. "콘크리트" 폴더에서 키보드의 [Ctrl]키를 이용하여 "콘크리트 - 원형 - 기둥"과 "콘크리트 - 정사각형 - 기둥" 패밀리를 선택하고 [열기]를 클릭합니다.

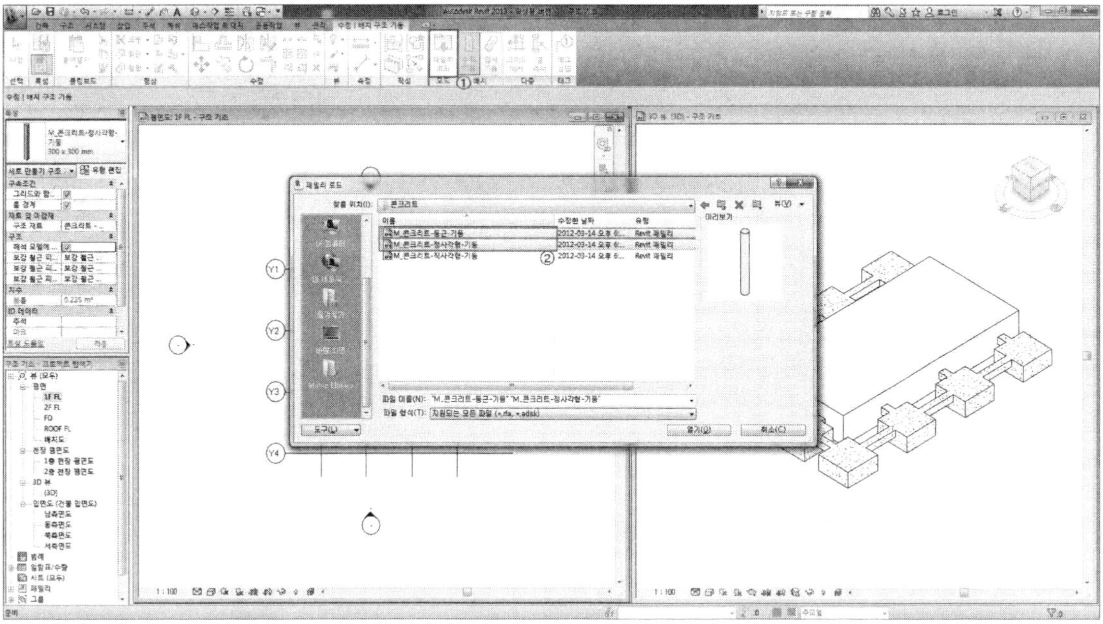

(3) [유형 선택기]에서 “콘크리트 – 원형 – 기둥”의 “300”유형을 선택합니다. [유형 편집]을 클릭합니다. [유형 특성]창의 [복제]를 클릭합니다. [이름]창에서 “240”을 입력하고 [확인]을 클릭합니다. [유형 특성]창의 [치수] [b]값에 “240”을 입력하고 [확인]을 클릭합니다.

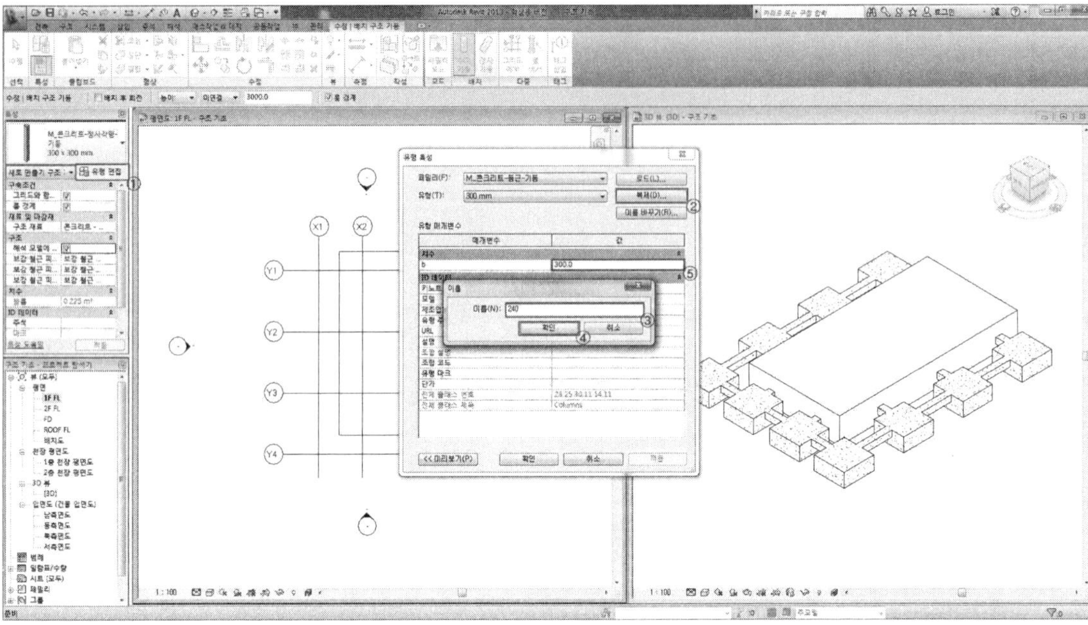

(4) [수정/배치 구조 기둥] 탭 → [그리드]에서 도구를 클릭합니다. 키보드의 [Ctrl]키를 이용하여 X1~4, Y1~4 그리드를 모두 선택하고 [완료]를 클릭합니다. 키보드의 [ESC]키를 누릅니다.

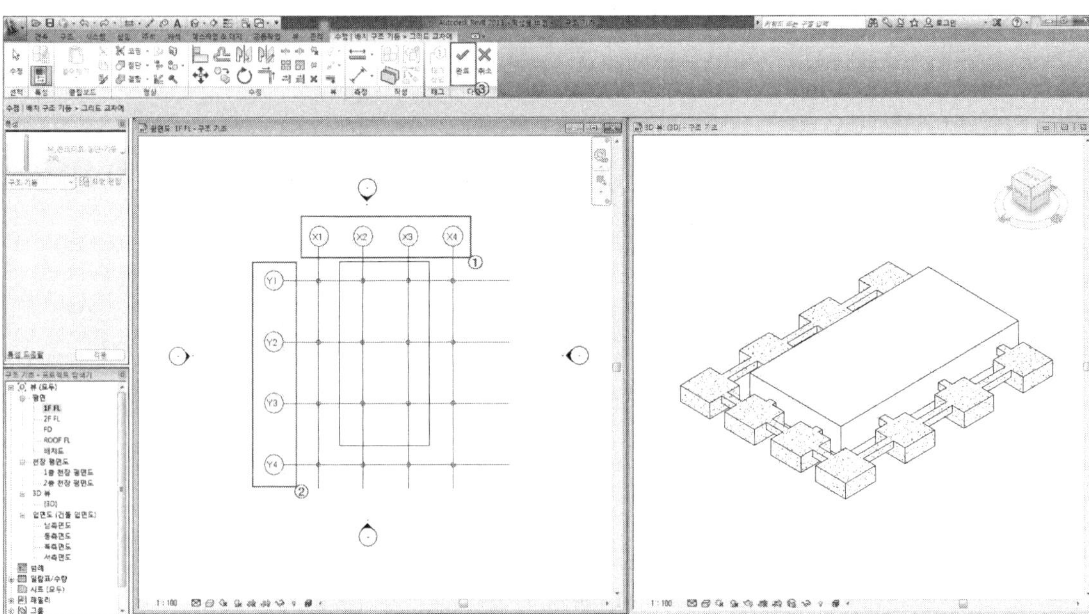

(5) [구조]탭 → [기둥] 드롭다운 → [구조 기둥]을 클릭합니다. [유형 선택기]에서 "콘크리트 - 정사각형 - 기둥"의 "300×300" 유형 선택합니다.

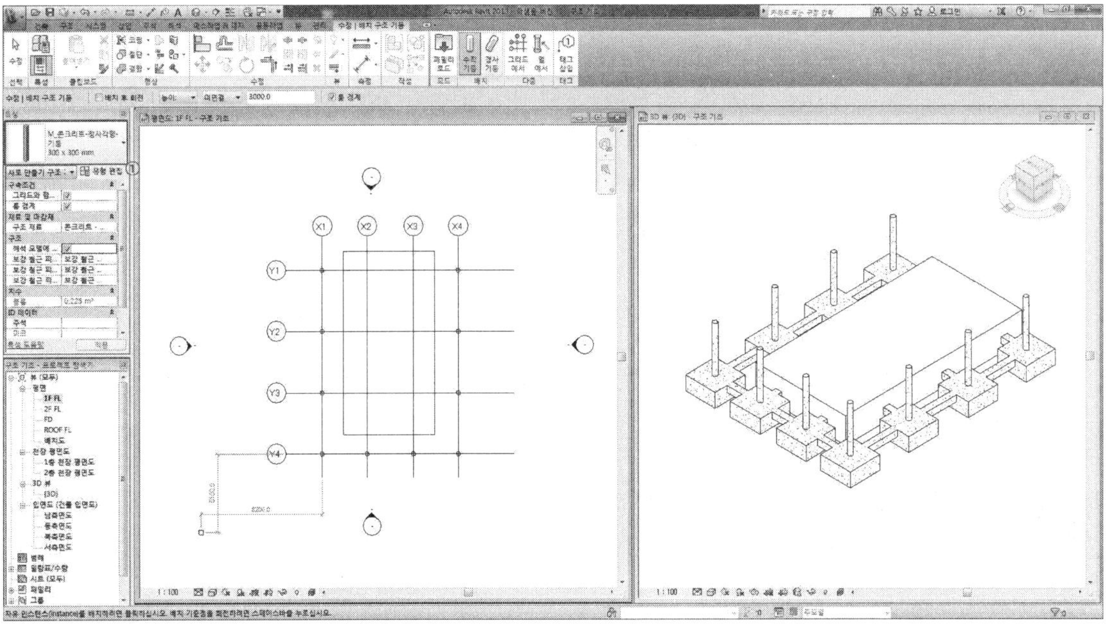

(6) [유형 편집]을 클릭합니다. [유형 특성] 창의 [복제]를 클릭합니다. [이름]창에 "240×240"을 입력합니다. [이름]창의 [확인]을 클릭합니다. [유형 특성]창의 [치수]에서 [b]값을 "240"으로 수정합니다. [유형 특성] 창의 [확인]을 클릭합니다.

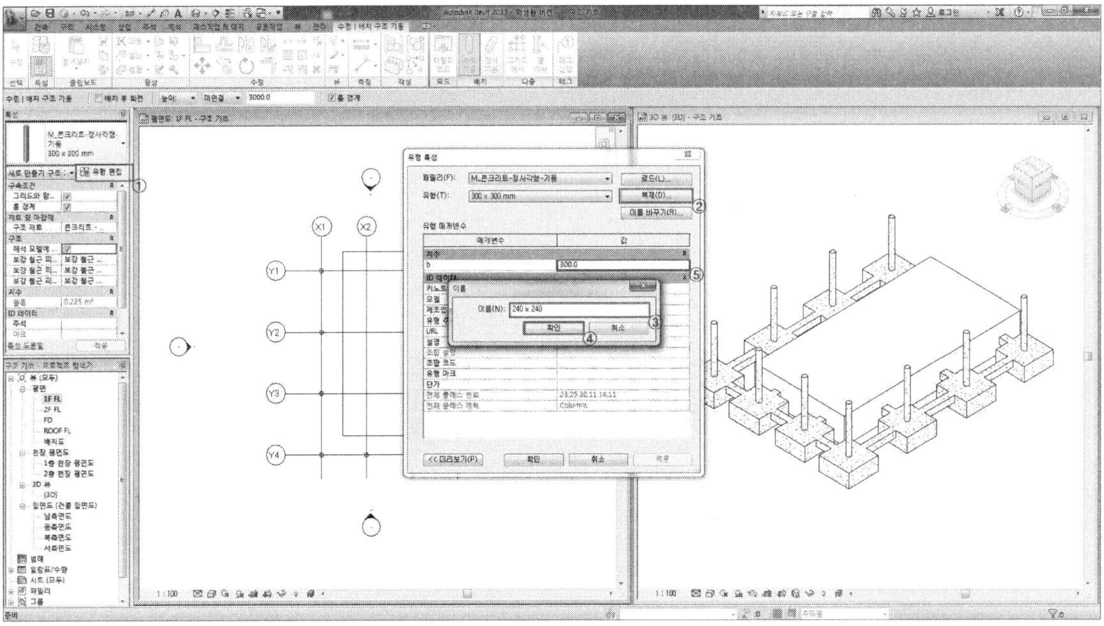

15.6 건축 설계

15.6.1 건축 벽체 작성하기

"벽"은 건축 요소 중 가장 기본이 되는 객체입니다. Revit에서는 자유로운 형태와 치수의 벽 작성이 가능합니다. Revit에서 벽이 없으면 창호나 문이 존재할 수 없으며, 지붕이나 바닥 등이 벽을 기준으로 작성되는 경우가 일반적이므로 벽의 작성과 수정은 다른 건축 요소에 많은 영향을 미치게 됩니다.

(1) 프로젝트 탐색기에서 'FD'평면 뷰를 열고 메뉴의 [건축] 탭의 [벽]을 선택합니다(벽 밑의 화살표 말고).

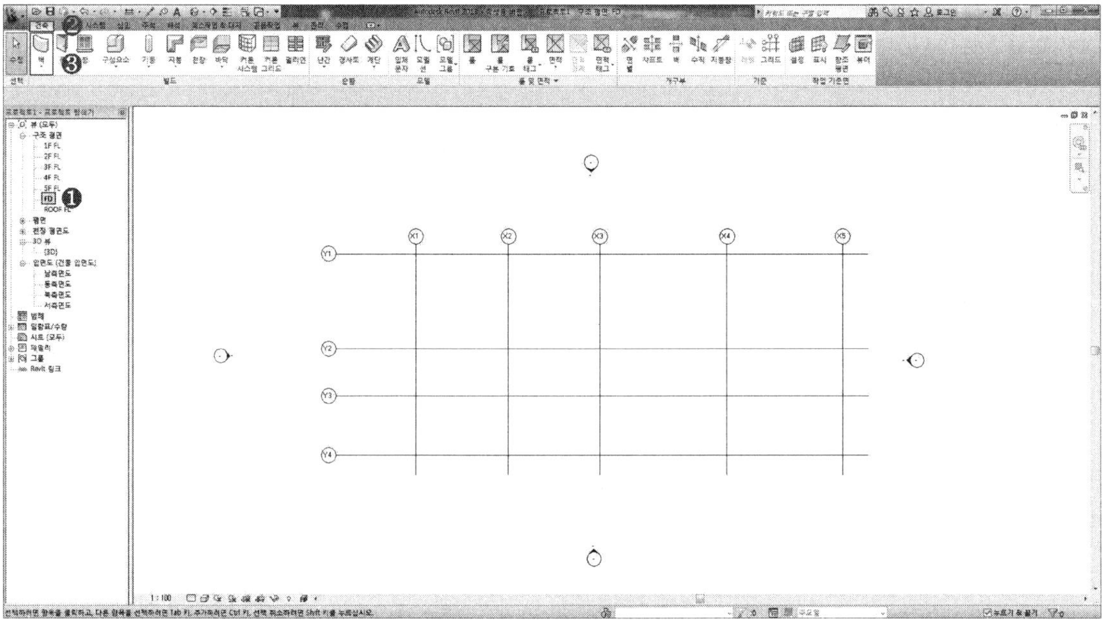

(2) 메뉴 창이 바뀌고, 리본 밑에는 높이, 위치선, 체인, 간격 띄우기 등이 나타나는 벽 옵션 막대가 생성됩니다.

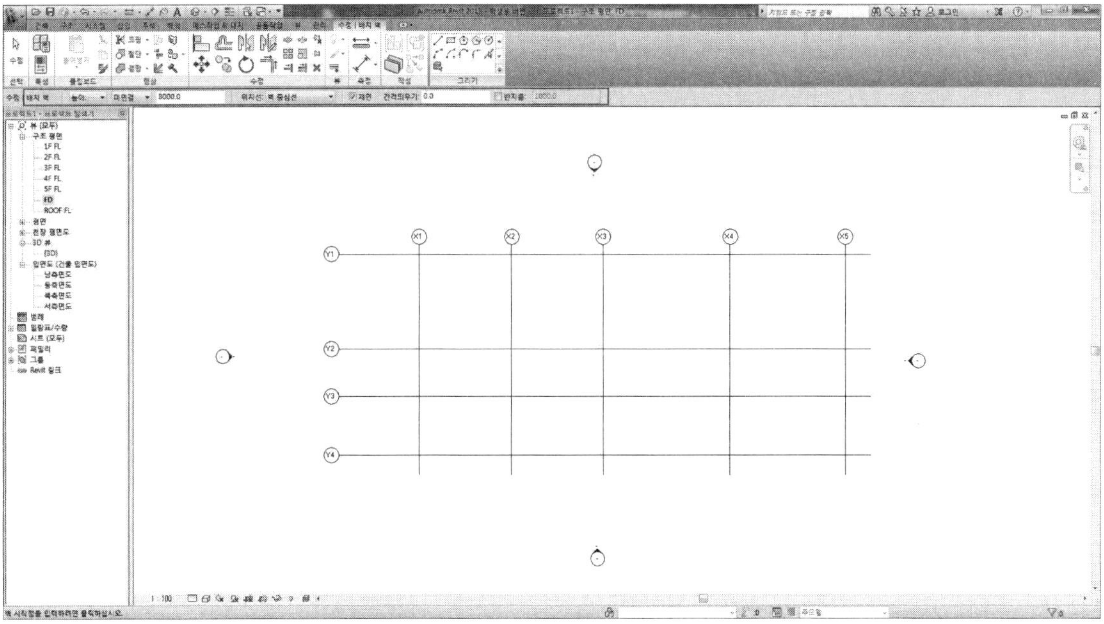

(3) 옵션 막대를 이용하여 기본적인 벽의 옵션을 설정할 수 있습니다. 디폴트로 설정되어 있는 높이: '미연결' '8000.0'은 구속 조건 없이 높이가 8000인 벽이라는 의미입니다. 높이:'1F FL'을 선택합니다(높이가 1층 레벨인 3000으로 자동 지정됩니다).

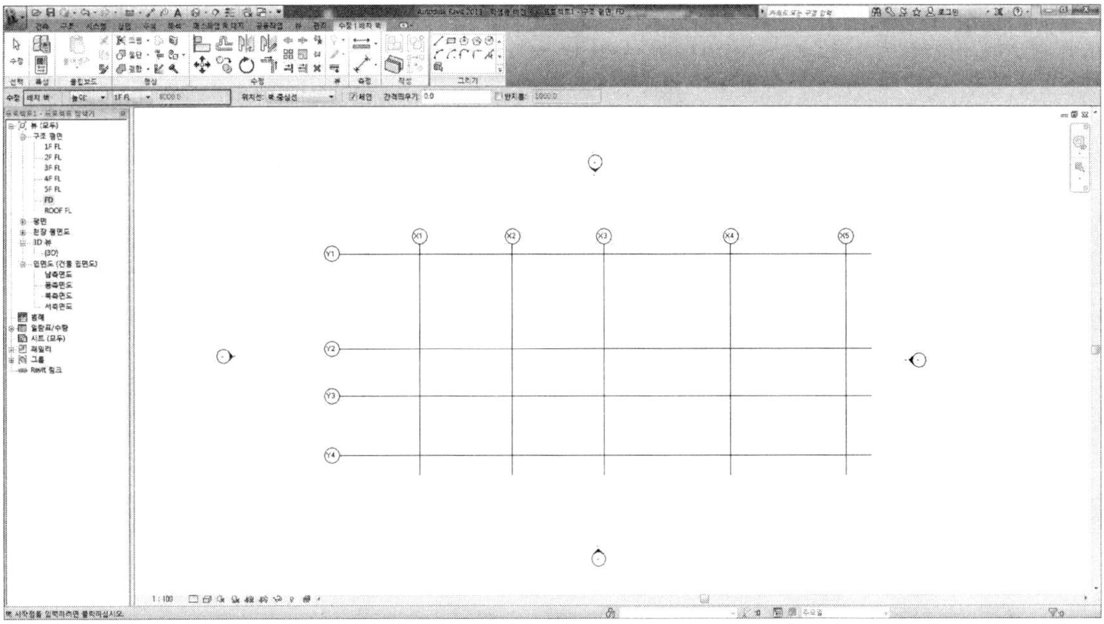

(4) 요소 유형 변경의 화살표를 누르면 벽의 종류를 선택할 수 있습니다. 기본벽 '일반 - 200mm'이 기본으로 선택되어 있는 상태로 놔둡니다(만일 다른 벽이 선택이 되어 있다면 스크롤을 내려 벽 종류 중에서 '일반 - 200mm'를 선택합니다).

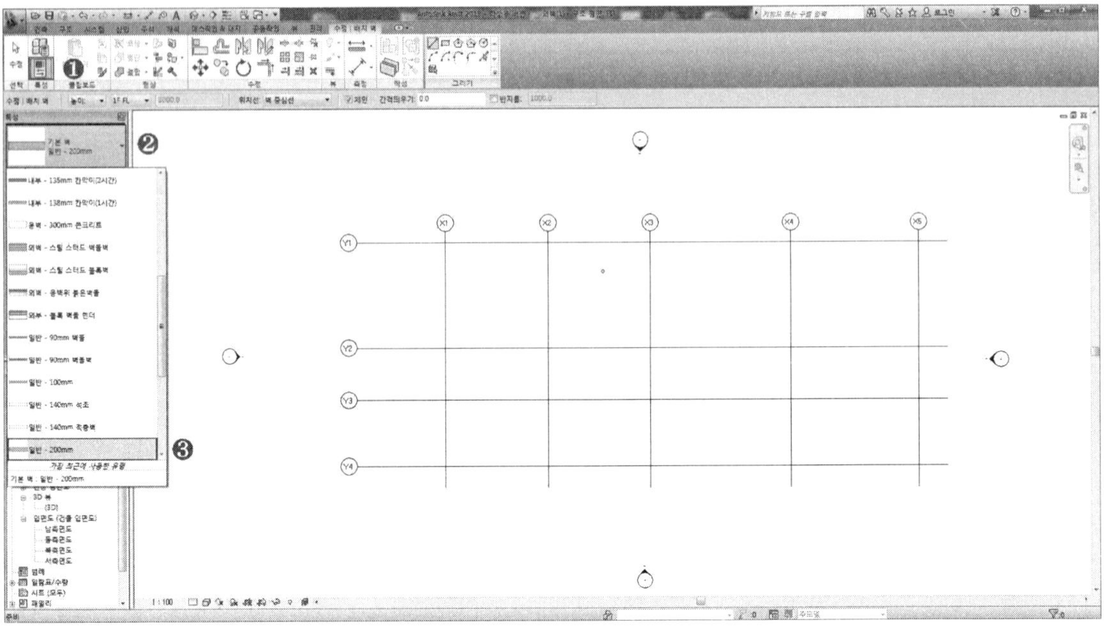

(5) 마우스를 올려 그리드 X1과 그리드 Y4의 교차점을 찍습니다.

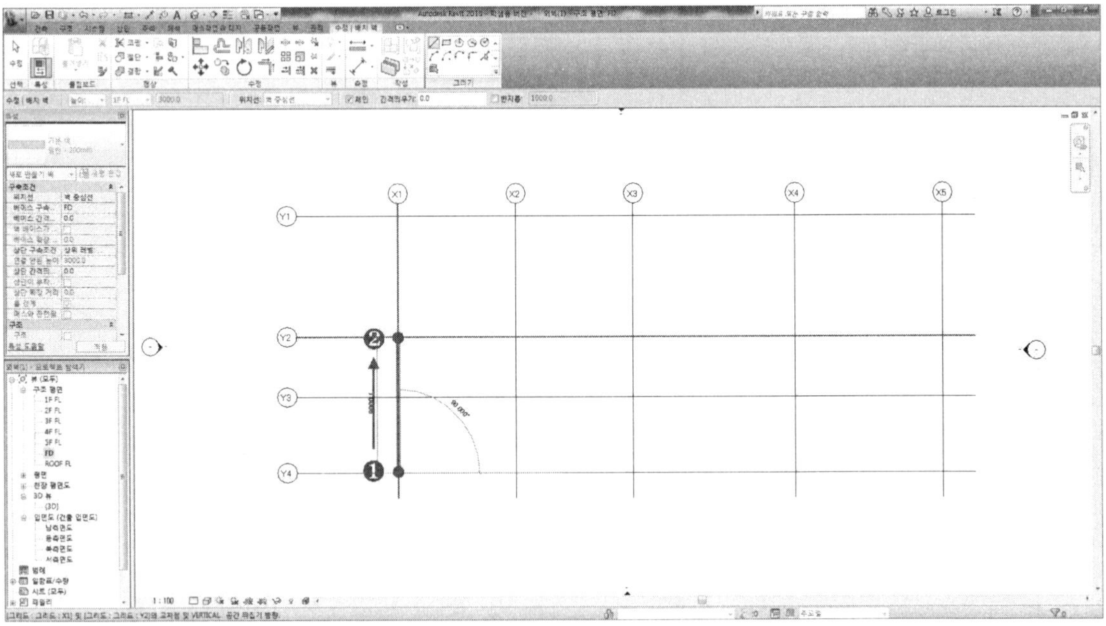

(6) 연속해서 그리드 X2와 그리드 Y2의 교차점을 찍습니다.

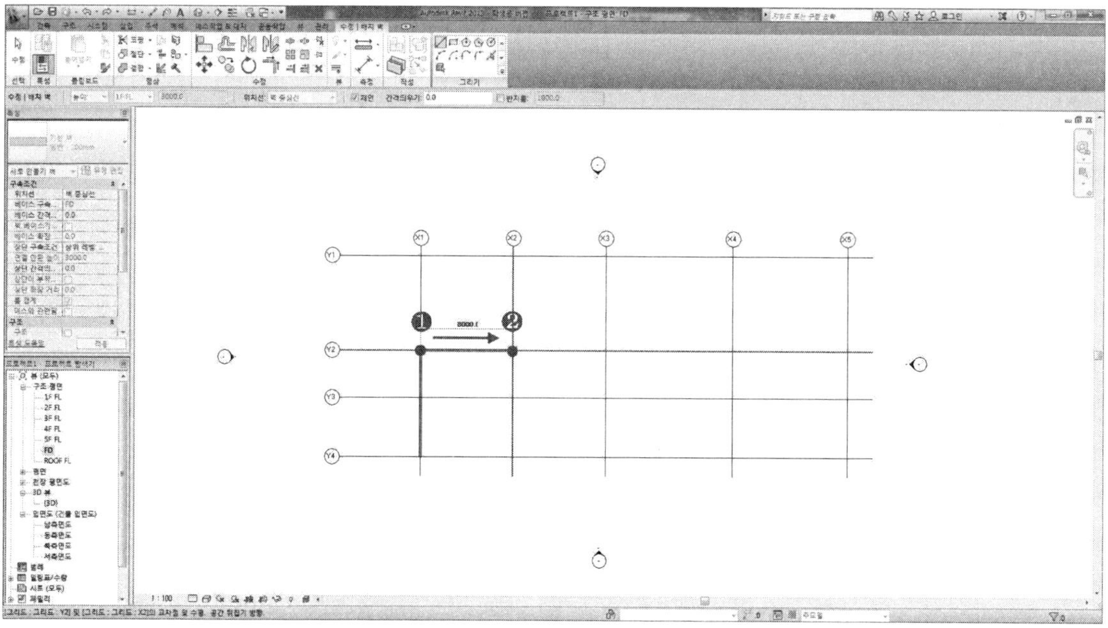

(7) 이번에는 그리드 X2와 그리드 Y1의 교차점을 찍습니다.

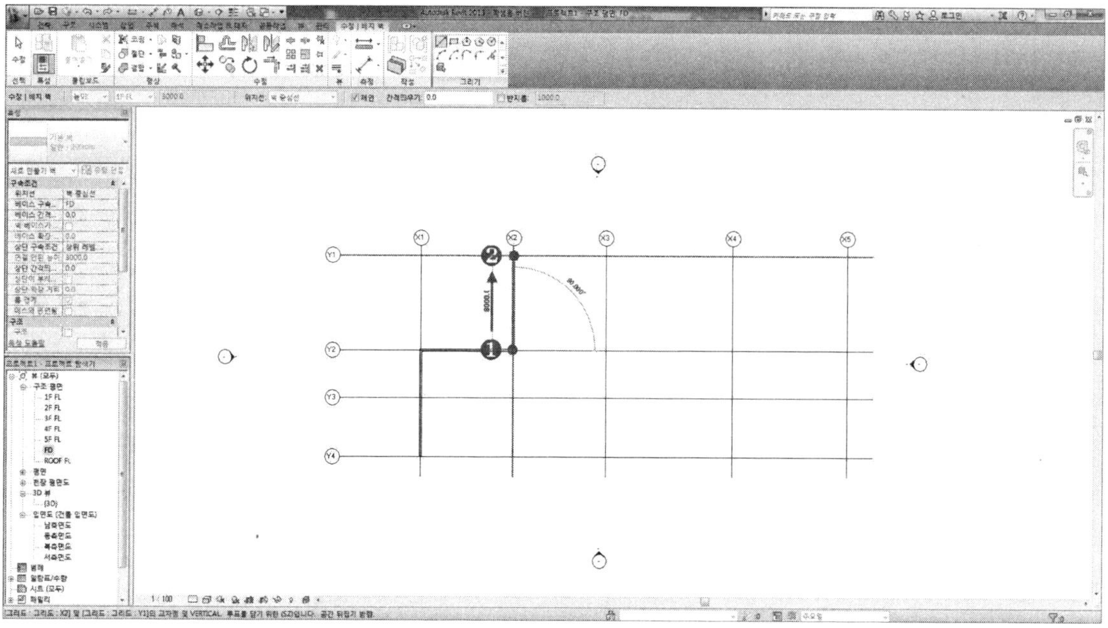

(8) 연속해서 위와 같은 방법을 반복해서 교차점을 찍습니다.

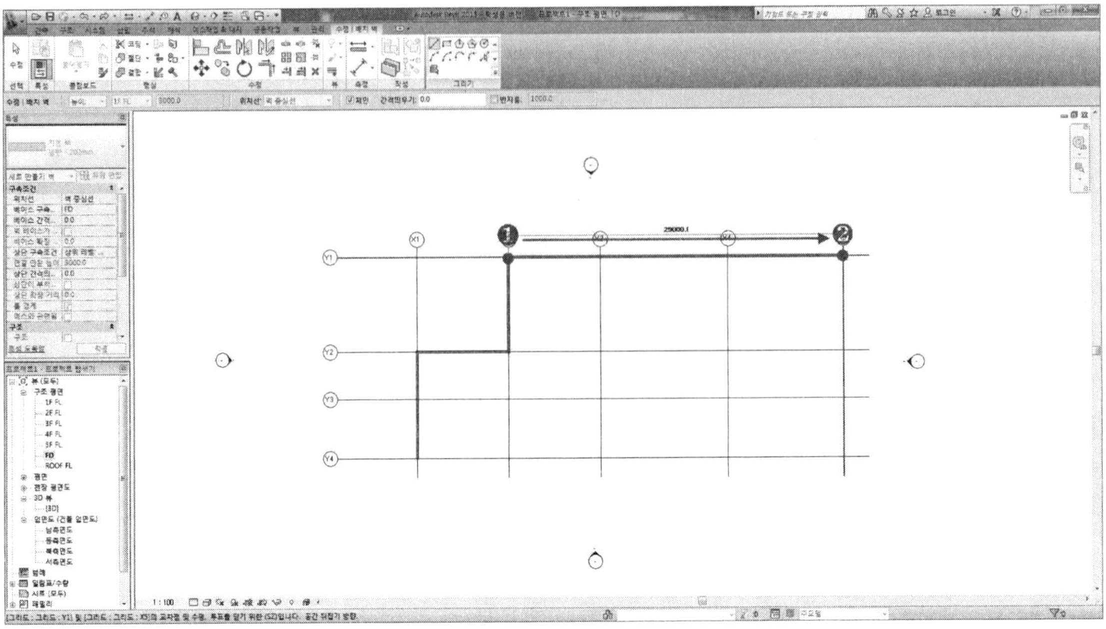

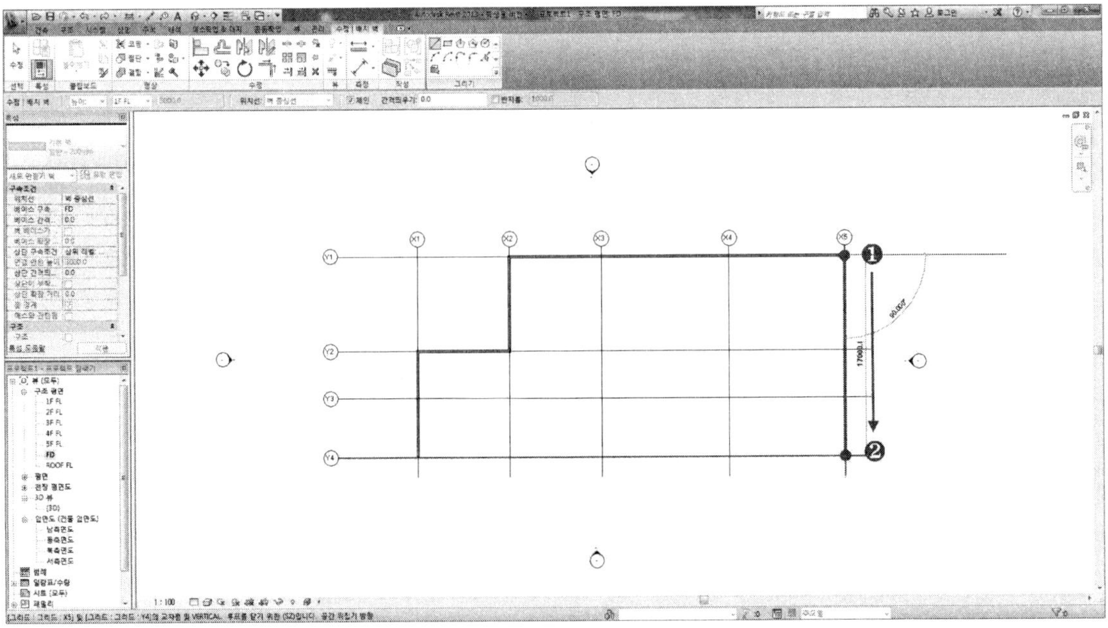

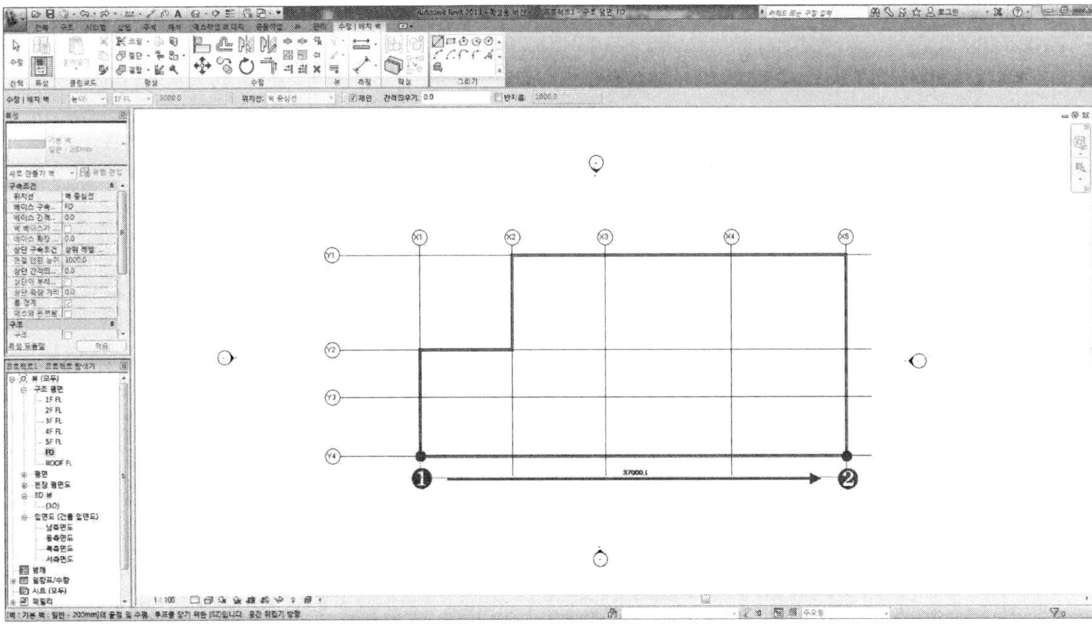

(9) Esc키를 두 번 눌러 명령을 종료하면 외벽이 작성됩니다.

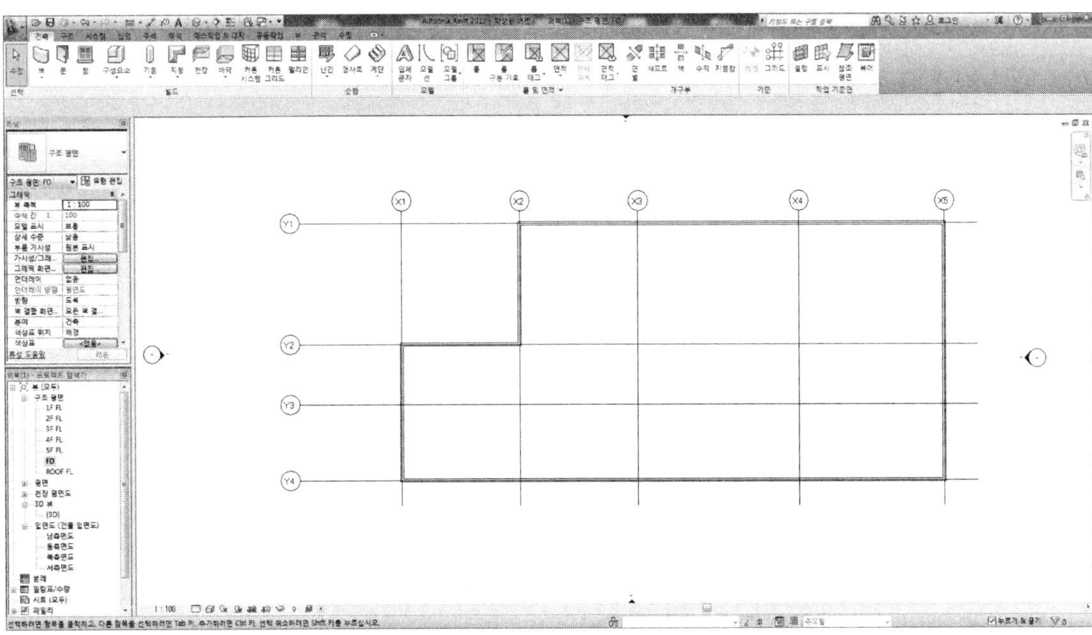

(10) 3D 뷰를 열어서 벽이 작성된 것을 확인합니다.

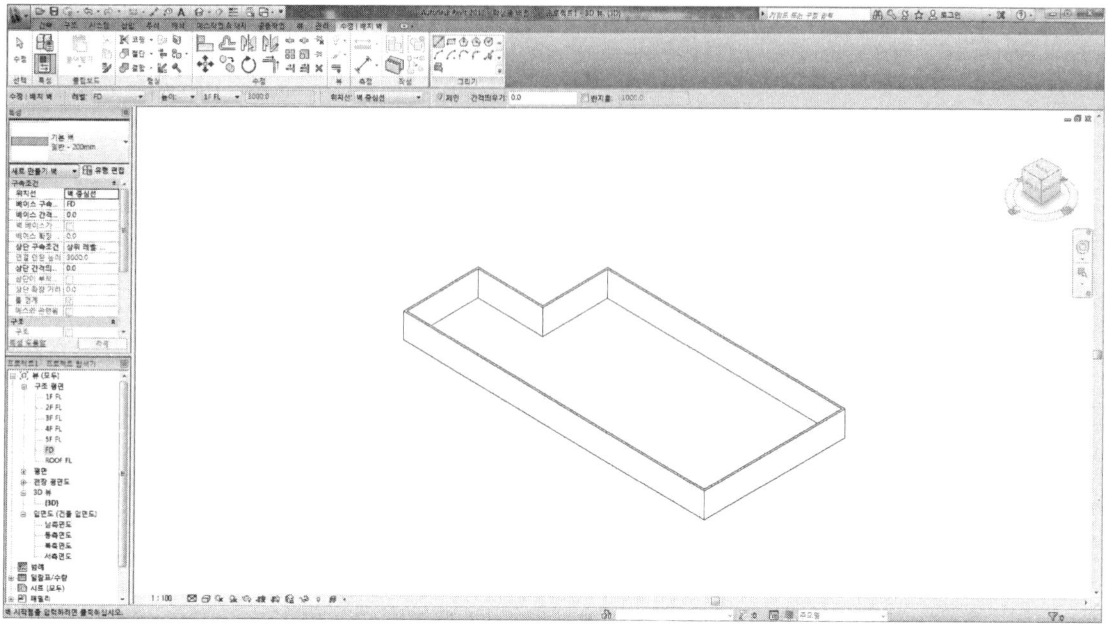

15.6.2 건축 기초 작성하기

건축에서 기초의 종류에는 줄 기초, 독립 기초, 매트 기초 등이 있습니다. Revit에서는 줄 기초는 "벽"에 해당되며, 독립 기초는 "구성 요소"를 사용하고, 매트 기초는 "바닥"을 변형하여 작성합니다.

지하 1층 평면에서 하부 줄기초를 작성합니다.

(1) 지하 1층 평면 뷰를 열고, [건축] 탭의 [벽]을 클릭합니다.

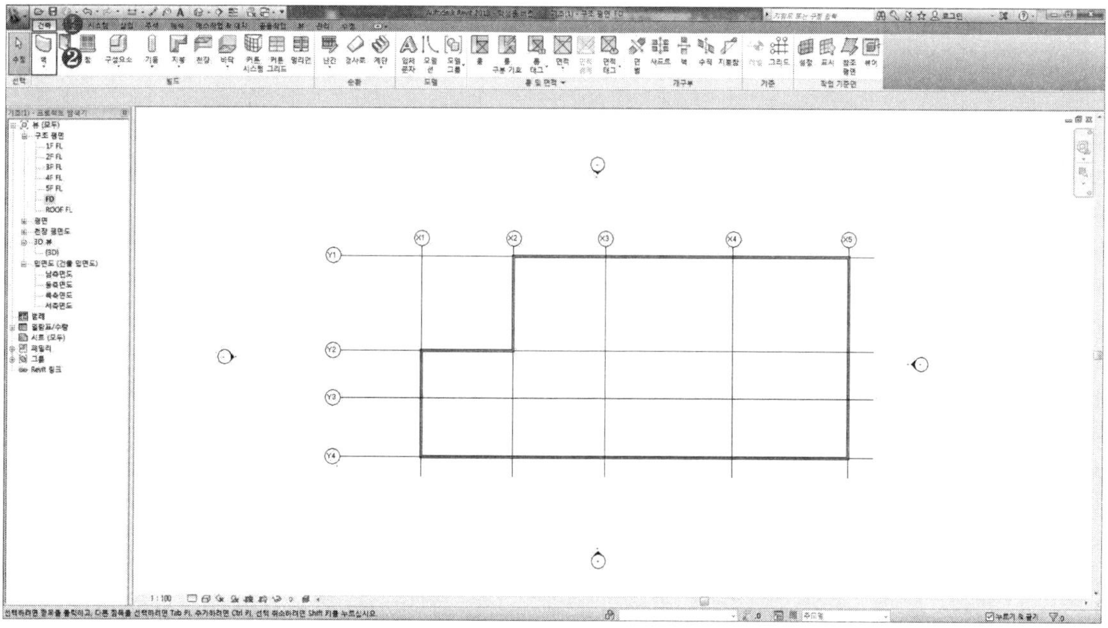

(2) 요소 유형 변경을 눌러 '기초-300mm콘트리트'를 선택합니다.

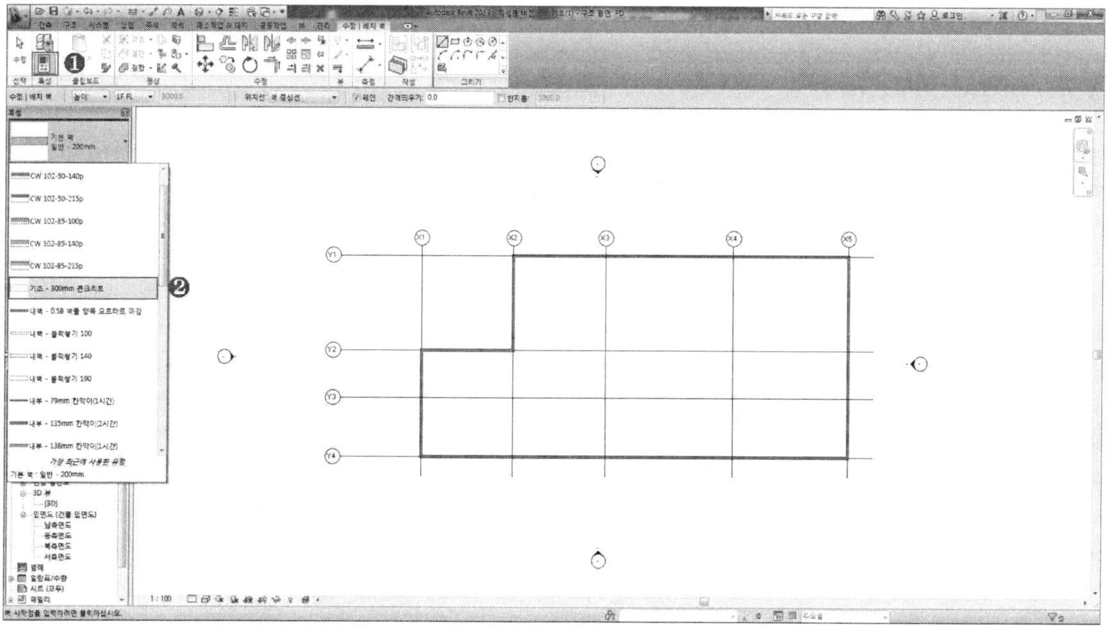

(3) 옵션 막대에서 '깊이 : 미연결' 우측 칸에 '900'을 입력합니다. 기초벽은 일반 벽과는 달리 '높이'가 아니라 '깊이'로 되어 있는데 수치는 - (마이너스) 개념입니다. 그러므로 현재 레벨에서 -900레벨에 이르는 기초가 작성될 것입니다.

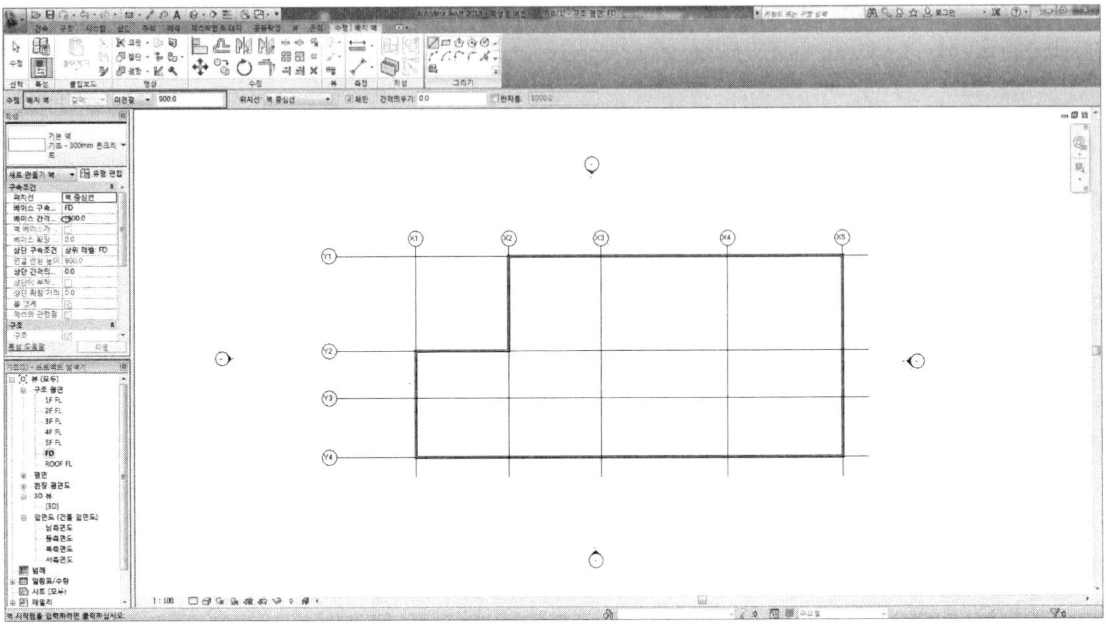

(4) 그리드 X1과 그리드 Y4의 교차점에서 그리드 X1과 그리드 Y2의 교차점까지 기초를 작성합니다.

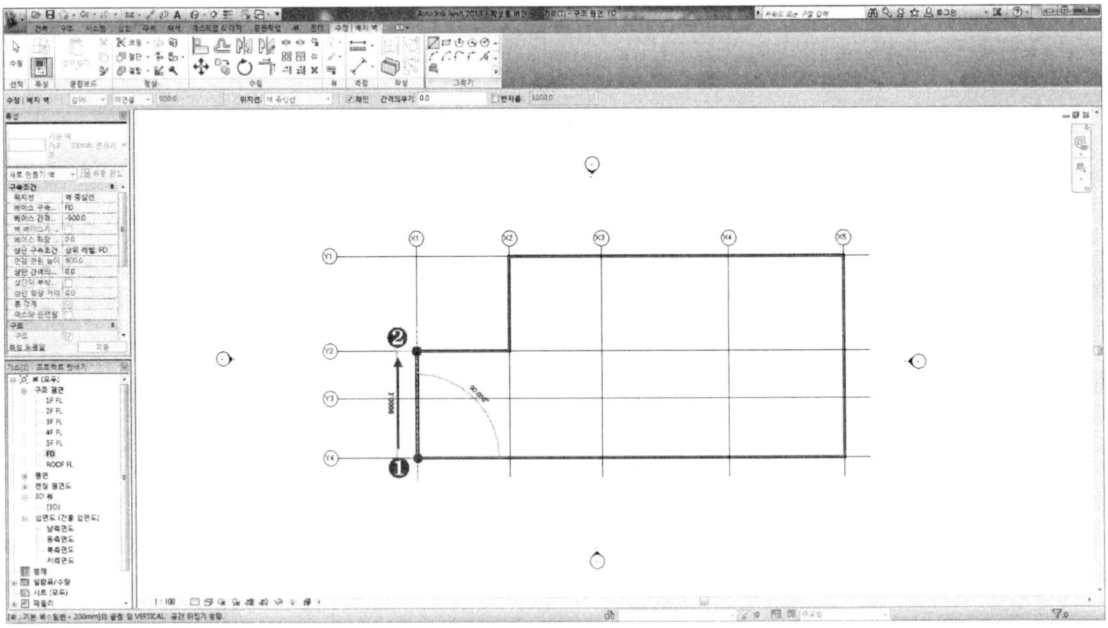

(5) 이어서 앞서 작성한 외벽을 따라 기초를 작성합니다(작성된 기초가 화면에 나타나지는 않을 것입니다).

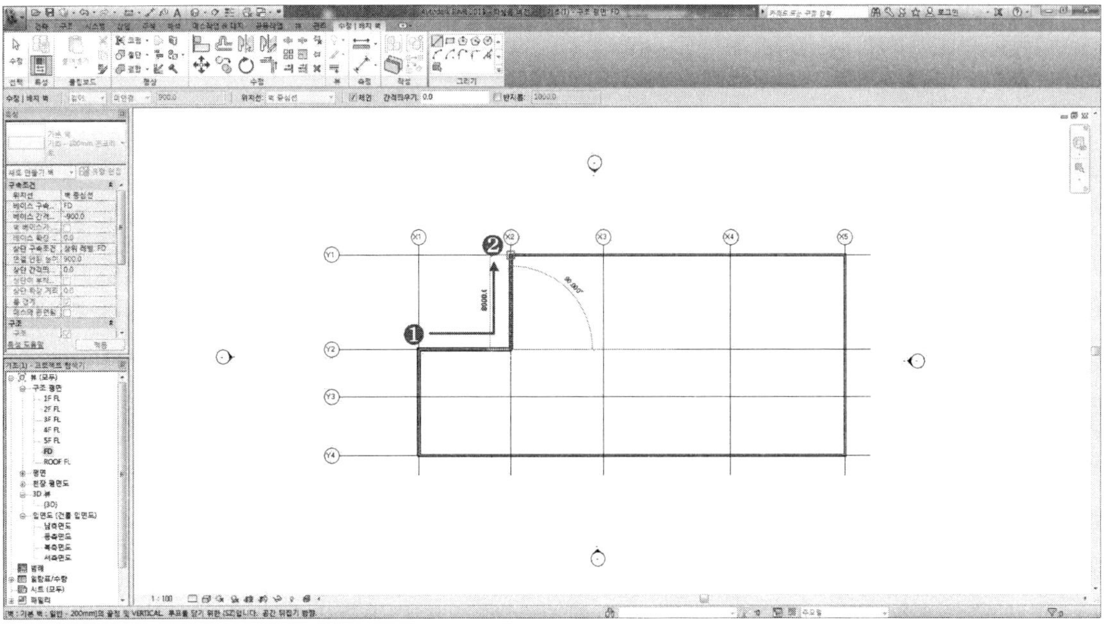

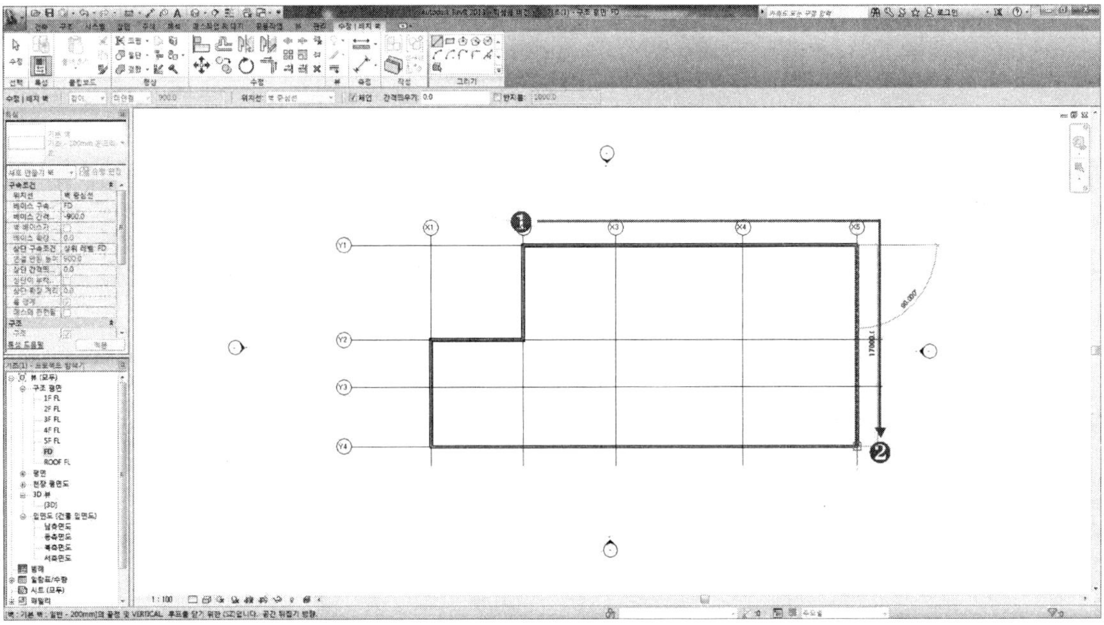

(6) 계속 이어서 그리드 X5과 그리드 Y4의 교차점에서 그리드 X1과 그리드 Y4 교차점까지 기초를 작성합니다. Esc키를 두 번 눌러 명령을 종료합니다. 하지만 여전히 기초는 보이지 않습니다.

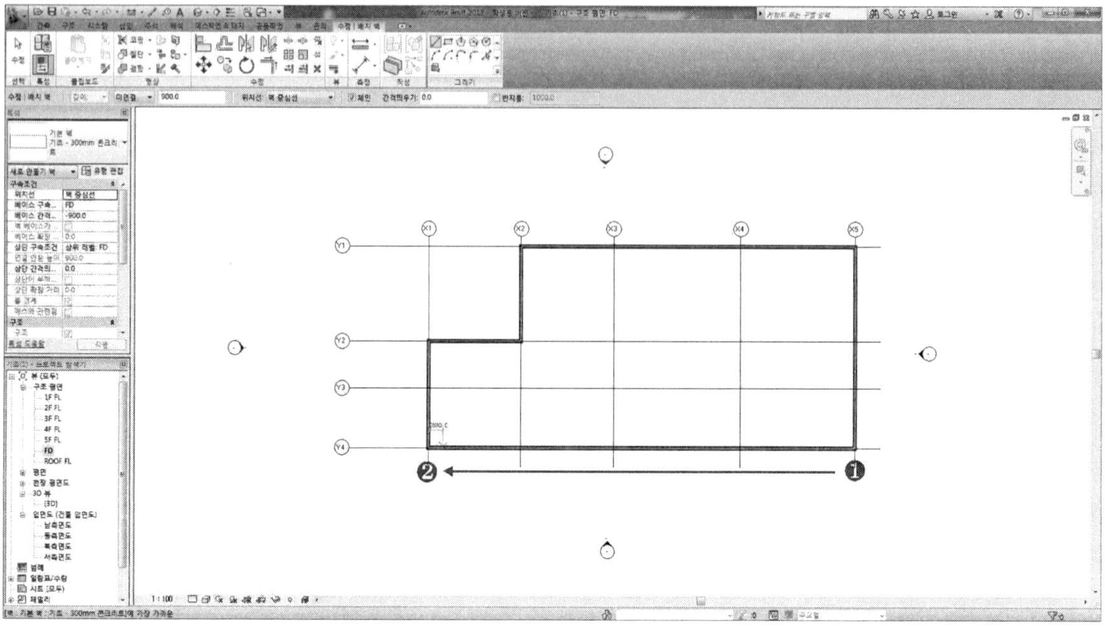

(7) 하지만 3D 뷰를 확인하면 작성된 기초가 나타납니다.

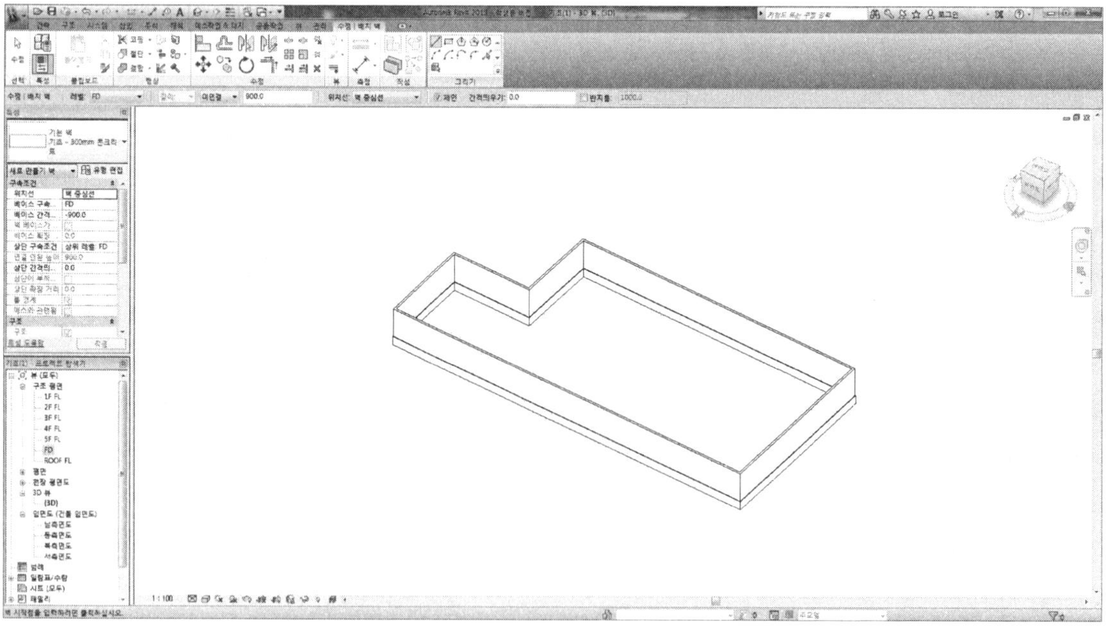

(8) 3D 뷰에서는 보이는 기초가 평면 뷰에서는 보이지 않는 이유는 "뷰 범위"설정 때문입니다. 뷰 범위가 어떤 것인지 알아보도록 하겠습니다.

뷰 범위 개요

위의 경우처럼, Revit에서 뷰 범위가 제대로 설정되어 있지 않으면 작업 도중 문제가 발생할 수 있습니다.

아래의 그림은 뷰 범위의 개념을 잘 표현 해주고 있습니다.

그림에서 기초 부분이 레벨 0 평면 뷰에서 표현되기 위해 뷰 깊이가 충분히 하부 방향으로 설정 되어 있어야 합니다.

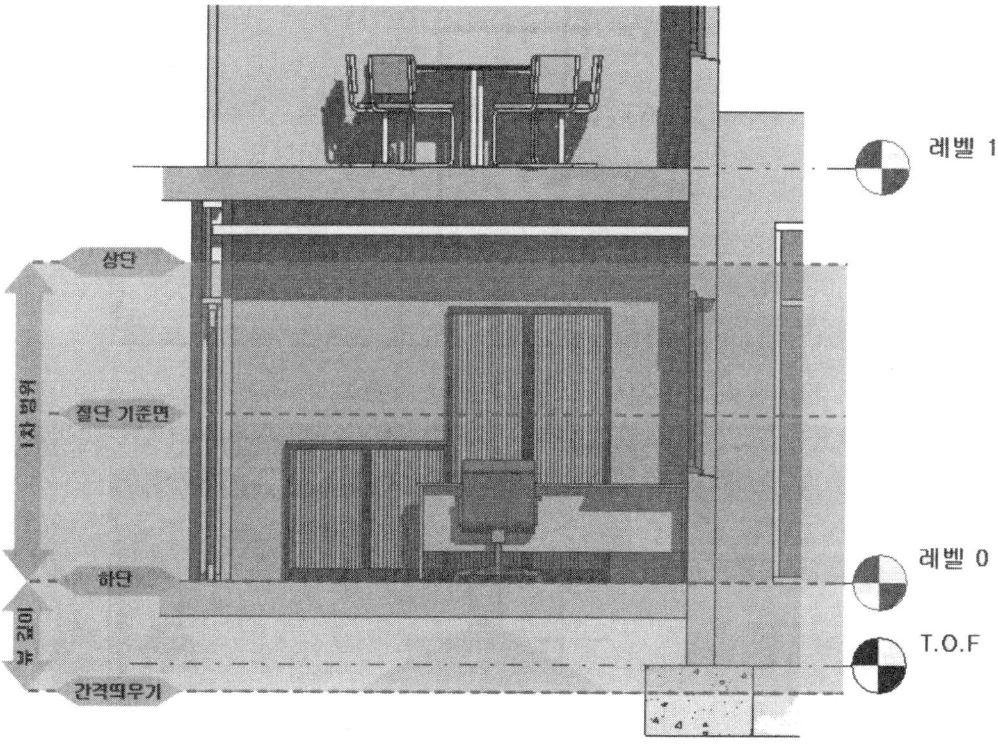

15.6.3 뷰 범위 수정하기

(1) 뷰 범위를 수정하기 위해서 지하 1층 평면 뷰에서 [특성팔레트]에 있는 뷰 범위 편집을 클릭합니다.

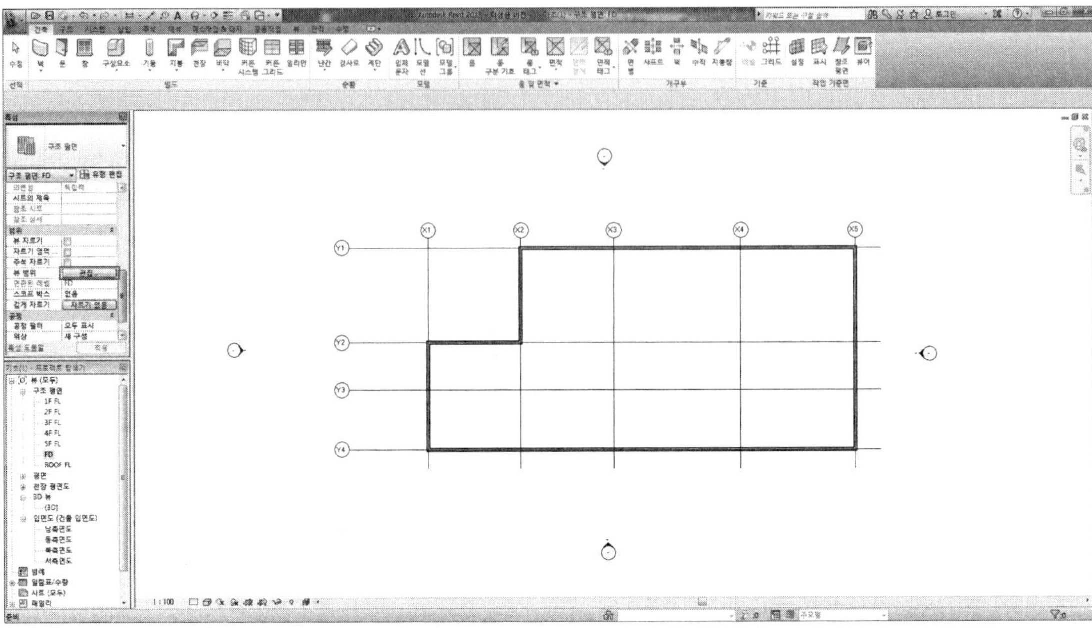

(2) 뷰 깊이의 간격띄우기 수치에 -1000을 입력하고, [확인]을 클릭합니다.

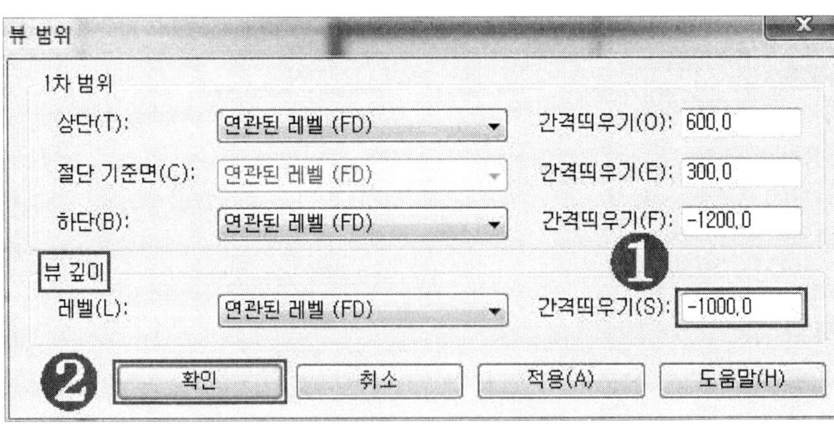

(3) 지하 1층 평면 뷰를 열어 기초가 나타나는 것을 확인합니다.

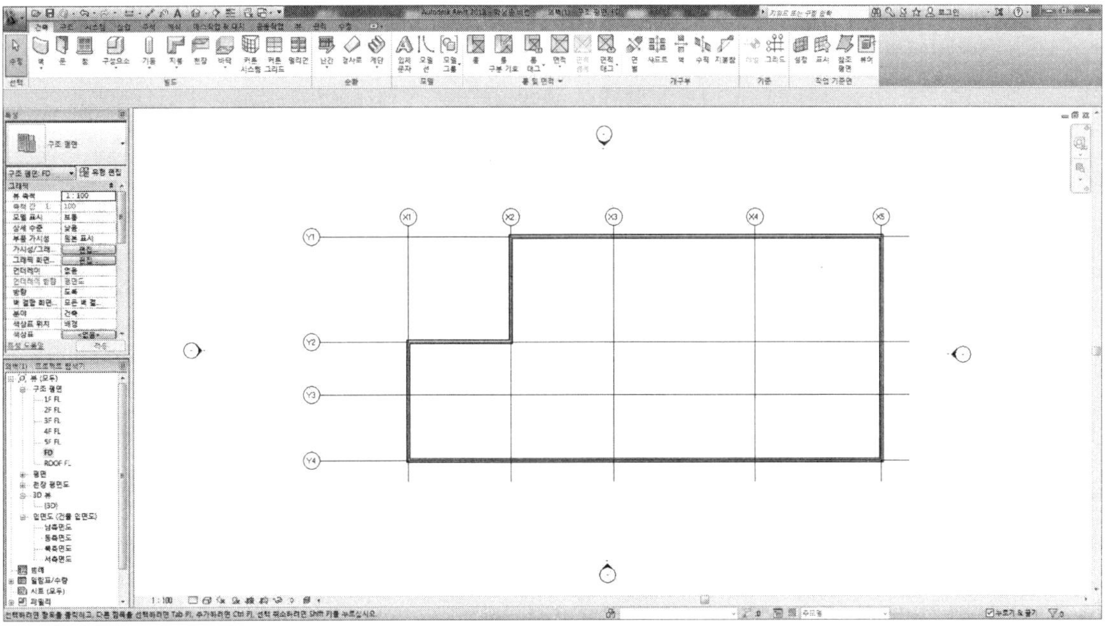

15.6.4 독립 기초 작성하기

현재 진행 중인 프로젝트에서는 사용하지 않지만, 참고로 독립 기초 작성 방법도 알아보도록 하겠습니다.

(1) 지하 1층 평면 뷰에서 [구조] 탭을 눌러 분리된 기초를 클릭합니다.

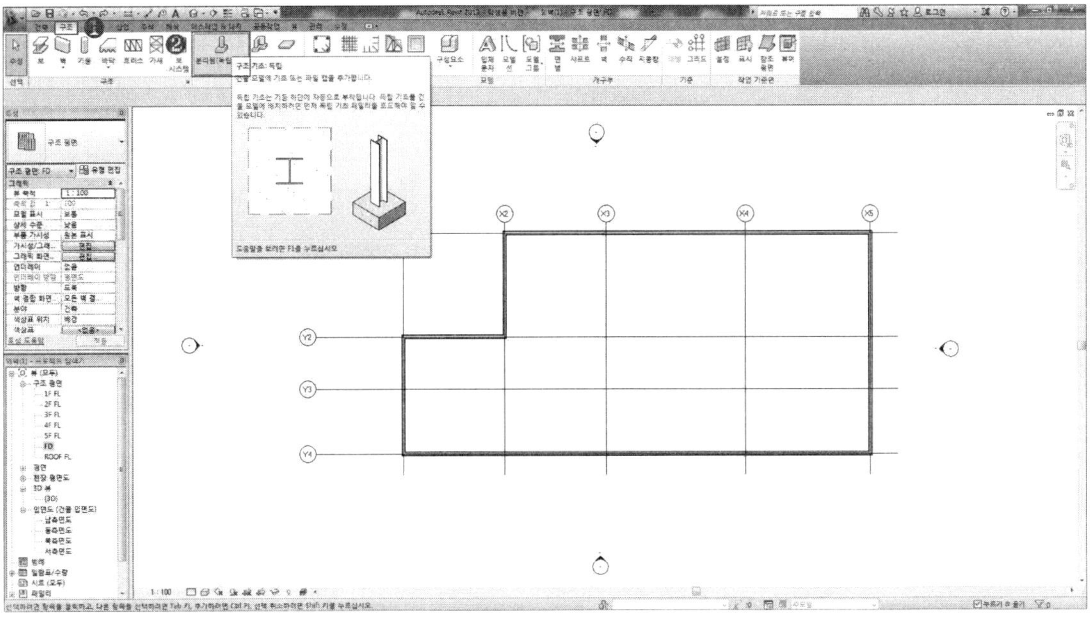

(2) 메시지 창이 뜨면 [예]를 클릭합니다.

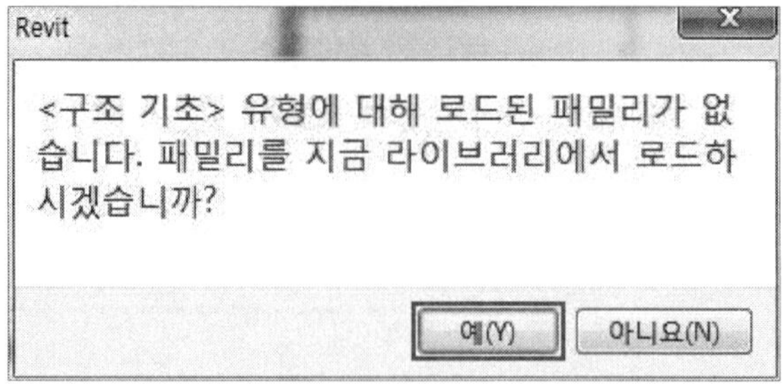

(3) 패밀리로드에서‘Architecture 폴더’를 더블 클릭합니다.

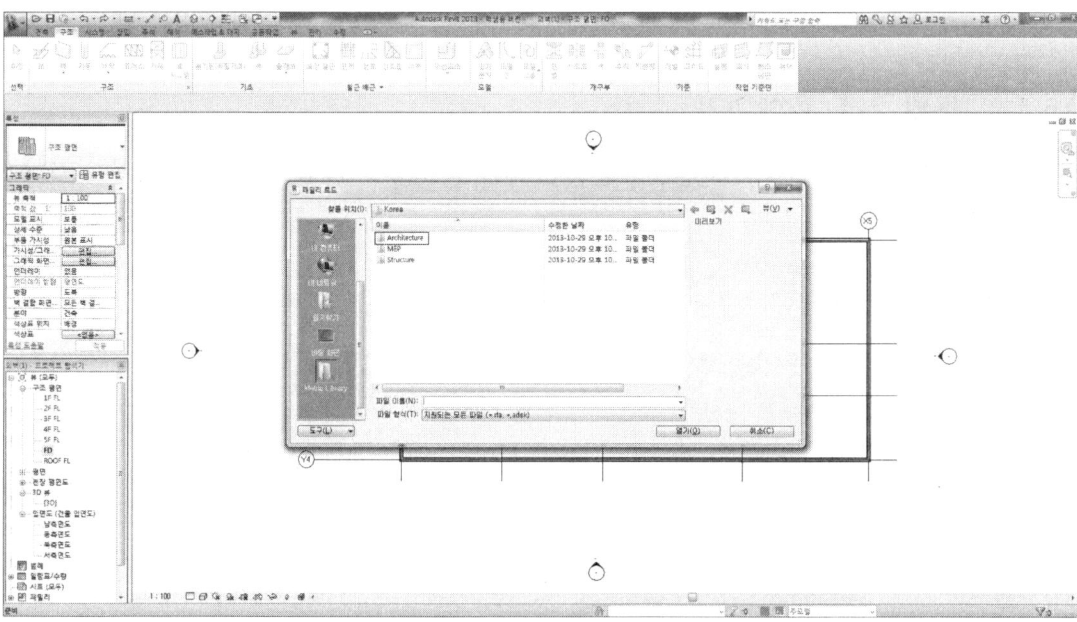

(4) '구조 폴더'를 더블 클릭합니다.

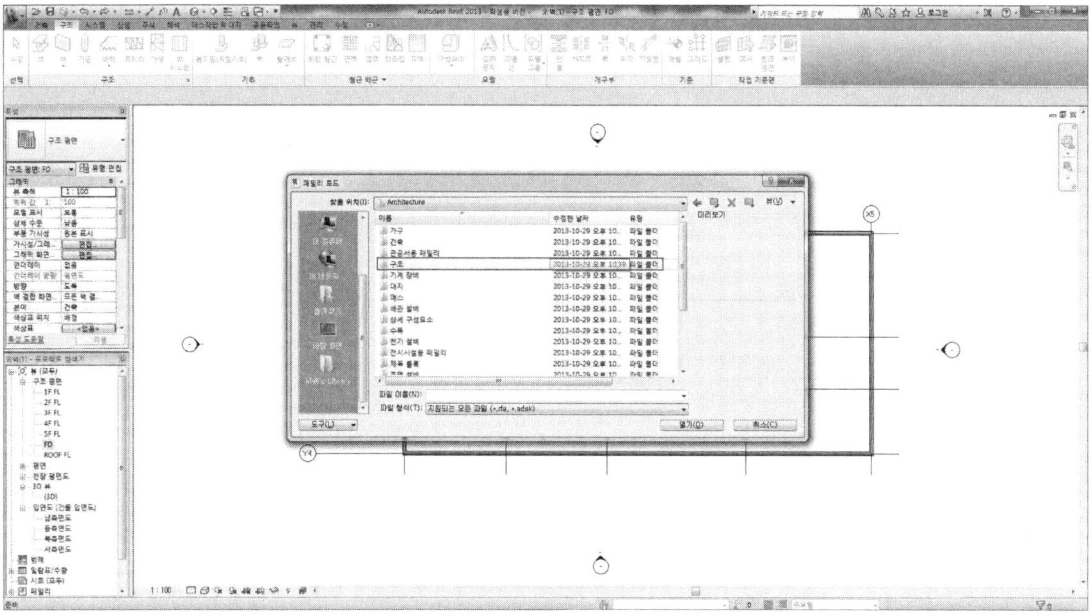

(5) '기초 폴더'를 더블 클릭합니다.

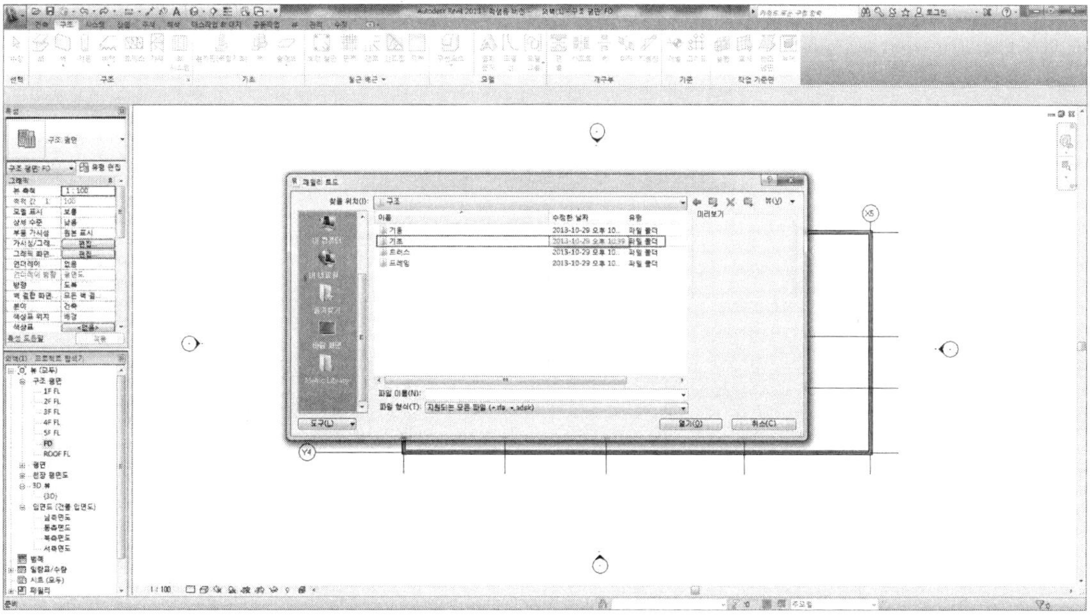

(6) 기초 폴더에서 '기초 - 직사각형'을 더블 클릭합니다.

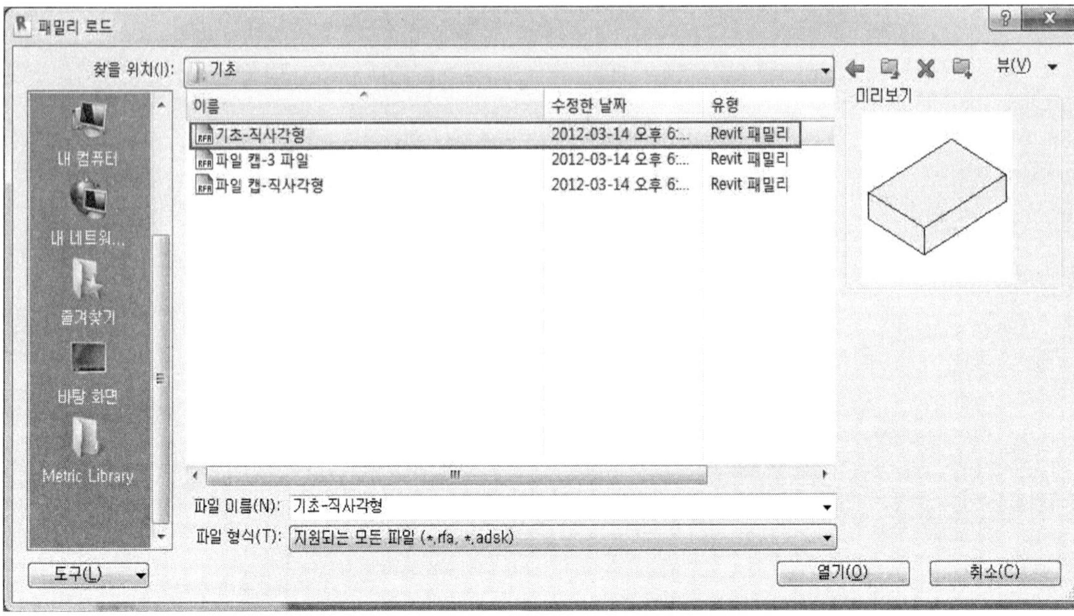

(7) 그리드 X1과 그리드 Y2의 교차점에 기초를 배치합니다. Esc키를 두 번 눌러 명령을 종료합니다.

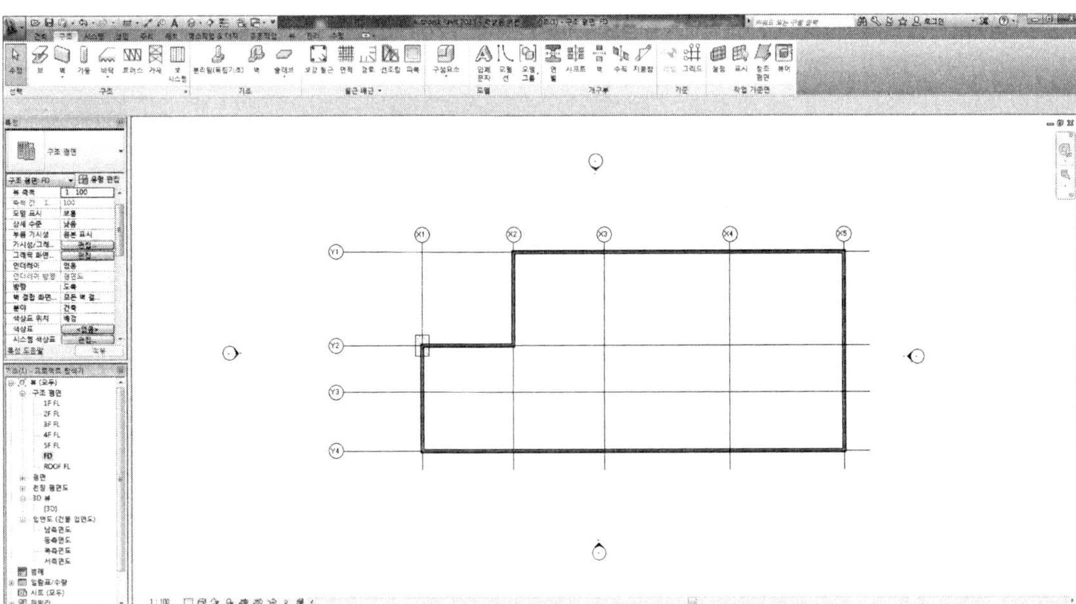

(8) 현 프로젝트에는 독립기초가 불필요하므로, 방금 작성한 기초를 선택하고 삭제를 클릭 하거나, 키보드의 delete키를 눌러 삭제합니다.

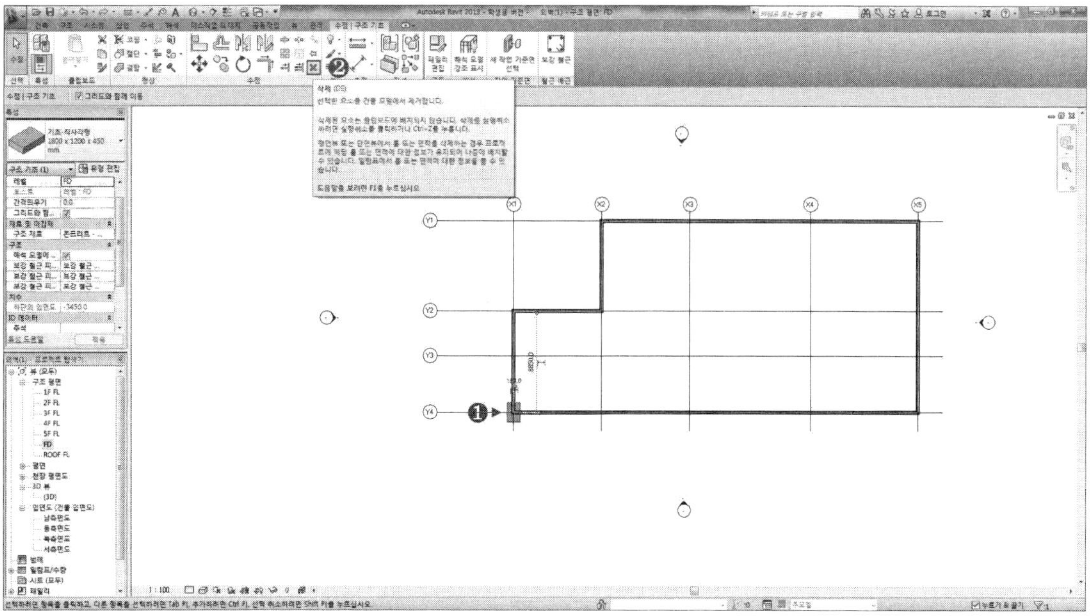

15.6.5 건축 바닥 작성하기

바닥은 벽, 지붕과 더불어 가장 기본적인 건축 요소입니다. Revit에서 바닥을 작성하는 가장 일반적이고 쉬운 방법은 벽을 먼저 작성한 후, 벽 라인을 선택하여 바닥 경계를 작성하는 것입니다. 아래 그림에서 보듯이 경사 바닥 작성도 가능합니다.

기초벽 라인을 바닥 경계선으로 이용하여 지하 1층 바닥을 작성합니다.

(1) 지하 1층 평면 뷰에서 [건축] 탭의 [바닥]을 클릭합니다(화살표 말고).

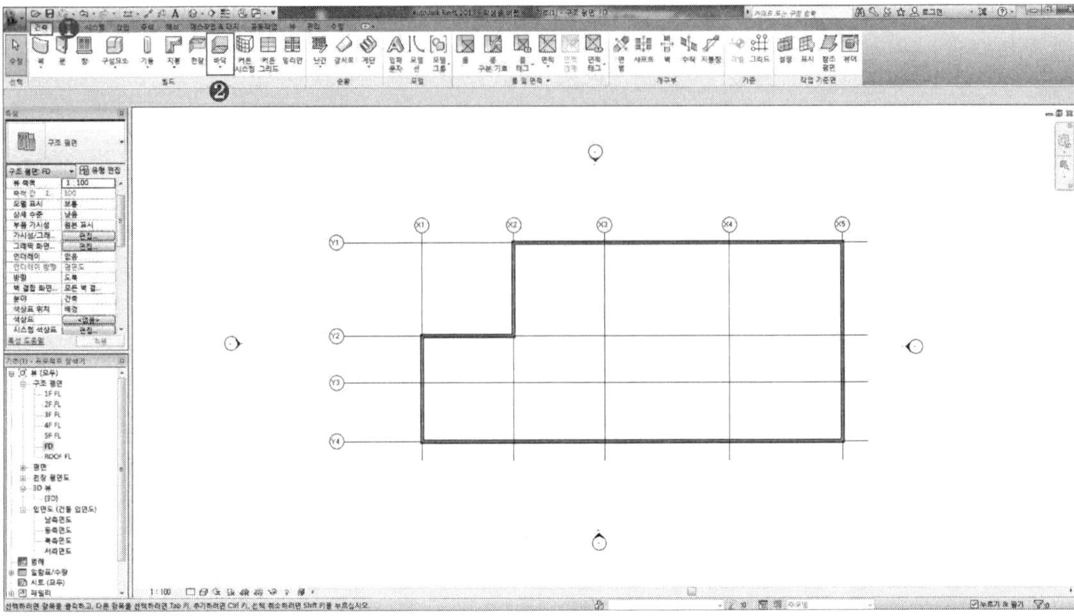

(2) 메뉴에서 [벽선택]을 선택합니다(바닥을 가장 쉽게 작성할 수 있는 방법이 벽으로 바닥의 경계선을 선택하는 것입니다).

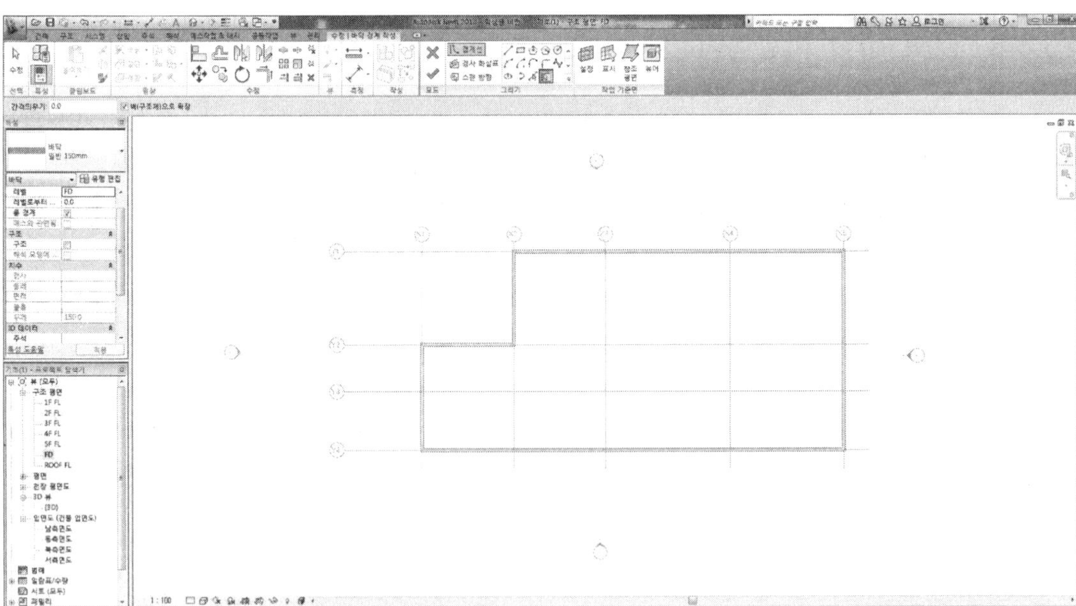

(3) 벽을 하나씩 선택해도 되지만, 시간 소모가 많고 벽이 겹쳐 있는 경우에 부정확할 수도 있습니다. 그러므로 tab키를 이용해 한꺼번에 선택을 합니다.

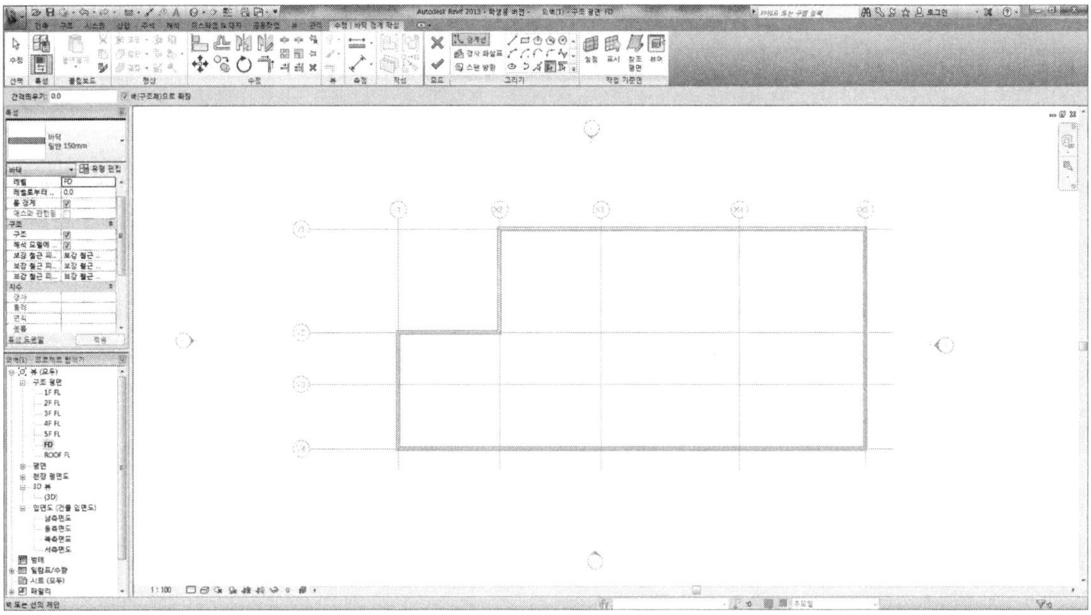

(4) 마우스 왼쪽 버튼을 누르면 선택된 벽의 라인이 지정됩니다.

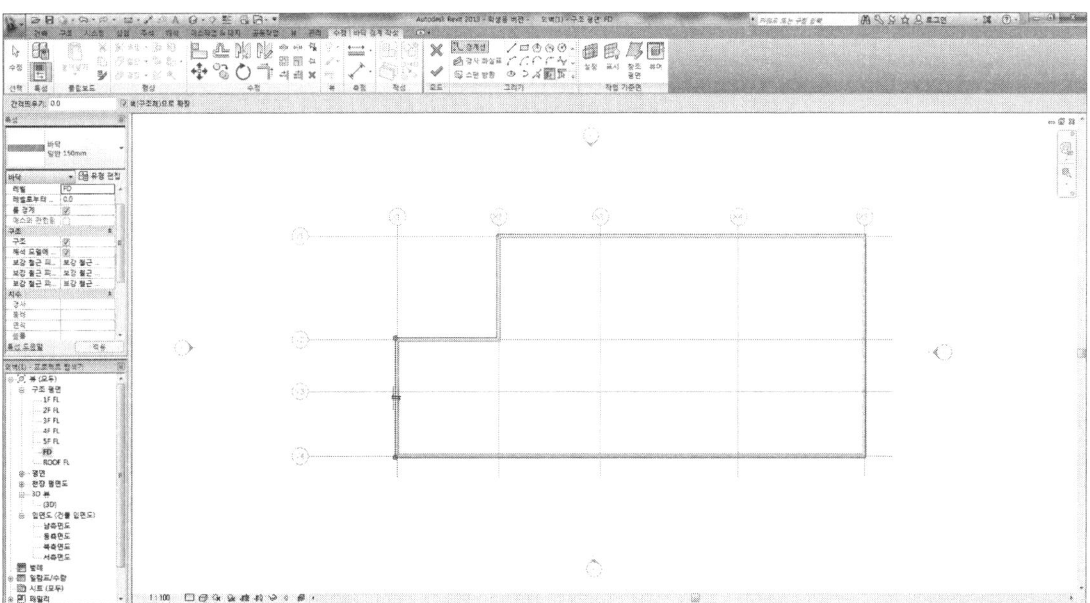

참고 : 만일 선택을 잘못해서 벽의 안쪽 라인이 지정된다면 화살표를 클릭하면 바깥 라인으로 지정이 변경됩니다.

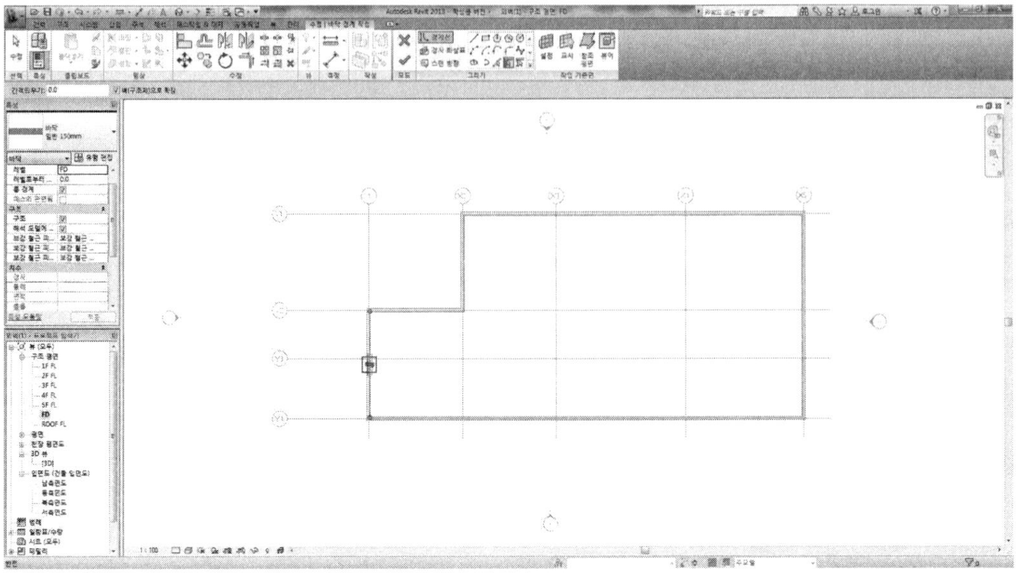

(5) '편집 모드 완료'를 클릭합니다.

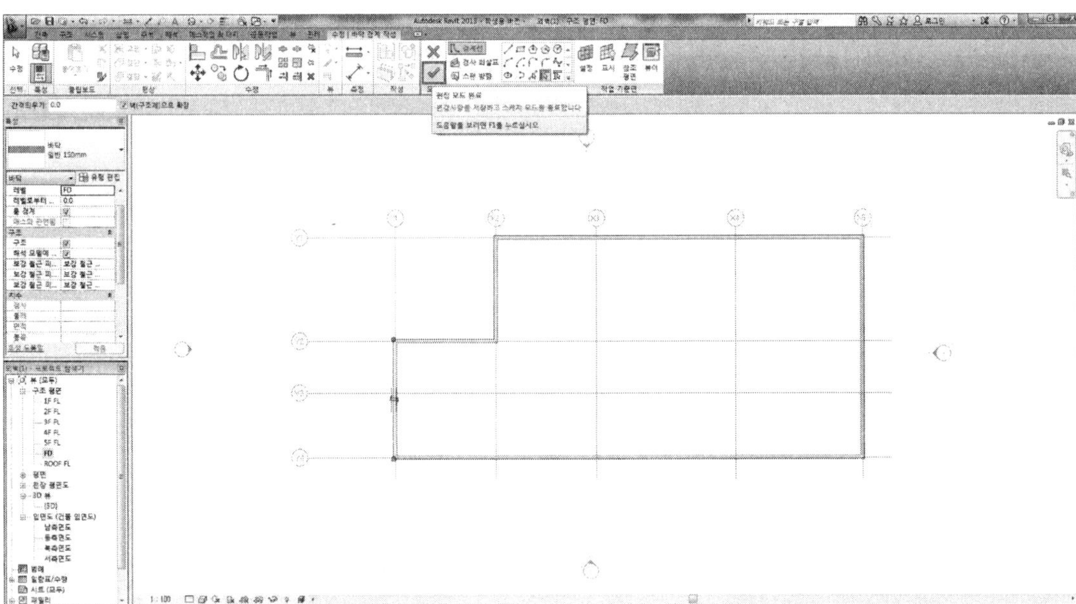

(6) 메시지 창이 뜨면 [예]를 클릭합니다.

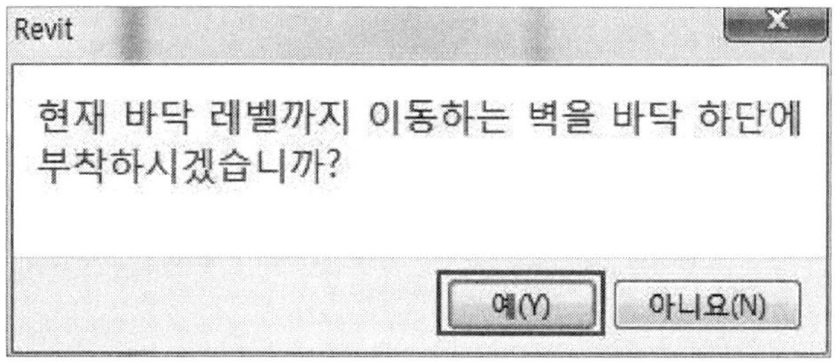

유의 : 이 메시지의 예를 클릭하면, 기초벽이 바닥 밑으로 부착됩니다. 즉 기초벽이 –150에서 시작하여 –900의 깊이가 됩니다.

(7) 3D 뷰에서 작업한 내용을 확인합니다.

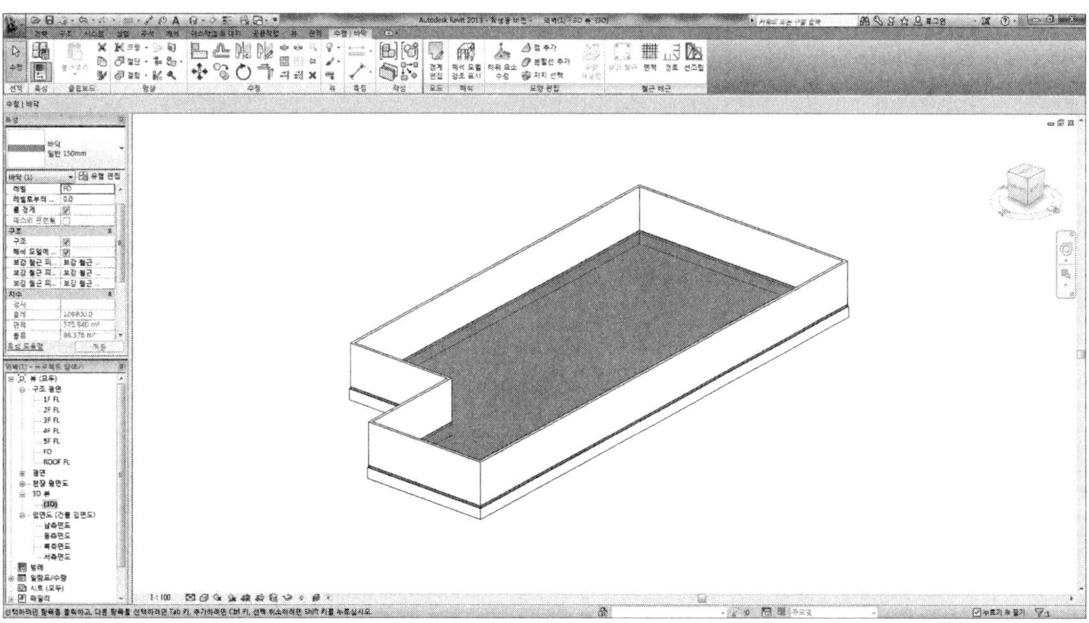

15.6.6 벽 유형 특성 및 편집

(1) 프로젝트 탐색기에서 '지하 1층' 평면 뷰를 열고, [건축] 탭의 [벽]을 클릭합니다.

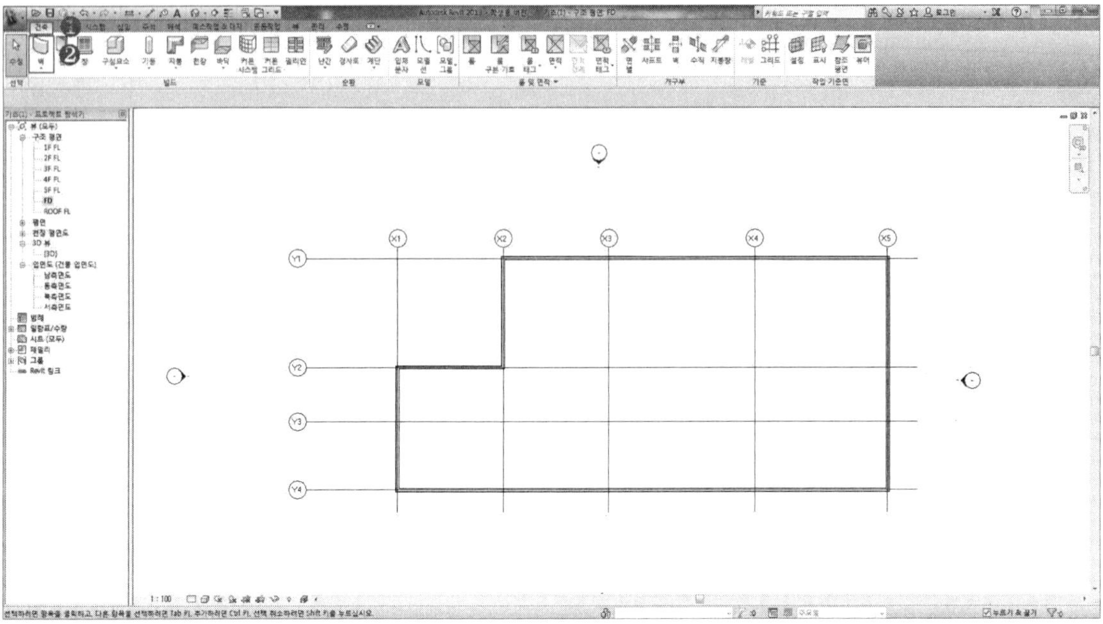

(2) 특성 버튼을 누른 뒤'내부 – 블록 쌓기 100'을 선택합니다.

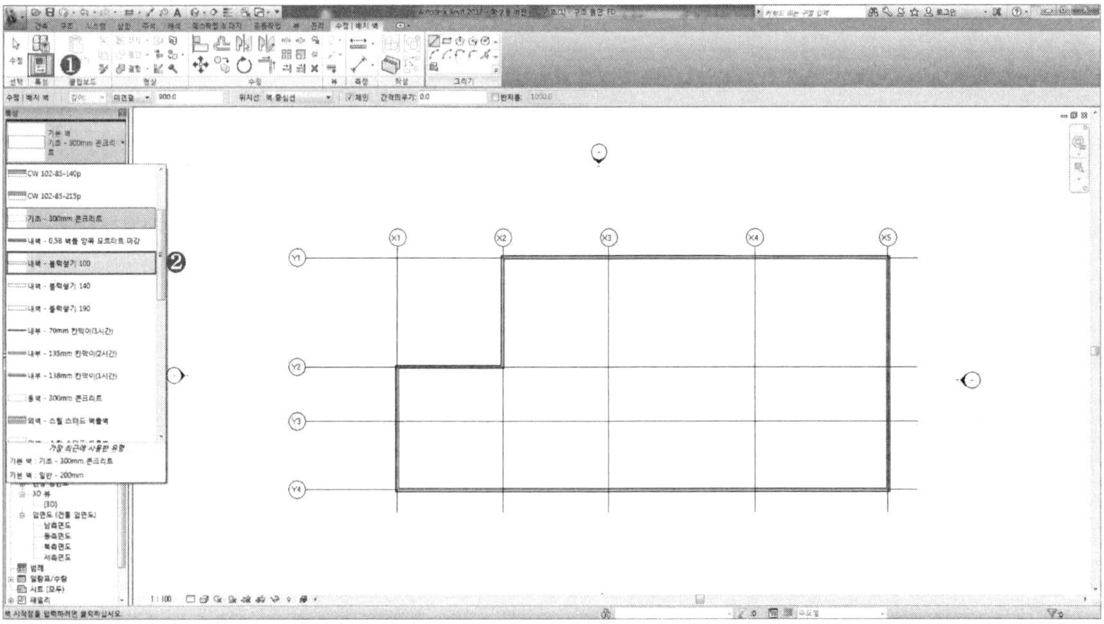

(3) 유형 특성을 클릭합니다.

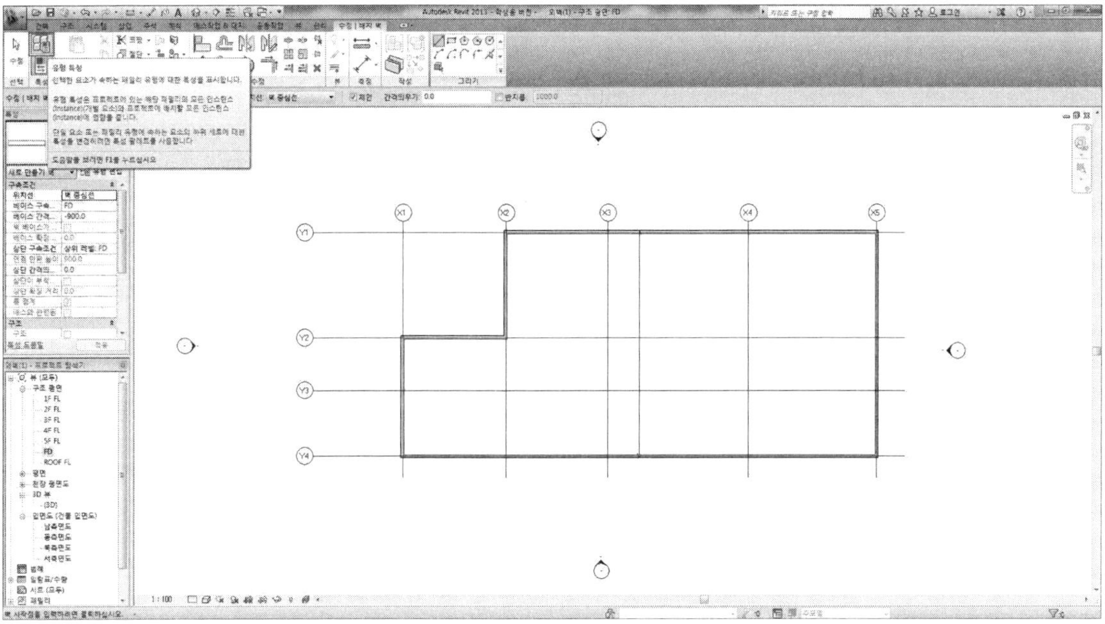

(4) 유형 특성 창에서 구조의 편집 버튼을 클릭합니다.

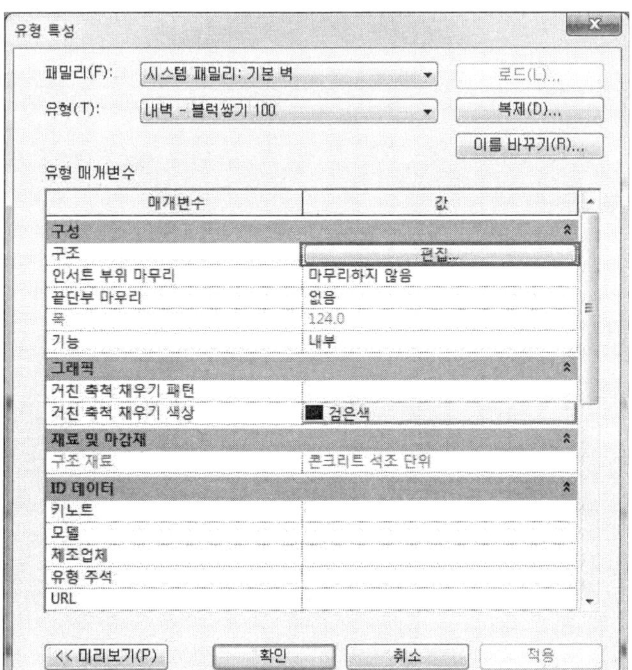

(5) 조합 편집 창에서 보면 100mm 콘크리트 블록 구조 양측으로 12mm 석고 보드 마감인 것을 확인 할 수 있습니다.

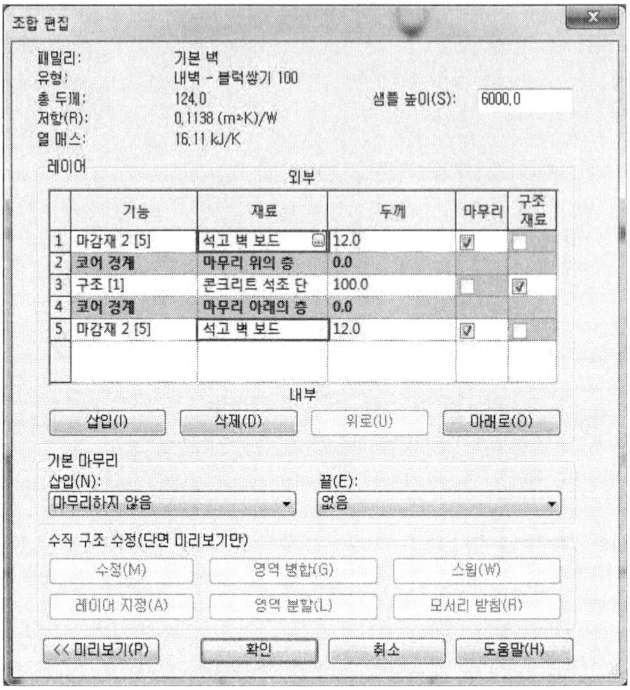

(6) 좌측 하단의 미리보기를 클릭합니다.

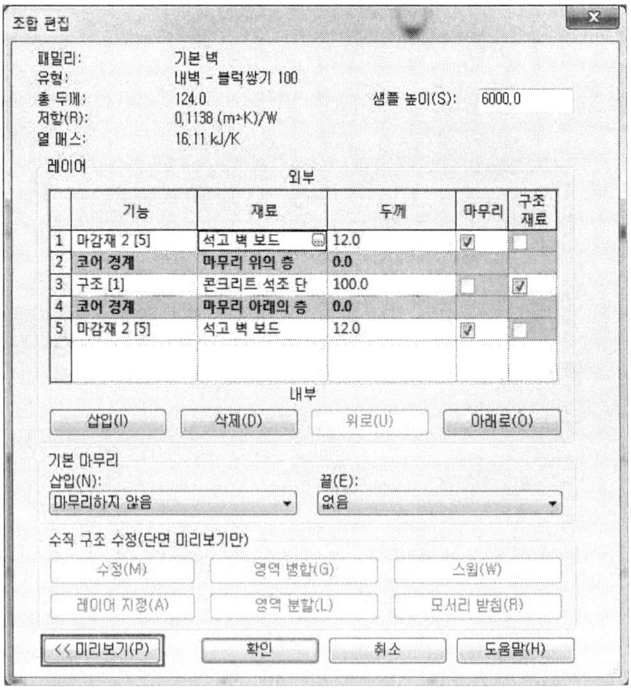

(7) 조합 편집창에서 벽의 평면 구조를 가시적으로 확인할 수 있습니다.

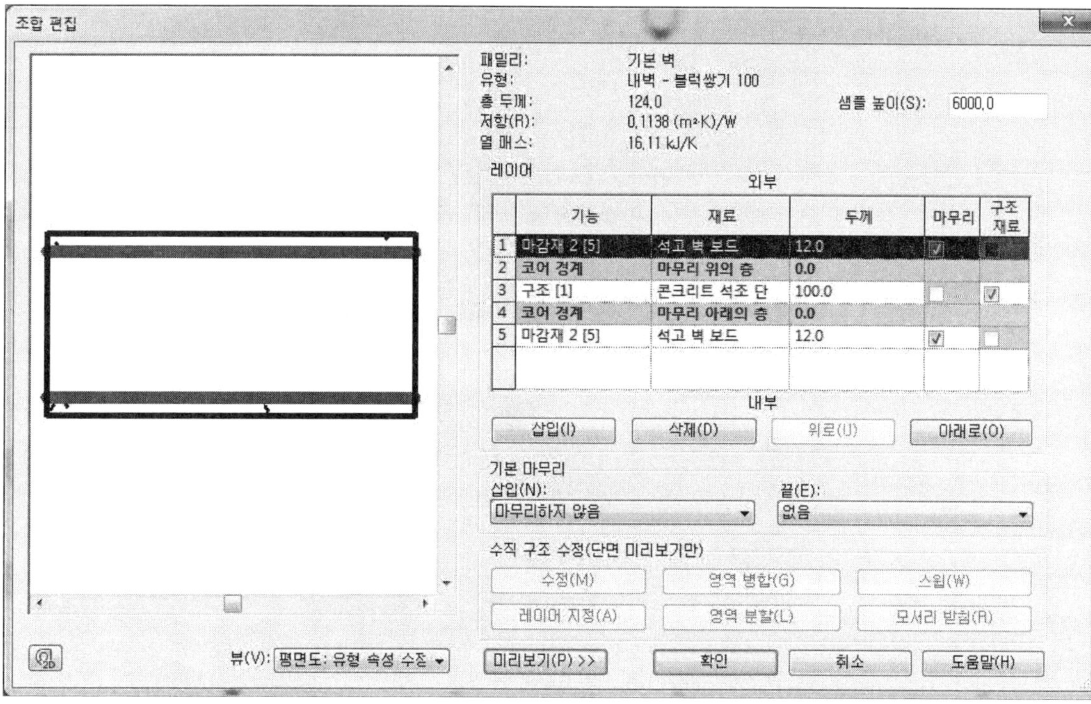

(8) 지금은 기본 설계 단계이므로, 마감재 표기가 필요 없습니다. 현재 1번 레이어(마감재2)가 선택되어진 상태에서 삭제 버튼을 눌러 석고 벽 보드 마감재를 삭제합니다.

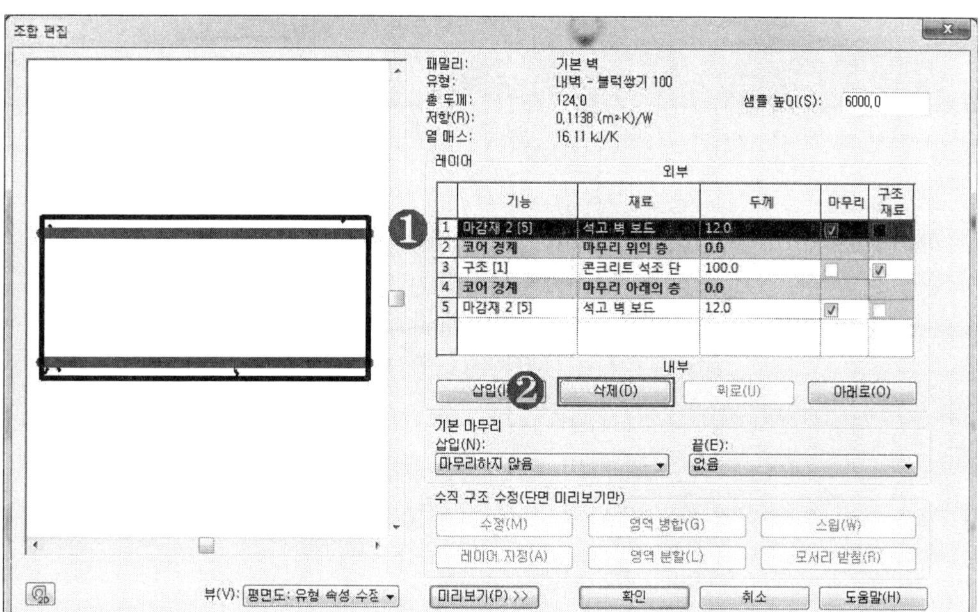

(9) 같은 방식으로 4번 레이어(마감재2)를 선택하고 삭제 버튼을 클릭합니다(미리보기 창에서 확인하면 마감재가 삭제되었습니다). 창을 닫기 위해 [확인]을 클릭합니다.

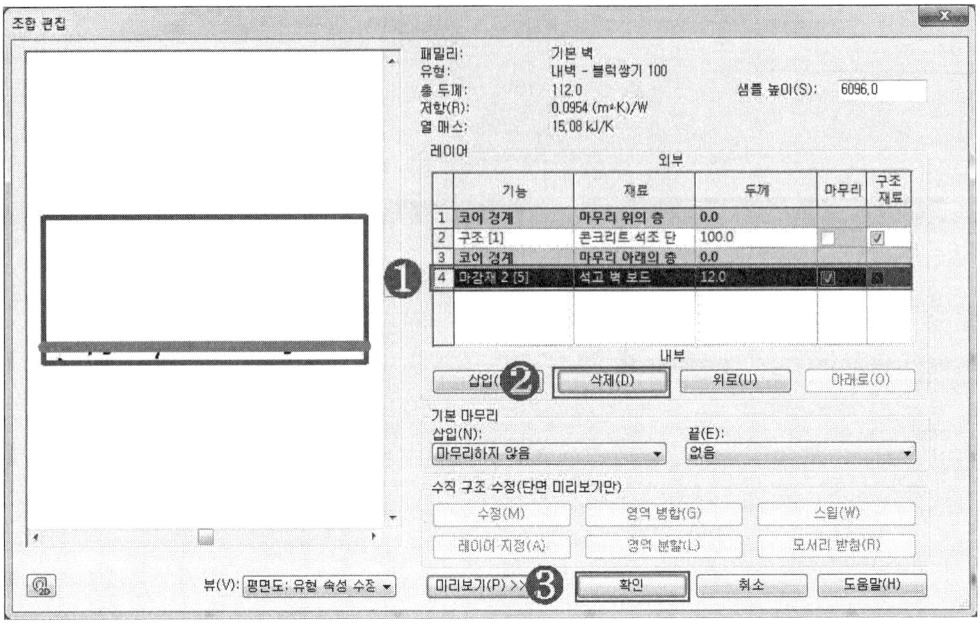

(10) 계속하여, 유형 특성 창에서도 [확인]을 클릭합니다.

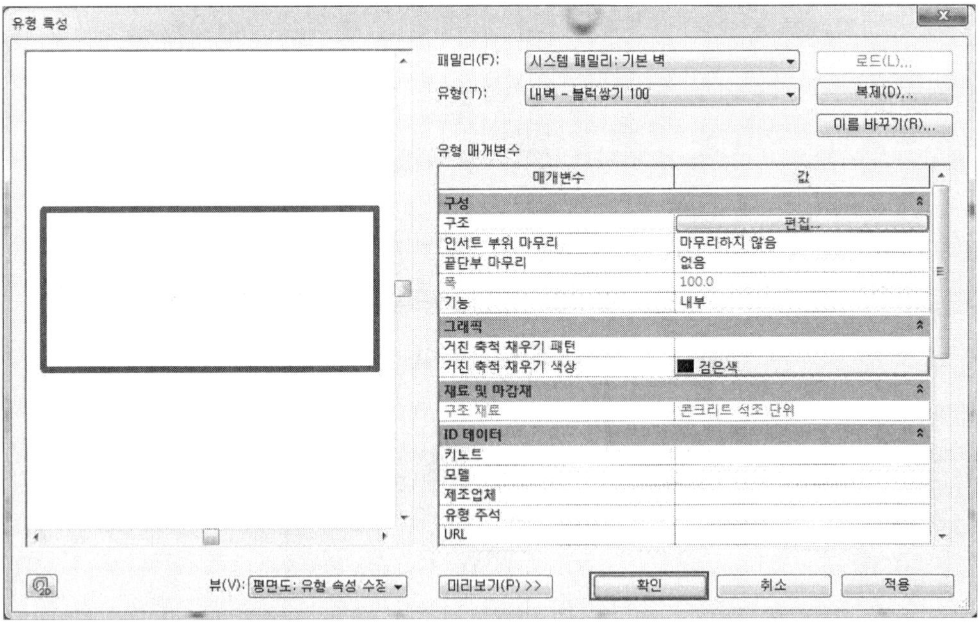

15.6.7 내벽 작성하기

(1) 지하 1층 평면도 뷰에서 [건축] 탭의 [벽]을 클릭합니다.

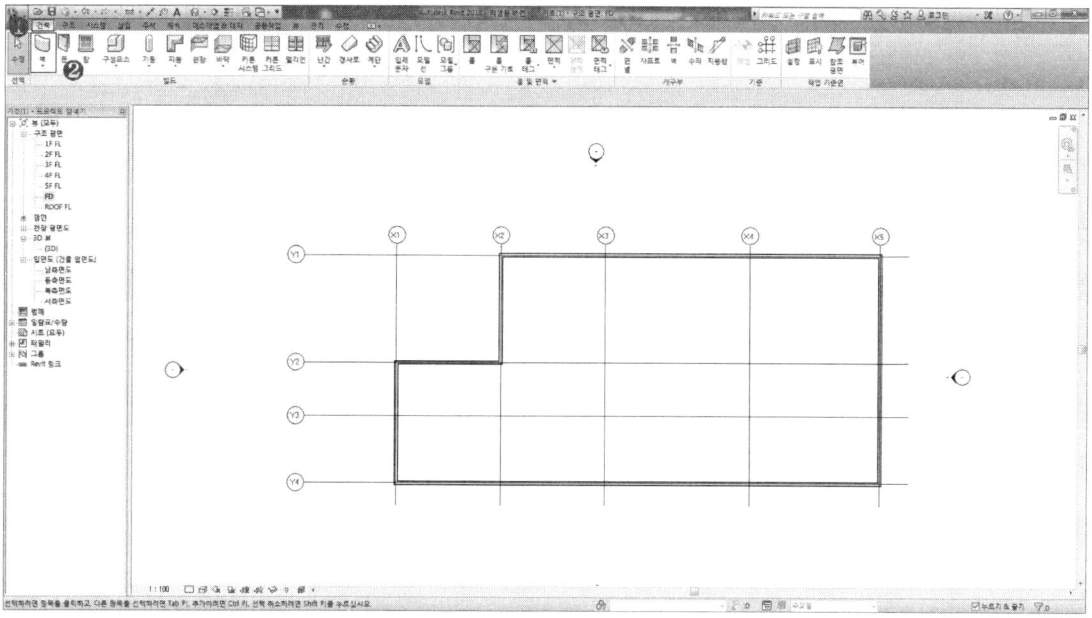

(2) 마우스 스크롤 버튼을 돌리거나 누른 채 움직여서 벽 작성이 쉽게 뷰를 조정합니다(전의 작업으로 인해 현재 벽은'내부 - 블록쌓기 100'이 선택되어 있습니다). 그리드 (X2,Y2)의 교차점을 찍고 마우스를 아래로 이동하여 그리드 (X2,Y4)의 교차점을 찍습니다.

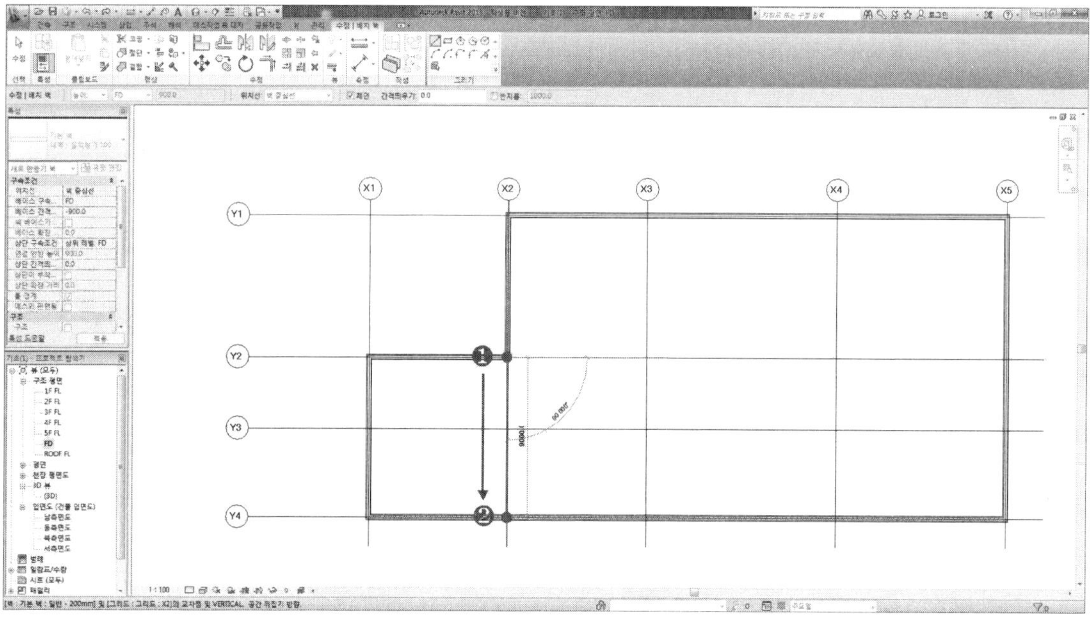

(3) 마우스를 이동하여 그리드 (X5,Y3)의 교차점을 찍습니다.

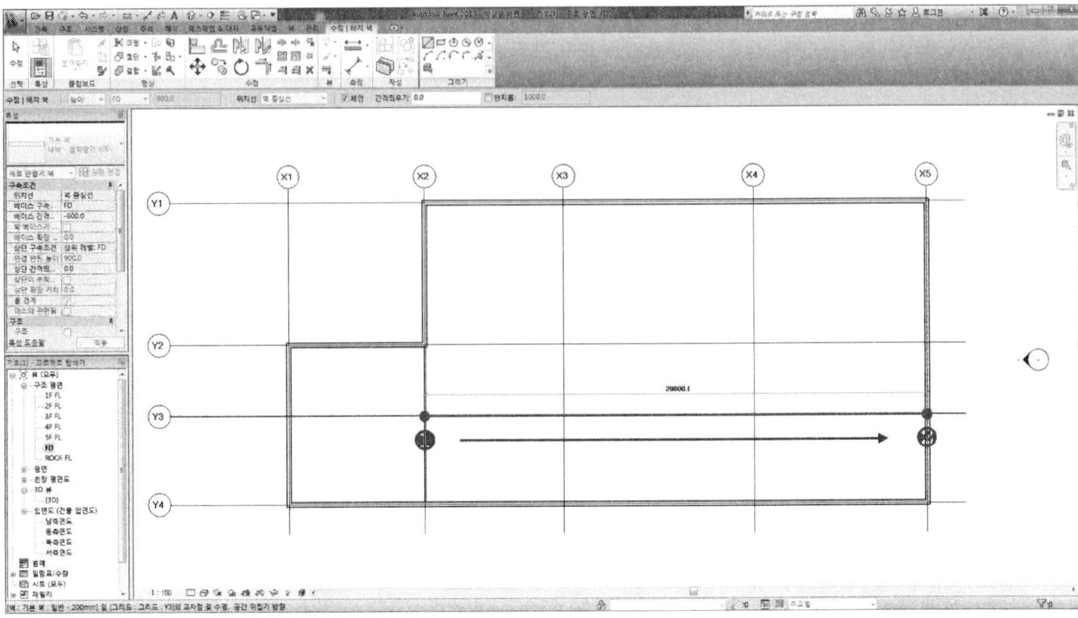

(4) 그리드 (X3,Y3)의 교차점에 마우스를 대고 조금씩 내려 보면 치수가 나옵니다. 치수가 5000이 되는 지점을 찍습니다.

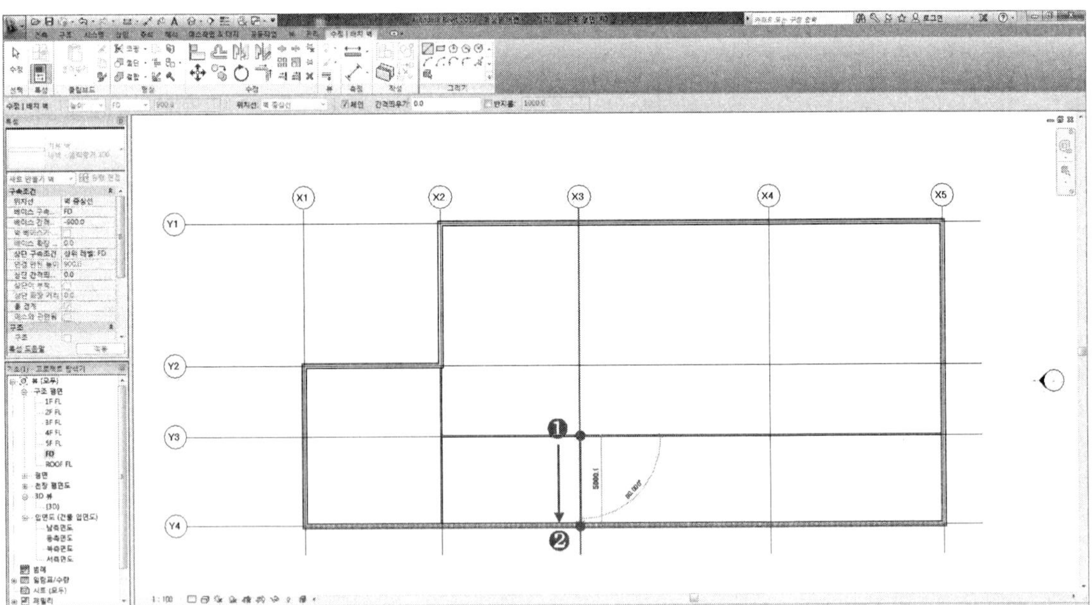

(5) 그리드 Y4에 닿는 지점을 찍습니다.

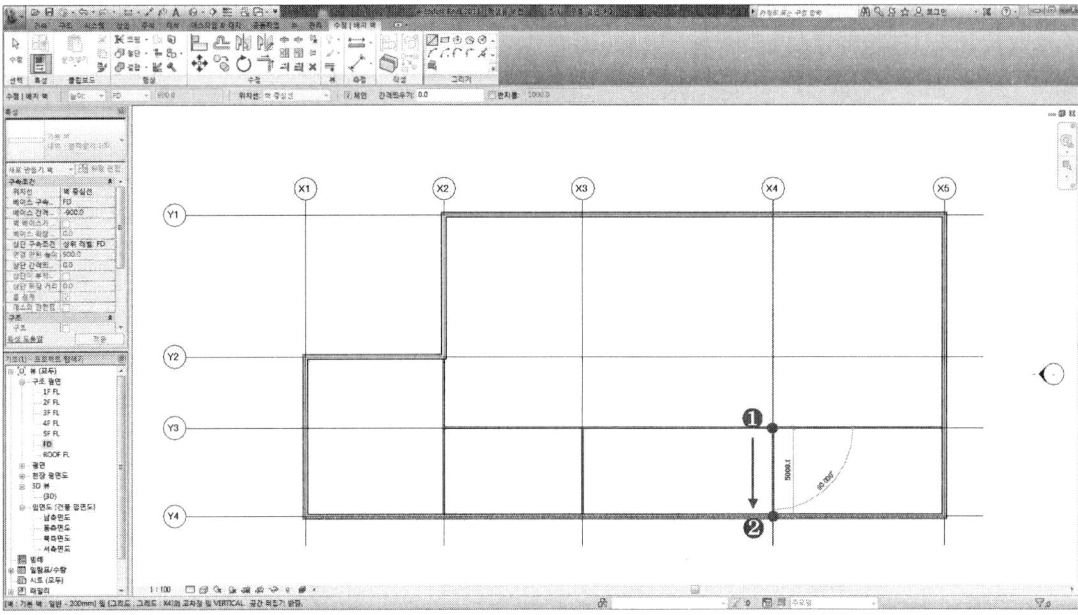

(6) 그리드 (X2,Y2)의 교차점에서 X5에 닿는 지점을 찍습니다.

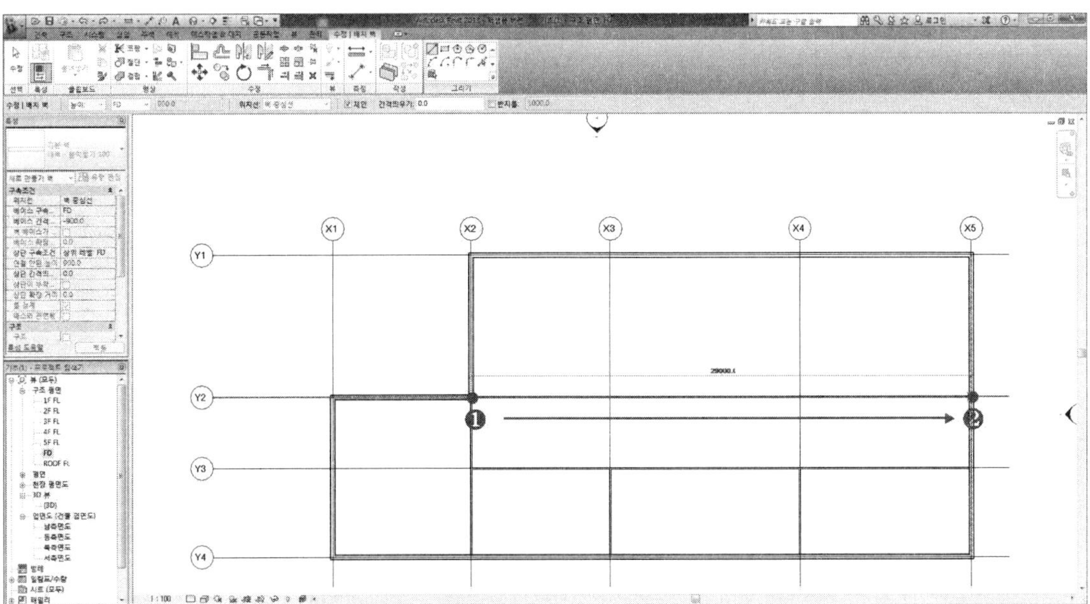

(7) 위와 동일한 방법으로 교차점에서 그리드에 닿는 지점을 찍습니다.

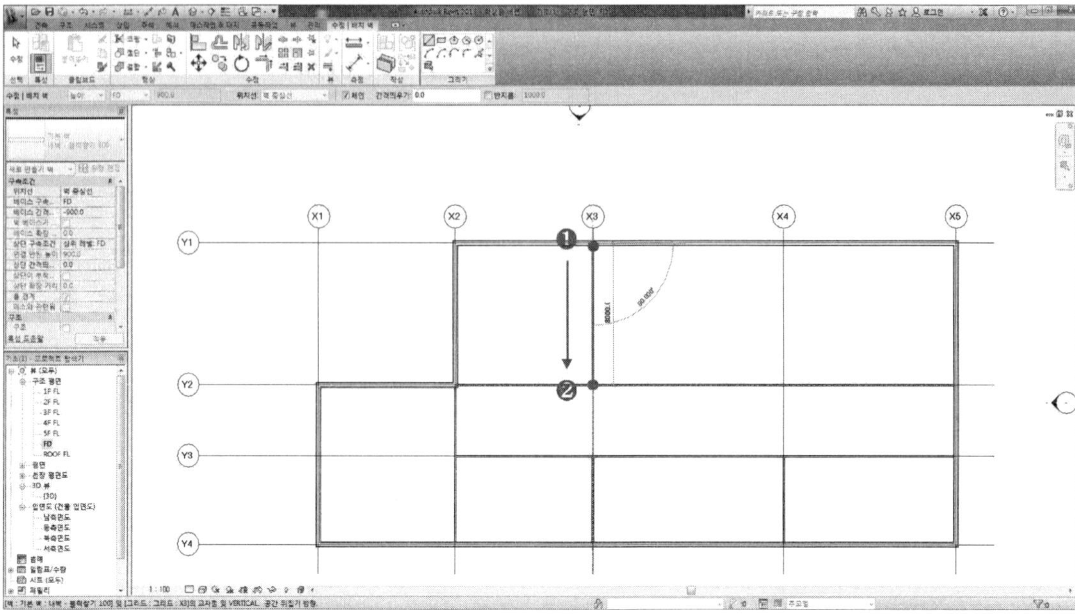

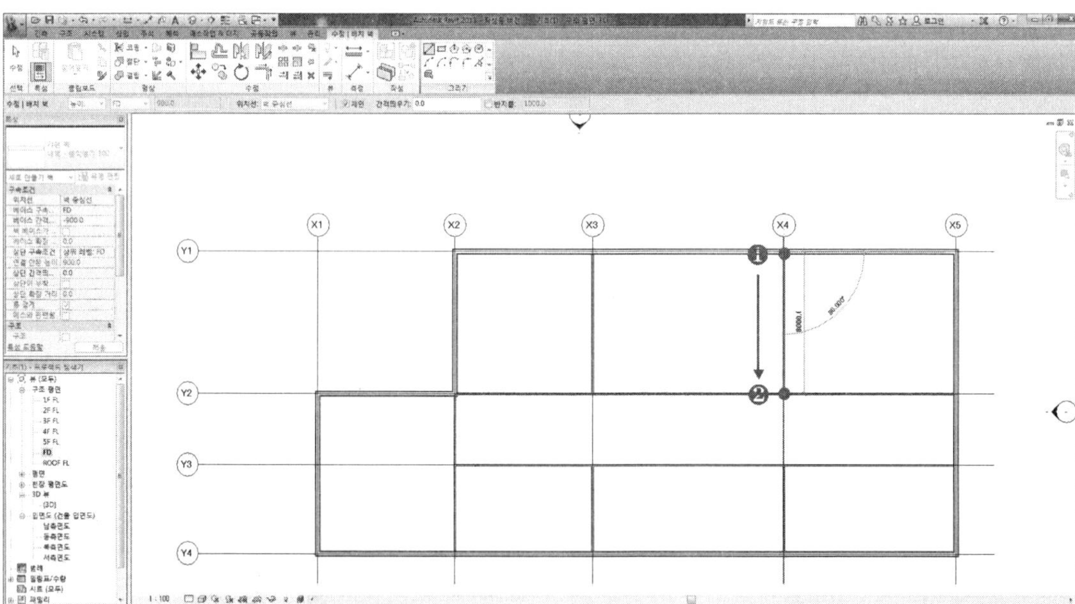

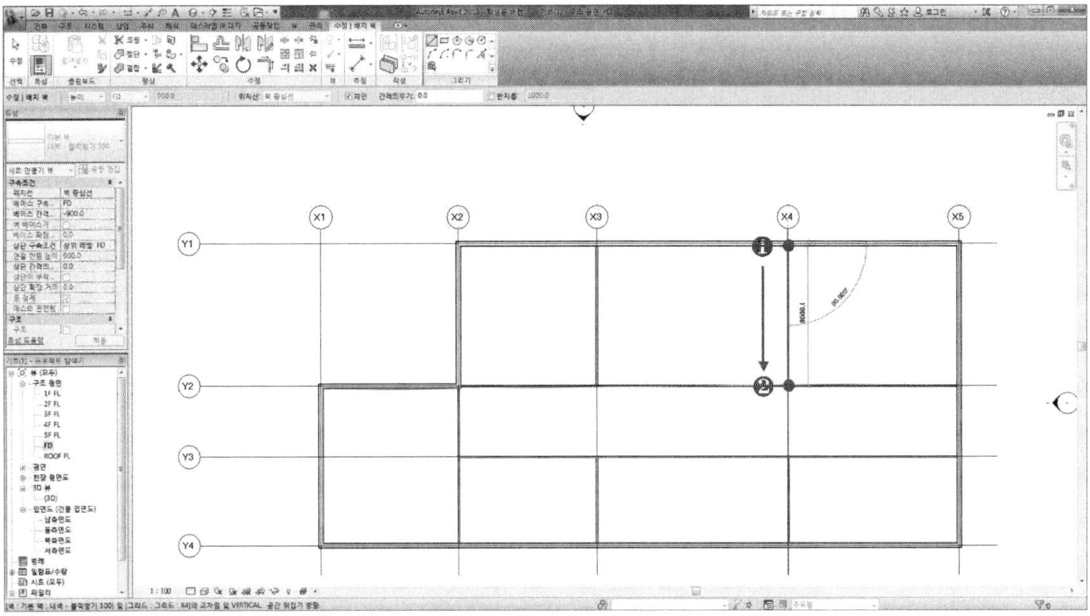

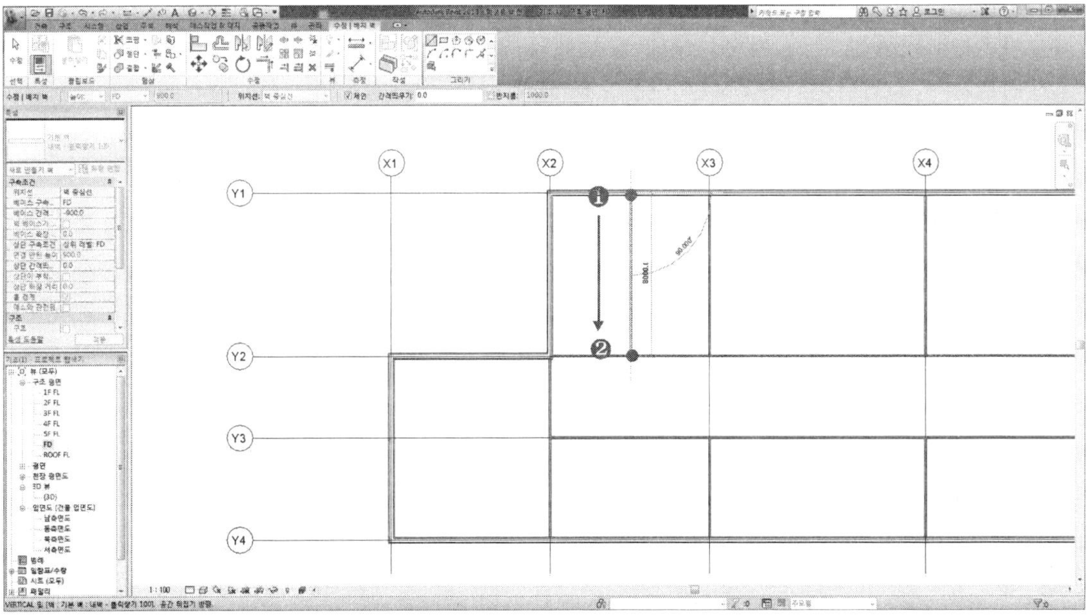

(8) 3D 버튼을 클릭하여 작업한 내용을 3D로 확인합니다.

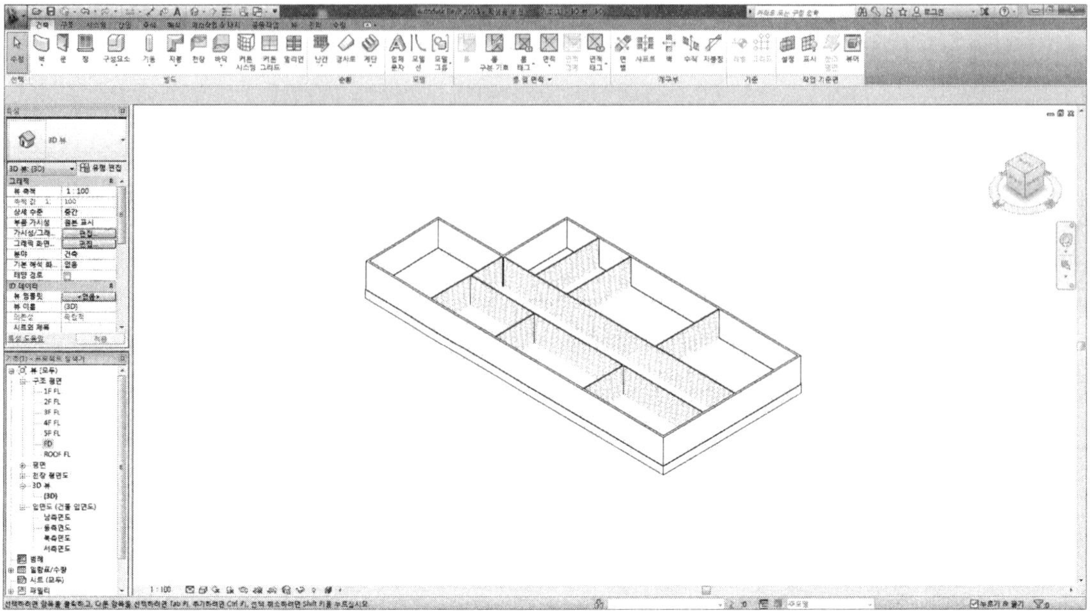

15.6.8 1층 평면도 작성하기(외벽, 내벽)

이번 chapter는 앞서 지하 1층에 작성했던 외벽, 내벽, 바닥 작업을 1층에 다시 한번 진행해보는 과정입니다. 복습하는 마음으로 작업하면 되겠습니다.

(1) 프로젝트 탐색기에서 1층 평면도 뷰를 엽니다. 앞에서 작성한 지하 1층 평면이 보이지 않습니다.

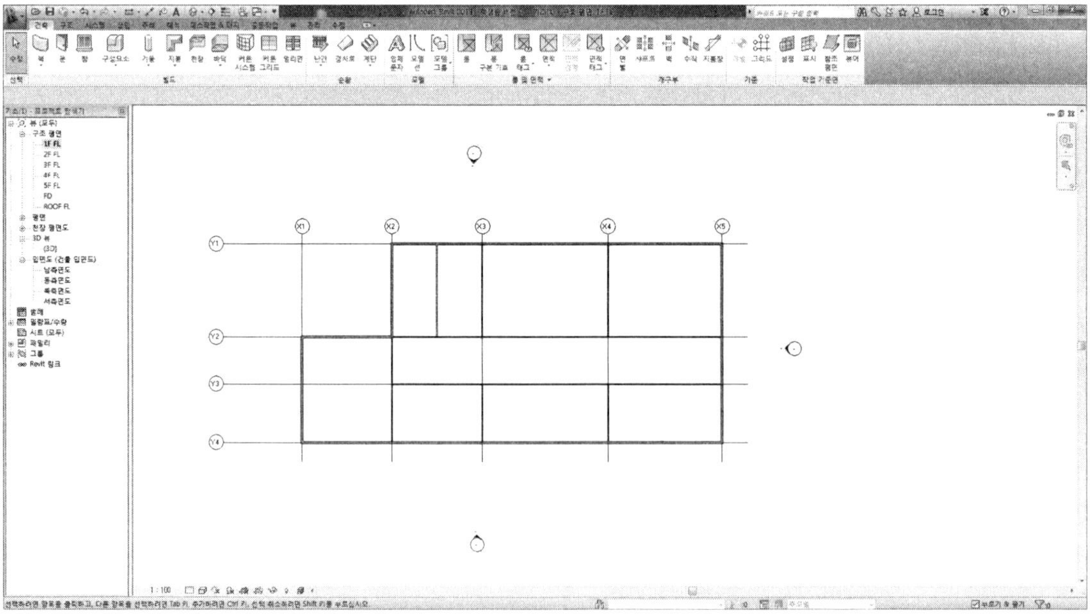

(2) 작업 공간의 한 지점을 오른쪽 클릭하여 특성을 클릭합니다.

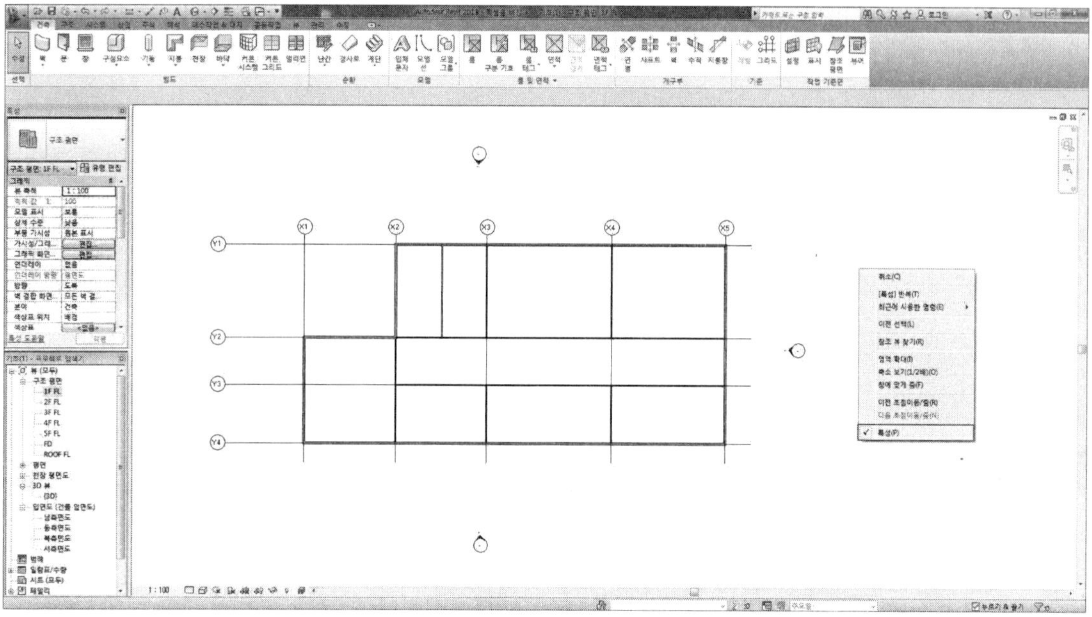

(3) 특성창에서 언더레이 항목에 현재는 '없음'으로 되어 있습니다. 우측의 화살표를 클릭하여 'FD'를 선택한 후 [확인]을 클릭합니다.

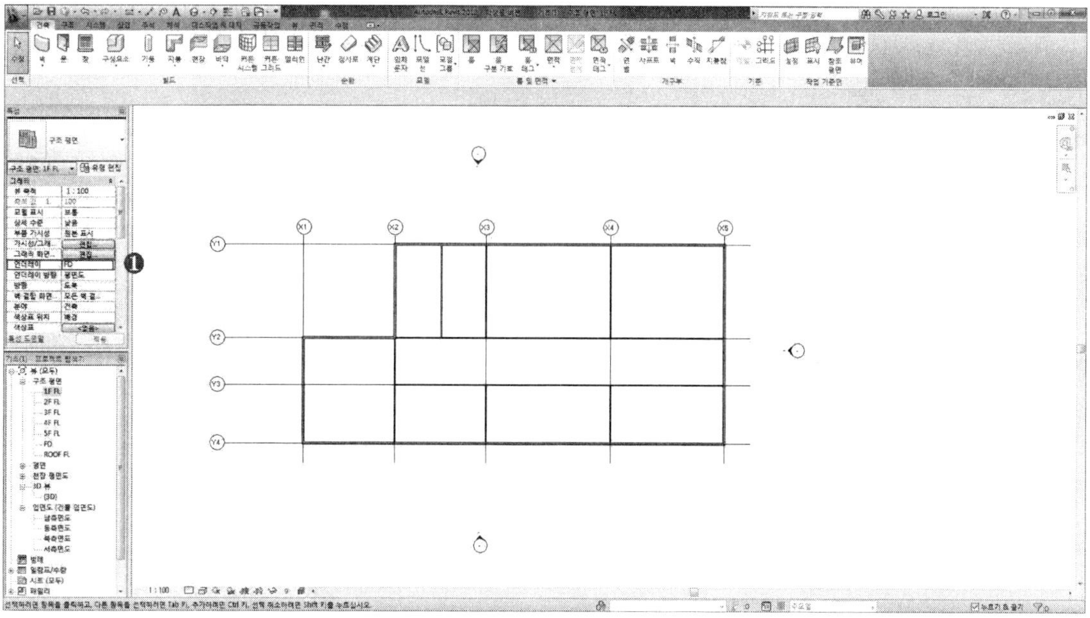

(4) 지하 1층이 밑바탕으로 나타나 1층 평면 작성에 참고할 수 있습니다.

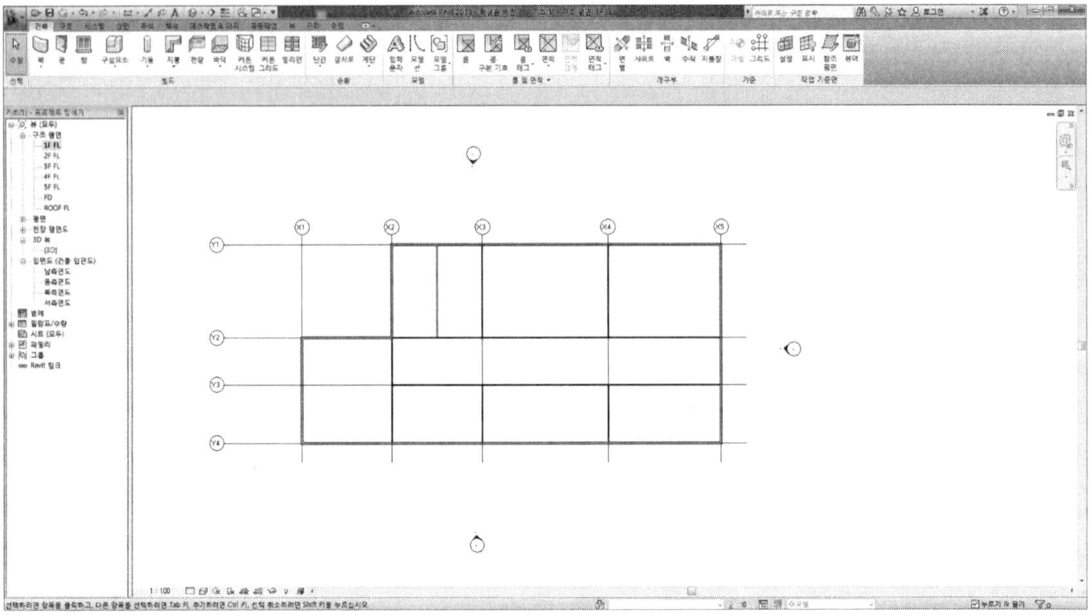

(5) 홈 탭의 벽을 선택하고, 특성창에서 요소 유형 변경을 눌러 '일반 - 200mm'를 선택합니다(높이:2층으로 되어 있는지 확인).

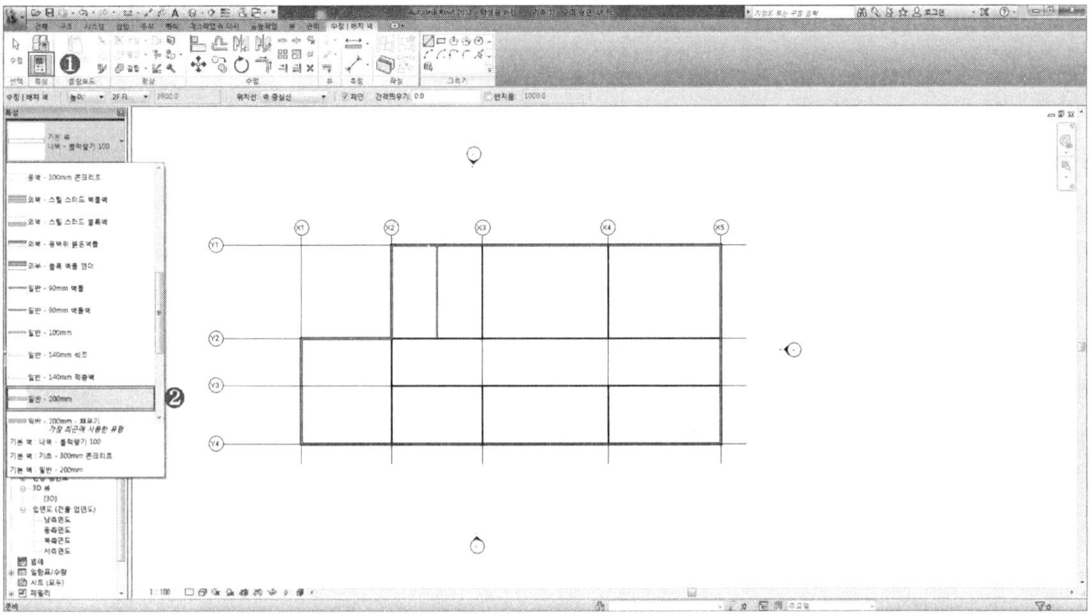

(6) 그리드 (X2,Y2)의 교차점에서 시작하여 지하 1층과 같은 위치에 외벽을 작성합니다. 작성이 끝나면 Esc키를 한 번 눌러 작업을 종료합니다,

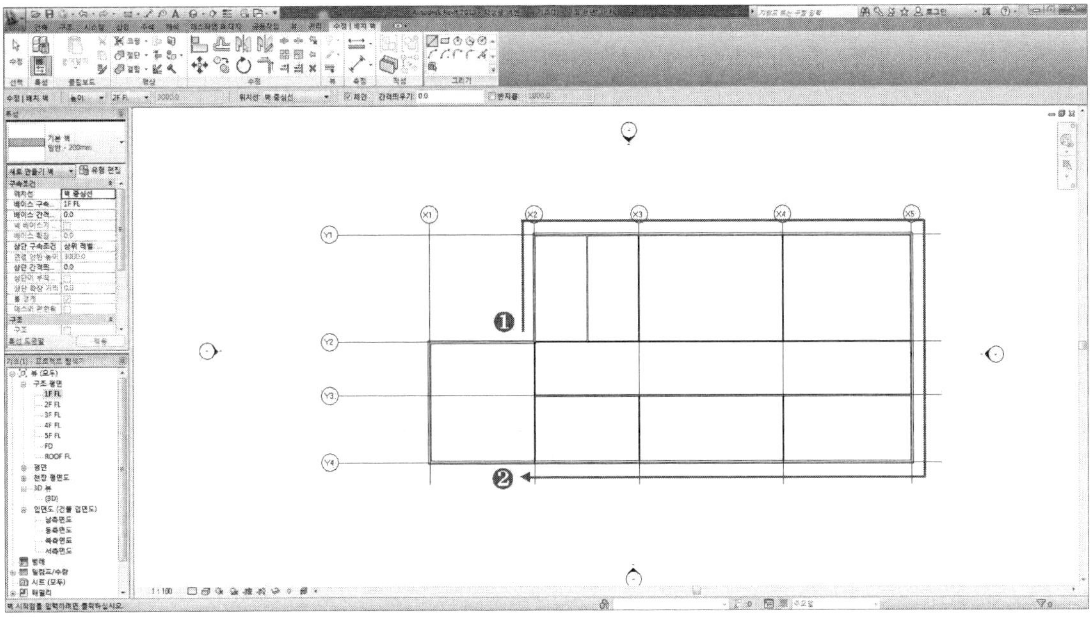

(7) 다시 특성창의 요소 유형 버튼을 눌러 '내부 - 블록 쌓기 100'을 선택합니다.

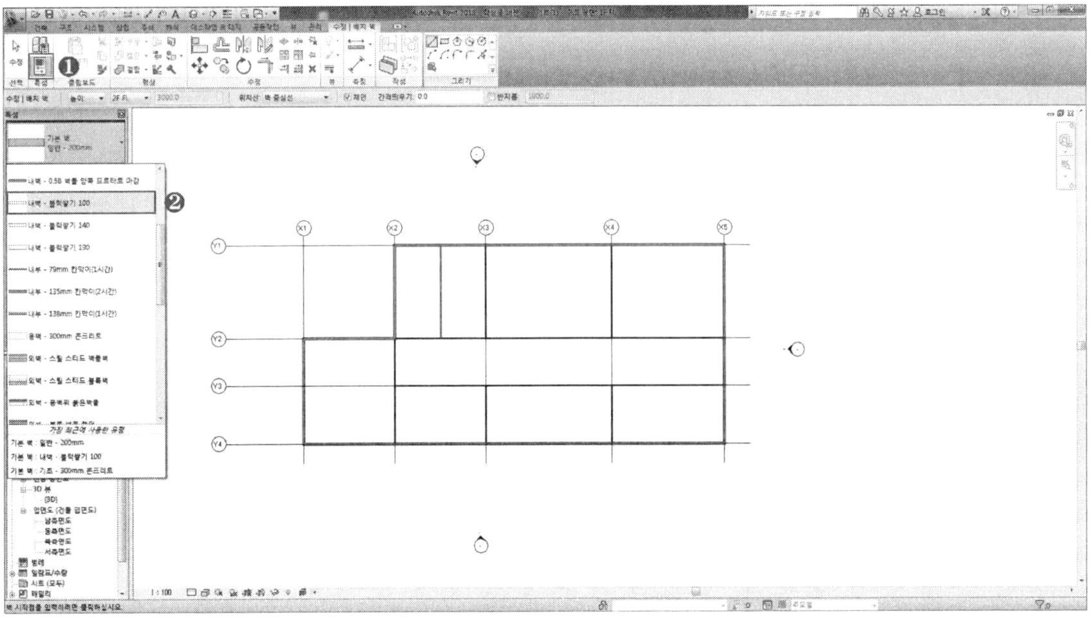

(8) 아래와 같이 내부 벽을 작성합니다. 각 교차점을 정확히 클릭하기 위해서는 뷰를 확대해서 작업하는 것이 좋습니다(벽 위치가 지하 1층과 다소 다르니 주의 바랍니다). 작업이 끝난 후 Esc키를 두 번 눌러 명령을 종료합니다.

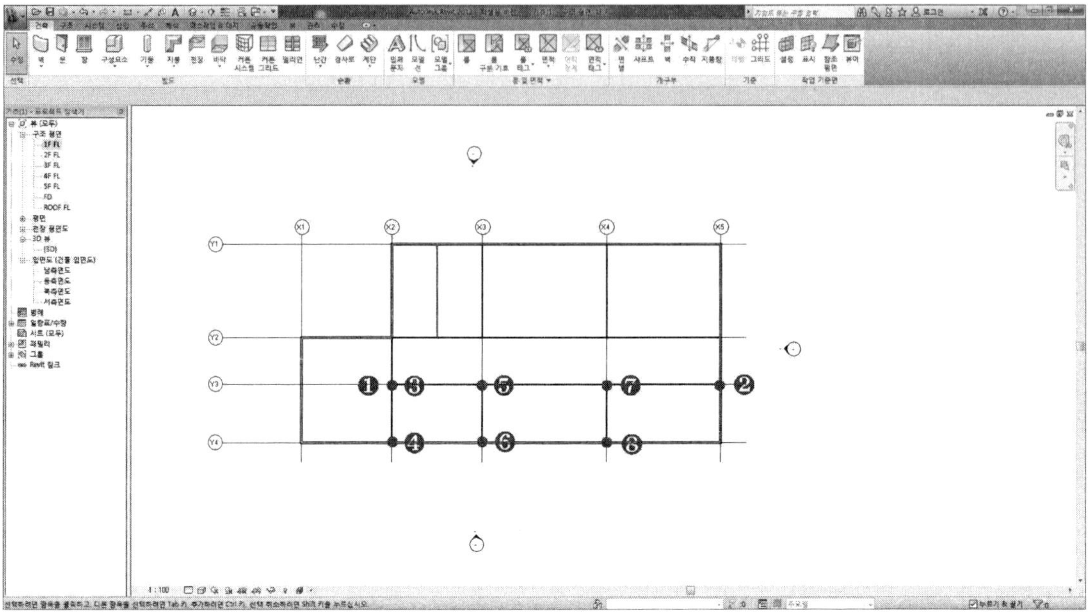

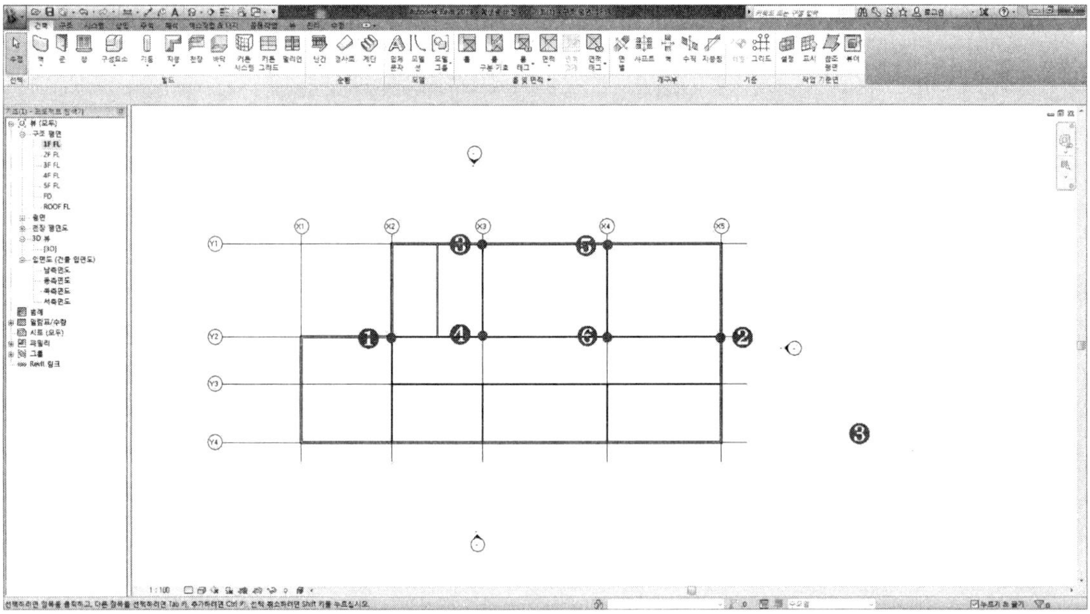

15.6.9 1층 평면도 작성하기(바닥)

(1) 1층 평면도 뷰에서 [건축] 탭의 [바닥]을 클릭합니다.

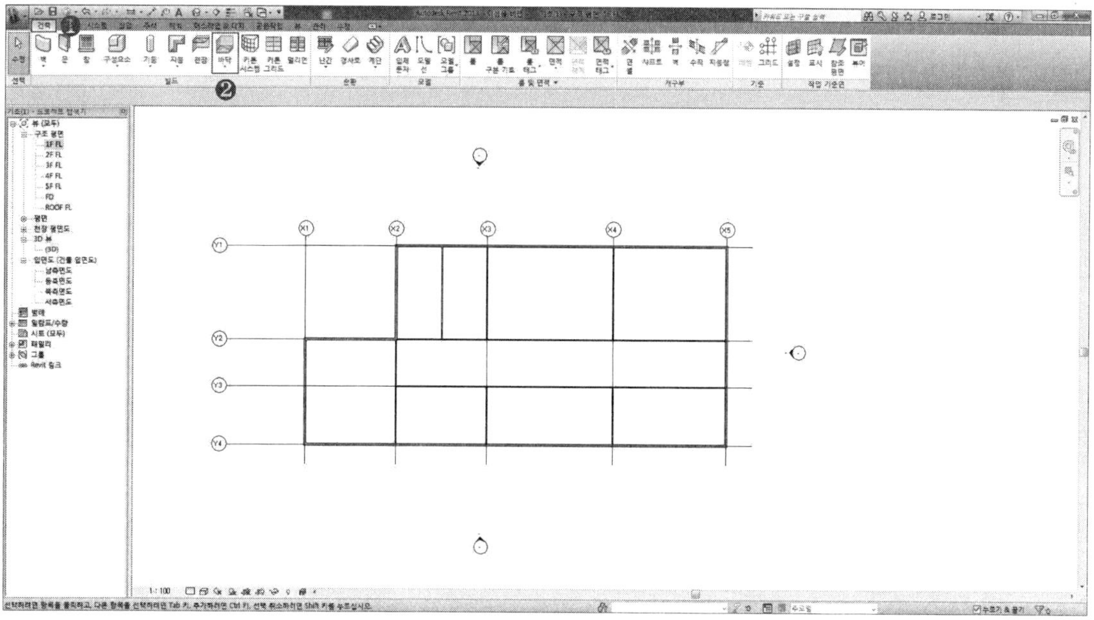

(2) [벽 선택]이 선택되어 있는지 확인하고, 각 외벽의 안쪽 라인을 클릭합니다. 핑크색 라인이 작성됩니다. 바닥 경계선이 완성됩니다. 바닥 완료를 클릭합니다.

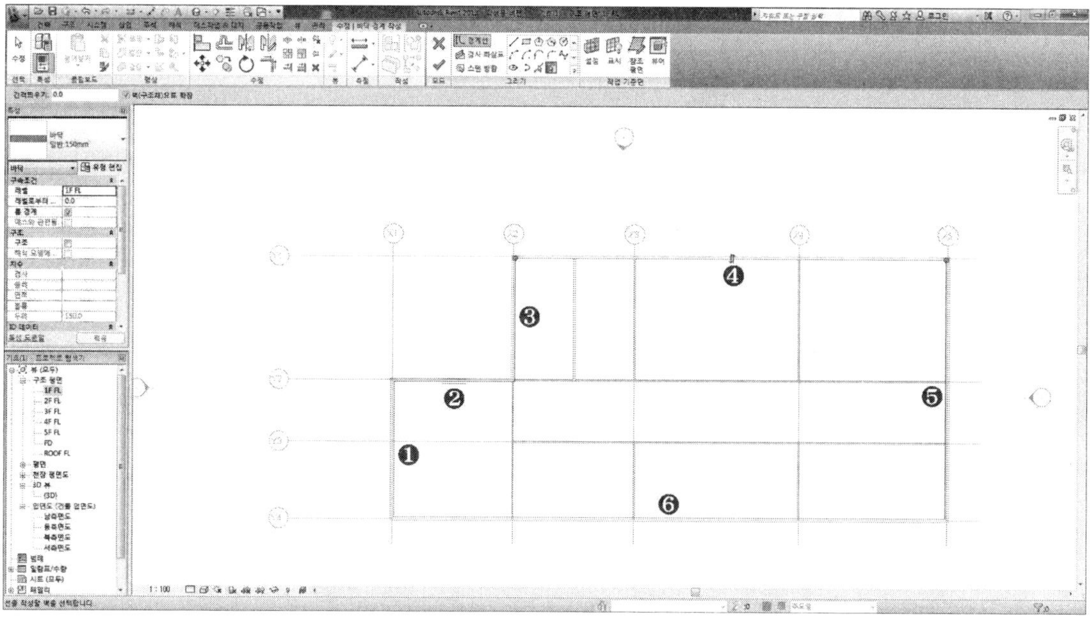

(3) 3D 뷰에서 방금 작성한 바닥을 확인합니다.

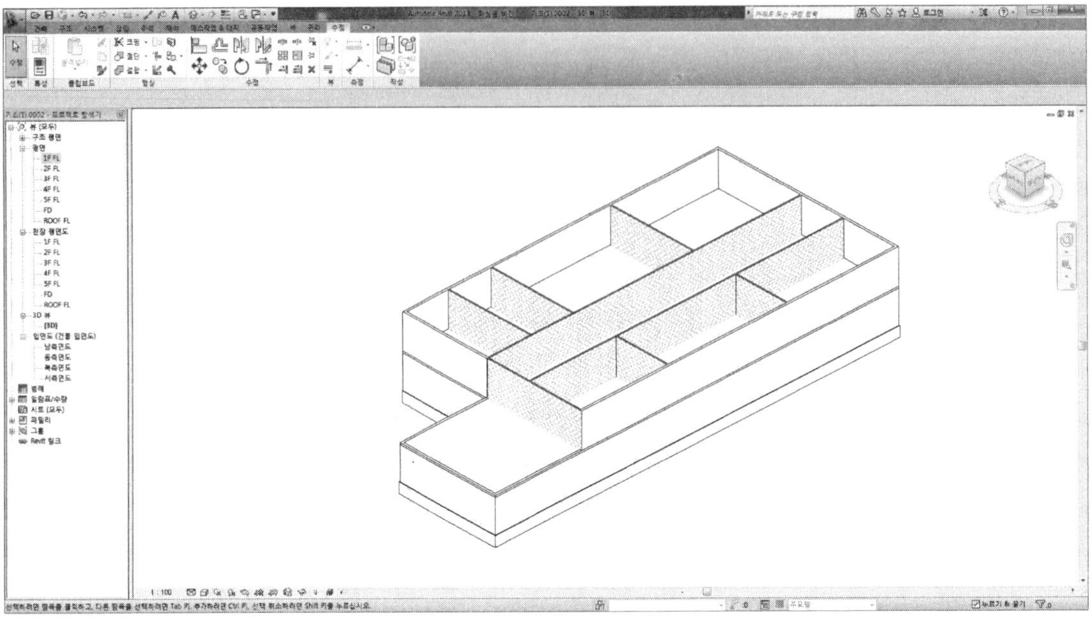

15.6.10 문/창 작성하기

문과 창은 건축물의 출입, 채광, 통기 등의 개구부 역할을 담당하는 건축에서 매우 중요한 요소입니다. Revit에서 문과 창은 독립적으로 존재할 수 없고, 벽에만 배치할 수 있으며(천창 제외), 벽을 삭제하면 같이 삭제됩니다. Revit에서는 문이나 창 배치 시 EQ기능을 사용하면 균일한 간격의 배치가 가능하여 특히 입면의 창호 계획에 있어 매우 유용합니다.

(1) 1층 평면도 뷰에서 내부 벽이 잘 보이게 뷰를 확대한 후 [건축] 탭의 [문]을 선택합니다.

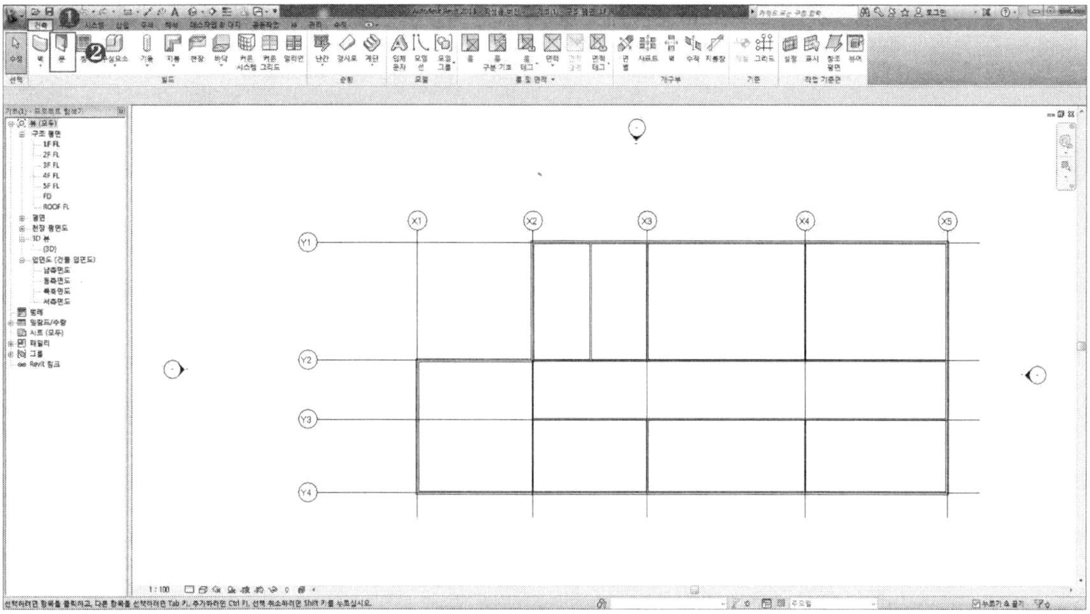

(2) 특성변경 창에서 문 종류를 확인합니다. 현재는 문 종류가 한정적입니다.

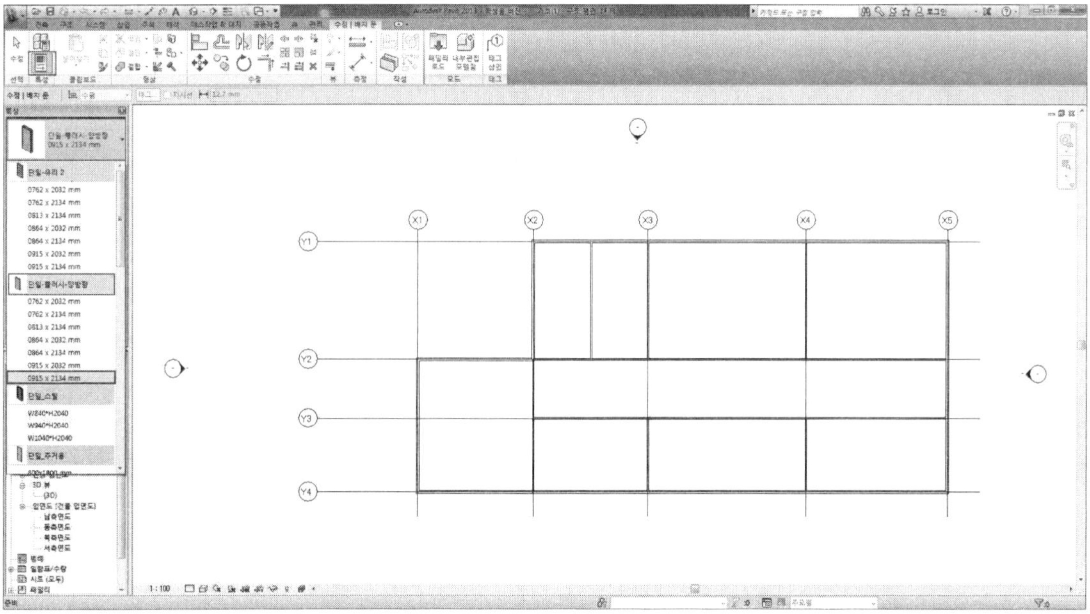

(3) 좀 더 많은 유형을 선택하기 위해서 [패밀리 로드]를 클릭합니다.

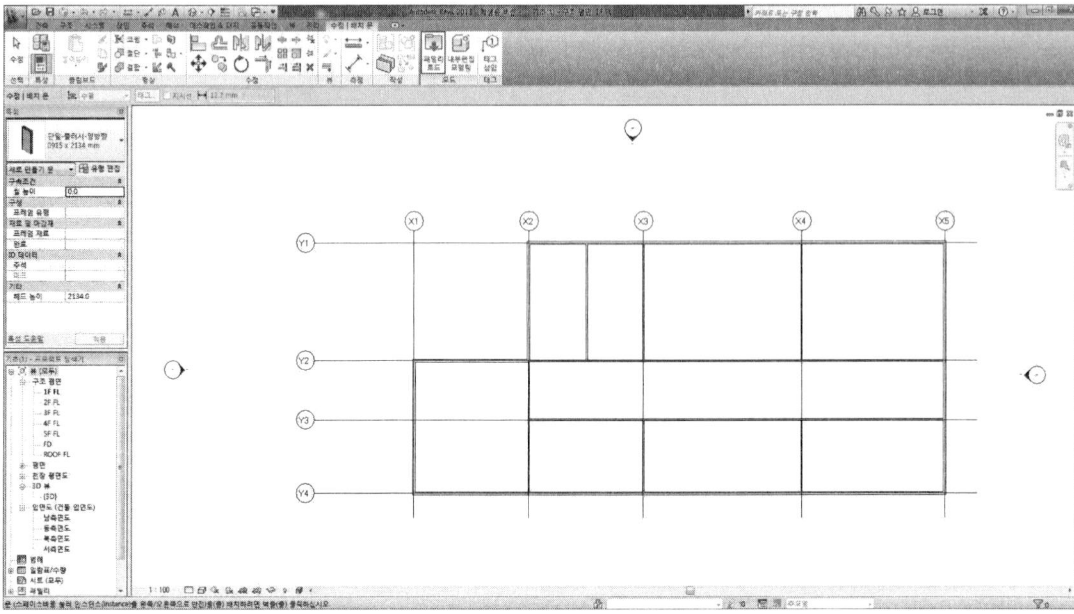

(4) 'Architecture'의 '건축' 폴더를 더블 클릭합니다.

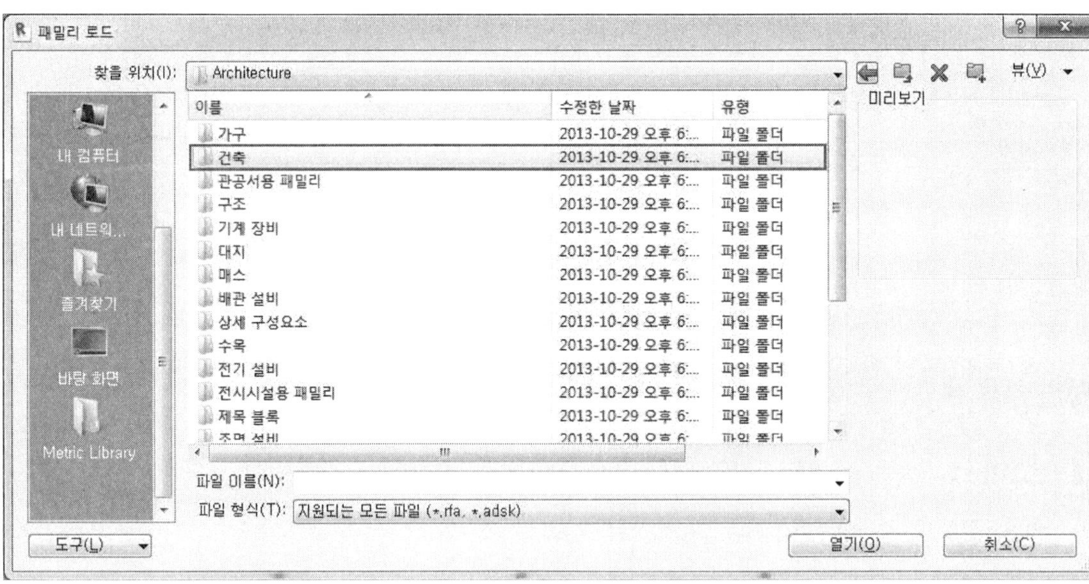

(5) '문' 폴더를 더블 클릭하여 엽니다.

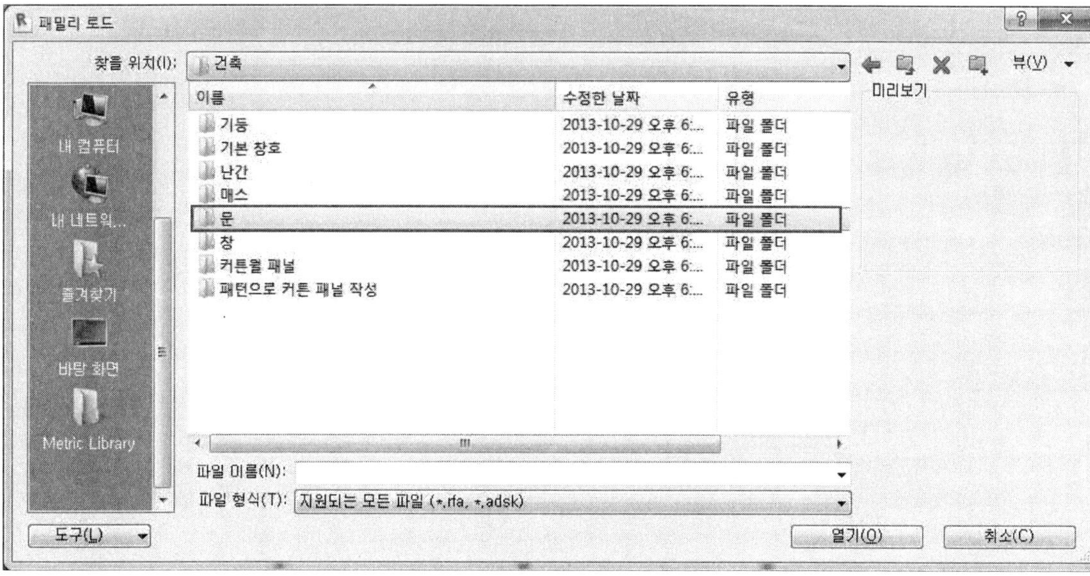

(6) '단일-패널 1'을 더블 클릭합니다.

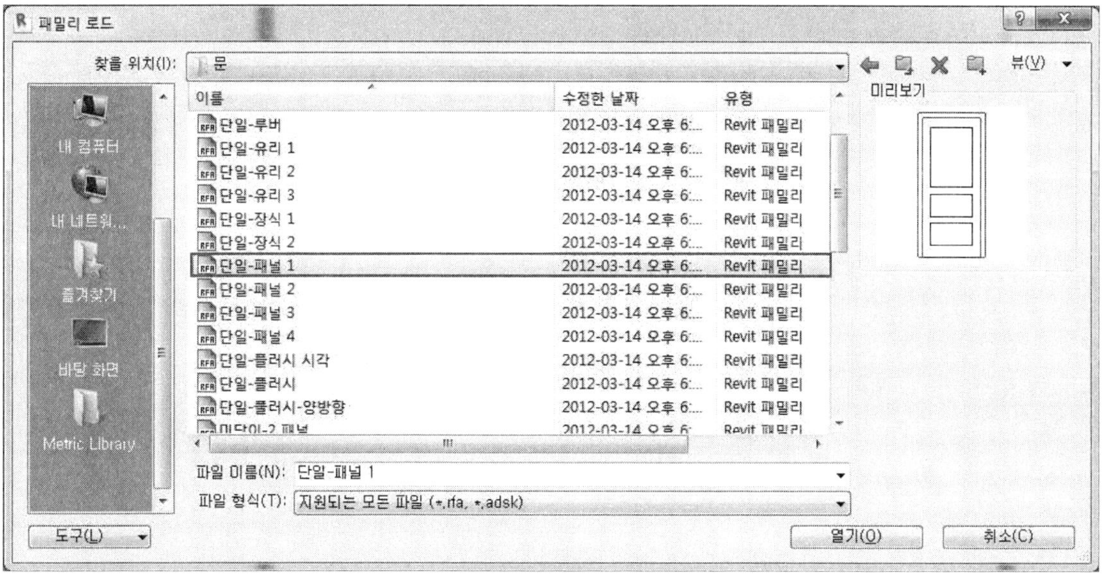

(7) 특성변경창을 눌러 '단일 패널 1'유형이 로드된 것을 확인합니다. 치수 중 0915×2134mm를 선택합니다.

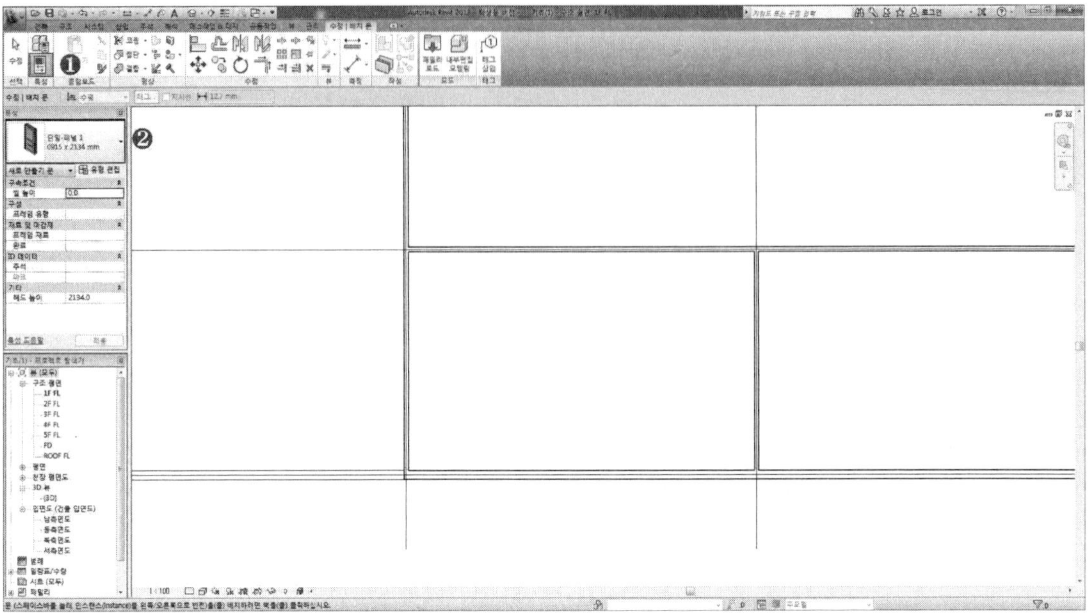

참고 : 로드된 패밀리는 프로젝트 탐색기에서 쉽게 확인할 수 있습니다.

(8) 그러나, 이 치수가 딱 맘에 들지 않습니다. 그래서 새로운 문의 유형을 생성하고자 합니다. 유형특성을 선택합니다.

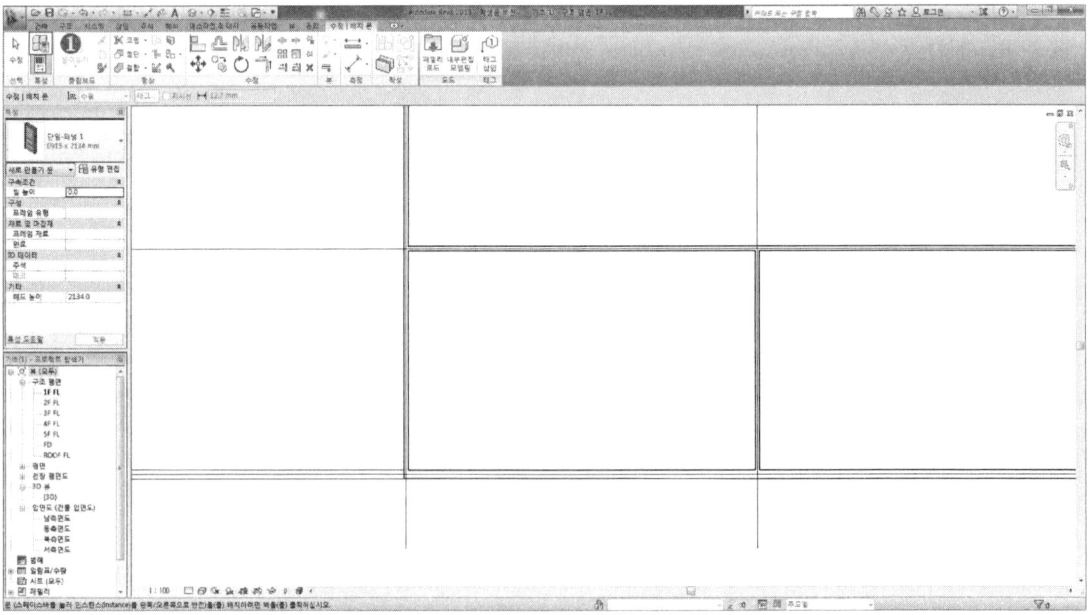

(9) 유형 특성창이 뜨는데 여기서 높이나 폭 등의 수치를 자유롭게 입력하여 새로운 유형을 생성할 수 있습니다.

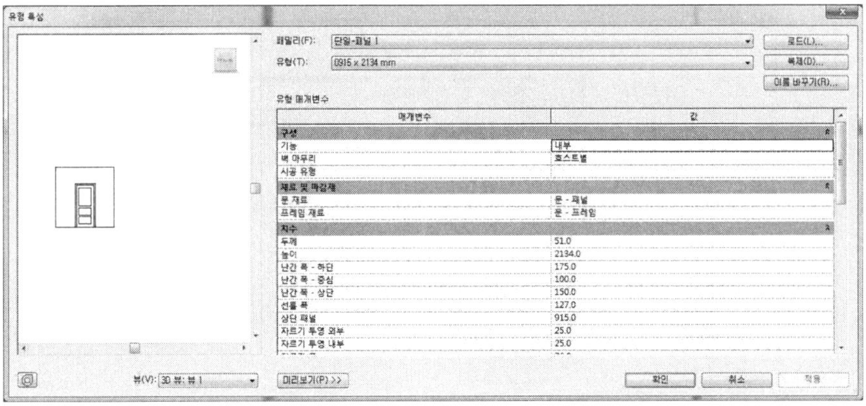

유의 : 유형 특성을 변경할 때는 각별히 주의를 해야 합니다(예를 들면 하승진의 성별이나 국적을 변경하면, '한국남자' 카테고리를 벗어나기 때문에 원래 하승진이랑 구분하기 위해 '하승진2' 등의 새 이름을 부여해야 합니다).

(10) 새 이름을 부여하기 위해 [복제]를 클릭합니다.

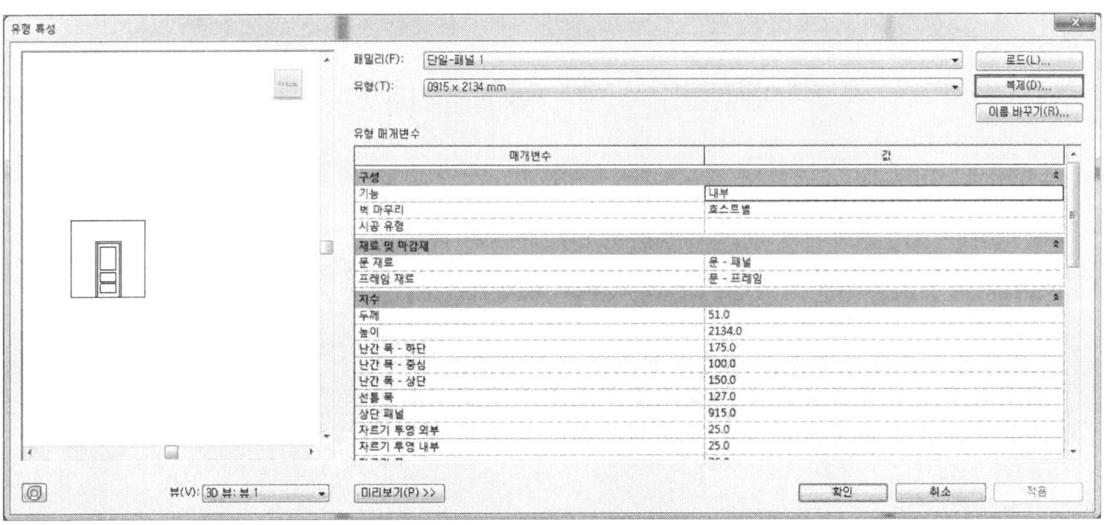

(11) 이름 창이 뜹니다(복제 버튼을 누르면 원래 이름에 자동적으로 2가 붙은 이름이 생성됩니다).

(12) 이름을 '0900×2100mm'로 바꿔 입력하고 [확인]을 클릭합니다.

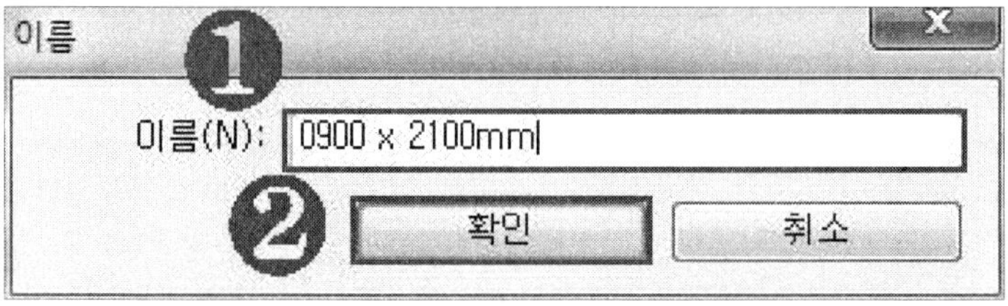

(13) 유형 특성 창에서 높이 : 2100, 폭 : 900을 입력합니다.

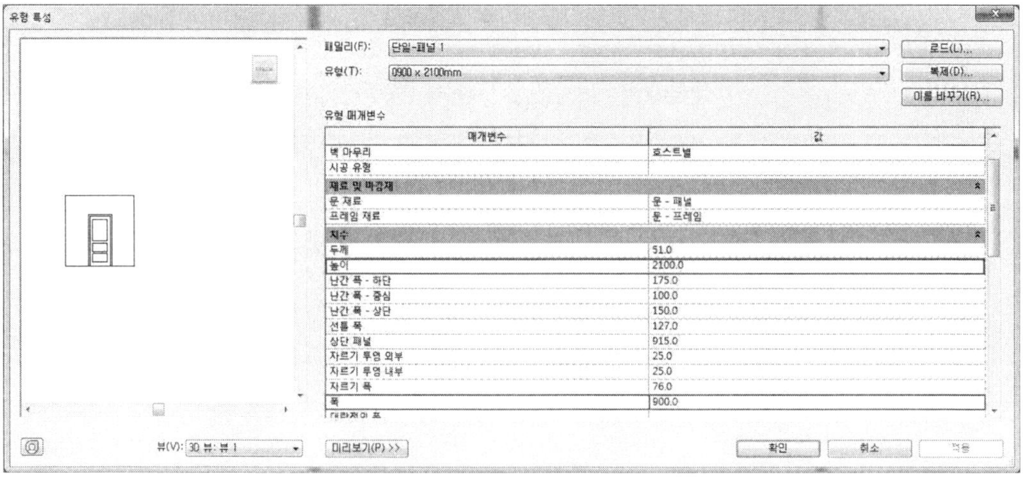

(14) 이로서'단일 패널 1 0900×2100mm'라는 새 유형이 만들어 졌습니다. 확인을 눌러 창을 닫습니다.

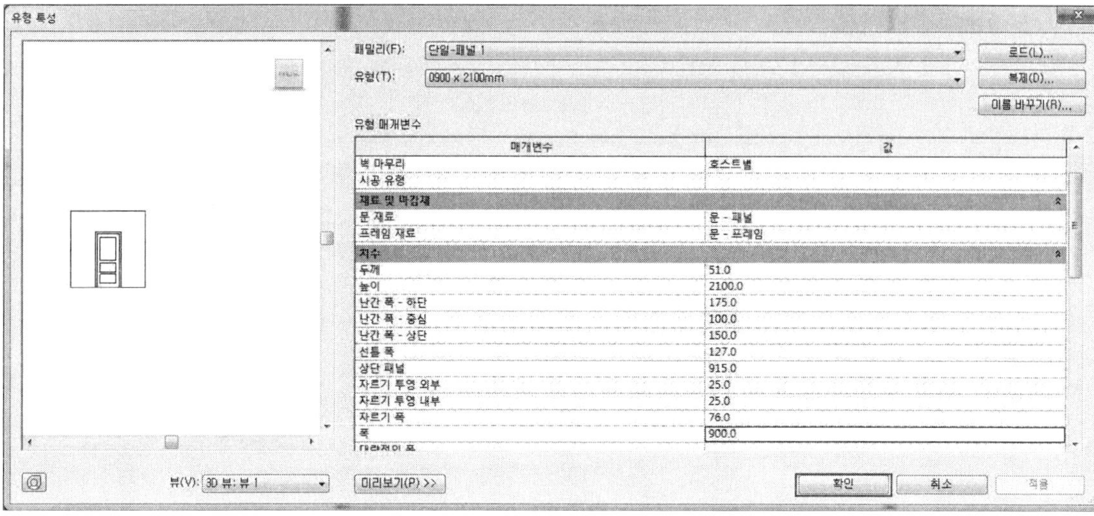

> **유의** : 만일 새 이름을 부여하지 않은 상태로, 사이즈만 변경한다면, 기존의 '단일 패널 1 0915×2134mm'문 유형은 없어지고, 0900×2100mm로 사이즈가 대체되어 적용 됩니다. 작업하다 보면 기존의 유형이 필요할 때도 있으니 유형 변경은 반드시 새 이름을 만들어서 적용하는 것이 안전합니다.

(15) 특성변경창을 눌러 보면 0900×2100mm가 새로 생성되었습니다.

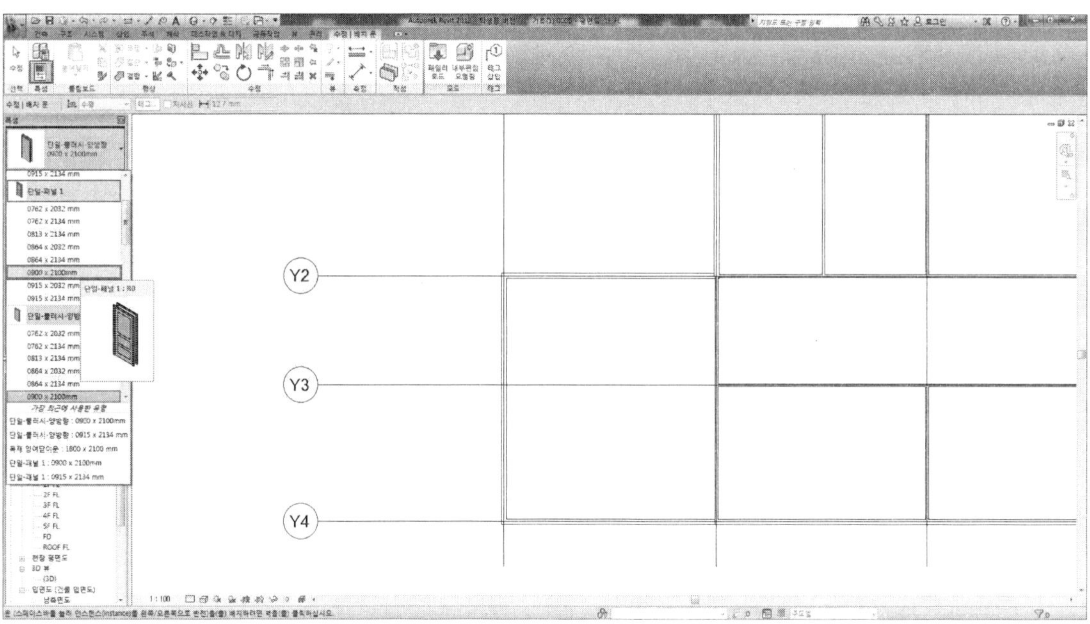

(16) [태그 삽입]을 선택해서 태그 삽입 체크 박스를 해제합니다(이 박스에 체크가 되어 있으면 문을 작성할 때마다 순서대로 태그 번호가 기입됩니다).

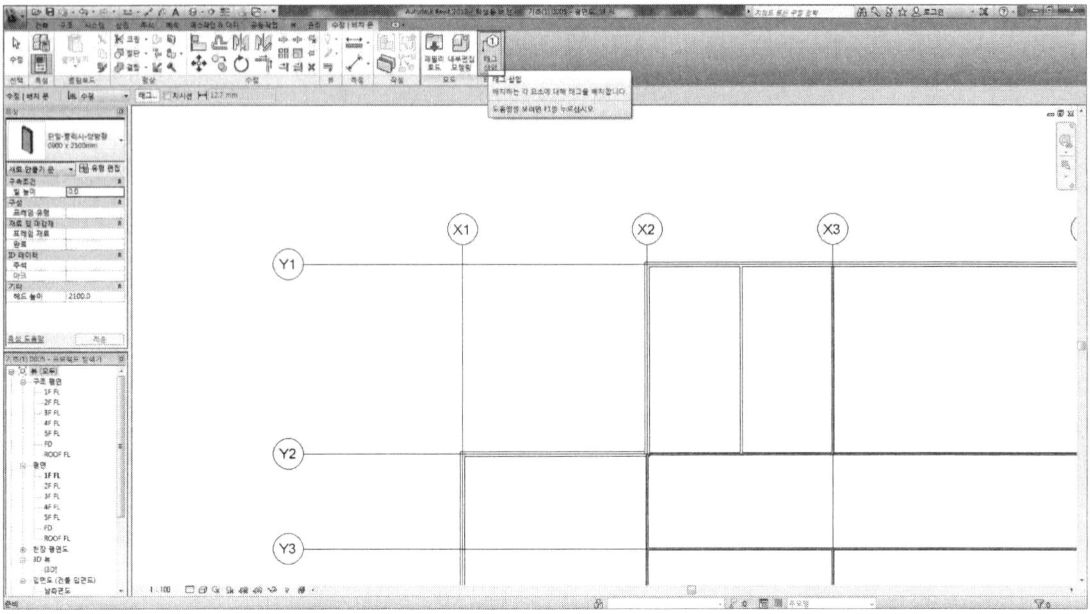

(17) 마우스를 그리드 Y2의 벽 하단에 갖다 대면 문이 표시됩니다. 문이 열리는 방향은 마우스의 위치로 변경할 수 있습니다. 문과 함께 임시치수가 표시되는데, 아래의 경우는 문이 인접한 벽에서 각 1000, 2000씩 떨어진 지점에 위치한다는 의미입니다.

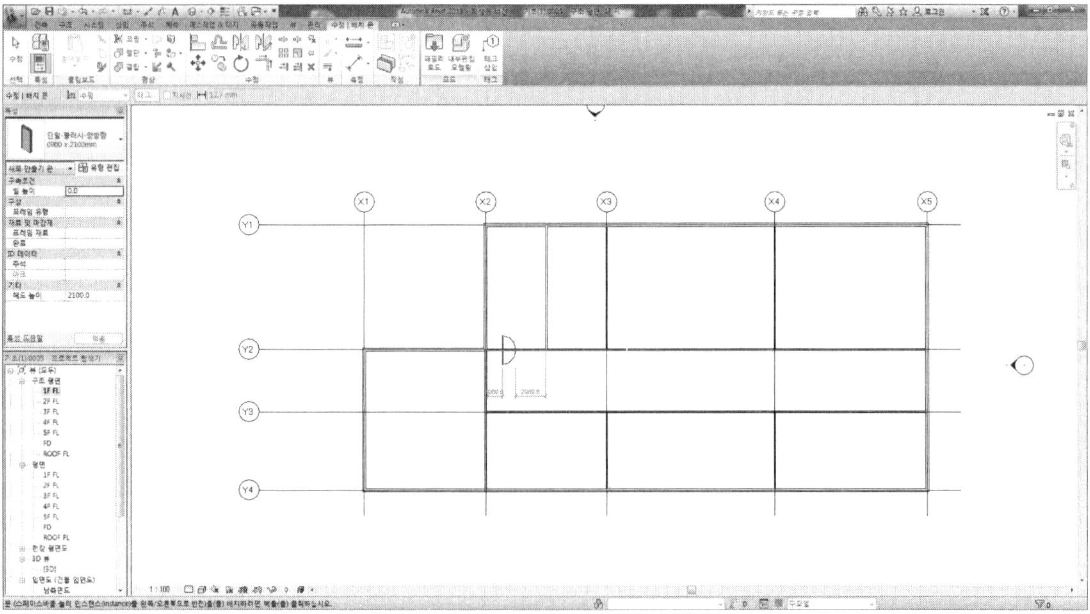

(18) 마우스를 벽에 갖다 댄 상태에서 키보드의 스페이스 바를 누르면 문이 열리는 방향이 변경됩니다. 아래와 같은 문 방향이 되면 벽에서'1525' 떨어진 지점을 클릭하여 문을 설치합니다.

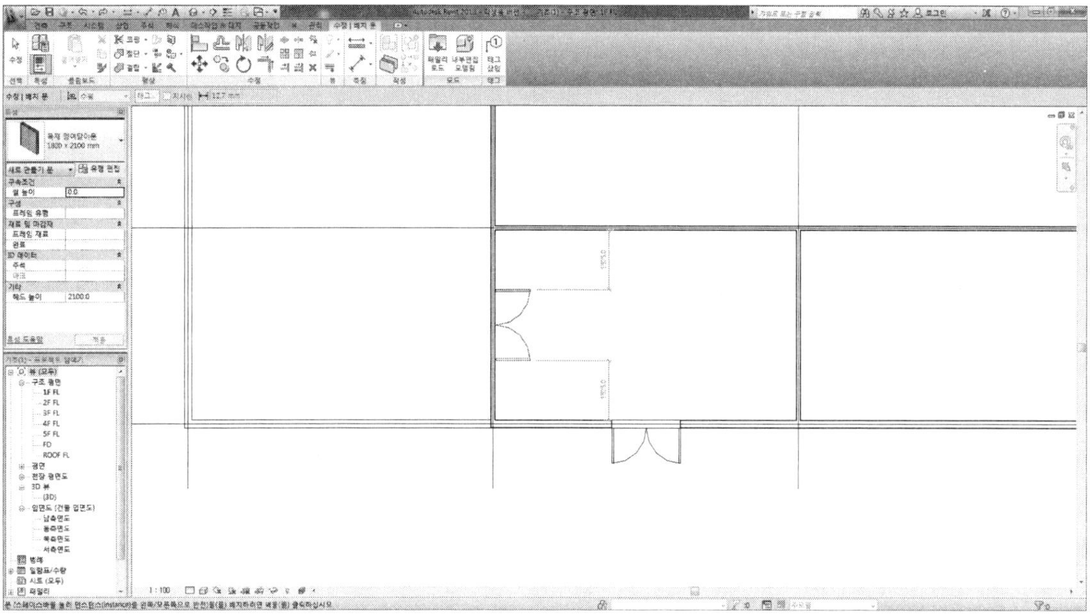

(19) 같은 방법을 그리드 Y2, Y3 사이의 벽에 문을 하나 더 작성합니다.

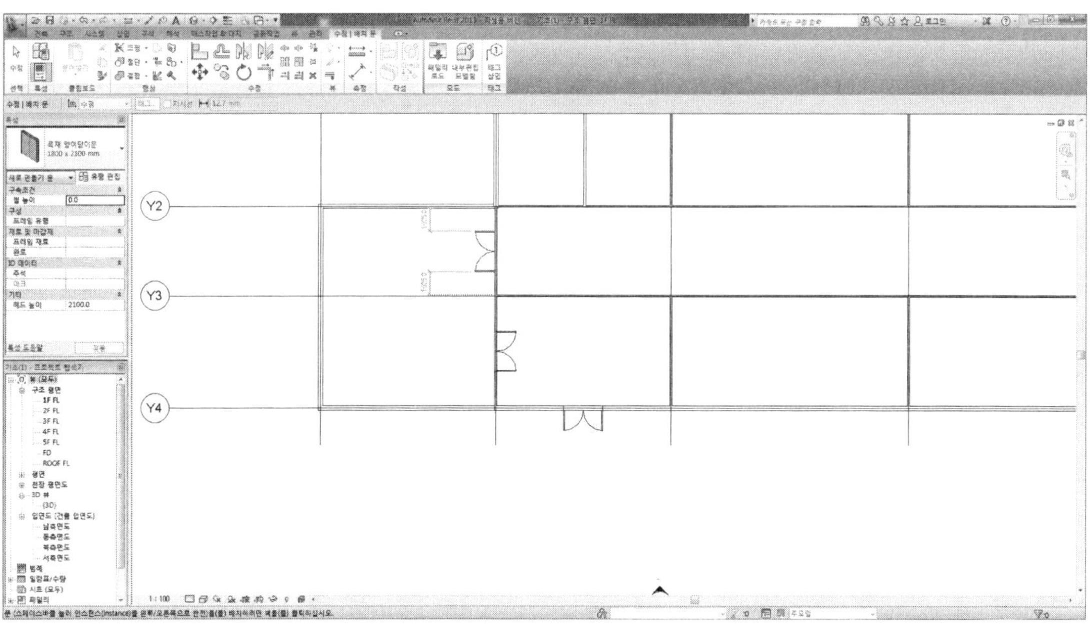

(20) 위와 같은 방법으로 문을 작성합니다. 작업을 종료 후 Esc키를 두 번 눌러 명령을 종료합니다.

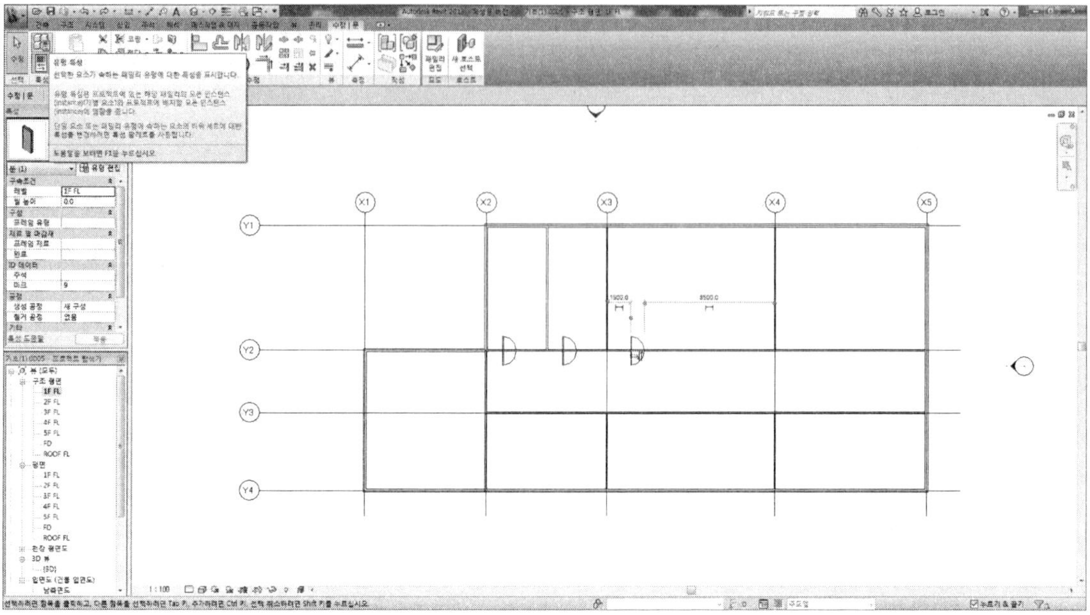

(21) 방금 작성한 문의 사이즈를 변경하기 위해 문을 선택 후 유형 특성을 선택합니다.

참고 : 요소 선택 후 메뉴의 유형 특성을 클릭할 수도 있으나, 오른쪽 클릭으로 특성 메뉴를 선택하면 바로 유형 특성 창이 열립니다.

(22) 유형 특성 창에서 0762×2032mm를 선택하고 확인을 클릭합니다.

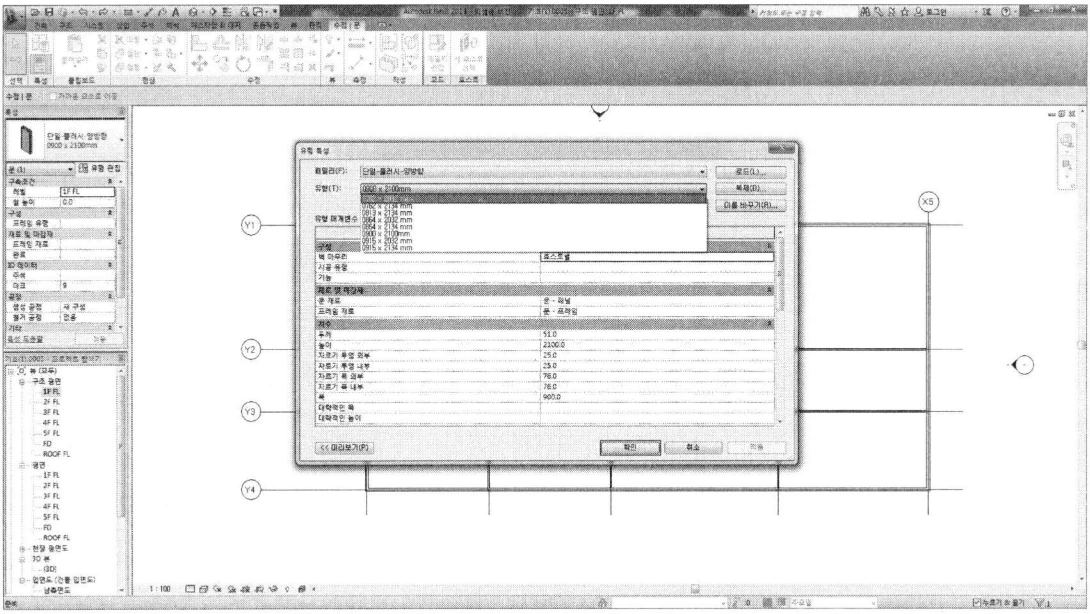

(23) 아래와 같이 문의 사이즈가 0762×2032mm로 변경이 되었습니다.

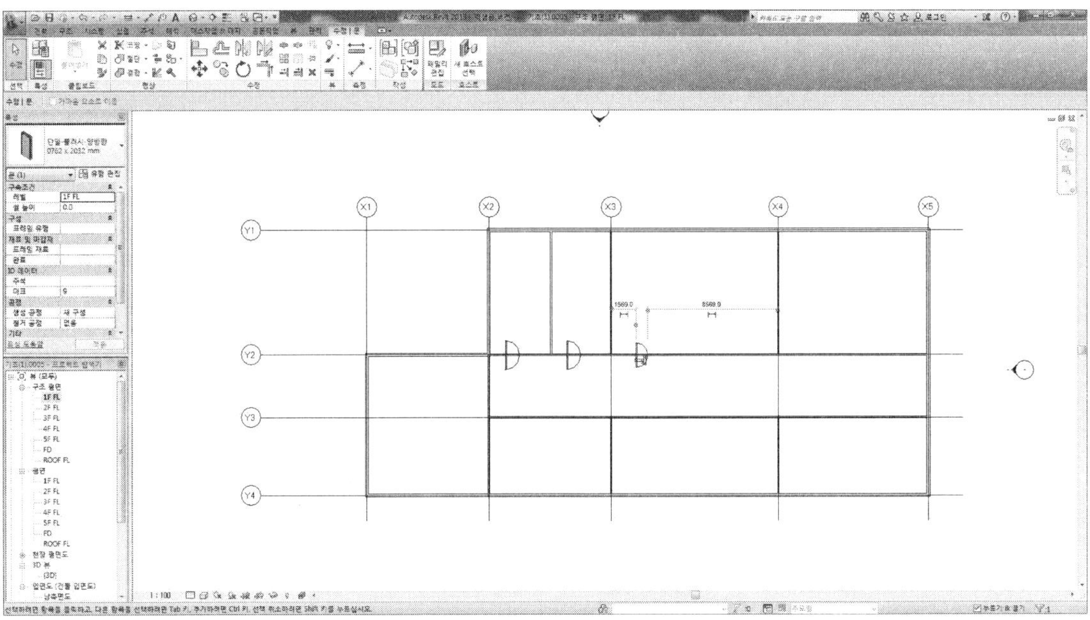

(24) 위와 같은 요령으로 출입구 문을 삽입합니다,

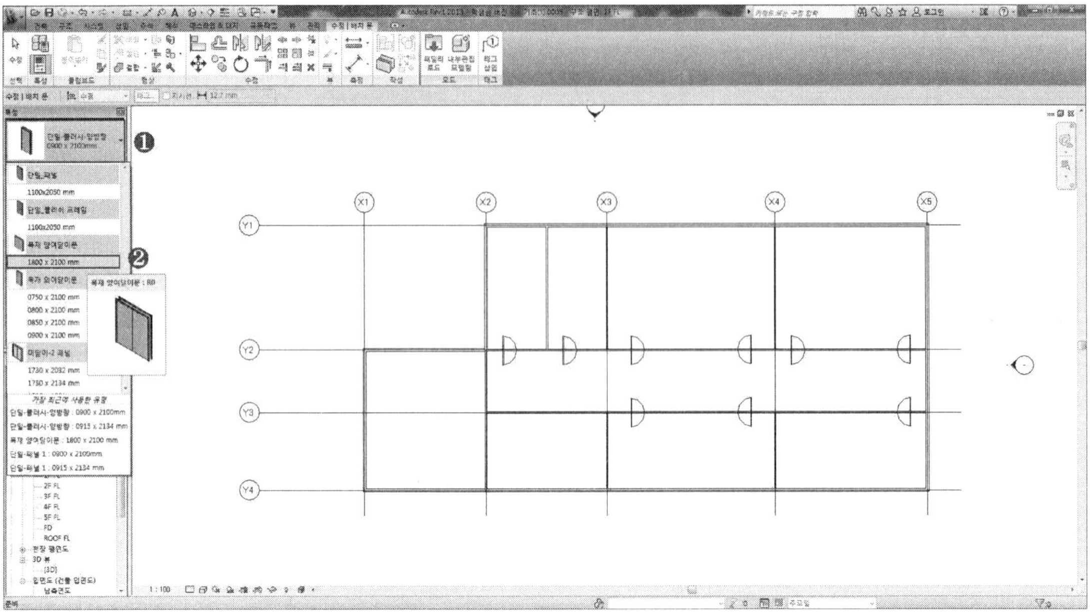

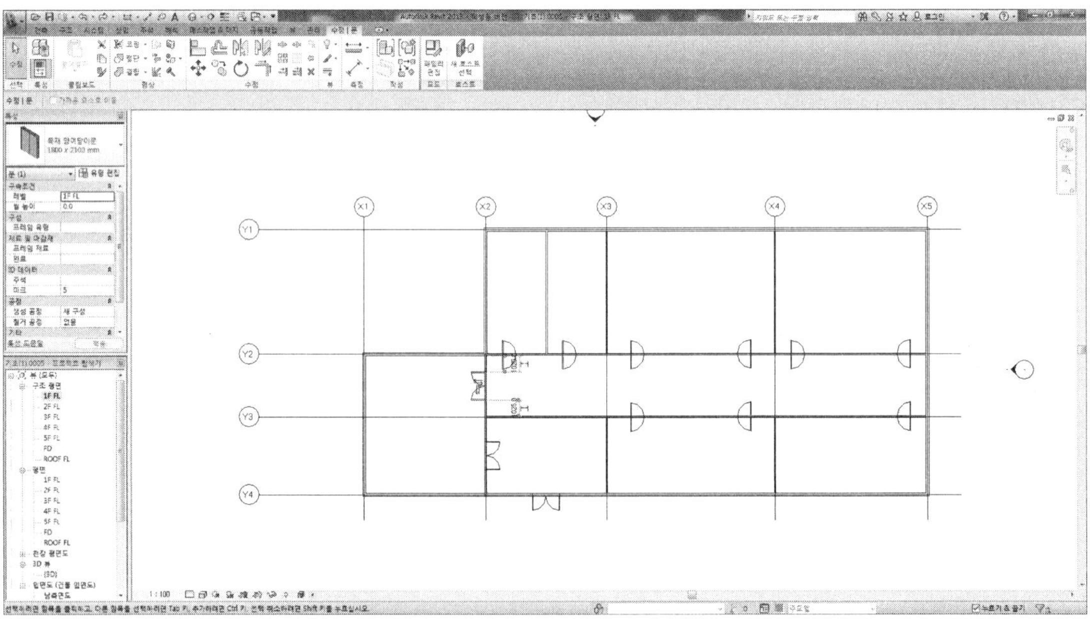

15.6.11 문/창 작성하기 2

(1) 1층 평면도 뷰에서 [건축] 탭의 [창] 버튼을 클릭합니다.

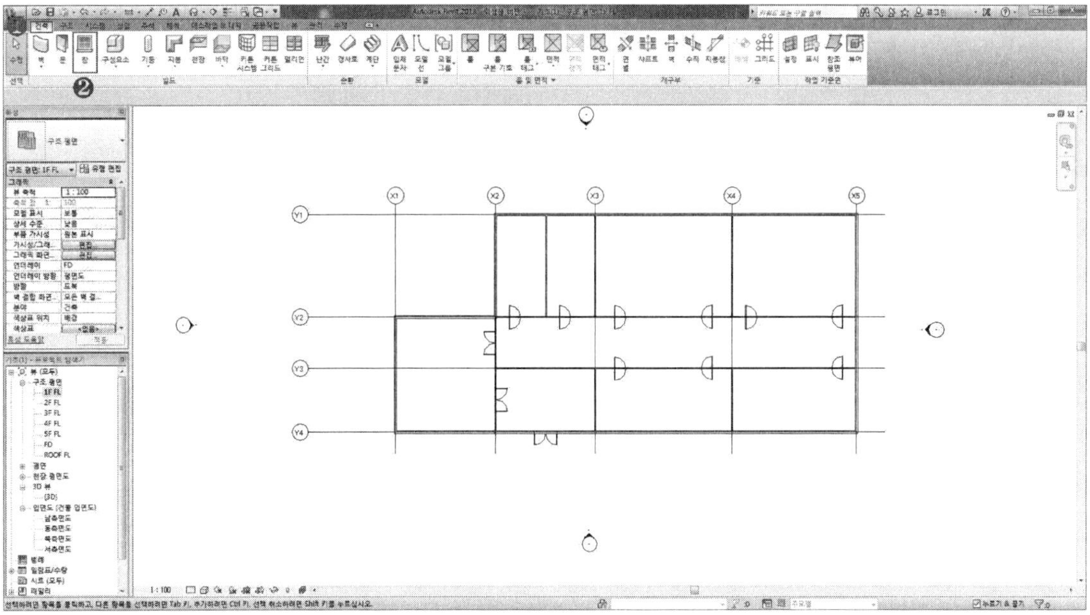

(2) 좀 더 많은 유형을 선택하기 위해서 [패밀리 로드]를 클릭합니다.

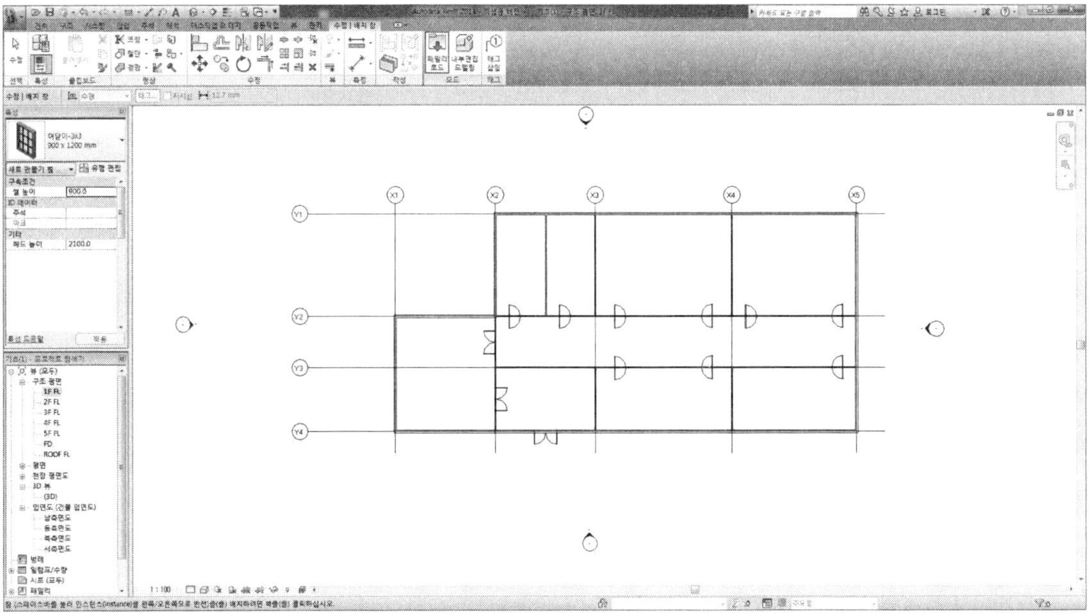

(3) 'Architecture' 폴더의 '건축' 폴더를 더블 클릭하여 엽니다.

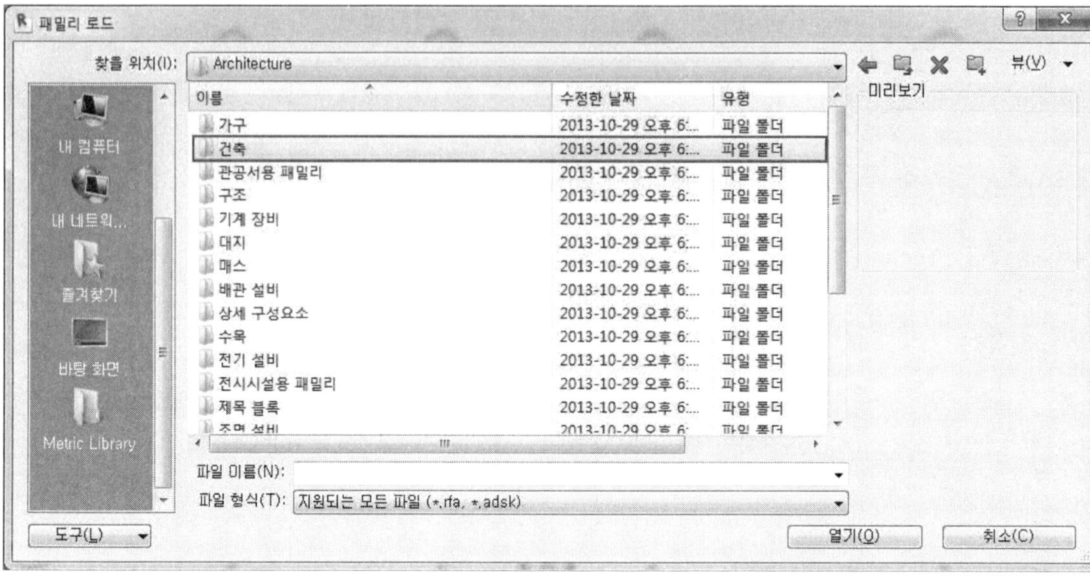

(4) 건축 폴더 내의 '창' 폴더를 더블 클릭하여 엽니다.

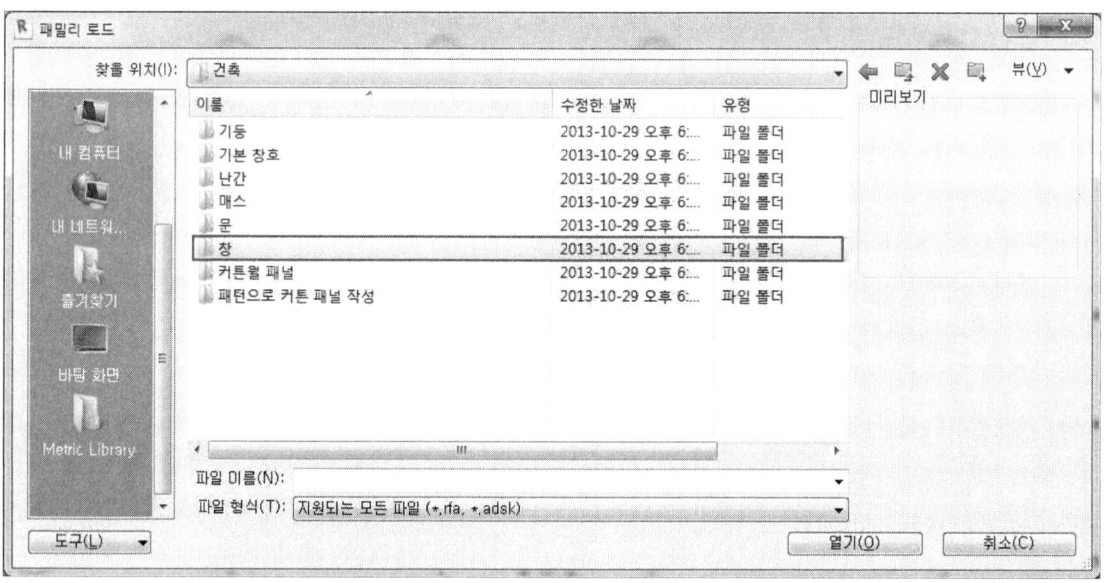

(5) '창' 폴더의 '자르기가 있는 미닫이'를 더블 클릭하여 엽니다.

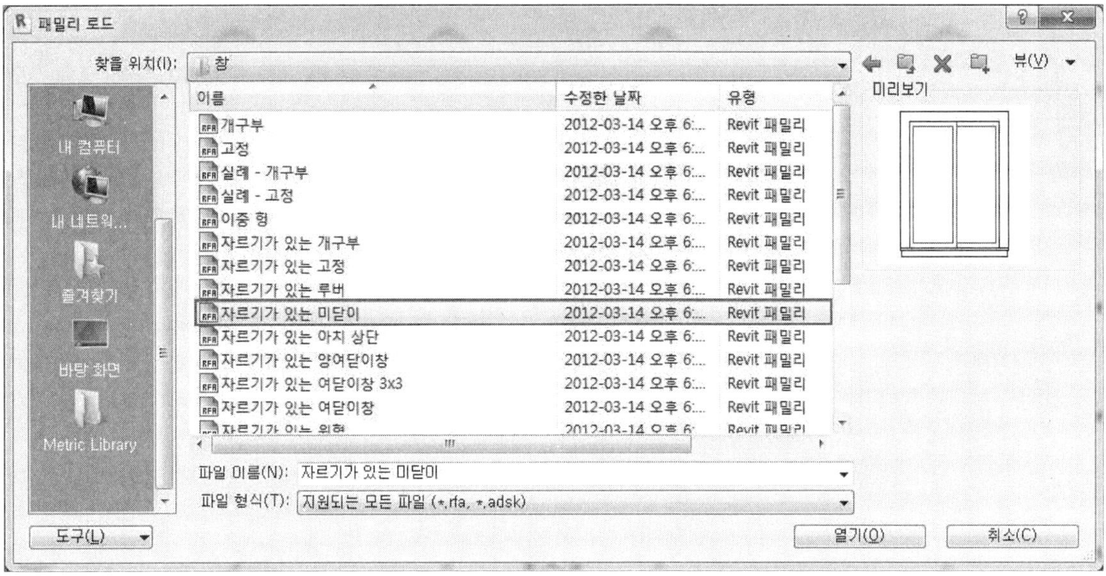

(6) 특성변경창에서 '자르기가 있는 미닫이' 밑의 '1830×1220mm'를 선택합니다.

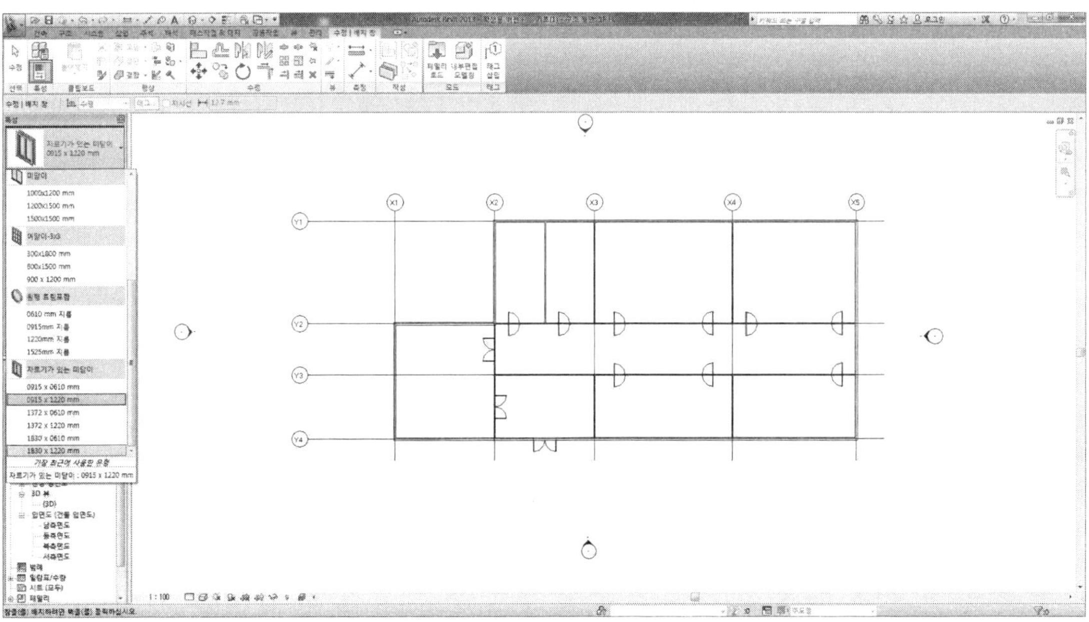

(7) [태그 삽입]을 눌러서 태그삽입을 해제합니다.

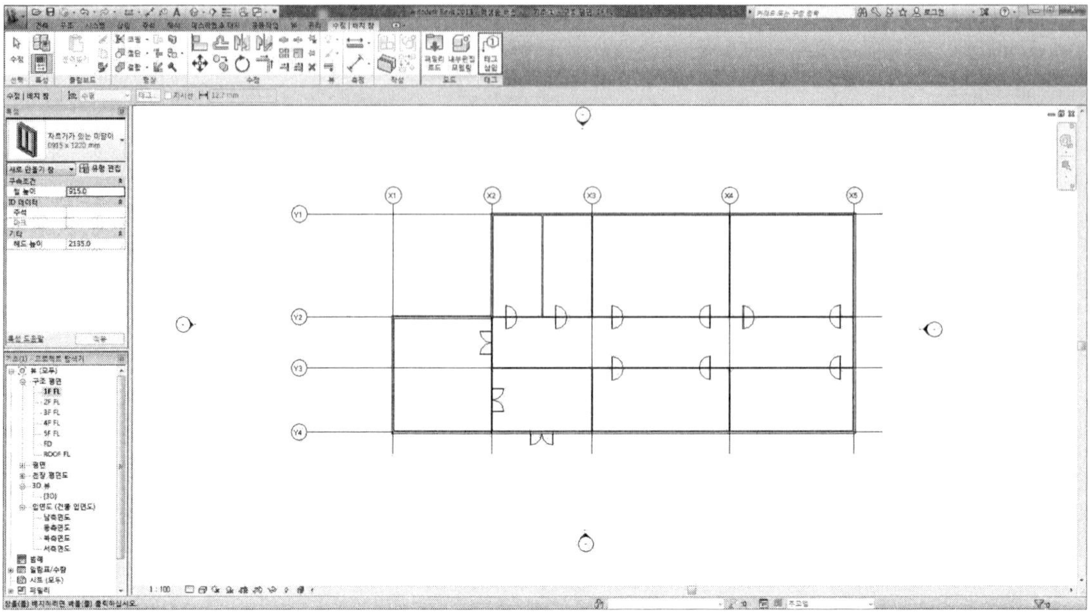

(8) 뷰를 확대하고, 아래와 같이 창 3개를 그리드 Y1열에 배치합니다. 간격은 불규칙하게 배치합니다(배치 후 화살표를 클릭하여 창의 방향을 변환할 수 있습니다).

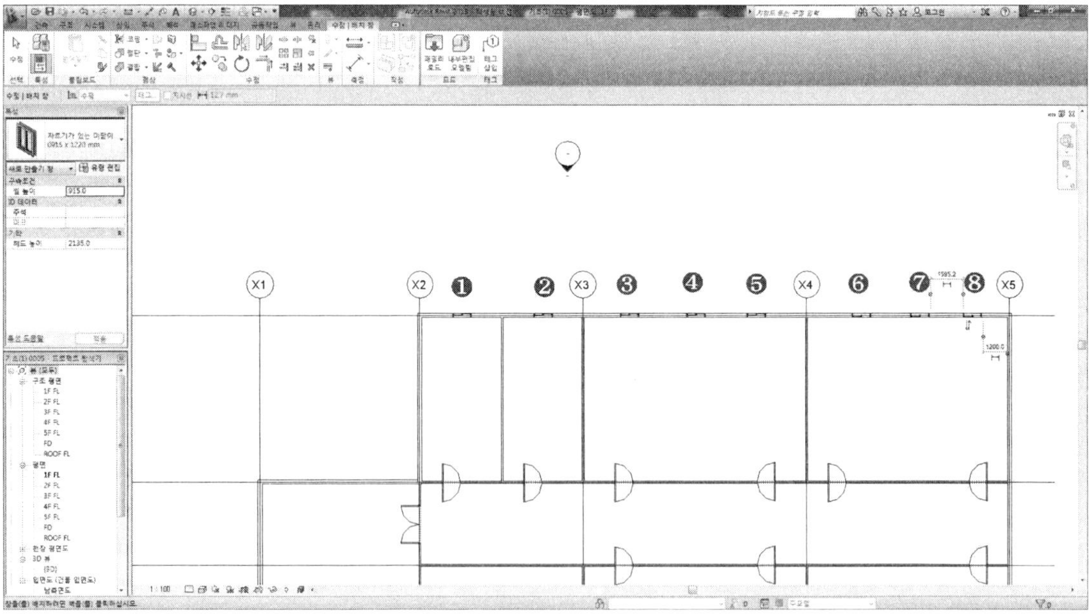

(9) 창 세 개가 꽉 차도록 화면을 확대하고 [주석] 탭의 [정렬] 항목을 클릭합니다.

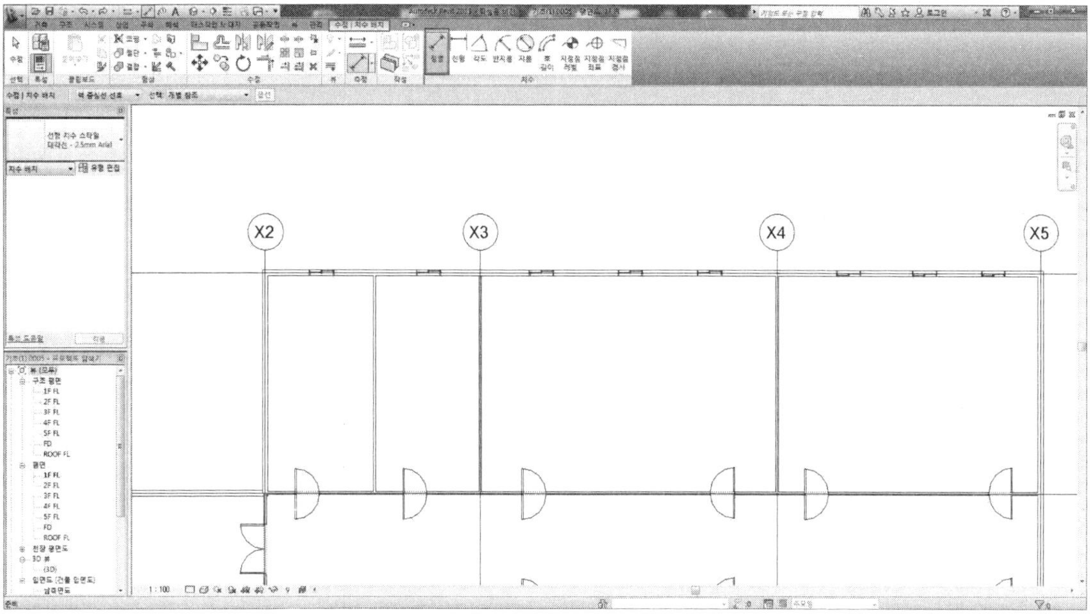

(10) 가장 위에 작성한 창문의 중간 지점에 마우스를 대면 파란색 선이 생깁니다. 이 선을 클릭합니다.

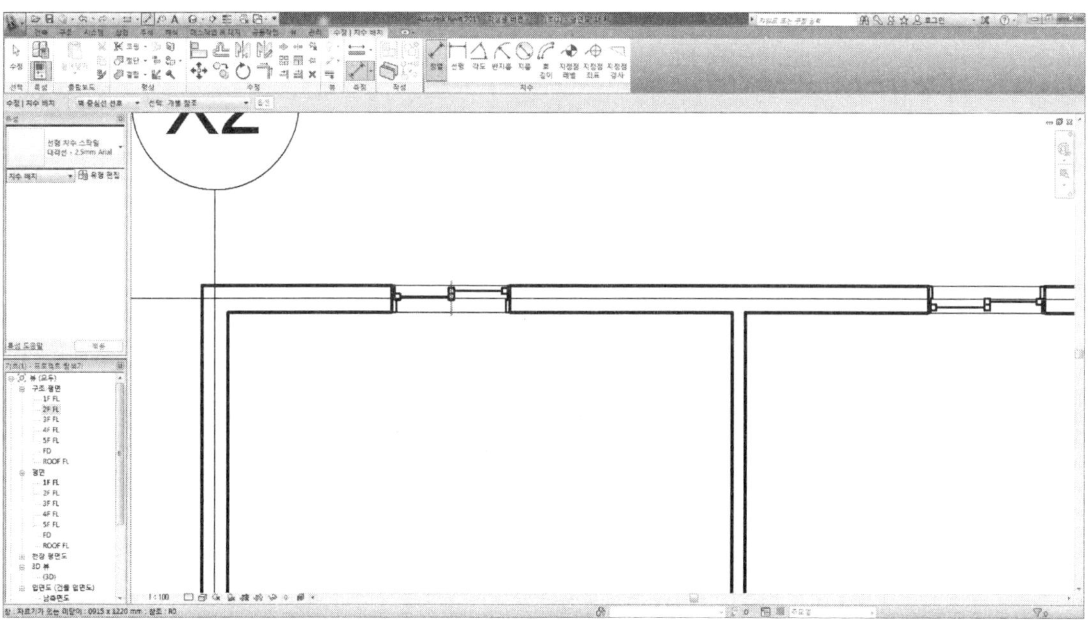

(11) 마우스를 내려 두 번째 창도 중심 지점에 나타나는 파란색 선을 클릭하면 치수가 생성됩니다.

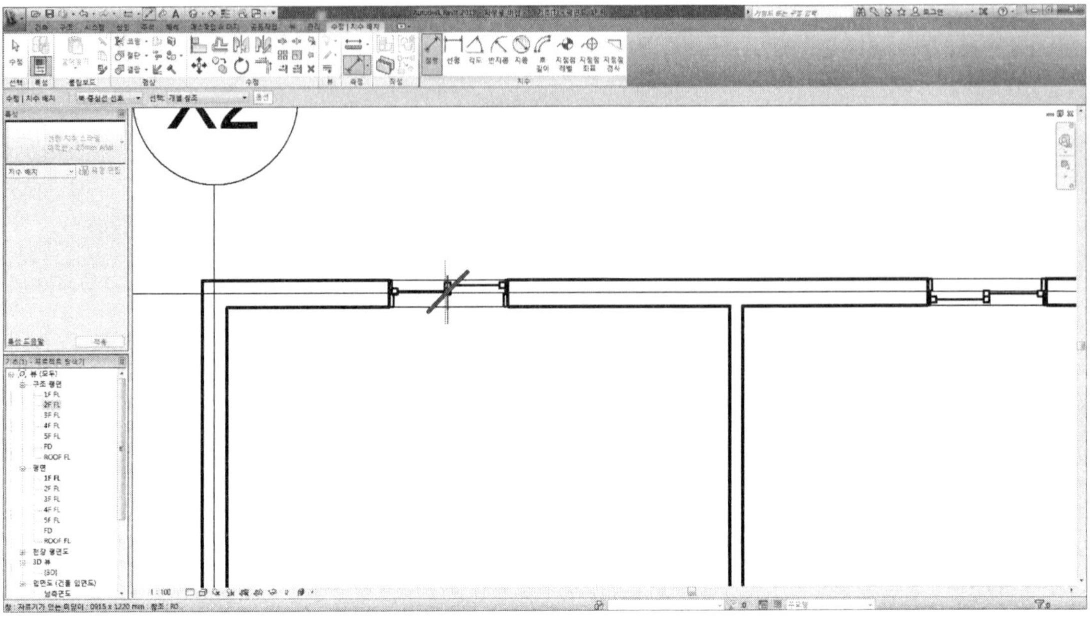

(12) 세 번째 창까지 중심 지점을 클릭한 다음, 선을 왼쪽으로 빼면 치수선이 생깁니다. 좌측의 적당한 지점에서 클릭하여 치수선을 작성합니다.

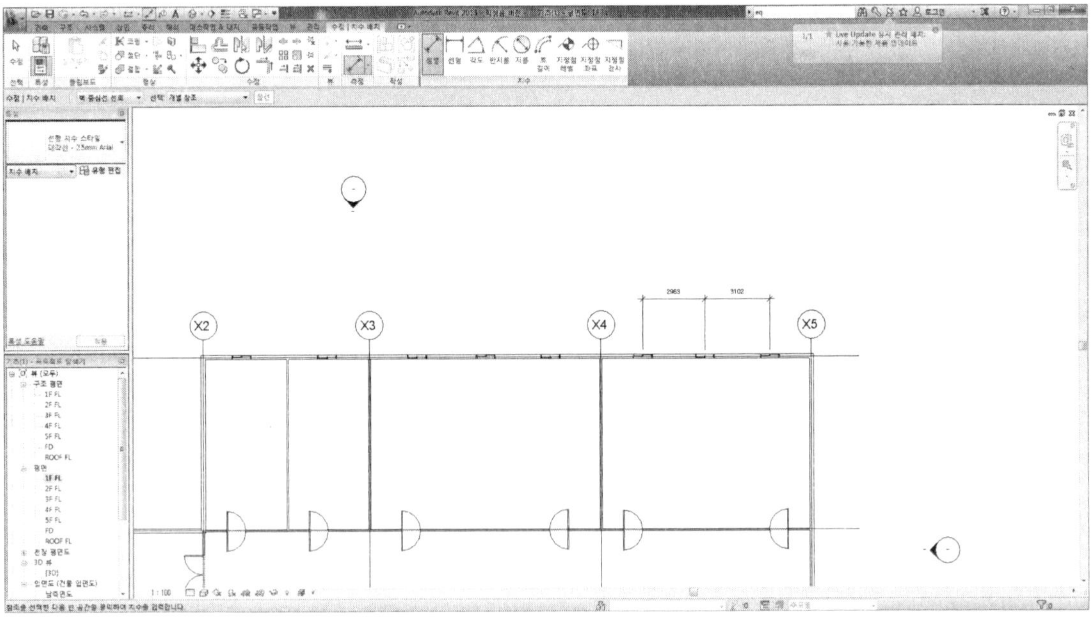

(13) 치수선 가운데에 EQ라는 문구가 있는 것을 확인합니다.

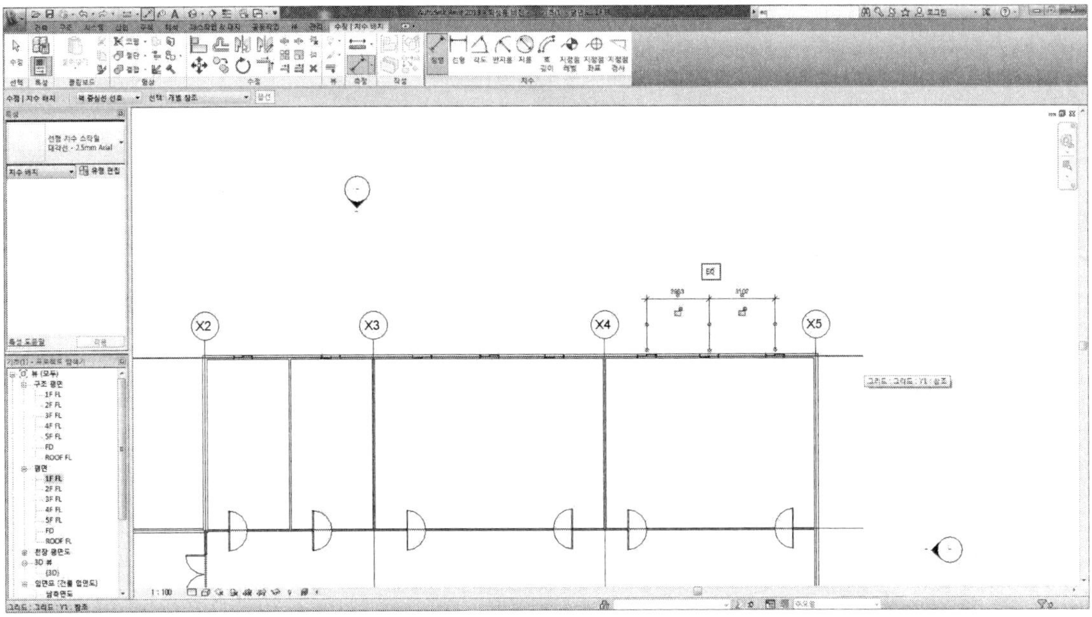

(14) EQ를 클릭하면 EQ기능이 활성화 되어 불규칙했던 창이 균등한 간격으로 배치됩니다 (EQ는 Equality의 약자로, 치수선을 클릭하여 EQ를 해제하면 다시 일반 치수로 변경할 수도 있습니다). Esc 키를 두 번 눌러 명령을 종료합니다.

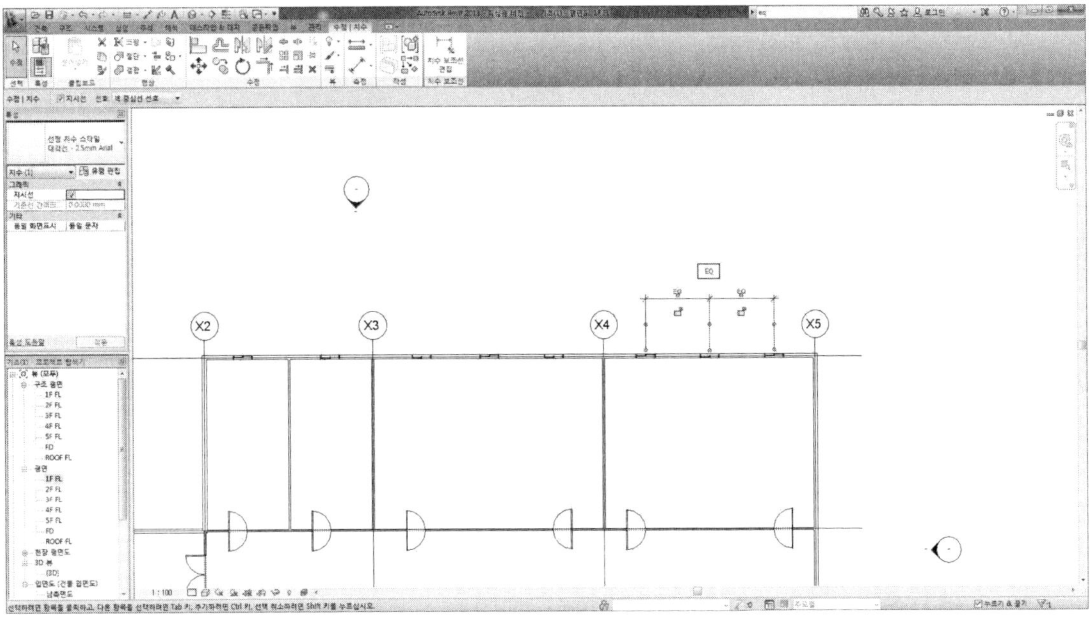

참고 : 치수에 생기는 자물쇠 표시를 클릭하면 현재의 치수가 고정되어, 하나의 창을 이동하면 나머지 창도 이 치수를 유지하면서 따라서 이동합니다.

(15) 치수선을 클릭하고 삭제 버튼을 누릅니다(or 키보드 delete키).

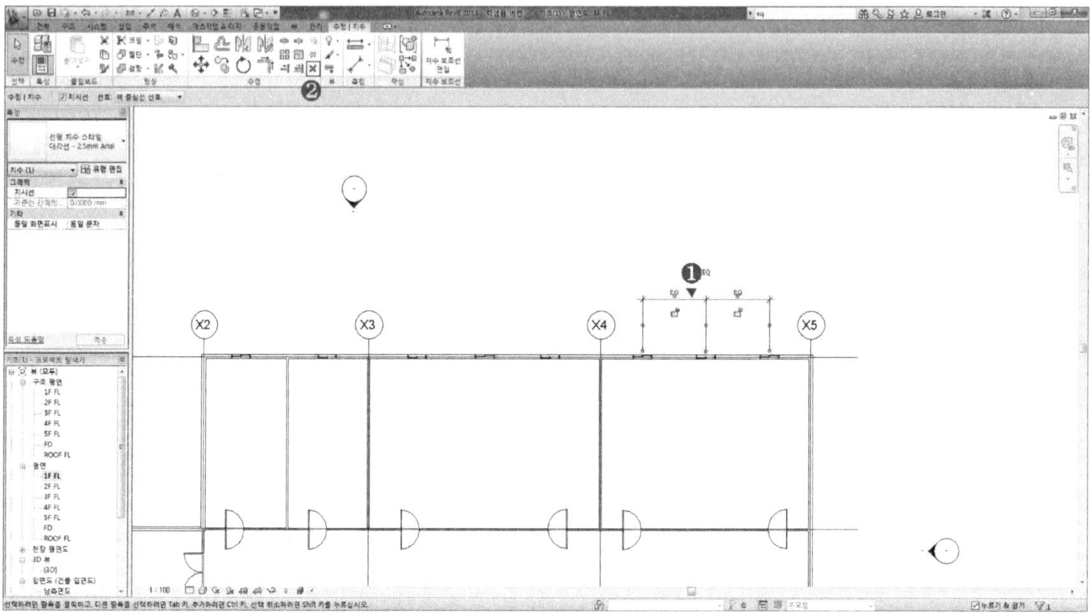

(16) 경고 창이 뜨면 구속 해제를 클릭합니다(창 서로간의 구속이 해제되어 각각의 수정이 가능해집니다).

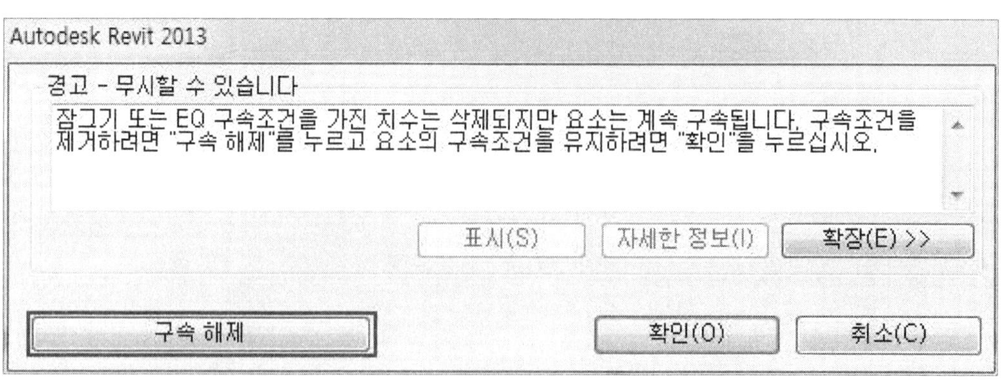

(17) 다른 유형의 창을 작성하기 위해 [건축] 탭의 [창]을 다시 클릭합니다.

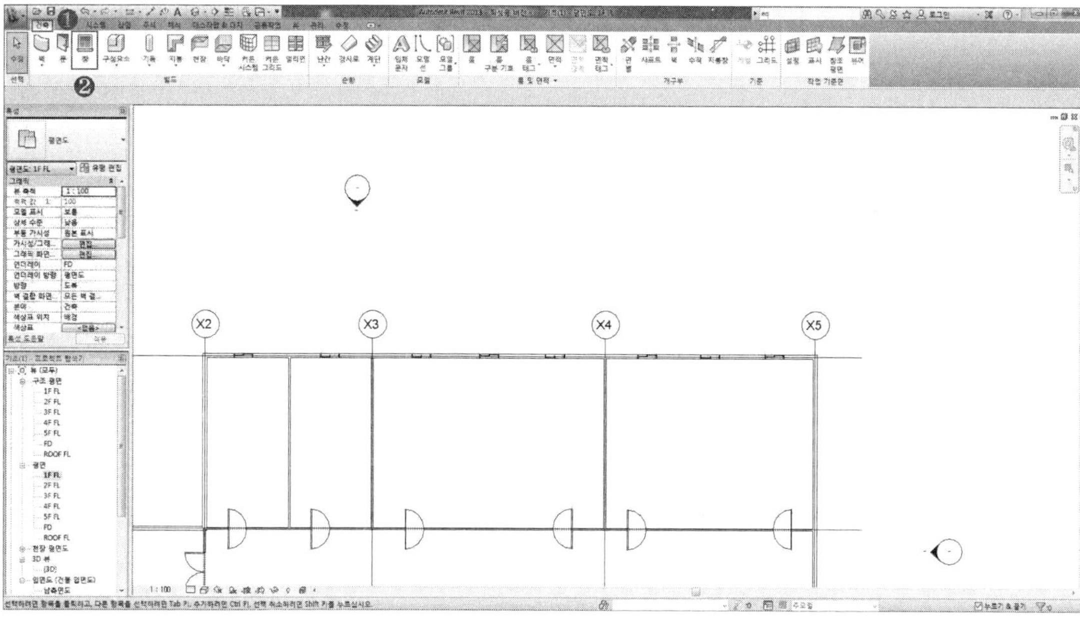

(18) 특성변경창에서 '고정 0406×1220mm'를 선택합니다.

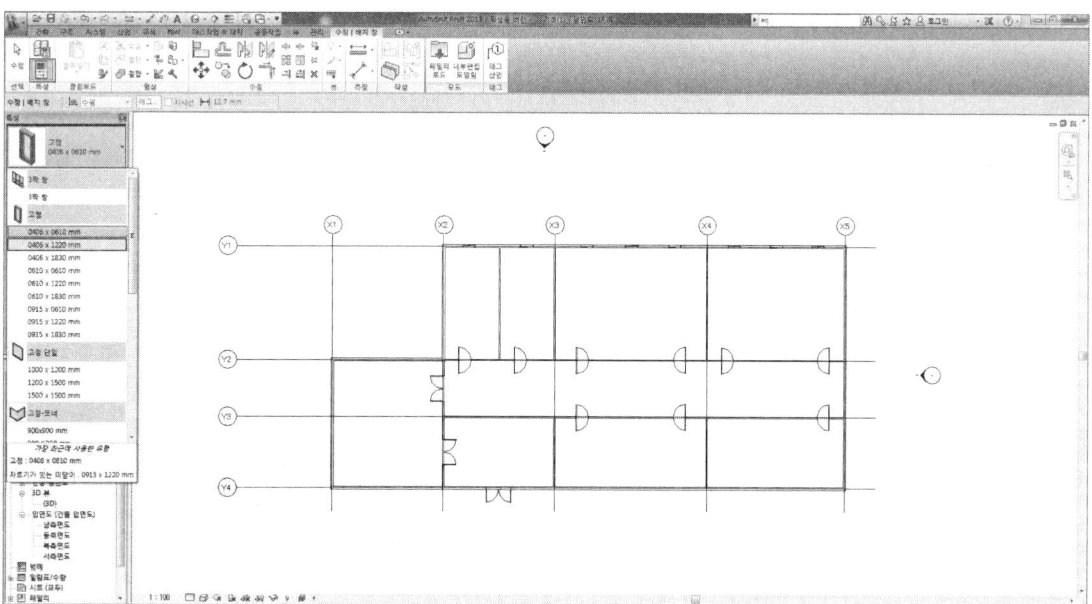

(19) 그리드 X3과 X4 사이에 창을 배치합니다(실 중앙). 작업 후 Esc키를 두 번 눌러 명령을 종료합니다.

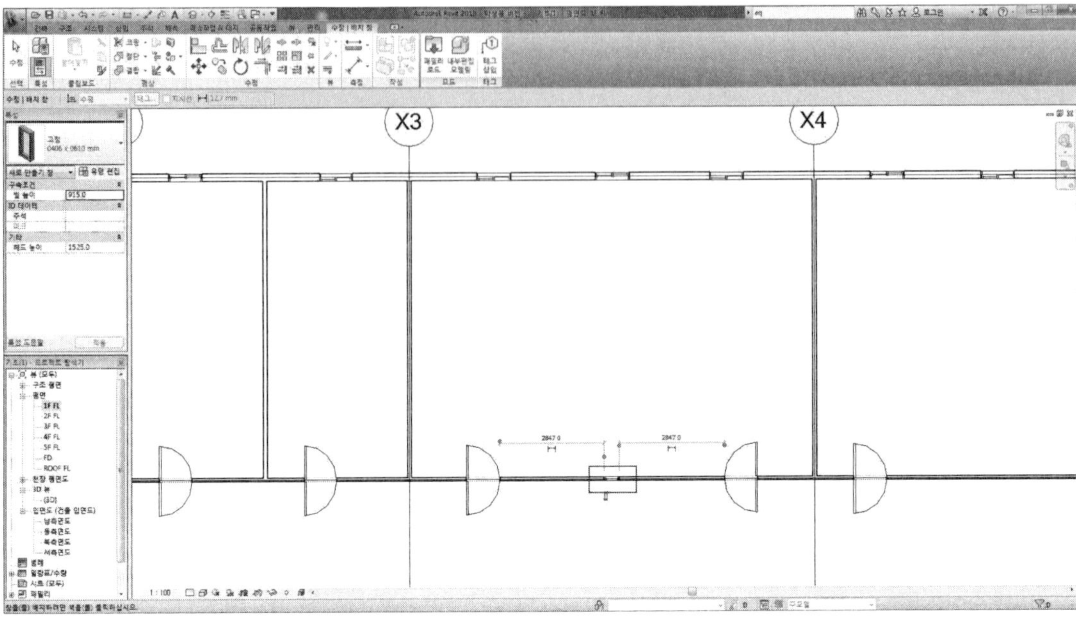

(20) 마우스로 가장 위의 창문을 선택합니다.

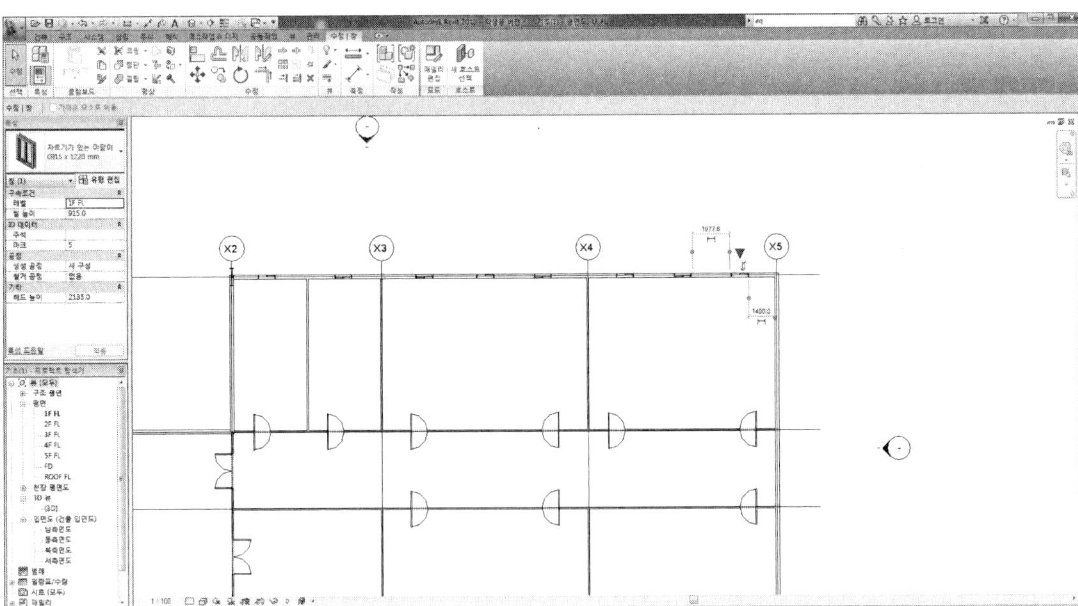

(21) 메뉴에서 대칭의 화살표 버튼을 클릭하여, 대칭 축 그리기를 선택합니다(Auto CAD의 mirror명령과 같은 기능입니다).

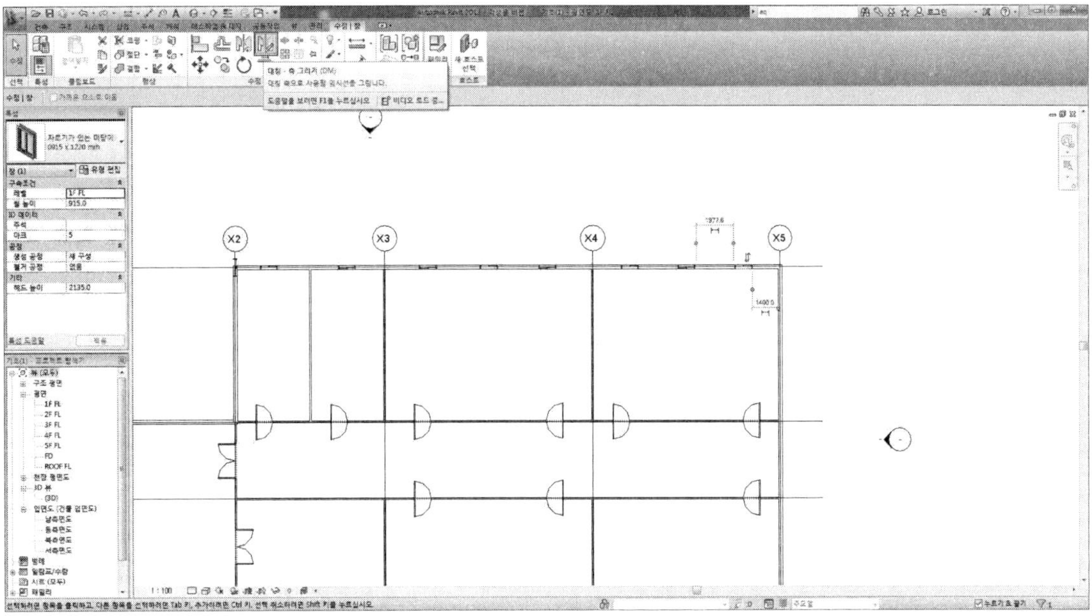

(22) 그리드 X5 외벽의 중간점을 클릭합니다(삼각형 마크 스냅이 잡힙니다).

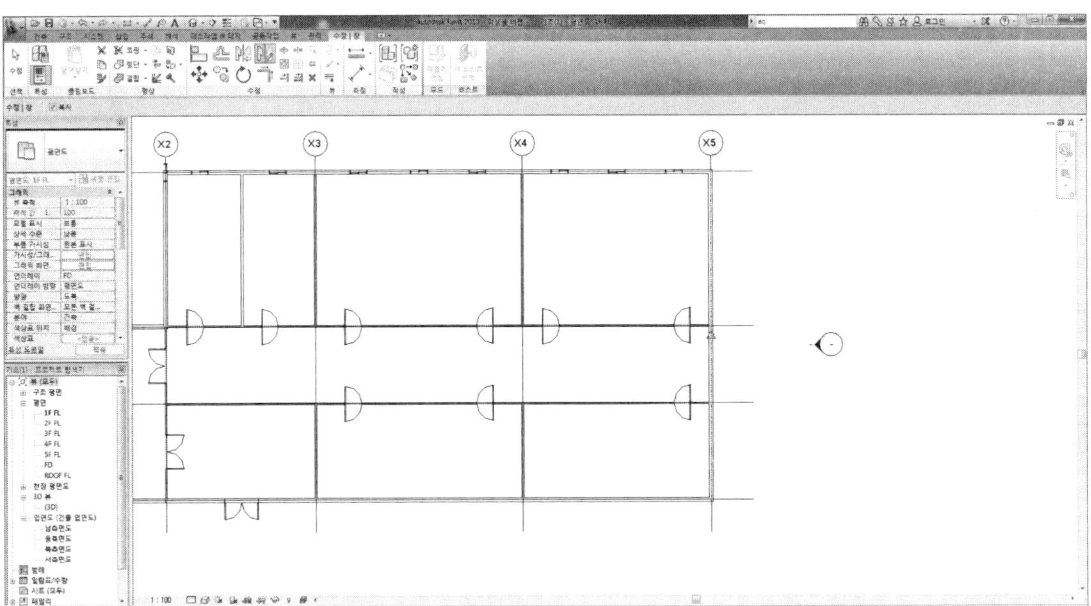

(23) 마우스를 좌로 끌어 적당한 지점을 클릭합니다.

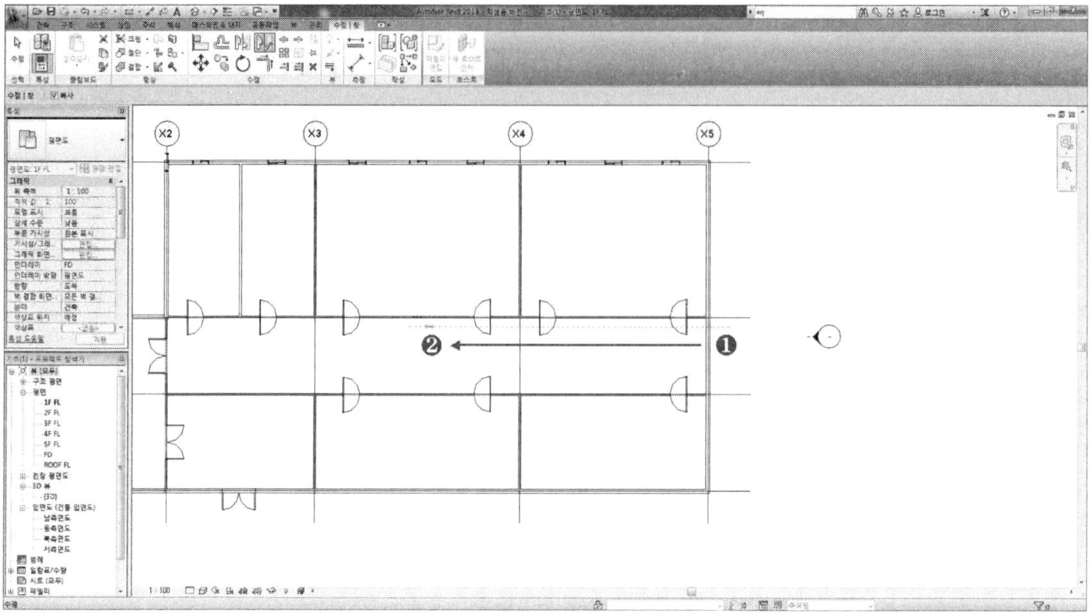

(24) 창의 대칭이 작성되었습니다.

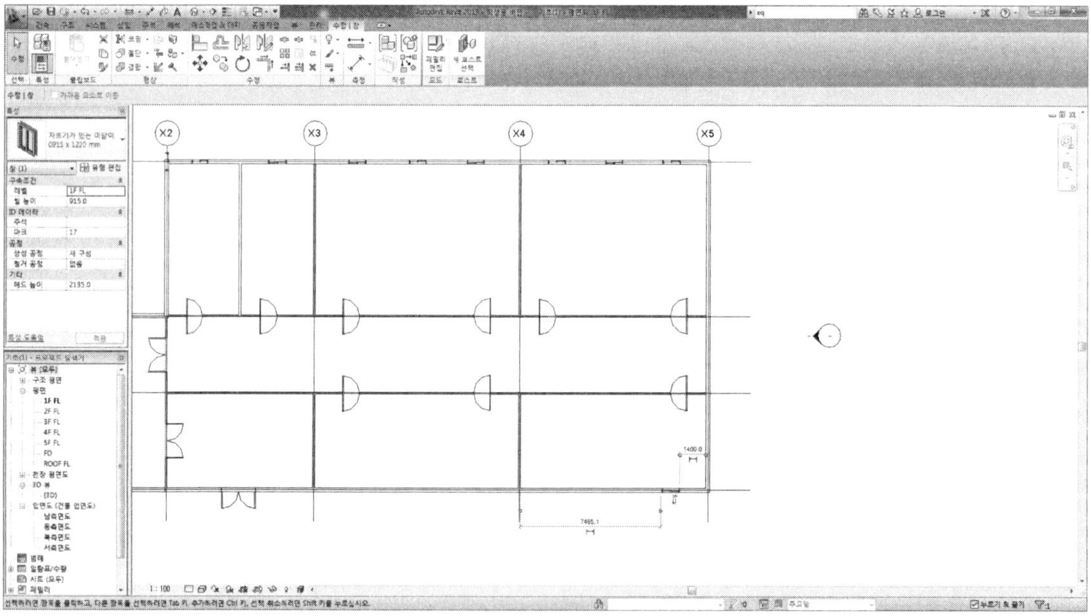

(25) 3D 뷰에서 마우스 스크롤 버튼과 Shift버튼을 누른 상태로 마우스를 움직여 시점을 이동하면서 창이 잘 배치되었는지 확인 합니다.

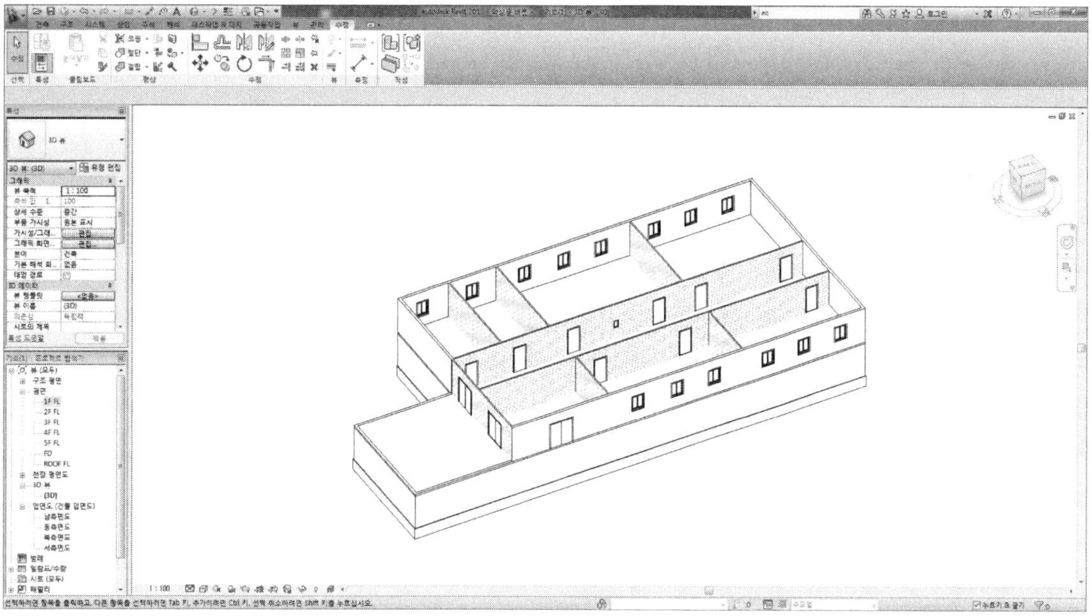

15.6.12 계단 작성하기

(1) 1층 평면 뷰를 오픈합니다.

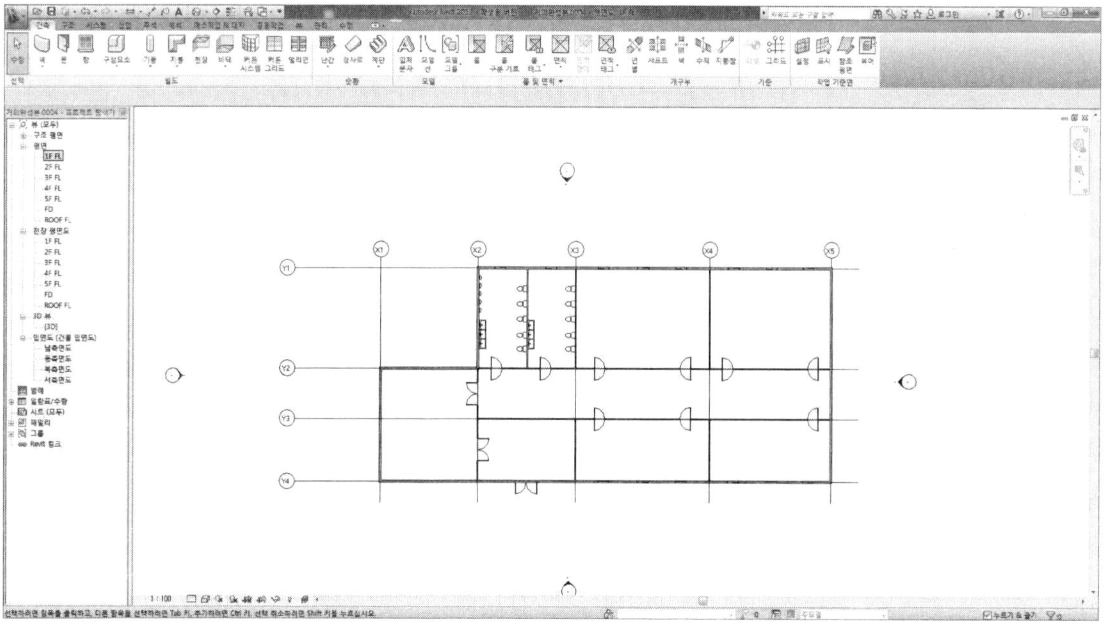

(2) 위의 [건축] 탭에서 첫 번째로 [계단]을 클릭합니다.

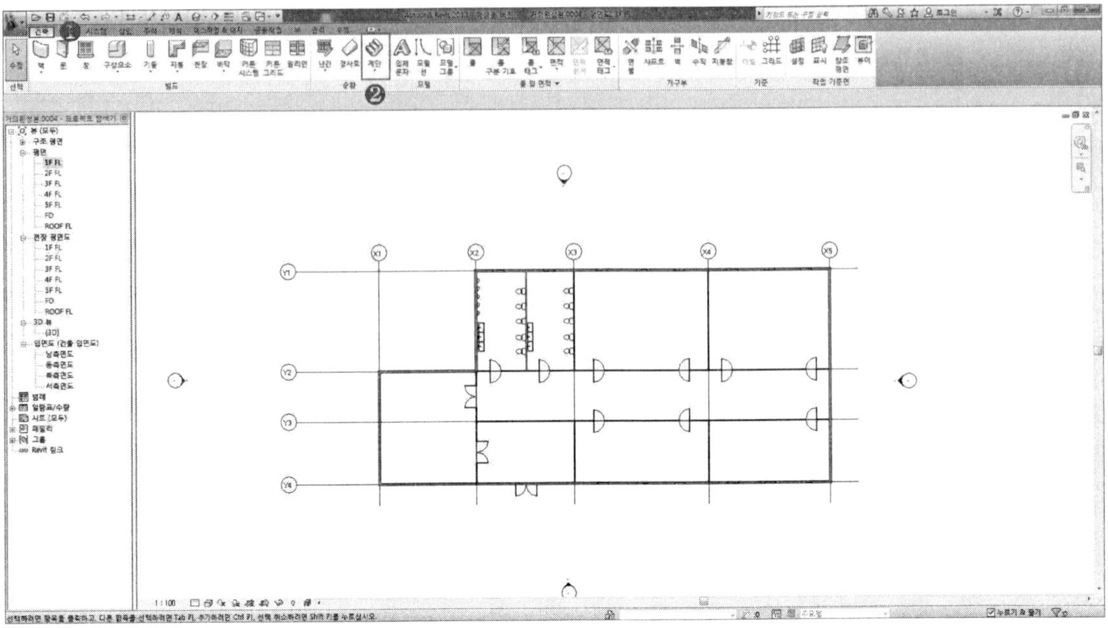

(3) 메뉴에서 (직선)을 클릭합니다.

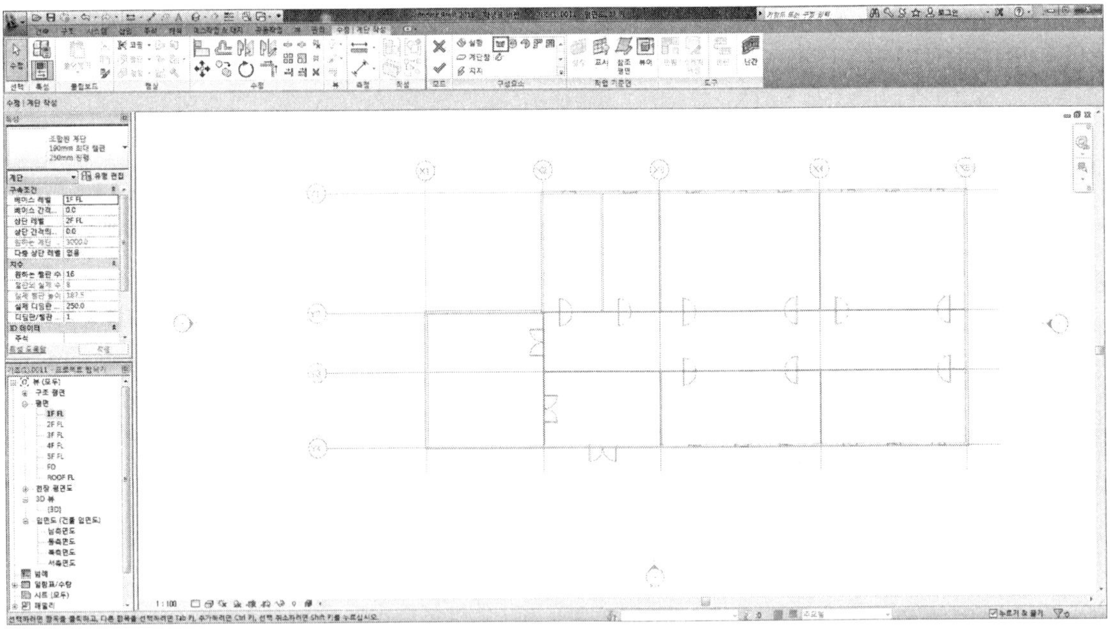

(4) 옵션막대에서 위치선 왼쪽을 클릭하고, 메뉴에서 (실행)을 클릭합니다.

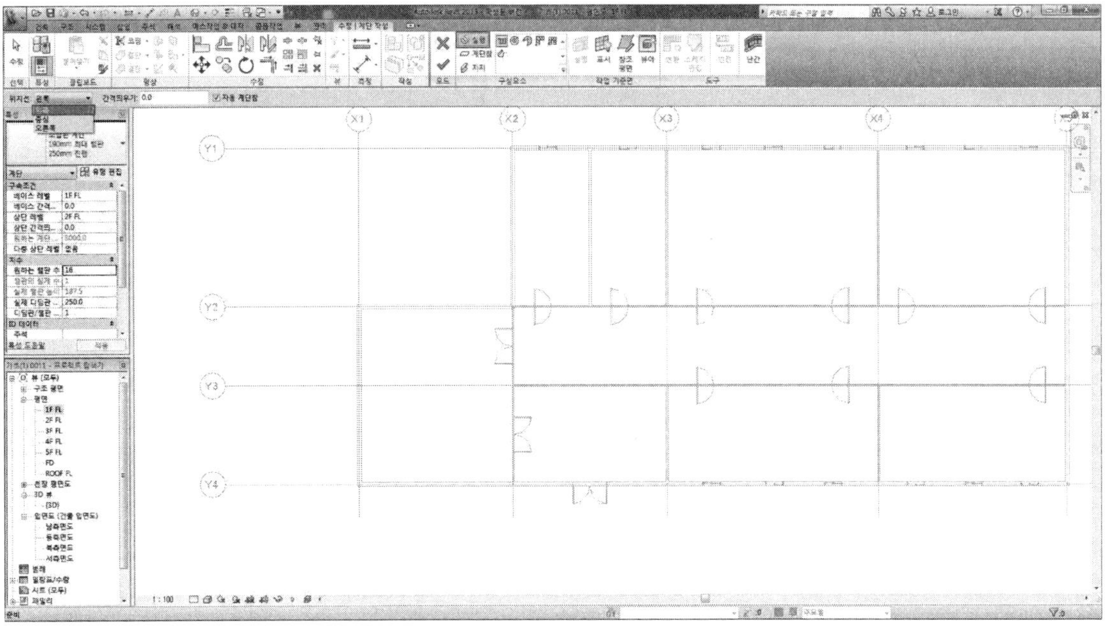

(5) 원하는 챌판수를 작성(다음 층까지의 총 계단의 수), 계단의 시작점을 클릭하여 챌판수의 절반의 개수만큼 계단을 그려줍니다.

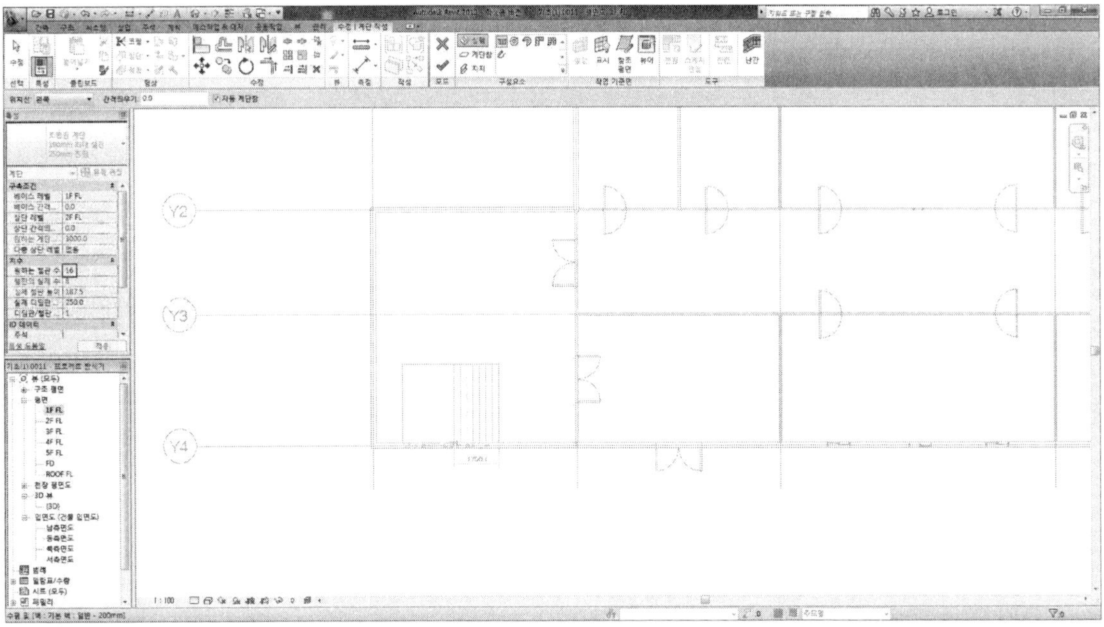

(6) (5)번에 이어 수직으로 위로 올리면 x표가 뜨는 곳을 클릭하여 남은 챌판의 계단을 그려줍니다.

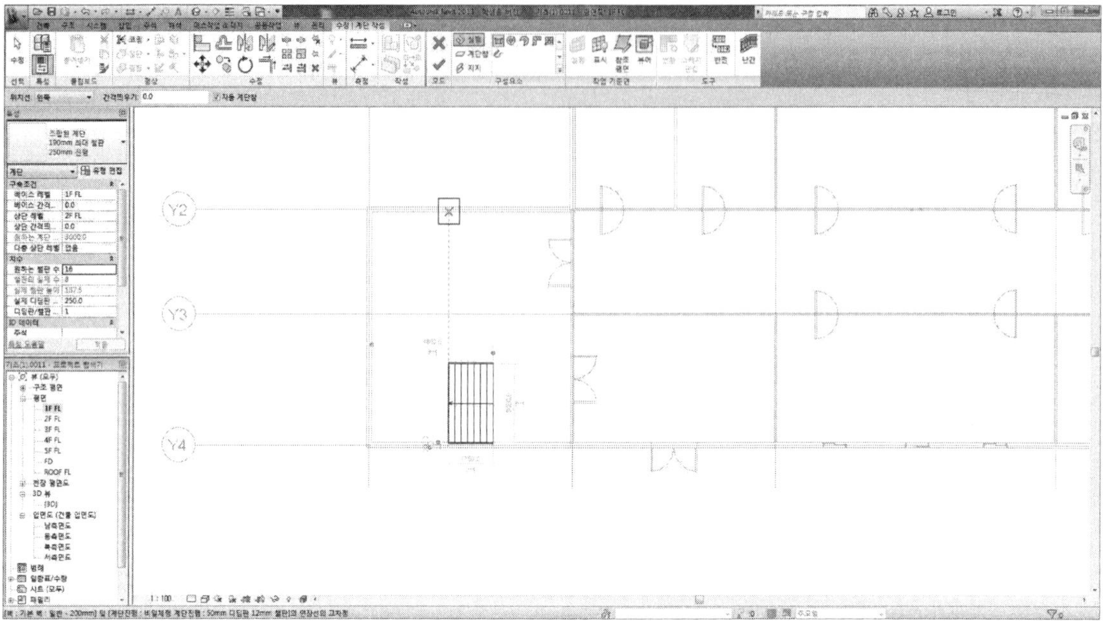

(7) 몇 개의 챌판이 작성되고 몇 개의 챌판이 남았는지를 보여줍니다.

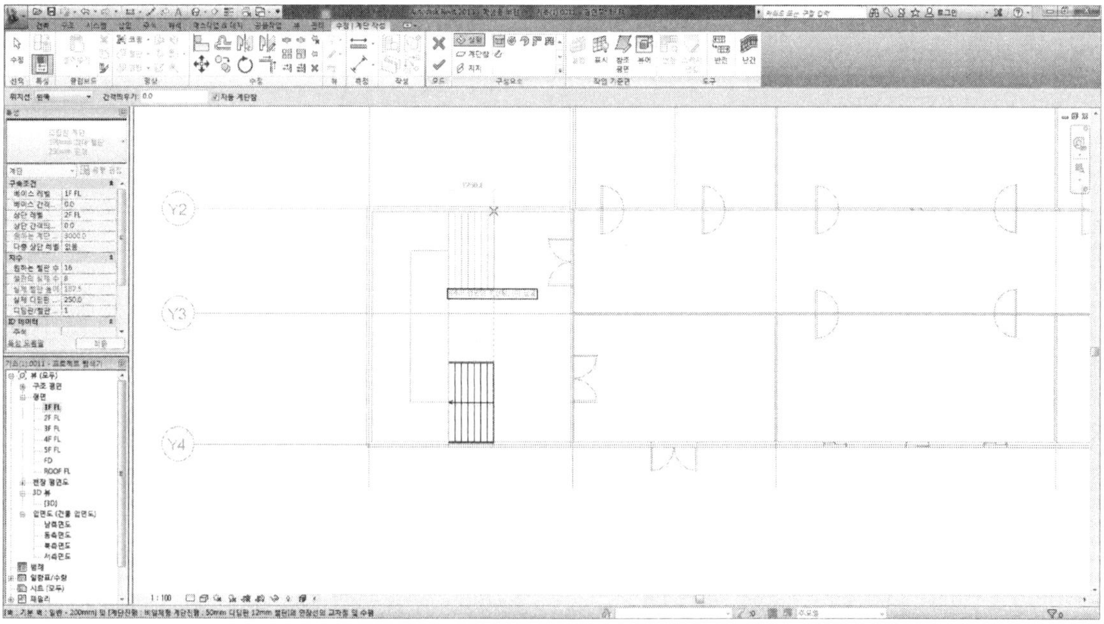

(8) 메뉴에서 [완료 모드] 버튼을 클릭합니다.

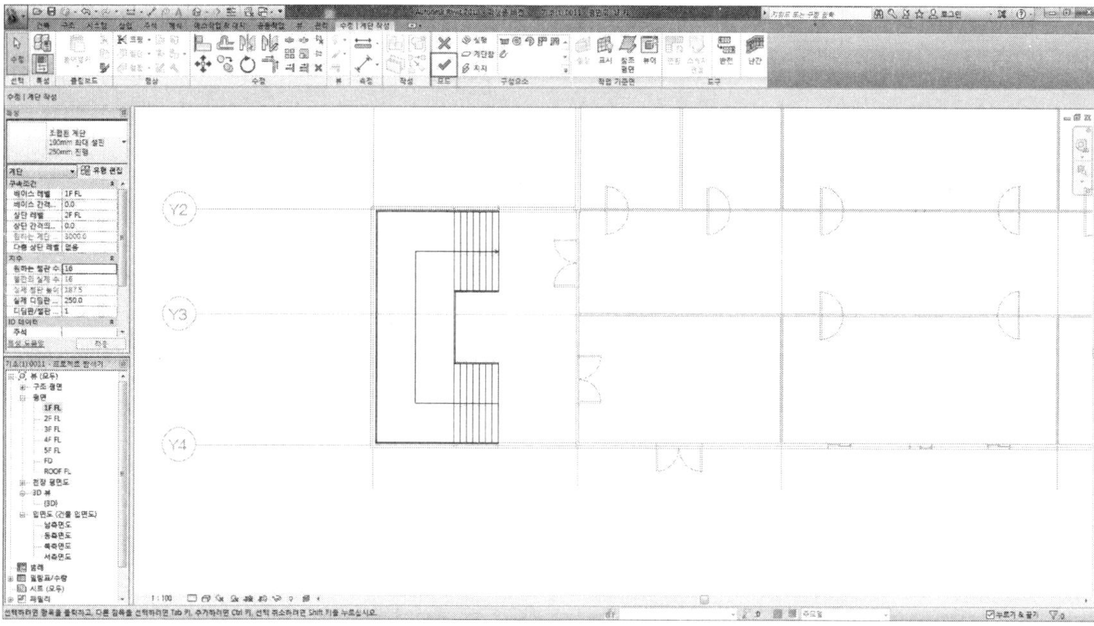

(9) 3D 뷰에서 작업을 확인합니다.

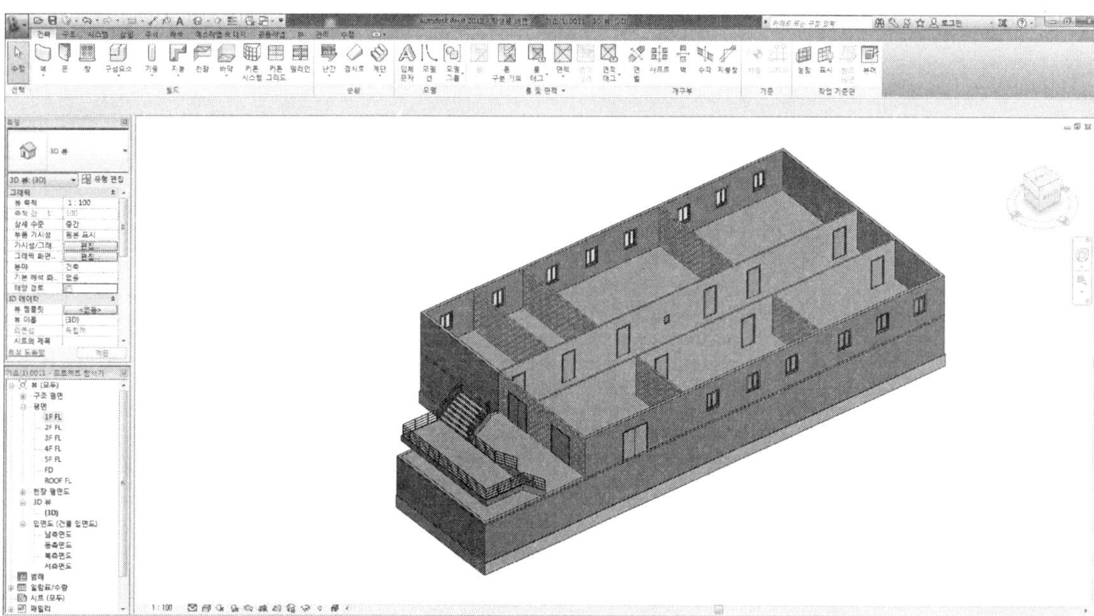

15.6.13 구성요소

"구성 요소"라 함은 가구, 수목, 주차 요소, 조명, 기계 설비, 엘리베이터 등 넓은 의미로 모든 패밀리를 내포하고 있습니다. Revit 프로그램에는 가장 기본적인 구성 요소만 포함되어 있으므로, 사용할 때마다 필요한 구성 요소를 라이브러리에 로드하여야 합니다.

(1) 1층 평면 뷰를 열고, [건축] 탭에서 구성 요소의 화살표를 눌러 [구성 요소 배치]를 클릭합니다.

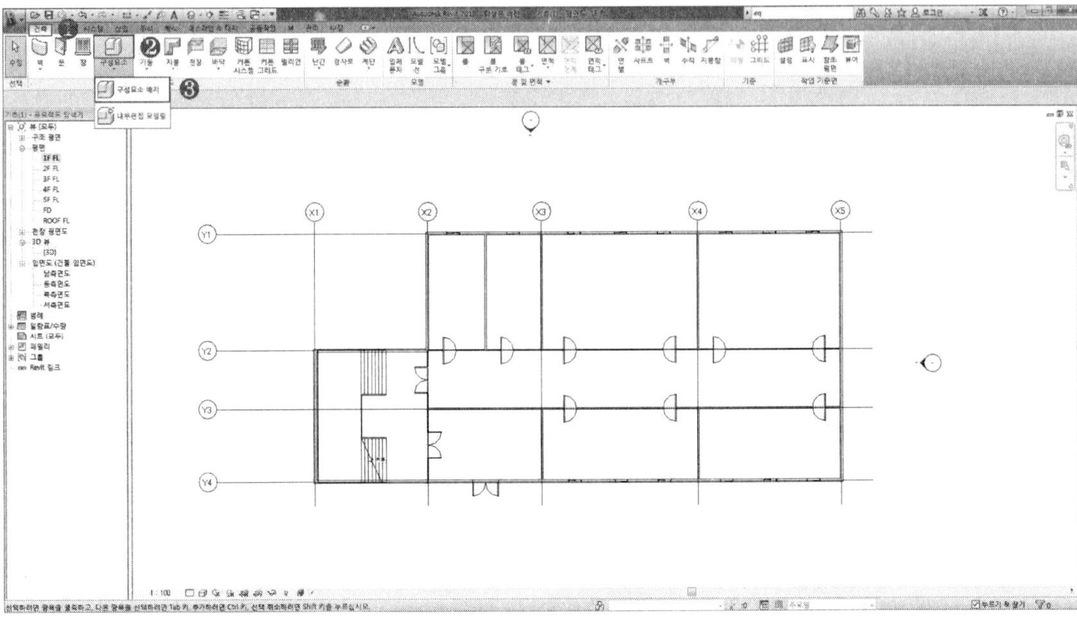

(2) [패밀리 로드]를 클릭합니다.

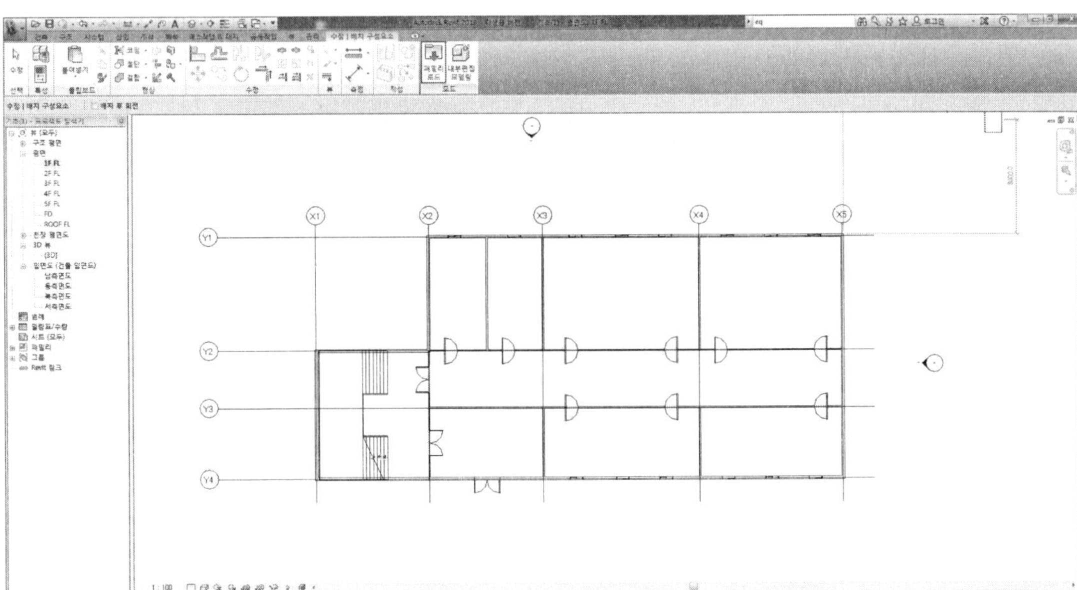

(3) 'Architecture'의 '배관 설비' 폴더를 더블 클릭하여 오픈합니다.

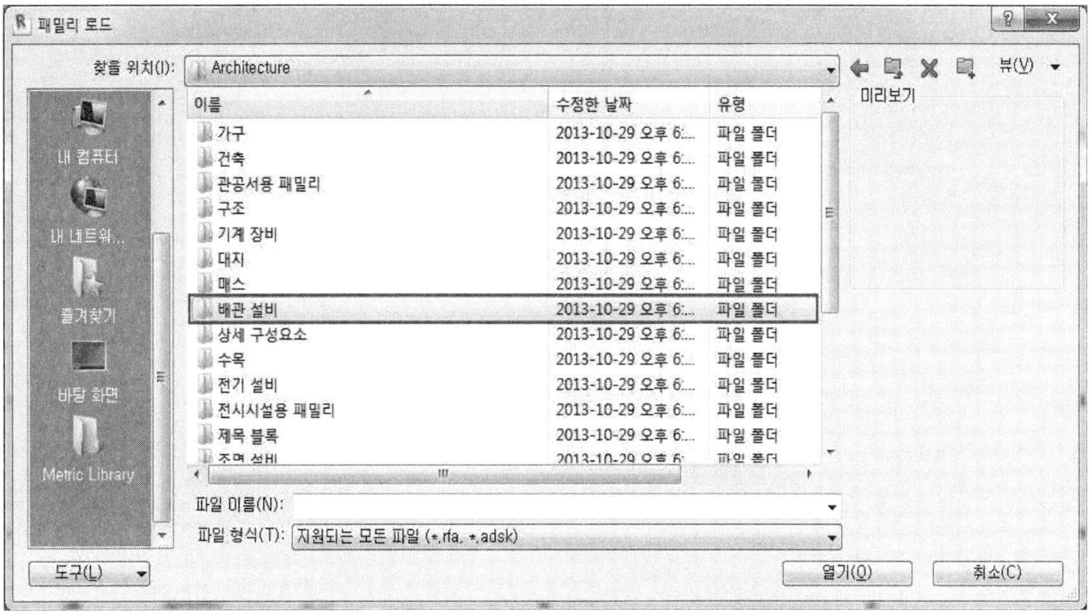

(4) '배관 설비' 폴더에서 '화장실 - 가정용- 3D'를 더블 클릭하여 오픈합니다.

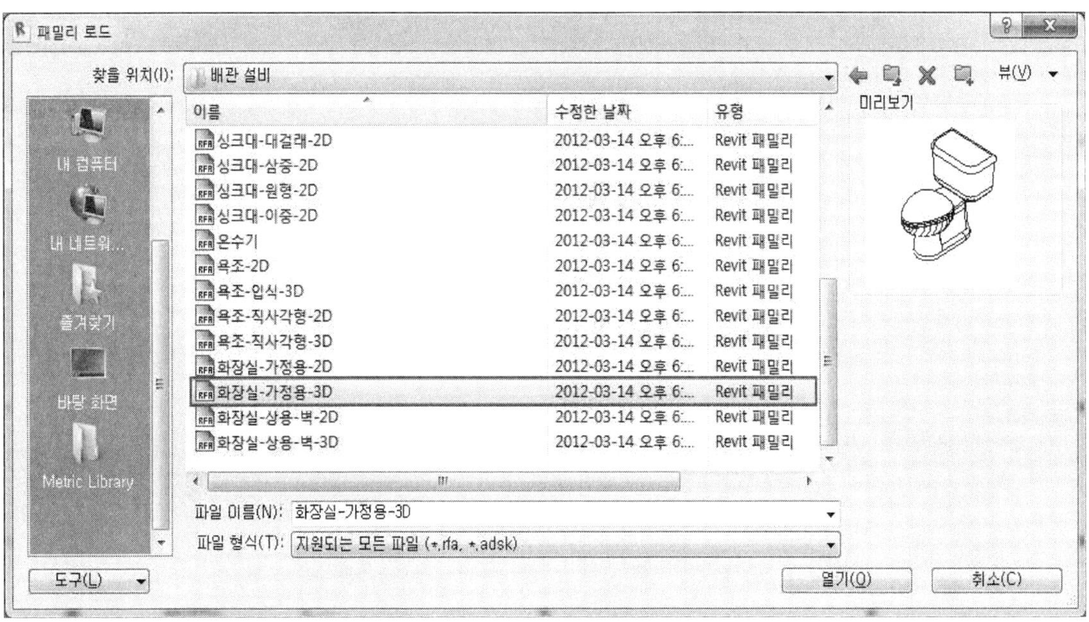

(5) 키보드의 스페이스 바를 눌러 방향을 조정하여 아래와 같은 지점에 변기를 설치합니다 (벽에서 1200 떨어진 지점). 설치 후 Esc키를 두 번 눌러 명령을 종료합니다.

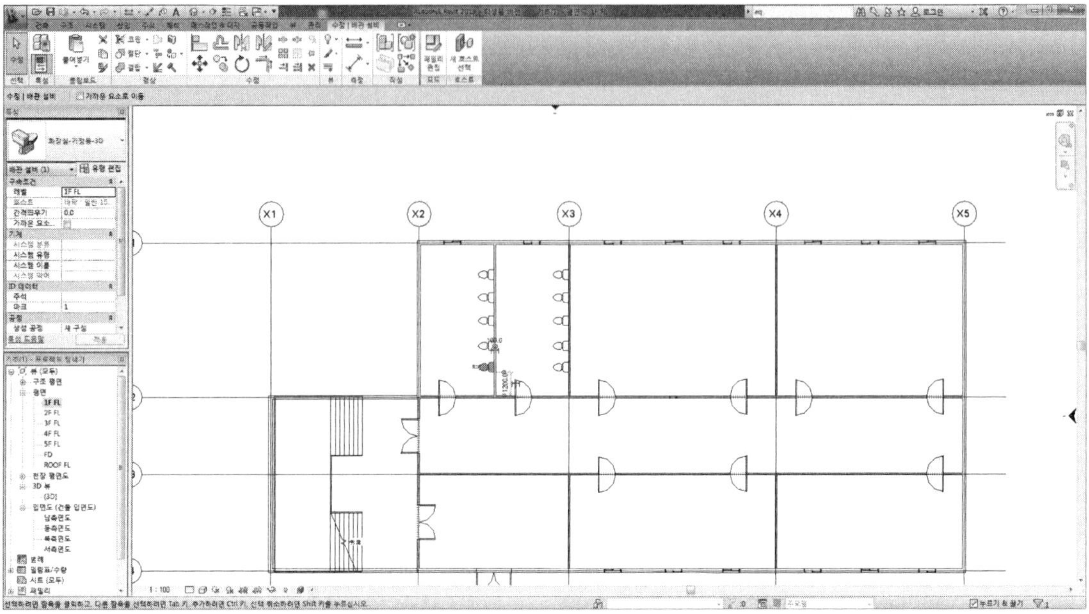

(6) 같은 방식으로 [패밀리 로드]를 클릭하여,'배관 설비'폴더를 더블 클릭하여 오픈합니다.

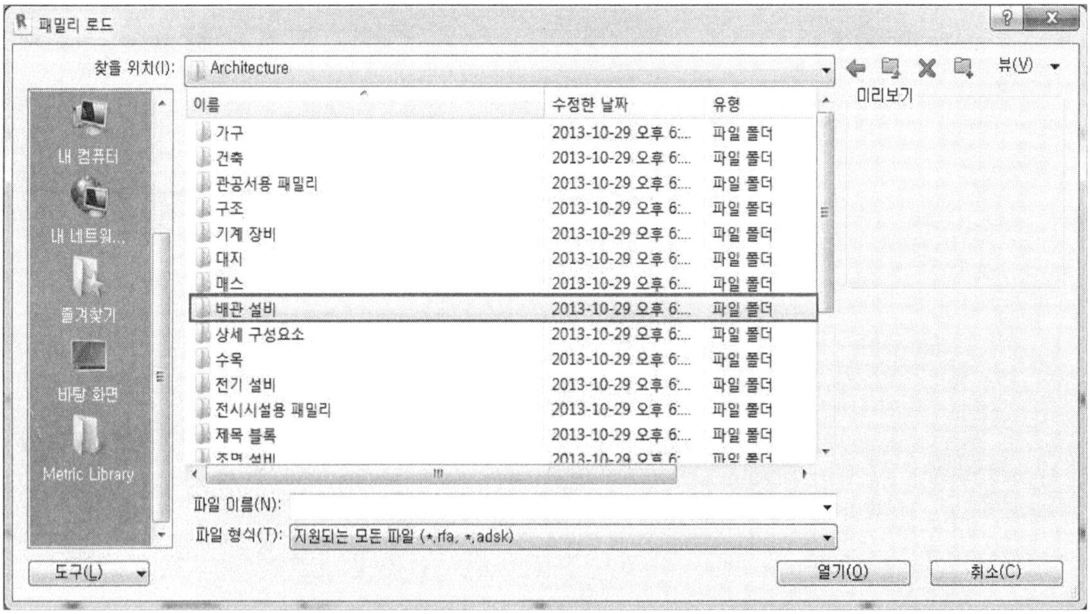

(7) '싱크대 화장실 - 원형'을 선택하고, Ctrl 키를 사용하여 '욕조 - 직사각형 - 3D'도 선택합니다(이처럼 Ctrl 키를 사용하면 한꺼번에 여러 구성 요소를 동시에 로드할 수 있습니다). [열기]를 클릭합니다.

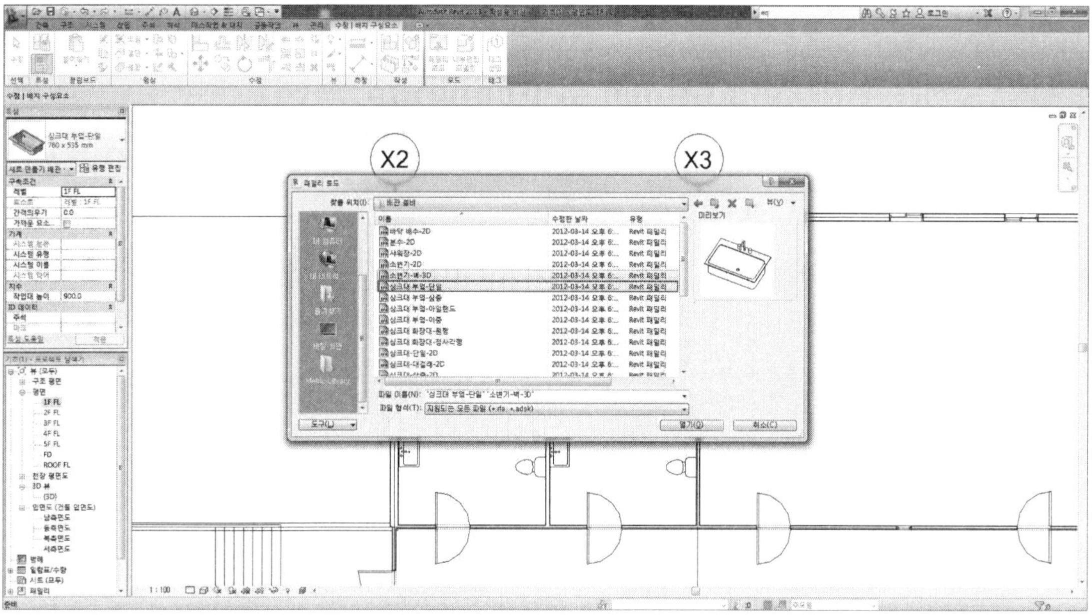

(8) 스페이스 키로 방향을 전환하여 아래와 같이 적당한 위치를 클릭하여 세면대를 설치합니다.

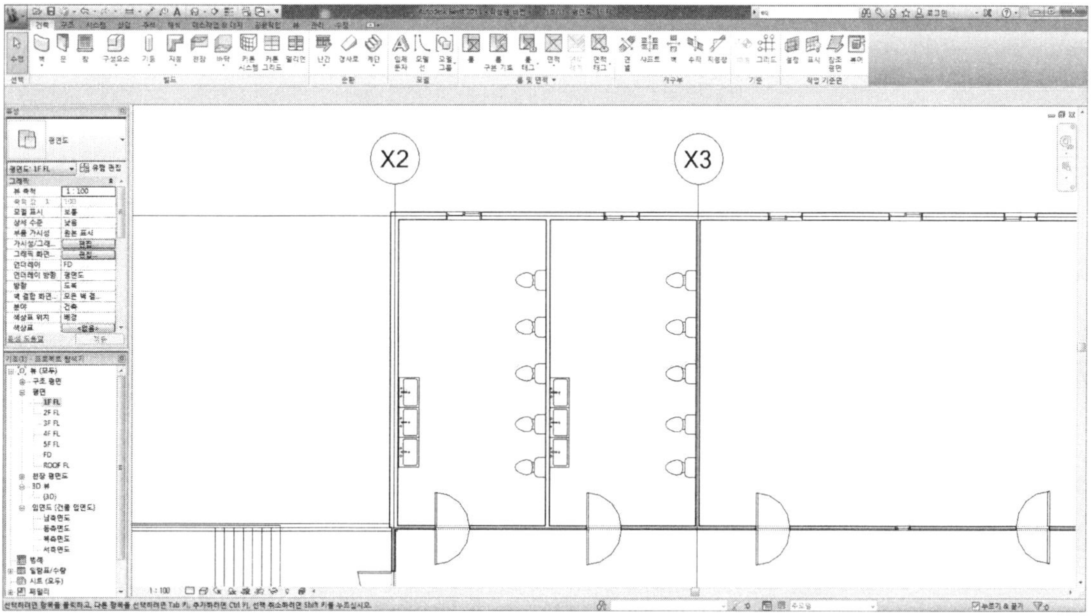

(9) 특성변경창을 눌러 보면, '욕조 - 직사각형 - 3D'도 로드되어 있음을 확인할 수 있습니다.

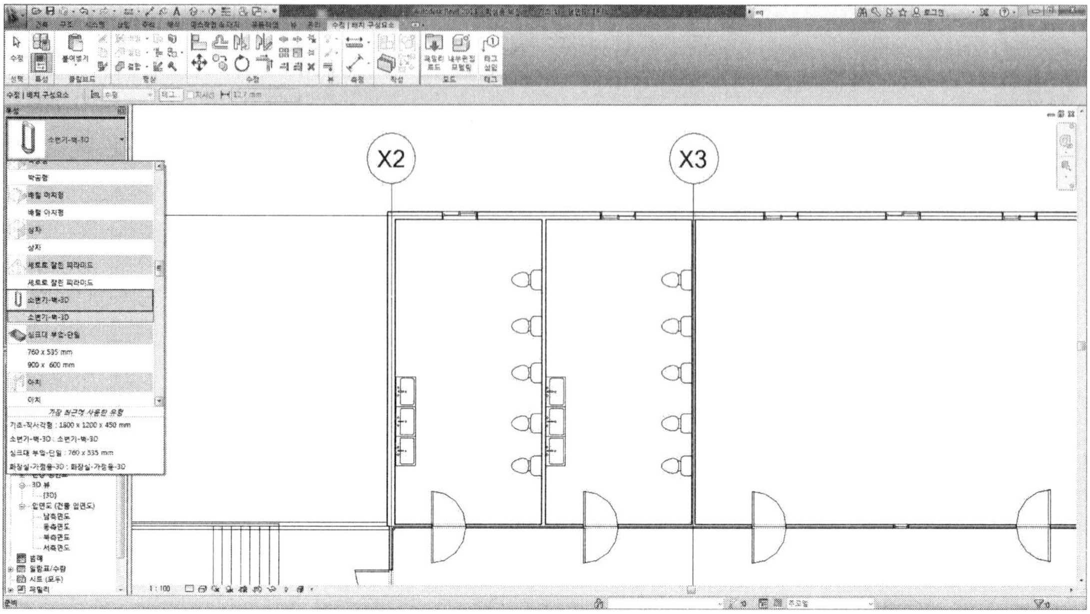

(10) '욕조 - 직사각형 - 3D'를 클릭하여 벽에 붙여 설치한 후 Esc키를 두 번 눌러 명령을 종료합니다.

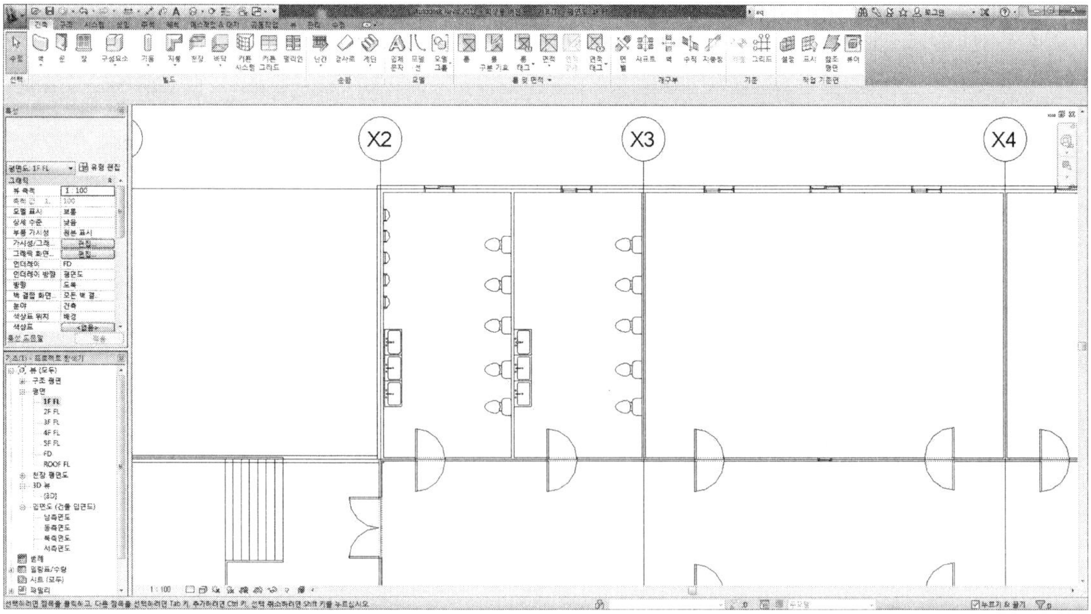

15.6.14 천장 작성하기

(1) 1층 평면 뷰를 열고, [건축] 탭에서 [천장]을 클릭합니다.

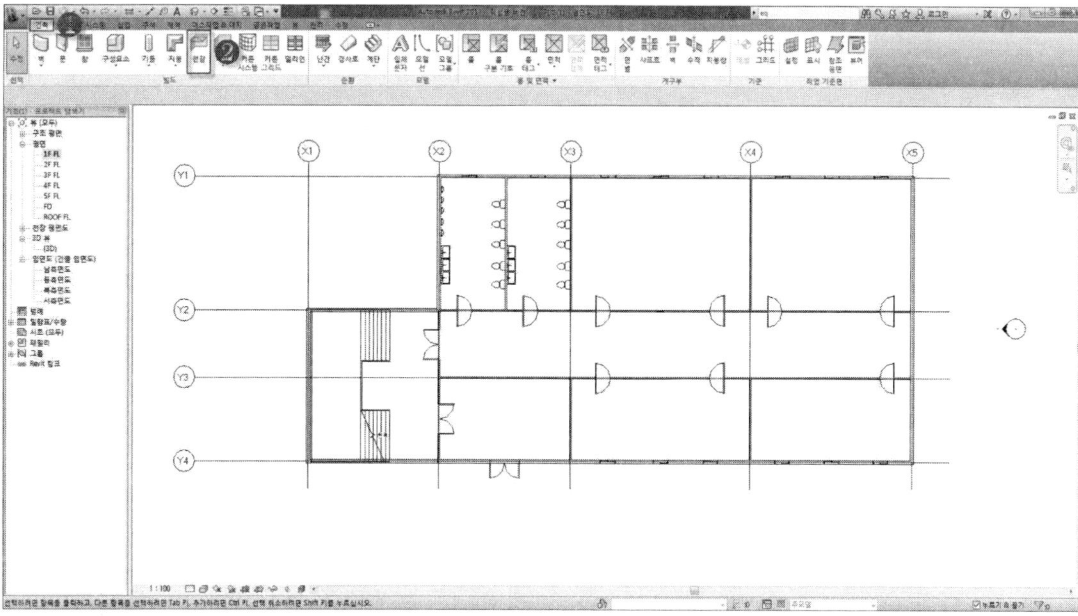

(2) 특성에서 '600×600mm 그리드'를 선택합니다.

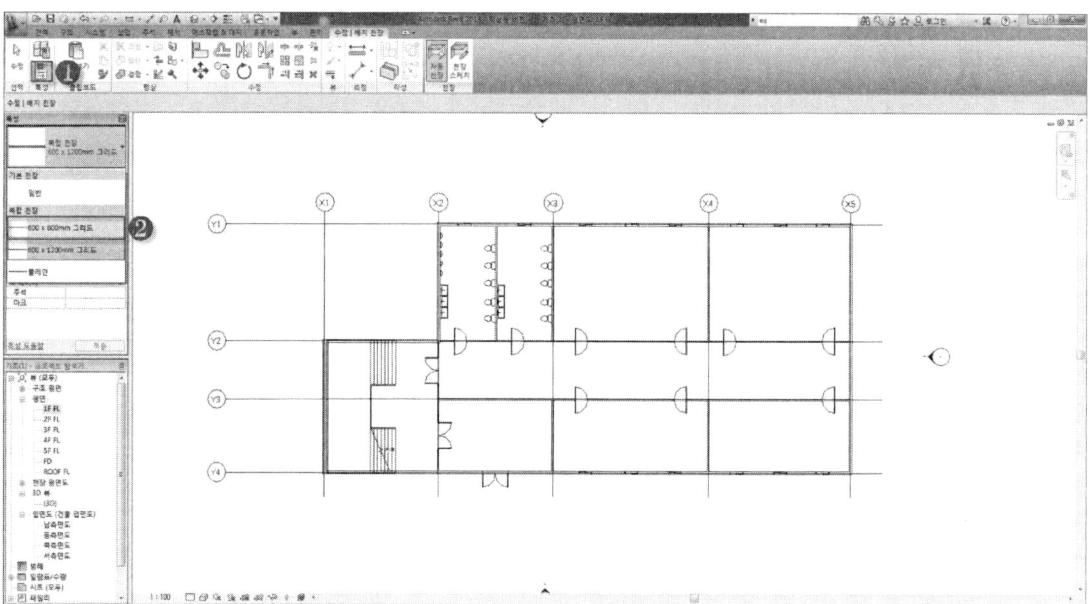

(3) 메뉴에서 [천장 스케치]를 클릭합니다.

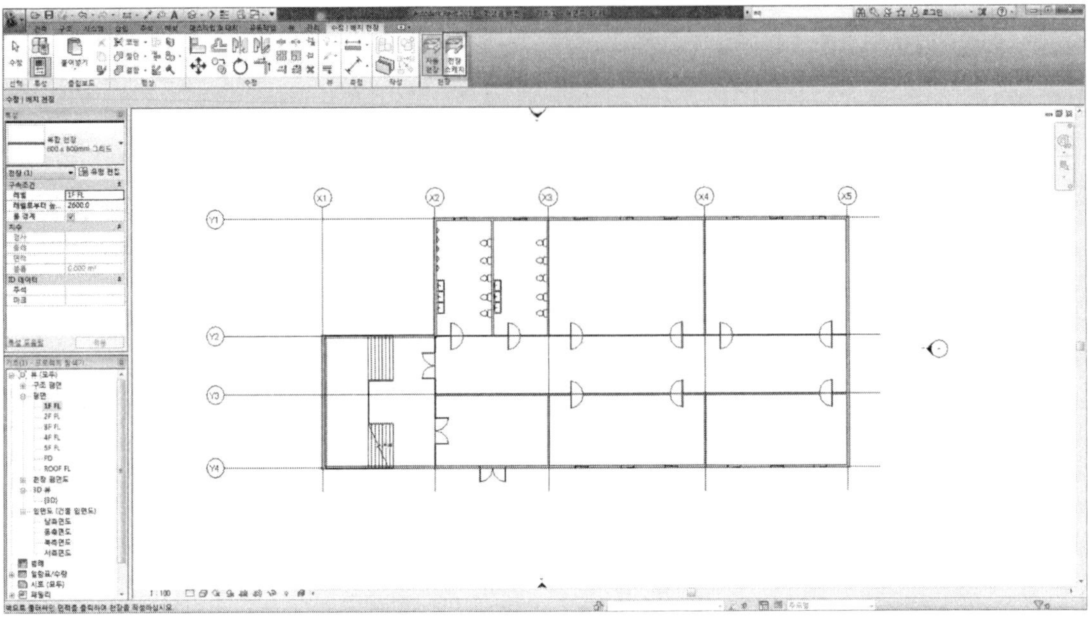

(4) 경계선에서 [직사각형]을 선택합니다.

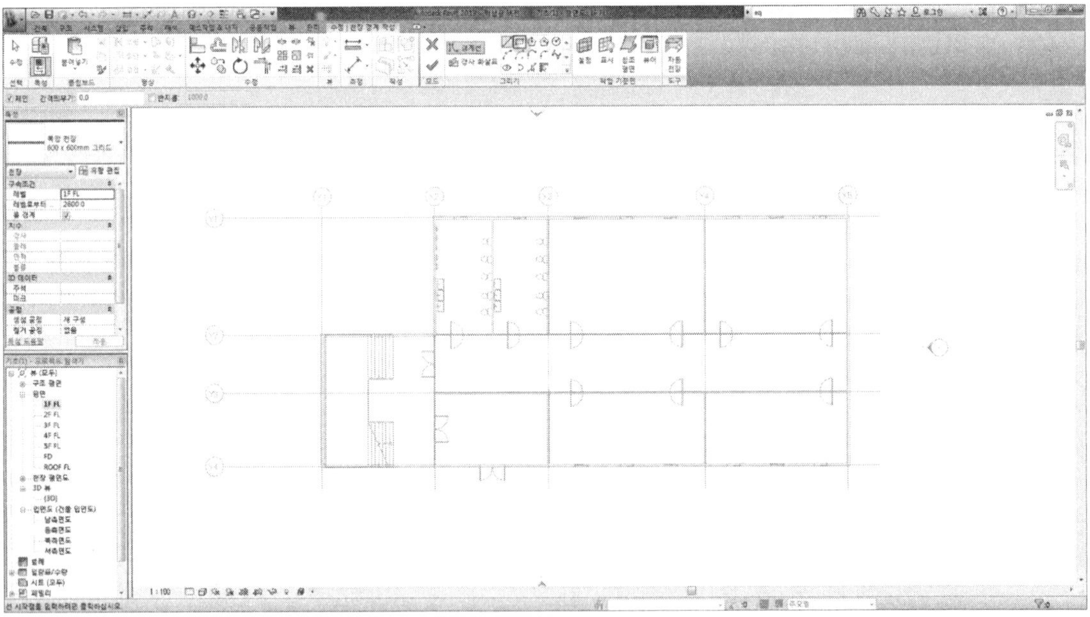

(5) 왼쪽 방의 한쪽 코너를 클릭하고 대각선 맞은편 코너를 클릭합니다.

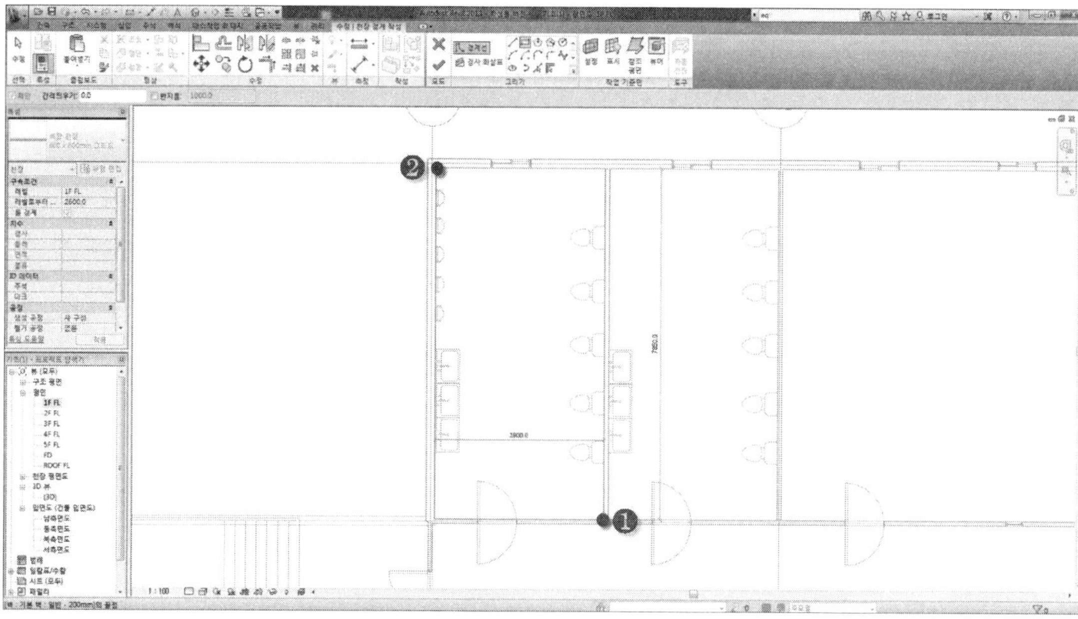

(6) 나머지 방도 같은 방식으로 직사각형을 스케치하고 천장 [완료 모드]를 클릭합니다.

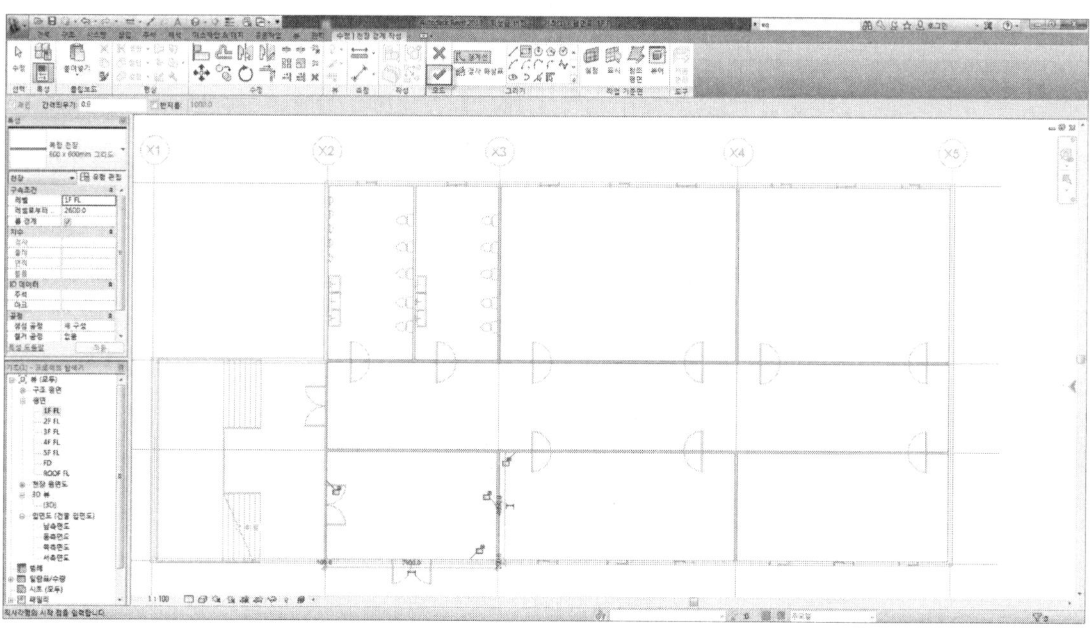

(7) 프로젝트 탐색기에서 1층 천장 평면도를 더블 클릭하면 1층 천장이 작성된 것을 확인할 수 있습니다.

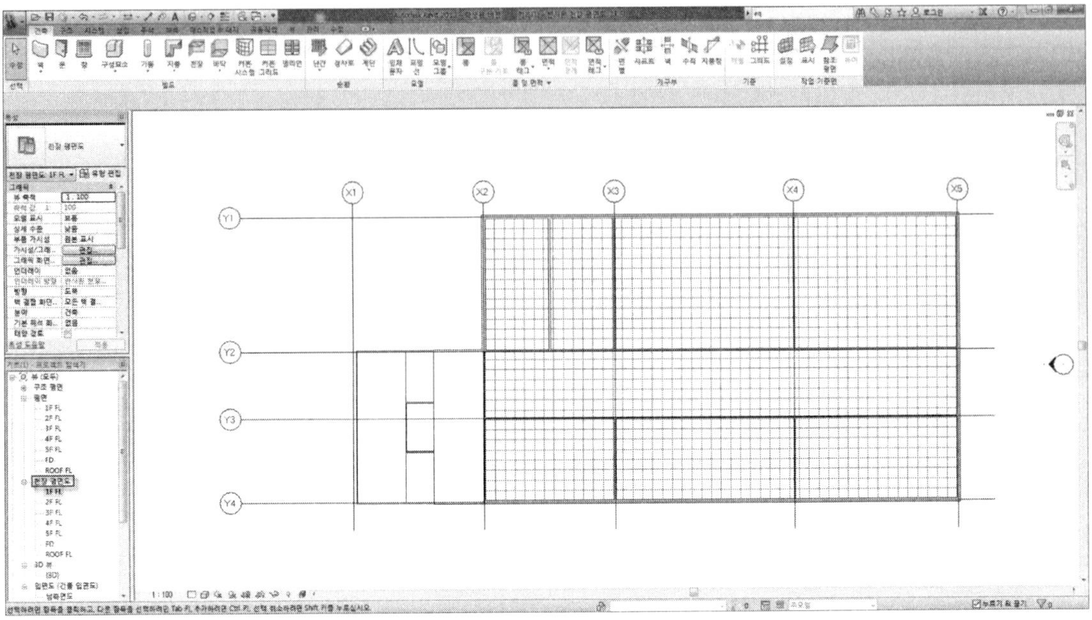

(8) 3D 뷰에서도 천장이 작성된 것을 확인합니다.

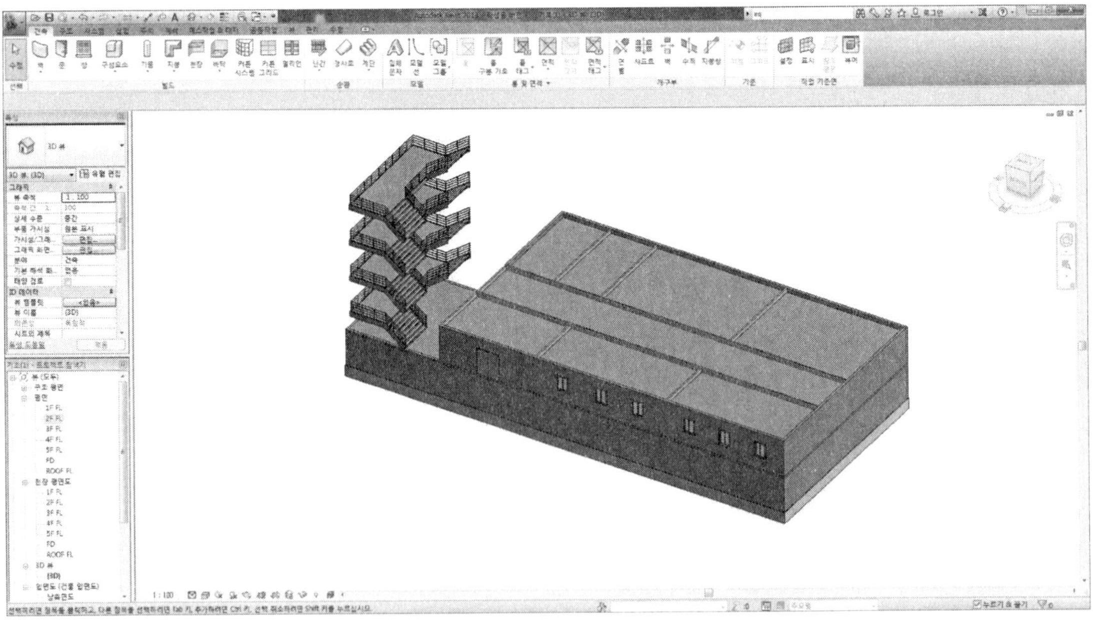

15.6.15 층 복사 및 붙여넣기

Revit에서 사무실, 아파트, 호텔, 기숙사 등 기준층이 반복해서 올라가는 건축물 설계시에는 기준층을 복사한 후 각 레벨에 붙여넣기 하면 신속하고 편리하게 작업을 진행할 수 있습니다. 작업 방법은 기준층 평면도를 작성한 후, 마우스를 드래그 하여 기준층 평면도의 전체 요소가 다 들어가게 선택하여 복사하고 이를 각 레벨에 붙여 넣기 합니다.

참고 : 현재 진행중인 프로젝트는 외벽의 일부(커튼월 부분)가 작성되지 않은 상태에서 진행되지만 일반적인 경우는 완성된 기준층 평면을 각 레벨에 복사합니다.

2층 3층 레벨에 붙여넣기 하기 위해 1층 평면을 복사합니다.

(1) 1층 평면 뷰를 열고, 1층 평면 전체가 화면에 나타나도록 뷰를 조정합니다.

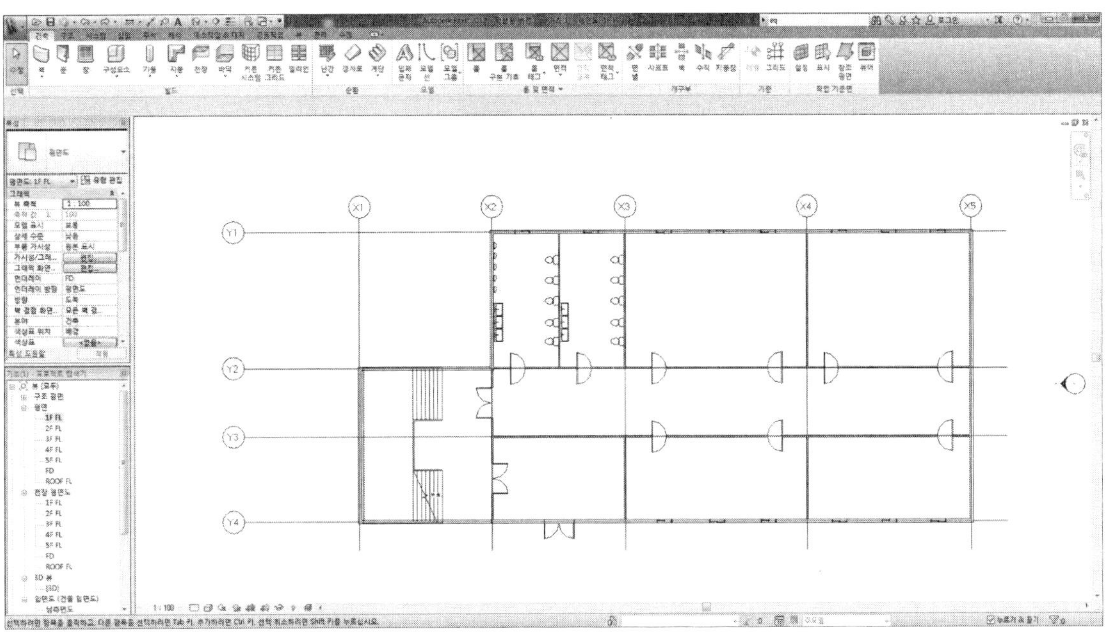

(2) 1층 레벨을 복사하여 다른 레벨에 그대로 붙여넣기 하기 위해 마우스로 왼쪽부터 오른쪽을 드래그하여 모든 요소를 선택합니다(그리드는 포함되지 않게 유의합니다).

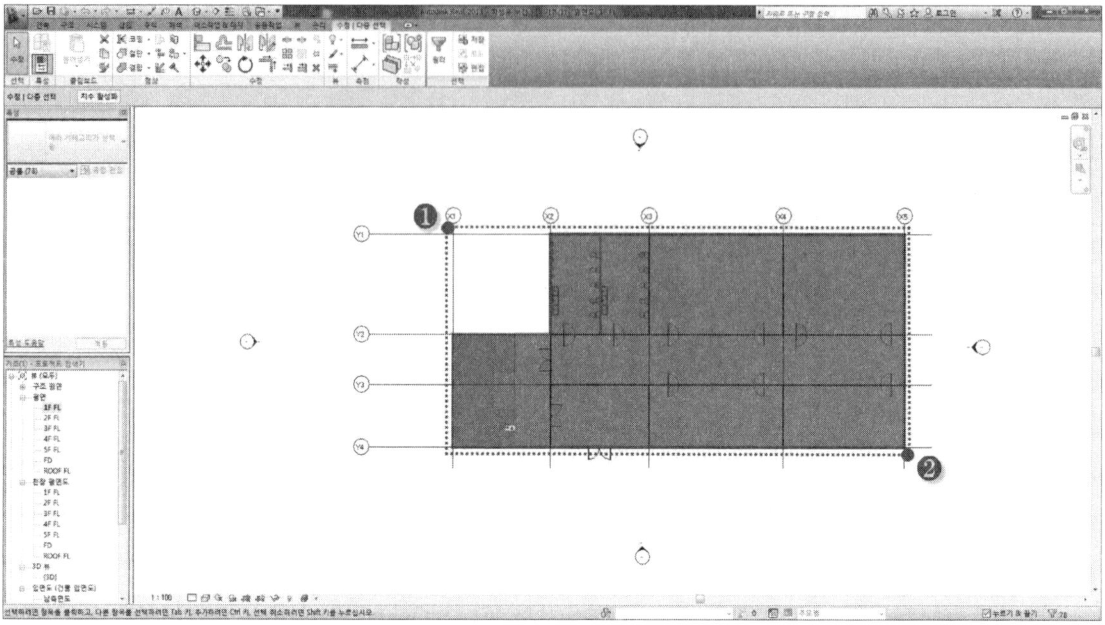

(3) [수정]탭의 복사를 클릭합니다.

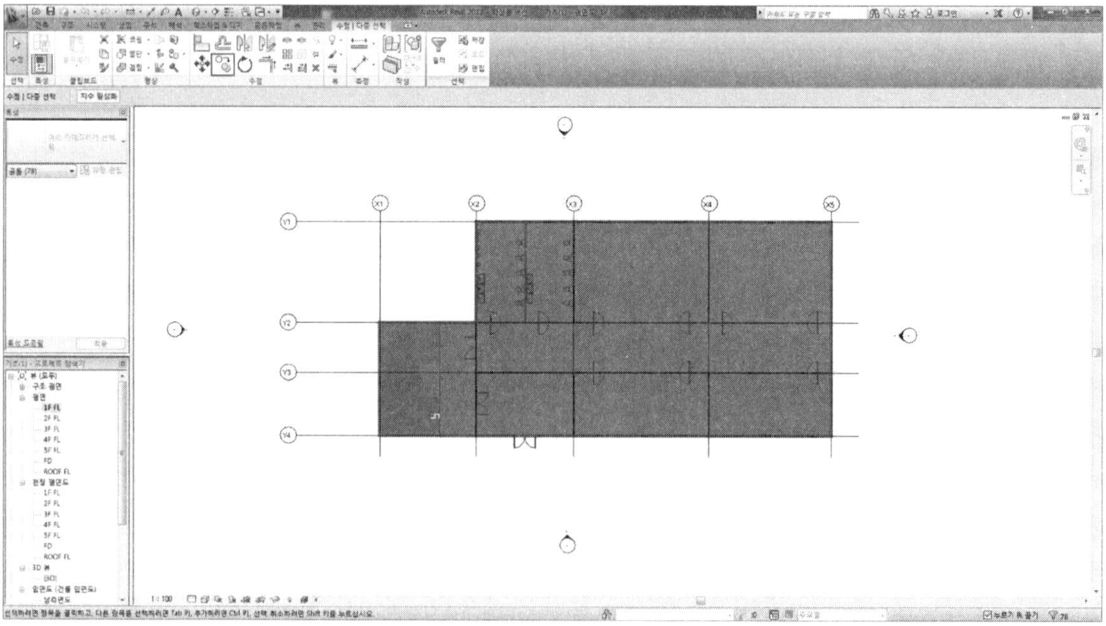

(4) 메뉴의 붙여넣기를 클릭합니다.

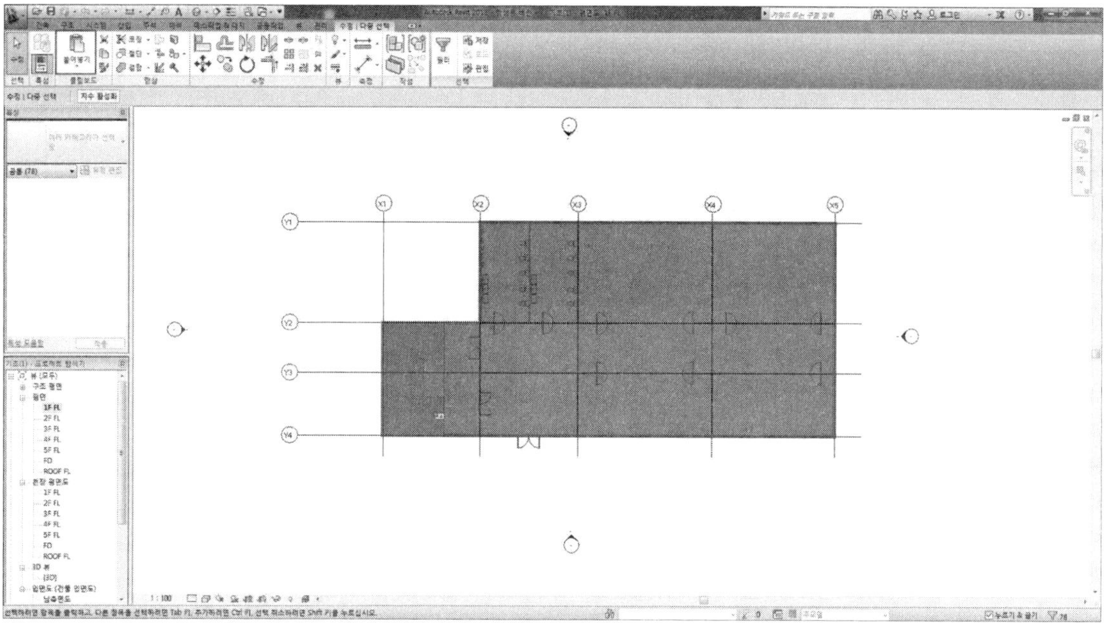

(5) 풀다운 메뉴가 나타나면 [선택한 뷰에 정렬]을 클릭합니다.

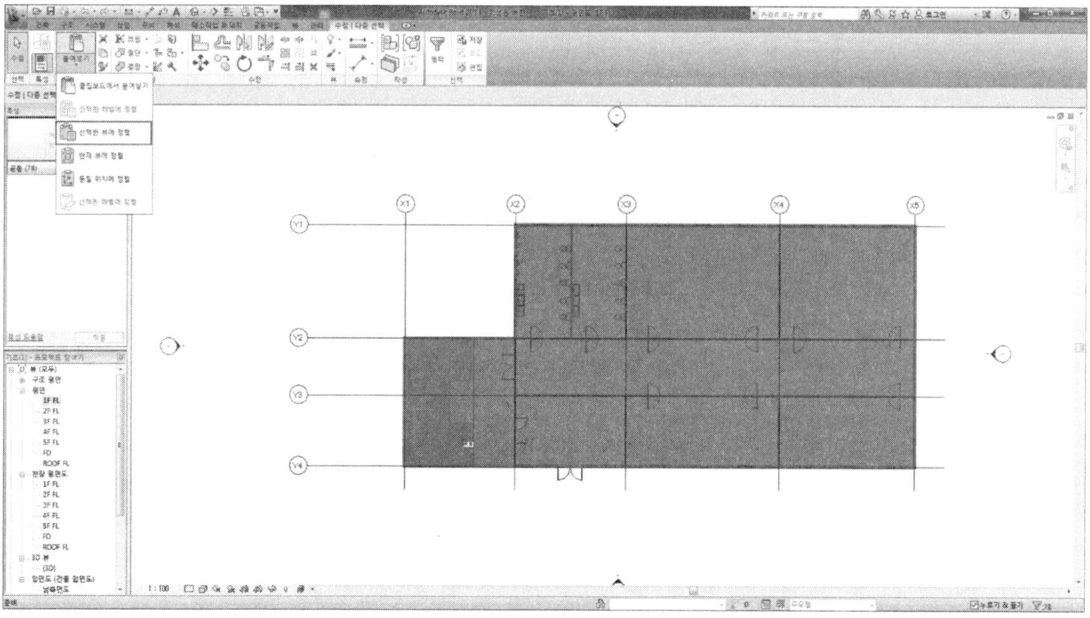

(6) 뷰 선택 창이 뜹니다. 방금 복사한 1층 평면을 붙여넣기할 층을 선택하는 것입니다.

(7) '2층'을 선택하고, 다중 선택을 위해 Ctrl키를 누른 상태에서 '다른 층'도 선택한 후, [확인]을 클릭합니다.

(8) 3D 뷰에서 2층 및 3층 레벨에 1층 레벨이 복사된 것을 확인합니다.

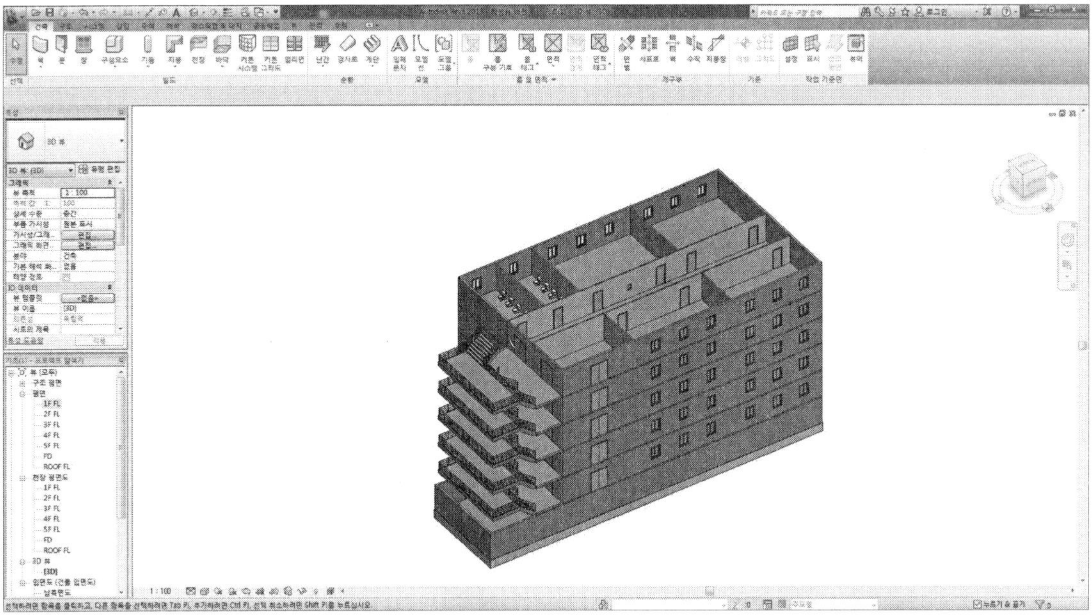

15.6.16 천장 복사 및 붙여넣기

1층 레벨을 복사할 때 천장은 선택되지 않기 때문에 2층, 3층 레벨에 복사되지 않았습니다. 천장 복사를 위해 1층 천정 평면 뷰에서 천장을 선택, 복사한 후 같은 방법으로 붙여넣기 하면 됩니다.

(1) 프로젝트 탐색기의 천장 평면도에서 1층을 더블 클릭하여 오픈하고 뷰를 확대합니다.

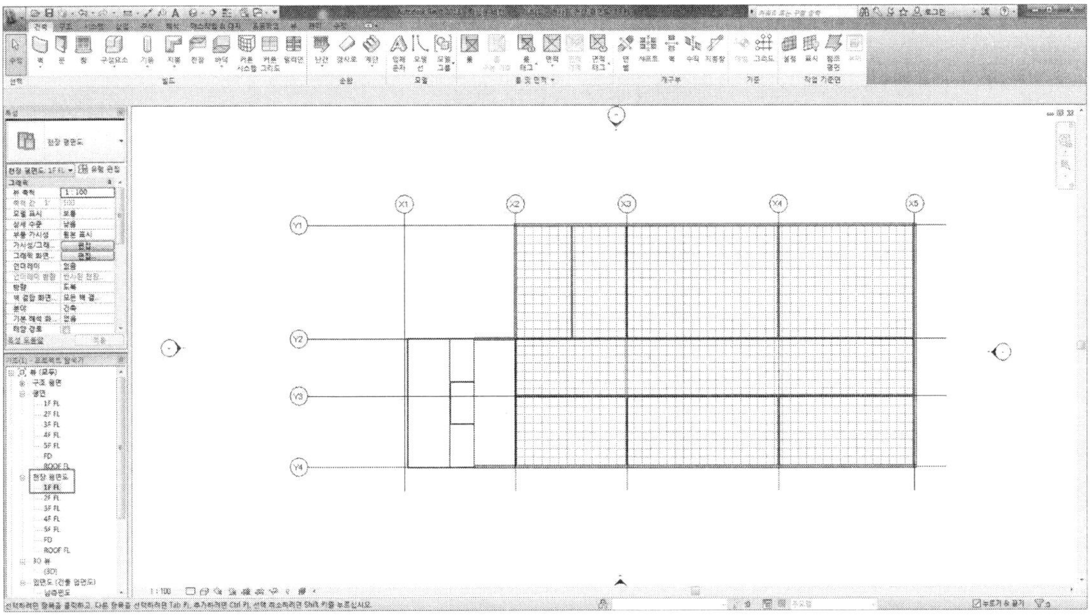

(2) 천장을 선택합니다. 선택을 쉽게 하기 위해 마우스를 천장과 벽의 경계에 갖다 대고 키보드의 tab키를 누르다가 천장이 선택되면 클릭합니다. 천장이 선택되면 복사를 클릭합니다.

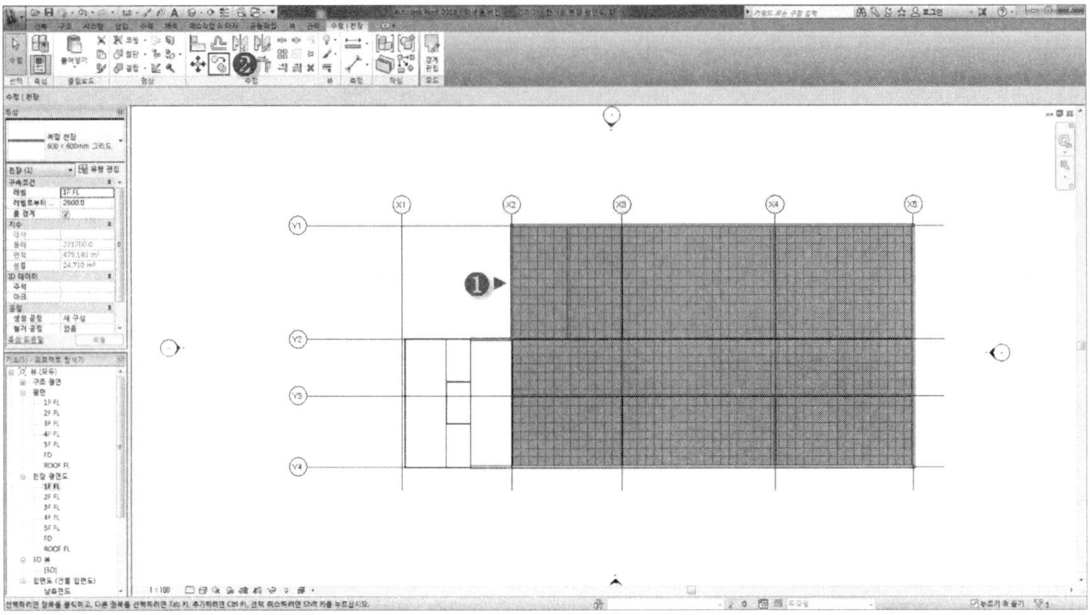

(3) 붙여넣기를 선택한후 [선택한 레벨에 정렬]을 클릭합니다.

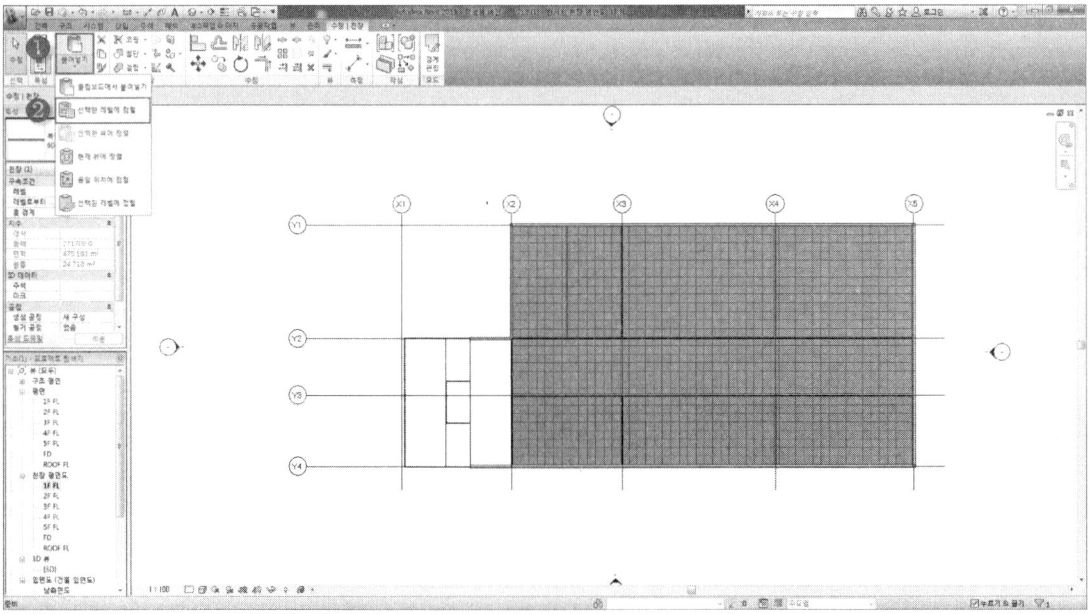

(4) 레벨 선택 창에서 붙여넣기 할 층을 다중 선택하고 [확인]을 클릭합니다.

(5) 3D 뷰에서 천장이 2층, 3층에 복사된 것을 확인합니다.

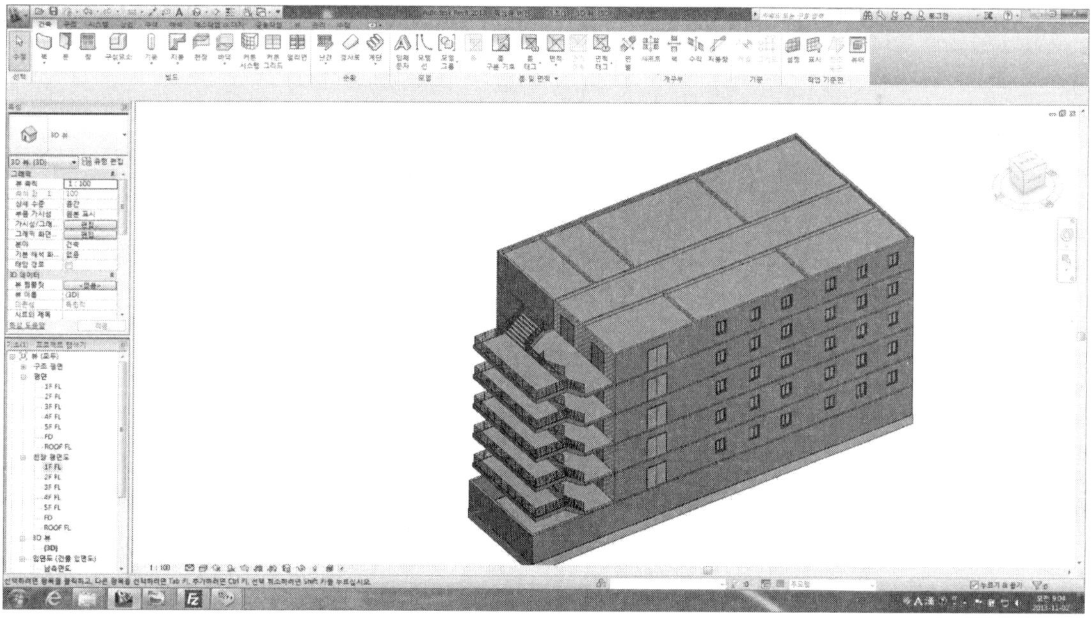

15.6.17 발코니 및 바닥 작성하기

(1) 2층 평면 뷰를 열고 [건축]탭의 [바닥]을 클릭합니다.

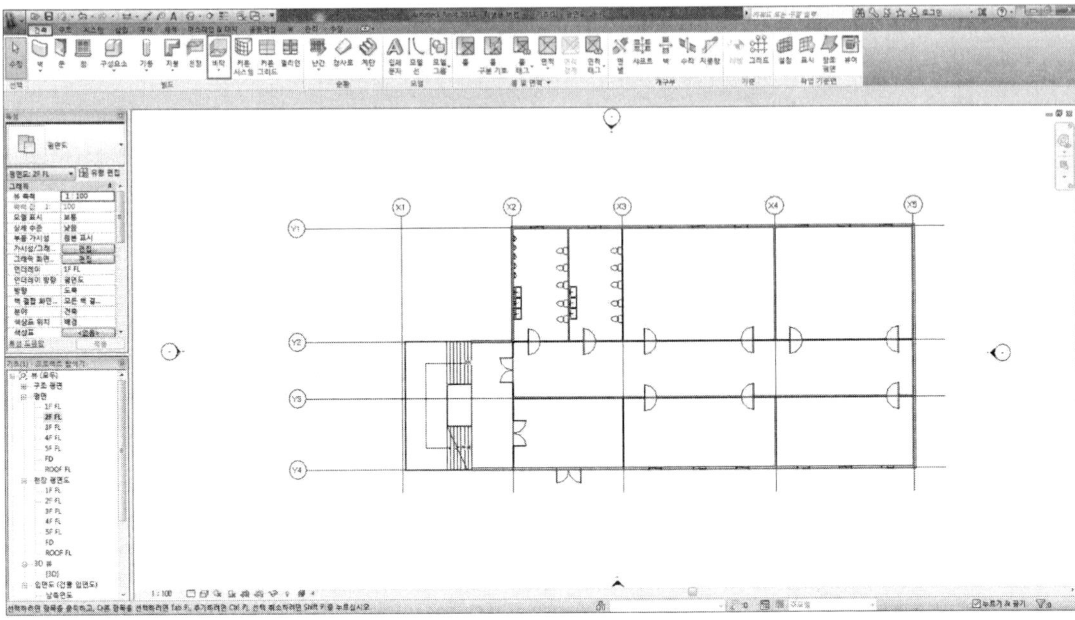

(2) [직사각형]을 선택하고, 그리드 X5의 외벽과 그리드 Y2, Y3가 만나는 우측지점을 클릭하고 직사각형을 스케치합니다. 작업 후 바닥 완료를 클릭합니다.

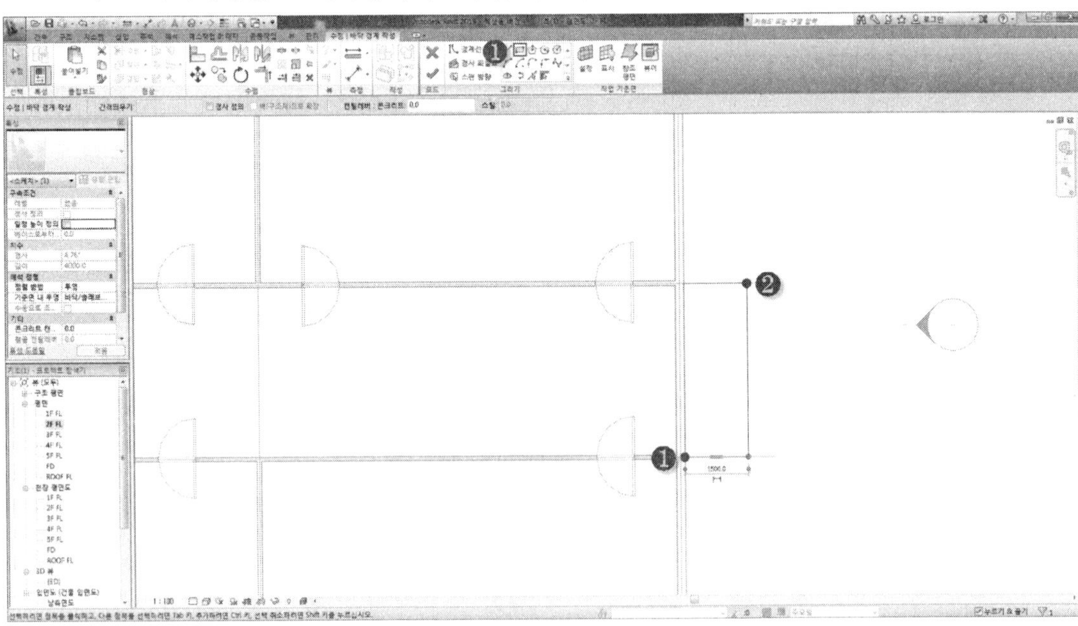

(3) 메시지 창에 [아니오]를 선택합니다.

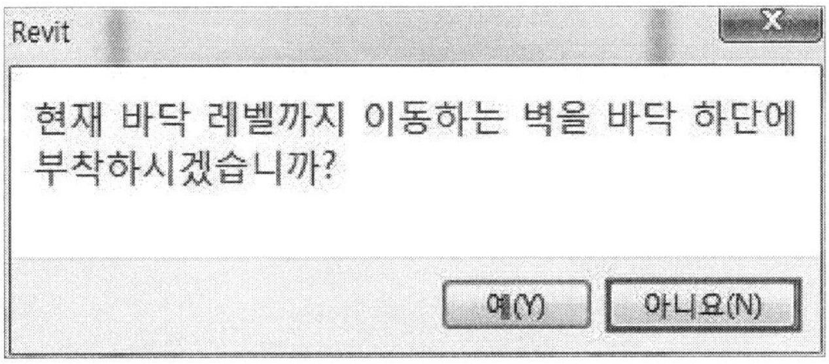

(4) 발코니 바닥이 작성되었습니다. Esc키를 두 번 눌러 명령을 종료합니다.

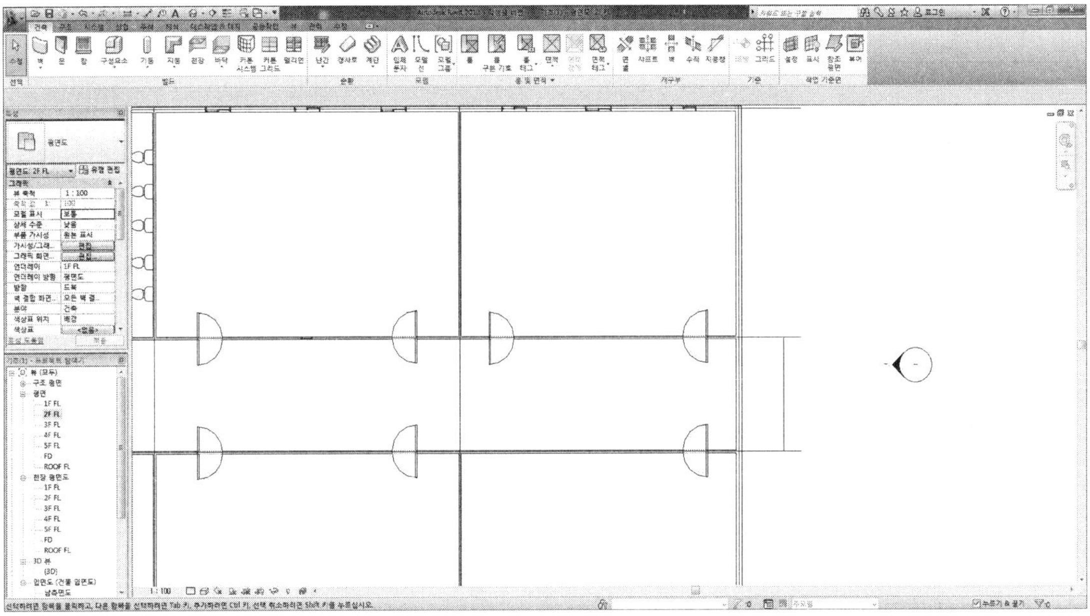

(5) 3D 뷰에서 발코니 작성되었음을 확인합니다. 시점을 이동하며 복사시 겹치는 부분이 없는지 확인합니다.

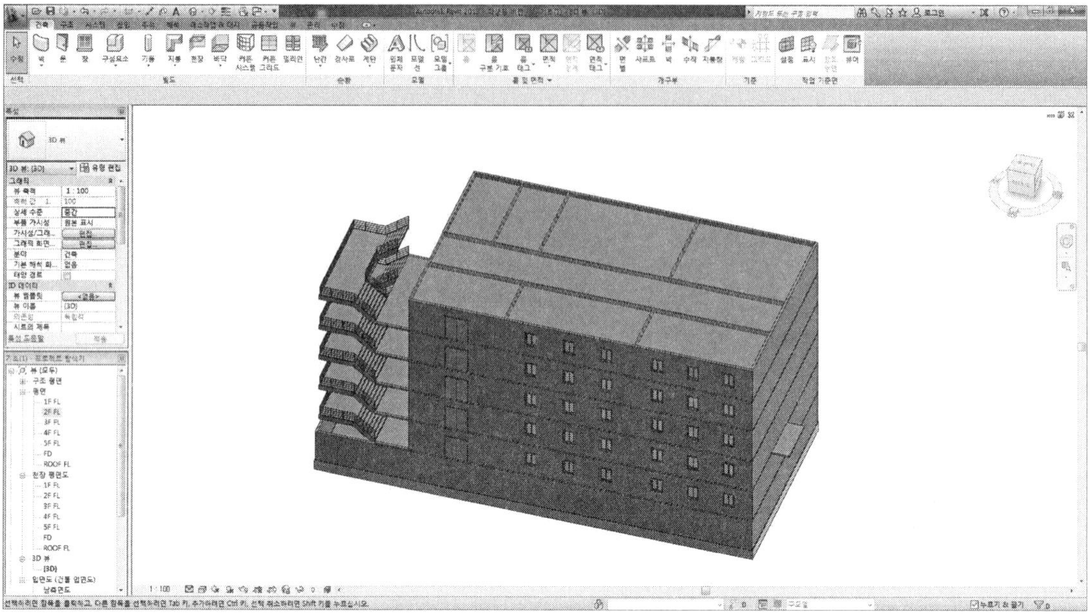

(6) 발코니를 일반 바닥과 다른 유형(타일 마감)으로 변경합니다. 이 방식으로 마감 및 특성이 다른 각 실 별 바닥 유형을 변경할 수 있습니다.

2층 평면 뷰를 열고 방금 작성한 발코니를 선택합니다.

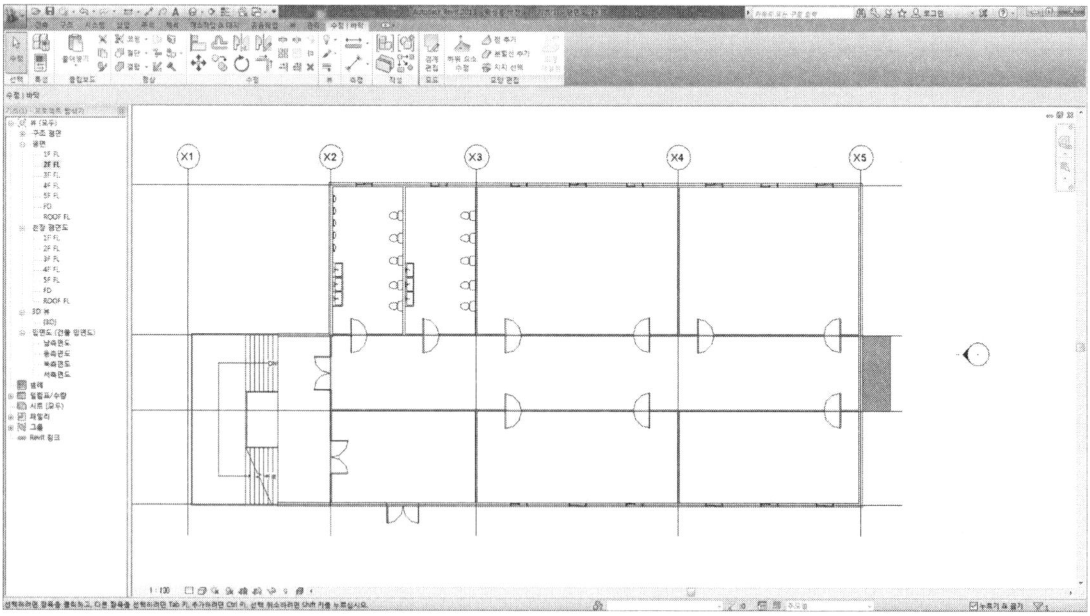

(7) [유형 특성]을 선택합니다.

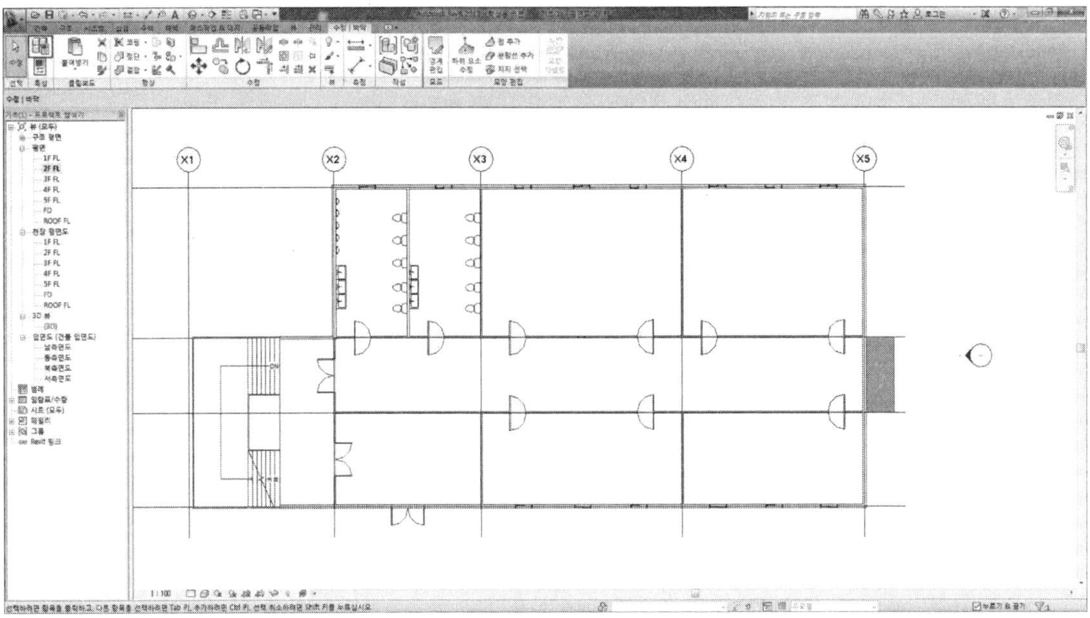

(8) 유형 특성 창에서 복제를 누릅니다.

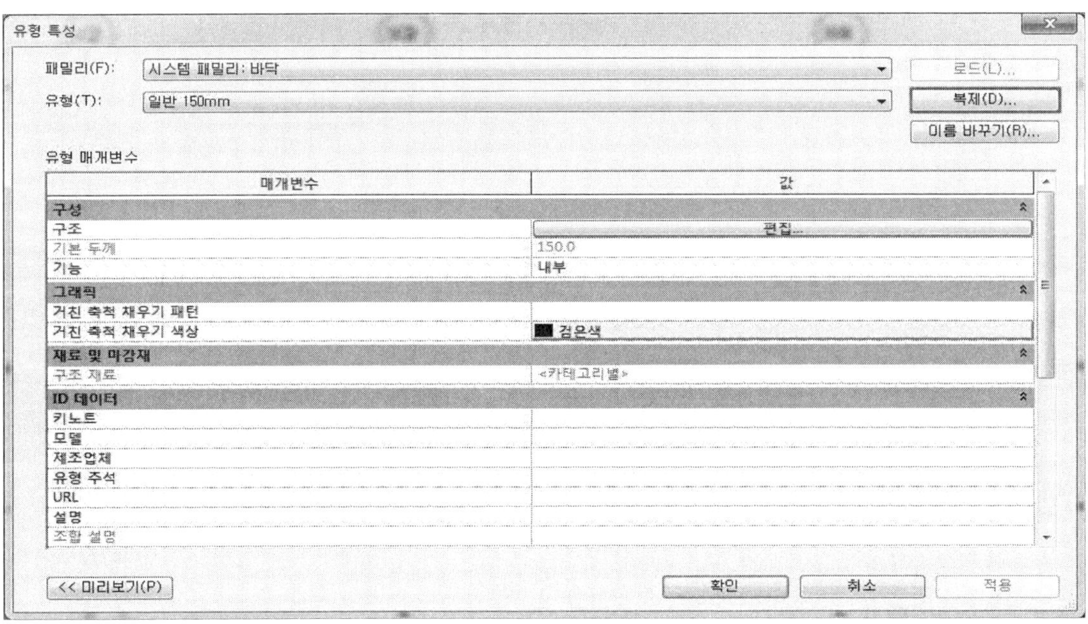

(9) 이름 창이 뜨면 이름을' 발코니 바닥'으로 변경하고 [확인]을 누릅니다.

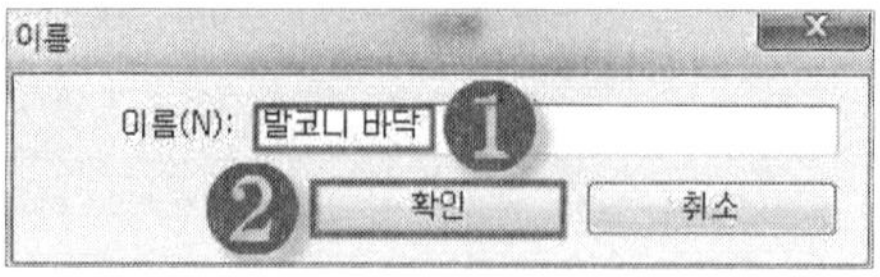

(10) 유형 특성 창에서 구조의 편집을 클릭합니다.

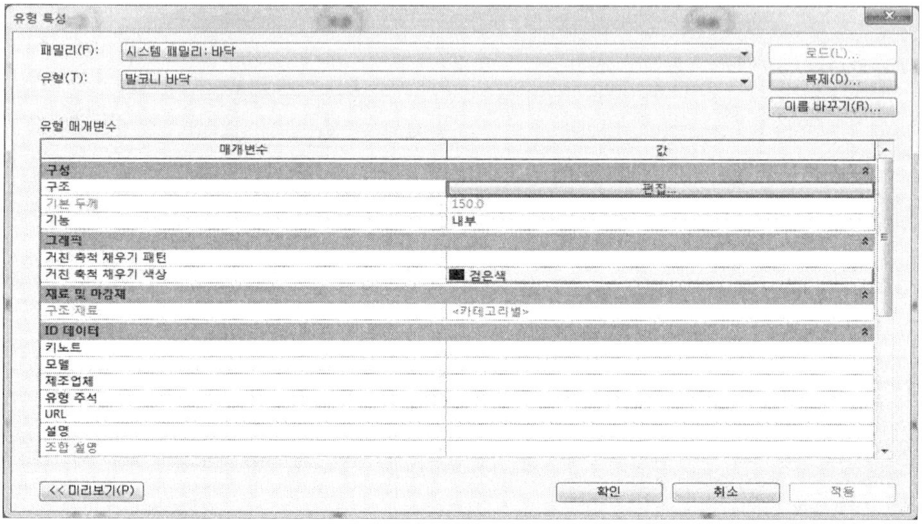

(11) 조합 편집 창에서 2열 구조[1] 우측의 카테고리 별을 클릭하면 나타나는 [...]마크를 클릭합니다.

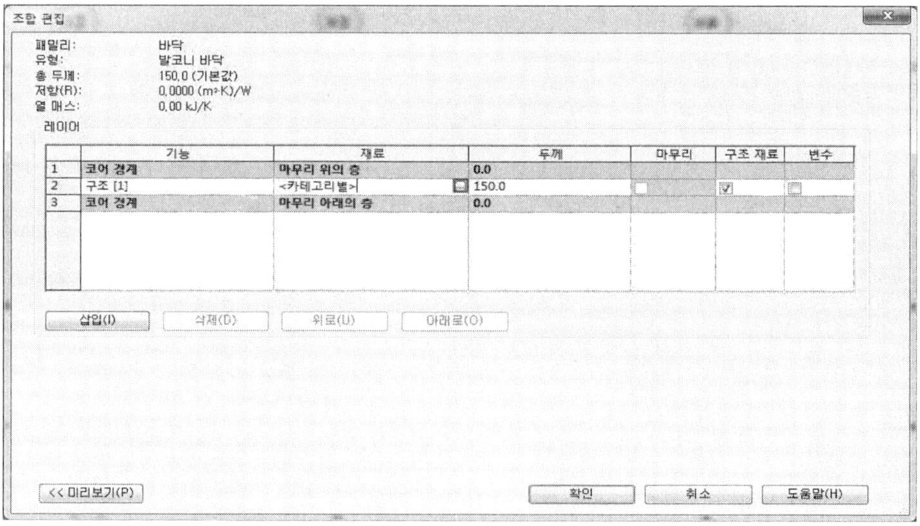

(12) 재료 창에서 스크롤을 내려' 세라믹 타일'을 선택합니다. 그러면 우측의 표면 패턴도 250mm 정사각형으로 바뀝니다. [완료]를 누르고 [확인]을 누릅니다.

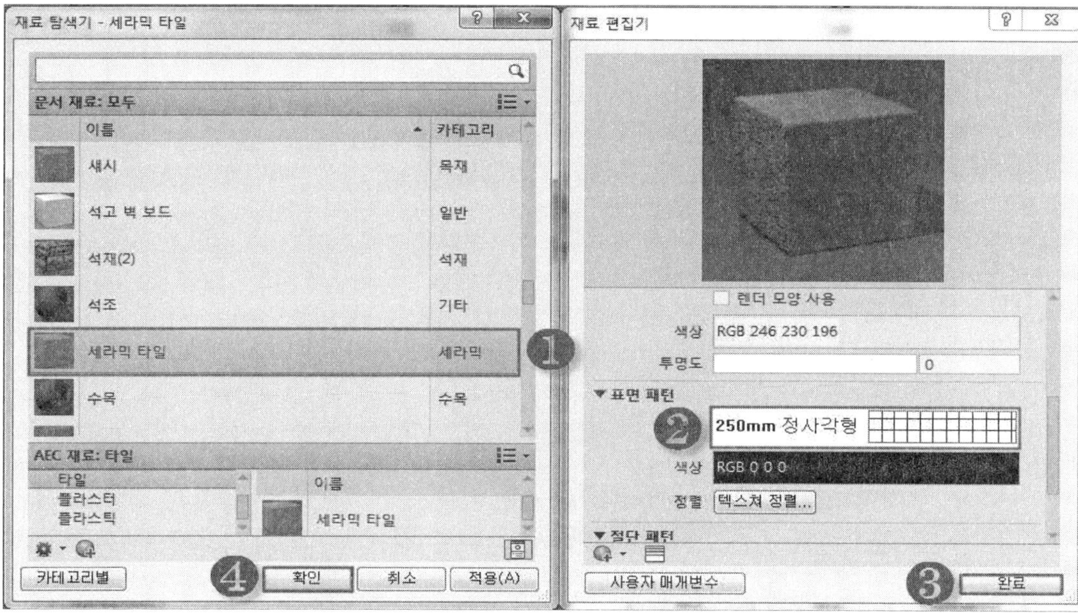

(13) 유형 특성 창에도 [확인]을 클릭합니다.

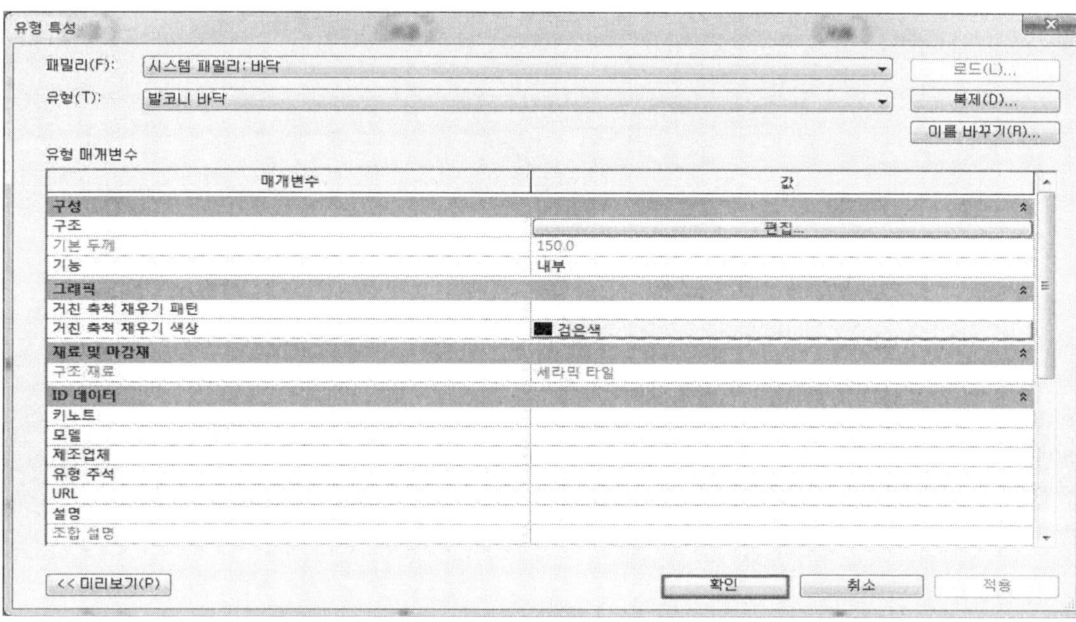

(14) 3D에서 변경된 발코니를 확인합니다.

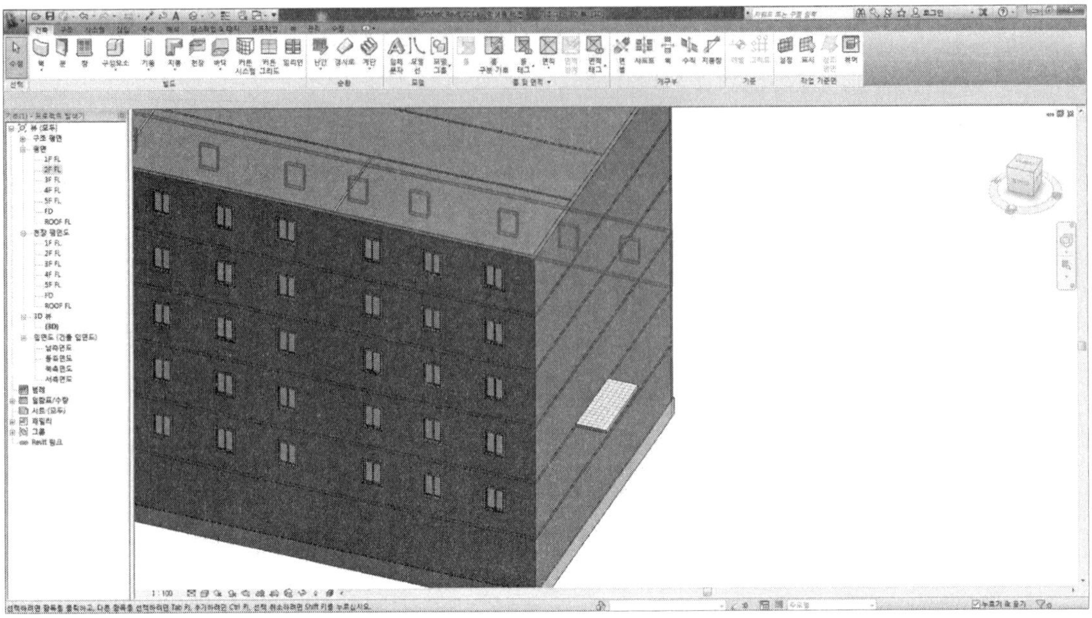

(15) 앞서 작성한 발코니에 난간을 작성합니다. 2층 평면 뷰를 열고, [건축] 탭에서 [난간]을 클릭합니다.

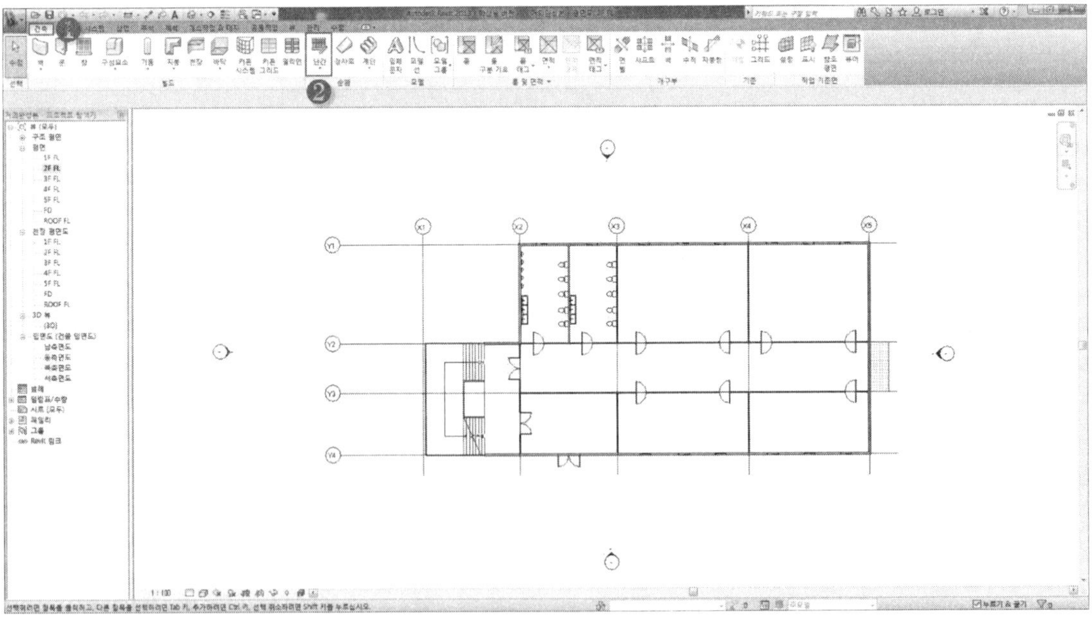

(16) 옵션 막대에서 체인 박스에 체크하고, 발코니 외곽선을 따라 선을 그린 후 난간 [완료]를 클릭합니다(체인 박스에 체크한 상태에서 그리는 것이 한 번에 작성할 수 있어 편리합니다).

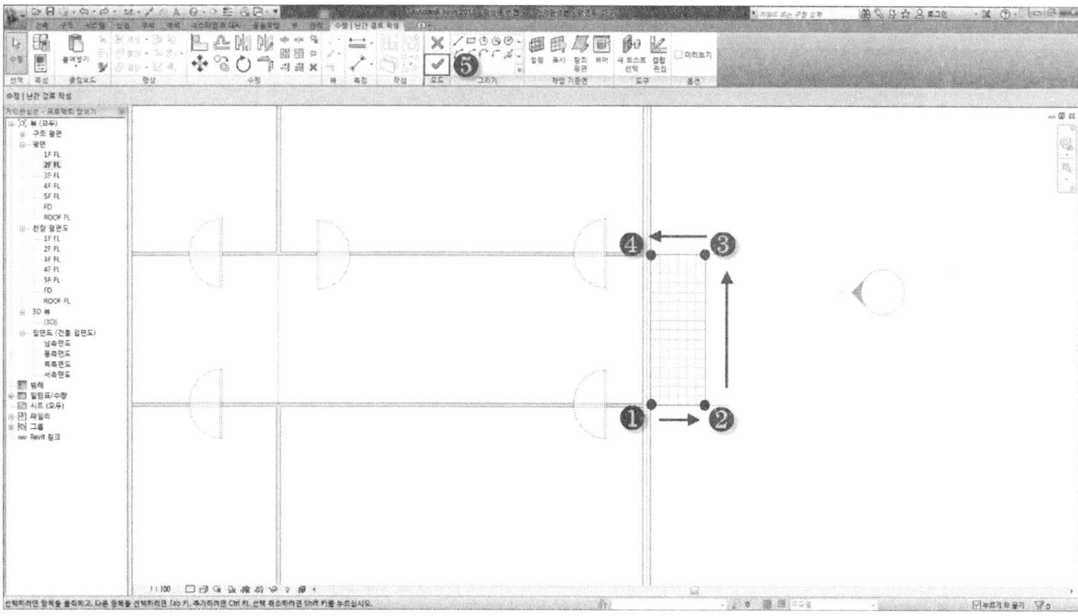

(17) 화살표를 클릭하여 난간이 경계선 안쪽으로 들어오도록 조정합니다.

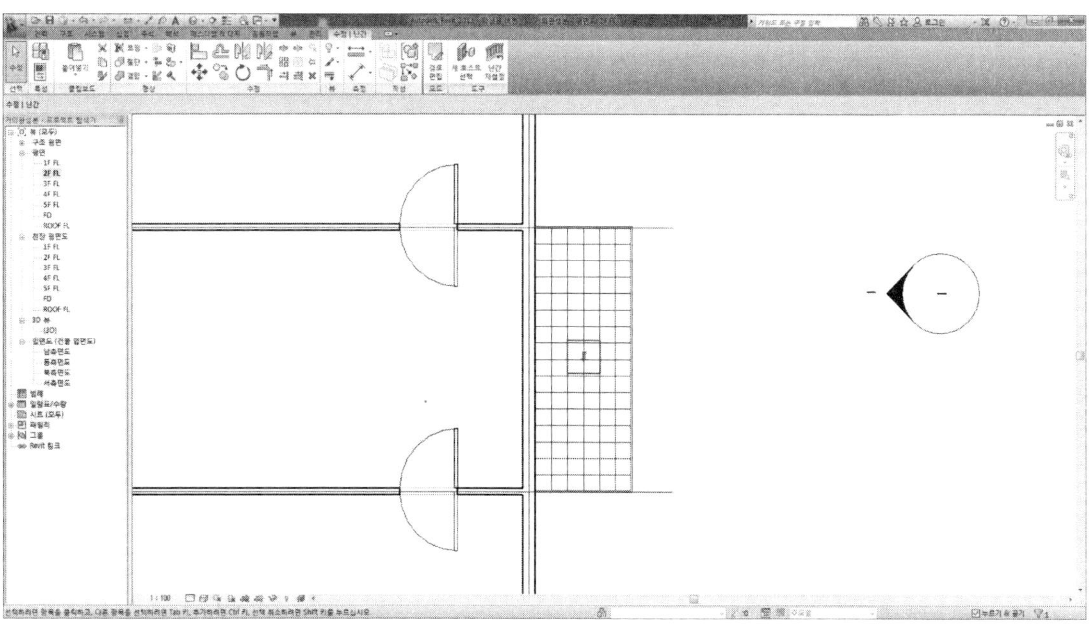

(18) 3D 뷰에서 확인합니다.

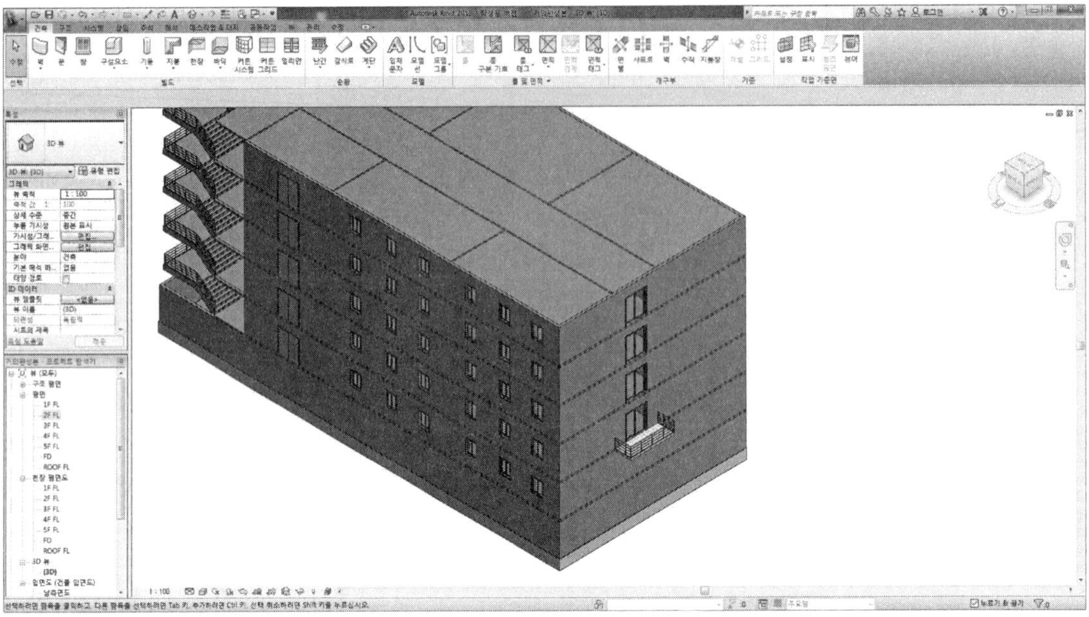

(19) 2층 발코니를 복사하여 상위층에 동일한 위치에 붙여넣기 합니다. 2층 평면 뷰를 열고 마우스로 드래그하여 발코니(난간 포함)를 선택한 다음, 복사를 클릭합니다.

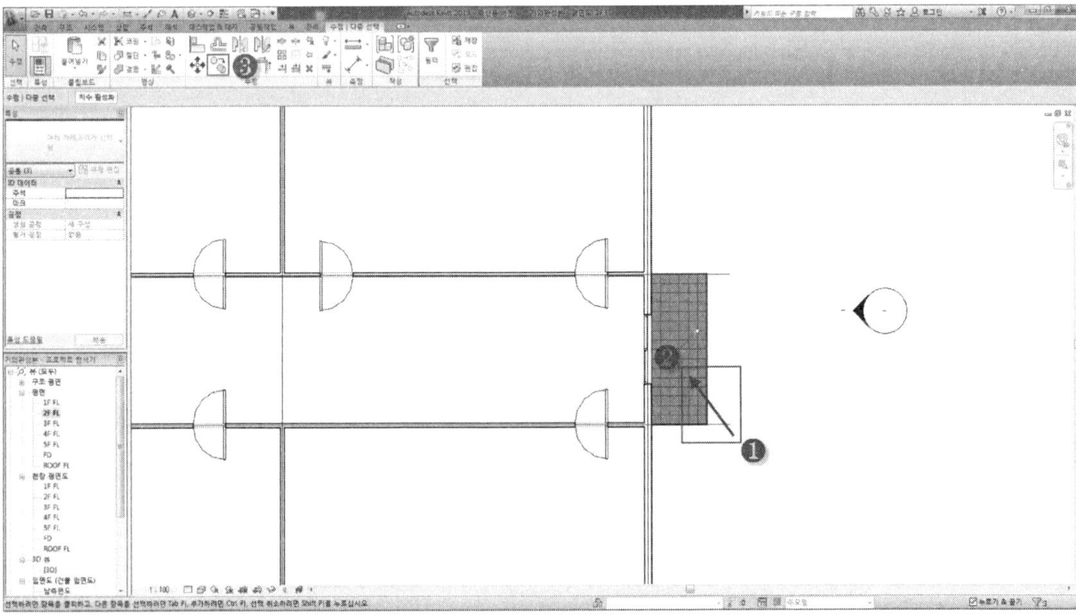

(20) 붙여넣기를 눌러 [선택한 레벨에 정렬]을 클릭합니다.

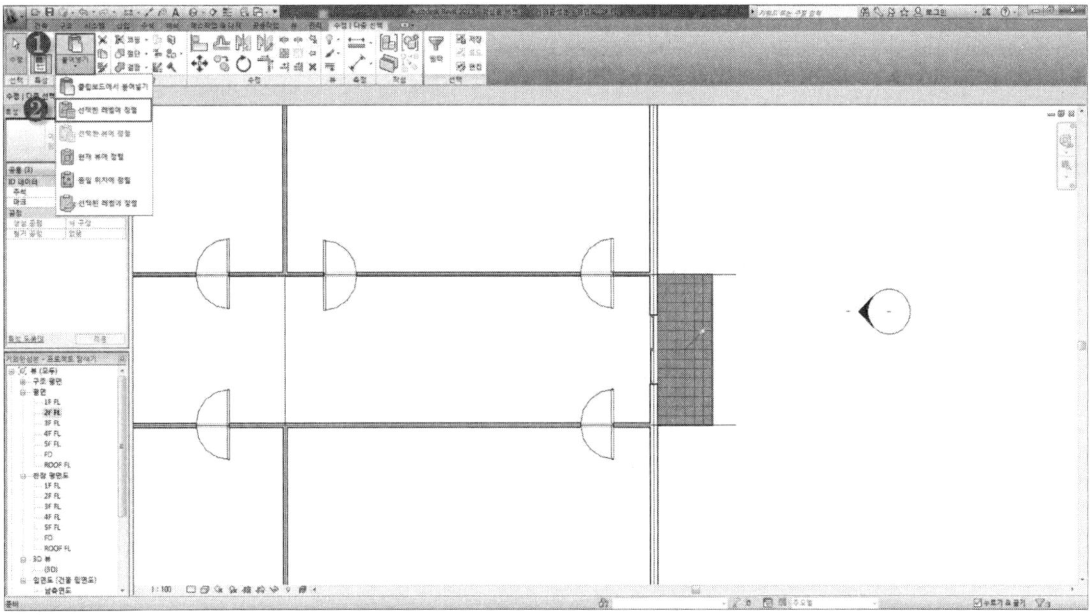

(21) 붙여넣기 할 상위층을 선택하고 [확인]을 누릅니다.

(22) 3D 뷰에서 작업 결과를 확인합니다.

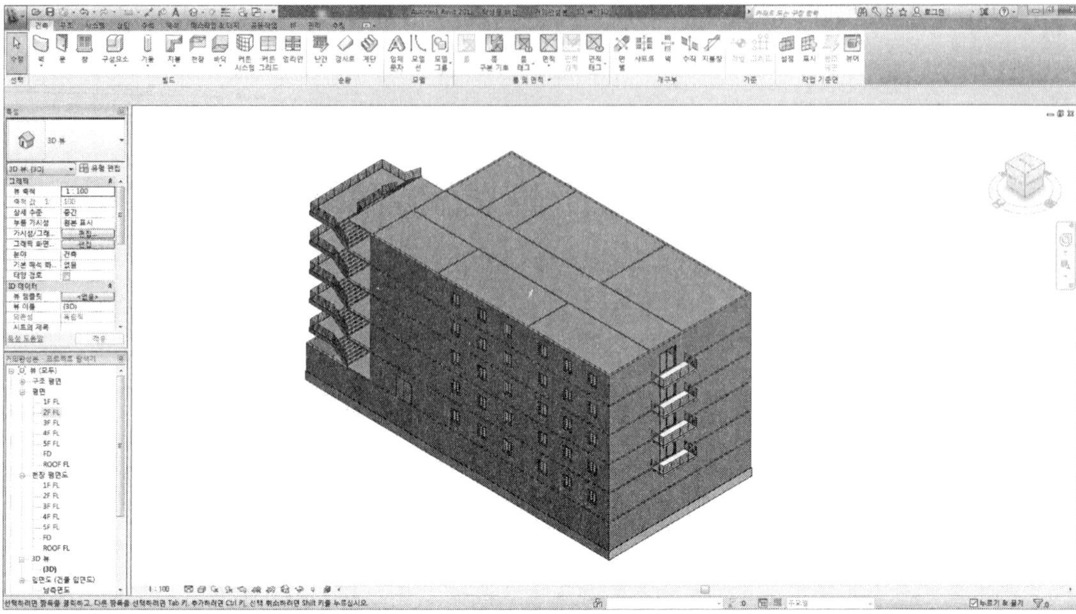

15.6.18 커튼월 작성하기

커튼월은 현대 고층 건축을 대표하는 빌딩의 외부 건축재료입니다. 부정형 건축물(Free-form Building)의 입체적인 디자인을 더욱 돋보이게 하는 매력 때문에 각광 받았으나 최근에는 에너지의 중요성이 대두되면서 에너지 효율면에서는 단점으로 지적받고 있는 건축물의 외피입니다. 실제 건축물의 일반적인 시공 과정과 마찬가지로, 본 프로젝트에서도 커튼월을 벽, 바닥 등의 골조 후순에 설치하는 방식으로 진행합니다.

Revit에서 커튼월의 종류는, "그리드"와 "멀리언"의 유무에 따라, 커튼월, 외부유리, 점두로 나누어집니다.

① **커튼월** : 유리만 있는 상태로, 그리드를 설치한 후 멀리언을 배치할 수 있습니다. 불규칙적인 간격의 커튼월 작성 시 커튼월을 사용하는 것이 유리합니다.

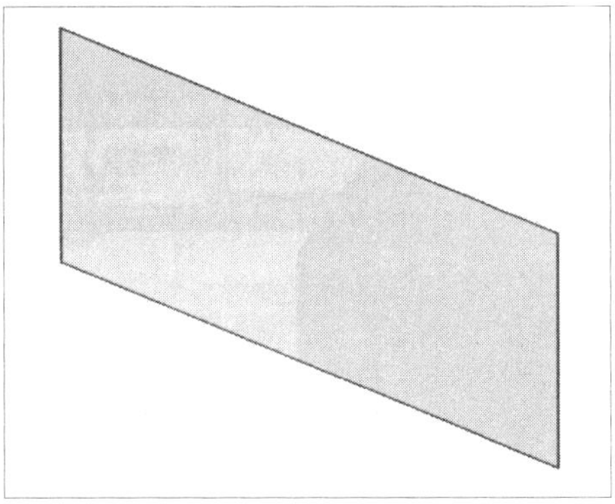

② **외부유리** : 유리+그리드, 유형 특성에서 그리드 간격 조정과 멀리언 추가가 가능합니다.

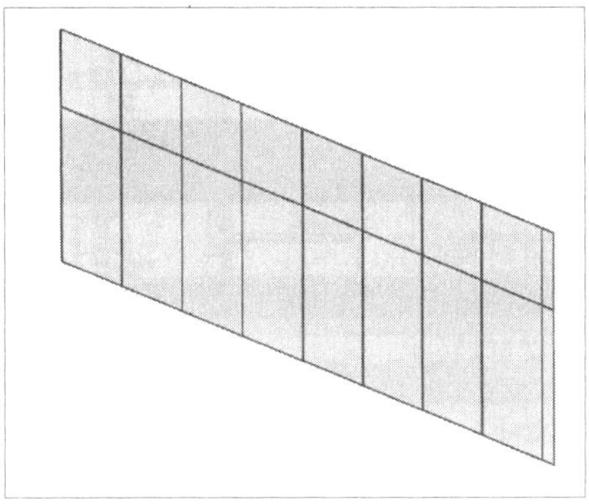

③ **점두** : 유리+그리드+멀리언, 유형 특성에서 그리드 간격, 멀리언 사이즈 등 조정이 가능합니다.

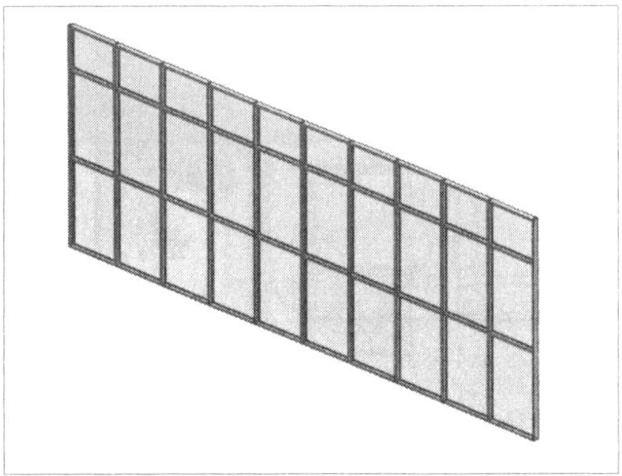

(1) 지하 1층 평면 뷰에서 [건축]탭의 벽을 클릭합니다.

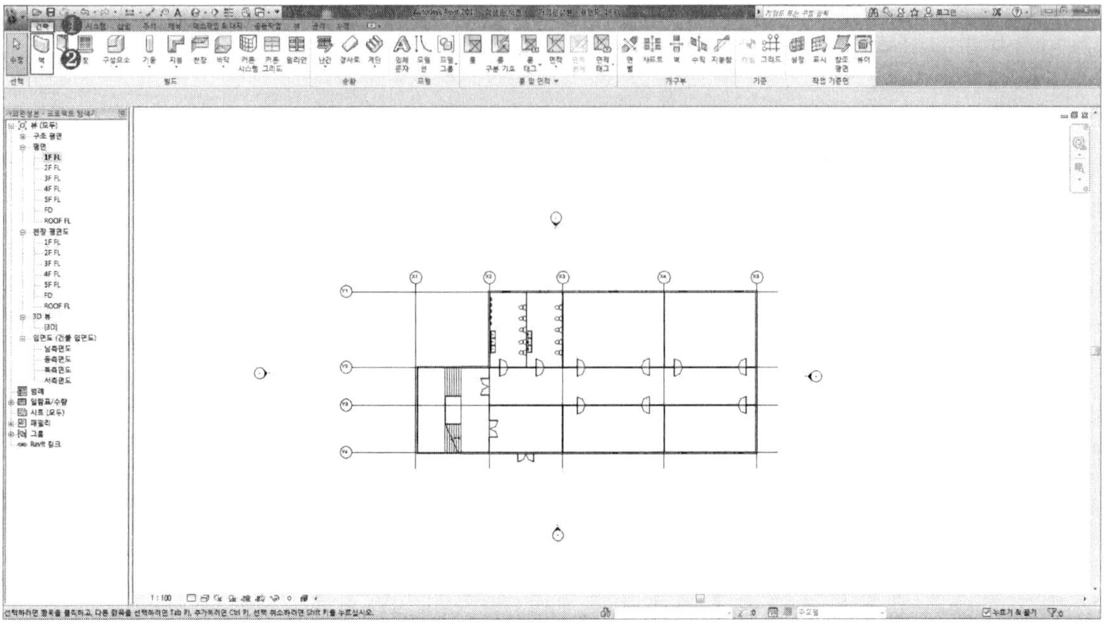

(2) 특성변경을 눌러 커튼월을 선택합니다.

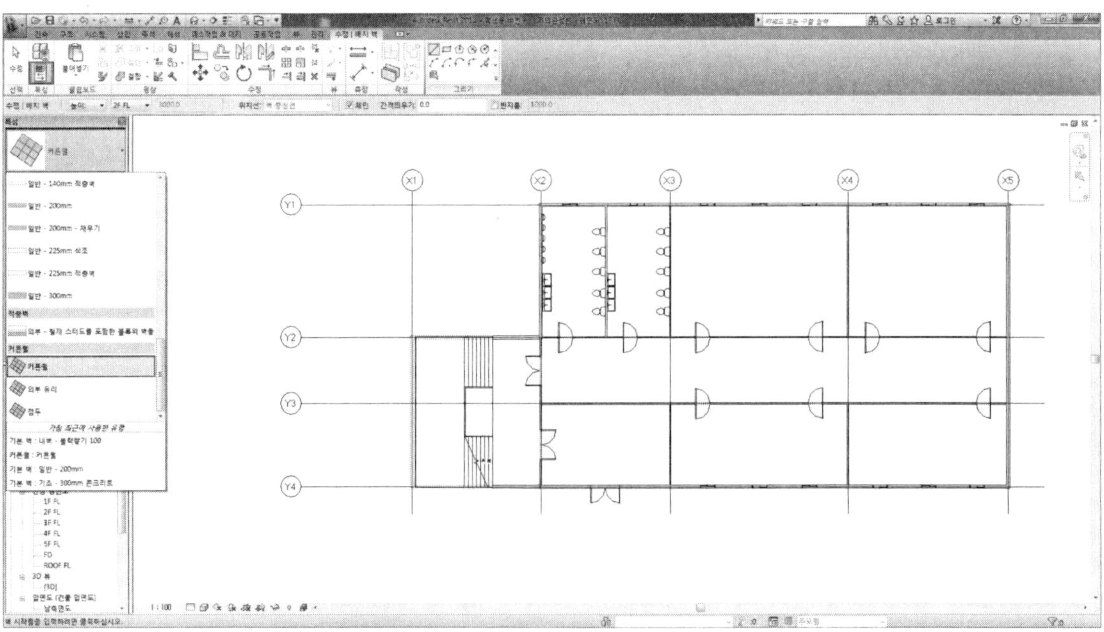

(3) **옵션 메뉴에서 높이** : '지붕층'을 선택하고 커튼월 작성이 용이하도록 뷰를 확대합니다.

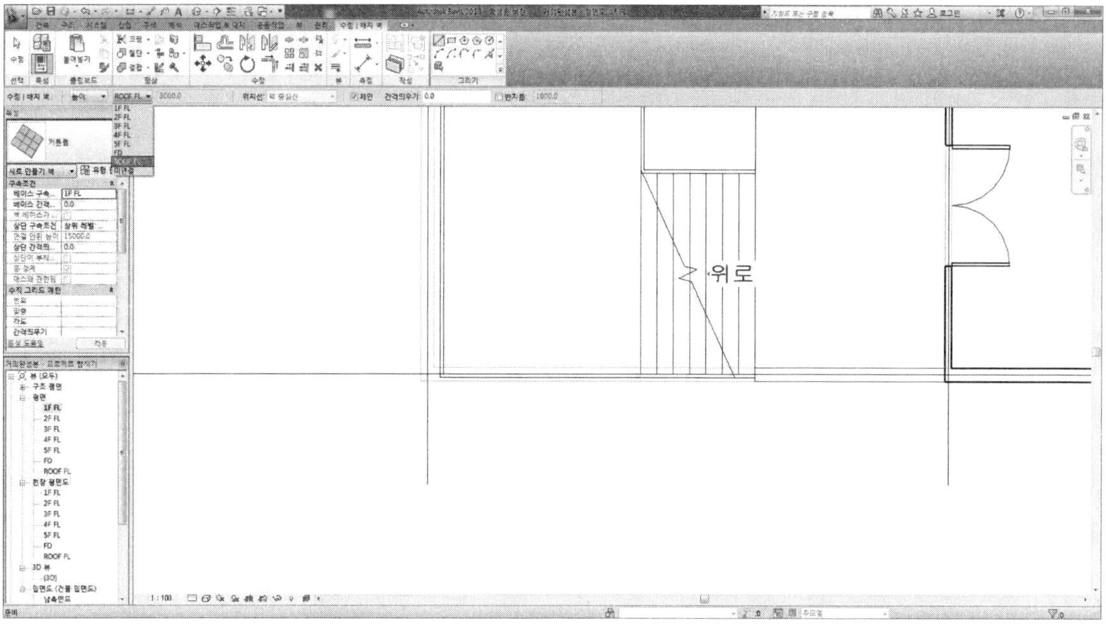

(4) 외벽에 커튼월을 작성하고, Esc키를 두 번 눌러 명령을 종료합니다.

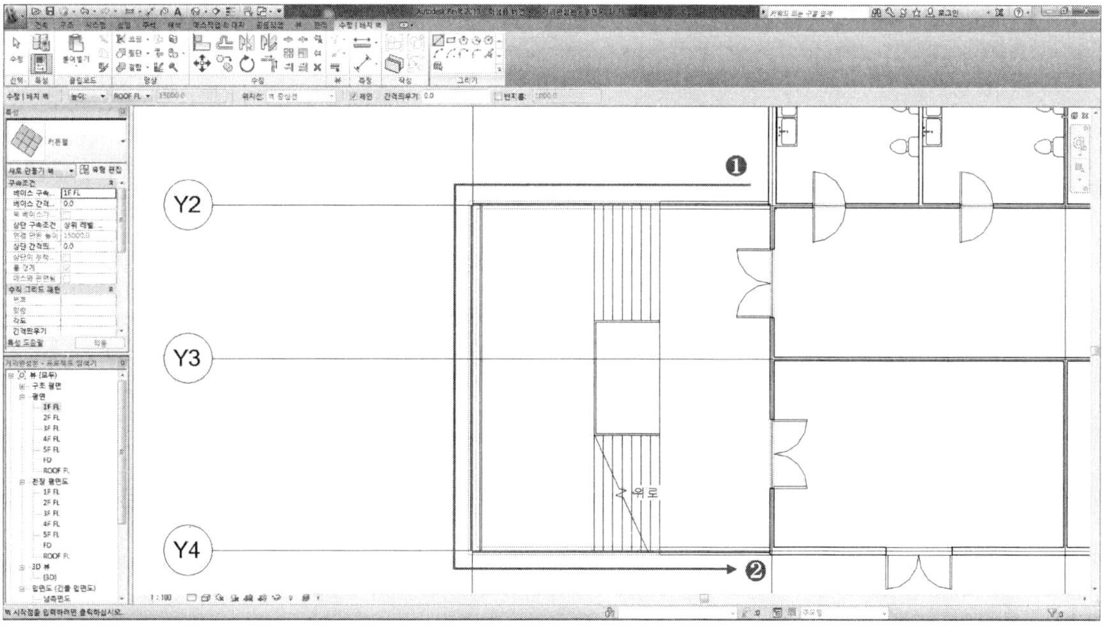

(5) 3D뷰를 눌러 작업한 내용을 확인합니다.

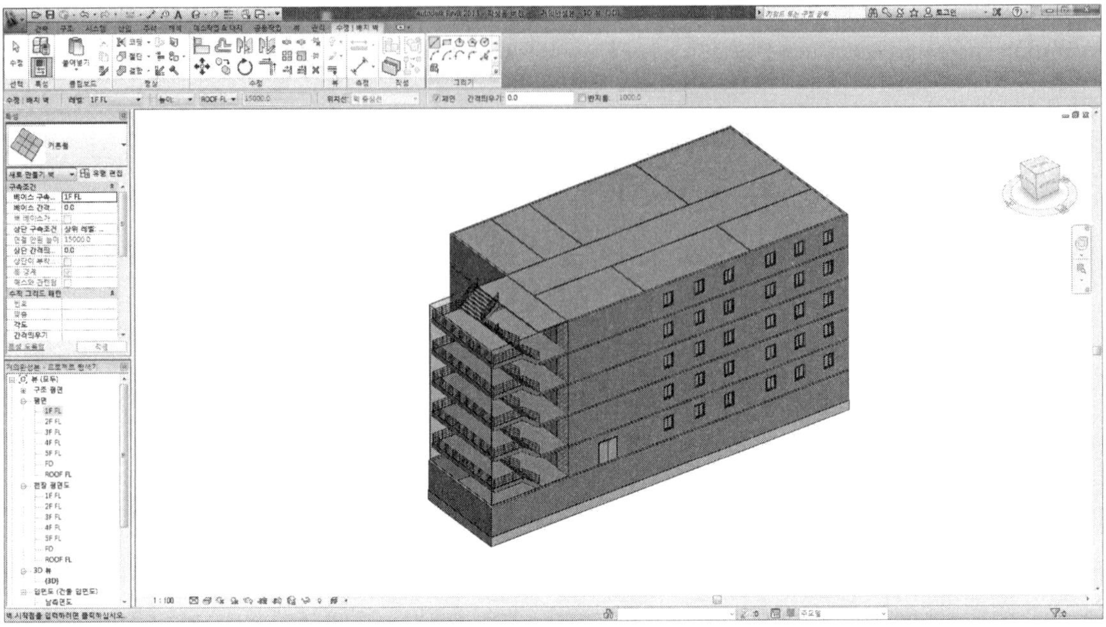

(6) [건축]탭에서 [커튼월 그리드]를 클릭합니다.

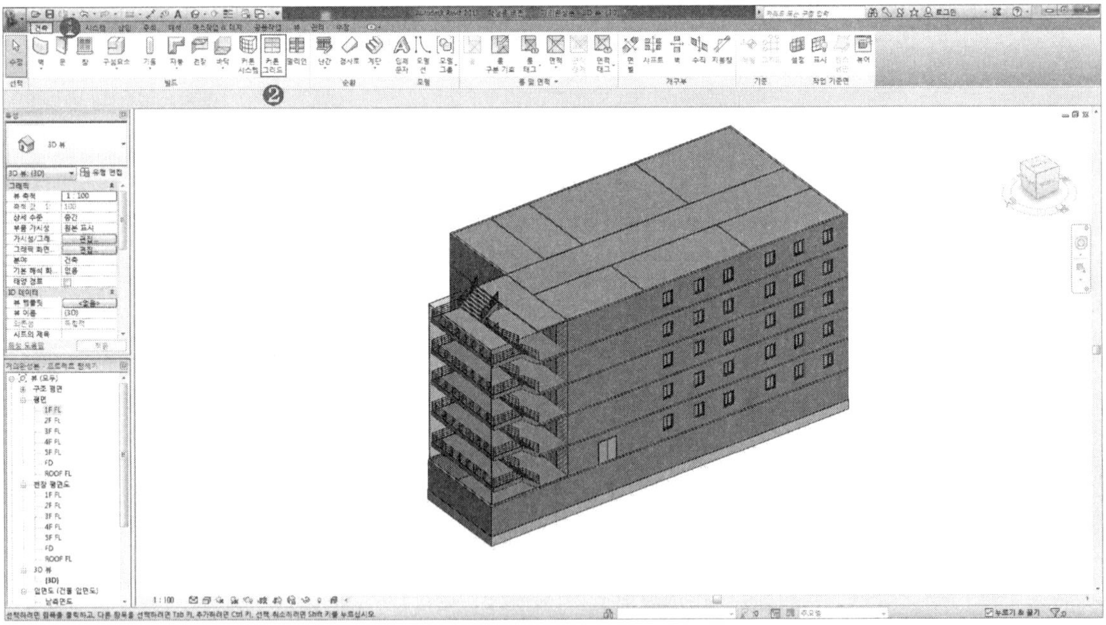

(7) 3D뷰에서 커튼월 벽 중 원하는 곳을 클릭하여 그리드를 작성하려 합니다. [모든 세그먼트]를 클릭합니다.

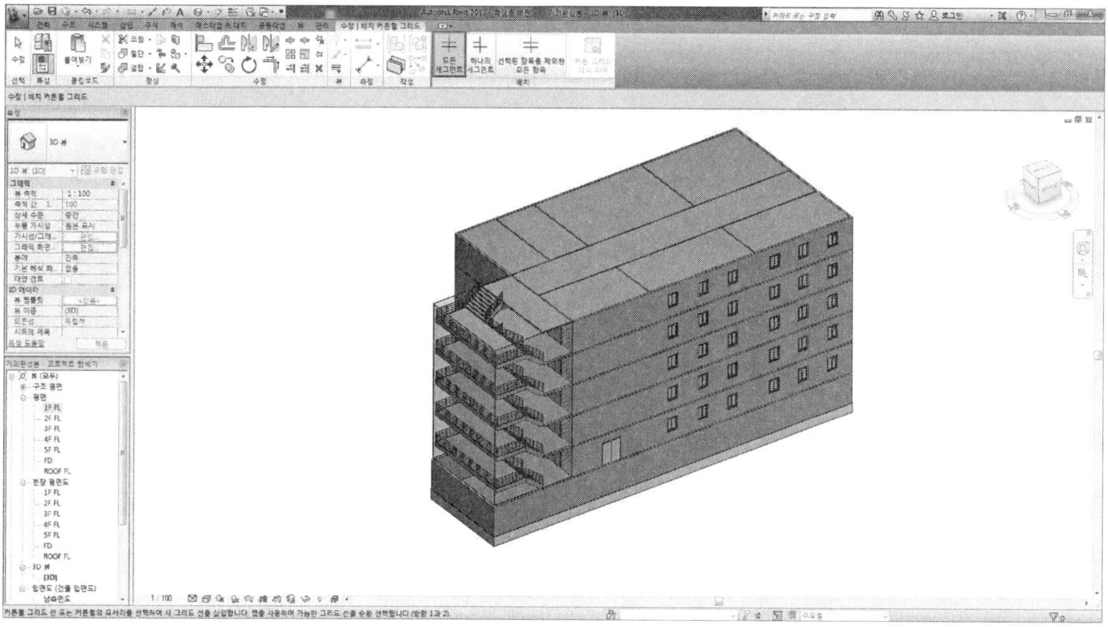

(8) 커튼월에 마우스를 가져다 대면, 커튼월 배분 간격이 나타납니다. 마우스를 중앙 근처에 대고 커튼월을 가로로 반을 나누는 지점에 클릭하면 수평 그리드가 설치됩니다.

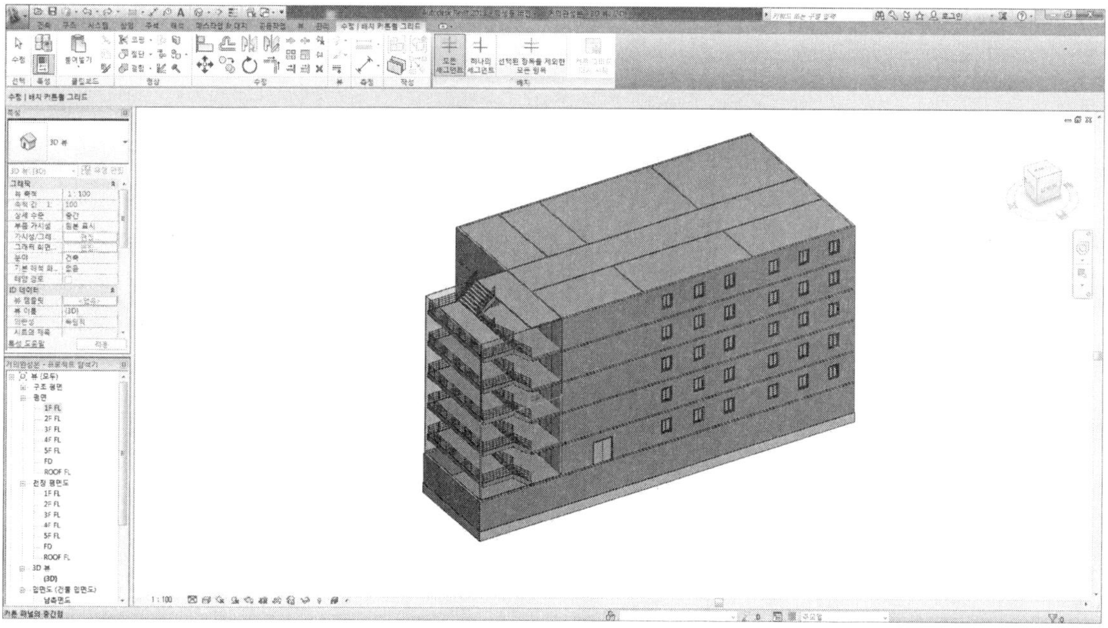

(9) 이어서 위에서부터 1000 떨어진 지점을 클릭하여 그리드를 작성합니다.

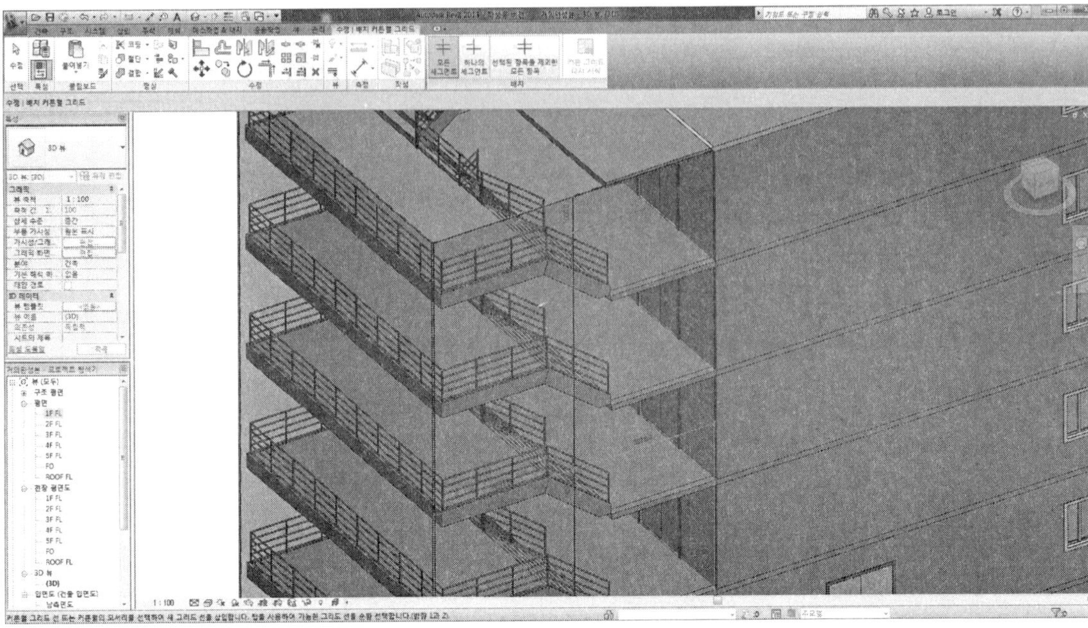

(10) 같은 방식으로 밑으로 연속하여 1000 간격으로 그리드를 작성합니다(뷰를 확대, 축소 해 가며 작업하면 좀 더 용이합니다).

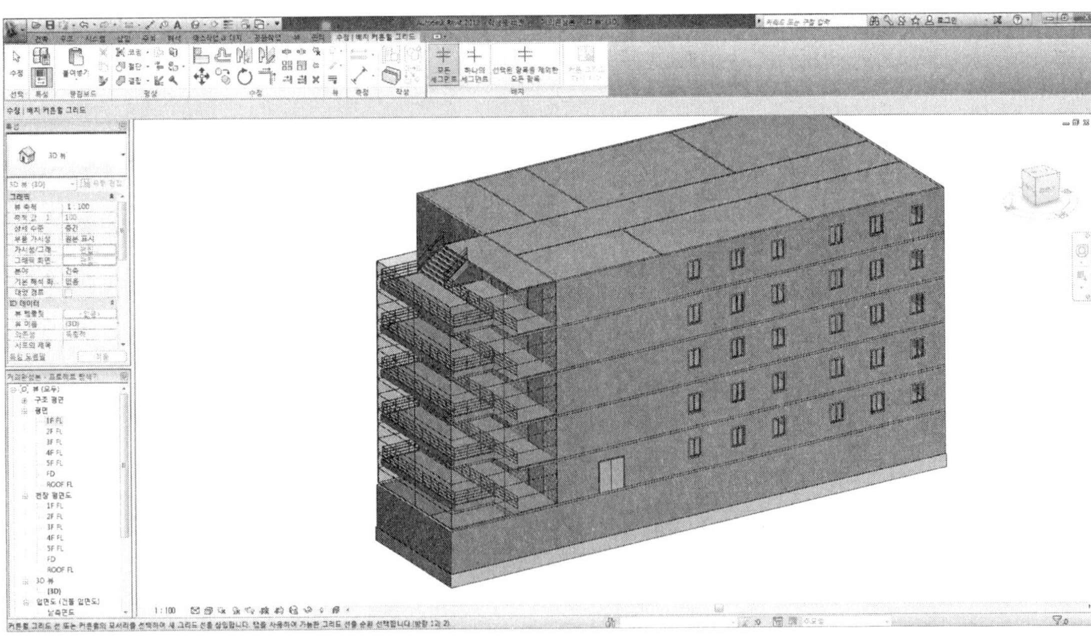

(11) 이번에는 커튼월을 좌우로 반을 나누는 세로 그리드를 작성합니다. 작업 후 Esc 키를 두 번 눌러 명령을 종료합니다.

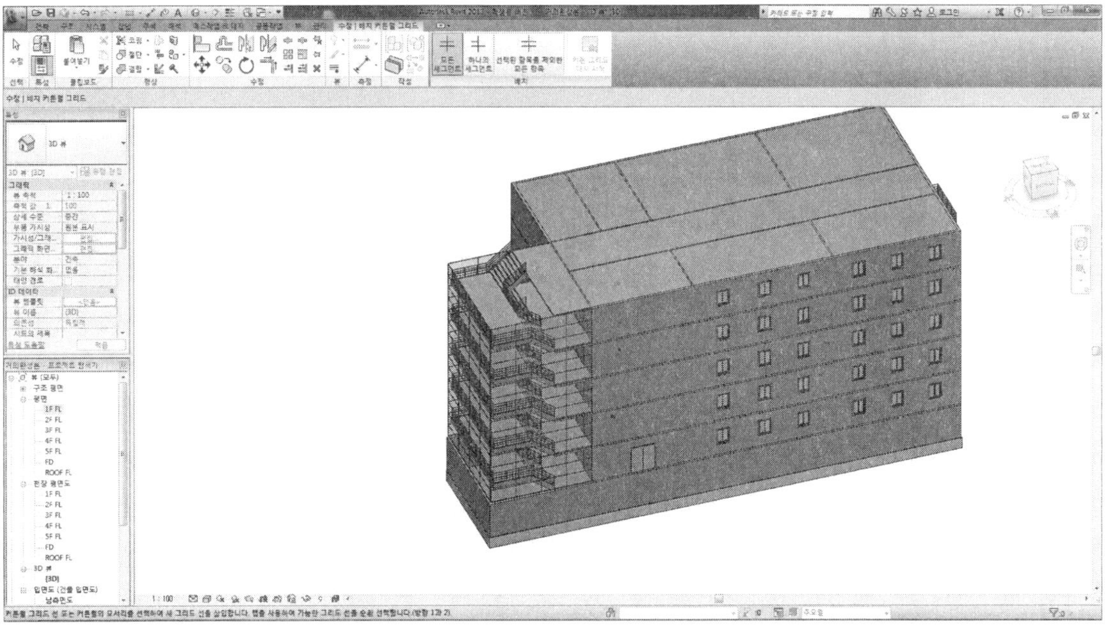

(12) [건축] 탭의 [멀리언]을 클릭합니다.

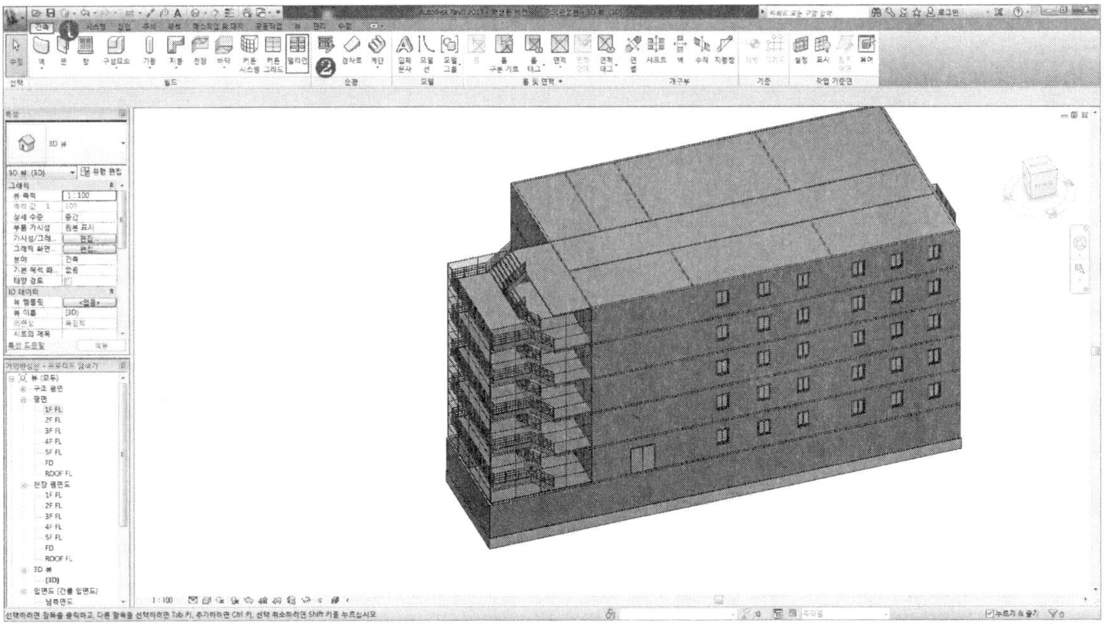

(13) 그리드 선을 하나씩 클릭하여 멀리언을 작성해도 되지만, 시간 절약을 위해 모든 그리드선을 클릭합니다.

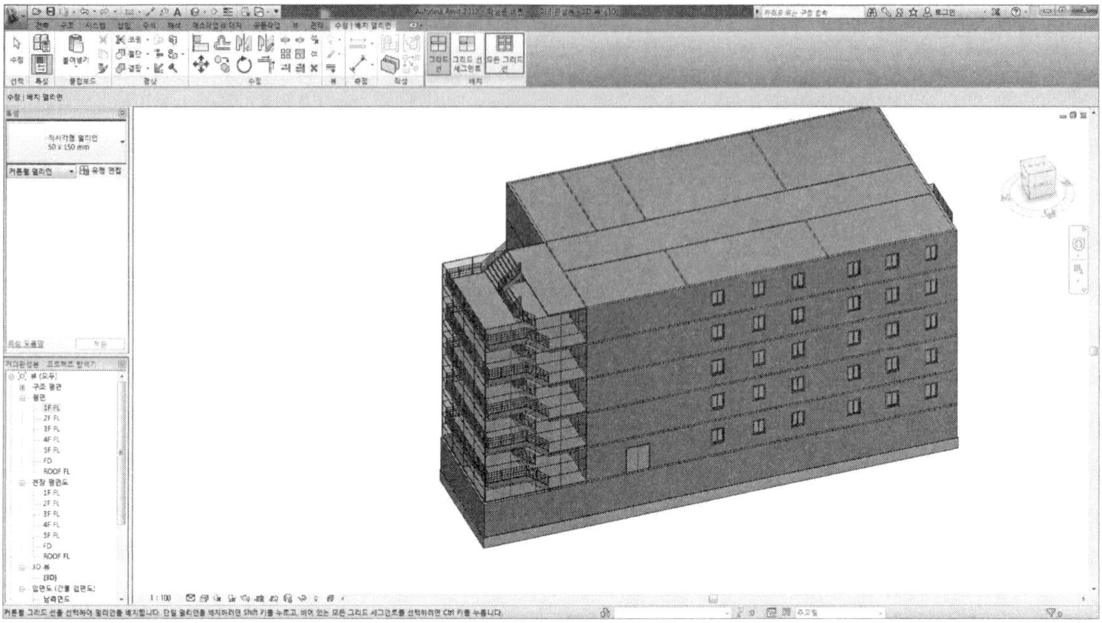

(14) 커튼월을 선택합니다.

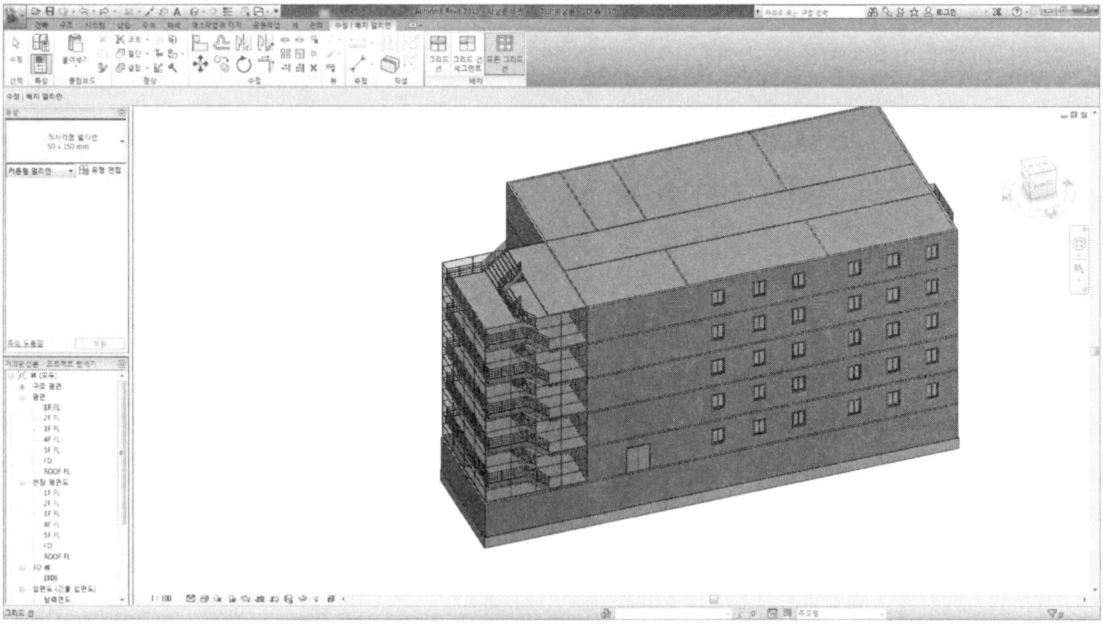

(15) 모든 그리드에 멀리언이 설치됩니다. Esc 키를 두 번 눌러서 명령을 종료합니다.

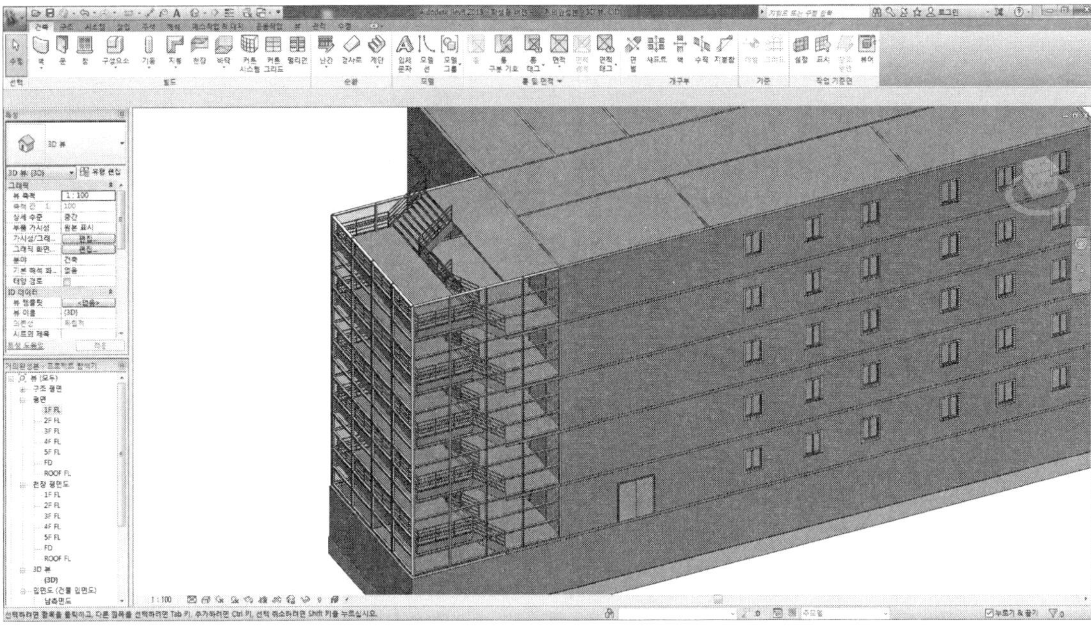

15.6.19 지붕 작성하기

Revit에서는 경사지붕, 평지붕, 박공 지붕, 돔 지붕, 곡선 지붕 등 다양한 형태의 지붕 작성이 가능합니다.

벽의 외곽 라인을 경계선으로 이용하여 경사 지붕을 작성합니다.

(1) 지붕층 평면 뷰를 열고, [지붕]에서 화살표를 클릭하여 [외곽설정으로 지붕 만들기]를 선택합니다(지붕을 화살표 없이 그냥 클릭해도 기본 설정된 외곽설정으로 지붕 만들기가 열립니다).

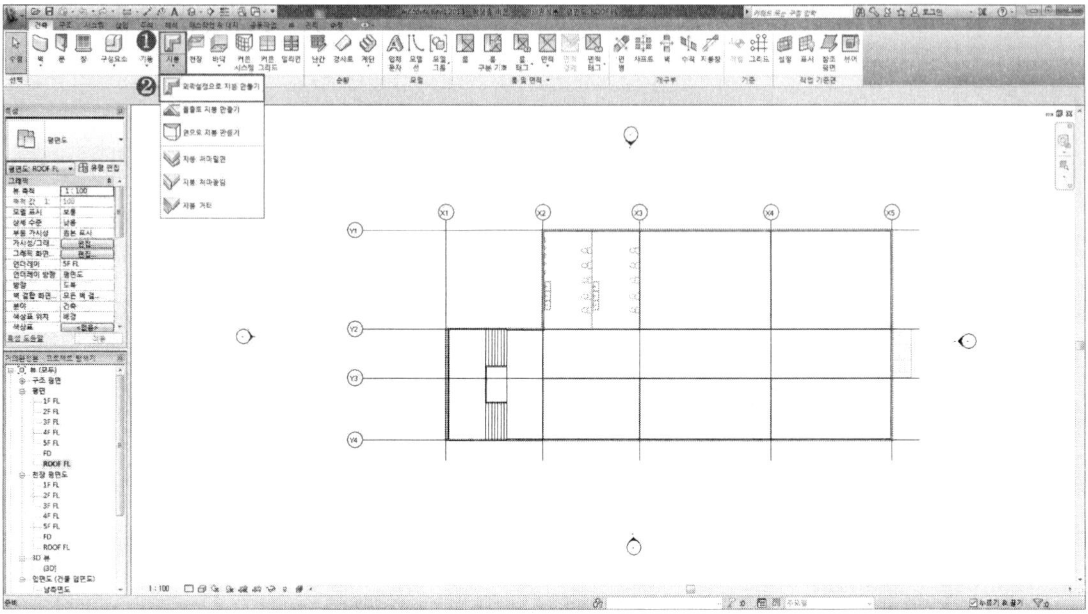

(2) 메뉴의 유형 특성을 클릭합니다.

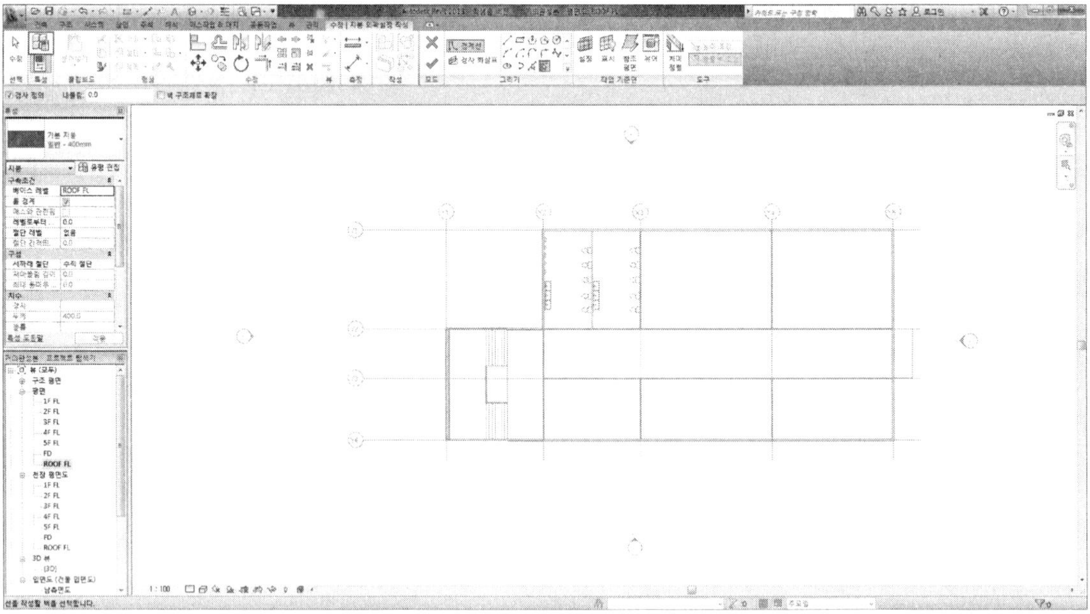

(3) 유형 특성 창에서 유형 :'일반 - 125mm'로 변경하고 [확인]을 누릅니다.

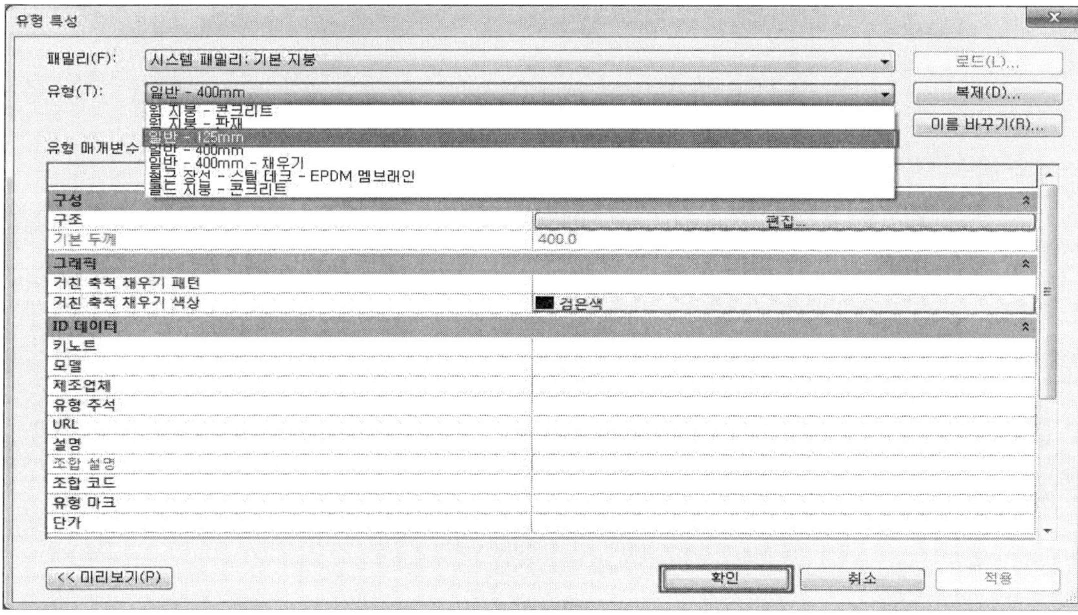

(4) 옵션막대에서 경사 정의를 체크하여 지붕 각 면의 경사를 설정합니다. 그리고 내물림 : 600을 입력합니다(내물림은 벽에서 offset 되는 지붕의 외곽선을 정의하는 것입니다).

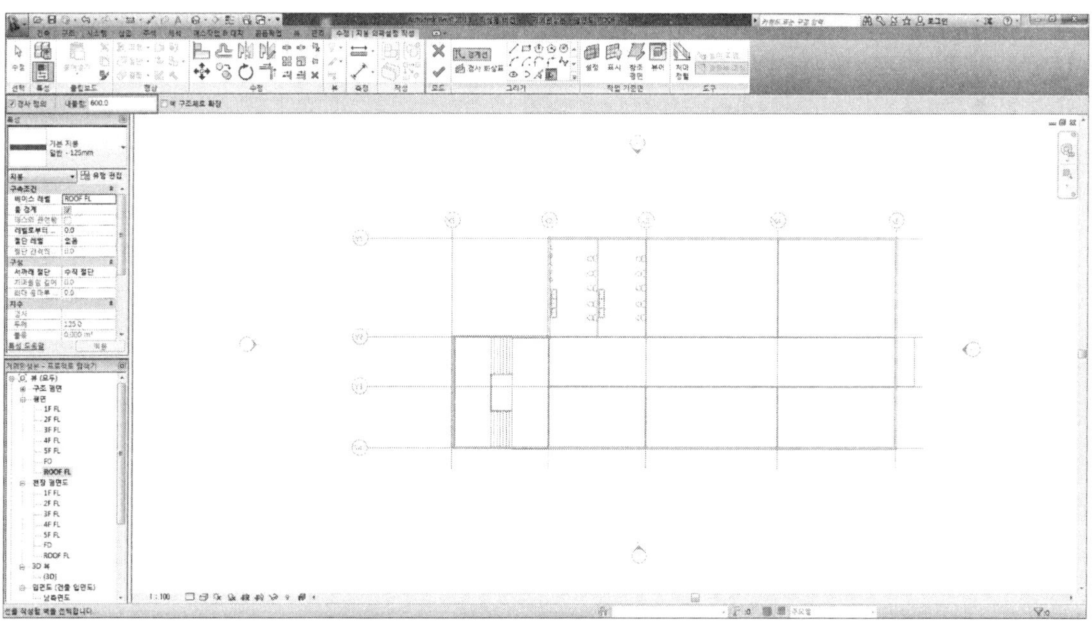

(5) 메뉴의 경계선의 [벽선택]을 클릭합니다.

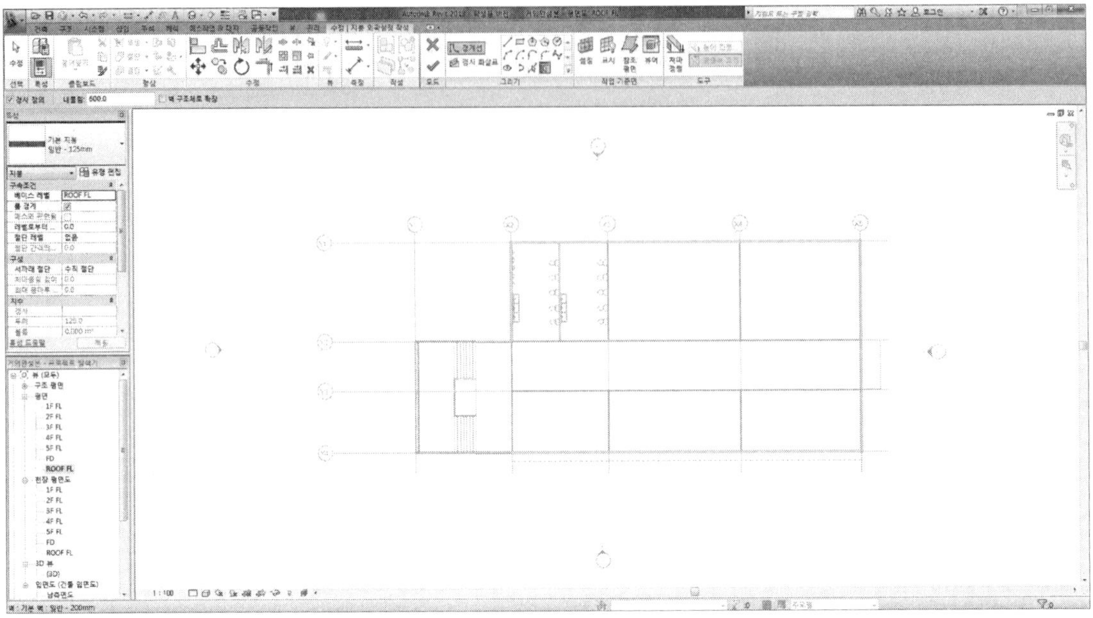

(6) 마우스를 벽에 갖다 대면 아래와 같이 '600' 떨어진 곳에 임시 지붕선이 생깁니다. 벽의 각 면을 전부 클릭합니다. 일반 벽과 커튼월의 특성이 달라 일부 끊어진 구간이 생깁니다. 이를 수정하기 위해 메뉴의 [자르기]를 클릭합니다.

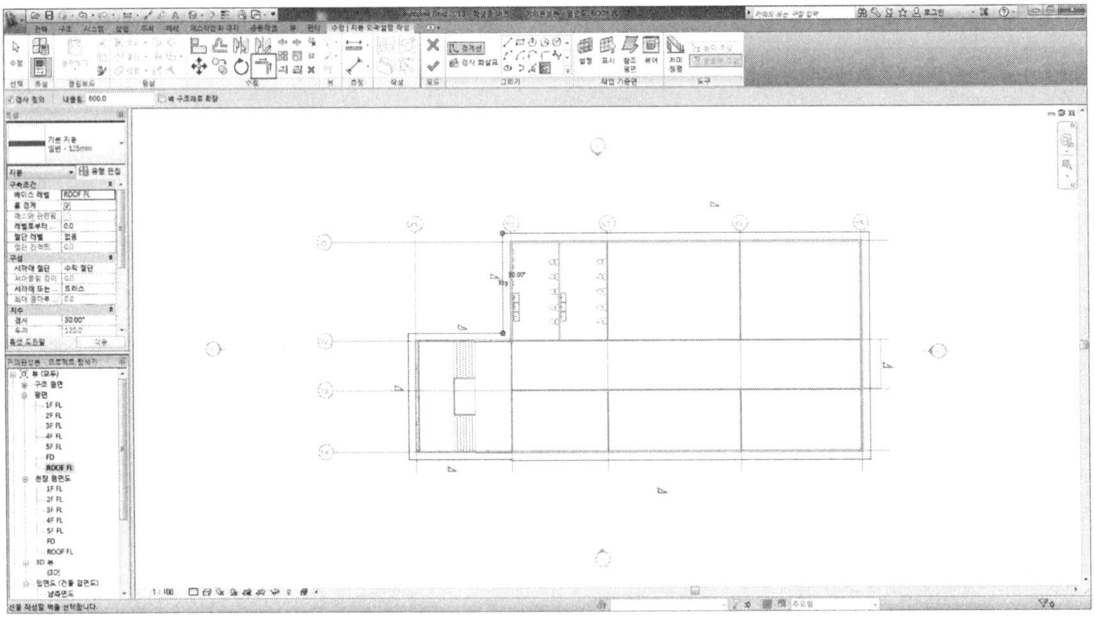

(7) 좌측 수직라인(그리드X1 좌측)을 선택합니다. 지붕선에 나타나는 삼각형은 그 면에 대한 지붕 경사가 지정되어 있다는 의미이며, 그 경사도가 30도 임을 표시합니다.

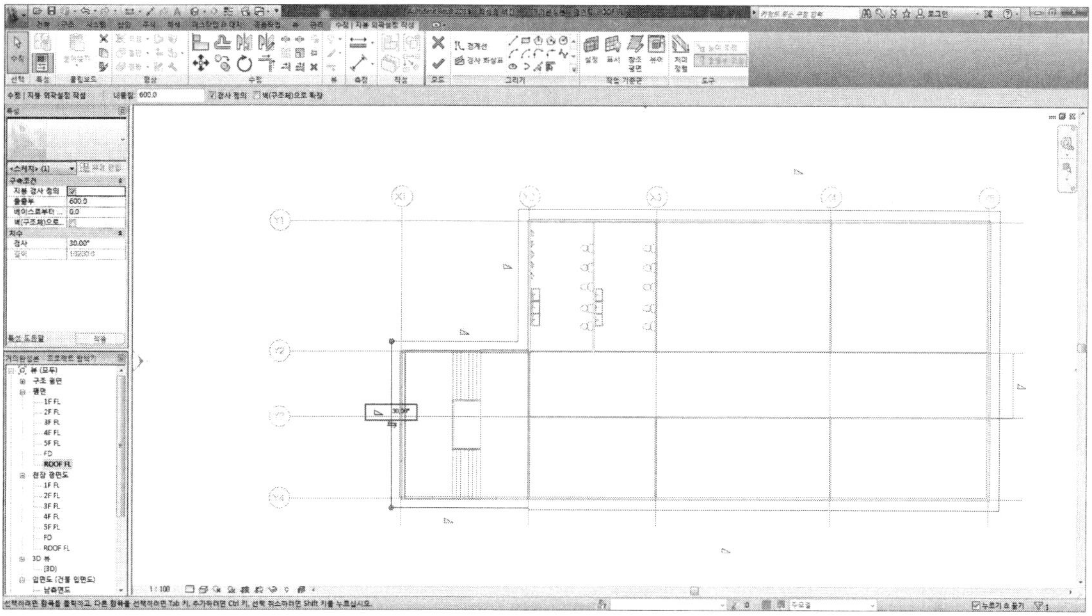

(8) 옵션 메뉴의 경사 정의를 해제하면 삼각형이 없어집니다. 그리고 지붕 [완료 모드]를 클릭합니다.

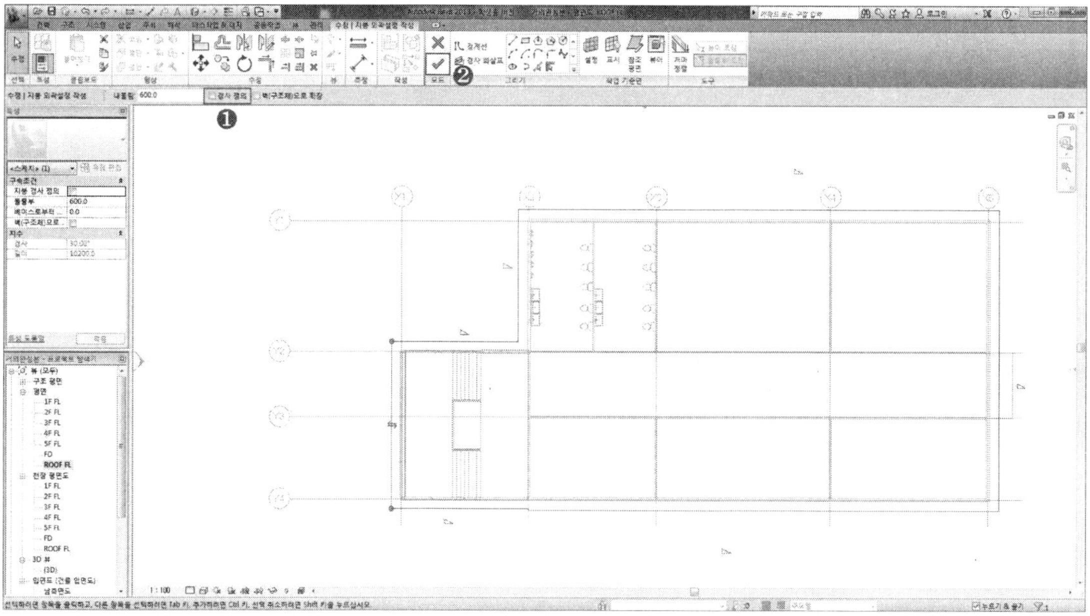

(9) 3D 뷰에서 확인하면, 경사 정의를 해제한 면을 제외한 모든 면이 경사인 지붕이 작성되었습니다.

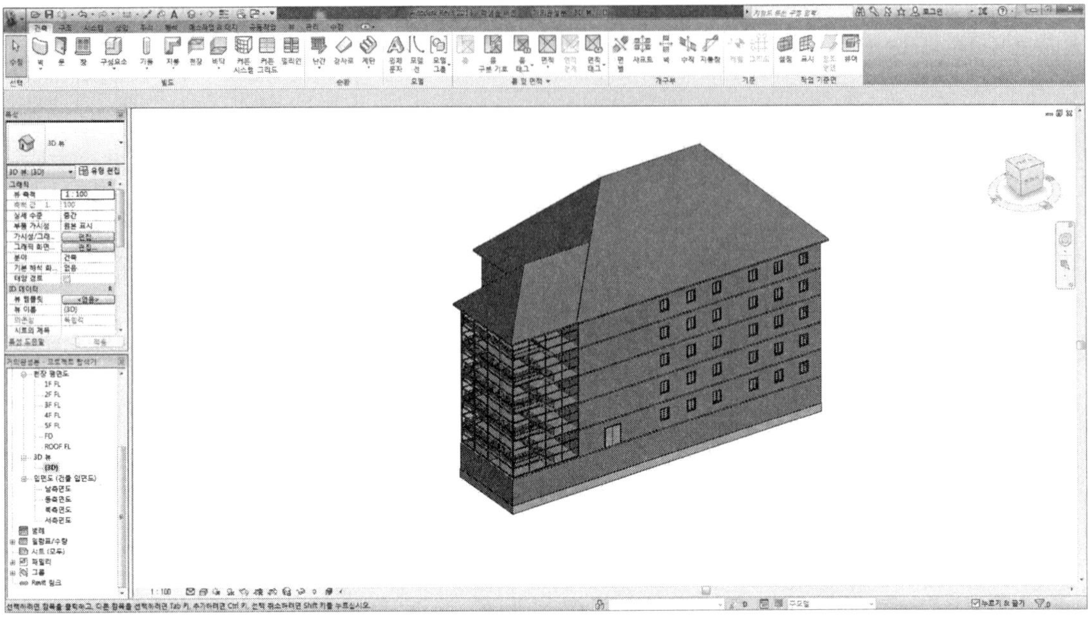

도면화 작업

16.1 도면화 작업

Revit에서 작업한 평면, 입면, 단면 등의 뷰를 시트에 넣고 2D 건축 도면 형식으로 작성, 출력할 수 있습니다. 이렇게 작성한 뷰를 DWG 파일로 내보내기 하여 AutoCAD로 2D 도면 추가 작업을 하거나 협업, 허가, 납품, 허가 업무 등에 활용할 수 있습니다.

16.1.1 치수 작성하기

(1) 1층 평면 뷰를 열고, [주석]탭의 [정렬]항목을 클릭합니다.

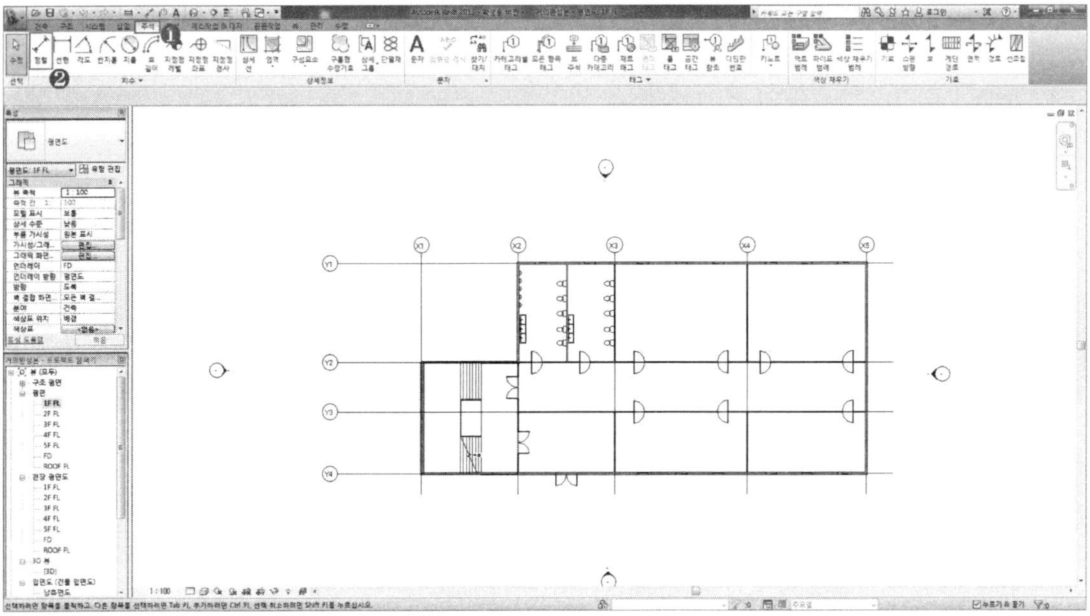

(2) 그리드 X1을 클릭합니다.

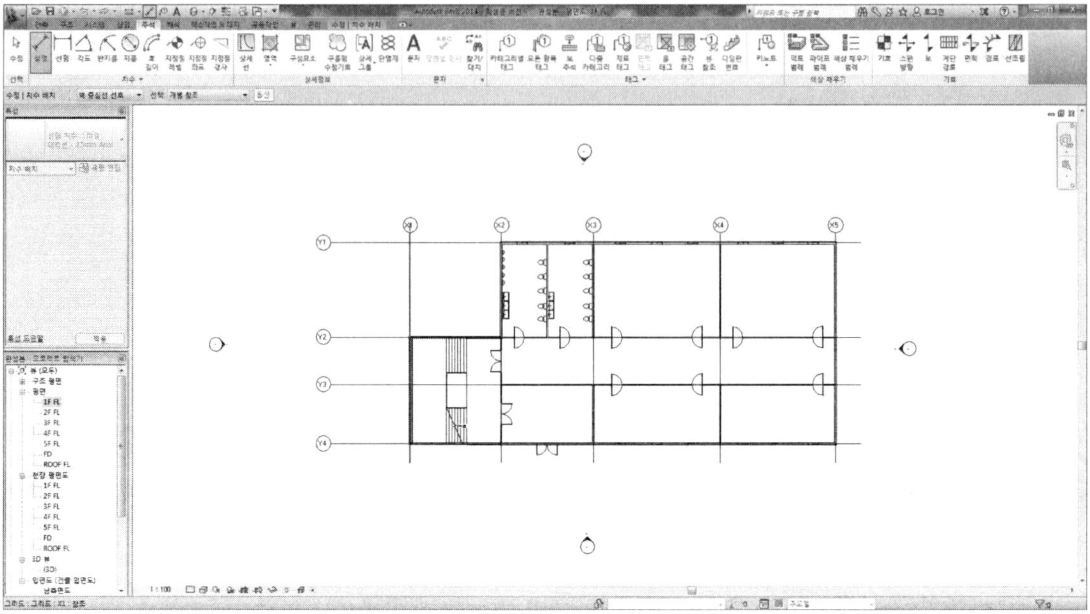

(3) 그 다음 그리드 X2, X3, X4, X5 연속적으로 클릭합니다. 그러면 치수선이 생성되며, 상하로 이동할 수 있습니다.

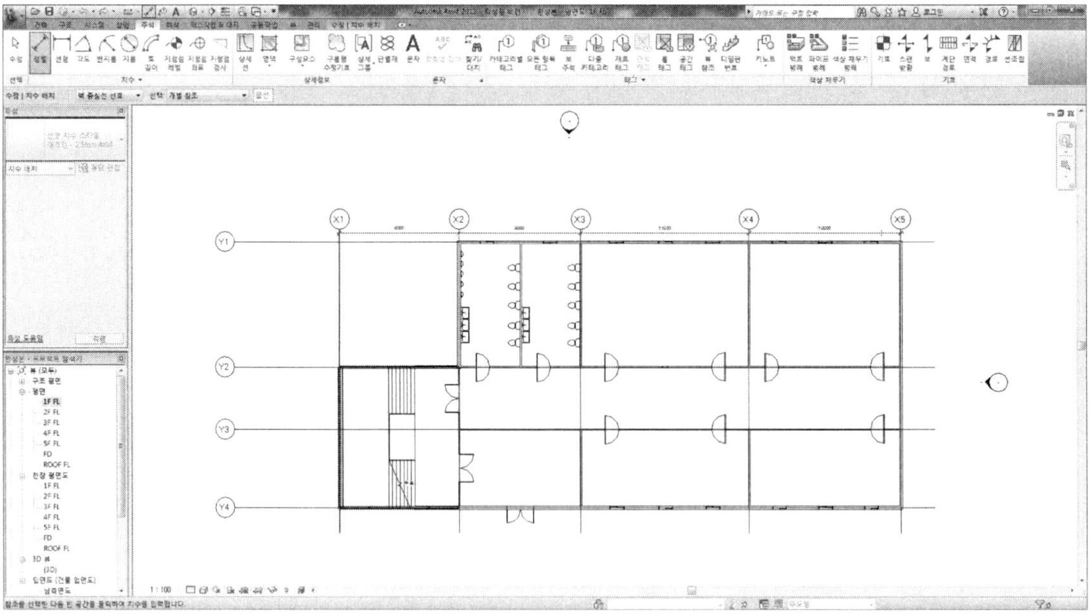

(4) 치수선을 그리드 버블 밑에 적당한 지점에 클릭하여 작성합니다(그리드 위의 지점을 클릭하면 작성이 잘되지 않습니다).

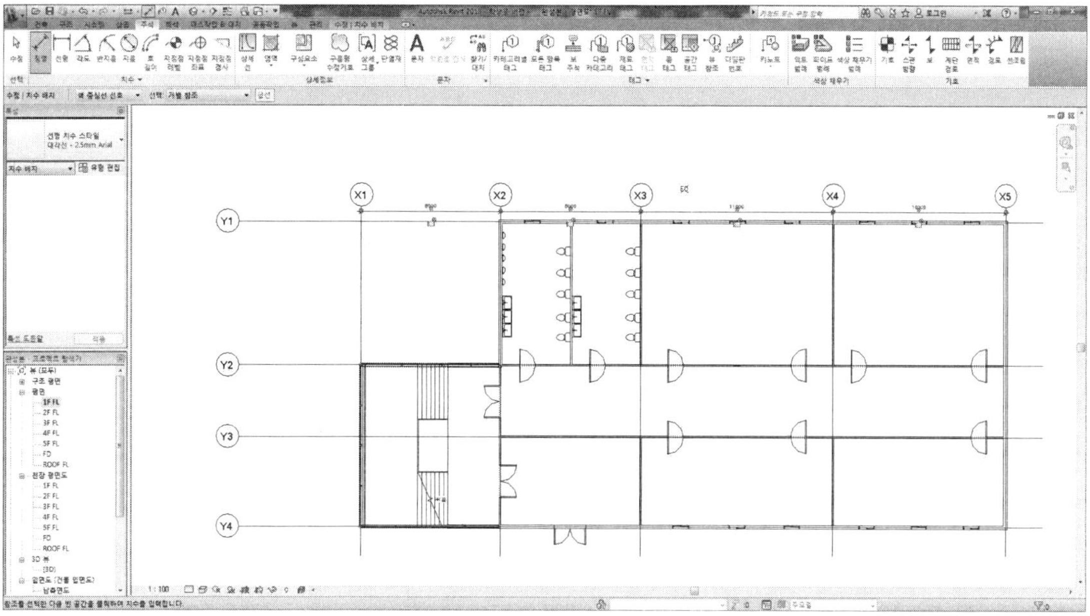

(5) 같은 방법으로 Y1, Y2, Y3, Y4에도 치수선을 작성합니다. Esc키를 눌러서 명령을 완료합니다.

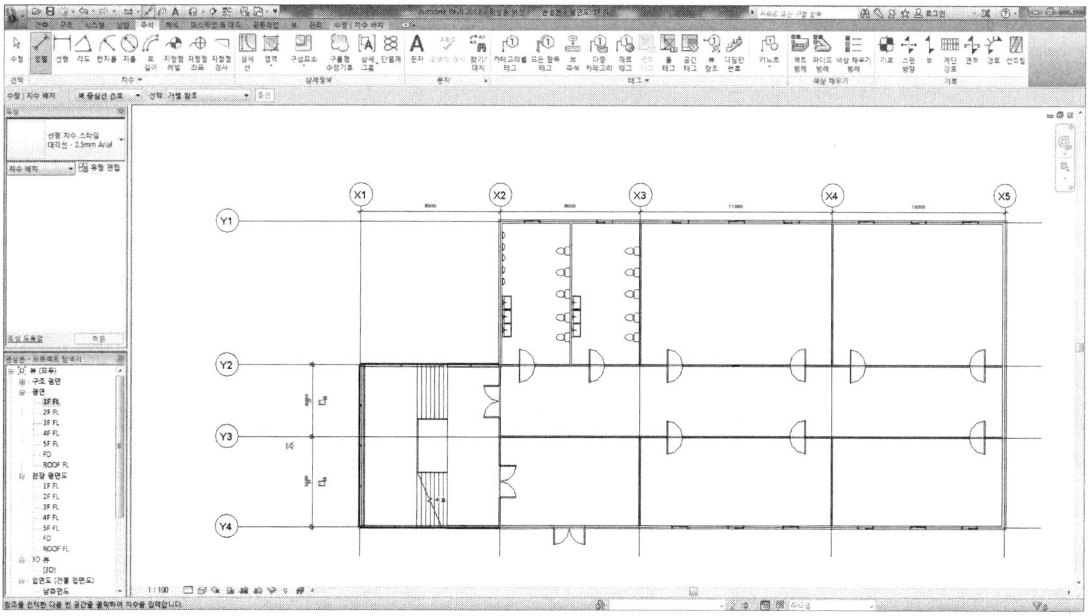

참고 : 옵션 막대의 치수 배치에 '벽 중심선 선호'를 '벽면 선호'로 변경하면, 벽면 기준의 치수를 작성할 수 있습니다.

16.1.2 시트 작성하기

(1) [뷰] 탭에서 새 시트를 클릭합니다.

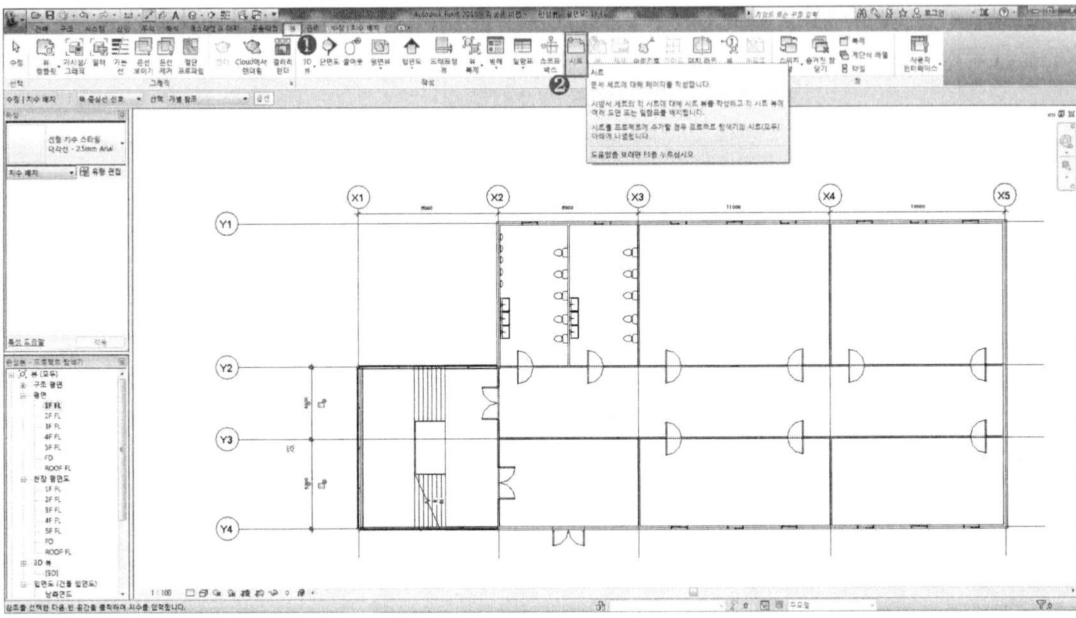

(2) 제목 블록 선택 창에서 [로드]를 클릭합니다.

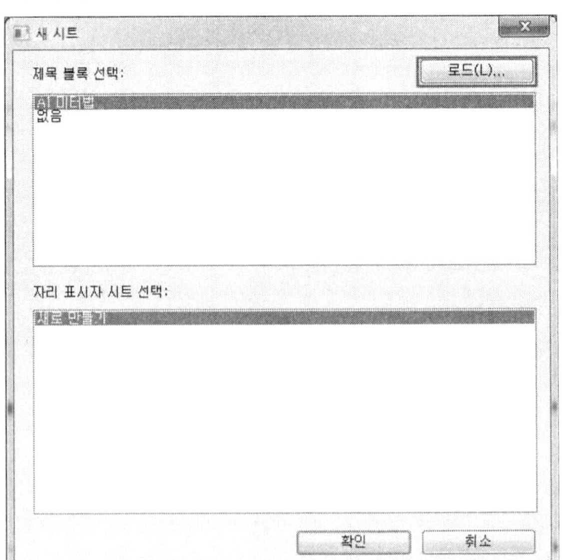

(3) 'Architecture' 폴더를 클릭 합니다.

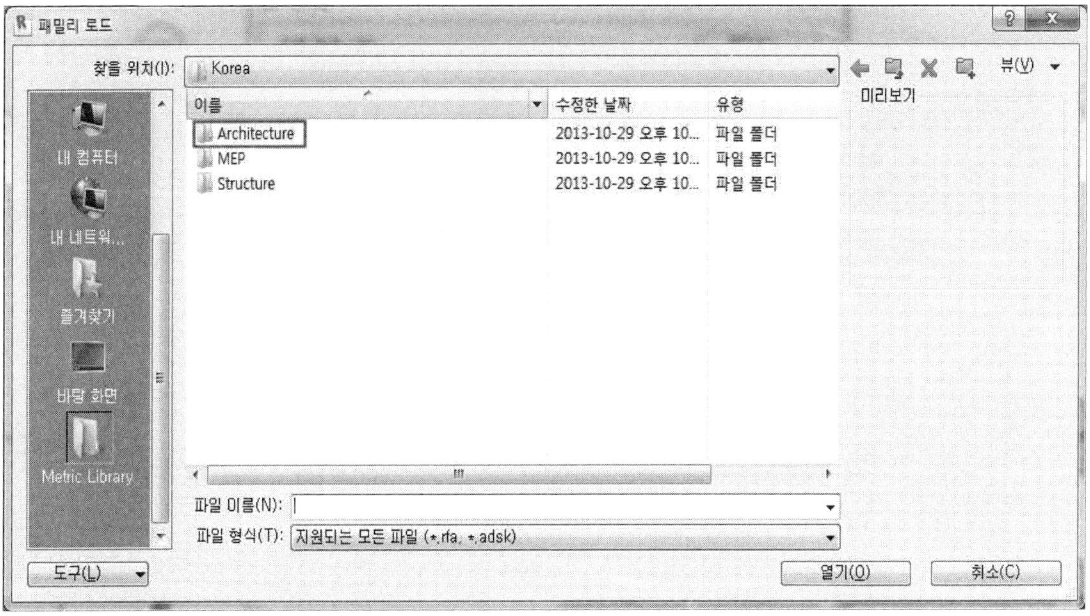

(4) '제목 블록' 폴더를 더블 클릭합니다.

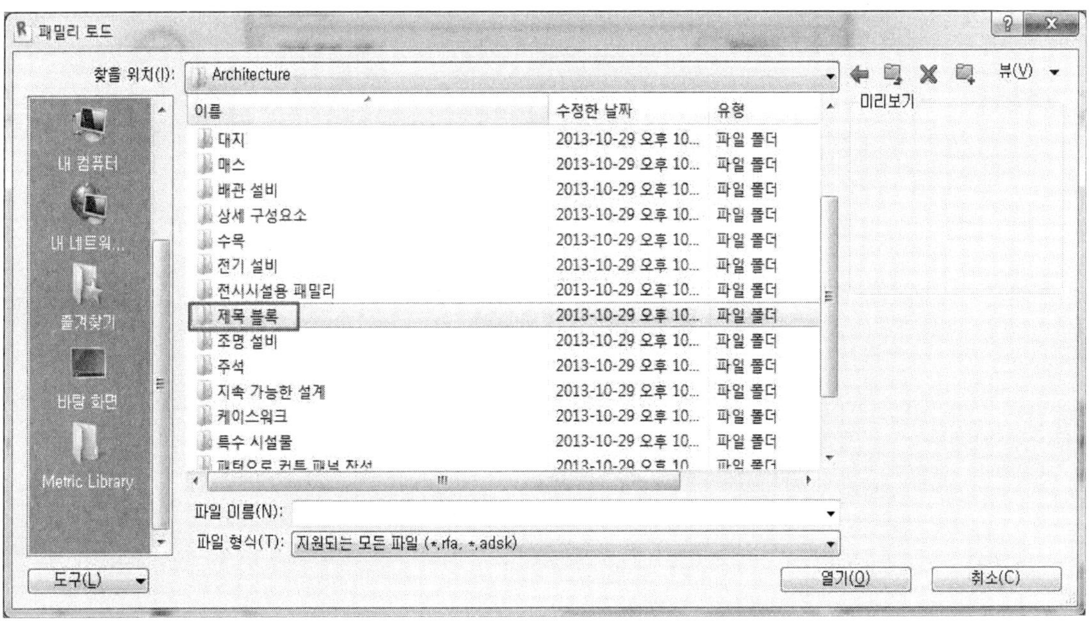

(5) 제목 블록 창에서 'A2 미터법'을 더블 클릭하여 오픈 합니다.

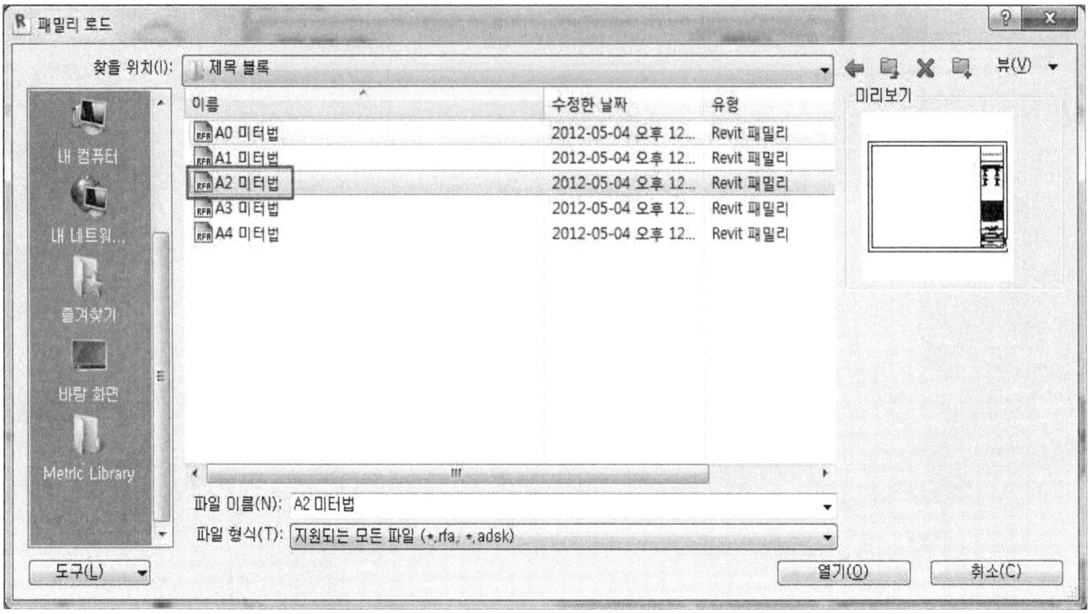

(6) 'A2 미터법' 표제 블록이 로드됩니다. [확인]을 누릅니다.

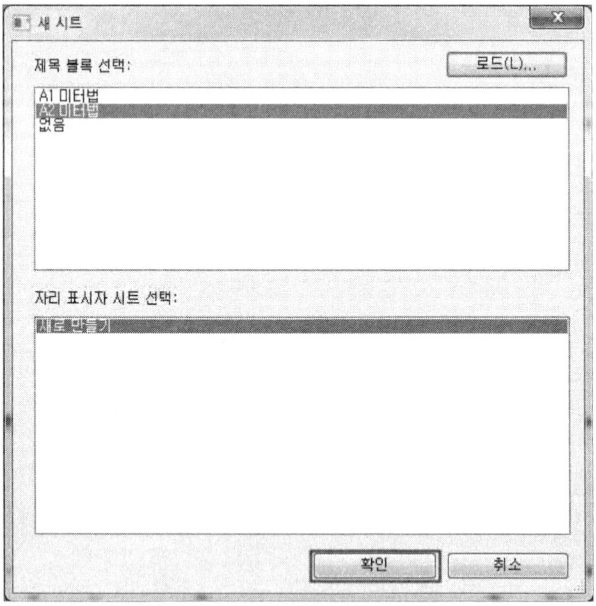

(7) 'A2 미터법' 시트가 열립니다. 프로젝트 탐색기에서 시트를 클릭하여 펼치면, 'A101-이름 없음'이라는 시트가 생성된 것을 확인할 수 있습니다.

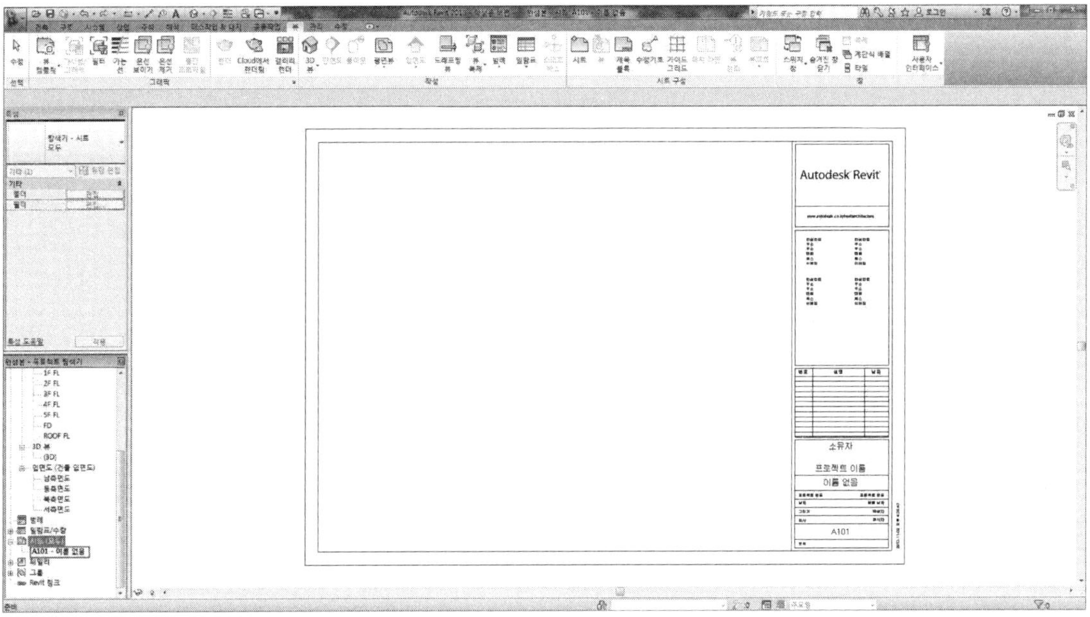

(8) 생성된 이 시트를 오른쪽 클릭하여 이름바꾸기를 선택한 후 시트 제목 창에서 이름 칸에 '표제블록연습'이라고 입력하고 [확인]을 클릭합니다.

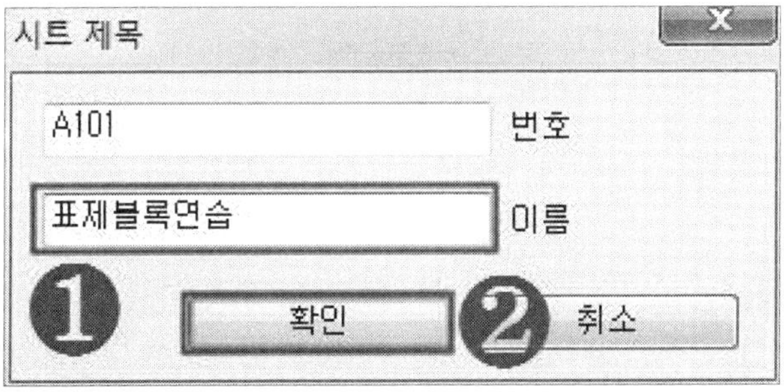

(9) 시트의 제목이 변경되었습니다.

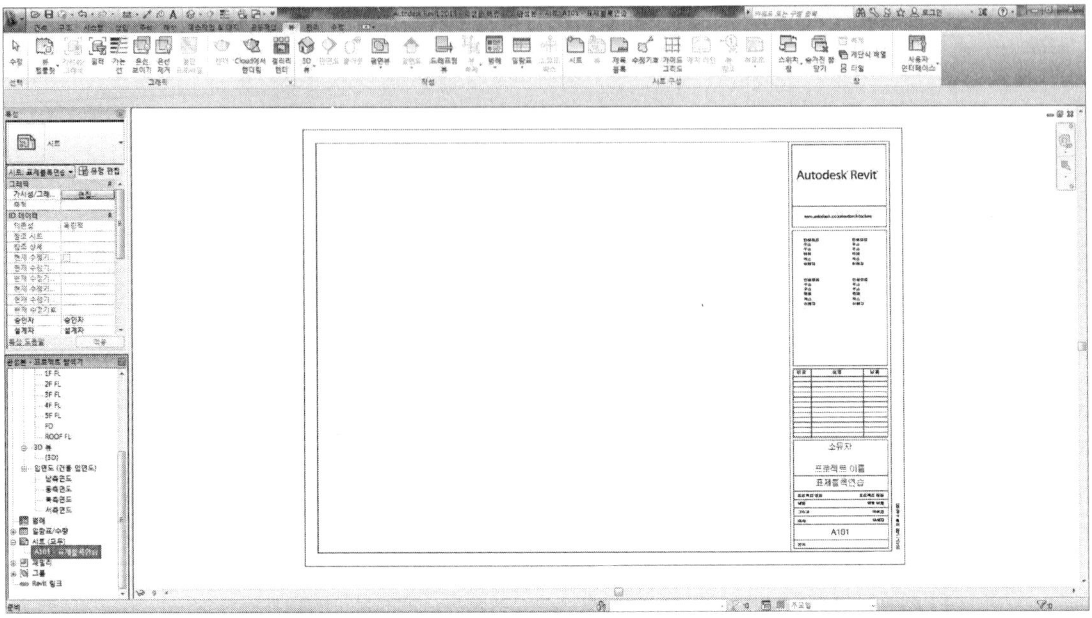

(10) 시트를 선택한 후, 패밀리 편집을 클릭합니다.

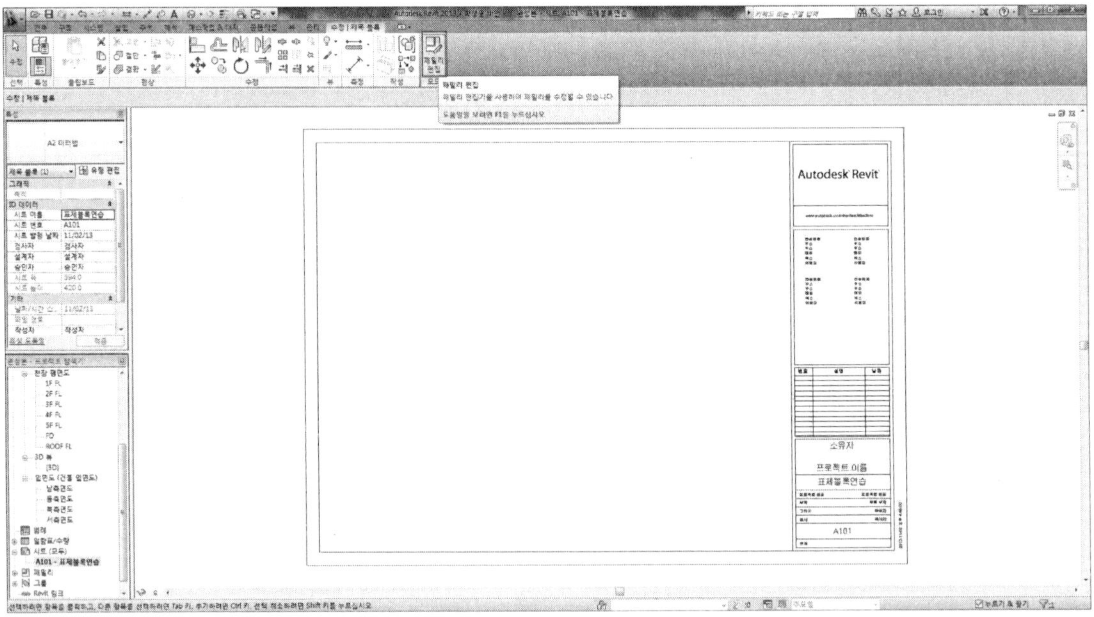

(11) 표제블록의 상단에 'Autodesk Revit' 선택 후 delete 키 혹은 삭제버튼을 눌러 삭제합니다.

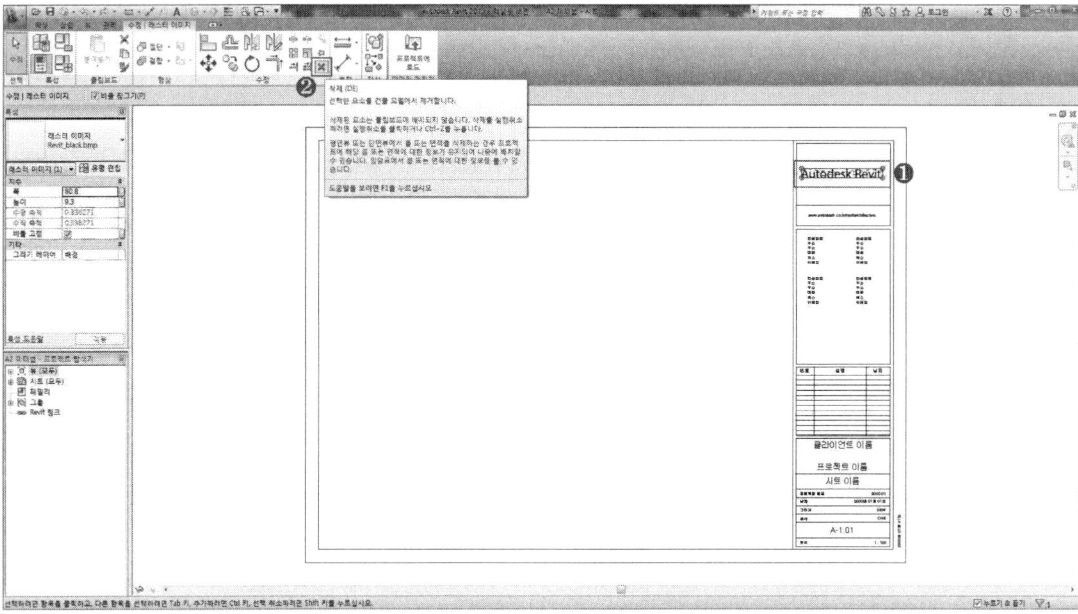

(12) [작성] 탭의 문자를 클릭합니다.

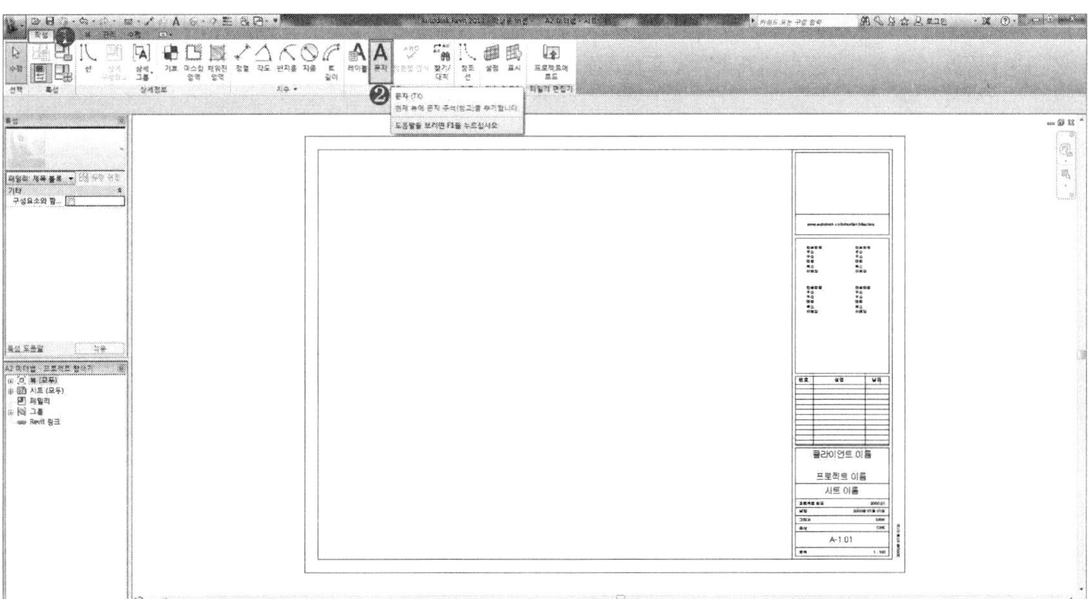

(13) 삭제한 'Autodesk Revit' 가 있던 위치를 클릭한 후 '테스트'라고 입력합니다. 화면의 작업 공간을 아무데나 클릭하여 작업을 완료합니다.

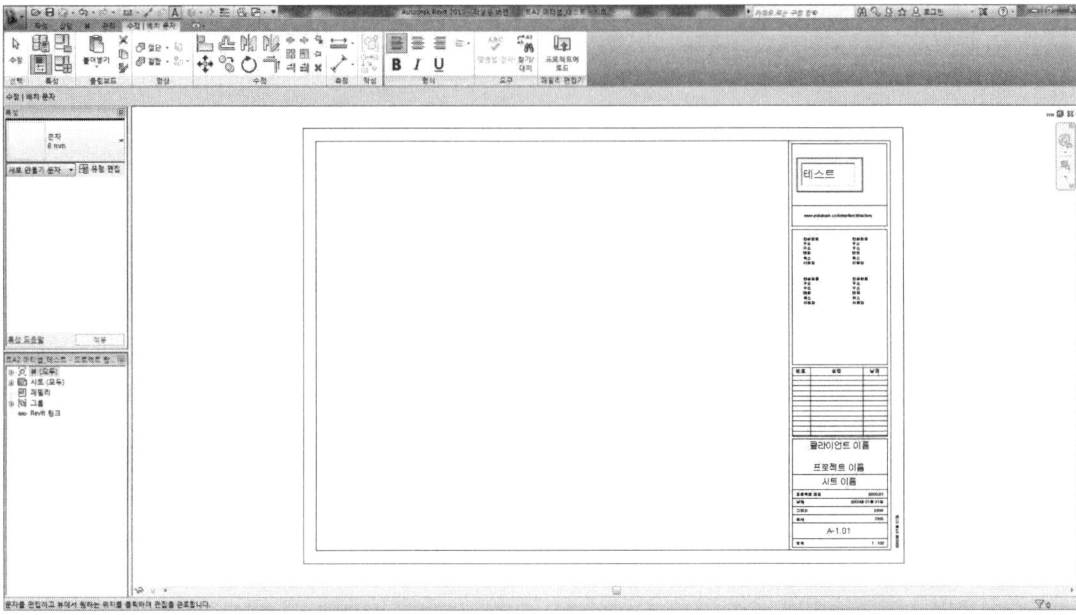

참고 : 문자를 입력하는 대신, 삽입 탭의 이미지를 클릭하여 회사 로고를 가져오기 할 수도 있습니다.

(14) 표제블록 편집 후에 다른이름으로 저장의 화살표 클릭 후, 패밀리를 선택합니다.

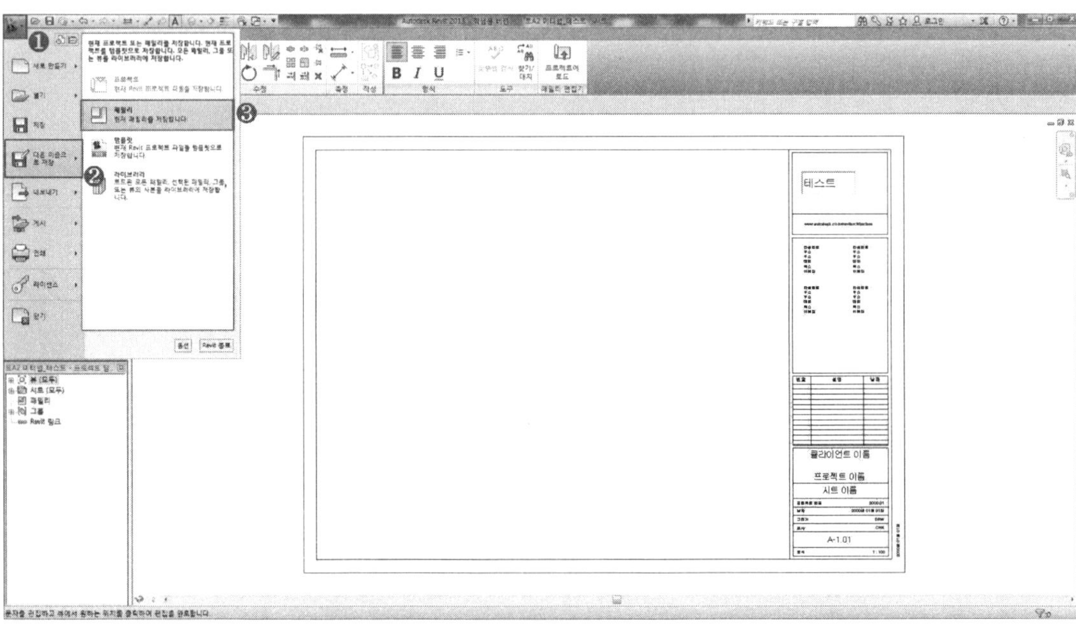

(15) 'A2 미터법_테스트'를 입력하고 [저장]을 클릭합니다.

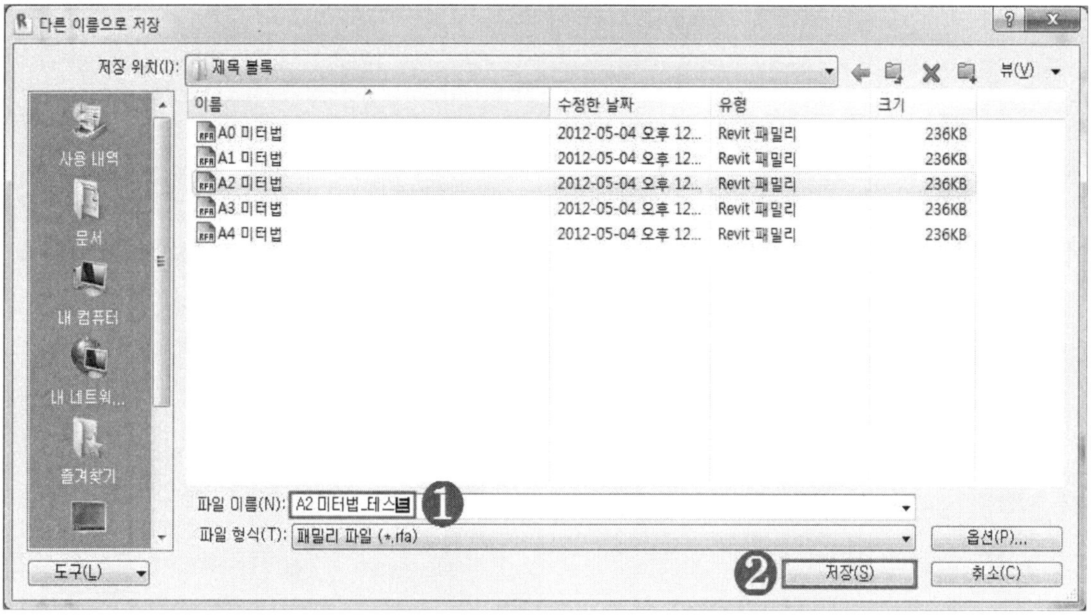

(16) 프로젝트 탐색기에서 시트 'A101 - 표제블록연습'을 더블 클릭하여 열고, 시트를 선택한 후 특성 변경에서 'A2 미터법_테스트'를 선택합니다.

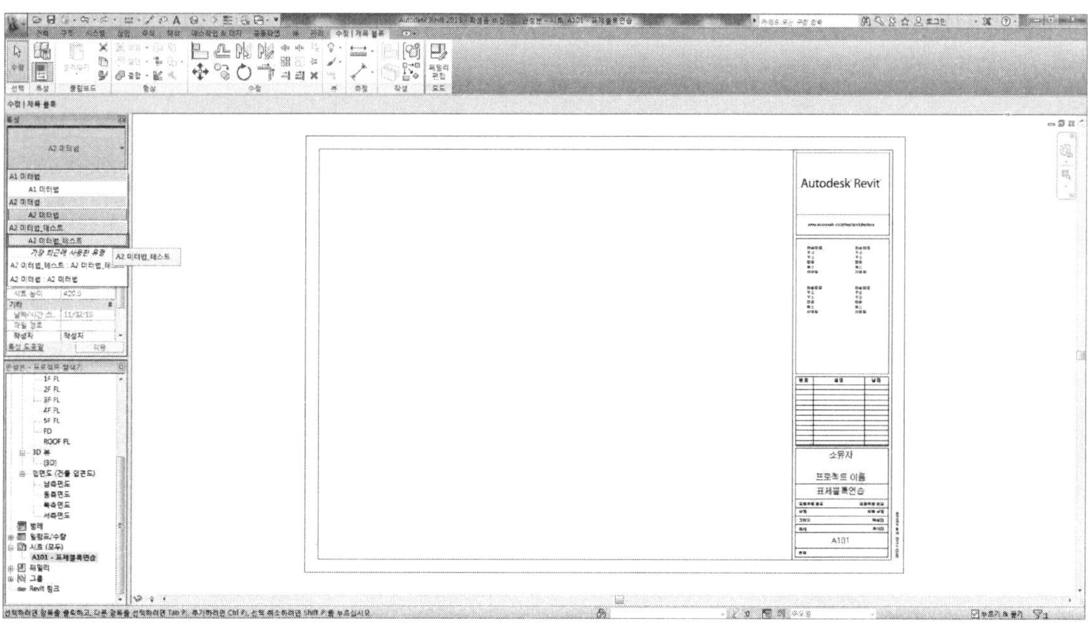

(17) 시트에 도면을 삽입할 준비가 다 되었습니다.

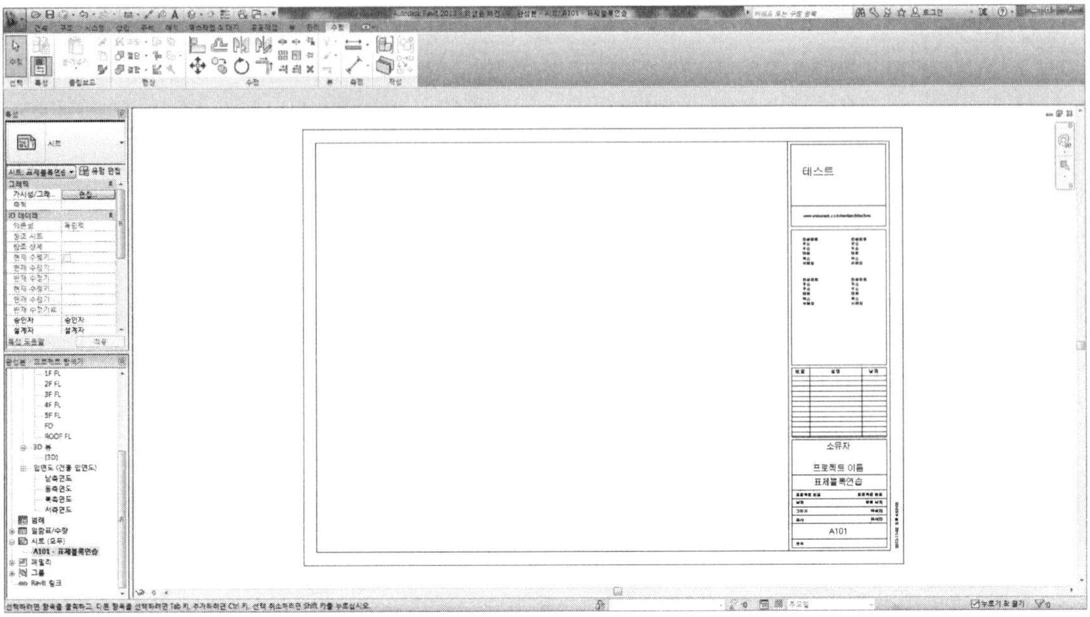

16.1.3 뷰 범위 조정 및 도면 배치

(1) A101 - 표제블록연습 시트를 열고, 프로젝트 탐색기에서 1층 평면을 드래그하여 시트 안에 적당한 위치를 클릭합니다.

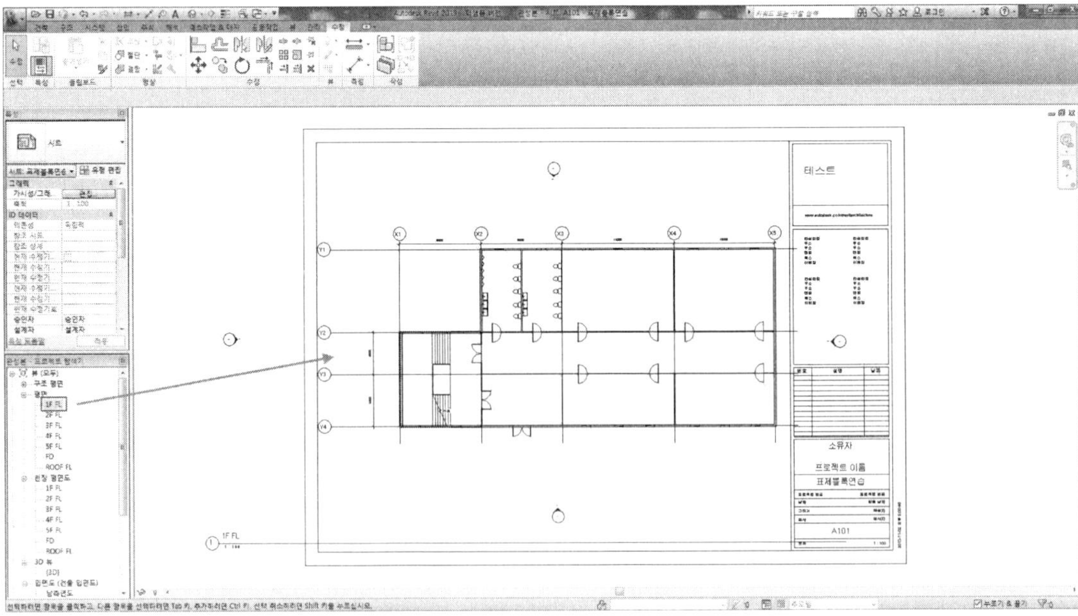

(2) 1층 평면도가 너무 커서 시트 밖으로 나갑니다. 1층 평면도를 선택하여 삭제를 클릭합니다.

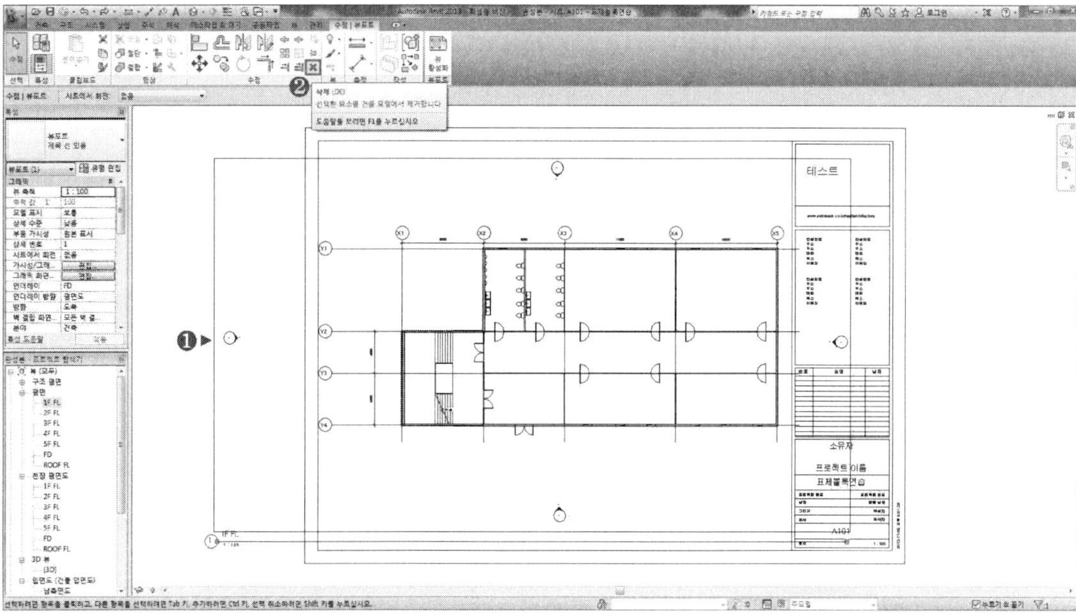

(3) 특성팔레트 에서 뷰범위 [편집]을 클릭합니다.

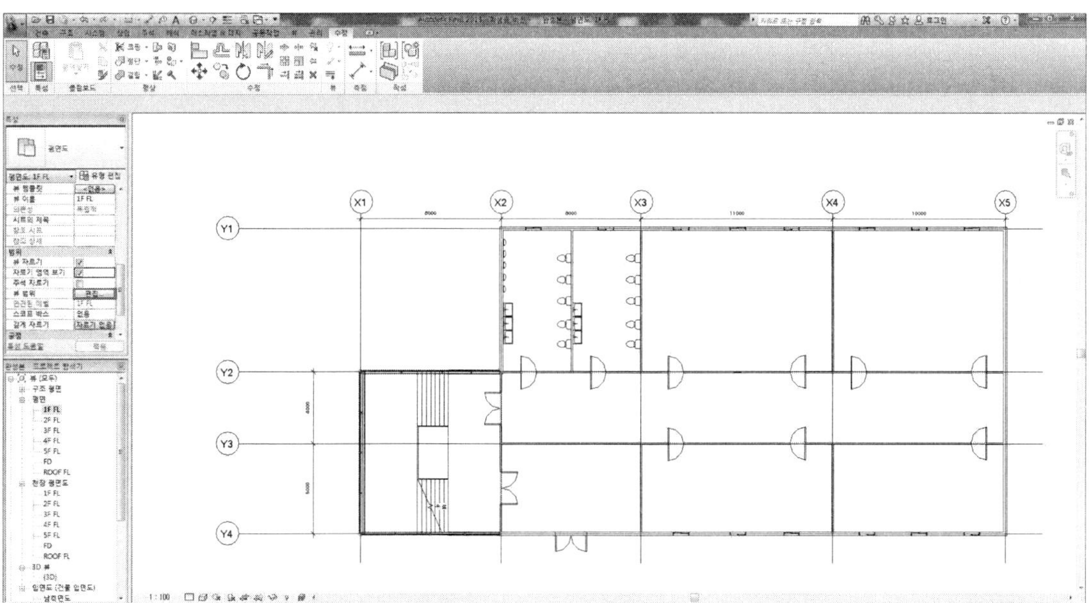

(4) 뷰 박스를 선택하면 아래와 같이 그립이 생깁니다. 그립을 안으로 당깁니다.

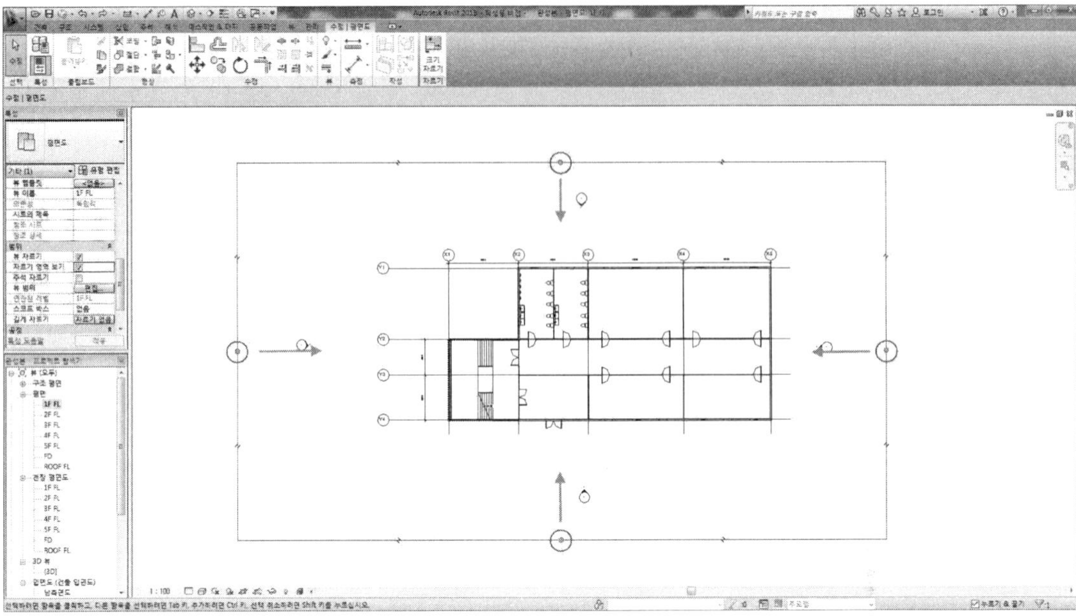

(5) 뷰 박스를 작게 만듭니다(평면도만 나올 정도로).

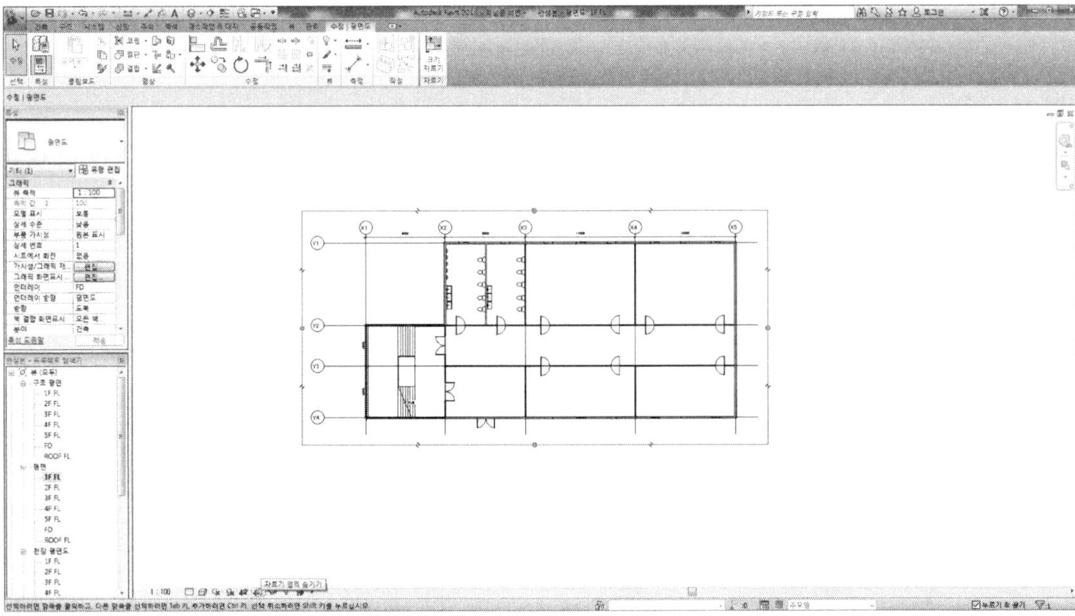

(6) 프로젝트 탐색기에서 'A101 - 표제블록연습'을 더블 클릭하여 열고, 다시 1층 평면 뷰를 시트에 드래그합니다.

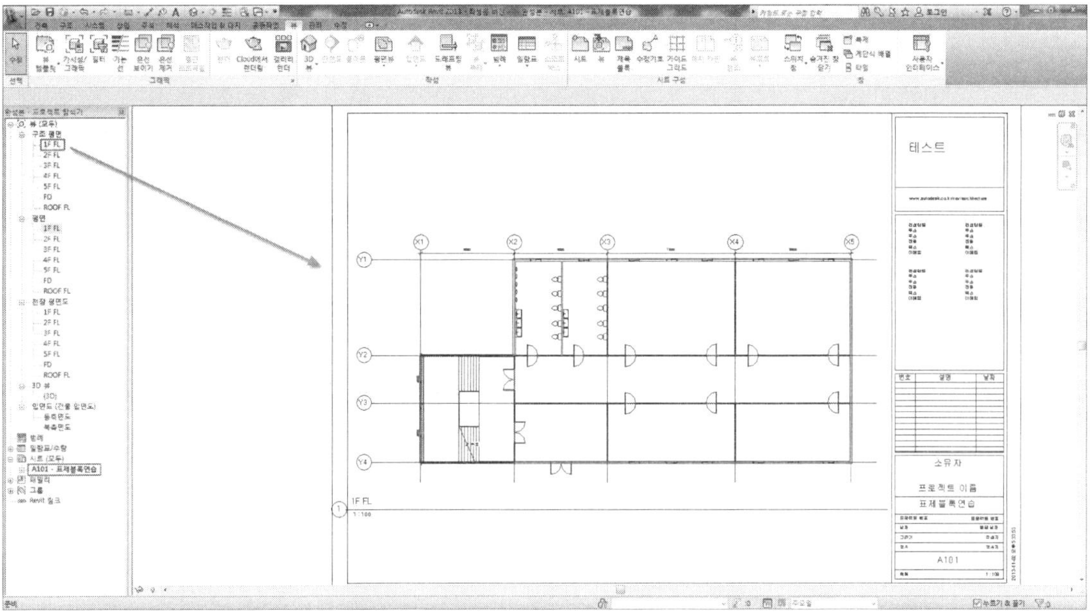

(7) 시트의 Owner, Project 등에 자기 이름과 가상 프로젝트 이름 등을 넣어 봅니다.

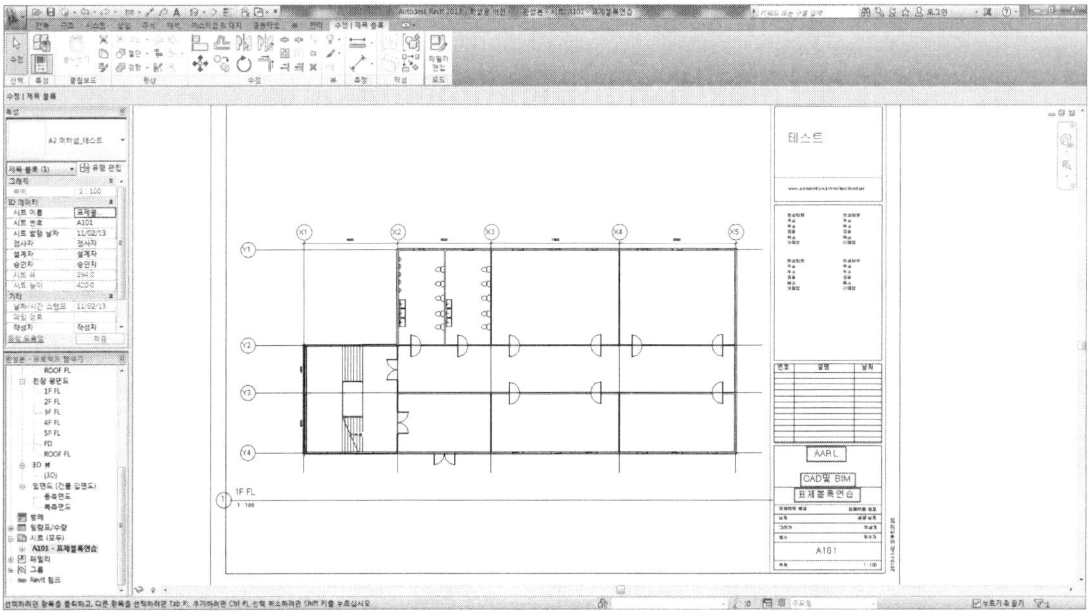

참고 : 시트에 뷰 박스가 나타나지 않게 하려면 뷰 특성 창에서 자르기 영역 보기 박스에 체크를 해제합니다.

(8) 같은 요령으로 A102, A103 등의 표제블록을 만들어서 다른 층 평면 뷰 및 입면도, 단면도 등을 시트에 각자 삽입해 봅니다.

Chapter 17

패밀리

17.1 패밀리

17.1.1 패밀리 개요

앞서 설명한 대로, "패밀리"는 문, 벽, 창, 가구, 주석 등 빌딩 내 구성 요소를 지칭하는 것을 말하며, "프로젝트"는 결국 패밀리의 집합체라 할 수 있습니다. 프로젝트 안에 존재하지 않는 패밀리는 새로 작성하거나 라이브러리에서 다운받아 프로젝트에 로드할 수 있습니다.

17.1.2 패밀리 작성하기

기본원리만 이해한다면 패밀리 작성은 다소 어렵지 않습니다. 시간만 많이 투자한다면 작성자가 원하는 복잡한 형상의 패밀리 작성도 가능합니다. 본 교재에서는 간단한 책상을 패밀리로 작성하고 프로젝트에 로드 하는 작업을 해보겠습니다.

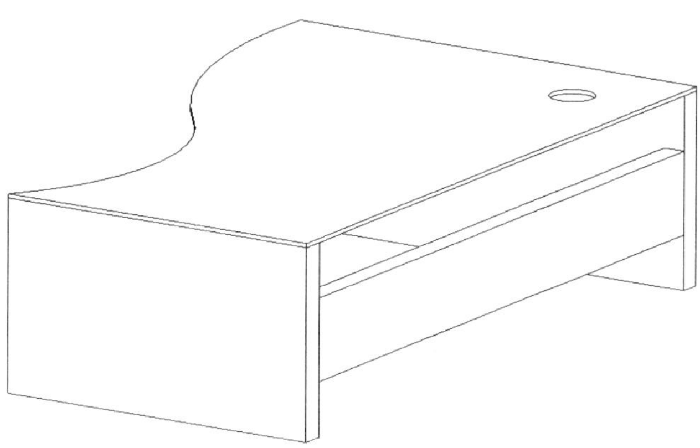

(1) 초기화면에서 어플리케이션 버튼을 누르고 [새로 만들기] → [패밀리]를 선택합니다.

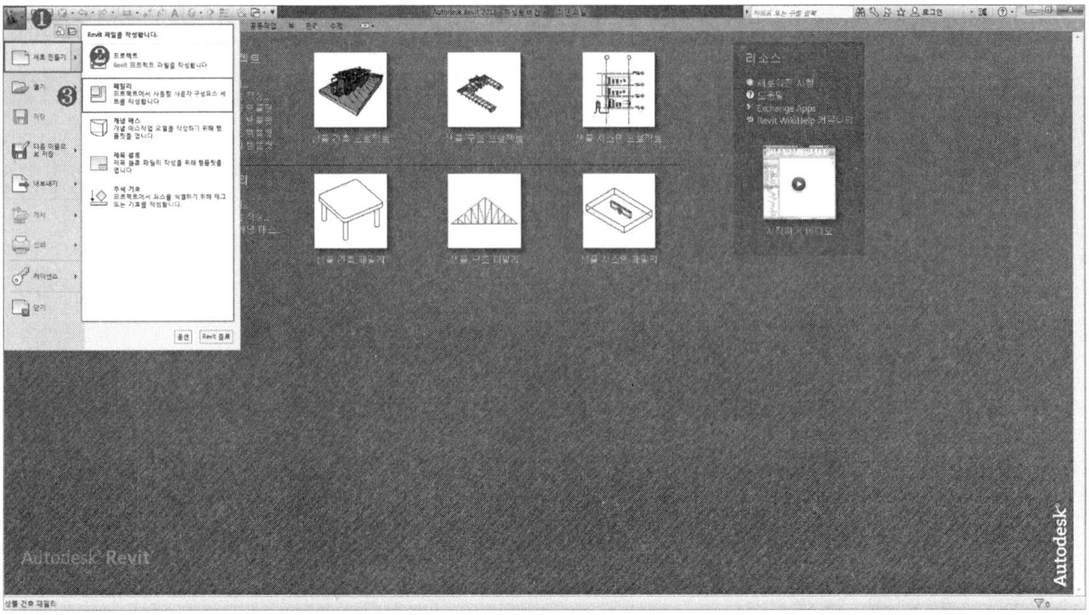

(2) 새 패밀리 창에서 '미터법 가구'를 더블 클릭하여 오픈합니다.

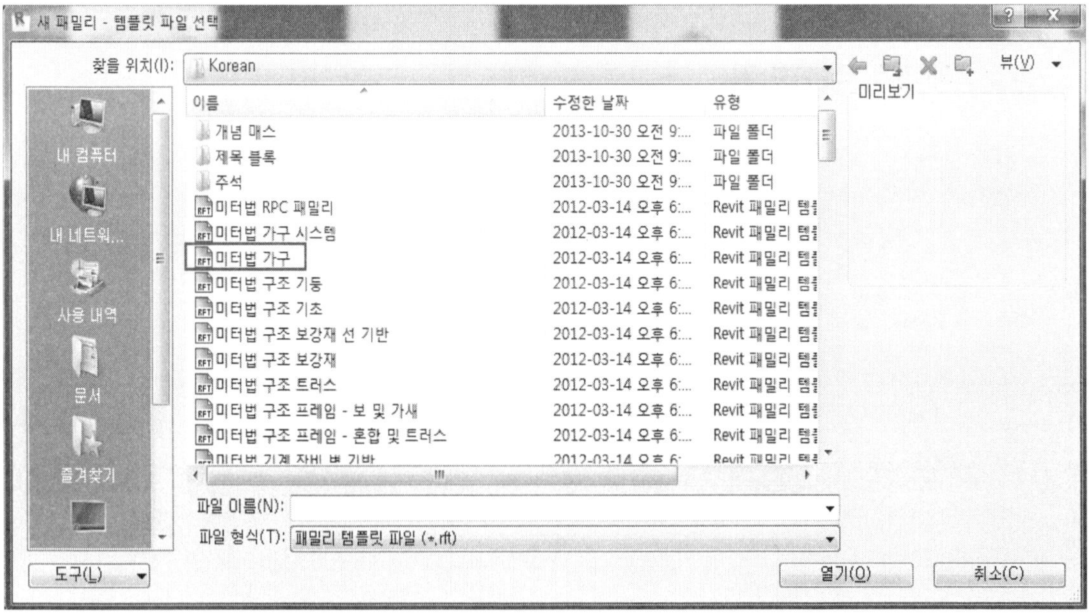

(3) 메뉴 구성이 프로젝트와는 다름을 알 수 있습니다. [프로젝트 탐색기]의 '평면'을 더블 클릭하여 펼친 후,'참조 레벨'을 더블 클릭하여 오픈 합니다.

(4) 중앙에 십자 모양의 선이 나타나는데 이것을 "참조 평면"이라고 합니다.

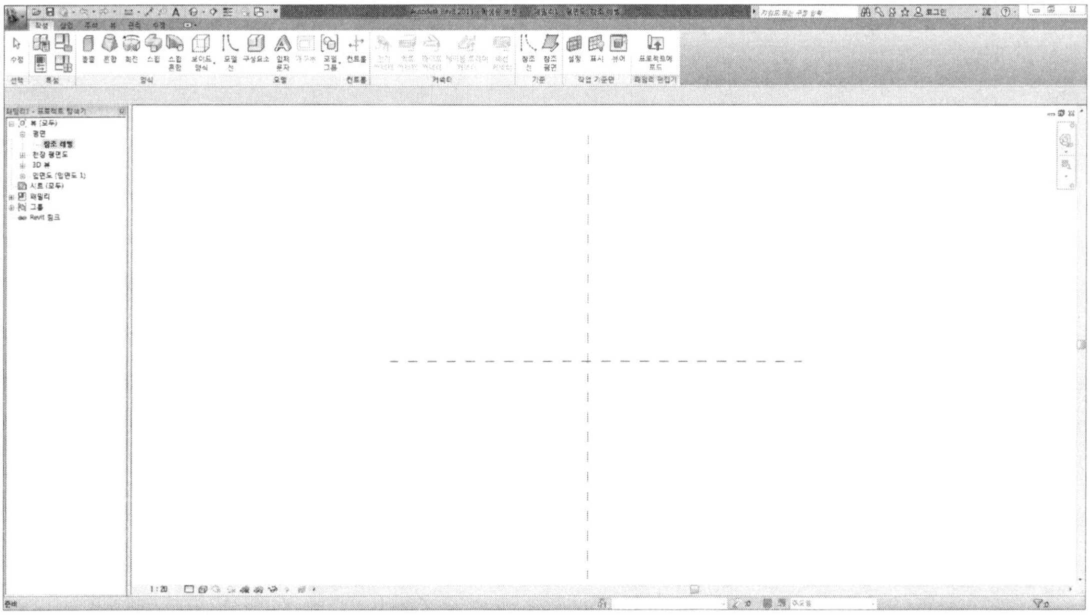

(5) [작성] 탭의 [솔리드 돌출] 버튼을 선택합니다.

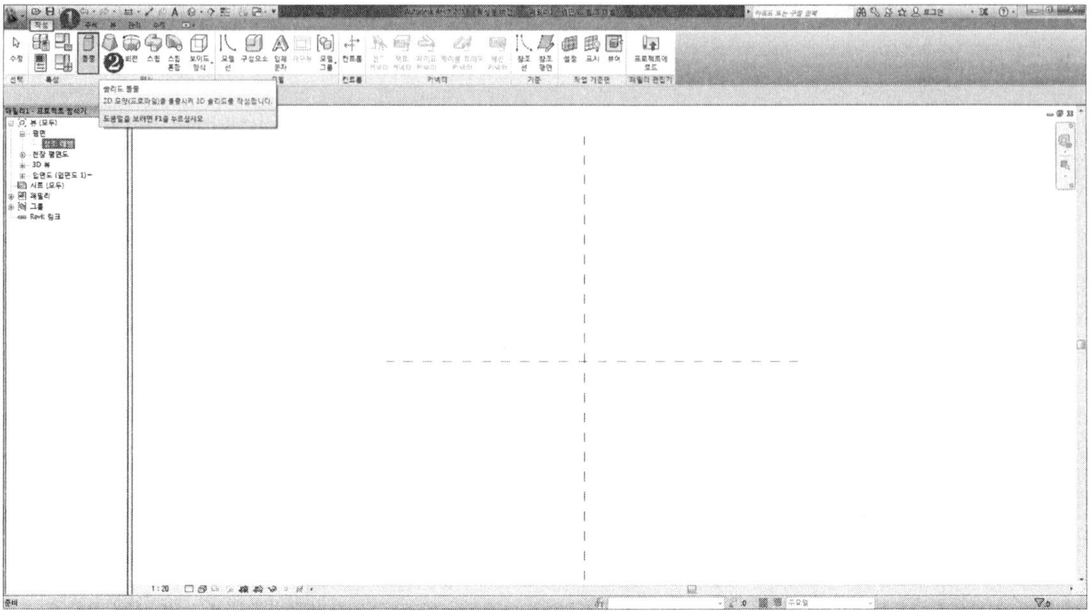

(6) (직사각형)을 선택하고, 옵션 막대의 깊이를 "700"을 입력한 후 센터 점을 클릭합니다.

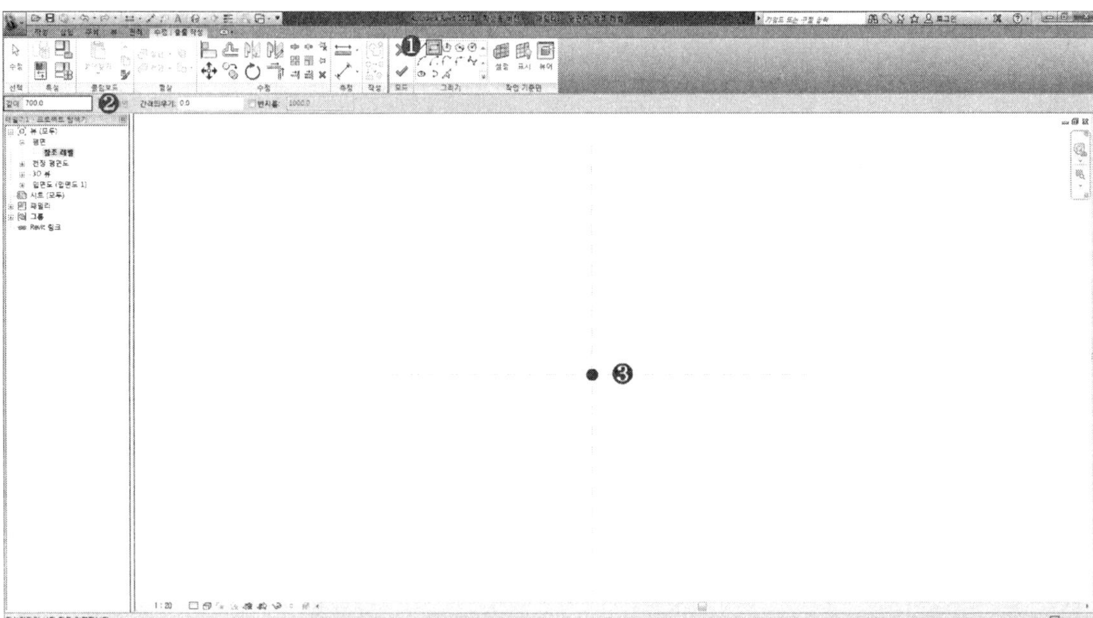

(7) 60×1200 직사각형을 작성하고 편집 모드 완료를 클릭합니다.

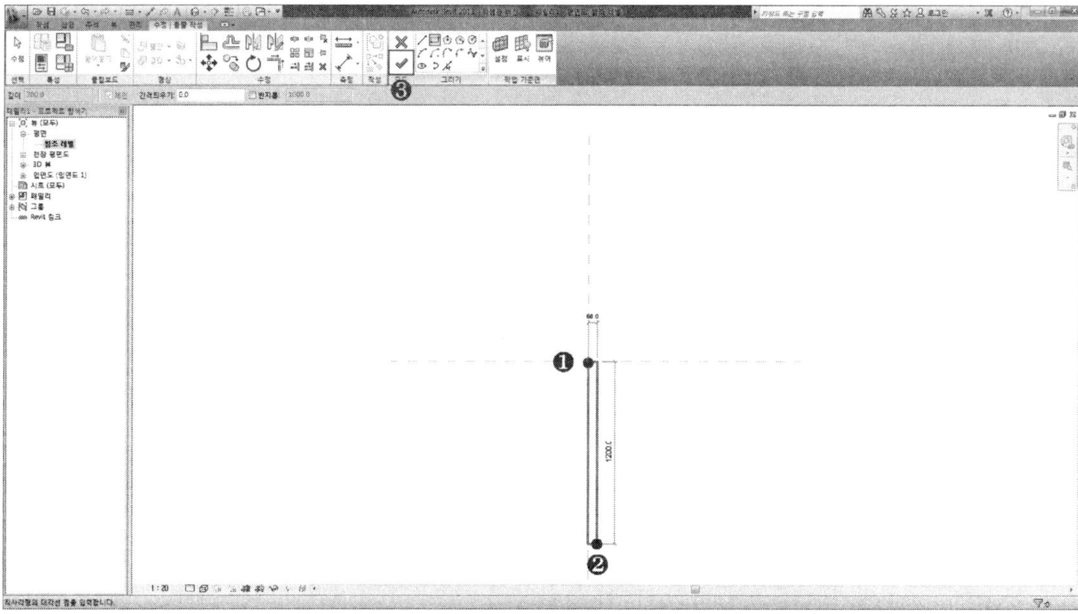

(8) 복사를 클릭합니다.

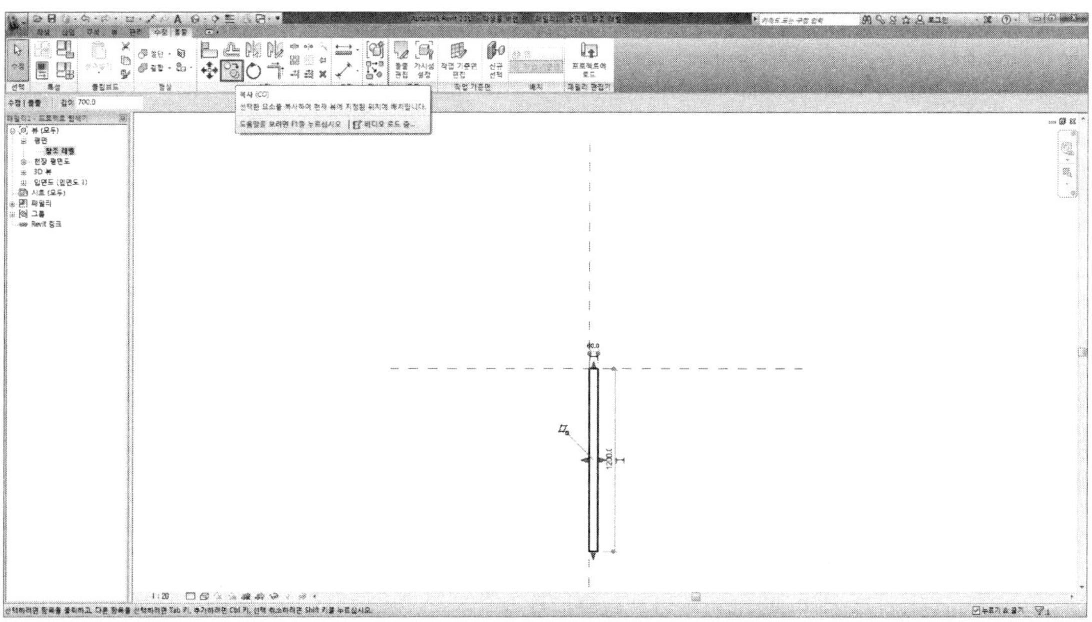

(9) 조금 전에 작성한 객체의 끝점을 찍고 우측으로 "1800" 떨어진 지점으로 이동하여 클릭합니다.

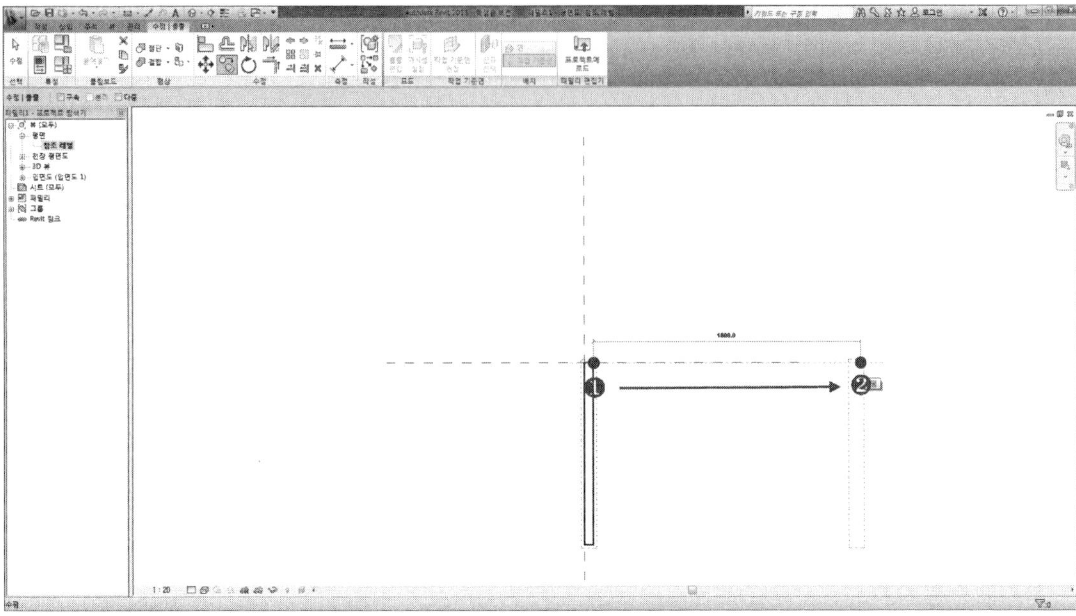

(10) 복사된 객체의 끝에 그립이 생성된 것을 확인합니다.

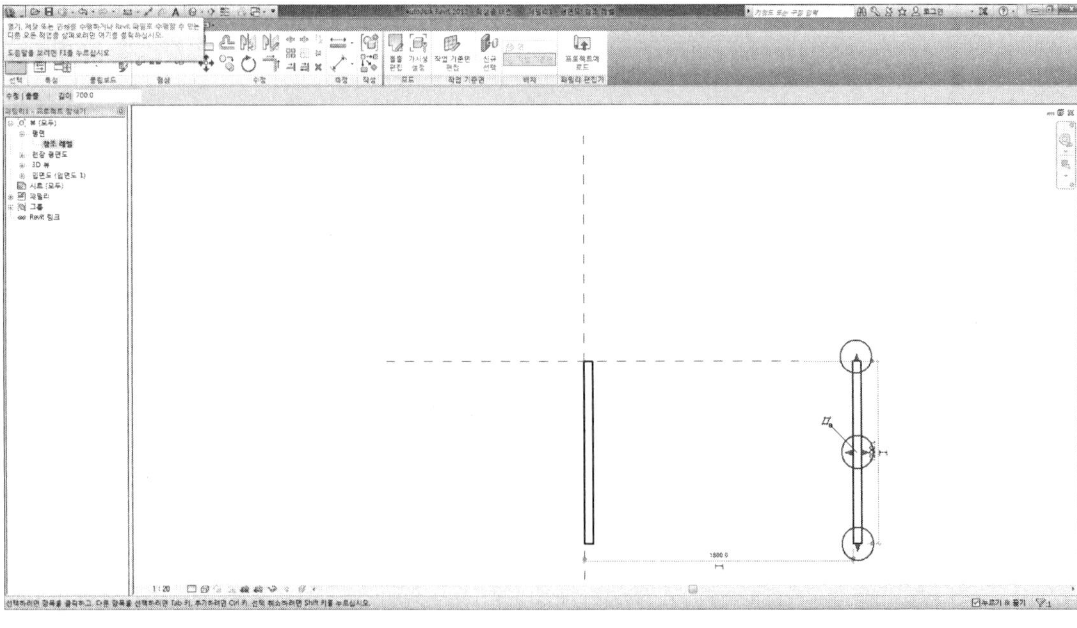

(11) 그립을 끌어서 객체의 길이가 “900”이 되게 합니다.

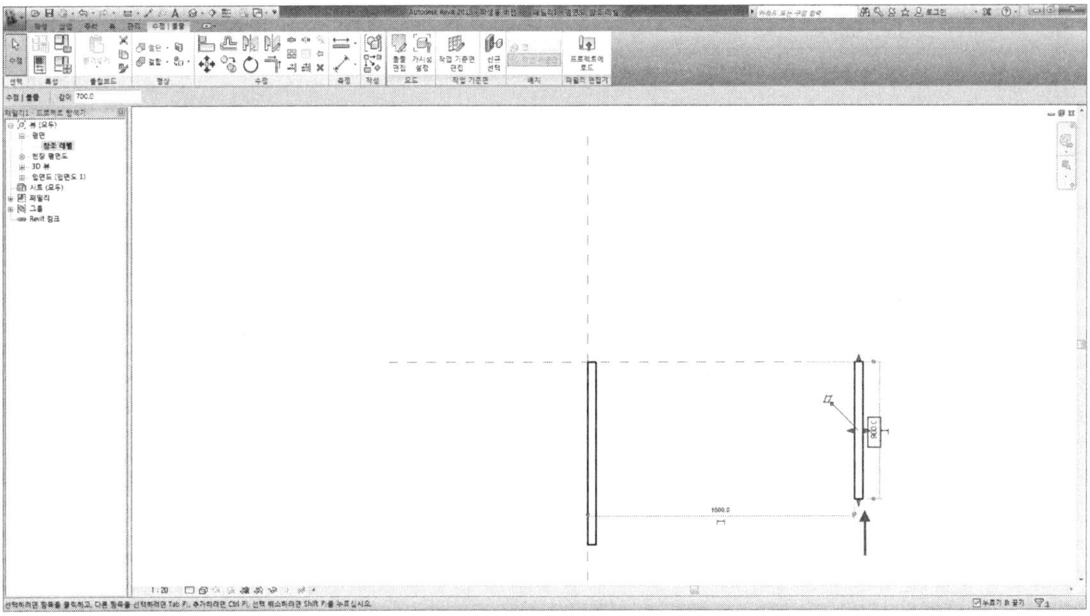

(12) 지금까지 작업한 내용을 3D 뷰에서 확인합니다.

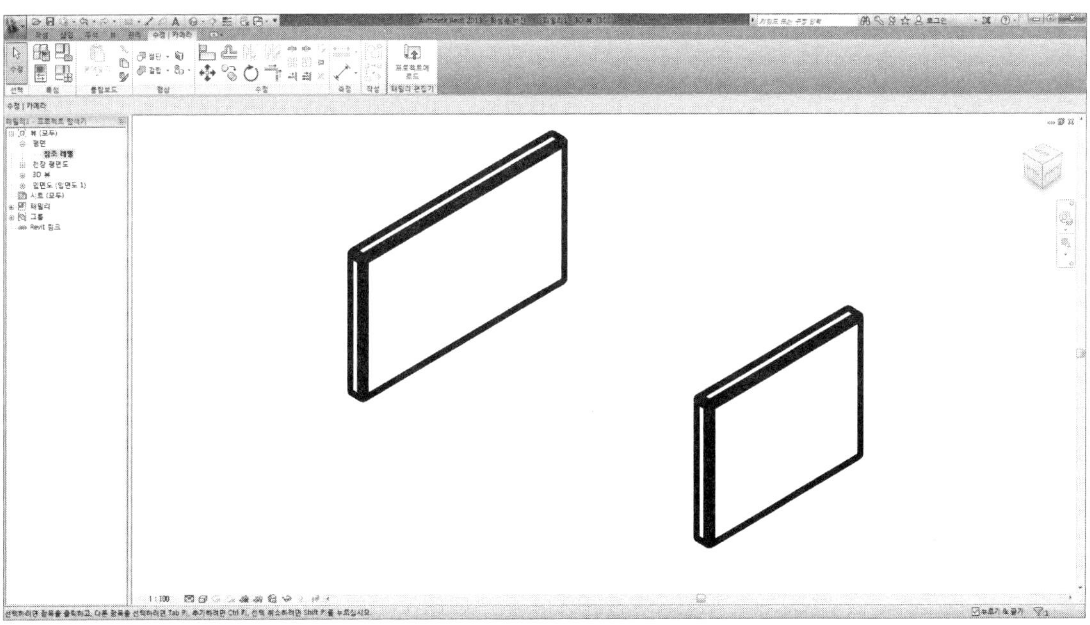

(13) 선이 너무 굵게 나오므로, 뷰 탭의 가는 선을 클릭합니다.

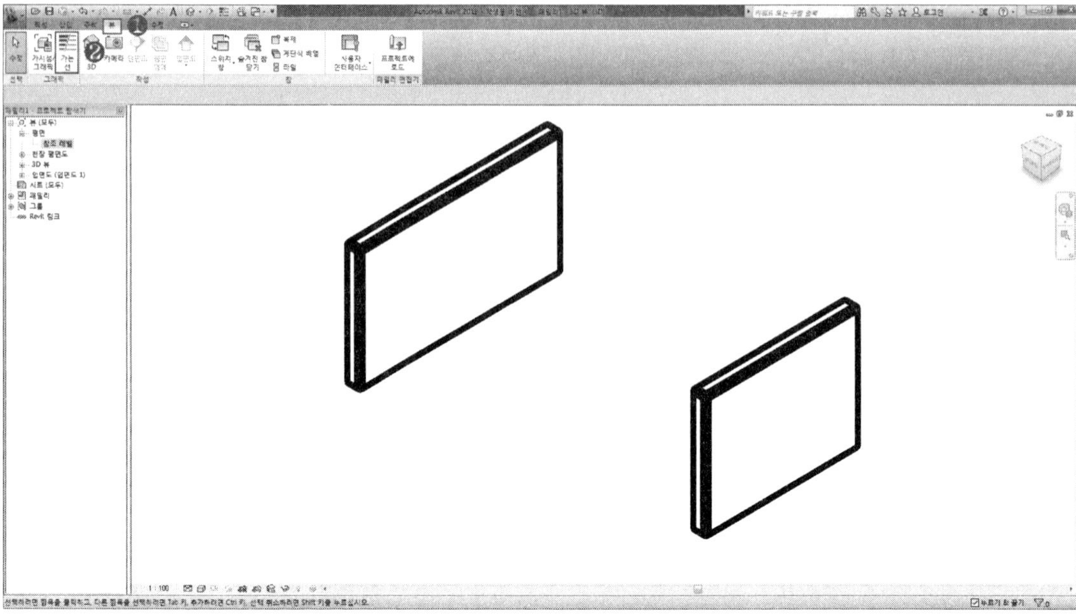

(14) 프로젝트 탐색기에서 '입면도'를 더블 클릭하여 펼친 후 '오른쪽'을 더블 클릭합니다.

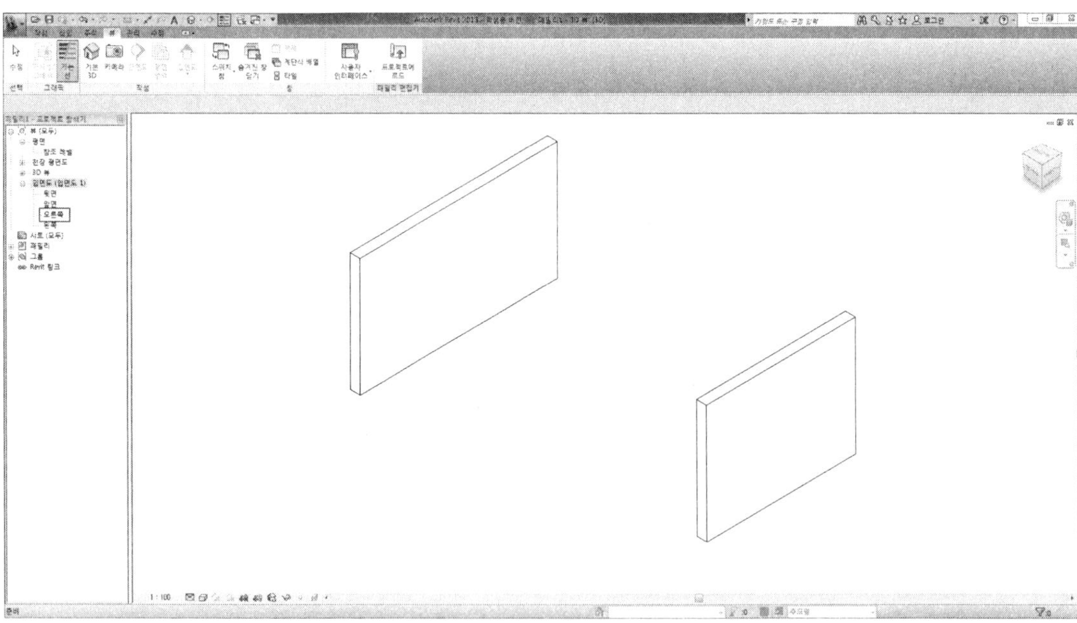

(15) [작성] 탭에서 [솔리드 돌출] 버튼을 선택합니다.

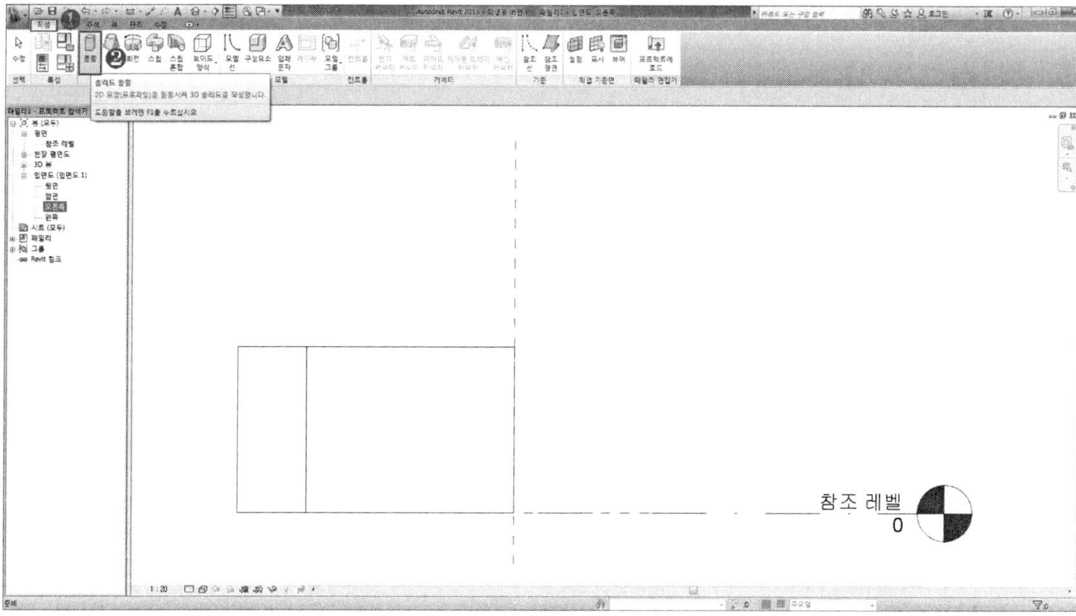

(16) (직사각형)을 선택하고, 옵션 막대의 객체 상부의 끝점을 클릭하여 60×300의 직사각형을 작성하고 "완료"를 클릭합니다.

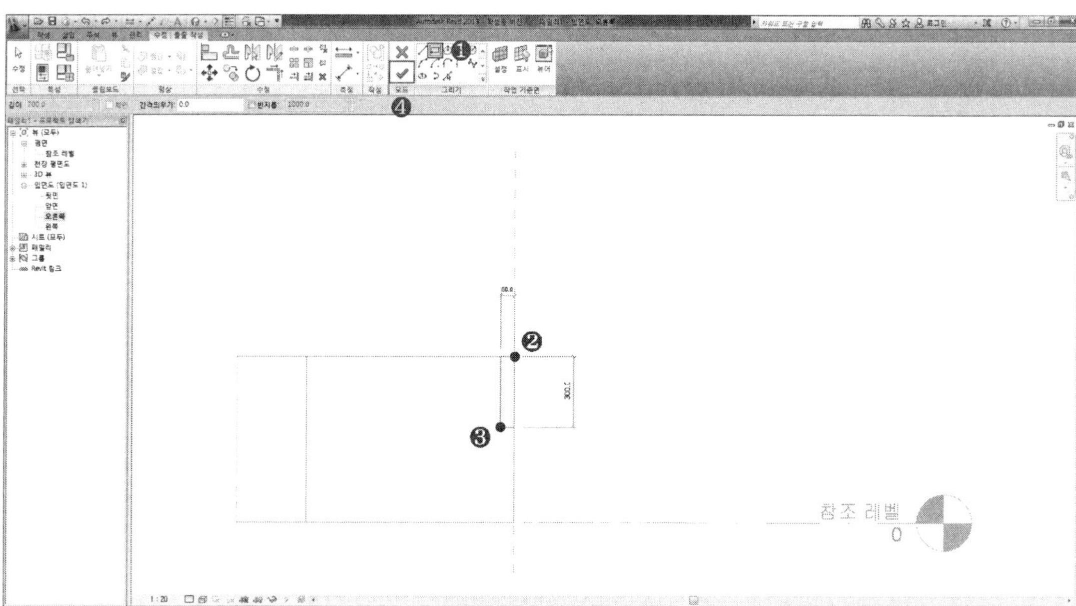

(17) 3D 뷰에서 확인합니다.

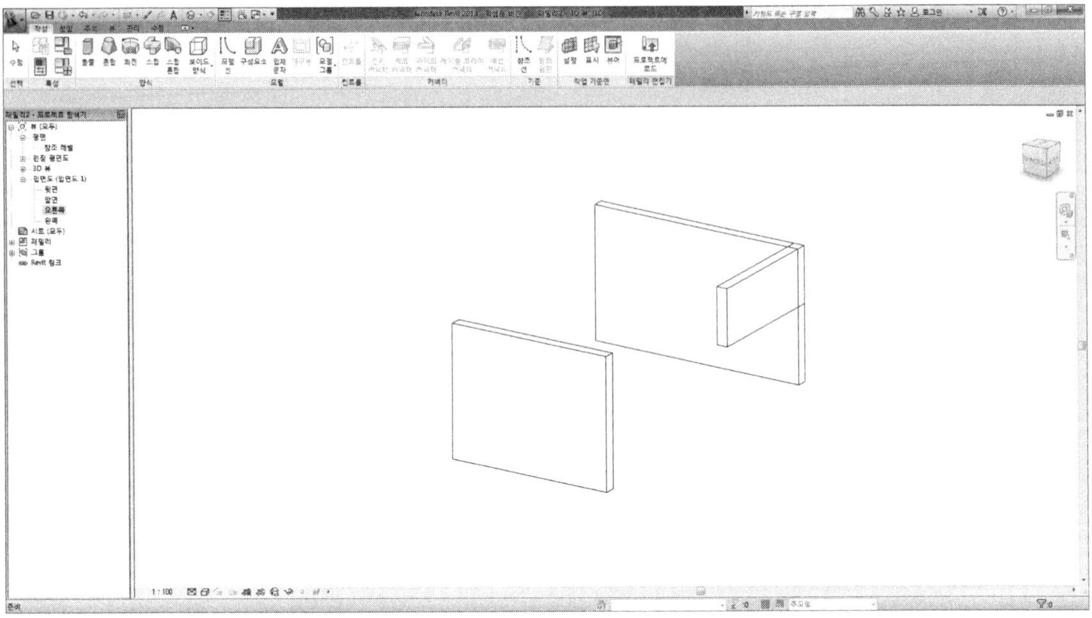

(18) 방금 작성한 객체를 선택하고 그립을 당기다가 스냅이 작동하면 클릭합니다.

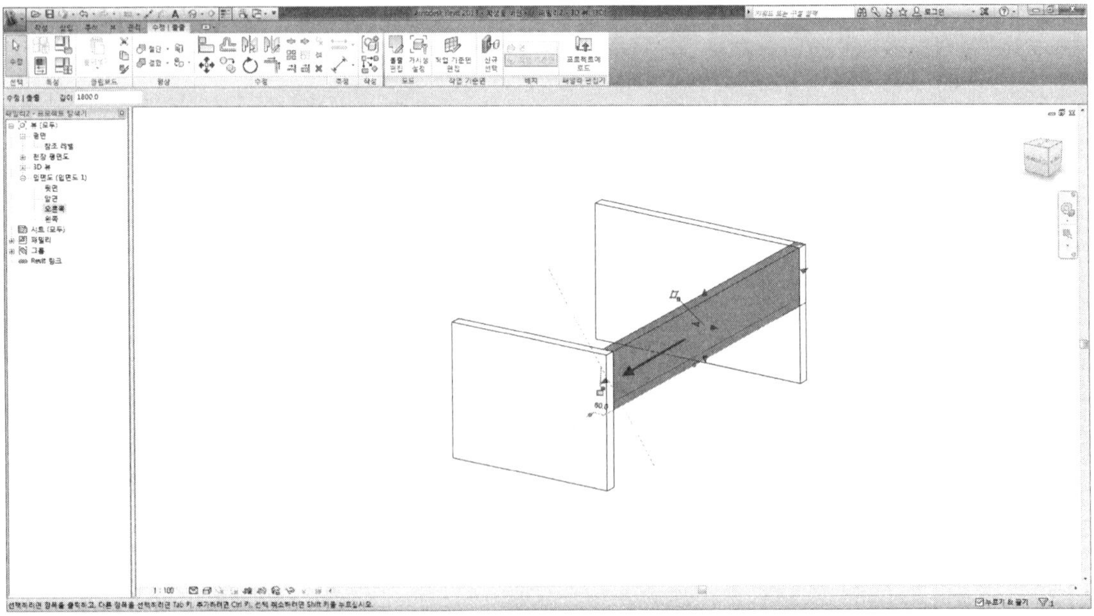

(19) 반대편 끝도 안으로 딱 맞춰지게 그립을 당겨서 조절한 후 이동을 클릭합니다.

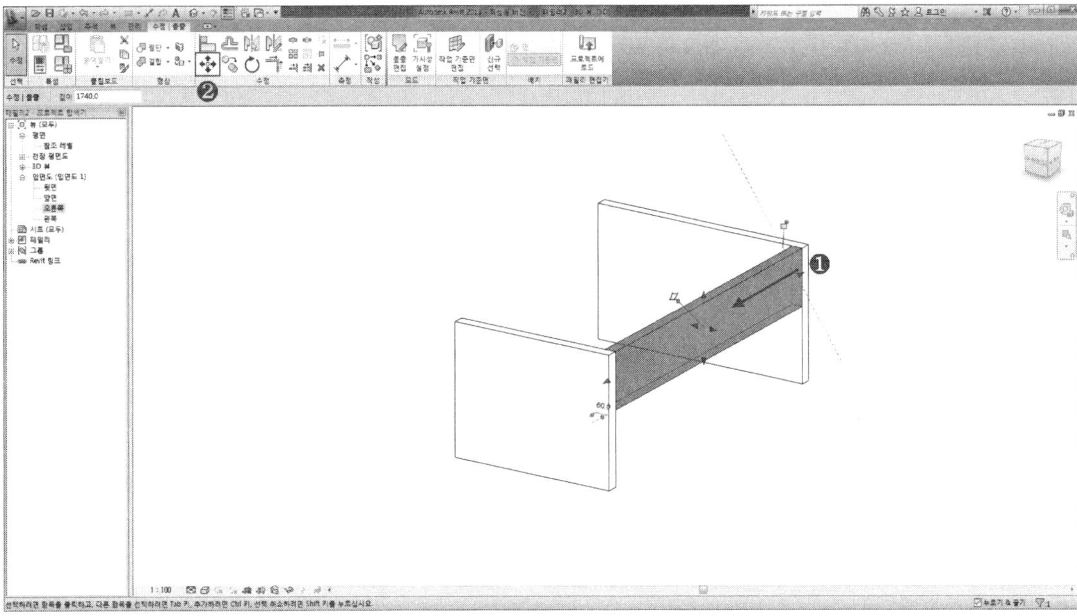

(20) 중심부의 끝점을 선택하고 밑으로 "200"을 내립니다.

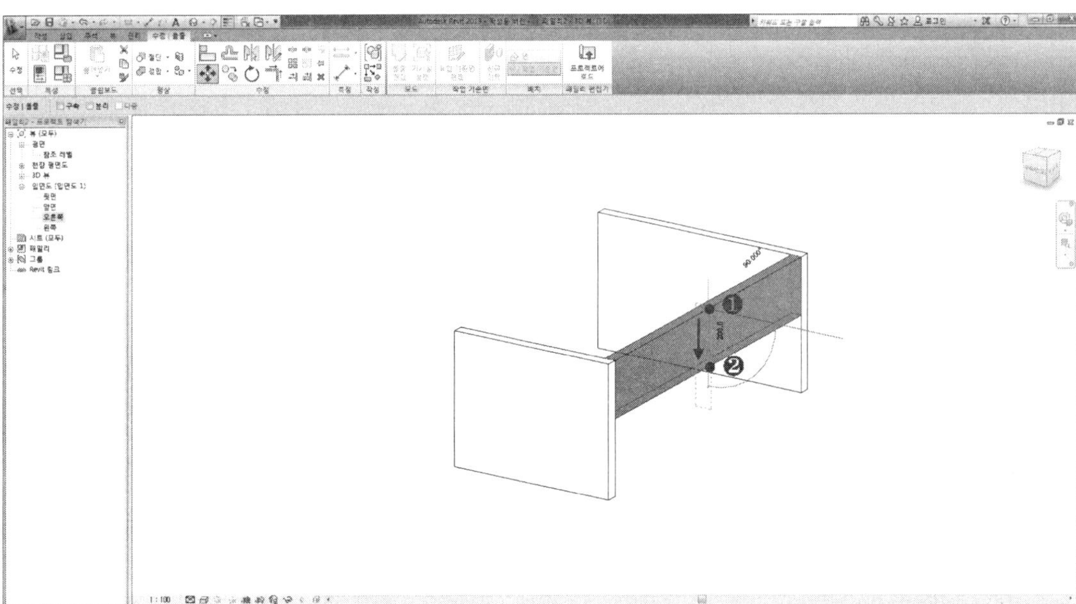

(21) 프로젝트 탐색기의 평면 밑에 “참조레벨”을 클릭합니다.

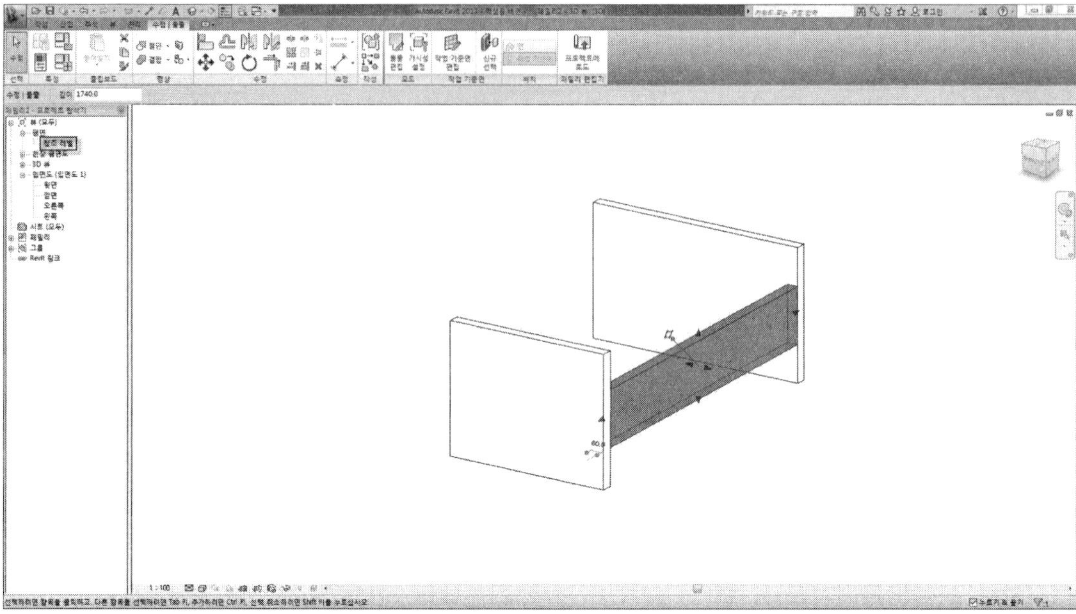

(22) [작성] 탭에서 [솔리드 돌출] 버튼을 선택합니다.

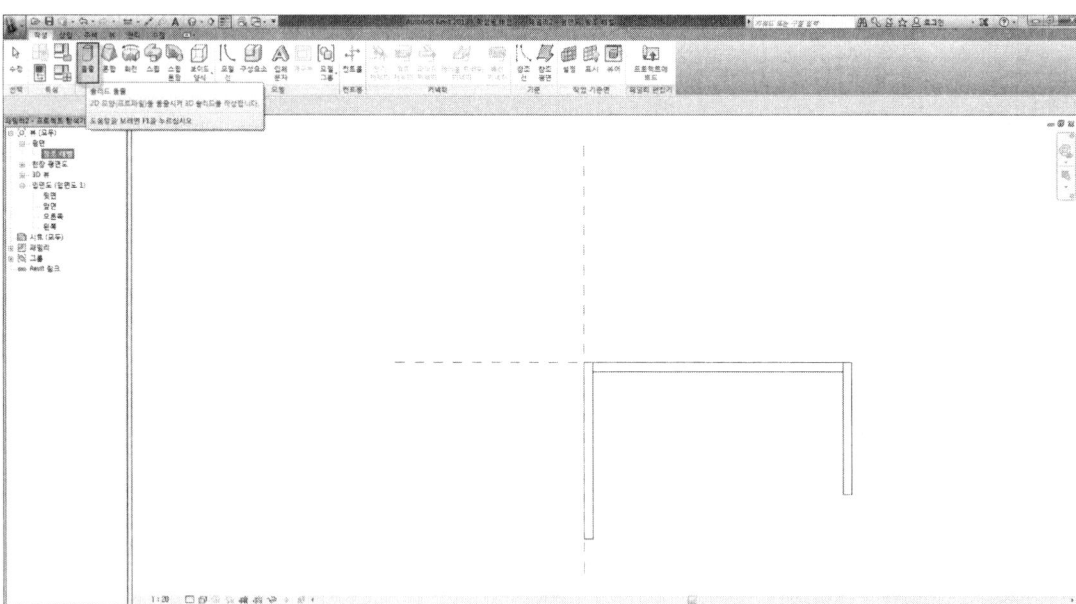

(23) [특성]을 클릭합니다.

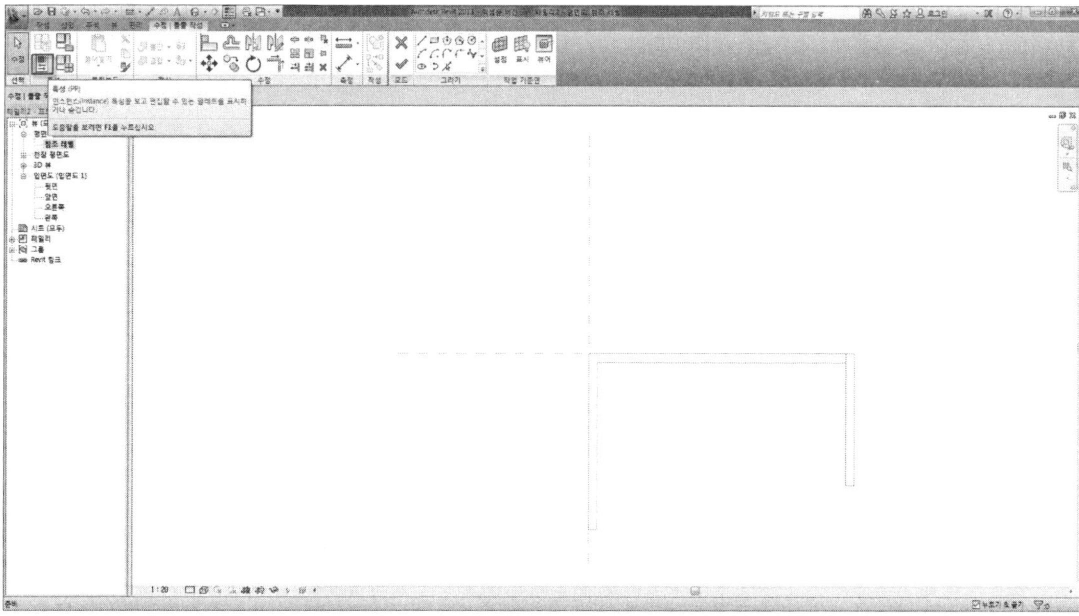

(24) [특성] 창에서 돌출 끝 "715", 돌출 시작 "700"을 입력하고 적용을 클릭합니다(높이 700, 폭 15인 판이 작성됩니다).

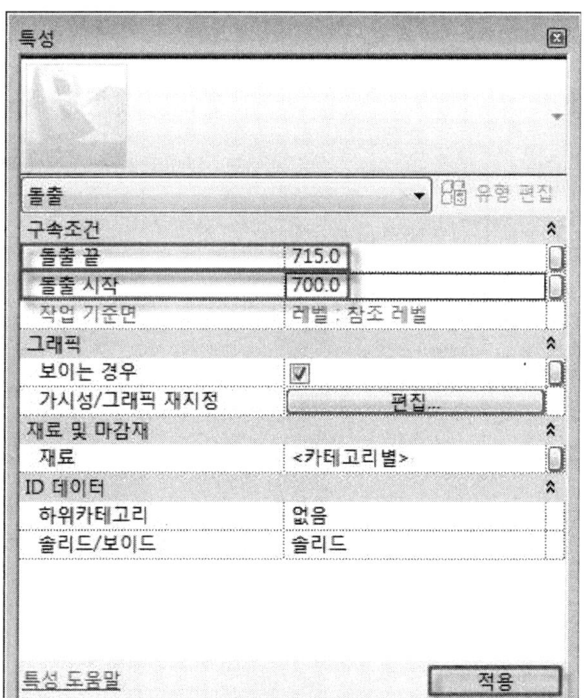

(25) 오른쪽 객체 하단의 끝점을 선택한 뒤 상부로 ㄷ자 모양으로 선을 작성합니다.

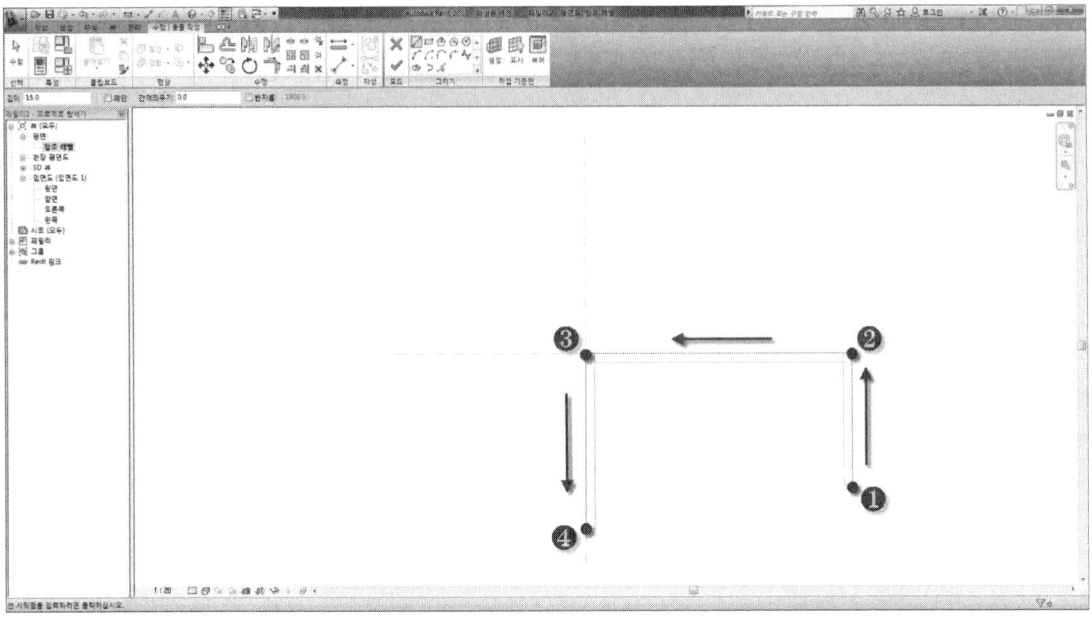

(26) 메뉴에서 (시작-끝-반지름 호)를 선택한 후 좌측 라인 밑점을 클릭하고 우측 라인 밑점에 맞춰 스탭이 잡히는 중간 지점(17도 정도)을 클릭합니다.

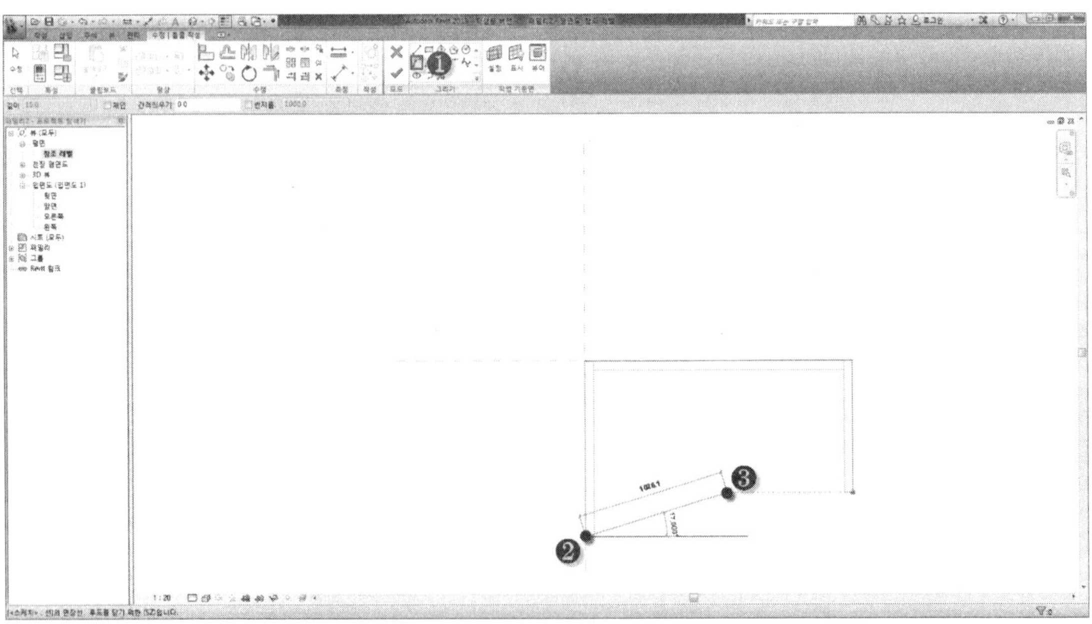

(27) 반지름이 "약 1400" 정도 되는 호를 작성합니다(수치는 정확하지 않아도 됩니다).

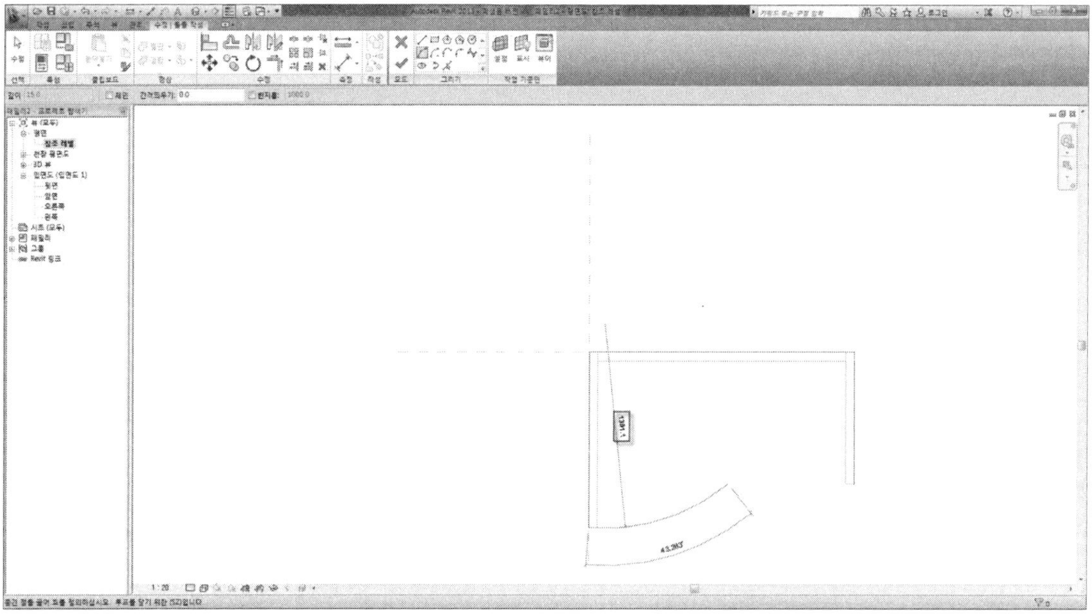

(28) 우측 라인의 끝점을 클릭합니다.

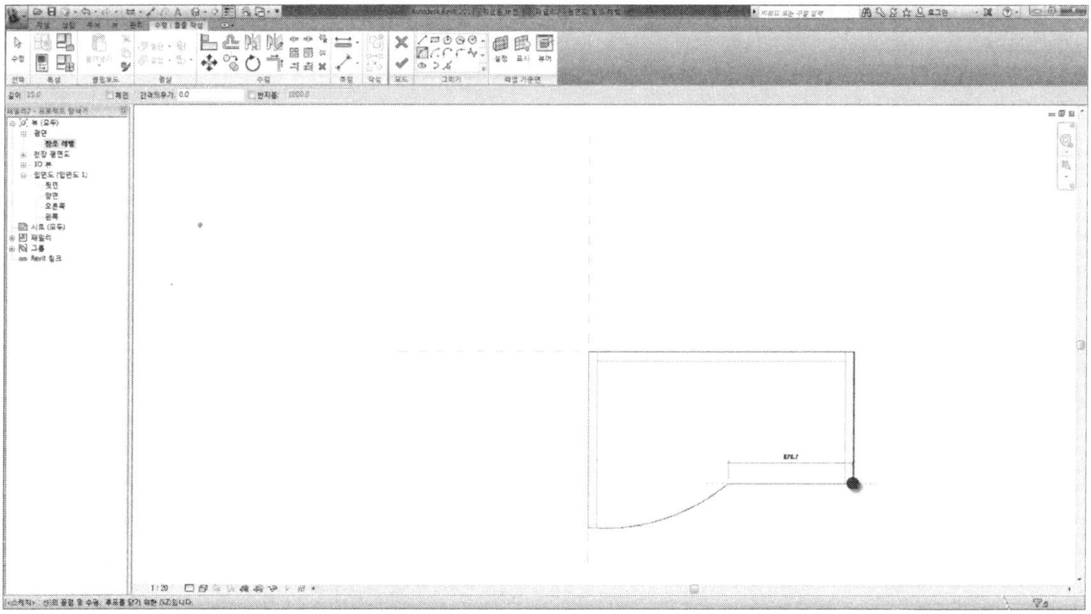

(29) 반지름이 "약 700" 정도 되는 호를 그립니다(스냅이 되는 지점).

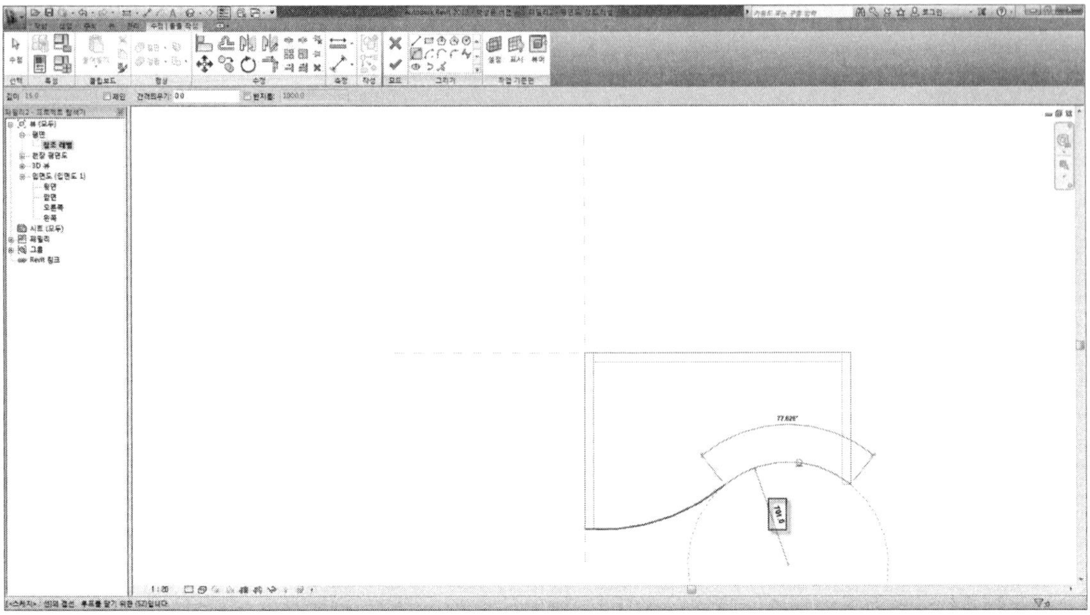

(30) (원)을 클릭한 후 방금 작성한 객체의 좌측 상단 부근에 "반지름 60"의 원을 그립니다(위치는 정확하지 않아도 됩니다). 작업 후 편집모드 "완료"를 클릭합니다.

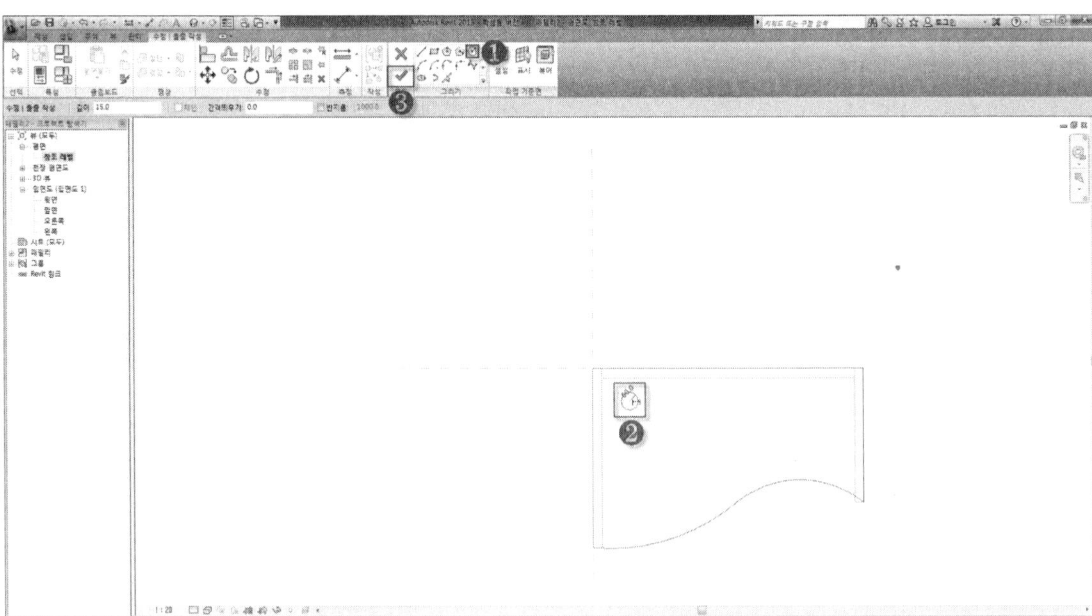

(31) 3D 뷰에서 책상이 완성된 것을 확인합니다.

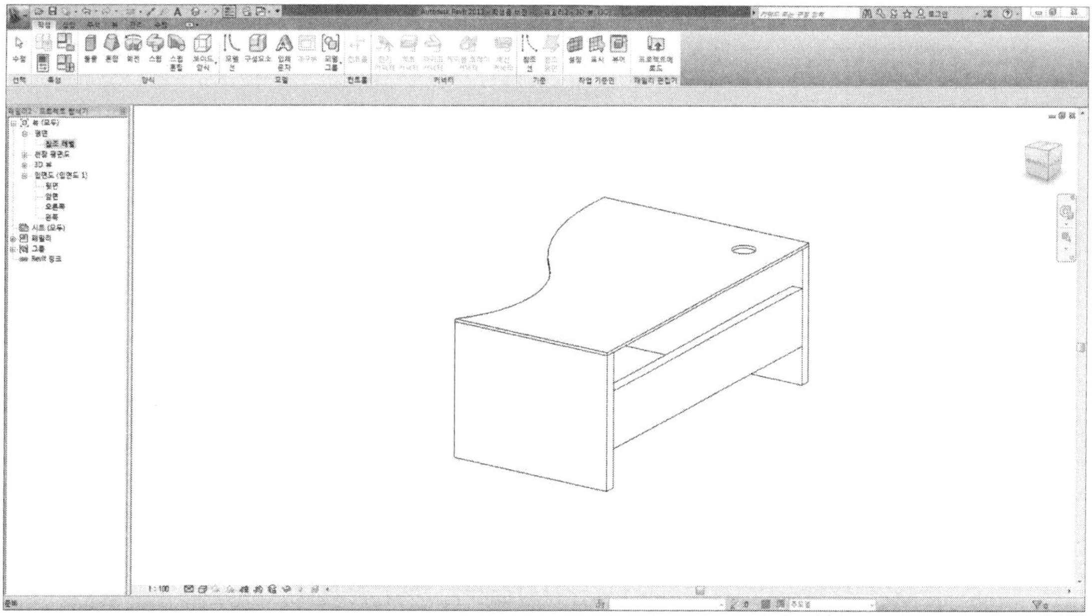

17.1.3 패밀리 인스턴스 특성(재료) 변경

앞서 작성한 책상 패밀리의 일부 재질을 변경합니다.

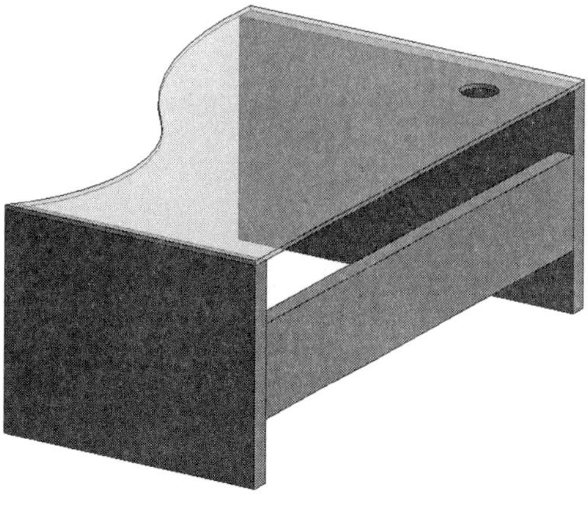

(1) 앞서 작성한 패밀리를 오픈한 상태에서, 상판을 선택하고 [특성]을 클릭합니다.

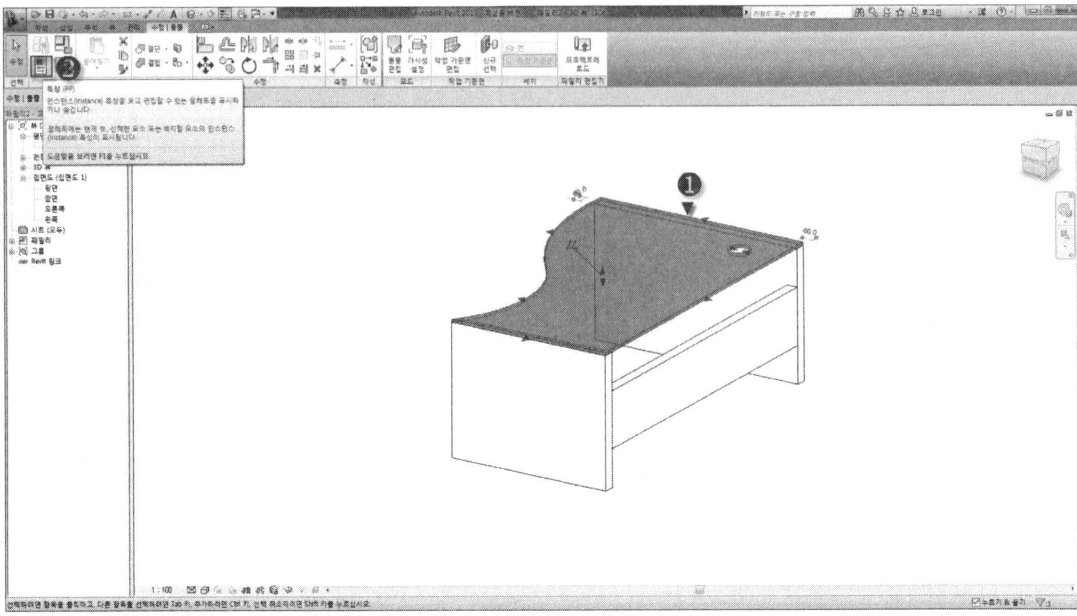

(2) 특성 창에서 카테고리 별을 클릭하면 나타나는 ▣마크를 클릭합니다.

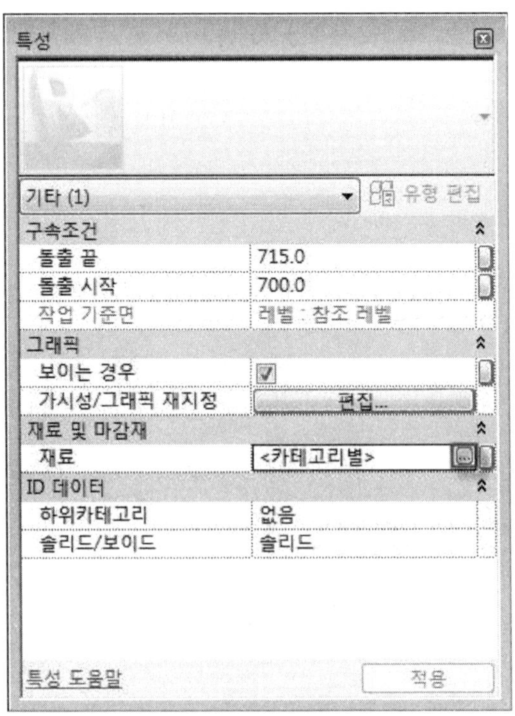

(3) 재료 탐색기 창에서 유리를 선택하고, 확인을 클릭하고, 특성 창에도 적용을 클릭합니다.

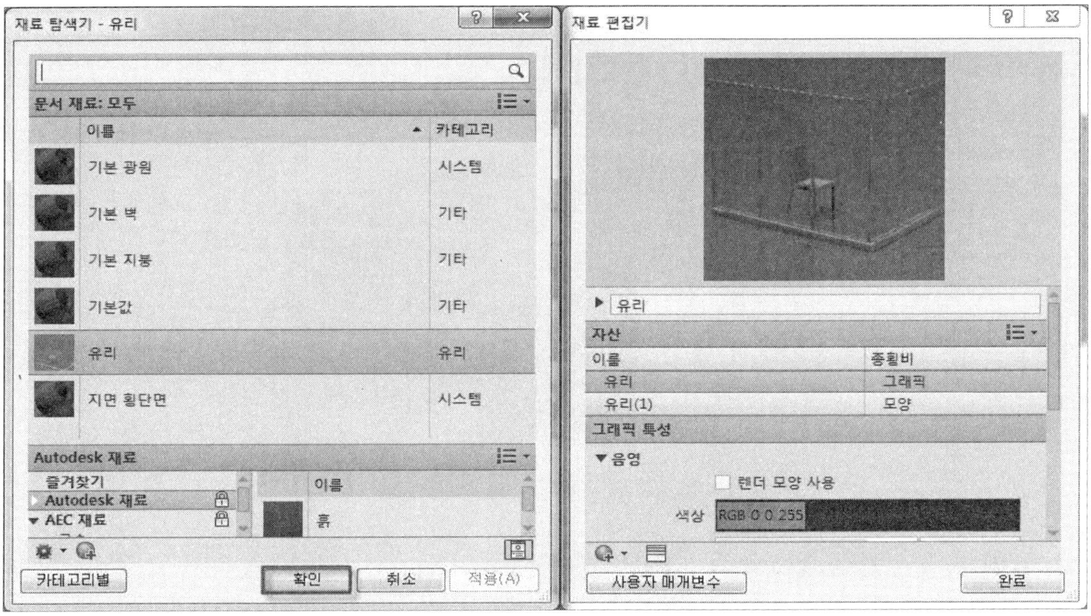

(4) 화면 하단의 (모델 그래픽 스타일) 아이콘에서 "사실적"을 선택합니다.

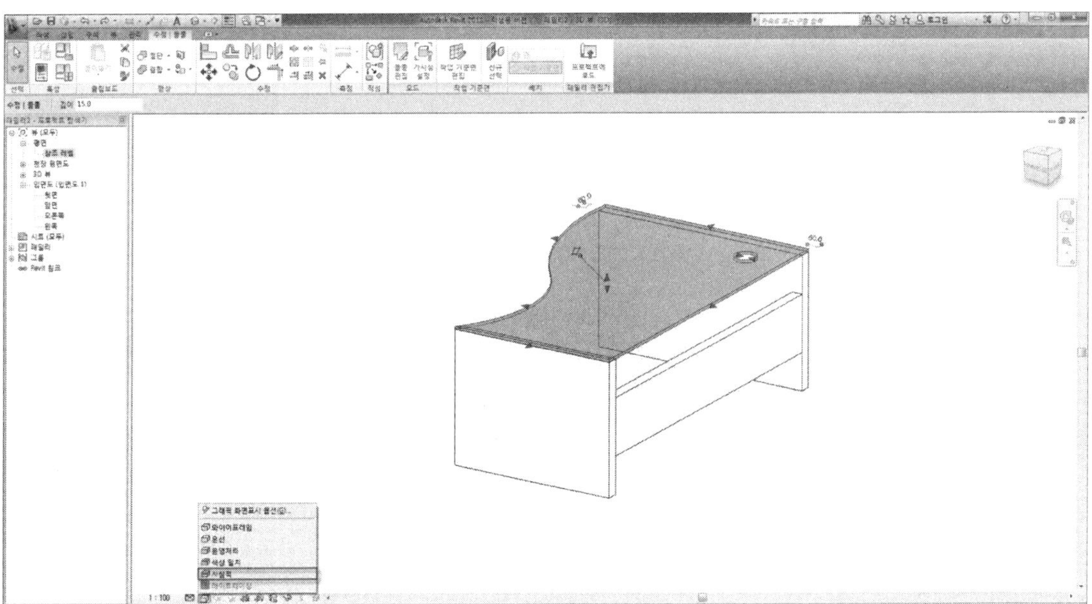

(5) 작업 결과를 확인합니다.

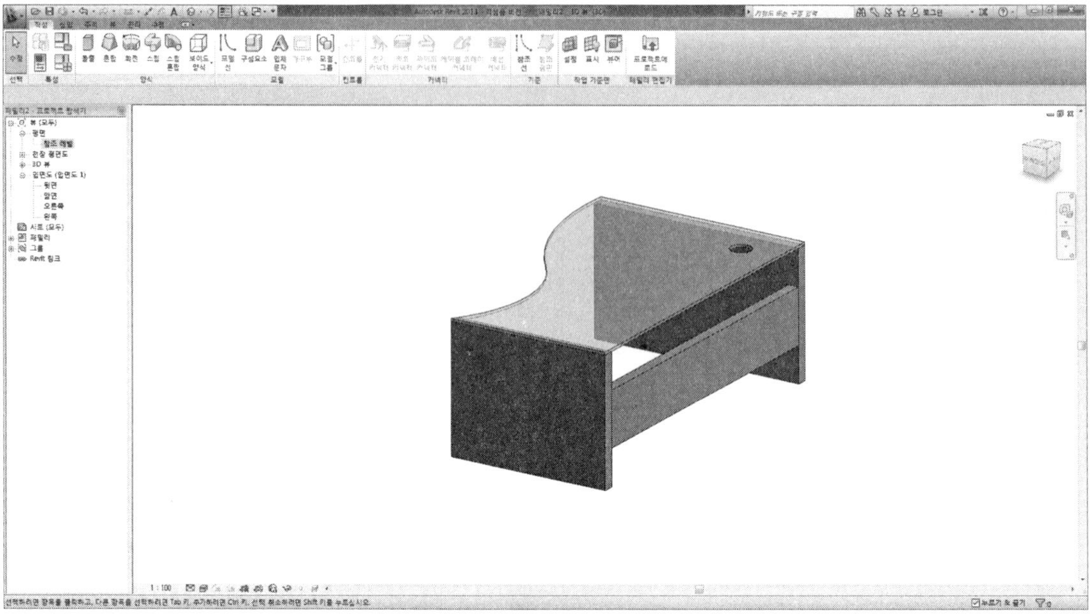

(6) [어플리케이션] 버튼 → [다른 이름으로 저장하기] → [패밀리]를 차례로 클릭합니다.

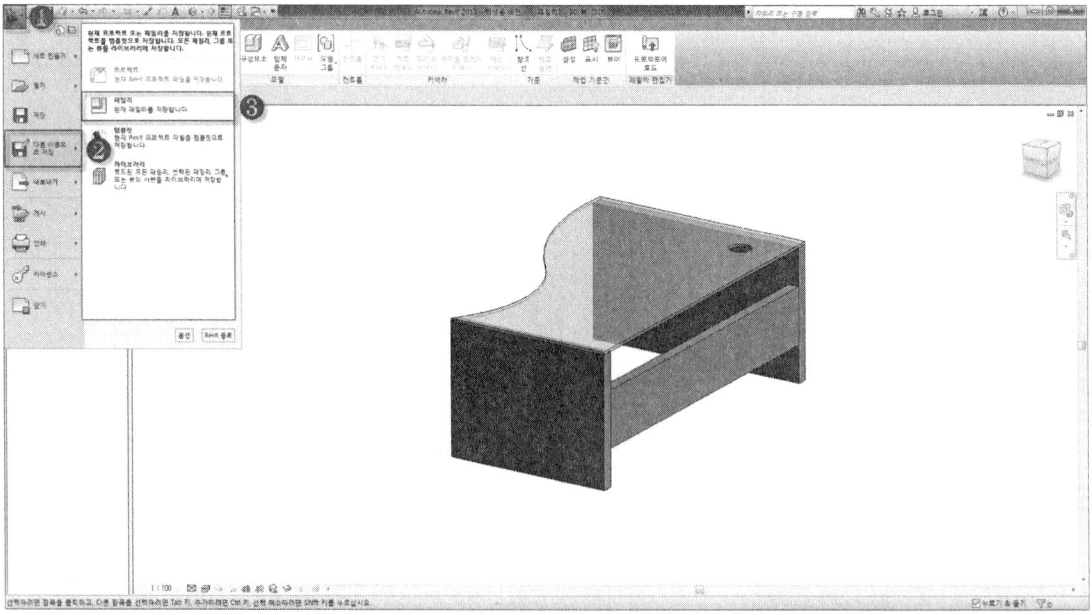

(7) 파일 이름을 '책상'이라고 한 후 저장(S) 을 누릅니다.

유의 : 파일 형식이 rvt인 프로젝트와는 달리, 패밀리 파일 형식은 rfa임을 유의하세요.

Chapter 18

일람표

18.1 일람표

18.1.1 일람표 개요

건축 설계에 있어서 면적 계산은 많은 시간이 소요되며, 어려운 작업이 아닐 수 없습니다. 특히, 비정형 건물(Free-Form Building)에 있어서, 기존의 2D CAD 사용이나 산술적인 계산으로는 면적 산출이 현실적으로 불가능합니다. 그러나 Revit을 사용하면 층별 면적, 체적, 마감 등을 포함한 실 일람표(면적표)나 재료 견적표 작성을 보다 손쉽게 진행할 수 있습니다. 공공 부문 건설을 필두로 BIM의 사용 의무화 추세가 확산되어 가는 가장 큰 목적 중 하나가 바로 물량 산출에 따른 견적의 투명성과 공정성 때문입니다.

18.1.2 문, 콘크리트 일람표 추출

(1) 프로젝트 모델을 Revit 링크를 통해 불러옵니다. 위치는 “자동 - 원점 대 원점”으로 하고 열기를 합니다.

(2) 문 일람표를 작성해 보도록 하겠습니다. 메뉴 [뷰] 탭 → [일람표] 도구 → [일람표/수량]을 선택합니다.

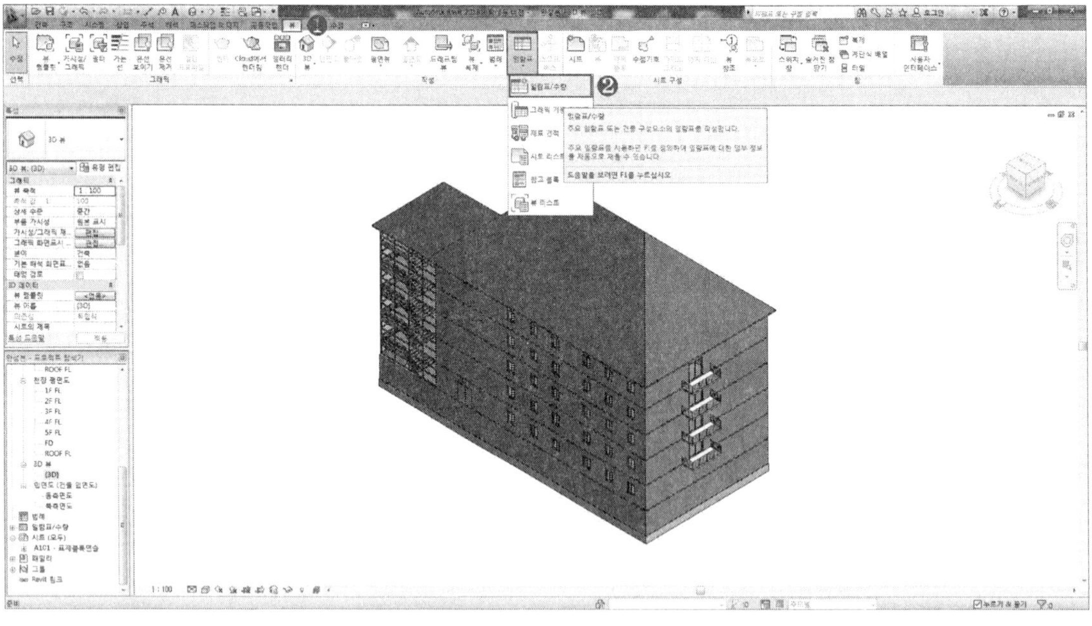

(3) 새 일람표 창이 뜨면 카테고리에서 “문”을 선택하고, [확인]을 클릭합니다.

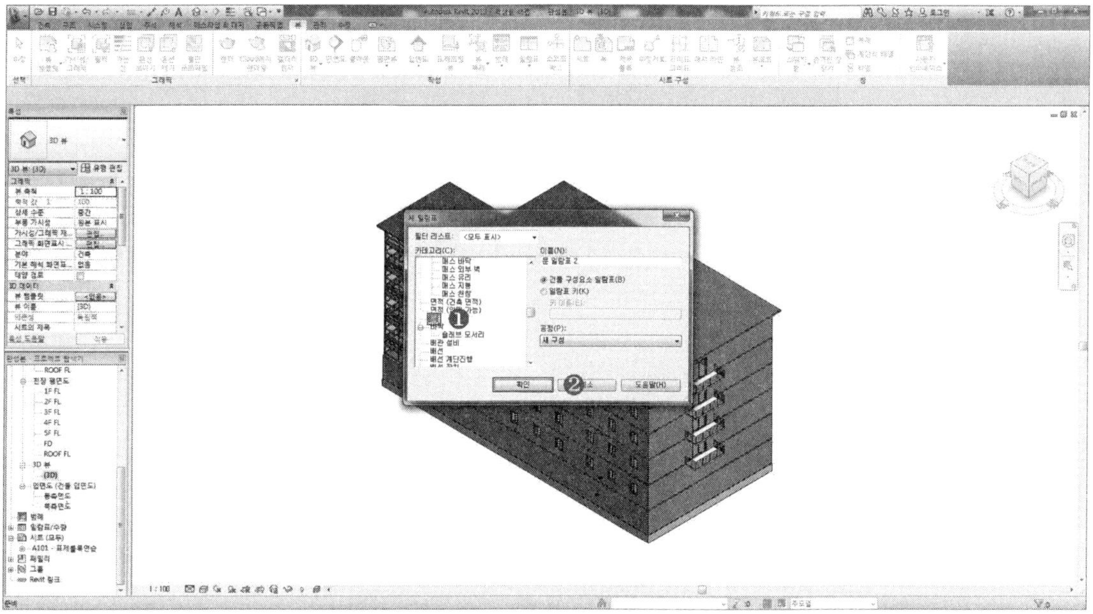

(4) 일람표 특성에서 “사용 가능한 필드”의 모든 요소를 선택합니다. 추가 버튼을 클릭합니다. 창 왼쪽 하단부에서 “링크된 파일의 요소 포함”을 체크하고 [확인]을 선택합니다.

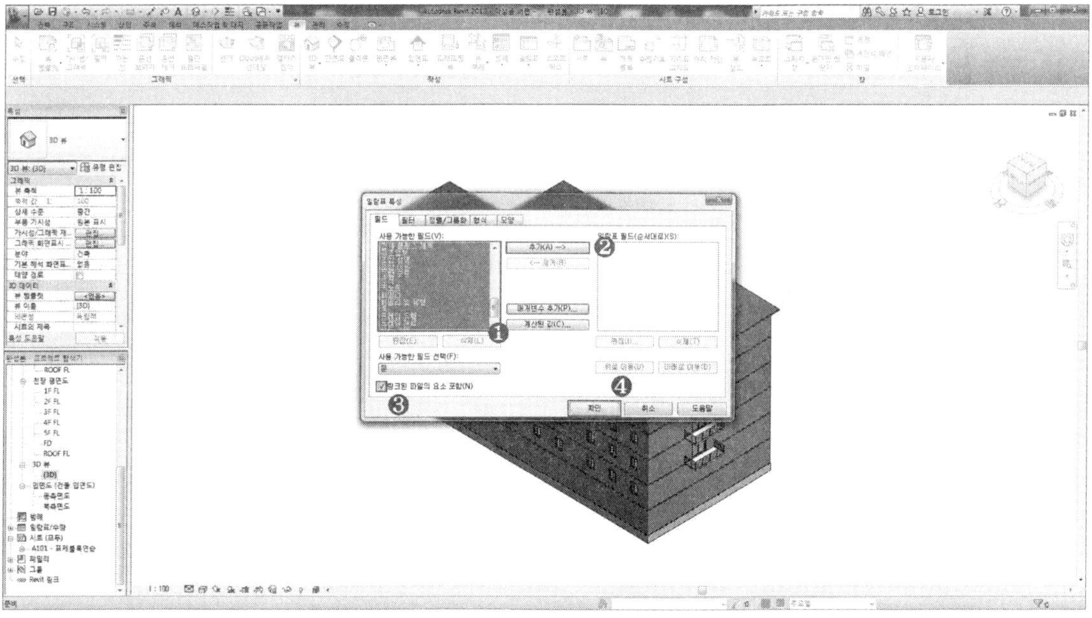

(5) 일람표가 작성되었지만 “필드”가 정리되지 않았습니다. (4)에서 모든 필드를 선택하여 불필요한 필드까지 모두 포함되었기 때문입니다.

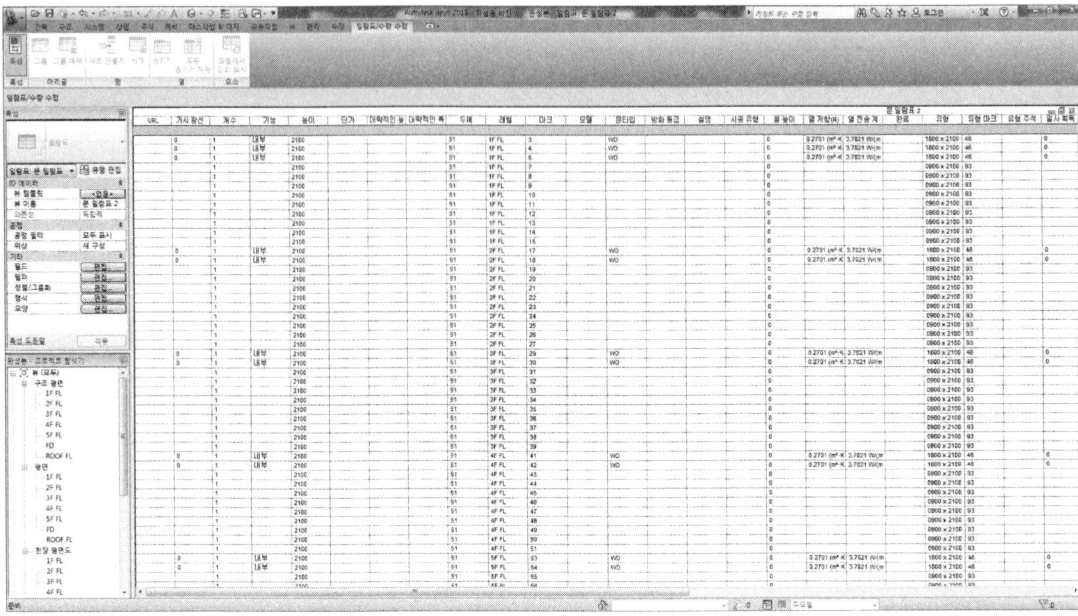

(6) 불필요한 필드를 제거해 보도록 하겠습니다. [특성 팔레트] → [필드 편집]을 클릭합니다. 불필요한 필드들을 선택하여 제거해줍니다. [확인]을 선택합니다.

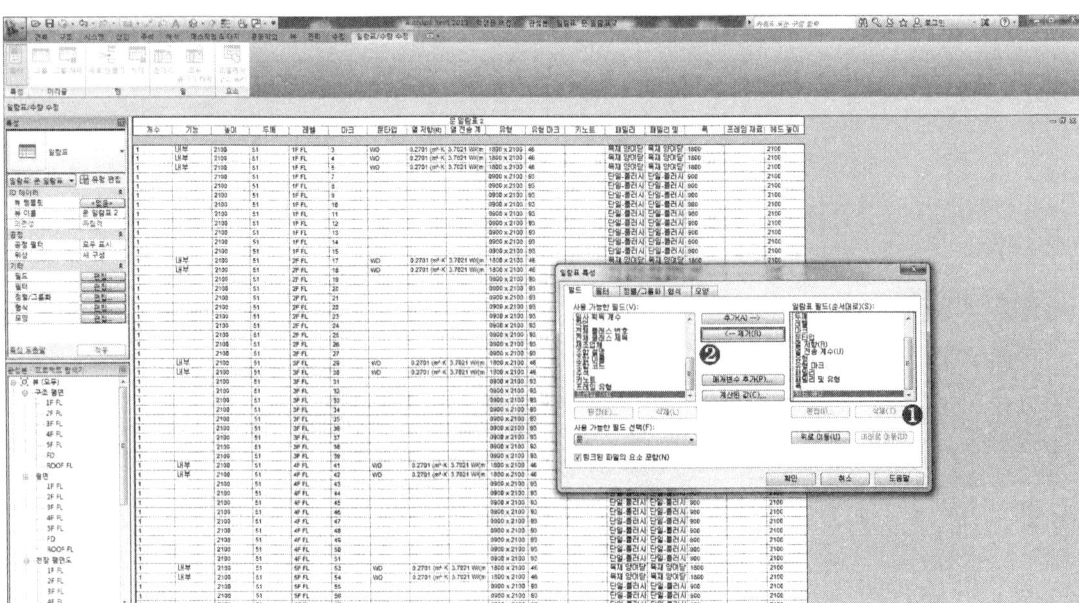

(7) 필드의 순서를 변경합니다. [특성 팔레트] → [필드 편집]을 클릭합니다. "일람표 필드(순서대로)"에서 유형을 클릭하고 "위로 이동"을 눌러 제일 위로 배치합니다. 그림과 같이 정렬합니다. [확인]을 선택합니다.

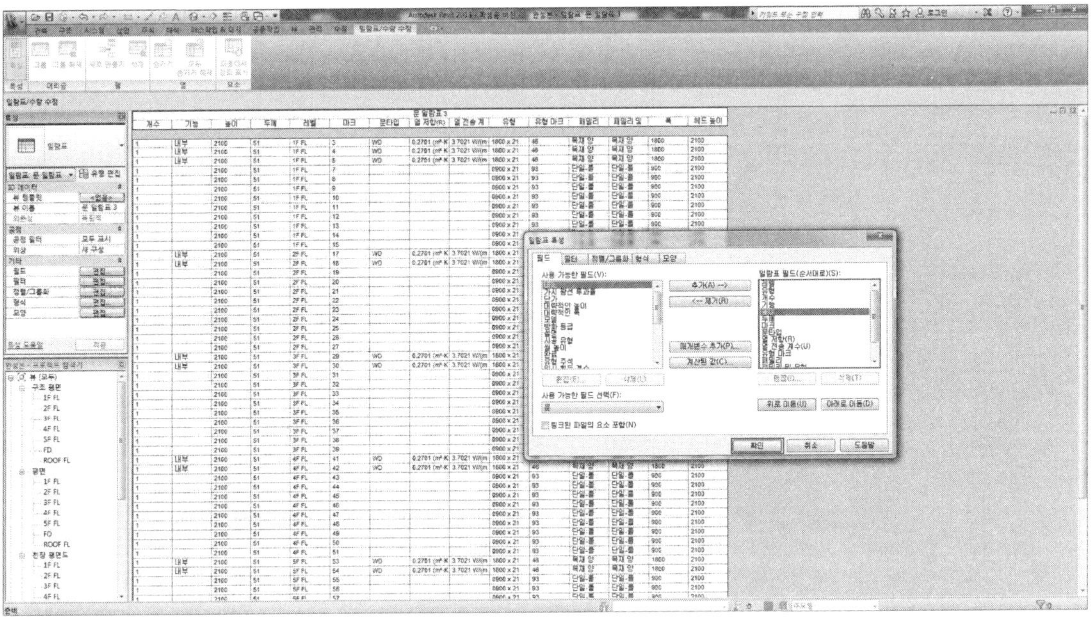

(8) 정렬기능을 통해 레벨별로 정렬해 보겠습니다. [특성 팔레트] → [정렬/그룹화 편집]을 클릭합니다. 다음 그림과 같이 세팅하고 [확인]을 클릭합니다.

(9) 문 일람표 작성을 완료하고 변경된 설정이 반영된 부분을 확인해 봅니다.

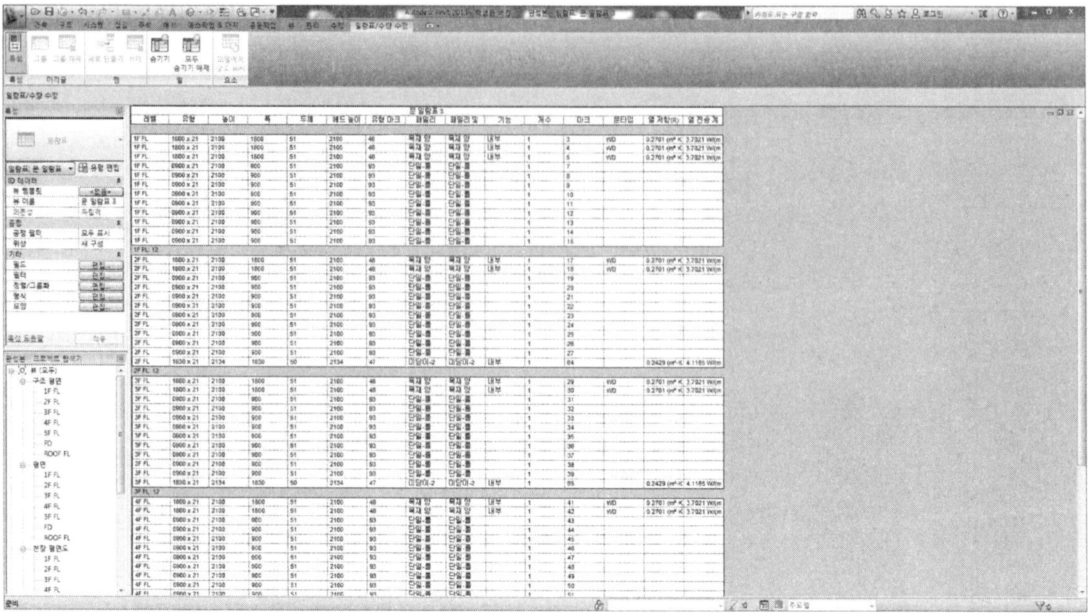

(10) 콘크리트의 물량을 산출해 보겠습니다. [뷰] 탭 → [일람표] 도구 → [재료 견적]을 클릭합니다.

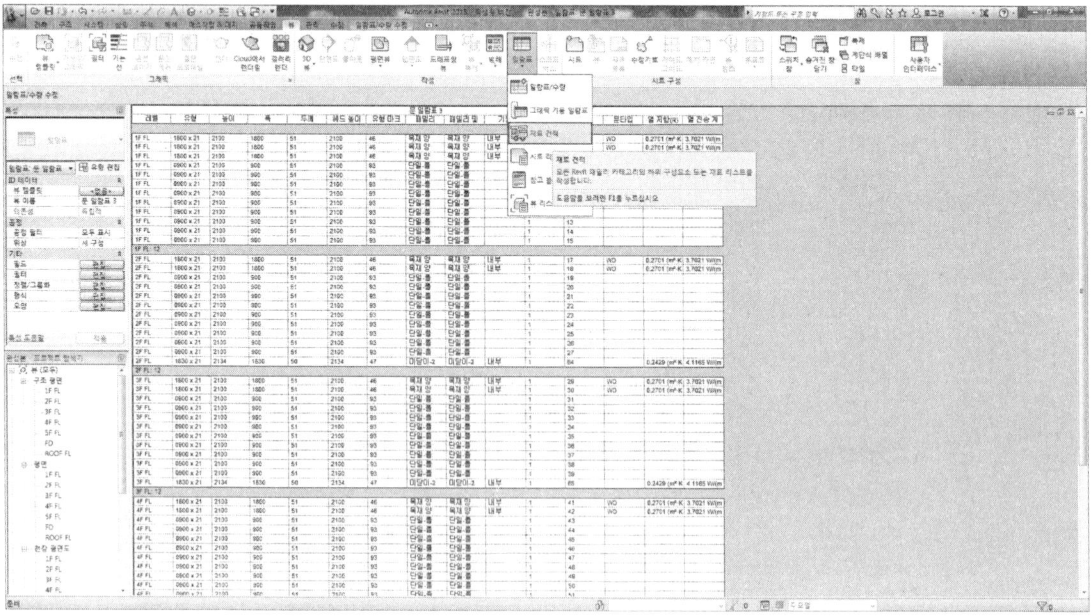

(11) [새 재료 견적] 창에서 <다중 카테고리> 클릭 → [확인] 클릭 → "재료 견적 특성"에서 다음과 같이 필드를 설정해줍니다. 창 왼쪽 하단부에 "링크된 파일의 요소 포함"을 체크합니다. [확인]을 누르고 빠져나옵니다.

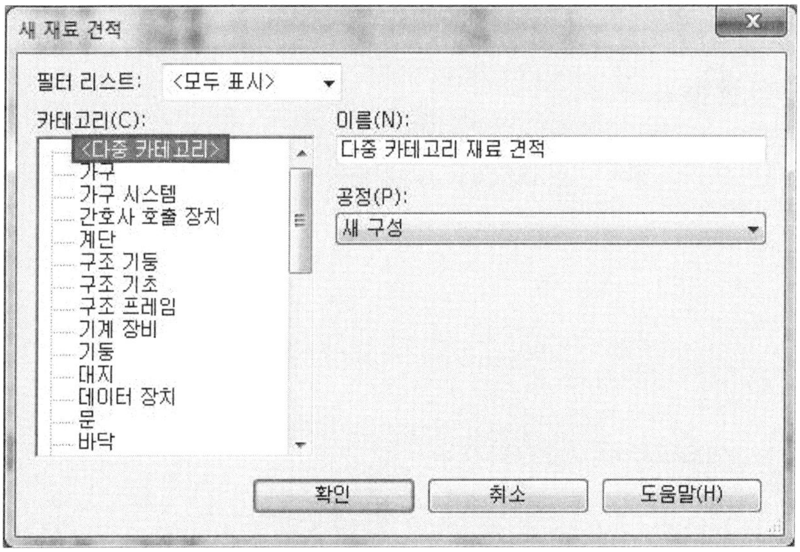

(12) 카테고리 별로 그룹화 하겠습니다. [특성 팔레트] → [정렬/그룹화 편집] 클릭하고, 다음과 같이 설정합니다.

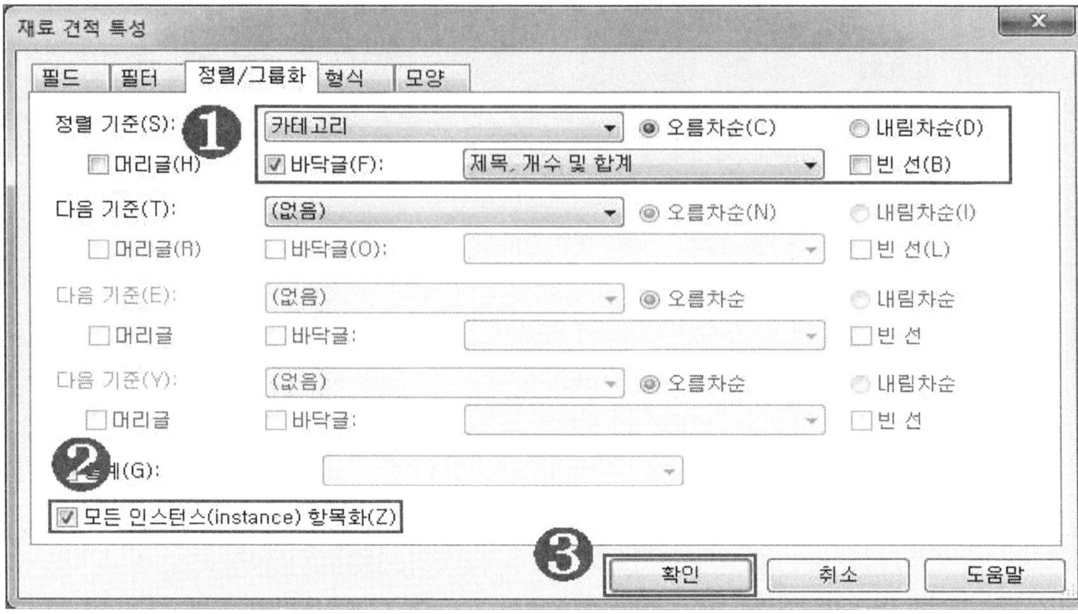

(13) 다음과 같이 재료별로 볼륨 값이 정렬되었습니다.

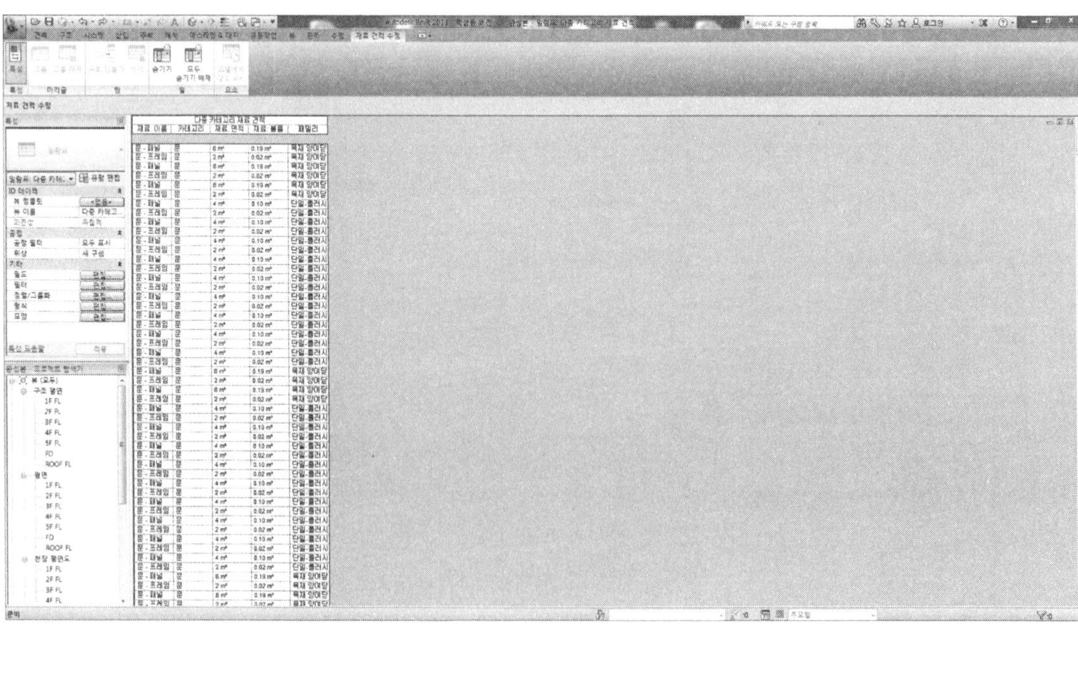

(14) 형식을 편집합니다. [특성 팔레트]에서 [형식 편집]을 클릭합니다. 필드의 모든 요소를 선택하고 배열을 중심으로 설정합니다. [확인]을 눌러 빠져나옵니다.

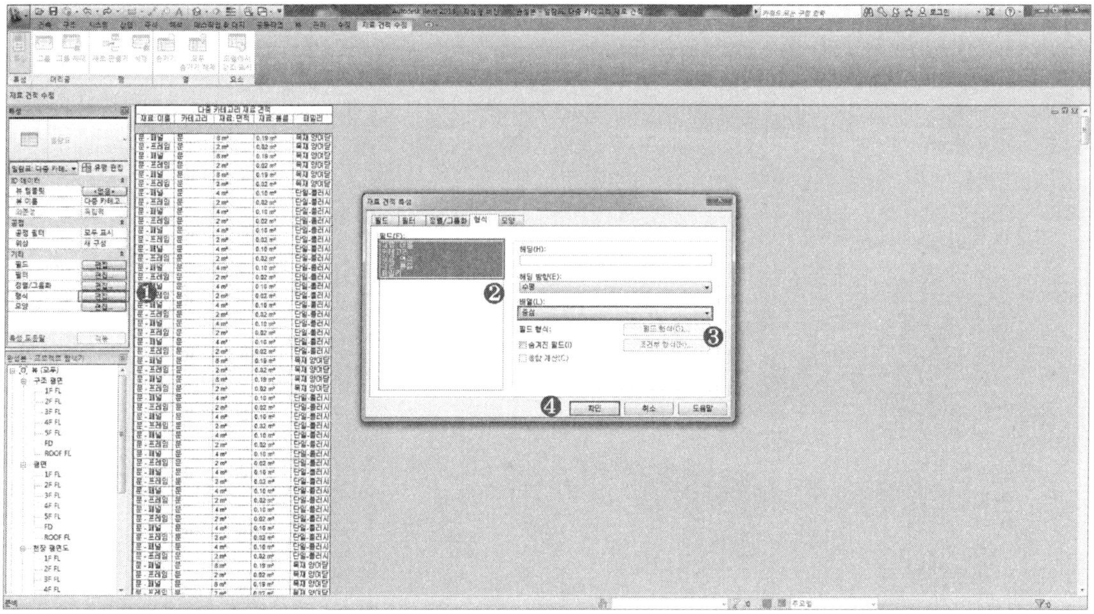

(15) 모양을 편집합니다. [특성 팔레트]에서 [모양 편집]을 클릭합니다. 글씨체를 "HY견고딕"으로 변경하고 "굵게", "기울임"을 선택합니다. 그림과 같이 세팅이 끝나면 [확인]을 누릅니다.

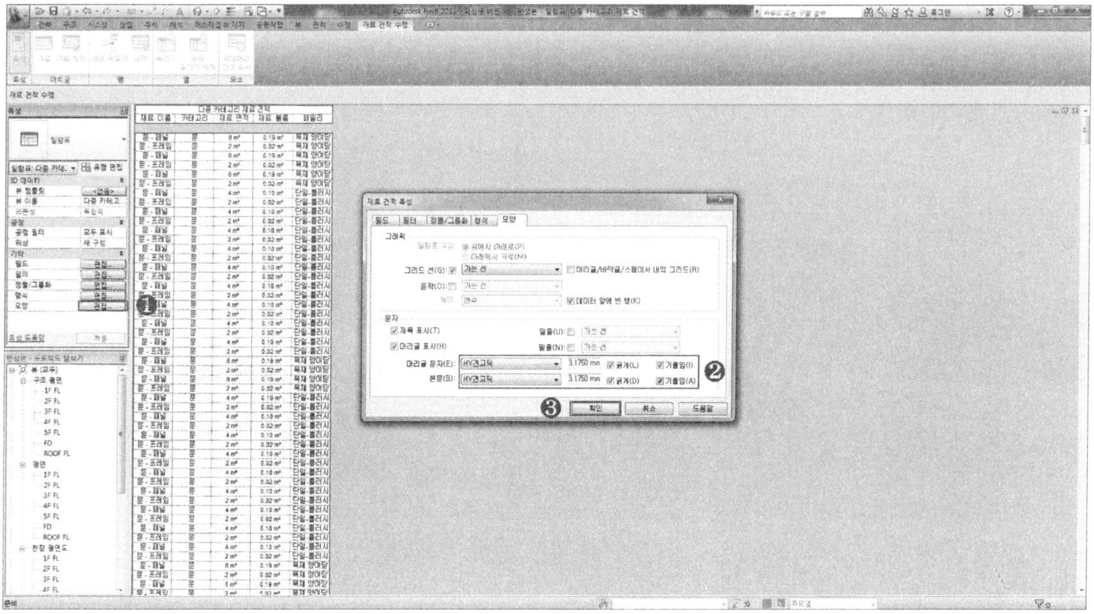

(16) 작성된 일람표를 텍스트 파일로 내보낼 수 있습니다. [응용프로그램 버튼] → [내보내기] → [보고서] → [일람표]를 순차적으로 선택합니다. 폴더 및 파일이름을 입력합니다. 일람표 내보내기창이 뜨면 [확인]을 클릭합니다.

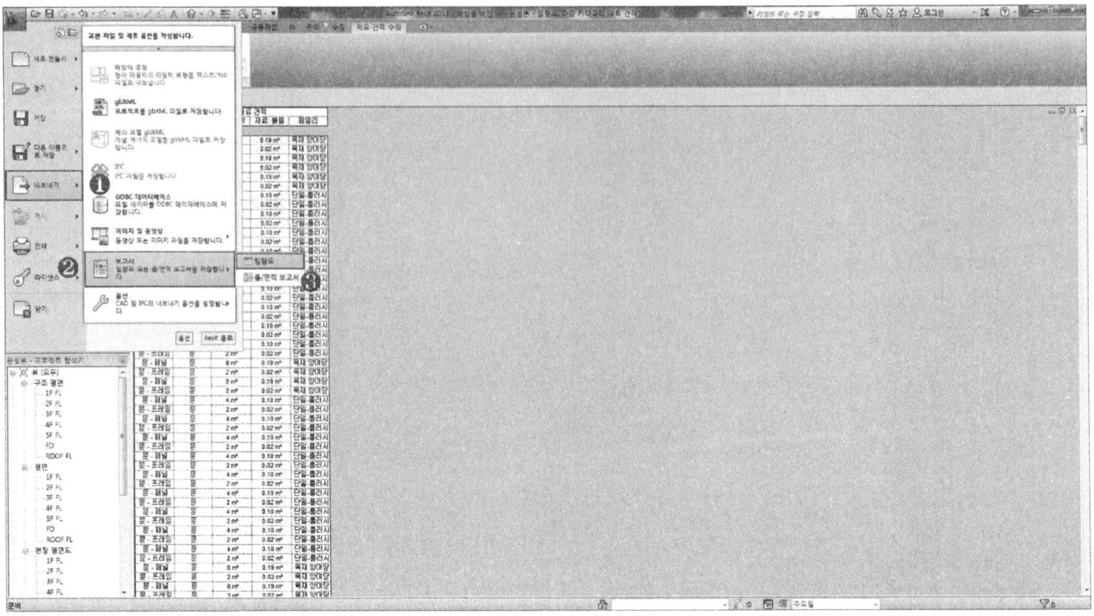

(17) 일람표가 저장될 위치를 확인하고, 확인을 누릅니다.

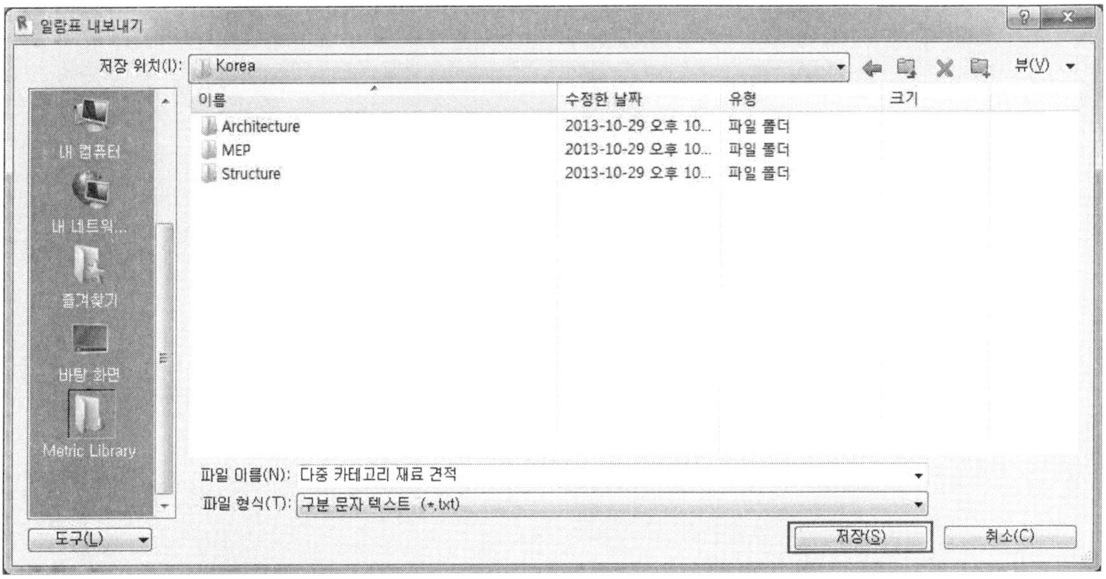

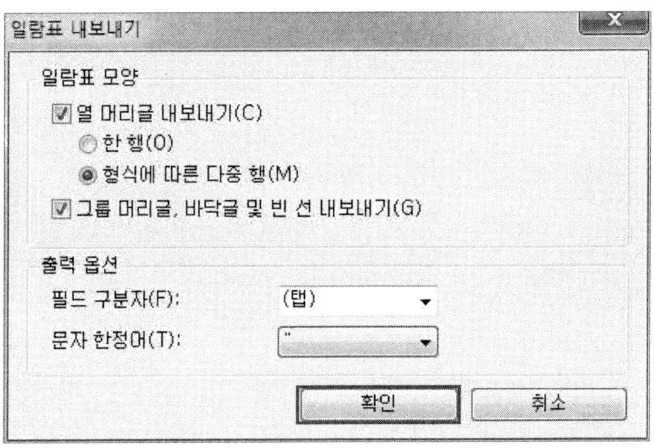

(18) Microsoft Office Excel 프로그램을 실행합니다. [데이터]에서 [텍스트]로 설정하여 파일을 엽니다. 텍스트 마법사 창이 뜨면 3단계 모두 다음을 클릭합니다. 불러온 일람표를 활용하여 정확한 물량 산출이 가능합니다.

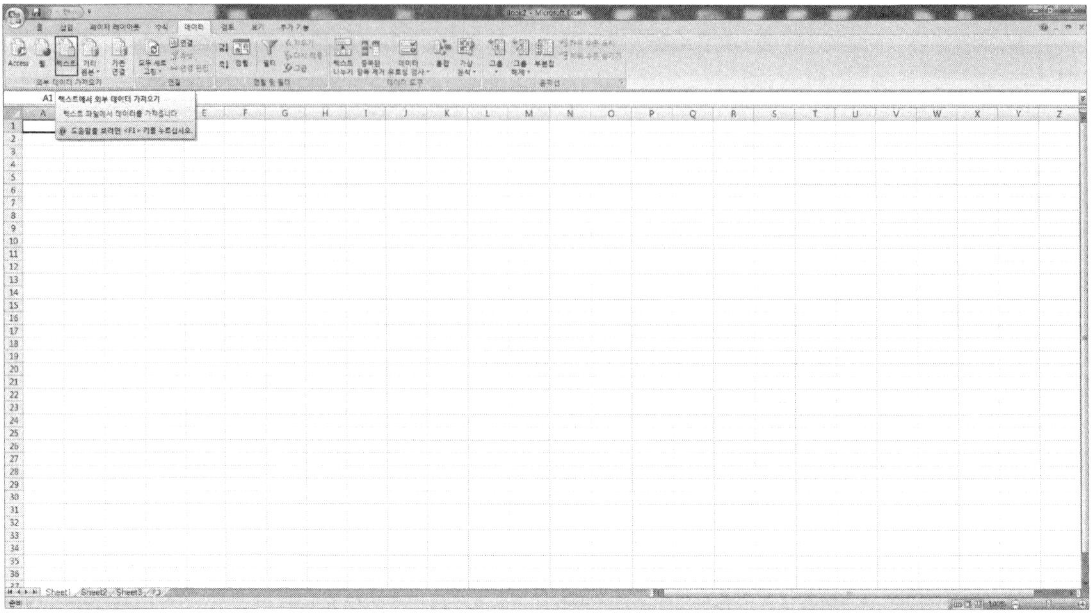

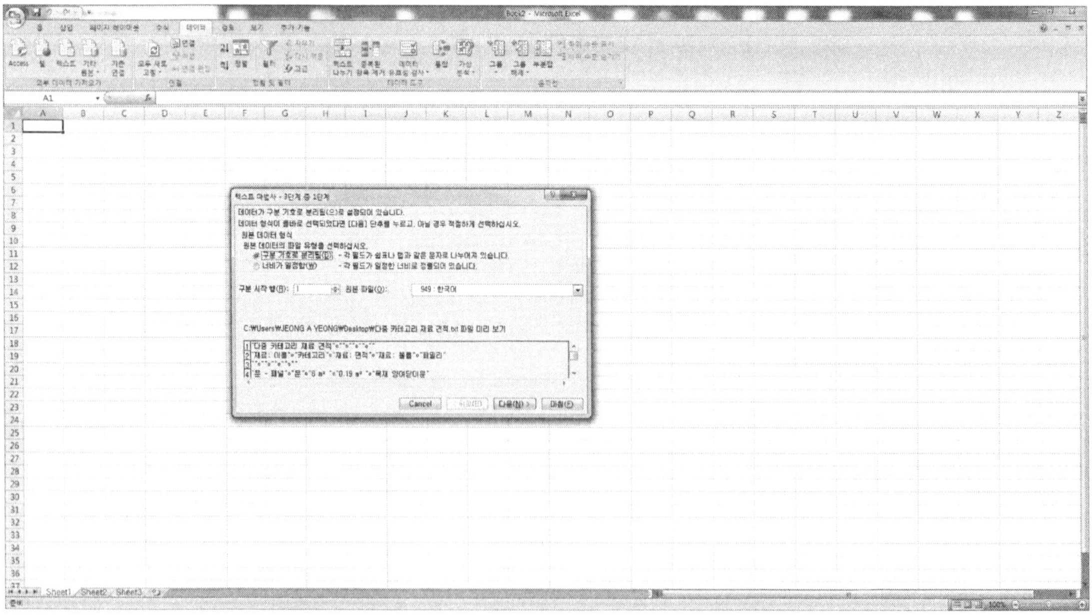

■ 저자약력

김재수(金載洙)

경력

원광대학교 건축공학과 교수
환경부 중앙환경분쟁조정위원회 위원
국방부 특별건설기술심의위원회 위원
국토교통부/해양수산부/조달청 위원
한국음향재료협회 이사

저서

「건축전산활용」(문운당, 2013)
「한글 AutoCAD 2011」(한국학술정보(주), 2011)
「전산응용건축제도기능사 실기」(문운당, 2010)
「건축음향설계(3판)」(세진사, 2008)

연락처

http://sound.wku.ac.kr
soundpro@wku.ac.kr

이동훈(李東勳)

학력

원광대학교 공과대학 건축공학과, 공학사
원광대학교 대학원 건축공학과, 석사과정

수상

대한건축학회 제9회 우수졸업논문상(학사부문 우수상, 2013. 4)
원광대학교 대학원 우수논문상(2013. 12)

연구

「시뮬레이션을 이용한 돔형 실내체육관의 음향성능 개선」 외 5편

연락처

ldh8709@naver.com

AutoCAD와 BIM 입문 값 25,000원

저 자	김	재	수
	이	동	훈
발행인	문	형	진

2014년 3월 5일 제1판 제1쇄 인쇄
2014년 3월 10일 제1판 제1쇄 발행

AutoCAD2019 2019.9.9

발행처 세진사

136-087 서울특별시 성북구 보문동 7가 112-8(세진빌딩)
TEL : 922-6371~3, 923-3422·7224 / FAX : 927-2462
〈등록. 1976. 9. 21. / 등록번호. 서울 제6-28호〉